Coleção
Preparando
para concursos

Questões **objetivas** comentadas

Organizadores: **Leonardo Garcia** e **Roberval Rocha**

TJ-MG
Juiz Estadual

Coleção
Preparando
para concursos
Questões **objetivas** comentadas

Organizadores: **Leonardo Garcia** e **Roberval Rocha**

Coordenadora
Alcione Ferreira

TJ-MG

Juiz Estadual

2018

www.editorajuspodivm.com.br

www.editorajuspodivm.com.br

Rua Mato Grosso, 164, Ed. Marfina, 1º Andar – Pituba, CEP: 41830-151 – Salvador – Bahia
Tel: (71) 3045.9051
• Contato: https://www.editorajuspodivm.com.br/sac

Copyright: Edições JusPODIVM

Conselho Editorial: Dirley da Cunha Jr., Leonardo Garcia, Fredie Didier Jr., José Henrique Mouta, José Marcelo Vigliar, Marcos Ehrhardt Júnior, Nestor Távora, Robério Nunes Filho, Roberval Rocha Ferreira Filho, Rodolfo Pamplona Filho, Rodrigo Reis Mazzei e Rogério Sanches Cunha.

Capa: Ana Caquetti

Diagramação: Marcelo S. Brandão *(santibrando@gmail.com)*

ISBN: 978-85-442-2062-7

Todos os direitos desta edição reservados à Edições JusPODIVM.

É terminantemente proibida a reprodução total ou parcial desta obra, por qualquer meio ou processo, sem a expressa autorização do autor e da Edições JusPODIVM. A violação dos direitos autorais caracteriza crime descrito na legislação em vigor, sem prejuízo das sanções civis cabíveis.

AUTORES

Aline de Melo Souza
Direito Eleitoral

Advogada, Especialista em Direito Público: Constitucional, Administrativo e Tributário pela Universidade Estácio de Sá -Unesa, Campus Menezes Cortes, Rio de Janeiro/RJ, Especialista em Direito Penal e Processo Penal pela Universidade Estácio de Sá – Unesa, Campus Prado, Belo Horizonte/MG e Especialista em Direito Civil e Processo Civil, pela Instituto Elpídio Donizette em parceria com a FEAD, Belo Horizonte/MG.

Ana Paula Martins Costa Amato
Direito Processual Civil

Bacharel em Direito pela Pontifícia Universidade Católica de Minas Gerais. Pós--Graduada em Direito do Trabalho e Processo do Trabalho pela Faculdade de Direito Damásio de Jesus. Pós-Graduada em Direito Público pela FUMEC em parceria com a Fundação Escola Superior do Ministério Público de Minas Gerais. Assessora Jurídica no juízo de admissibilidade dos recursos especiais e extraordinários da 3ª Vice-Presidência do Tribunal de Justiça do Estado de Minas Gerais.

Fabiana Reis Brandão Nunes Carneiro
Direito Civil

Assessora Judiciária e Servidora Pública Efetiva do Tribunal de Justiça do Estado de Minas Gerais (TJMG). Bacharel em Direito pela FUMEC. Pós-graduada em Direito Público pelo Centro Universitário Newton Paiva em parceria com a Associação Nacional dos Magistrados Estaduais (ANAMAGES).

Fernanda Adriana de Paula Guido
Direito Constitucional

Bacharel em Direito pela Fundação Mineira de Educação e Cultura, Universidade FUMEC; Pós-Graduada em Processo Civil pela Universidade Anhanguera – Uniderp; Analista do Ministério Público do Estado de Minas Gerais na especialidade Direito.

Gabriela Pinheiro de Oliveira
Direito da Infância e da Juventude

Advogada. Bacharel pela Faculdade de Direito Milton Campos. Pós-graduada em Direito Processual pelo IEC/PUC-Minas, em Direito Penal e Processual Penal pela Estácio de Sá, em Direito Público pelo Instituto Elpidio Donizeti.

José Francisco Tudéia Júnior
Direito Penal

Advogado Criminalista, Especialista em Ciências Criminais, Palestrante e Professor de curso preparatório, CEO – Questão de Informativo (www.questaodeinformativo.com)

Lauriene Ayres de Queiroz
Direito do Consumidor

Advogada, bacharel em direito pela Pontifícia Universidade Católica de Minas Gerais. Pós-graduada em Direito Público pela Fundação Escola Superior do Ministério Público de Minas Gerais. Diploma Internacional em Justiça Restaurativa pela Queen's University Kingston/Canadá. Membro da Associação Argentina de Justiça Constitucional.

Leandro Bessas
Direito Ambiental
Advogado. Bacharel em Direito pela Pontifícia Universidade Católica de Minas Gerais. Pós-graduado em Direito Público pela Fundação Escola Superior do Ministério Público de Minas Gerais em parceria com a Universidade FUMEC. MBA em Gestão Pública (em curso) pela Universidade Cândido Mendes e Instituto Prominas.

Luana Pessoa de Souza
Direito Comercial e Empresarial
Advogada. Bacharel em Direito pela Pontifícia Universidade Católica de Minas Gerais. Especialista em Ciências Criminais pela Universidade Anhanguera-Uniderp. Especialista em Direito Público pela Universidade FUMEC.

Luciana Batista Santos
Direito Tributário
Advogada. Bacharel em Direito pela Universidade Federal de Minas Gerais. Mestrado em Direito Tributário pela Universidade Federal de Minas Gerais. Professora de Direito Tributário (Pós-Graduação, Graduação e cursos especializados em concursos na área jurídica). Autora de livros na área do Direito Tributário.

Natália Soares Fuchs
Direito Processual Penal
Bacharel em Direito pela Universidade Federal de Minas Gerais. Pós-graduada em Ciências Criminais Pela Pontifícia Universidade Católica de Minas Gerais (PUC-MG) e em Direito Público pela universidade FUMEC em parceria com a Fundação Escola Superior Do Ministério Público de Minas Gerias. Juíza Leiga da 1ª Unidade Jurisdicional do Sistema de Juizados Especiais da Comarca de Contagem.

Paloma Sakalem
Direito Penal
Promotora de Justiça no Estado do Pará, Bacharel em Direito pelo Instituto Municipal de Ensino Superior de Assis (FEMA/IMESA), Licenciada em História pela Universidade Estadual Paulista Júlio de Mesquita Filho (UNESP), Pós-graduada em Direito Penal e Processual Penal pela Universidade Católica Dom Bosco.

Tiago de Carvalho Bini
Direito Administrativo
Advogado, ex-analista do Ministério Público de São Paulo, especialista em Processo Civil e Direito Público. Pós-graduando em Direito Civil e Empresarial.

Alcione Ferreira – Direito Civil
Coordenadora
Assessora Jurídica na Procuradoria de Justiça de Recursos Especiais e Extraordinários Criminais do Ministério Público de Minas Gerais. Ex-coordenadora Pedagógica Adjunta e Professora do Curso Preparatório para Ingresso na Carreira do MPMG, na Fundação Escola Superior do Ministério Público de Minas Gerais (FESMPMG). Atuou como professora na Faculdade do Noroeste de Minas (FINOM); no Centro Universitário de Patos de Minas (UNIPAM); no Curso Superior de Tecnologia em Atividade de Polícia Ostensiva – CTSAPO da PMMG. Formada em Direito pelo Centro Universitário de Patos de Minas (UNIPAM). Especialista em Direito Público pela FUMEC em parceria com a FESMPMG.

APRESENTAÇÃO

Esta obra tem como objetivo a preparação de seus leitores para o concurso de Juiz de Direito do Estado de Minas Gerais por meio de comentários acurados às provas de primeira fase dos últimos 5 (cinco) certames: 2007, 2088, 2009, 2012 e 2014.

Em tais comentários, há o registro das leis aplicáveis às respectivas questões, bem como menção a entendimentos jurisprudenciais e doutrinários pertinentes à matéria.

As questões estão separadas conforme pontos do edital do concurso, por disciplina, o que facilita sobremaneira o aprendizado.

A título de esclarecimento, como o último concurso realizado pelo TJMG ocorreu em 2014, quando ainda não estava vigente no país o atual Código de Processo Civil, foram comentadas nesta disciplina questões recentes de concursos para o cargo de Juiz, como forma de evitar qualquer tipo de defasagem da leitura. De qualquer sorte, foi feita a tabela com as estatísticas dos temas cobrados em processo civil nas últimas cinco provas do TJMG.

Finalmente, há um resumo sobre a forma de cobrança da banca em cada disciplina e informação sobre a quantidade de questões dedicada a cada tema, o que permite um estudo escalonado na reta final da preparação para a prova preambular.

"Ser sábio é melhor do que ser forte; o conhecimento é mais importante do que a força. Afinal, antes de entrar numa batalha, é preciso planejar bem, e, quando há muitos conselhos, é mais fácil vencer" Provérbios 24: 5, 6.

Desejamos sabedoria, foco, perspicácia, resiliência, perseverança e sucesso em sua caminhada!

Belo Horizonte, janeiro de 18.

Alcione Ferreira
Coordenadora

SUMÁRIO

DIREITO CIVIL **21**

1. Lei de Introdução às Normas do Direito Brasileiro 23
2. Das Pessoas. Das Pessoas Naturais. Das Pessoas Jurídicas. Do Domicílio. Da desconsideração da personalidade jurídica 24
3. Dos bens 30
4. Dos fatos jurídicos. Do negócio jurídico. Dos atos lícitos e ilícitos. Da prescrição e decadência. Da prova 33
5. Do direito das obrigações. Das modalidades. Da transmissão. Do adimplemento e extinção das obrigações. Do inadimplemento das obrigações 47
6. Dos contratos em geral. Das várias espécies de contrato. Leis extravagantes 52
7. Dos atos unilaterais 57
8. Da responsabilidade civil. Das preferências e privilégios creditórios. A responsabilidade civil na constituição 57
9. Do direito das coisas. Da posse. Dos direitos reais. Da propriedade. Da superfície. Das servidões. Do usufruto. Do uso. Habitação. Do direito do promitente comprador. Do penhor, da hipoteca e da anticrese 62
10. Do Direito de Família. Do direito pessoal. Do casamento. Das relações de parentesco. Do direito patrimonial. Do regime de bens entre os cônjuges. Do usufruto e da administração dos bens de filhos menores. Dos alimentos. Do bem de família. Da união estável. Da tutela e da curatela 70
11. Do direito das sucessões. Da sucessão legítima. Da sucessão testamentária. Do inventário e da partilha. Das disposições finais e transitórias do Código Civil 76
12. Seguros 83
13. Registros públicos 84
14. Locação (Lei n. 8.245/1991) 84
15. Estatuto do Idoso (Lei nº 10.741/2003) 84
16. Direito Autoral (Lei nº 9.610/1998) 84

DIREITO PROCESSUAL CIVIL 87

1. Princípios gerais do direito processual civil. Normas fundamentais 90
2. Direito Processual Constitucional e Direito Processual Coletivo. A ação civil pública. Mandado de segurança. Ação popular 92
3. Jurisdição e ação. Conceito, natureza e características. Condições da ação. Competência. Conflitos de competência 92
4. Processo. Procedimento. Sujeitos, objeto e pressupostos da relação jurídica processual. Da formação, suspensão e extinção do processo 96
5. Do Poder Judiciário e órgãos jurisdicionais. Do juiz. Serviços auxiliares da Justiça 96
6. Do Ministério Público. Das partes em geral. Dos advogados e procuradores 97
7. Litisconsórcio e assistência 97
8. Intervenção de Terceiros 99
9. Atos processuais, forma e vícios, tempo e lugar. Formalismo e instrumentalidade das formas. Convalidação do ato processual. Prazos no processo, contagem e preclusão. Incidentes processuais 101
10. Petição inicial: requisitos e vícios, indeferimento e emenda. Pedido: conceito, espécies, interpretação e alteração. Cumulação de pedidos. Tutelas Provisórias. Tutela definitiva. Julgamento de ações repetitivas 104
11. Resposta do réu: defesa direta e defesa indireta. Contestação. Exceções processuais. Reconvenção. Revelia. Julgamento conforme o estado do processo 109
12. Das audiências. Das provas. Ônus da prova. Incidentes. O juiz e a prova 110
13. Da sentença. Da coisa julgada: requisitos, espécies, efeitos, relativização. Tutelas específicas. Liquidação de sentença. Do cumprimento da sentença. Rescisória 117
14. Dos processos nos tribunais e dos meios de impugnação das decisões judiciais. Recursos. Requisitos e admissibilidade. Efeitos. Espécies. Incidentes recursais. Recursos repetitivos. Súmula vinculante 127
15. Da execução em geral. Dos títulos executivos. Das espécies de execuções. Defesas do executado. Da execução contra insolvente. Execução nas ações coletivas. Da suspensão e da extinção do processo de execução 137
16. Do Processo cautelar. Das medidas cautelares. Dos procedimentos cautelares específicos 137
17. Procedimentos especiais de jurisdição contenciosa e voluntária, no Código de Processo Civil e legislação extravagante. Ação de alimentos e alimentos gravídicos 137
18. Assistência judiciária. Juizados Especiais Cíveis. Alienação fiduciária. Decreto-Lei nº 911, de 1º de outubro de 1969. Da locação predial urbana e suas ações 143

SUMÁRIO

DIREITO DO CONSUMIDOR ... 145

1. Natureza e fonte das regras de consumo. A relação de consumo e suas características. ... 146
2. Integrantes e objeto da relação de consumo. Objetivos e princípios da política nacional das relações de consumo ... 146
3. Os direitos básicos do consumidor. Interpretação das regras de consumo ... 149
4. Da qualidade que os produtos e serviços devem ter. Da responsabilidade dos agentes que figuram nas relações de consumo ... 150
5. Espécies de responsabilidades previstas na lei de consumo ... 150
6. Da prescrição e da decadência nas ações atinentes à matéria de consumo ... 154
7. Da desconsideração da personalidade jurídica das empresas. Das práticas comerciais. Da oferta e da publicidade. As práticas abusivas e seus efeitos ... 154
8. Da proteção contratual em matéria de consumo. Princípios que regem a matéria. Os contratos de adesão. Das cláusulas abusivas. Espécies e efeitos jurídicos ... 154
9. A defesa do consumidor em juízo. Ações individuais e coletivas. Legitimidade para sua propositura. Efeitos da coisa julgada ... 158
10. Das ações coletivas para defesa dos direitos dos consumidores. Das ações de responsabilidade do fornecedor de produtos e serviços ... 158
11. Responsabilidade civil. Responsabilidade contratual e extracontratual. Dano patrimonial e moral. Da cobrança de dívidas e dos bancos de dados e cadastros. ... 159

DIREITO DA CRIANÇA E DO ADOLESCENTE ... 161

1. Dos Direitos Fundamentais ... 162
2. Dos atos infracionais ... 167
3. Do Conselho Tutelar ... 169
4. Do Ministério Público ... 170
5. Da Alienação Parental ... 171

DIREITO PENAL ... 173

1. Conceito de Direito Penal. História do Direito Penal. História do Direito Penal Brasileiro, Doutrinas e Escolas Penais. Fontes do Direito Penal. Sistemas Penitenciários ... 176
2. Da aplicação da lei penal. Do crime. Da imputabilidade penal. Do concurso de pessoas ... 179
3. Parte Geral do Código Penal. Das penas. Das medidas de segurança ... 202

4. Parte Geral do Código Penal. Da ação penal. Da extinção da punibilidade 215
5. Dos crimes contra a pessoa. Dos crimes contra o patrimônio. Dos crimes contra a propriedade imaterial 219
6. Dos crimes contra a dignidade sexual. Dos crimes contra a família 239
7. Dos crimes contra a fé pública. Dos crimes contra a administração pública 244
8. Lei das Contravenções Penais (Decreto-Lei n° 3.688, de 3 de outubro de 1941) 249
9. Crimes definidos na Lei n° 11.343, de 23 de agosto de 2003 249
10. Crimes definidos na Lei n° 10.826, de 22 de dezembro de 2003 252
11. Crimes eleitorais (Lei n° 4.737, de 15 de julho de 1965, e Lei n° 9.504, de 30 de setembro de 1997) 257
12. Crimes de abuso de autoridade (Lei n° 4.898, de 9 de dezembro de 1965). Crimes de tortura (Lei n° 9.455, de 7 de abril de 1997). Crimes hediondos (Lei n° 8.072, de 25 de julho de 1990) 258
13. Crimes contra as relações de consumo (Lei n° 8.078, de 11 de setembro de 1990). Crimes contra a ordem tributária (Lei n° 8.137, de 27 de dezembro de 1990). Crimes contra a ordem econômica (Lei n° 8.176, de 8 de fevereiro de 1991). Crimes contra a economia popular (Lei n° 1.521, de 26 de dezembro de 1951) 259
14. Crimes de trânsito (Lei n° 9.503, de 23 de setembro de 1997). Crimes contra o meio ambiente (Lei n° 9.605, de 12 de fevereiro de 1998). Crimes falimentares (Lei n° 11.101, de 9 de fevereiro de 2005) 259
15. Crimes contra a criança e o adolescente (Lei n° 8.069, de 13 de julho de 1990). Crimes contra a violência doméstica e familiar (Lei n° 11.340, de 7 de agosto de 2006). Crimes contra os idosos (Lei n° 10.741, de 1° de outubro de 2003). Crimes de preconceito de raça ou cor (Lei n° 7.716, de 5 de janeiro de 1989) 263
16. Lei da Anistia 266

DIREITO PROCESSUAL PENAL 269

1. Do processo penal em geral 272
2. Princípios e fontes do processo penal 272
3. Código de Processo Penal (Decreto-Lei n° 3.689, de 3 de outubro de 1941) 275
4. Disposições preliminares 275
5. Do inquérito policial 275
6. Da ação penal 275
7. Da ação civil 279
8. Da competência 279

SUMÁRIO

9. Das questões e processos incidentes 283
10. Da prova 284
11. Do juiz, do Ministério Público, do acusado e defensor, dos assistentes e auxiliares da Justiça 291
12. Da prisão e da liberdade provisória 291
13. Das citações e intimações 297
14. Da sentença 300
15. Dos processos em espécie 301
16. Das nulidades e dos recursos em geral 310
17. Disposições gerais 317
18. *Habeas Corpus* e seu procedimento 317
19. Mandado de segurança em matéria criminal (Lei nº 12.016, de 7 de agosto de 2009) 317
20. Execução penal (Lei nº 7.210, de 11 de julho de 1984) 317
21. Entorpecentes (Lei nº 11.343, de 23 de agosto de 2003) 322
22. Violência doméstica (Lei nº 11.340, de 7 de agosto de 2006) 325
23. Prisão temporária (Lei nº 7.960, de 21 de dezembro de 1989) 325
24. Da prisão, das medidas cautelares, da liberdade provisória (Lei nº 12.403, de 4 de maio de 2011) 325
25. Juizados Especiais Criminais (Lei nº 9.099, de 26 de setembro de 1995) 325
26. Falências (Lei nº 11.101, de 9 de fevereiro de 2005) 329
27. Código Eleitoral (Lei nº 4.737, de 15 de julho de 1965) 329
28. Organizações criminosas (Lei nº 12.850/13) 329
29. Proteção a testemunhas (Lei nº 9.807, de 13 de julho de 1999) 329
30. Interceptação telefônica (Lei nº 9.296, de 24 de julho de 1996) 331

DIREITO CONSTITUCIONAL **333**

1. Constituição, conceito, objeto, elementos e classificações. Princípios fundamentais ... 335
2. Poder constituinte originário e derivado. Características. Emenda: reforma e revisão da Constituição 338
3. Supremacia da Constituição. Normas constitucionais. Interpretação, princípios, eficácia. Controle de constitucionalidade 340

4. Dos direitos e garantias fundamentais. Tutela dos direitos e deveres individuais, difusos e coletivos 351

5. A tutela constitucional das liberdades. *Habeas Corpus*, *Habeas Data*, Mandado de Segurança 362

6. Da organização do Estado Federal. Da separação dos Poderes. Da União, Estados, Municípios e Territórios. Intervenção nos Estados e Municípios. Da administração pública 367

7. Da organização dos Poderes. Do Poder Legislativo. Estruturas, composições, atribuições e competências. Do processo legislativo 376

8. Do Poder Executivo. Estrutura, atribuições e competências. Prerrogativas e responsabilidades. Dos ministros e dos conselhos 384

9. Do Poder Judiciário. Estrutura, composição e Constituição Estadual. Da organização judiciária de Minas Gerais 387

10. Da ordem econômica e social. Fundamentos e princípios. Propriedade. Sistema Financeiro Nacional. Da seguridade nacional 399

DIREITO ELEITORAL 417

1. Estado Democrático de Direito. Cidadania. Sistema representativo. Soberania popular. Política 419

2. Direitos políticos. Conceito. Classificação. Perda. Suspensão. Sufrágio universal. Voto 419

3. Partidos políticos. Conceito. História. Disciplina constitucional e legal no Direito Brasileiro 421

4. Direito eleitoral. Conceito. Fontes. Princípios. Aplicação. Interpretação 423

5. Justiça Eleitoral. Organização. Competência 425

6. Ministério Público Eleitoral. Organização. Atribuições 433

7. Alistamento eleitoral. Regras constitucionais, legais e regulamentares 433

8. Elegibilidade. Conceito. Condições de elegibilidade. Inelegibilidade. Incompatibilidade. Regras constitucionais, legais e regulamentares 433

9. Sistemas eleitorais. Classificações. Modelo brasileiro. Outros modelos 433

10. Processo Eleitoral. Convenções partidárias. Registro de candidatos 436

11. Campanha eleitoral. Conceito. Financiamento. Abuso de poder político e econômico: caracterização e efeitos 437

12. Propaganda política e suas modalidades. Propaganda eleitoral. Regras legais e regulamentares 438

13. Eleição, apuração e diplomação dos eleitos 443

14. Ações judiciais eleitorais. Crimes eleitorais. Tipos penais e sanções. Processo por crimes eleitorais. Jurisprudência dos tribunais eleitorais 445

DIREITO EMPRESARIAL 455

1. Fontes do direito empresarial 458
2. Hermenêutica no direito empresarial 458
3. As sociedades empresárias 460
4. Personalização 463
5. Classificação 463
6. Desconsideração da personalidade jurídica 463
7. Do empresário 464
8. Da sociedade empresária 466
9. Da sociedade não personificada 469
10. Da sociedade personificada 471
11. Da sociedade simples 471
12. Da sociedade em nome coletivo 472
13. Da sociedade em comandita simples 472
14. Da sociedade limitada 472
15. Da sociedade anônima 476
16. Dos contratos empresariais 480
17. Contratos bancários 482
18. Depósito 484
19. Mútuo 484
20. Arrendamento mercantil 484
21. *Factoring* 486
22. Franquias 486
23. Cartão de crédito 486
24. Contratos eletrônicos 486
25. Legislação extravagante 486
26. O empresário e a relação de consumo 489
27. Tutela contratual dos consumidores 489
28. A intervenção judicial 490

29. Jurisprudência dos tribunais superiores 490
30. Da Falência e da Recuperação Judicial. Lei 11.101/05 492
31. Títulos de crédito. Teoria geral 507
32. Os títulos de crédito no Código Civil e legislação pertinente 515

DIREITO TRIBUTÁRIO 527

1. O Estado e o poder de tributar 531
2. Direito tributário: conceito e princípios 532
3. O Sistema Tributário Nacional. Princípios gerais 532
4. Limitações do poder de tributar 532
5. Repartições das receitas tributárias 539
6. Fontes do Direito Tributário 539
7. Legislação tributária: conceito, vigência, aplicação, interpretação e integração 542
8. Tributo: conceito e espécies 542
9. Código Tributário Nacional 542
10. Imposto 542
11. Taxa 542
12. Contribuição de melhoria e outras contribuições 545
13. Obrigação tributária: conceito 546
14. Obrigação tributária: espécies 546
15. Fato gerador (hipótese de incidência) 546
16. Sujeito ativo e passivo 546
17. Solidariedade 546
18. Capacidade tributária 548
19. Domicílio tributário 548
20. Fato gerador da obrigação tributária. Elementos 548
21. Incidência, não incidência, imunidade e isenção 548
22. Responsabilidade tributária: normas gerais, espécies e hipóteses. Infrações administrativas tributárias 548
23. Substituição tributária 548
24. Crédito tributário. Conceito 548
25. Crédito tributário. Natureza 548

SUMÁRIO

26. Lançamento 548
27. Lançamento. Revisão 548
28. Crédito tributário. Suspensão, extinção e exclusão 549
29. Crédito tributário. Prescrição e decadência 549
30. Repetição do indébito 551
31. Garantias e privilégios do crédito tributário 551
32. Administração tributária 551
33. Dívida ativa: conceito, inscrição 551
34. Certidão de dívida ativa: natureza jurídica, presunção de certeza e liquidez 553
35. Processo administrativo e judicial tributário 553
36. Execução fiscal 553
37. Embargos à execução fiscal 553
38. Ação de consignação em pagamento 553
39. Ação declaratória 553
40. Ação anulatória 553
41. Ação de repetição de indébito 553
42. Ação cautelar 553
43. Mandado de segurança 553
44. Tutela antecipada contra a Fazenda Pública 553
45. Tributos estaduais 553
46. Tributos municipais 556

DIREITO AMBIENTAL **559**

1. A Constituição Federal e o meio ambiente. O art. 225: objetivo, alcance e reflexos. Ambiente ecologicamente equilibrado como direito fundamental. Natureza pública da proteção ambiental. Tratados internacionais sobre o tema ambiental 561
2. Fontes do Direito Ambiental. Princípios do Direito Ambiental. Legislação. Interpretação 562
3. O Direito Ambiental na visão dos tribunais 565
4. Competências administrativa, legislativa e jurisdicional em matéria ambiental 567
5. Inquérito civil 569
6. Termo de ajustamento de conduta 569

7. Tutela do meio ambiente e seus agentes 569
8. Ações judiciais 570
9. Responsabilidades administrativa, civil e penal ambiental 571
10. Responsabilidade penal da pessoa jurídica em matéria ambiental 575
11. O estudo do impacto ambiental e a administração pública 576
12. Licenciamento ambiental 576
13. Meio ambiente e o Estatuto da Cidade 576

DIREITO ADMINISTRATIVO 579

1. A Administração Pública 583
2. Atos administrativos próprios e impróprios das funções legislativas, executivas e judiciárias 586
3. Organização da Administração Pública 587
4. Estrutura administrativa do Estado 590
5. Administração direta e indireta 593
6. Regime jurídico da administração indireta 596
7. Prerrogativas e sujeições 596
8. Desconcentração e descentralização 608
9. Pessoas de Direito Público e de Direito Privado 610
10. Decreto-Lei n. 200, de 25.02.1967 610
11. Consórcios públicos 610
12. Parcerias público-privadas 610
13. Atos administrativos 610
14. Atividade administrativa 612
15. Processo administrativo 612
16. Convalidação, efeitos 612
17. Extinção dos atos administrativos 613
18. Discricionariedade e legalidade 613
19. Classificação dos atos administrativos 613
20. Espécies de atos administrativos 617
21. Validade, eficácia, aperfeiçoamento, efeitos e extinção dos atos administrativos 617
22. Prescrição administrativa 620

SUMÁRIO

23. Atividade regulatória da Administração Pública 621
24. Poder de polícia 621
25. Competência regulatória 622
26. Competência econômica, social setorial, técnica/especializada 622
27. Agências reguladoras 622
28. Controle da Administração Pública 622
29. Mandado de segurança coletivo 640
30. Ação civil pública e ação popular 644
31. Reclamação ao Supremo Tribunal Federal 647
32. Mandado de injunção 647
33. Ações coletivas 648
34. *Habeas Data* 650
35. Direito de petição 650
36. Contratos administrativos 651
37. Contratação direta (Lei 8.666, de 21.06.1993) 654
38. Ordem de Serviços 660
39. Organizações sociais da sociedade civil de interesse público 660
40. Organizações não governamentais 661
41. Agentes públicos: classificação e espécies de vínculos com o Estado 661
42. Sistema de remuneração. Vencimentos e subsídios. Vedações. Fixação, alteração e limites 667
43. Regime constitucional do servidor público 670
44. Direito de greve 673
45. Responsabilidade do servidor público (política, administrativa, civil e criminal) 673
46. Bens públicos. Definição e classificação 676
47. A Constituição da República e o regime do Código Civil de 2002 680
48. Bens de domínio público e bens dominicais 680
49. A transferência de bens públicos: a alienação e o uso do bem público por particular 680
50. Bens públicos em espécie 680
51. Da Fazenda Pública. Conceito. Prerrogativas processuais 680
52. Controle externo e orçamento 681

53. Lei de Responsabilidade Fiscal 681

REFERÊNCIAS **683**

DIREITO CIVIL

Alcione Ferreira e Fabiana Reis Brandão Nunes Carneiro

Visão geral sobre Direito Civil:

As questões de direito civil relativas aos concursos para o cargo de juiz no Tribunal de Justiça de Minas Gerais dos anos de 2007, 2008 e 2009 foram comentadas pela autora Fabiana Reis Brandão Nunes Carneiro e as provas aplicadas nos anos de 2012 e 2014 pela autora Alcione Ferreira.

Dentre os temas exigidos, destacam-se aqueles de maior incidência:

DAS PESSOAS

DOS FATOS JURÍDICOS

PRESCRIÇÃO E DECADÊNCIA

DO DIREITO DAS OBRIGAÇÕES – DO INADIMPLEMENTO

DOS CONTRATOS EM GERAL

DA RESPONSABILIDADE CIVIL

DIREITO DE FAMÍLIA

SUCESSÕES

Através de análise acurada das questões, no geral, verifica-se uma predominância da cobrança do texto legal. Em alguns pontos do edital, como das pessoas, dos fatos jurídicos, das obrigações, dos contratos, da responsabilidade civil e direitos das coisas também foram exigidos conceitos doutrinários. Considerando a evolução social e as últimas decisões dos tribunais superiores, recomenda-se a leitura de informativos e jurisprudências relativos ao direito de família e sucessões.

***

Desejamos ótimos estudos!

Alcione Ferreira e Fabiana Brandão

PREPARANDO PARA CONCURSOS – JUIZ ESTADUAL – TJ-MG

TÓPICOS DO EDITAL	Legislação	Doutrina	Jurisprudência
1. Lei de Introdução às Normas do Direito Brasileiro.	1 – 2014		
2. Das Pessoas. Das Pessoas Naturais. Das Pessoas Jurídicas. Do Domicílio. Da desconsideração da personalidade jurídica.	1-2007 2-2008 2-2009	1 – 2007 2-2009	
3. Dos bens.	1-2008 1-2009 1-2014	1-2009	
4. Dos fatos jurídicos. Do negócio jurídico. Dos atos lícitos e ilícitos. Da prescrição e decadência. Da prova.	3 – 2007 3 – 2008 3 – 2009 1 – 2012 2 – 2014	2 – 2007 2 – 2009	
5. Do direito das obrigações. Das modalidades. Da transmissão. Do adimplemento e extinção das obrigações. Do inadimplemento das obrigações.	1 – 2007 1 – 2008 1 – 2009 1 – 2012	1 – 2007 1 – 2008 1 – 2009 1 – 2014	
6. Dos contratos em geral. Das várias espécies de contrato. Leis extravagantes.	1 – 2007 1 – 2008 2 – 2009 1 – 2012 1 – 2014	1 – 2007 1 – 2008 1 – 2009	
7. Dos atos unilaterais.			
8. Da responsabilidade civil. Das preferências e privilégios creditórios. A responsabilidade civil na constituição.	1 – 2007 2 – 2008 2 – 2012	1 – 2007 1 – 2008	1 – 2007
9. Do direito das coisas. Da posse. Dos direitos reais. Da propriedade. Da superfície. Das servidões. Do usufruto. Do uso. Habitação. Do direito do promitente comprador. Do penhor, da hipoteca e da anticrese.	2 – 2007 1 – 2008 2 – 2009 2 – 2012	2 – 2007 2 – 2009	

DIREITO CIVIL

TÓPICOS DO EDITAL	Legislação	Doutrina	Jurisprudência
10. Do Direito de Família. Do direito pessoal. Do casamento. Das relações de parentesco. Do direito patrimonial. Do regime de bens entre os cônjuges. Do usufruto e da administração dos bens de filhos menores. Dos alimentos. Do bem de família. Da união estável. Da tutela e da curatela.	1 – 2007 1 – 2008 1 – 2009 2 – 2012		
11. Do direito das sucessões. Da sucessão legítima. Da sucessão testamentária. Do inventário e da partilha. Das disposições finais e transitórias do Código Civil.	2 – 2007 1 – 2008 1 – 2009 2 – 2014		
12. Seguros. Registros públicos.	1 – 2012		
13. Locação (Lei n. 8.245/1991).			
14. Estatuto do Idoso (Lei nº 10.741/2003).	1 – 2014		
15. Direito do Idoso (Lei nº 10.741/2003).			
16. Direito Autoral (Lei nº 9.610/1998).			

*Alguns itens não apresentam questões.

1. LEI DE INTRODUÇÃO ÀS NORMAS DO DIREITO BRASILEIRO

TJMG – 2014 – Questão 3. Direito Civil. Lei de Introdução às Normas do Direito Brasileiro. Legislação

Sobre a Lei de Introdução às Normas do Direito Brasileiro, assinale a alternativa CORRETA.

a) Realizando-se o casamento no Brasil de estrangeiros domiciliados no exterior, será aplicada a lei do domicilio dos nubentes quanto aos impedimentos dirimentes e às formalidades da celebração.

b) O casamento de estrangeiros de diferentes nacionalidades poderá celebrar-se perante autoridades diplomáticas ou consulares do país de qualquer um dos nubentes.

c) Tendo os nubentes estrangeiros domicílio diverso, regerá os casos de invalidade do matrimônio a lei do local da celebração do casamento.

d) Tendo os nubentes estrangeiros domicilio diverso, o regime de bens, legal ou convencional, obedece à lei do país do primeiro domicílio conjugal.

> **Comentários**
>
> a) INCORRETA. A lei de introdução às normas de direito brasileiro impõe em seu art. 7º, parágrafo único que se o casamento é realizado no Brasil, será aplicada a lei brasileira quanto aos impedimentos dirimentes e às formalidades da celebração. A aplicação da lei do país do domicílio dos nubentes ocorre quanto às regras sobre o começo e o fim da personalidade, o nome, a capacidade e os direitos de família (caput do art. 7º).
>
> b) INCORRETA. Nos termos do § 2º da LINDB, o casamento de estrangeiros poderá celebrar-se perante autoridades diplomáticas ou consulares do **país de ambos os nubentes**.
>
> c) INCORRETA. Em caso de **domicílio diverso**, regerá os casos de invalidade do matrimônio a lei do **primeiro domicílio do conjugal**, (art. 7º, § 3º da LINDB)
>
> d) CORRETA. Conforme preceitua o § 4º do artigo 7º da LINDB, o **regime de bens**, legal ou convencional, obedece à lei do país em que tiverem os nubentes domicílio, e, se este for diverso, a do primeiro domicílio conjugal.
>
> **Resposta: Letra D**

2. DAS PESSOAS. DAS PESSOAS NATURAIS. DAS PESSOAS JURÍDICAS. DO DOMICÍLIO. DA DESCONSIDERAÇÃO DA PERSONALIDADE JURÍDICA

***TJMG – 2007** – Questão nº 1 – Direito Civil. Das pessoas. Das pessoas naturais. Das pessoas jurídicas/Legislação e Doutrina.*

Na sistemática do Código Civil, os direitos da personalidade são indisponíveis. Mas, casualmente, admite-se temperamentos.

Assim, são relativamente disponíveis, de acordo com a lei:

a) os direitos da personalidade da pessoa jurídica.

b) os direitos subjetivos de exigir comportamento negativo dos outros, para proteção de direitos inatos.

c) os direitos da personalidade da pessoa morta.

d) o direito à integridade física.

DIREITO CIVIL

Comentários

De acordo com Cristiano Chaves de Faria "são direitos da personalidade os direitos subjetivos reconhecidos a pessoa para a garantia de sua dignidade, vale dizer, para a tutela dos aspectos físicos, psíquicos e intelectuais, dentre outros não mensuráveis economicamente, porque dizem respeito à própria condição de pessoa, ou seja, ao que lhe é significativamente mais íntimo." (Faria, Cristiano Chaves de – Código Civil para Concursos. Código Civil para concursos, 4ª edição, fl. 56)

Os direitos da personalidade são, em regra, indisponíveis. Todavia, excepcionalmente, admite-se nas hipóteses previstas em lei a sua disponibilidade relativa, por exemplo, quanto ao direito da imagem, direito autoral e direito à integridade física. A propósito, o Enunciado 531, da VI Jornada de Direito Civil dispõe que: Art. 11: É permitida a disposição gratuita do próprio corpo com objetivos exclusivamente científicos, nos termos dos arts. 11 e 13 do Código Civil. Cumpre salientar que, parte da doutrina vem admitindo que o exercício dos direitos da personalidade sofra limitação voluntária, mesmo que não esteja prevista especificamente na lei, desde que a limitação não seja permanente e nem geral. Nesse sentido, o Enunciado 4, da I Jornada de Direito Civil: *"o exercício dos direitos da personalidade pode sofrer limitação voluntária, desde que não seja permanente nem geral."*

a) INCORRETA. De acordo com o art. 52, CC: Aplica-se às pessoas jurídicas, no que couber, a proteção dos direitos da personalidade. E, como não há hipótese legal prevendo a disponibilidade relativa dos direitos da personalidade da pessoa jurídica, são eles indisponíveis, nos termos do art. 11, CC: *"com exceção dos casos previstos em lei, os direitos da personalidade são intransmissíveis e irrenunciáveis, não podendo o seu exercício sofrer limitação voluntária."*

b) INCORRETA. Os direitos subjetivos de exigir comportamento negativo dos outros, para proteção de direitos inatos são os direitos da personalidade, os quais, em regra, são indisponíveis.

c) INCORRETA. Como não há previsão legal para a disponibilidade relativa dos direitos da personalidade da pessoa morta, eles são indisponíveis, nos termos do art. 11, CC.

d) CORRETA. Art. 13, CC: Salvo por exigência médica, é defeso o ato de disposição gratuito do próprio corpo, quando importar diminuição permanente da integridade física, ou contrariar os bons costumes. Parágrafo único: O ato previsto neste artigo será admitido para fins de transplante, na forma estabelecida em lei especial. Assim, o direito à integridade física é relativamente disponível pois, a pessoa para atender a uma situação altruística e terapêutica poderá ceder, gratuitamente, órgão ou tecido do seu corpo, conforme previsto na Lei 9.434/97.

Resposta: Letra D

TJMG – 2008 – *Questão n° 1 Direito Civil. Das pessoas. Das pessoas naturais. Das pessoas jurídicas/Legislação*

Em relação à menoridade, a incapacidade cessará quando o menor completar dezoito anos, segundo nossa legislação civil.

Ainda, de acordo com o Código Civil, e **CORRETO** dizer que, para os menores, cessará a incapacidade por:

a) concessão dos pais, no exercício do poder familiar, mediante declaração de vontade por instrumento público ou particular.

b) concessão de qualquer um dos pais, na falta de um deles, mediante homologação judicial.

c) concessão dos pais, mediante instrumento público, dependente da intervenção de curador especial.

d) sentença do juiz, ouvido o tutor, se o menor tiver dezesseis anos completos.

Comentários

Os itens A, B e C estão INCORRETOS porque, de acordo com o art. 5°, parágrafo único I, do Código Civil, cessará para os menores a incapacidade pela concessão dos pais, ou de um deles na falta do outro, mediante instrumento público, independentemente de homologação judicial. Trata-se da emancipação voluntária, a qual decorre de ato unilateral de ambos os pais de menor relativamente incapaz, ou de um deles na falta do outro, que independe de homologação judicial, mas exige instrumento público.

O item D está CORRETO. Trata-se da emancipação judicial, prevista na segunda parte do parágrafo único, I, do art. 5°, do Código Civil: "Cessará, para os menores, a incapacidade: I – (...) ou por sentença do juiz, ouvido o tutor, se o menor tiver dezesseis anos completos."

Resposta: Letra D.

DIREITO CIVIL

TJMG – 2008 *– Questão nº 3 – Direito Civil. Das pessoas. Das pessoas naturais. Das pessoas jurídicas/Legislação*

Assinale a alternativa **CORRETA**

De acordo com o Código Civil, averba-se em registro público:

a) nascimento, casamento e óbito.
b) interdição por incapacidade absoluta ou relativa.
c) sentença declaratória de ausência e de morte presumida.
d) sentença que declara ou reconhece a filiação.

Comentários

As alternativas A, B e C estão INCORRETAS. De acordo com o art. 9º, do Código Civil, são registrados em registro público: I – o nascimento, casamento e óbito; (...), III – a interdição por incapacidade absoluta ou relativa; IV – a sentença declaratória de ausência e de morte presumida.

A alternativa D está CORRETA, pois a sentença que declara ou reconhece a filiação é averbada em registro público. De acordo com o art. 10, II, Código Civil: Far-se-á averbação em registro público: II – dos atos judiciais ou extrajudiciais que declararem ou reconhecerem a filiação.

Resposta: Letra D.

TJMG – 2009 *– Questão nº 1 – Direito Civil. Das pessoas. Das pessoas naturais. Das pessoas jurídicas/Legislação e Doutrina.*

Relativamente aos Direitos da Personalidade, o art. 12 do Código Civil, sem indicar o sujeito da ação, textualmente dispõe que se pode exigir que cesse a ameaça, ou lesão, a direito da personalidade, e reclamar perdas e danos, sem prejuízos de outras sanções previstas em lei.

No contexto do mencionado artigo, marque a opção CORRETA.

a) A indeterminação do sujeito na oração do art. 12 do Código Civil tem por intuito não confundir o sujeito do direito da personalidade com o objeto do direito protegido, mas, objetivamente, o que se protege são somente direitos da personalidade avaliáveis economicamente.

b) Quando o mencionado artigo dispõe sobre a cessação de ameaça ou lesão a direitos da personalidade, está a referir-se a direitos da personalidade objetivados no Código Civil, possibilitando a separação material da lesão.

c) O Código Civil não especifica de modo taxativo os direitos da personalidade. Não havendo tipificação, tem-se que o art. 12 do Código Civil elege praticamente uma clausula genérica de proteção dos direitos da personalidade, que será integrada com os dispositivos constitucionais de proteção à honra, à imagem, ao direito à privacidade, ao nome, à integridade e à dignidade da pessoa humana, sem prejuízo da aplicação de leis especiais.

d) Sendo considerados os direitos da personalidade direitos subjetivos, que decorrem de previsão legal, somente serão considerados como objeto de ameaça ou de lesão direitos tipificados em lei.

Comentários

a) INCORRETA. A tutela prevista no art. 12, do Código Civil pode ser suscitada pelo ofendido em razão de ameaça ou lesão a qualquer direito da personalidade, ainda que este não seja avaliável economicamente. A legitimidade para postular em juízo a defesa dos direitos da personalidade é do seu titular mas, tratando-se de morto, terá legitimação o cônjuge ou companheiro sobrevivente, ou qualquer parente em linha reta ou colateral até o quarto grau (art. 12, parágrafo único).

b) INCORRETA. Os direitos da personalidade são ilimitados e, mesmo aqueles que não estão regulados pelo Código Civil, recebem a proteção das sanções do art. 12, do Código Civil.

c) CORRETA. O rol dos direitos da personalidade do Código Civil é meramente exemplificativo, pois estes não se limitam aos expressamente indicados. De acordo com o Enunciado 274 do CJF, o fato de os direitos da personalidade serem expressões da cláusula geral de tutela da pessoa humana, isto é, do princípio da dignidade da pessoa humana (art. 1º, III, da Constituição Federal) justifica a sua regulamentação não exaustiva pelo Código Civil. A propósito: Enunciado 274 da IV Jornada de Direito Civil: 274 – Art. 11: *"Os direitos da personalidade, regulados de maneira não exaustiva pelo Código Civil, são expressões da cláusula geral de tutela da pessoa humana, contida no art. 1º, III, da Constituição Federal (princípio da dignidade da pessoa humana). Em caso de colisão entre eles, como nenhum pode sobrelevar os demais, deve-se aplicar a técnica da ponderação."*

d) INCORRETA. Os direitos da personalidade são os atributos inerentes à própria condição humana. Eles podem ser conferidos pelo direito positivo, como por ex. o direito autoral, ou podem ser inatos, isto é, são direitos que são inerentes à pessoa humana, como o direito à vida, integridade física e moral. Assim, mesmo os direitos da personalidade que

DIREITO CIVIL

não estejam elencados no rol exemplificativo do Código Civil recebem a proteção das sanções do art. 12, do CC em caso de lesão ou ameaça.

Resposta: Letra C.

TJMG – 2009 – *Concurso – Questão nº 2. Direito Civil. Das pessoas. Das pessoas naturais. Das pessoas jurídicas. Do domicílio/Legislação e doutrina.*

O domicílio e um dos atributos da personalidade. É a localização da pessoa no espaço. O lugar onde ela estabelece sua residência com ânimo definitivo (art. 70 do Código Civil). Tendo diversas residências, onde alternadamente viva, o seu domicílio será considerado o lugar de qualquer uma delas (art. 71 do Código Civil). Não tendo residência, o domicilio da pessoa natural será o do local em que for encontrada (art. 73 do Código Civil).

Diante das hipóteses acima elencadas, aponte a afirmação CORRETA.

a) Quando fixado pela lei, o domicílio e um fato jurídico. Quando não fixado por lei, e um ato jurídico em senso estrito, por expressar uma manifestação voluntária do sujeito, relativamente ao local onde estabelece sua residência com caráter definitivo.

b) A fixação do domicilio e sempre um ato jurídico stricto sensu, decorrendo, em todas as hipóteses elencadas no enunciado, sempre, do ânimo da pessoa relativamente ao lugar onde estabeleceu a sua residência.

c) O domicílio decorre sempre de uma relação de fato entre a pessoa e o lugar. Então, domicílio e residência devem sempre coincidir.

d) O direito brasileiro não admite a pluralidade de domicílio.

Comentários

O conceito de domicílio tem natureza jurídica exigindo para a sua configuração a residência, que é um elemento material ou objetivo e a intenção de permanência, elemento imaterial ou subjetivo. Residência é o local aonde a pessoa é encontrada com habitualidade. Domicílio é o lugar aonde a pessoa estabelece a sua residência com intenção de permanência, transformando o local no centro da sua vida jurídica.

a) CORRETA. Quando fixado pela lei, o domicílio é um fato jurídico, pois a sua fixação independe da vontade da pessoa. No entanto, quando não é fixado por lei, o domicílio é um ato jurídico em senso estrito, pois é fixado mediante mera declaração de vontade do sujeito, relativamente ao local onde estabelece a sua residência com ânimo definitivo, cujos efeitos são regulados pela lei.

b) INCORRETA. A fixação do domicílio nem sempre será um ato jurídico *stricto sensu*. Nos casos em que o domicílio é necessário, a sua fixação é dada pela lei, independentemente da vontade da pessoa sendo, portanto, um fato jurídico.

c) INCORRETA. No caso em que o domicílio é necessário, ele não decorre de uma relação de fato entre a pessoa e o lugar, pois é fixado pela lei, independentemente da vontade da pessoa e da sua residência. Logo, nem sempre o domicílio e a residência coincidem.

d) INCORRETA. O direito brasileiro admite a pluralidade de domicílio. Exemplos: art. 71, Código Civil: Se, porém, a pessoa natural tiver diversas residências, onde, alternadamente viva, considerar-se-á domicílio seu qualquer deles. Art. 72, Código Civil: É também domicílio da pessoa natural, quanto às relações concernentes à profissão, o lugar onde esta é exercida.

Resposta: Letra A.

3. DOS BENS

TJMG – 2008 – *Questão n° 2 – Direito Civil. Dos bens/Legislação.*

Assinale a alternativa **CORRETA**.

São considerados móveis para os efeitos legais:

a) as edificações que, separadas do solo, mas conservando a sua unidade, forem removíveis para outro local.

b) os materiais provisoriamente separados de um prédio, para nele se reempregarem.

c) os direitos reais sobre objetos móveis e as ações correspondentes.

d) o direito à sucessão aberta.

Comentários

a) INCORRETA. As edificações, que, separadas do solo, mas conservando a sua unidade, forem removíveis para outro local não perdem o caráter de imóveis, conforme prevê o art. 81, I, do CC.

b) INCORRETA. Os materiais provisoriamente separados de um prédio, para nele se reempregarem não perdem o caráter de imóveis, conforme prevê o art. 81, II, do CC.

c) CORRETA. De acordo com o inciso II, do art. 83, do CC, consideram-se móveis para os efeitos legais os direitos reais sobre objetos móveis e as ações correspondentes.

d) INCORRETA. Nos termos do disposto no art. 80, II, do CC, o direito à sucessão aberta é considerado bem imóvel para os efeitos legais.

Resposta: Letra C

***TJMG – 2009** – Questão nº 3 – Direito Civil. Dos Bens/Legislação e Doutrina*

"Principal e o bem que existe sobre si, abstrata ou concretamente; acessório, aquele cuja existência supõe a do principal" (art. 92 do Código Civil).

A lei estabelece um vínculo entre o bem principal e o acessório. Relativamente a este último, o bem acessório, e CORRETO afirmar que:

a) A relação de acessoriedade só existe entre coisas.

b) A relação de acessoriedade existe entre coisas e direitos.

c) Apenas os bens móveis podem ser acessórios.

d) As relações obrigacionais não podem ser acessórias.

Comentários

a) INCORRETA. A relação de acessoriedade existe entre coisas, mas também pode existir entre relações jurídicas. Exemplo de relação de acessoriedade entre relações jurídicas é a existente entre o contrato de locação e o contrato de fiança.

b) CORRETA. A relação de acessoriedade entre o principal e o acessório é decorrente da máxima *accessorium sequitur suum principale* (princípio da gravitação jurídica) a qual é inferida da análise do ordenamento jurídico. E, essa relação de acessoriedade existe entre coisas e também entre direitos. Exemplo: se a obrigação principal for nula, a cláusula penal, que é acessória, também será nula.

c) INCORRETA. Tanto os bens móveis quanto os bens imóveis podem ser acessórios. Exemplo de bem imóvel acessório são as benfeitorias.

d) INCORRETA. Como o Direito das Obrigações também se vale da regra de que o acessório segue o principal, as relações obrigacionais podem ser acessórias. A obrigação resultante do contrato de fiança, por exemplo, é acessória em relação à obrigação principal do contrato de compra e venda.

Resposta: Letra B.

TJMG – 2014 – *Questão 4. Direito Civil. Código Civil. Bens. Legislação*

Consideram-se bens imóveis para os efeitos legais

a) os direitos pessoais de caráter patrimonial e respectivas ações.

b) as energias que tenham valor econômico.

c) os materiais provisoriamente separados de um prédio, para nele se reempregarem.

d) os direitos reais sobre objetos móveis e as ações correspondentes.

Comentários

Os artigos 79 a 81 do Código Civil definem quais são os bens imóveis para efeitos legais.

a) INCORRETA. III – os direitos pessoais de caráter patrimonial e respectivas ações são considerados bens móveis, art. 83, III CC.

b) INCORRETA. As energias que tenham valor econômico são consideradas bens móveis, nos termos do art. 83, I do CC.

c) CORRETA. De acordo com o art. 81 do CC, não perdem o caráter de imóveis os materiais provisoriamente separados de um prédio, para nele se reempregarem.

d) INCORRETA. Os direitos reais sobre objetos móveis e as ações correspondentes são bens móveis para os efeitos legais, conforme art. 83, II do CC

Resposta: Letra C

4. DOS FATOS JURÍDICOS. DO NEGÓCIO JURÍDICO. DOS ATOS LÍCITOS E ILÍCITOS. DA PRESCRIÇÃO E DECADÊNCIA. DA PROVA

TJMG – 2007 *– Questão nº 3 – Direito Civil. Do negócio Jurídico/Legislação*

A incapacidade relativa é causa de anulação do ato negocial. Então, de acordo com o Código Civil, se num negócio um dos contratantes for capaz e o outro incapaz, é **CORRETO** dizer que a anulabilidade do ato pode ser alegada pelo contratante capaz:

a) em seu próprio proveito, enquanto não ocorrer prescrição, independente de qualquer prejuízo.

b) em defesa de seu próprio patrimônio, demonstrada a ocorrência de prejuízo.

c) em sendo indivisível a prestação, objeto do direito ou da obrigação comum.

d) em nenhuma hipótese.

Comentários

a) INCORRETA. Nos termos do art. 105, do CC, a incapacidade relativa de uma das partes não pode ser invocada pela outra em benefício próprio, nem aproveita aos cointeressados capazes, salvo se, neste caso, for indivisível o objeto do direito ou da obrigação comum. Com efeito, a incapacidade relativa é uma exceção pessoal e, por isso, somente pode ser alegada pelo incapaz ou por seu representante legal. Assim, em regra, se não houve malícia por parte do incapaz, somente ele ou o seu representante legal poderá alegar a anulabilidade do ato negocial realizado. O contratante capaz, por não possuir interesse jurídico, não poderá alegá-la.

b) INCORRETA. A incapacidade relativa de um dos contratantes não pode, em regra, ser invocada pelo contratante capaz, pois não possui interesse jurídico para alegá-la. Vide comentários da alternativa A.

c) CORRETA. Conforme art. 105, do CC, se o objeto do direito ou da obrigação comum for indivisível é possível que o contratante capaz alegue a anulabilidade do negócio jurídico em razão da incapacidade relativa de um dos contratantes. Isto porque, diante da impossibilidade de se dividir os interesses dos contratantes, a anulação pleiteada por um deles atingirá a todos.

d) INCORRETA. Vide alternativa C.

Resposta: Letra C

TJMG – 2007 – *Questão n° 4 – Direito Civil. Dos fatos jurídicos. Do negócio Jurídico/Legislação e Doutrina*

No sistema do Código Civil de 2002, a simulação se situa no plano de nulidade. Então, no caso de simulação maliciosa, é **CORRETO** dizer que para a declaração de nulidade é necessário:

a) exige-se o resultado do efetivo prejuízo de terceiro.

b) a intenção de prejudicar e a mera possibilidade do prejuízo ser ocasionado.

c) a intenção de prejudicar e o efetivo prejuízo a terceiro.

d) que ocorra prejuízo ou a possibilidade de existir o prejuízo, ainda que não haja a intenção de prejudicar.

Comentários

Na simulação há um conluio entre os contratantes que, conscientemente, realizam um negócio jurídico, cuja declaração de vontade é mentirosa por haver divergência entre a vontade declarada pelas partes e a vontade real. "(...) na simulação há um descompasso, um desencontro, entre a declaração de vontade e o verdadeiro resultado objetivado pelas partes" (FARIAS, Cristiano Chaves de; ROSENVALD, Nelson. Direito civil. Teoria geral. 7. ed. 2008. p. 459)." A simulação é um vício social, pois a declaração enganosa da verdade é feita de forma consciente pelas partes no intuito de enganar terceiros ou fraudar a lei.

A simulação maliciosa ou fraudulenta é aquela em que as partes conscientemente atuam com a intenção de prejudicar terceiro ou fraudar a lei. Na simulação inocente, não há intenção de violar a lei ou de prejudicar terceiro (ex. doação mascarada de compra e venda feita por homem solteiro à sua concubina). Contudo, de acordo com o Código Civil tanto a simulação maliciosa quanto a inocente são causas de nulidade. Nesse sentido, o Enunciado 152, da III Jornada de Direito Civil: "Toda simulação, inclusive a inocente, é invalidante."

a) INCORRETA. Para a declaração de nulidade da simulação maliciosa não se exige o resultado efetivo do prejuízo de terceiro, pois este não é requisito para a sua configuração.

DIREITO CIVIL

b) CORRETA. Para a configuração da simulação maliciosa basta a intenção de prejudicar e a mera possibilidade de o prejuízo ser ocasionado. Isto porque, são requisitos da simulação a divergência entre a vontade declarada pelas partes e a vontade real, o *pactum simulationis* entre os contratantes e o objetivo de prejudicar terceiros não se exigindo, portanto, a ocorrência do efetivo prejuízo a terceiro.

c) INCORRETA. A ocorrência do efetivo prejuízo a terceiro não é necessária para o reconhecimento da simulação maliciosa. Vide comentário da alternativa B.

d) INCORRETA. Para o reconhecimento da simulação maliciosa é imprescindível que haja a intenção de prejudicar e a mera possibilidade de o prejuízo ser ocasionado não sendo, no entanto, exigido a ocorrência do efetivo prejuízo a terceiro.

Resposta: Letra B.

TJMG – 2007 – *Questão nº 5 Direito Civil. Fato Jurídico. Dos atos lícitos e ilícitos/Doutrina.*

O abuso de direito acha-se incluído na categoria dos atos ilícitos pelo Código Civil de 2002. A ilicitude diz respeito à infringência de norma legal, à violação de um dever de conduta.

Assim, é **CORRETO** que, para a caracterização do abuso de direito, o Código Civil considera que:

a) é imprescritível a noção de culpa em sentido estrito.

b) deve estar presente o dolo.

c) é dispensável a análise da boa-fé objetiva.

d) basta o critério objetivo-finalístico.

Comentários

O art. 187, do CC prevê o ato ilícito decorrente do abuso de direito, estabelecendo que este estará caracterizado quando o titular do direito, ao exercê-lo, exceder manifestamente os limites impostos pelo seu fim econômico ou social, pela boa-fé ou pelos bons costumes. O abuso de direito é um tipo de ato ilícito que, diferentemente do ato ilícito tradicional previsto no art. 186, do CC, configura-se independentemente de culpa ou dolo.

a) INCORRETA. Para a caracterização do abuso de direito não é imprescindível a noção de culpa em sentido estrito. Isto porque, a ilicitude do ato praticado com abuso de direito possui natureza objetiva, sendo aferível independentemente de dolo ou culpa do agente.

b) INCORRETA. Para a caracterização do abuso de direito é desnecessária a demonstração da conduta do agente, ou seja, não se exige o dolo ou a culpa do agente, bastando para a sua configuração o exercício de um direito, de forma abusiva.

c) INCORRETA. Para a caracterização do abuso de direito é indispensável a análise da boa-fé objetiva, pois este ocorre quando a pessoa, ao exercer determinado direito, excede os limites impostos pela boa-fé, pelos bons costumes, pelo seu fim econômico e social.

d) CORRETA. De acordo com o Enunciado 37, da I Jornada de Direito Civil: 37 – Art. 187: A responsabilidade civil decorrente do abuso de direito independe de culpa e fundamenta-se somente no critério objetivo-finalístico.

Resposta: Letra D

TJMG – 2007 – *Questão nº 7 Direito Civil. Fato Jurídico. Da prescrição e Decadência/Legislação*

O Código Civil enumera situações de fato e de direito em que a prescrição não tem curso, outras em que ocorre suspensão do prazo prescricional e ainda aquelas que interrompem a prescrição.

De acordo com o Código Civil, é **CORRETO** dizer que interrompe a prescrição:

a) ausentar-se do país em serviço público do Estado.

b) subordinar-se o ato jurídico a uma condição futura possível.

c) nomear Curador ao devedor declarado incapaz para os atos da vida civil.

d) alterar o objeto da relação obrigacional, mediante consenso entre os sujeitos do contrato.

Comentários

a) INCORRETA. A ausência do País a serviço público da União, dos Estados ou dos Municípios não é causa que interrompe a prescrição. Trata-se de causa que impede ou suspende a prescrição, isto é, se a pessoa já estava ausente do País, não corre o prazo prescricional. Mas, se a

DIREITO CIVIL

ausência ocorreu após o início da contagem do prazo prescricional, o seu curso fica temporariamente paralisado e, superado o fato suspensivo, ele volta a fluir somente pelo tempo restante.

b) INCORRETA. De acordo com o art. 198, I, do CC, a prescrição não corre pendente condição suspensiva. Isto porque, enquanto não se verificar a condição suspensiva a que está subordinado o ato jurídico, não se terá adquirido o direito a que ele visa (art. 125, CC) e, portanto, também não haverá pretensão passível de prescrever. Logo, trata-se de causa que impede o curso do prazo prescricional.

c) INCORRETA. A nomeação de curador ao devedor incapaz para os atos da vida civil não interrompe a prescrição. Isto porque, a curatela é um encargo público destinado à defesa dos relativamente incapazes. E, contra os relativamente incapazes os prazos prescricionais fluem normalmente. Importante destacar que, tratando-se de absolutamente incapaz (art. 3º, CC), os prazos prescricionais e decadenciais não correm, conforme previsto nos art. 198, I e 208, do CC.

d) CORRETA. A alteração do objeto da relação obrigacional pelos sujeitos do contrato interrompe o prazo prescricional, pois esta alteração contratual caracteriza ato inequívoco de reconhecimento do direito pelo devedor. E, de acordo com o art. 202, VI, do CC, a interrupção da prescrição, que somente poderá ocorrer uma vez, dar-se-á, dentre outras causas, por qualquer ato inequívoco, ainda que extrajudicial, que importe reconhecimento do direito pelo devedor.

Resposta: Letra D

TJMG – 2008 – *Questão nº 4 Direito Civil. Dos fatos jurídicos. Do negócio Jurídico/Legislação*

Além dos casos expressamente declarados na lei, é anulável o negócio jurídico:

a) quando não se revestir da forma prescrita.
b) se o motivo determinante, comum a ambas as partes, for ilícito.
c) por vício resultante de erro, dolo, coação ou fraude contra credores.
d) se preterida alguma solenidade considerada essencial para a sua validade.

Comentários

As alternativas A, B, e D estão INCORRETAS, porque se referem a causas de nulidade do negócio jurídico. De acordo com o art. 166, do Código

Civil: *É nulo o negócio jurídico quando: (...) III – o motivo determinante, comum a ambas as partes, for ilícito; IV – não revestir a forma prescrita em lei; V – for preterida alguma solenidade considerada essencial para a sua validade (...).*

A alternativa C está CORRETA. De acordo com o art. 171, do Código Civil: *Além dos casos expressamente declarados na lei, é anulável o negócio jurídico: (...) II – por vício resultante de erro, dolo, coação ou fraude contra credores (...).*

Resposta: Letra C.

TJMG – 2008 – *Questão nº 5 – Direito Civil. Dos Fatos jurídicos. Do negócio Jurídico/Legislação*

O Código Civil considera nulo o negócio jurídico simulado. Assim, haverá nulidade por simulação nos negócios jurídicos quando:

a) contiverem confissão, condição ou cláusula não verdadeira.

b) as declarações de vontade emanarem de erro que poderia ser percebido por pessoa de diligência normal.

c) houver silêncio intencional de uma das partes a respeito de fato ou qualidade que a outra parte haja ignorado, determinante para a realização do negócio.

d) a declaração de vontade de um dos contratantes decorra de fundado temor de dano à sua pessoa.

Comentários

a) CORRETA. Conforme previsto no art. art. 167, § 1º, II, CC, haverá nulidade por simulação do negócio jurídico quando contiver confissão, condição ou cláusula não verdadeira.

b) INCORRETA. Quando as declarações de vontade emanarem de erro que poderia ser percebido por pessoa de diligência normal, o negócio jurídico será anulável por ser resultante desse vício do consentimento. A propósito, estabelece o art. 138, CC: "São anuláveis os negócios jurídicos, quando as declarações de vontade emanarem de erro substancial que poderia ser percebido por pessoa de diligência normal, em face das circunstâncias do negócio jurídico."

c) INCORRETA. O silêncio intencional de uma das partes a respeito de fato ou qualidade que a outa parte haja ignorado, determinante para a realização do negócio configura o dolo negativo, o qual está previsto no art. 147, CC ("Nos negócios jurídicos bilaterais, o silêncio intencional de uma das partes a respeito de fato, ou qualidade que a outra parte haja ignorado, constitui omissão dolosa, provando-se que sem ela o negócio não se teria celebrado."). E, se o negócio jurídico for resultante de dolo, por ter uma das partes ocultado algo que a outra deveria saber e que se sabedora não teria realizado o negócio jurídico, será anulável, nos termos do art. 171, II, do CC.

d) INCORRETA. Quando a declaração de vontade de um dos contratantes decorrer de fundado temor de dano à sua pessoa haverá coação, conforme prevê o art. 151, do CC: "A coação, para viciar a declaração da vontade, há de ser tal que incuta ao paciente fundado temor de dano iminente e considerável a sua pessoa, à sua família, ou aos seus bens." E, o negócio jurídico resultante de coação é anulável, nos termos do art. 171, II, do CC.

Resposta: Letra A

TJMG – 2008 *– Questão nº 8 Direito Civil/Dos Fatos jurídicos. Da prescrição e Decadência/Legislação*

Enquanto causa extintiva da pretensão de direito material e causa extintiva de direito, pelo seu não exercício no prazo estipulado por lei, de acordo com o Código Civil, é **CORRETO** dizer que:

a) a prescrição e a decadência são irrenunciáveis.

b) a interrupção da prescrição por um dos credores solidário não aproveita aos outros credores.

c) o juiz não pode suprir, de ofício, a alegação de decadência convencional.

d) à decadência se aplicam as normas que impedem, suspendem ou interrompem a prescrição, salvo disposição legal em contrario.

Comentários

a) INCORRETA. A prescrição é renunciável conforme previsto no art. 191, do CC. Já a decadência legal é irrenunciável, nos termos do art. 209, CC: "É nula a renúncia à decadência fixada em lei." Todavia, tratando-se de decadência convencional, isto é, a que decorre de convenção das partes, é possível a sua renúncia, pois por se referir a direitos disponíveis as partes podem tanto estabelecer quanto renunciar os prazos decadenciais.

b) INCORRETA. Conforme previsto na primeira parte do § 1º, do art. 204, CC, a interrupção da prescrição por um dos credores solidários aproveita aos outros credores.

c) CORRETA. De acordo com o art. 211, CC: "Se a decadência for convencional, a parte a quem aproveita pode alegá-la em qualquer grau de jurisdição, mas o juiz não pode suprir a alegação."

d) INCORRETA. De acordo com o art. 207, CC: "Salvo disposição legal em contrário, não se aplicam à decadência as normas que impedem, suspendem ou interrompem a prescrição."

Resposta: Letra C

TJMG – 2009 – *Questão nº 4 – Direito Civil. Dos fatos jurídicos. Do negócio jurídico/Doutrina.*

"Fatos jurídicos são acontecimentos que produzem efeitos jurídicos, causando o nascimento, a modificação ou a extinção de relações jurídica e de seus direitos". Ora constituem-se como simples manifestação da natureza, ora podem configurar-se como manifestação da vontade humana. Neste último caso são chamados de atos jurídicos.

Assim, dentre as assertivas abaixo, assinale CORRETA.

a) No ato jurídico em senso estrito a eficácia decorre da vontade do agente. E ato *ex voluntate*.

b) Os atos jurídicos em senso estrito consistem em simples declarações de vontade que produzem efeitos estabelecidos em lei.

c) O ato jurídico em senso estrito e a realização da autonomia privada, porque e instrumento de realização da vontade.

d) O ato jurídico stricto sensu e o negocio jurídico são, ambos, manifestações de vontade, não se diferindo quanto a sua estrutura, a sua função e a seus efeitos.

Comentários

O CC/02 adotou a Teoria Dualista, a qual fraciona os atos jurídicos latu sensu em ato jurídico stricto sensu (senso estrito ou em sentido estrito) e em negócio jurídico. O ato jurídico em senso estrito é o comportamento humano cujos efeitos são decorrentes da lei, isto é, manifestada a vontade, ou a simples intenção, seus efeitos são predeterminados na lei. Os atos jurídicos senso estrito são os meios para o exercício dos direitos potestativos. Exemplos de atos jurídicos em senso estrito são o reconhecimento da paternidade e a transação. Os negócios jurídicos são declarações de vontade cujos efeitos são regulados pelos próprios interessados. Exemplos de negócios jurídicos são os contratos e os testamentos.

a) INCORRETA. No ato jurídico em senso estrito, diferentemente dos negócios jurídicos, a eficácia decorre da lei. Manifestada a vontade, seus efeitos se produzem *ex lege*.

b) CORRETA. Os atos jurídicos em senso estrito são declarações de vontade cujos efeitos jurídicos decorrentes são predeterminados pela lei. Cristiano Chaves de Faria e Nelson Rosenvald ensinam que: "o ato jurídico em sentido estrito é o que gera consequências jurídicas previstas em lei (tipificadas previamente), desejadas, é bem verdade pelos interessados, mas sem qualquer regulamentação da autonomia privada". (FARIAS, Cristiano Chaves de; ROSENVALD, Nelson, 2010.)

c) INCORRETA. No ato jurídico em senso estrito a autonomia privada não exerce nenhuma influência na produção dos seus efeitos, pois estes são predeterminados pela lei e ocorrem independente da vontade do agente.

d) INCORRETA. O ato jurídico em senso estrito e o negócio jurídico não se confundem. O ato jurídico em senso estrito tem seus efeitos predeterminados pela lei ficando afastada a autonomia privada. No negócio jurídico, os seus efeitos são regulados pelos próprios interessados; é ato *ex voluntate*, que regulamenta os interesses privados.

Resposta: Letra B

TJMG – 2009 – *Questão nº 5 – Direito Civil. Dos fatos jurídicos. Do negócio Jurídico/Legislação*

Responda a asserção CORRETA, relativa à nulidade do negócio jurídico.

a) As obrigações decorrentes de negócio jurídico nulo podem ser objeto de novação.

b) As nulidades do negócio jurídico devem ser pronunciadas pelo Juiz, que também as pode sanar.

c) O decurso de tempo faz desaparecer o vício.

d) O decurso do tempo não opera a confirmação, nem convalesce o negócio jurídico nulo.

> **Comentários**
>
> a) INCORRETA. As obrigações decorrentes de negócio jurídico nulo não podem ser objeto de novação. De acordo com o art. 367, do CC, não podem ser objeto de novação obrigações nulas ou extintas, salvo as obrigações simplesmente anuláveis.
>
> b) INCORRETA. As nulidades devem ser pronunciadas pelo juiz, quando conhecer do negócio jurídico ou dos seus efeitos e as encontrar provadas, não lhe sendo permitido supri-las, ainda que a requerimento das partes (art. 168, parágrafo único, do CC).
>
> c) INCORRETA. O negócio jurídico nulo não é suscetível de confirmação, nem convalesce pelo decurso do tempo, conforme prevê o art. 169, do CC. Logo, o decurso do tempo não faz desaparecer a nulidade do negócio jurídico.
>
> d) CORRETA. Conforme previsto no art. 169, do CC: O negócio jurídico nulo não é suscetível de confirmação, nem convalesce pelo decurso do tempo.
>
> **Resposta: Letra D**

TJMG – 2009 – *Questão nº 6. Direito Civil/Dos Fatos jurídicos. Do negócio Jurídico/Legislação*

No que tange ao negócio jurídico anulável, marque a afirmativa CORRETA.

a) A anulabilidade não tem efeito antes de julgada, mas pode se pronunciada, de ofício,

a favor terceiros prejudicados.

b) O negócio jurídico anulável, assim como o negócio jurídico nulo, não pode ser confirmado pelas partes.

c) A anulação do negócio jurídico somente pode ser alegada pelas pessoas afetadas pelo negócio jurídico e em benefício de quem se anula o ato.

d) Na hipótese de negócio jurídico praticado por agente relativamente incapaz, a sanção e destinada a proteger o interesse público.

Comentários

a) INCORRETA. De acordo com o art. 177, CC: "a anulabilidade não tem efeito antes de julgada por sentença, nem se pronuncia de ofício; só os interessados a podem alegar, e aproveita exclusivamente aos que a alegarem, salvo o caso de solidariedade ou indivisibilidade."

b) INCORRETA. O negócio jurídico nulo não é suscetível de confirmação, conforme prevê o art. 169, do CC. No entanto, de acordo com o art. 172, CC, o negócio jurídico anulável pode ser confirmado pelas partes, salvo direito de terceiro.

c) CORRETA. Tratando-se a anulabilidade de vício que compromete interesses particulares, somente os prejudicados com o negócio jurídico ou seus representantes legais terão legitimidade para alegá-la e os seus efeitos, em regra, somente aproveitará à parte que a alegou, salvo o caso de solidariedade ou indivisibilidade. Art. 177, CC: "a anulabilidade não tem efeito antes de julgada por sentença, nem se pronuncia de ofício; só os interessados a podem alegar, e aproveita exclusivamente aos que a alegarem, salvo o caso de solidariedade ou indivisibilidade."

d) INCORRETA. O negócio jurídico praticado por agente relativamente incapaz é anulável, nos termos do art. 171, I, CC. E, tratando-se de anulabilidade ou nulidade relativa, o vício é de natureza privada, pois compromete interesses privados. Logo, a sanção destina-se a proteger o interesse privado.

Resposta: Letra C

TJMG – 2009 – *Questão nº 7 Direito Civil. Dos Fatos jurídicos. Da prescrição e decadência/Legislação/Doutrina*

Relativamente à disciplina da Prescrição e da Decadência, marcar a questão CORRETA.

a) Aplicam-se à decadência, salvo disposição legal em contrário, as normas que impedem, suspendem ou interrompem a prescrição.

b) A prescrição e a decadência consolidam um estado de fato, transformando-o em estado de direito.

c) Ambas se constituem causa e disciplina de extinção de direitos, mas a prescrição funda-se em princípio de natureza privada, protegendo interesses privados.

d) A prescrição e a decadência são formas de extinção de direitos, constituindo-se as duas em prazos extintivos.

> **Comentários**
>
> a) INCORRETA. De acordo com o art. 207, CC: "Salvo disposição legal em contrário, não se aplicam à decadência as normas que impedem, suspendem ou interrompem a prescrição."
>
> b) INCORRETA. A prescrição e a decadência consolidam um estado de direito, pois com o decurso do tempo e a inércia do titular do direito há a estabilização da situação jurídica potencialmente litigiosa.
>
> c) INCORRETA. A prescrição também protege o interesse público, pois ao consolidar, com o decurso do tempo, a aquisição ou a extinção de situações jurídicas visa assegura a estabilização das relações jurídicas em respeito aos princípios e garantias constitucionais.
>
> d) CORRETA. Enquanto a prescrição extingue a pretensão do titular de um direito subjetivo – o direito de exigir em juízo a prestação inadimplida, a decadência extingue o direito potestativo em decorrência da inércia de seu titular no prazo estipulado pela lei.
>
> **Resposta: Letra D**

TJMG – 2012 – *Questão 04. Direito Civil. Código Civil. Prescrição. Legislação*

Assinale a alternativa que apresenta informação incorreta no que concerne à prescrição.

a) A prescrição só pode ser alegada a quem aproveita em primeiro grau de jurisdição.

b) A exceção prescreve no mesmo prazo em que a pretensão.

c) A interrupção da prescrição, que somente poderá ocorrer uma vez, dar-se-á por qualquer ato judicial que constitua em mora o devedor.

d) A prescrição pode ser interrompida por qualquer interessado.

> **Comentários**
>
> a) INCORRETA – Art. 193 do CC: "A prescrição pode ser alegada em qualquer grau de jurisdição, pela parte a quem aproveita".

DIREITO CIVIL

b) CORRETA – Art. 190 do CC: "A exceção prescreve no mesmo prazo em que a pretensão".

c) CORRETA – Art. 202, caput, do CC: "A interrupção da prescrição, que somente poderá ocorrer uma vez, dar-se-á: V – por qualquer ato judicial que constitua em mora o devedor".

d) CORRETA – Art. 203 do CC: "A prescrição pode ser interrompida por qualquer interessado".

Resposta: Letra A

TJMG – 2014 – *Questão 5. Direito Civil. Código Civil. Negócios Jurídicos. Legislação*

Sobre os defeitos do negócio jurídico, assinale a alternativa INCORRETA.

a) O erro de indicação da pessoa ou da coisa, a que se referir a declaração de vontade, não viciará o negócio quando, por seu contexto e pelas circunstâncias, se puder identificar a coisa ou pessoa cogitada.

b) O erro de cálculo apenas autoriza a retificação da declaração de vontade.

c) O erro prejudica a validade do negócio jurídico mesmo quando a pessoa, a quem a manifestação de vontade se dirige, se oferece para executá-la na conformidade da vontade real do manifestante.

d) O erro é substancial quando interessa à natureza do negócio, ao objeto principal da declaração, ou a alguma das qualidades a ele essenciais; sendo de direito e não implicando recusa à aplicação da lei, for o motivo único ou principal do negócio jurídico; concerne à identidade ou à qualidade essencial da pessoa a quem se refira a declaração de vontade, desde que tenha influído nesta de modo relevante.

Comentários

a) CORRETA. O art. 142 do CC dispõe que: O erro de indicação da pessoa ou da coisa, a que se referir a declaração de vontade, não viciará o negócio quando, por seu contexto e pelas circunstâncias, se puder identificar a coisa ou pessoa cogitada.

b) CORRETA. Nos termos do art. 143 do CC: O erro de cálculo apenas autoriza a retificação da declaração de vontade.

c) INCORRETA. O ordenamento jurídico brasileiro busca a aplicação do princípio da conservação dos atos e negócio jurídico e, por isso, se houver a execução conforme a vontade real do manifestante, o erro não prejudicará a validade do negócio jurídico, nos termos do artigo 144 do CC c/c 172 do CC.

d) CORRETA. Conforme art. 139 do CC: Art. 139. O erro é substancial quando: I – interessa à natureza do negócio, ao objeto principal da declaração, ou a alguma das qualidades a ele essenciais; II – concerne à identidade ou à qualidade essencial da pessoa a quem se refira a declaração de vontade, desde que tenha influído nesta de modo relevante; III – sendo de direito e não implicando recusa à aplicação da lei, for o motivo único ou principal do negócio jurídico.

Resposta: Letra C

TJMG – 2014 – Questão 6. Direito Civil. Código Civil. Prescrição. Legislação

Sobre as causas que impedem ou suspendem a prescrição, assinale a alternativa INCORRETA.

a) Não corre a prescrição quando prender condição suspensiva.

b) Não corre a prescrição contra os ausentes do País em serviço público da União, dos Estados ou dos Municípios.

c) Não corre a prescrição contra os que se acharem a serviço das Forças Armadas, em tempo de paz.

d) Não corre a prescrição quando prender ação de evicção.

Comentários

a) CORRETA. Art. 199. Não corre igualmente a prescrição: I – pendendo condição suspensiva;

b) CORRETA. Art. 198. Também não corre a prescrição: II – contra os ausentes do País em serviço público da União, dos Estados ou dos Municípios;

c) INCORRETA. Art. 198. Também não corre a prescrição: III – contra os que se acharem servindo nas Forças Armadas, *em tempo de guerra*.

d) CORRETA. Art. 199, III: Não corre igualmente a prescrição: III – pendendo ação de evicção.

Resposta: Letra C

DIREITO CIVIL

5. DO DIREITO DAS OBRIGAÇÕES. DAS MODALIDADES. DA TRANSMISSÃO. DO ADIMPLEMENTO E EXTINÇÃO DAS OBRIGAÇÕES. DO INADIMPLEMENTO DAS OBRIGAÇÕES

TJMG – 2007 – *Questão n° 8 Direito Civil. Do direito das obrigações. Do inadimplemento das obrigações/Legislação/Doutrina.*

Uma vez não cumprida a obrigação e constituído em mora o devedor, este responde por perdas e danos. As perdas e danos devidos ao credor abrangem lucros cessantes.

Então, e CORRETO dizer que os lucros cessantes correspondem:

a) à expectativa de lucro do credor.

b) ao prejuízo do credor potencialmente estimável.

c) ao prejuízo por efeito direto e imediato da inexecução da obrigação.

d) a qualquer dano eventualmente aferível a partir da mora do devedor.

Comentários

a) INCORRETA. Os lucros cessantes não correspondem à expectativa de lucro do credor, mas sim ao lucro que o credor efetivamente deixou de auferir em razão do descumprimento da obrigação pelo devedor.

b) INCORRETA. Os lucros cessantes não correspondem ao prejuízo potencialmente estimável do credor, eis que impossível a reparação de prejuízo eventual ou potencial. Os lucros cessantes correspondem aos ganhos que o credor razoavelmente deixou de auferir em razão do inadimplemento da obrigação. E, apesar de se referirem a dano futuro, há certeza quanto à sua ocorrência, pois são decorrentes do inadimplemento da obrigação o qual já está configurado.

c) CORRETA. Art. 403, CC: Ainda que a inexecução resulte de dolo do devedor, as perdas e danos só incluem os prejuízos efetivos e os lucros cessantes por efeito dela direto e imediato, sem prejuízo do disposto na lei processual.

d) INCORRETA. Os lucros cessantes correspondem apenas aos danos negativos oriundos de forma direta e imediata do inadimplemento da obrigação. Logo, não é qualquer dano eventualmente aferível a partir da mora do devedor que corresponde aos lucros cessantes.

Resposta: Letra C.

TJMG – 2008 – *Concurso – Questão nº 9 Direito Civil. Do Direito das Obrigações. Das modalidades/Legislação/Doutrina*

Diz-se alternativa a obrigação quando comportar duas prestações, distintas e independentes. Considerando essa afirmativa, marque a opção **CORRETA**.

a) O devedor pode obrigar o credor a receber parte em uma prestação e parte em outra.

b) O devedor pode exercer a faculdade de opção em cada período, quando a obrigação for de prestações periódicas.

c) O devedor, depois de exercer o direito de escolha, independentemente de qualquer outra condição, antes do adimplemento da obrigação, ainda dispõe da alternativa de oferecer a prestação que lhe convier.

d) Os devedores, não havendo acordo unânime entre eles, obrigatoriamente devem se submeter à vontade da maioria.

Comentários

a) Incorreta. De acordo com o § 1º, do art. 252, CC, o devedor não pode obrigar o credor a receber parte em uma prestação e parte em outra.

b) Correta. Art. 252, § 2º, CC: Quando a obrigação for de prestações periódicas, a faculdade de opção poder ser exercida em cada período.

c) Incorreta. Quando a escolha da prestação é feita, fase chamada de concentração, a obrigação alternativa originária converte-se em obrigação simples, pois há a determinação do objeto a ser prestado pelo devedor. Assim, feita a escolha pelo devedor, resta irrevogável a individualização do objeto da obrigação, razão pela qual o devedor deve cumprir a prestação por ele escolhida não dispondo da alternativa de dispor da que lhe convier.

d) Incorreta. De acordo com o § 3º, do art. 252, CC, no caso de pluralidade de optantes, não havendo acordo unânime entre eles, decidirá o juiz, findo o prazo por este assinado para a deliberação.

Resposta: Letra B

TJMG – 2009 – *Questão nº 8 Direito Civil. Do direito das obrigações, Do inadimplemento das obrigações/Legislação/Doutrina*

Em relação aos direitos das obrigações, marque a asserção CORRETA.

DIREITO CIVIL

a) A mora não pode ser purgada por terceiro.
b) A presunção da mora também ocorre em caso de aposição em cláusula contratual de termo certo para pagamento.
c) Nas obrigações provenientes de ato ilícito a mora e presumida.
d) Ainda que a prestação se tenha tornado inútil ao credor, em virtude da impontualidade, a mora pode ser purgada.

Comentários

a) INCORRETA. Assim como o pagamento, a mora também pode ser purgada pelo terceiro, interessado ou não. O Código Civil ao permitir que qualquer pessoa efetue o pagamento, conferiu ampla liberdade ao ato de solver, a qual se aplica à purgação da mora. A propósito, Art. 304, CC: "Qualquer interessado na extinção da dívida pode pagá-la, usando, se o credor se opuser, dos meios conducentes à exoneração do devedor. Parágrafo único: Igual direito cabe ao terceiro não interessado, se o fizer em nome e à conta do devedor, salvo oposição deste."

b) INCORRETA. A mora presumida ocorre nas obrigações provenientes de ato ilícito (responsabilidade extracontratual), pois a notificação do devedor é dispensada, nos termos do art. 398, CC: Nas obrigações provenientes de ato ilícito, considera-se o devedor em mora, desde que o praticou. Tratando-se de cláusula contratual de termo certo para pagamento, a mora é *ex re* e opera-se de pleno direito, ou seja, a mora do devedor, que decorre da própria lei, ocorre de forma automática diante do descumprimento da obrigação positiva e líquida no seu termo, sendo desnecessária qualquer interpelação pelo credor.

c) CORRETA. Nas obrigações provenientes de ato ilícito, a mora é presumida porque se considera o devedor em mora desde o momento em que praticou o ato ilícito, independentemente de qualquer notificação. Art. 398, CC: Nas obrigações provenientes de ato ilícito, considera-se o devedor em mora, desde que o praticou.

d) INCORRETA. Se a prestação se tornou inútil ao credor, em virtude da impontualidade, a mora não poderá ser purgada. Art. 395, parágrafo único do CC: Se a prestação, devido à mora, se tornar inútil ao credor, este poderá enjeitá-la, e exigir a satisfação das perdas e danos.

Resposta: Letra C

PREPARANDO PARA CONCURSOS - JUIZ ESTADUAL - TJ-MG

TJMG – 2012 – *Questão 02. Do direito das obrigações. Do adimplemento das obrigações/Legislação*

Com relação ao adimplemento das obrigações por pagamento, analise as afirmativas seguintes.

I. O pagamento feito de boa-fé ao credor putativo é válido, ainda provado depois que não era credor.

II. A quitação não poderá ser dada por instrumento particular.

III. Na imputação do pagamento, havendo capital e juros, segundo a lei civil, o pagamento imputar-se-á primeiro no capital, e depois nos juros vencidos.

IV. Considera-se pagamento, e extingue a obrigação, o depósito judicial ou em estabelecimento bancário da coisa devida, nos casos e formas legais.

Estão corretas apenas as afirmativas

a) I e III.
b) I e IV.
b) II e III.
d) II e IV.

Comentários

I – CORRETA – Art. 309 do CC: "O pagamento feito de boa-fé ao credor putativo é válido, ainda provado depois que não era credor".

II – INCORRETA – Art. 320, caput, do CC: "A quitação, que sempre poderá ser dada por instrumento particular, designará o valor e a espécie da dívida quitada, o nome do devedor, ou quem por este pagou, o tempo e o lugar do pagamento, com a assinatura do credor, ou do seu representante".

III – INCORRETA – Art. 354 do CC: "Havendo capital e juros, o pagamento imputar-se-á primeiro nos juros vencidos, e depois no capital, salvo estipulação em contrário, ou se o credor passar a quitação por conta do capital.".

IV – CORRETA – Art. 334 do CC: "Considera-se pagamento, e extingue a obrigação, o depósito judicial ou em estabelecimento bancário da coisa devida, nos casos e forma legais".

Resposta: Letra B

DIREITO CIVIL

***TJMG – 2014** – Questão 7. Direito Civil. Código Civil. Direito das Obrigações. Legislação*

Sobre o adimplemento e a extinção das obrigações, assinale a alternativa INCORRETA.

a) A novação dá-se, dentre outras formas, quando, em virtude de obrigação nova, outro credor é substituído ao antigo, ficando o devedor quite com este.

b) A novação, quando se realiza por substituição do devedor, não pode ser efetuada independentemente de consentimento deste.

c) A novação, operada entre o credor e um dos devedores solidários, somente sobre os bens do que contrair a nova obrigação subsistem as preferências e garantias do crédito novado. Os outros devedores solidários ficam por esse fato exonerados.

d) Na novação, não havendo ânimo de novar, expresso ou tácito mas inequívoco, a segunda obrigação confirma simplesmente a primeira.

Comentários

a) CORRETA. Conforme o art. 360, inciso III do CC: dá-se a novação: III – quando, em virtude de obrigação nova, outro credor é substituído ao antigo, ficando o devedor quite com este.

b) INCORRETA. A novação subjetiva pode se realizar sem o consentimento do devedor substituído, nos termos do art. 362 do CC: a novação por substituição do devedor pode ser efetuada independentemente de consentimento deste.

c) CORRETA. De acordo com o art. 365 do CC: operada a novação entre o credor e um dos devedores solidários, somente sobre os bens do que contrair a nova obrigação subsistem as preferências e garantias do crédito novado. Os outros devedores solidários ficam por esse fato exonerados.

d) CORRETA. Segundo as lições de ASSIS NETO e outros (2016, p. 693), a novação é uma forma de extinção da obrigação, que se dá com a criação de uma nova obrigação. A principal característica, portanto, da novação é o ânimo de novar (*animus novandi*), tanto que, de acordo com o art. 361, *não havendo ânimo de novar, expresso ou tácito mas inequívoco, a segunda obrigação confirma simplesmente a primeira.*

Resposta: Letra B

6. DOS CONTRATOS EM GERAL. DAS VÁRIAS ESPÉCIES DE CONTRATO. LEIS EXTRAVAGANTES

TJMG – 2007 *– Questão nº 9 Direito Civil. Dos contratos em geral/Legislação/ Doutrina.*

A liberdade de contratar tem limite na função social do contrato.

Assim, e CORRETO dizer que os princípios da probidade e da boa-fé:

a) não autorizam às partes estipular contratos atípicos.

b) são identificáveis apenas nas relações de consumo.

c) autorizam renúncia antecipada do aderente a direito resultante da natureza do negócio.

d) devem ser observados na conclusão e execução do contrato.

Comentários

a) INCORRETA. De acordo com o art. 425, CC: É lícito às partes estipular contratos atípicos, observadas as normas gerais fixadas neste Código.

b) INCORRETA. Os princípios da probidade e da boa-fé não são identificáveis apenas nas relações de consumo, mas sim, em todas as relações jurídicas. De acordo com o art. 422, do CC, os contratantes são obrigados a guardar, assim na conclusão do contrato, como em sua execução, os princípios de probidade e boa-fé. Ademais, vale ressaltar o Enunciado 26, da I Jornada de Direito Civil: A cláusula geral contida no art. 422 do novo Código Civil impõe ao juiz interpretar e, quando necessário, suprir e corrigir o contrato segundo a boa-fé objetiva, entendida como a exigência de comportamento leal dos contratantes.

c) INCORRETA. Art. 424, CC: Nos contratos de adesão são nulas as cláusulas que estipulem a renúncia antecipada do aderente a direito resultante da natureza do negócio.

d) CORRETA. Art. 422, CC: Os contratantes são obrigados a guardar, assim na conclusão do contrato, como em sua execução, os princípios da probidade e da boa-fé. A propósito, o Enunciado 25 da I Jornada de Direito Civil: 25 – Art. 422: O art. 422 do Código Civil não inviabiliza a aplicação pelo julgador do princípio da boa-fé nas fases pré-contratual e pós-contratual.

Resposta: Letra D

DIREITO CIVIL

TJMG – 2008 – *Questão nº 10 Direito Civil. Dos contratos em geral/Legislação/Doutrina*

Nos contratos onerosos, o alienante responde pela evicção. Assim, de acordo com o Código Civil, e **CORRETO** dizer que:

a) a garantia não subsiste quando a aquisição se tenha realizado em hasta pública.

b) a garantia ou responsabilidade pela evicção independe de culpa.

c) a garantia opera-se com a perda da coisa por ato administrativo de política sanitária ou de segurança pública.

d) a garantia ou responsabilidade pela evicção não pode ser objeto das disposições de vontade dos contratantes.

Comentários

a) INCORRETA. Art. 447, CC: Nos contratos onerosos, o alienante responde pela evicção. Subsiste esta garantia ainda que a aquisição se tenha realizado em hasta pública.

b) CORRETA. A garantia ou responsabilidade pela evicção independe de culpa. De acordo com o art. 447, do CC, não se exige culpa para o reconhecimento da responsabilidade pela evicção, a qual será do alienante, de *pleno jure,* nos contratos onerosos.

c) INCORRETA. A garantia da evicção opera-se com a perda da coisa adquirida em contrato oneroso por força de ato judicial ou ato administrativo, mesmo que a aquisição tenha se dado por meio de hasta pública.

d) INCORRETA. A garantia ou a responsabilidade pela evicção pode ser objeto das disposições de vontade dos contratantes, conforme disposto no art. 448, CC: Podem as partes, por cláusula expressa, reforçar, diminuir ou excluir a responsabilidade pela evicção.

Resposta: Letra B.

TJMG – 2009 – *Questão nº 9 Direito Civil. Dos contratos em geral/Legislação*

Sobre os contratos, e CORRETA a seguinte opção:

a) Os contratos entre ausentes tornam-se perfeitos desde a expedição da aceitação, sem exceção.

b) A aceitação da proposta de contrato fora do prazo, com adições, restrições ou modificações, não importará nova proposta.

c) Considera-se inexistente a aceitação da proposta de contrato se, antes dela ou com ela, chegar ao proponente a retratação do aceitante.

d) Reputar-se-á celebrado o contrato no domicílio do aceitante.

Comentários

a) INCORRETA. Os contratos entre ausentes tornam-se perfeitos desde a expedição da aceitação, no entanto, existem exceções a essa regra previstas nos incisos do art. 434, CC. Com efeito, dispõem o art. 434, CC: Os contratos entre ausentes tornam-se perfeitos desde que a aceitação é expedida, exceto: I – no caso do artigo antecedente (art. 433, CC: Considera-se inexistente a aceitação, se antes dela ou com ela chegar ao proponente a retratação do aceitante.); II – se o proponente se houver comprometido a esperar resposta; III – se ela não chegar no prazo convencionado.

b) INCORRETA. Nos termos do art. 431, CC, a aceitação fora do prazo, com adições, restrições ou modificações, importará em nova proposta.

c) CORRETA. Art. 433, CC: Considera-se inexistente a aceitação, se antes dela ou com ela chegar ao proponente a retratação do aceitante.

d) INCORRETA. De acordo com o art. 435, CC: Reputar-se-á celebrado o contrato no lugar em que foi proposto.

Resposta: Letra C.

TJMG – 2009 *– Questão nº 10 Direito Civil. Dos contratos em geral. Das várias espécies de contratos/Legislação/Doutrina*

Marque a opção CORRETA, correspondente à característica própria do contrato de seguro.

a) Personalíssimo.
b) Aleatório.
c) Comutativo.
d) Unilateral.

DIREITO CIVIL

> **Comentários**
>
> a) INCORRETA. O contrato personalíssimo é aquele realizado *intuitu personae*, ou seja, é aquele em que a pessoa do contratante é elemento causal do contrato, pois a sua celebração e a produção dos seus efeitos dependem da pessoa do contratante. O contrato de seguro não é um contrato personalíssimo, mas sim, um contrato impessoal, pois a pessoa do contratante não é importante para a celebração e produção dos efeitos do contrato; o que é importante é a realização do objeto do contrato, independentemente de quem irá realizá-lo.
>
> b) CORRETA. O contrato de seguro é um contrato aleatório, eis que a prestação de uma das partes depende da ocorrência de um fato futuro e incerto, cujo risco da não ocorrência foi assumido pela outra parte.
>
> c) INCORRETA. O contrato de seguro não é um contrato comutativo, pois neste, as partes contratantes sabem, de antemão, as prestações que deverão cumprir, como por ex. no contrato de compra e venda. O contrato de seguro é um contrato aleatório ou de esperança, pois a obrigação de uma das partes depende da ocorrência de um fato futuro e incerto, cujo risco da não ocorrência foi assumido pelas partes.
>
> d) INCORRETA. O contrato de seguro não é um contrato unilateral, pois nele não há direitos e obrigações apenas para um dos contratantes, mas sim, para ambos. Com efeito, o contrato de seguro é um contrato bilateral ou sinalagmático.
>
> **Resposta: Letra B**

TJMG – 2012 – *Questão 05. Direito Civil. Dos contratos em geral. Das várias espécies de contratos/Legislação/Doutrina*

Com relação ao mandato, assinale a alternativa que apresenta informação incorreta.

a) Ainda quando se outorgue mandato por instrumento público, pode substabelecer-se mediante instrumento particular.

b) Opera-se o mandato quando alguém recebe de outrem poderes para, em seu nome, praticar atos ou administrar interesses.

c) Na falta de previsão no contrato ou na lei, a retribuição no mandato oneroso poderá ser determinada pelos usos do lugar ou, na falta destes, por arbitramento.

d) O mandatário não tem o direito de reter, do objeto da operação que lhe foi cometida, o que baste para pagamento do que lhe for devido em consequência do mandato.

Comentários

a) CORRETA. Art. 655. Ainda quando se outorgue mandato por instrumento público, pode substabelecer-se mediante instrumento particular.

b) CORRETA. Art. 653. Opera-se o mandato quando alguém recebe de outrem poderes para, em seu nome, praticar atos ou administrar interesses. A procuração é o instrumento do mandato.

c) CORRETA. Art. 658. O mandato presume-se gratuito quando não houver sido estipulada retribuição, exceto se o seu objeto corresponder ao daqueles que o mandatário trata por ofício ou profissão lucrativa. Parágrafo único. Se o mandato for oneroso, caberá ao mandatário a retribuição prevista em lei ou no contrato. Sendo estes omissos, será ela determinada pelos usos do lugar, ou, na falta destes, por arbitramento

d) INCORRETA. O Art. 664 diz que tem sim o mandatário direito de reter, do objeto da operação que lhe foi cometida, o que basta para pagamento do que lhe for devido em consequência do mandato.

Resposta: Letra D

TJMG – 2014 – *Questão 10. Direito Civil. Código Civil. Contratos. Legislação*

Quanto aos contratos em geral, assinale a alternativa INCORRETA.

a) A proposta de contrato obriga o proponente, se o contrário não resultar dos termos dela, da natureza do negócio ou das circunstâncias do caso.

b) O que estipula em favor de terceiro não pode exigir o cumprimento da obrigação.

c) Reputar-se-á celebrado o contrato no lugar em que foi proposto.

d) A cláusula resolutiva expressa opera de pleno direito, já a tácita depende de interpelação judicial.

Comentários

a) CORRETA. Conforme o art. 427/CC: A proposta de contrato obriga o proponente, se o contrário não resultar dos termos dela, da natureza do negócio, ou das circunstâncias do caso.

b) INCORRETA. Nos termos do art. 436/CC: O que estipula em favor de terceiro *pode exigir* o cumprimento da obrigação.

c) CORRETA. Consoante art. 435/CC: Reputar-se-á o celebrado o contrato no lugar em que foi proposto.

d) CORRETA. A cláusula resolutiva expressa opera de pleno direito; a tácita depende de interpelação judicial, de acordo com o art. 474/CC.

Resposta: Letra B

7. DOS ATOS UNILATERAIS

8. DA RESPONSABILIDADE CIVIL. DAS PREFERÊNCIAS E PRIVILÉGIOS CREDITÓRIOS. A RESPONSABILIDADE CIVIL NA CONSTITUIÇÃO

TJMG – 2007 – *Concurso – Questão nº 6 Direito Civil. Da responsabilidade civil/Legislação/Doutrina/Jurisprudência*

O ônibus de placa ZYX-0007, utilizado no transporte urbano de passageiros, transitando por avenida de tráfego intenso, atropelou Zacarias que, embriagado, atravessava a via pública.

Então, nesta situação de fato, conforme dispõe o artigo 734 do Código Civil, é CORRETO afirmar que a empresa proprietária do ônibus responde em juízo com base:

a) na teoria do risco, em razão de sua atividade perigosa

b) na culpa objetiva por ser concessionária de serviço público.

c) na culpa aquiliana do motorista do ônibus.

d) no Sistema do Código de Defesa do Consumidor.

Comentários

De acordo com o art. 734 do Código Civil: "O transportador responde pelos danos causados às pessoas transportadas e suas bagagens, salvo motivo de força maior, sendo nula qualquer cláusula excludente de responsabilidade." Assim, o transportador responderá objetivamente pelos danos sofridos por seus passageiros e suas bagagens quando não forem decorrentes de força maior. A responsabilidade objetiva do transportador é regulada pela Teoria do Risco e refere-se, nos termos do Código Civil, aos passageiros e suas bagagens. Assim, em relação aos danos causados a terceiros, como no caso de pedestre atropelado, a responsabilidade do transportador será extracontratual, nos termos do art. 186, do CC. Com efeito, a responsabilidade será subjetiva, exigindo-se a demonstração do dolo e da culpa do agente.

Importante esclarecer que a responsabilidade do transportador prevista no art. 734, do Código Civil difere da responsabilidade das pessoas jurídicas de direito privado prestadoras de serviço público, a qual tem como fundamento legal o art. 37, § 6°, da Constituição Federal. Isto porque, o STF alterou o seu posicionamento tendo, em repercussão geral, reconhecido a responsabilidade objetiva das concessionária e permissionárias de serviço público pelos danos causados a terceiros usuários e não usuários do serviço. A propósito: EMENTA: CONSTITUCIONAL. RESPONSABILIDADE DO ESTADO. ART. 37, § 6°, DA CONSTITUIÇÃO. PESSOAS JURÍDICAS DE DIREITO PRIVADO PRESTADORAS DE SERVIÇO PÚBLICO. CONCESSIONÁRIO OU PERMISSIONÁRIO DO SERVIÇO DE TRANSPORTE COLETIVO. RESPONSABILIDADE OBJETIVA EM RELAÇÃO A TERCEIROS NÃO-USUÁRIOS DO SERVIÇO. RECURSO DESPROVIDO. I – A responsabilidade civil das pessoas jurídicas de direito privado prestadoras de serviço público é objetiva relativamente a terceiros usuários e não-usuários do serviço, segundo decorre do art. 37, § 6°, da Constituição Federal. II – A inequívoca presença do nexo de causalidade entre o ato administrativo e o dano causado ao terceiro não-usuário do serviço público, é condição suficiente para estabelecer a responsabilidade objetiva da pessoa jurídica de direito privado. III – Recurso extraordinário desprovido. RE 591874/MS, Rel. Min. Ricardo Lewandowski, j. 26.08.2009, Tribunal Pleno).

a) INCORRETA. A responsabilidade civil da empresa proprietária do ônibus só será objetiva, consoante a teoria do risco, em relação aos danos causados aos seus passageiros e suas bagagens. Tratando-se de terceiro, no caso pedestre embriagado que atravessava a via pública, a responsabilidade do transportador será extracontratual e subjetiva, nos termos do art. 186, do CC.

b) INCORRETA. O art. 734, do CC não trata da responsabilidade das concessionárias que prestam serviço de transporte, a qual é objetiva, por força do art. 37, § 6°, da CF. O art. 734, do CC regulamenta o contrato particular de transporte, o qual traduz uma obrigação de resultado assumida pelo transportador em face do passageiro e sua bagagem, estabelecendo a sua responsabilidade objetiva pelo descumprimento.

c) CORRETA. Sendo a vítima terceiro, a empresa proprietária do ônibus responde em juízo com base na culpa aquiliana do motorista. Trata-se de

DIREITO CIVIL

responsabilidade extracontratual, com fundamento no art. 186, do Código Civil. Assim, a responsabilidade é subjetiva, exigindo-se a demonstração do dolo e da culpa do agente.

d) INCORRETA. Quando o contrato de transporte constituir uma relação de consumo devem ser aplicadas as normas do Código de Defesa do Consumidor. E, a partir delas, a responsabilidade do transportador será objetiva mesmo em relação aos danos causados a terceiros vítimas do evento, pois estes serão equiparados aos passageiros/consumidores, nos termos do art. 17, do CDC. No caso da questão, o enunciado não menciona a existência de relação de consumo e, por isso, é incorreto afirmar que a empresa proprietária do ônibus responderá em juízo com base no Sistema do Código de Defesa do Consumidor.

Resposta: Letra C

TJMG – 2008 – *Questão n° 6 Direito Civil. Da responsabilidade civil/Legislação*

De acordo com o Código Civil, aquele que, por ato ilícito, causar dano a outrem fica obrigado a repará-lo.

Assim, e **CORRETO** dizer que o incapaz:

a) responde subsidiariamente pelos prejuízos que causar.

b) responde solidariamente pelos prejuízos que causar, com as pessoas por ele responsáveis.

c) excepcionalmente não responde como devedor principal, na hipótese de ressarcimento devido pelos adolescentes que praticarem atos infracionais.

d) responde pelos prejuízos que causar, se as pessoas por ele responsáveis não tiverem obrigação de fazê-lo ou não dispuserem de meios suficientes.

Comentários

a) INCORRETA. Em regra, responderá pelos atos dos incapazes os seus representantes, ex vi do disposto no art. 932, do CC. Entretanto, excepcionalmente, o incapaz poderá responder de forma subsidiária pelos prejuízos que causar, se os seus responsáveis não tiverem meios suficientes para o ressarcimento ou não tiverem a obrigação de fazê-lo.

b) INCORRETA. O incapaz não responde pelos prejuízos que causar de forma solidária com as pessoas por ele responsáveis. O incapaz só responderá pelos prejuízos que causar, excepcionalmente, de forma subsidiária, se as pessoas por ele responsáveis não tiverem obrigação de fazê-lo ou não dispuserem de meios suficientes (art. 928, CC). Ademais, vale ressaltar o Enunciado 41, da I Jornada de Direito Civil: 41 – Art. 928: A única hipótese em que poderá haver a responsabilidade solidária do menor de 18 anos com seus pais é ter sido emancipado nos termos do art. 5º, parágrafo único, inc. I, do novo Código Civil.

c) INCORRETA. De acordo com o Enunciado 40, da I Jornada de Direito Civil – Art. 928: o incapaz responde pelos prejuízos que causar de maneira subsidiária ou excepcionalmente como devedor principal, na hipótese do ressarcimento devido pelos adolescentes que praticarem atos infracionais nos termos do art. 116, do Estatuto da Criança e do Adolescente, no âmbito das medidas sócio-educativas ali previstas.

d) CORRETA. Nos termos do art. 928, CC: O incapaz responde pelos prejuízos que causar, se as pessoas por ele responsáveis não tiverem obrigação de fazê-lo ou não dispuserem de meios suficientes.

Resposta: Letra D

TJMG – 2008 – *Questão nº 7 Direito Civil. Da Responsabilidade Civil/Legislação/Doutrina*

Pelo princípio da independência das responsabilidades, adotado pelo nosso sistema jurídico, o mesmo fato pode dar origem a sanções civis, penais e administrativas, aplicáveis cumulativamente.

Assim, e **CORRETO** dizer que:

a) a responsabilidade civil e independente da criminal.

b) o direito civil não pode sancionar o devedor que tenha agido com culpa em grau mínimo.

c) a absolvição do réu no processo penal significa liberação de responder na esfera civil.

d) a coisa julgada penal interfere na área civil apenas quando a condenação não tiver fundamento na culpa em sentido estrito.

Comentários

a) CORRETA. Art. 935, CC: "A responsabilidade civil é independente da criminal, não se podendo questionar mais sobre a existência do fato, ou

DIREITO CIVIL

sobre quem seja o seu autor, quando tais questões se acharem decididas no juízo criminal."

b) INCORRETA. No Direito Civil, o grau de culpa não interfere na caracterização da responsabilidade civil, a qual tem finalidade ressarcitória baseada na extensão dos danos ocasionados. O aspecto punitivo que visa sancionar o devedor em razão de eventual comportamento doloso ou culposo é trabalhado no âmbito do Direito Penal.

c) INCORRETA. A absolvição do réu no processo criminal não significa a liberação de responder na esfera cível. Isto porque, mesmo tendo sido o réu absolvido no processo criminal é possível a propositura da ação cível se não tiver sido categoricamente reconhecida a inexistência material do fato. Art. 66, do Código de Processo Penal: Não obstante a sentença absolutória no juízo criminal, a ação civil poderá ser proposta quando não tiver sido, categoricamente, reconhecida a inexistência material do fato.

d) INCORRETA. A coisa julgada penal interfere na área cível no caso de negativa de autoria e ausência de materialidade. Ademais, o reconhecimento das excludentes de ilicitude no âmbito penal faz coisa julgada no cível, impedindo a rediscussão da sua configuração no juízo cível (eficácia preclusiva subordinante). Todavia, excepcionalmente, mesmo tendo sido reconhecida a excludente de ilicitude, subsistirá o dever de indenizar se houver dano a outrem em razão da conduta.

Resposta: Letra A

TJMG – 2012 – *Questão 06. Assinale a alternativa que apresenta informação incorreta.*

a) Medindo-se a indenização pela extensão do dano, o juiz poderá reduzir equitativamente a indenização quando houver excessiva desproporção entre a gravidade da culpa e o dano.

b) Havendo usurpação ou esbulho do alheio, a indenização consistirá no reembolsar o seu equivalente ao prejudicado.

c) A indenização por injúria, difamação ou calúnia consistirá na reparação do dano que delas resulte ao ofendido, porém, se o ofendido não puder provar prejuízo material, caberá ao juiz fixar, equitativamente, o valor da indenização conforme as circunstâncias do caso.

d) A indenização por ofensa à liberdade pessoal consistirá no pagamento das perdas e danos que sobrevierem ao ofendido.

> **Comentários**
>
> a) CORRETA. CC. Art. 944. A indenização mede-se pela extensão do dano. Parágrafo único. Se houver excessiva desproporção entre a gravidade da culpa e o dano, poderá o juiz reduzir, equitativamente, a indenização.
>
> b) INCORRETA. CC. Art. 952. Havendo usurpação ou esbulho do alheio, além da restituição da coisa, a indenização consistirá em pagar o valor das suas deteriorações e o devido a título de lucros cessantes;
>
> c) CORRETA. Art. 953. A indenização por injúria, difamação ou calúnia consistirá na reparação do dano que delas resulte ao ofendido. Parágrafo único. Se o ofendido não puder provar prejuízo material, caberá ao juiz fixar, equitativamente, o valor da indenização, na conformidade das circunstâncias do caso.
>
> d) CORRETA. CC. Art. 954. A indenização por ofensa à liberdade pessoal consistirá no pagamento das perdas e danos que sobrevierem ao ofendido.
>
> **Resposta: Letra B**

9. DO DIREITO DAS COISAS. DA POSSE. DOS DIREITOS REAIS. DA PROPRIEDADE. DA SUPERFÍCIE. DAS SERVIDÕES. DO USUFRUTO. DO USO. HABITAÇÃO. DO DIREITO DO PROMITENTE COMPRADOR. DO PENHOR, DA HIPOTECA E DA ANTICRESE

TJMG – 2007 – *Questão nº 11 Direito Civil. Do direito das coisas. Dos direitos reais. Da propriedade/Legislação/Doutrina*

Tratando-se do direito de vizinhança e do uso anormal da propriedade, de acordo com o Código Civil, e CORRETO dizer que:

a) cabe ao proprietário do prédio, com exclusividade, exercer o direito de fazer cessar as interferências prejudiciais à segurança, ao sossego e à saúde dos que nele habitam provocadas pela propriedade vizinha.

b) a limitação se impõe apenas a imóveis contíguos.

c) não e necessário que se leve em consideração a natureza da utilização e localização do prédio.

d) os direitos de vizinhança são direitos de convivência decorrentes da proximidade ou interferência entre prédios.

Comentários

a) INCORRETA. De acordo com o art. 1.277, do CC, o direito de fazer cessar as interferências prejudiciais à segurança, ao sossego e à saúde dos que nele habitam provocadas pela propriedade vizinha não é exclusivo do proprietário do prédio, pois é também assegurado ao possuidor.

b) INCORRETA. O Código Civil ao tratar dos Direitos de Vizinhança não limita a sua imposição aos imóveis contíguos. Assim, as limitações ao uso da propriedade decorrentes desses direitos se impõem a todos os prédios que sofrem interferências de atos propagados de prédios próximos.

c) INCORRETA. De acordo com o parágrafo único do art. 1.277, do CC, a natureza e a localização do prédio são levadas em consideração ao se impor as limitações ao uso.

d) CORRETA. Os Direitos de Vizinhança são limitações impostas pelas normas jurídicas ao uso e gozo das propriedades individuais com o objetivo de conciliar os interesses de proprietários vizinhos e, desta forma, assegurar a convivência amistosa entre eles.

Resposta: Letra D

TJMG – 2007 – *Concurso – Questão nº 12 Direito Civil. Do direito das coisas. Dos direitos reais. Da propriedade. Das servidões/Legislação/Doutrina*

O direito de propriedade não e absoluto, e, por isso, reconhece-se limitações de gozo ou de garantia e vizinhança.

De acordo com o Código Civil, e CORRETO afirmar que:

a) os direitos de vizinhança têm a mesma finalidade das servidões prediais.

b) a servidão de passagem somente pode ser estabelecida entre proprietários de imóveis encravados.

c) o titular do direito de servidão e sempre o proprietário do imóvel dominante.

d) o proprietário do prédio serviente não e obrigado a permitir que o proprietário do prédio dominante exerça qualquer atividade em seu bem.

Comentários

O direito real de servidão é "direito real na coisa alheia que impõe determinado gravame em um imóvel (prédio serviente) em favor de outro (prédio dominante), proporcionando melhor utilidade ao último. Nessa linha, se por um lado as servidões prediais proporcionam uma valorização do prédio dominante, resultam em uma desvalorização econômica do prédio serviente." (FARIAS, Cristiano Chaves de; FIGUEIREDO, Luciano; EHRHARDT JÚNIOR, Marcos; INÁCIO, Wagner. 2016.)

a) INCORRETA. Os direitos de vizinhança não possuem a mesma finalidade das servidões prediais. Enquanto os direitos de vizinhança são limitações impostas por normas jurídicas ao uso das propriedades individuais com o objetivo de conciliar os interesses de proprietários vizinhos e, desta forma, regular a convivência social, as servidões prediais são restrições impostas a um prédio (serviente), em proveito de outro pertencente a proprietário diverso (dominante), decorrentes da vontade das partes e que visam proporcionar maior utilidade e funcionalidade à propriedade dominante.

b) INCORRETA. O que é estabelecido entre proprietários de imóveis encravados é o direito de passagem forçada e, não a servidão de passagem. A passagem forçada, que decorre da lei e é direito de vizinhança, é o direito do titular de um prédio encravado obter acesso à via pública, nascente ou porto. É compulsória, pois independe da vontade do prédio serviente e gera direito à indenização. Art. 1.285, CC: O dono do prédio que não tiver acesso a via pública, nascente ou porto, pode, mediante pagamento de indenização cabal, constranger o vizinho a lhe dar passagem, cujo rumo será judicialmente fixado, se necessário.

c) CORRETA. "A servidão é direito real na coisa alheia, visto que onera prédios, estando indissoluvelmente ligado ao direito de propriedade do prédio dominante, independentemente das pessoas a que pertençam. Ela guarda caráter de acessoriedade ao domínio, não à titularidade. O desdobramento dominial se dá em favor e contra prédios e não a favor ou contra pessoas". FARIAS, Cristiano Chaves de; ROSENVALD, Nelson (2010). Logo, o titular do direito de servidão será sempre o proprietário do imóvel dominante, pois a servidão, como acessória ao direito de propriedade, se manterá atrelada ao imóvel dominante ainda que haja a transferência da sua propriedade.

d) INCORRETA. O proprietário do prédio serviente deve tolerar que o proprietário do prédio dominante exerça as faculdades de uso e gozo do imóvel serviente que lhe foram concedidas através da servidão. A propriedade serviente que era plena, tornou-se limitada pela constituição da servidão, pois foram impostas restrições nas faculdades de uso e gozo do proprietário do prédio serviente em favor do proprietário do prédio dominante, as quais devem ser respeitadas. De acordo com o art. 1.383, CC: O dono do prédio serviente não poderá embaraçar de modo algum o exercício legítimo da servidão.

Resposta: Letra C

DIREITO CIVIL

TJMG – 2008 – *Questão nº 12 Direito Civil. Do direito das coisas. Dos direitos reais. Da propriedade/Legislação*

A passagem forçada assegura ao proprietário do imóvel encravado o acesso à via pública, pela utilização dos imóveis contíguos.

Considerando essa afirmativa, marque a opção **CORRETA**.

a) O dono do prédio que não tiver acesso à via pública pode constranger o vizinho a lhe dar passagem, independentemente de pagar indenização, se o rumo for fixado judicialmente.

b) A alienação parcial do prédio, de modo que uma das partes perca o acesso à via pública, não obriga o proprietário da outra a tolerar a passagem.

c) Se antes da alienação existia passagem através do imóvel vizinho, está o proprietário deste constrangido, depois, a dar outra passagem.

d) Sofrerá constrangimento o vizinho cujo imóvel mais natural e facilmente se prestar à passagem.

Comentários

a) INCORRETA. O dono do prédio que não tiver acesso à via pública pode constranger o vizinho a lhe dar passagem, mediante o pagamento de indenização cabal e cujo rumo só será fixado judicialmente, se necessário. Art. 1.285, CC.

b) INCORRETA. De acordo com o art. 1285, § 2º, do CC, havendo a alienação parcial do prédio, de modo que uma das partes perca o acesso a via pública, nascente ou porto, o proprietário da outra deve tolerar a passagem.

c) INCORRETA. De acordo com o art. 1.285, § 3º, do CC, se antes da alienação existia passagem através do imóvel vizinho, não está o proprietário deste constrangido, depois, a dar outra passagem quando ocorrer a alienação parcial do prédio e uma das partes perder o acesso a via pública.

d) CORRETA. Art. 1.285, § 1º, CC: Sofrerá o constrangimento o vizinho cujo imóvel mais natural e facilmente se prestar à passagem.

Resposta: Letra D.

TJMG – 2009 – *Concurso – Questão nº 11 Direito Civil. Do direito das coisas. Da posse/Legislação e Doutrina*

Em relação à posse, assinale a alternativa CORRETA.

a) A posse nascida justa pode tornar-se injusta, especialmente no que se refere ao vício da precariedade.

b) A posse do locatário e a do comodatário são consideradas posses precárias.

c) A posse nascida injusta não poderá se converter em posse justa.

d) A posse adquirida por ameaça, para ser considerada injusta, exige prévio ajuizamento de ação anulatória do ato, por vício do consentimento.

Comentários

a) CORRETA. De acordo com o art. 1.203, CC, entende-se manter a posse o mesmo caráter com que foi adquirida, salvo prova em contrário. Assim, a lei admite que a posse nascida justa se torne injusta, especialmente no que se refere ao vício da precariedade, pois este, geralmente, se manifesta em momento posterior à aquisição da posse.

b) INCORRETA. A posse precária é aquela que é originada com abuso de confiança por parte de quem recebe a coisa com o dever de restituí-la. E, no caso do locatário e do comodatário, a posse por eles exercida é justa em decorrência do contrato de locação e do contrato de comodato, mas poderá ser convertida em posse injusta pelo vício da precariedade se, ao término da relação obrigacional, se recursarem a restituir o bem ao proprietário.

c) INCORRETA. A posse nascida injusta poderá se converter em posse justa e vice e versa. A lei admite a mudança de caráter da posse, nos termos do art. 1.203, CC.

d) INCORRETA. A violência na aquisição da posse, a qual implica na posse injusta, pode ser física (*vis absoluta*) ou moral (*vis compulsiva*). Logo, a violência moral, que é a decorrente da ameaça, também é suficiente para a configuração da posse injusta sendo, pois, desnecessário o prévio ajuizamento de ação anulatória do ato, por vício do consentimento para ser considerada injusta a posse adquirida por ameaça.

Resposta: Letra A

DIREITO CIVIL

TJMG – 2009 – *Questão nº 13 Direito Civil. Do direito das coisas. Dos direitos reais. Da propriedade/Legislação/Doutrina*

Marque a asserção CORRETA.

a) O direito do proprietário do prédio vizinho de cortar os ramos e raízes que ultrapassarem a estrema do prédio está sujeito à prescrição.

b) O direito do proprietário do prédio vizinho de cortar os ramos e raízes que ultrapassarem a estrema do prédio se estende ate o plano vertical divisório dos imóveis. Pode ser por ele exercido diretamente, não dependendo de prova do prejuízo, nem de concordância ou autorização do proprietário da árvore.

c) O dono da árvore, cujos ramos e raízes ultrapassam a divisa do prédio e for objeto de corte e apara pelo vizinho, tem direito à indenização.

d) A ação do vizinho, consistente no corte de ramos e raízes que ultrapassem o limite da vizinhança, ainda que ponha em risco a vida da árvore e a cobertura vegetal ambiental que ela propicia, não vai depender de autorização administrativa da autoridade ambiental.

Comentários

a) INCORRETA. O direito do proprietário do prédio vizinho de cortar os ramos e raízes que ultrapassarem a estrema do prédio não está sujeito à prescrição, eis que não há previsão de prazo no art. 1.283, CC. Assim, o direito de realizar o corte pode ser exercido pelo proprietário do prédio vizinho todas as vezes que os ramos e raízes ultrapassarem a estrema do prédio.

b) CORRETA. Art. 1.283, CC: As raízes e os ramos de árvore, que ultrapassarem a estrema do prédio, poderão ser cortados, até o plano vertical divisório, pelo proprietário do terreno invadido.

c) INCORRETA. O dono da árvore, cujos ramos e raízes ultrapassam a divisa do prédio e for objeto de corte e apara pelo vizinho não tem direito à indenização. Isto porque, o proprietário do terreno invadido tem direito de realizar o aludido corte e, por agir no exercício regular de um direito, não deve indenizar o dono da árvore. Cumpre, todavia, salientar que o vizinho que realizar o corte deverá restituir ao dono da árvore os galhos e raízes destacados, em observância ao sistema de principal e acessório, base das árvores limítrofes.

d) INCORRETA. O direito do vizinho de realizar o corte de ramos e raízes que ultrapassem o limite da vizinhança, depende de autorização administrativa da autoridade ambiental. Isto porque, o direito de realizar o corte assegurado ao proprietário do terreno invadido deve ser exercido de forma regular nos limites estabelecidos pelo ordenamento jurídico. Logo, para o exercício do mencionado direito devem ser observadas as normas ambientais, as quais exigem prévia autorização administrativa da autoridade ambiental.

Resposta: Letra B

TJMG – 2012 – Questão 08. Direito Civil. Do direito das coisas. Posse/ Legislação

Analise as afirmativas seguintes.

I. Os atos violentos autorizam a aquisição da posse depois de cessar a violência.

II. A posse pode ser adquirida por terceiro sem mandato, que fica dependendo de ratificação.

III. A pessoa que tem a coisa em seu poder, temporariamente, em virtude de direito real, anula a posse indireta, de quem aquela foi havida.

IV. Ao possuidor de má-fé assiste o direito de retenção pela importância das benfeitorias necessárias.

Estão corretas apenas as afirmativas

a) I e II.
b) I e III.
c) II e III.
d) III e IV.

Comentários

(I) CORRETO. CC Art. 1.208. Não induzem posse os atos de mera permissão ou tolerância assim como não autorizam a sua aquisição os atos violentos, ou clandestinos, senão depois de cessar a violência ou a clandestinidade.

(II) CORRETO. Art. 1.205. A posse pode ser adquirida: I – pela própria pessoa que a pretende ou por seu representante; II – por terceiro sem mandato, dependendo de ratificação.

(III) INCORRETO. Art. 1.197. A posse direta, de pessoa que tem a coisa em seu poder, temporariamente, em virtude de direito pessoal, ou real, não anula a indireta, de quem aquela foi havida, podendo o possuidor direto defender a sua posse contra o indireto.

(IV) INCORRETO. Art. 1.220. Ao possuidor de *má-fé* serão ressarcidas somente as benfeitorias necessárias; *não lhe assiste o direito de retenção* pela importância destas, *nem o de levantar as voluptuárias.*

Resposta: Letra A

TJMG – 2012 – *Questão 09. Direito Civil. Do direito das coisas. Dos direitos reais. Da propriedade/Legislação/Doutrina*

Assinale a alternativa correta quanto ao direito de propriedade.

a) Fixadas por decisão judicial devem ser toleradas as interferências, não podendo o vizinho exigir a sua redução, ou eliminação, ainda que estas se tornem possíveis.

b) Os frutos caídos de árvore do terreno vizinho pertencem ao dono do solo onde caíram, se este for de propriedade particular.

c) Somente os ramos de árvore, que ultrapassarem a estrema do prédio, poderão ser cortados, até o plano vertical divisório, pelo proprietário do terreno invadido.

d) A propriedade do solo abrange a do espaço aéreo e subsolo correspondentes, abrangendo as jazidas.

Comentários

a) INCORRETA – Art. 1279 do CC: "Ainda que por decisão judicial devam ser toleradas as interferências, *poderá o vizinho exigir a sua redução, ou eliminação, quando estas se tornarem possíveis*".

b) CORRETA – Art. 1284 do CC: "Os frutos caídos de árvore do terreno vizinho pertencem ao dono do solo onde caíram, se este for de propriedade particular".

c) INCORRETA – Art. 1283 do CC: "As *raízes e os ramos de árvore*, que ultrapassarem a estrema do prédio, poderão ser cortados, até o plano vertical divisório, pelo proprietário do terreno invadido".

d) INCORRETA – Art. 1229 do CC: "A propriedade do solo *abrange a do espaço aéreo e subsolo correspondentes, em altura e profundidade úteis ao seu exercício*, não podendo o proprietário opor-se a atividades que sejam realizadas, por terceiros, a uma altura ou profundidade tais, que não

> tenha ele interesse legítimo em impedi-las". Art. 1230, caput, do CC: "A propriedade do solo **não abrange** as jazidas, minas e demais recursos minerais, os potenciais de energia hidráulica, os monumentos arqueológicos e outros bens referidos por leis especiais".
>
> **Resposta: Letra B**

10. DO DIREITO DE FAMÍLIA. DO DIREITO PESSOAL. DO CASAMENTO. DAS RELAÇÕES DE PARENTESCO. DO DIREITO PATRIMONIAL. DO REGIME DE BENS ENTRE OS CÔNJUGES. DO USUFRUTO E DA ADMINISTRAÇÃO DOS BENS DE FILHOS MENORES. DOS ALIMENTOS. DO BEM DE FAMÍLIA. DA UNIÃO ESTÁVEL. DA TUTELA E DA CURATELA

TJMG – 2007 – Concurso – Questão n° 13 Direito Civil. Do Direito de Família. Da união estável/Legislação.

Para efeito da proteção do Estado, e reconhecida a união estável entre o homem e a mulher como entidade familiar, devendo a lei facilitar sua conversão em casamento (CF, art. 226, § 3°).

O Código Civil, NÃO reconhece a união estável na seguinte hipótese:

a) se a pessoa viúva tem filho do cônjuge falecido, e o inventario dos bens do casal não se encontra encerrado.

b) se divorciada a pessoa, não houver sido homologada ou decidida a partilha de bens do casal.

c) se a pessoa casada não se achar separada de fato ou judicialmente.

d) se, anulado o casamento da mulher, decorreu prazo de ate 12 (doze) meses da dissolução da sociedade conjugal.

> **Comentários**
>
> a) INCORRETA. O fato de a pessoa viúva ter filho do cônjuge falecido e o inventário dos bens do casal não se encontrar encerrado é uma causa suspensiva do casamento prevista no art. 1.523, I, do CC, a qual, entretanto, nos termos do art. 1.723, § 2° do CC, não impede a caracterização da união estável.
>
> b) INCORRETA. O fato de a pessoa ter se divorciado, mas ainda não ter sido homologada ou decidida a partilha de bens do casal é uma causa

DIREITO CIVIL

suspensiva do casamento prevista no art. 1.523, III, do CC, a qual não impede, nos termos do art. 1.723, § 2°, do CC, a caracterização da união estável.

c) CORRETA. O art. 1.723, § 1°, do CC estabelece que: A união estável não se constituirá se ocorrerem os impedimentos do art. 1.521; não se aplicando a incidência do inciso VI (Não podem casar: VI – as pessoas casadas) no caso de a pessoa casada se achar separada de fato ou judicialmente. Assim, se a pessoa casada não se achar separada de fato ou judicialmente, não haverá o reconhecimento da união estável diante da incidência do impedimento previsto no art. 1.521, VI, do CC. Destaca-se que, neste caso, haverá a configuração de concubinato, ex vi do disposto no art. 1.727, do CC: As relações não eventuais entre o homem e a mulher, impedidos de casar, constituem concubinato.

d) INCORRETA. Se, anulado o casamento da mulher, decorreu prazo de ate 12 (doze) meses da dissolução da sociedade conjugal é possível o reconhecimento da união estável, pois se trata de causa suspensiva do casamento, prevista no art. 1.523, II, do CC, a qual não impede a caracterização da união estável (art. 1.723, § 2°, do CC).

Resposta: Letra C.

TJMG – 2008 – *Questão n° 14 Direito Civil. Do Direito de Família. Do Direito Pessoal. Do casamento/Legislação*

O casamento e o mecanismo mais adequado de proteção jurídica da família. Considerando essa afirmativa, marque a opção CORRETA.

a) E nulo o casamento de quem não completou a idade mínima para casar.

b) E nulo o casamento do incapaz de consentir ou manifestar de modo inequívoco o consentimento.

c) E nulo o casamento do menor em idade núbil, quando não autorizado por seu representante legal.

d) E nulo o casamento contraído pela pessoa que não revela higidez mental para expressar a vontade de casar.

Comentários.

a) INCORRETA. O casamento de quem não completou a idade mínima para casar é anulável (art. 1.550, I, CC). Cumpre salientar que a idade núbil ou idade mínima para casar é a de 16 anos, nos termos do art. 1.517, do CC: "o homem e a mulher com dezesseis anos podem casar, exigindo-se autorização de ambos os pais, ou de seus representantes legais, enquanto não atingida a maioridade civil."

b) INCORRETA. É anulável o casamento do incapaz de consentir ou de manifestar, de modo inequívoco, o consentimento (art. 1.550, IV, CC)

c) INCORRETA. É anulável o casamento do menor em idade núbil, quando não autorizado por seu representante legal (art. 1.550, II, CC)

d) CORRETA. De acordo com a redação original do art. 1.548, I, do Código Civil, vigente em 2008 quando da realização do concurso: "É nulo o casamento contraído: I – pelo enfermo mental sem o necessário discernimento para os atos da vida civil." Ocorre que, mencionado inciso foi revogado pela Lei 13.145/2016 – Estatuto da Pessoa com Deficiência. Hoje, a única causa de nulidade do casamento é o contraído com a violação de impedimentos matrimoniais (art. 1.548, II, do Código Civil). Assim, a questão está desatualizada.

Resposta: Letra D

TJMG – 2009 – *Questão nº 14 Direito Civil. Do Direito de Família. Do Direito Pessoal. Dos alimentos/Legislação*

Marque a opção CORRETA.

O direito a alimentos pode ser cobrado pelos:

a) filhos aos pais, ou na falta destes, aos avós, sem reciprocidade.
b) avós, na falta dos filhos, aos netos e bisnetos, indistintamente.
c) filhos, na falta dos pais, diretamente aos tios.
d) filhos, na falta dos pais, aos avós.

Comentários

a) INCORRETA. De acordo com o art. 1.696, CC, o direito à prestação de alimentos é recíproco entre pais e filhos, e extensivo a todos os ascendentes, recaindo a obrigação nos mais próximos em grau, uns em falta de outros. Assim, há reciprocidade no direito à prestação de alimentos entre pais e filhos, ou na falta destes, aos avós.

b) INCORRETA. De acordo com o art. 1.696, CC: O direito à prestação de alimentos é recíproco entre pais e filhos, e extensivo a todos os ascendentes, recaindo a obrigação nos mais próximos em grau, uns em falta de outros. Já o art. 1.697, CC prevê que: na falta dos ascendentes cabe a obrigação aos descendentes, guardada a ordem de sucessão e, faltando estes, aos irmãos, assim germanos como unilaterais. Assim, na falta dos filhos, os avós poderão cobrar os alimentos dos netos e, quando estes não puderem, dos bisnetos, pois deve ser observada a ordem de sucessão, não podendo a cobrança do direito aos alimentos ser realizada indistintamente entre os descendentes. Todavia, cumpre salientar que, se os alimentos forem pleiteados por pessoa idosa (com mais de 60 anos de idade), a obrigação alimentícia é solidária, nos termos do art. 12, da Lei n° 10.741/01 – Estatuto do Idoso.

c) INCORRETA. De acordo com o art. 1.697, do CC, a obrigação alimentícia se estende na linha colateral somente até o segundo grau, isto é, aos irmãos. Assim, estão excluídos da obrigação alimentícia os parentes por afinidade e os colaterais de 3° e 4° grais. Logo, na falta dos pais, os filhos não podem cobrar alimentos dos tios, já que estes são parentes na linha colateral no terceiro grau.

d) CORRETA. Art. 1.696, CC: O direito à prestação de alimentos é recíproco entre pais e filhos, e extensivo a todos os ascendentes, recaindo a obrigação nos mais próximos em grau, uns em falta de outros. De acordo com o Código Civil, os alimentos devem ser cobrados, preferencialmente, dos ascendentes, recaindo a obrigação sobre o mais próximo. E, diante dessa ordem preferencial de vinculação da obrigação alimentícia, os alimentos somente podem ser cobrados dos avós – obrigação alimentícia avoenga – quando os pais são mortos, ausentes ou quando não puderem prestá-los integralmente. Assim, a responsabilidade dos avós de prestar alimentos aos netos é subsidiária e complementar à responsabilidade dos pais, só sendo exigível em caso de impossibilidade total ou parcial. Enunciado 342, da IV Jornada de Direito Civil: 342 – Art. 1.695: Observadas as suas condições pessoais e sociais, os avós somente serão obrigados a prestar alimentos aos netos em caráter exclusivo, sucessivo, complementar e não solidário, quando os pais destes estiverem impossibilitados de fazê-lo, caso em que as necessidades básicas dos alimentandos serão aferidas, prioritariamente, segundo o nível econômico-financeiro dos seus genitores.

Resposta: Letra D

TJMG – 2012 – *Questão 07. Direito Civil. Do Direito de Família. Da Curatela/ Legislação*

Analise as afirmativas seguintes.

I. Estão sujeitos à curatela os ébrios habituais e os viciados em tóxicos.

II. O Ministério Público não tem legitimidade para propor a interdição se não promovê-la os pais ou tutores, cônjuge ou qualquer parente.

III. A autoridade do curador estende-se à pessoa e aos bens dos filhos do curatelado, até cessar a menoridade.

IV. A decisão que declara a interdição só produz efeitos após o trânsito em julgado.

Estão corretas apenas as afirmativas

a) I e III.
b) I e IV.
c) II e III.
d) II e IV.

Comentários

Questão **desatualizada** em razão do advento do Estatuto das Pessoas com deficiência e o Novo CPC.

(I) CORRETA. Art. 1.767, inciso III do CC. Estão sujeitos à curatela: III – os ébrios habituais e os viciados em tóxico.

(II) INCORRETA. Art. 1.768 previa a legitimidade do Ministério Público para propor a interdição, de modo subsidiário, conforme art. 1769 do CC. Os referidos artigos foram revogados pelo o NCPC, que passou a disciplinar a legitimidade do MP em caso de doença mental grave, se as pessoas designadas nos incisos I, II e III do art. 747 (pelo cônjuge ou companheiro, pelos parentes ou tutores; pelo representante da entidade em que se encontra abrigado o interditando) não existirem ou não promoverem a interdição; ou se existindo, forem incapazes as pessoas mencionadas nos incisos I e II do art. 747 pelo cônjuge ou companheiro, pelos parentes ou tutores;)

(III) CORRETA. Art. 1.778. A autoridade do curador estende-se à pessoa e aos bens dos filhos do curatelado, observado o art. 5°.

(IV) INCORRETA. De acordo com o art. 1.773 do CC, revogado pelo Estatuto das Pessoas com Deficiência, a interdição produziria efeitos desde logo, embora sujeita a recurso. Atualmente, o artigo 755, § 3° do NCPC, é silente quanto ao momento da produção dos efeitos, mas disciplina os procedimentos a serem adotados após a sentença, pra fins de publicidade e controle: § 3º A sentença de interdição será inscrita no registro de pessoas naturais e imediatamente publicada na rede mundial de computadores, no sítio do tribunal a que estiver vinculado o juízo e na plataforma de editais do Conselho Nacional de Justiça, onde permanecerá por 6 (seis) meses, na imprensa local, 1 (uma) vez, e no órgão oficial, por 3 (três) vezes, com intervalo de 10 (dez) dias, constando do edital os nomes do interdito e do curador, a causa da interdição, os limites da curatela e, não sendo total a interdição, os atos que o interdito poderá praticar autonomamente. Diante do silêncio da lei, a doutrina se encarregou de definir a natureza jurídica da ação de curatela. Houve muita polêmica, conforme ensinado por FARIAS e ROSENVALD (2017, p. 954 e 955; 958): Para a maioria dos civilistas, a sentença de interdição teria natureza declaratória – logo não seria o decreto judicial que criaria a incapacidade, decorrendo de uma situação psíquica antes existente e apenas reconhecida em juízo. (...) Com a chegada do Código de Processo civil de 2015 e do Estatuto da Pessoa com deficiência a situação parece ganhar novas cores, tons e matizes. O art. 755 do novo Código de Ritos é de clareza solar ao prescrever que a sentença, ao determinar a curatela, " *nomeará o curador, que poderá ser o requerente da interdição, e fixará os limites da curatela*", **deixando estreme de dúvidas o caráter constitutivo da providência judicial**. A decisão, portanto, constitui a curatela. Era o que prevalecia na esfera da melhor jurisprudência (...) STJ. REsp 1.251.728/PE 23.5.13. (...) Apesar de a sentença de curatela produzir efeitos *ex nunc*, não retroativos, não se pode ignorar que a suspensão do prazo prescricional somente beneficia o absolutamente incapaz, conforme dicção 198, I do Código Civil. Portanto, contra o relativamente incapaz fluem, normalmente, os prazos da prescrição (aquisitiva e extintiva, que se denomina usucapião).

Resposta: Letra A

TJMG – 2012 – *Questão 10. Direito Civil. Do Direito de Família. Do Casamento/Legislação*

Assinale a alternativa correta.

a) É nulo o casamento celebrado por autoridade incompetente.

b) É anulável o casamento contraído por enfermo mental sem o necessário discernimento para os atos da vida civil.

c) É anulável o casamento realizado pelo mandatário, sem que ele ou o outro contraente soubesse da revogação do mandato, e não sobrevindo coabitação entre os cônjuges.

d) A anulação do casamento dos menores de 16 (dezesseis) anos não pode ser requerida pelo próprio cônjuge menor.

> **Comentários – QUESTÃO DESATUALIZADA**
>
> a) INCORRETA. A incompetência da autoridade celebrante enseja a anulação do casamento, nos termos do art. 1550, VI do CC.
>
> b) INCORRETA. Antes do Estatuto das Pessoas com deficiência, o ordenamento jurídico brasileiro *considerava nulo* o casamento contraído pelo enfermo mental sem o necessário discernimento para os atos da vida civil. No entanto, as pessoas com deficiência possuem autonomia para contrair casamento, nos termos do art. Art. 6º A deficiência não afeta a plena capacidade civil da pessoa, inclusive para: I – casar-se e constituir união estável;
>
> c) CORRETA. Art. 1.550, V – realizado pelo mandatário, sem que ele ou o outro contraente soubesse da revogação do mandato, e não sobrevindo coabitação entre os cônjuges;
>
> d) INCORRETA. Art. 1552, I: A anulação do casamento dos menores de dezesseis anos será requerida: I – pelo próprio cônjuge menor;
>
> **Resposta: Letra C**

11. DO DIREITO DAS SUCESSÕES. DA SUCESSÃO LEGÍTIMA. DA SUCESSÃO TESTAMENTÁRIA. DO INVENTÁRIO E DA PARTILHA. DAS DISPOSIÇÕES FINAIS E TRANSITÓRIAS DO CÓDIGO CIVIL

TJMG – 2007 – *Questão nº 2 Direito Civil. Do direito das sucessões. Da sucessão legítima/Legislação*

Os herdeiros poderão ceder seus direitos hereditários, seja a herança formada por bens móveis ou imóveis.

Neste caso, por determinação legal, e CORRETO dizer que podem fazê-lo:

a) por instrumento particular.

b) por escritura pública.

c) por petição nos autos do inventário.
d) no auto de partilha.

Comentários

a) INCORRETA. Vide comentários da alternativa B.
b) CORRETA. Como o direito à sucessão aberta é bem imóvel por determinação legal (art. 80, CC), a cessão da herança exige forma solene, só podendo ser feita, sob pena de nulidade, por meio de escritura pública, ex vi do disposto no art. 1.793, do CC: O direito à sucessão aberta, bem como o quinhão de que disponha o coerdeiro, pode ser objeto de cessão por escritura pública.
c) INCORRETA. Vide comentários da alternativa B.
d) INCORRETA. Vide comentários da alternativa B.

Resposta: Letra B

TJMG – 2007 – *Concurso – Questão nº 15 Direito Civil. Do direito das sucessões. Da sucessão legítima/Legislação*

A legislação em vigor trata da sucessão por morte no caso de união estável. De acordo com o Código Civil, e CORRETO dizer que o companheiro ou a companheira participará da sucessão do outro, quanto aos bens adquiridos onerosamente na vigência da união estável, nas seguintes condições:

a) desde que não concorra com filhos comuns.
b) se concorrer com descendente só do autor da herança, tocar-lhe-á cota igual à que coube a cada um daqueles.
c) se concorrer com outros parentes sucessíveis, terá direito a um terço da herança.
d) não havendo parentes sucessíveis, terá direito à metade da herança.

Comentários

O Código Civil de 2002 quebrou a paridade sucessória existente entre o companheiro e o cônjuge decorrente das Leis 8.971/94 e Lei 9.278/96, ao prestigiar o sistema sucessório do casamento em detrimento do conferido à união estável. Da comparação dos artigos 1.790 e 1.829, ambos do Código Civil, constata-se que as regras estabelecidas para a sucessão do cônjuge são mais favoráveis do que as que foram estabelecidas para a sucessão do companheiro. O art. 1.790, do CC, sempre foi objeto de crítica de parte da doutrina, a qual alegava a sua inconstitucionalidade por criar uma hierarquização entre as famílias, o que não é admitido pela Constituição Federal. O Supremo Tribunal Federal analisou o tema em sede de recurso extraordinário submetido à repercussão geral e fixou a seguinte tese: "No sistema constitucional vigente, e inconstitucional a diferenciação de regimes sucessórios entre cônjuges e companheiros, devendo ser aplicado, em ambos os casos, o regime estabelecido no artigo 1.829 do Código Civil." STF. Plenário. RE 646721/RS, Rel. Min. Marco Aurélio, red. p/o ac. Min. Roberto Barroso e RE 878694/MG, Rel. Min. Roberto Barroso, julgados em 10/5/2017 (repercussão geral) (Info 864). Diante disso, na esteira do posicionamento adotado pelo Supremo Tribunal Federal, a união estável deve receber o mesmo tratamento conferido ao casamento e, por isso, em caso de sucessão causa mortis do companheiro deverão ser aplicadas as mesmas regras da sucessão causa mortis do cônjuge, as quais estão previstas no art. 1.829, CC. Observação importante: A presente questão é anterior à decisão proferida pelo Supremo Tribunal Federal tendo sido cobrado apenas a literalidade do artigo 1.790, do Código Civil.

a) INCORRETA. Art. 1.790, I, CC: A companheira ou o companheiro participará da sucessão do outro, quanto aos bens adquiridos onerosamente na vigência da união estável, nas condições seguintes: I – se concorrer com filhos comuns, terá direito a uma quota equivalente à que por lei for atribuída aos filhos.

b) INCORRETA. Art. 1.790, II, CC: A companheira ou o companheiro participará da sucessão do outro, quanto aos bens adquiridos onerosamente na vigência da união estável, nas condições seguintes: II – se concorrer com descendente só do autor da herança, tocar-lhe-á a metade do que couber a cada um daqueles.

c) CORRETA. Art. 1.790, III, CC: A companheira ou o companheiro participará da sucessão do outro, quanto aos bens adquiridos onerosamente na vigência da união estável, nas condições seguintes: III – se concorrer com outros parentes sucessíveis, terá direito a um terço da herança.

d) INCORRETA. Art. 1.790, IV, CC: A companheira ou o companheiro participará da sucessão do outro, quanto aos bens adquiridos onerosamente na vigência da união estável, nas condições seguintes: IV – não havendo parentes suscetíveis, terá direito à totalidade da herança.

Resposta: Letra C

DIREITO CIVIL

TJMG – 2008 – *Questão nº 15 Direito Civil. Do direito das sucessões. Da sucessão testamentária/Legislação*

As disposições patrimoniais do testador podem ordenar que o sucessor receba a universalidade da herança ou quota-parte (ideal, abstrata) dela, ou estabelecer que o sucessor ficará com um bem individuado, definido, destacado do acervo, ou quantia determinada.

De acordo com o Código Civil, e **CORRETO** dizer que valerá disposição testamentária em favor de:

a) pessoa incerta que deva ser determinada por terceiro, dentre duas ou mais pessoas mencionadas pelo testador.

b) pessoa incerta, cuja identidade não se possa averiguar.

c) pessoa incerta, cometendo a determinação de sua identidade a terceiro.

d) ascendentes, descendentes e cônjuge ou companheiro do não legitimado a suceder.

Comentários

a) CORRETA. De acordo com o art. 1.901, I, do CC: Valerá a disposição: I – em favor de pessoa incerta que deva ser determinada por terceiro, dentre duas ou mais pessoas mencionadas pelo testador, ou pertencentes a uma família, ou a um corpo coletivo, ou a um estabelecimento por ele designado. Cumpre registrar que, a disposição neste caso é válida porque a indeterminação é relativa.

b) INCORRETA. É nula a disposição testamentária que se refira a pessoa incerta, cuja identidade não se possa averiguar (art. 1.900, II, do CC).

c) INCORRETA. É nula a disposição testamentária que se refira a pessoa incerta, cometendo a determinação de sua identidade a terceiro. (art. 1.900, III, do CC).

d) INCORRETA. É nula a disposição testamentária a que se refira a ascendentes, descendentes e cônjuge ou companheiro do não legitimado a suceder, nos termos do art. 1.900, III, do CC.

Resposta: Letra A

TJMG – 2009 – *Concurso – Questão n° 15 Direito Civil. Do direito das sucessões. Da sucessão legítima/Legislação*

Marque a opção CORRETA.

José, solteiro e sem deixar descendentes e ascendentes, falece, deixando a inventariar a quantia de R$ 800.000,00 (oitocentos mil reais). Duas irmãs lhe sobrevivem, bem como duas sobrinhas e um sobrinho neto (filho de uma sobrinha pré-morta), assinalando-se que esses sobrinhos descendem de um irmão pré-morto de José. Então, concorrerão à sucessão:

a) somente as irmãs vivas de José.

b) todos os parentes acima citados, inclusive o sobrinho-neto, porque, na hipótese, a sucessão se defere ate o quarto grau de parentesco, herdando todos em partes iguais, por representação.

c) as irmãs de Jose e as filhas do irmão pré-morto, estas por representação. O sobrinho-neto não herdará. A herança será dividida em 3 (três) partes iguais. As irmãs do falecido herdam por cabeça e as sobrinhas por estirpe.

d) todos os parentes acima citados, inclusive o sobrinho-neto, sendo que a herança será dividida em 4 (quatro) partes iguais. As irmãs do falecido herdarão uma parte cada uma e as sobrinhas e o sobrinho-neto a outra parte, que será dividida entre eles em partes iguais.

Comentários

a) INCORRETA. Art. 1840, CC: Na classe dos colaterais, os mais próximos excluem os mais remotos, salvo o direito de representação concedido aos filhos de irmãos. Assim, além das irmãs vivas de José, as suas sobrinhas, estas por representação, também concorrerão à sua sucessão.

b) INCORRETA. De acordo com o art. 1839, CC, se não houver cônjuge sobrevivente, nas condições estabelecidas no art. 1830, serão chamados a suceder os colaterais até o quarto grau. Todavia, na classe dos colaterais, os mais próximos excluem os mais remotos, salvo o direito de representação concedido aos filhos de irmãos. Logo, as irmãs de José e as filhas do irmão pré-morto, estas por representação, irão concorrer à herança por ele deixada. O sobrinho-neto não herdará, porque sendo parente colateral de 4° grau ficará excluído da sucessão diante da existência das sobrinhas, que são parentes colaterais de 3° grau e em razão do fato de que, na linha transversal, o direito de representação somente se dá em favor dos filhos do irmão falecido, quando com irmãos deste concorrerem.

DIREITO CIVIL

c) CORRETA. Art. 1840, CC: Na classe dos colaterais, os mais próximos excluem os mais remotos, salvo o direito de representação concedido aos filhos de irmãos. Art. 1853, CC: Na linha transversal, somente se dá o direito de representação em favor dos filhos de irmãos do falecido, quando com irmãos deste concorrerem. Assim, como concorrem à herança somente parentes colaterais, esta será dividida em 3 partes: uma para cada uma das irmãs de José, e a terceira será dividida entre as duas sobrinhas. O sobrinho neto, filho de uma sobrinha pré-morta, não herdará porque na linha colateral, o direito de representação somente se dá em favor dos filhos do irmão falecido, quando com irmãos deste concorrerem.

d) INCORRETA. Vide comentários da alternativa C.

Resposta: Letra C

***TJMG – 2014** – Questão 8. Direito Civil. Código Civil. Sucessão. Legislação*

Quanto as relações de parentesco, assinale a alternativa CORRETA.

a) O parentesco por afinidade limita-se aos ascendentes, aos descendentes e aos irmãos do cônjuge ou companheiro.

b) São parentes em linha colateral as pessoas que estão umas para com as outras na relação de ascendentes e descendentes.

c) Na linha reta, a afinidade se extingue com a dissolução do casamento ou da união estável.

d) São parentes em linha transversal, até o sexto grau, as pessoas provenientes de um só tronco, sem descenderem uma da outra.

Comentários

a) CORRETA. A limitação do parentesco por afinidade está prevista no art. 1595, § 1º do CC: O parentesco por afinidade limita-se aos ascendentes, aos descendentes e aos irmãos do cônjuge ou companheiro.

b) INCORRETA. Trata-se de parentesco em linha reta, nos termos do art. 1.591: São parentes em linha reta as pessoas que estão umas para com as outras na relação de ascendentes e descendentes.

c) INCORRETA. Consoante disposto no art. 1595, § 2º do CC: Na linha reta, a afinidade não se extingue com a dissolução do casamento ou da união estável. Lembre-se: a sogra é para sempre!

d) INCORRETA. Nos termos do art. 1592 São parentes em linha colateral ou transversal, até o *quarto grau*, as pessoas provenientes de um só tronco, sem descenderem uma da outra.

Resposta: Letra A

TJMG – 2014 – *Questão 9. Direito Civil. Código Civil. Sucessão. Legislação*

Quanto ao direito de representação na sucessão legítima, é INCORRETO afirmar que

a) os representantes só podem herdar, como tais, o que herdaria o representado, se vivo fosse.

b) na linha transversal, somente se dá o direito de representação em favor dos filhos de irmãos do falecido, quando com irmãos deste concorrerem.

c) o direito de representação dá-se na linha reta descendente, mas nunca na ascendente.

d) o renunciante à herança de uma pessoa não poderá representá-la na sucessão de outra.

Comentários

a) CORRETA. Conforme art. 1.854 do CC: Os representantes só podem herdar, como tais, o que herdaria o representado, se vivo fosse.

b) CORRETA. De acordo, com o CC, art. 1.853. Na linha transversal, somente se dá o direito de representação em favor dos filhos de irmãos do falecido, quando com irmãos deste concorrerem.

c) CORRETA. O direito de representação dá-se na linha reta descendente, mas nunca na ascendente, nos termos do art. 1.852.

d) INCORRETA. A representação do renunciante em sucessão de outra pessoa é admitida pelo ordenamento jurídico no art. 1.856 do CC: O renunciante à herança de uma pessoa *poderá representá-la* na sucessão de outra.

Resposta: Letra D

DIREITO CIVIL

12. SEGUROS

TJMG – 2012 – *Questão 01. Direito Civil. Código Civil. Legislação*

Quanto ao contrato de seguro, assinale a alternativa que apresenta informação incorreta.

a) A apólice ou o bilhete de seguro serão nominativos, à ordem ou ao portador, e mencionarão os riscos assumidos, o início e o fim de sua validade, o limite da garantia e o prêmio devido.

b) Pelo contrato de seguro, o segurador se obriga, mediante o pagamento da indenização, a garantir interesse legítimo de segurado, contra riscos predeterminados.

c) O segurador, desde que o faça nos 15 (quinze) dias seguintes ao recebimento do aviso de agravação do risco sem culpa do segurado, poderá dar-lhe ciência, por escrito, de sua decisão de resolver o contrato.

d) Somente pode ser parte no contrato de seguro, como segurador, entidade legalmente autorizada.

Comentários

a) CORRETA. Art. 760. A apólice ou o bilhete de seguro serão nominativos, à ordem ou ao portador, e mencionarão os riscos assumidos, o início e o fim de sua validade, o limite da garantia e o prêmio devido, e, quando for o caso, o nome do segurado e o do beneficiário.

b) INCORRETA. Conforme art. 757 do CC, in verbis: " Pelo contrato de seguro, o segurador se obriga, mediante o **pagamento do prêmio**, a garantir interesse legítimo do segurado, relativo a pessoa ou a coisa, contra riscos predeterminados".

c) CORRETA. Art. 769, § 1º: O segurador, desde que o faça nos quinze dias seguintes ao recebimento do aviso da agravação do risco sem culpa do segurado, poderá dar-lhe ciência, por escrito, de sua decisão de resolver o contrato.

d) CORRETA. Art. 757, parágrafo único. Somente pode ser parte, no contrato de seguro, como segurador, entidade para tal fim legalmente autorizada.

Resposta: Letra B

13. REGISTROS PÚBLICOS

14. LOCAÇÃO (LEI N. 8.245/1991)

TJMG – 2014 – *Questão 2. Direito Civil. Lei 8.245/91. Contrato de locação. Legislação*

Pode o locador, num mesmo contrato, exigir do locatário qualquer das seguintes modalidades de garantia, exceto:

a) Fiança e seguro de fiança locatícia.
b) Cessão fiduciária de quotas de fundo de investimento.
c) Caução.
d) Seguro de fiança locatícia.

Comentários

O artigo 37 da Lei de Locações dispõe sobre as modalidades de garantia do contrato de locação: I. caução, II. fiança, III. seguro de fiança locatícia ou IV. cessão fiduciária de quotas de fundo de investimento. A alternativa A está incorreta pois apresenta duas garantias e, nos termos do parágrafo único do art. 37, é *vedada*, sob pena de nulidade, *mais de uma das modalidades de garantia num mesmo contrato de locação.*

Resposta: Letra A

15. ESTATUTO DO IDOSO (LEI Nº 10.741/2003)

16. DIREITO AUTORAL (LEI Nº 9.610/1998)

TJMG – 2014 – *Questão 1. Direito Civil. Lei 9.610/1998. Direitos autorais. Legislação*

De acordo com a Lei nº 9.610/1998, que dispõe sobre os direitos autorais, são obras intelectuais protegidas, exceto:

a) As ilustrações, cartas geográficas e outras obras da mesma natureza.
b) Os esquemas, planos ou regras para realizar atos mentais, jogos ou negócios.
c) As adaptações, traduções e outras transformações de obras originais, apresentadas como criação intelectual nova.

d) As obras coreográficas e pantomímicas, cuja execução cênica se fixe por escrito ou por outra forma qualquer.

Comentários

a) CORRETA. Segundo o artigo 7º da Lei 9.610/98, inciso IX: São obras intelectuais protegidas as criações do espírito, expressas por qualquer meio ou fixadas em qualquer suporte, tangível ou intangível, conhecido ou que se invente no futuro, tais como: IX – as ilustrações, cartas geográficas e outras obras da mesma natureza.

b) INCORRETA. O Art. 8º elenca direitos autorais que **não são protegidos** pela Lei. 9.610/98, dentre as hipóteses excluídas da proteção, encontram-se no inciso II os esquemas, planos ou regras para realizar atos mentais, jogos ou negócios.

c) CORRETA. Conforme o artigo 7º da Lei 9.610/98, inciso XI: São obras intelectuais protegidas as criações do espírito, expressas por qualquer meio ou fixadas em qualquer suporte, tangível ou intangível, conhecido ou que se invente no futuro, tais como: XI – as adaptações, traduções e outras transformações de obras originais, apresentadas como criação intelectual nova.

d) CORRETA. De acordo com o artigo 7º da Lei 9.610/98, inciso IV: São obras intelectuais protegidas as criações do espírito, expressas por qualquer meio ou fixadas em qualquer suporte, tangível ou intangível, conhecido ou que se invente no futuro, tais como: IV – as obras coreográficas e pantomímicas, cuja execução cênica se fixe por escrito ou por outra qualquer forma.

Resposta: Letra B

DIREITO PROCESSUAL CIVIL

Ana Paula Martins Costa Amato

Visão geral sobre Direito Processual Civil:

As últimas 05 provas do TJMG sobre direito processual civil foram baseadas na legislação (lei seca), com poucas questões sobre doutrina e jurisprudência.

Considerando a vigência do Novo Código de Processo Civil, comentamos provas recentes de outros concursos para ingresso na carreira da magistratura (TJPR-2017, TJRS-2016, TJSC-2017, TJSP-2017 e TJM/SP-2016) e percebemos a presença recorrente dos seguintes temas: normas fundamentais, competência, tutelas provisórias, audiência e provas, cumprimento de sentença, recursos e procedimentos especiais.

\multicolumn{4}{c}{Análise dos temas cobrados nas 5 últimas provas do concurso para o ingresso na carreira da magistratura do Estado de Minas Gerais que foram aplicadas nos seguintes anos: 2007, 2008, 2009, 2012 e 2014.}			
TÓPICOS DO EDITAL	Legislação	Doutrina	Jurisprudência
1. Princípios gerais do direito processual civil. Normas fundamentais.	2008 – 1 2012 – 1 2014 – 1		
2. Direito Processual Constitucional e Direito Processual Coletivo. A ação civil pública. Mandado de segurança. Ação popular.	2008 – 1		
3. Jurisdição e ação. Conceito, natureza e características. Condições da ação. Competência. Conflitos de competência.	2012 – 1 2014 – 1		

Análise dos temas cobrados nas 5 últimas provas do concurso para o ingresso na carreira da magistratura do Estado de Minas Gerais que foram aplicadas nos seguintes anos: 2007, 2008, 2009, 2012 e 2014.			
TÓPICOS DO EDITAL	**Legislação**	**Doutrina**	**Jurisprudência**
4. Processo. Procedimento. Sujeitos, objeto e pressupostos da relação jurídica processual. Da formação, suspensão e extinção do processo.	2008 – 2 2009 – 2 2012 – 3 2014 – 2		
5. Do Poder Judiciário e órgãos jurisdicionais. Do juiz. Serviços auxiliares da Justiça.			
6. Do Ministério Público. Das partes em geral. Dos advogados e procuradores.			
7. Litisconsórcio e assistência.			
8. Intervenção de Terceiros.	2009 – 1		
9. Atos processuais, forma e vícios, tempo e lugar. Formalismo e instrumentalidade das formas. Convalidação do ato processual. Prazos no processo, contagem e preclusão. Incidentes processuais.	2007 – 1		
10. Petição inicial: requisitos e vícios, indeferimento e emenda. Pedido: conceito, espécies, interpretação e alteração. Cumulação de pedidos. Antecipação de tutela. Tutelas provisórias. Tutela definitiva. Julgamento de ações repetitivas.	2007 – 1 2008 – 1 2009 – 1		

DIREITO PROCESSUAL CIVIL

Análise dos temas cobrados nas 5 últimas provas do concurso para o ingresso na carreira da magistratura do Estado de Minas Gerais que foram aplicadas nos seguintes anos: 2007, 2008, 2009, 2012 e 2014.			
TÓPICOS DO EDITAL	**Legislação**	**Doutrina**	**Jurisprudência**
11. Resposta do réu: defesa direta e defesa indireta. Contestação. Exceções processuais. Reconvenção. Revelia. Julgamento conforme o estado do processo.	2007 – 1 2009 – 2		
12. Das audiências. Das provas. Ônus da prova. Incidentes. O juiz e a prova.	2007 – 1 2009 – 1 2012 – 1 2014 – 1		
13. Da sentença. Da coisa julgada: requisitos, espécies, efeitos, relativização. Tutelas específicas. Liquidação de sentença. Do cumprimento da sentença. Rescisória.	2008 – 4 2009 – 3 2014 – 1		
14. Dos processos nos tribunais e dos meios de impugnação das decisões judiciais. Recursos. Requisitos e admissibilidade. Efeitos. Espécies. Incidentes recursais. Recursos repetitivos. Súmula vinculante.	2009 – 3 2012 – 1 2014 – 1		
15. Da execução em geral. Dos títulos executivos. Das espécies de execuções. Defesas do executado. Da execução contra insolvente. Execução nas ações coletivas. Da suspensão e da extinção do processo de execução.	2007 – 1 2008 – 3 2009 – 1 2012 – 2 2014 – 1		
16. Do Processo cautelar. Das medidas cautelares. Dos procedimentos cautelares específicos.	2007 – 1 2012 – 1 2014 – 1		

Análise dos temas cobrados nas 5 últimas provas do concurso para o ingresso na carreira da magistratura do Estado de Minas Gerais que foram aplicadas nos seguintes anos: 2007, 2008, 2009, 2012 e 2014.			
TÓPICOS DO EDITAL	Legislação	Doutrina	Jurisprudência
17. Procedimentos especiais de jurisdição contenciosa e voluntária, no Código de Processo Civil e legislação extravagante. Ação de alimentos e alimentos gravídicos.	2007 – 5 2008 – 2 2012 – 2		
18. Assistência judiciária. Juizados Especiais Cíveis. Alienação fiduciária. Decreto Lei nº 911, de 1º de outubro de 1969. Da locação predial urbana e suas ações.	2007 – 3 (Juizados) 2008 – 1 (Juizados) 2014 – 1		
OBS: Na execução fiscal, regida pela lei nº 6.830, de 1980.	2009 – 1		

*Alguns itens não apresentam questões.

1. PRINCÍPIOS GERAIS DO DIREITO PROCESSUAL CIVIL. NORMAS FUNDAMENTAIS

TJRS – 2016 – *Questão 29 – (Adaptada) Direito Processual Civil/Normas fundamentais/Instrumentalidade/Legislação*

Considerando o sistema e as normas específicas do Novo Código de Processo Civil, instituído pela Lei nº 13.105/2015, assinale a alternativa correta.

a) O juiz não poderá prestar auxílio a qualquer das partes, nem prevenir a extinção do processo por motivos meramente formais, pois, se assim o fizer, estará violando seu dever de imparcialidade.

b) O juiz não está obrigado a oportunizar a manifestação prévia das partes em relação a questões de direito, apenas em relação às questões de fato que efetivamente integrem o mérito da causa.

c) É lícito ao juiz, independentemente da fase em que se encontra o processo, pronunciar a prescrição ou a decadência sem a oitiva prévia das partes, por se cuidar de matéria que lhe é dado decidir de ofício.

DIREITO PROCESSUAL CIVIL

d) O Novo Código possibilita o saneamento de vício formal que possa impedir a admissibilidade de qualquer recurso, incluindo a desconsideração de vício formal de recurso especial ou extraordinário tempestivo, desde que não seja considerado grave.

Comentários

a) INCORRETA. Conforme o artigo. 317, do CPC/2015: Antes de proferir decisão sem resolução de mérito, o juiz deverá conceder à parte oportunidade para, se possível, corrigir o vício.

b) e (C) Incorretas. Como se pode inferir da redação do artigo 10, do CPC/2015: O juiz não pode decidir, em grau algum de jurisdição, com base em fundamento a respeito do qual não se tenha dado às partes oportunidade de se manifestar, ainda que se trate de matéria sobre a qual deva decidir de ofício.

d) CORRETA. Previsão contida nos artigos 932, parágrafo único, e 1.029, § 3°, do CPC/2015:

Artigo 932. Parágrafo único. Antes de considerar inadmissível o recurso, o relator concederá o prazo de 5 (cinco) dias ao recorrente para que seja sanado vício ou complementada a documentação exigível.

Artigo 1.029, § 3°, do CPC: O Supremo Tribunal Federal ou o Superior Tribunal de Justiça poderá desconsiderar vício formal de recurso tempestivo ou determinar sua correção, desde que não o repute grave.

Resposta: Letra D.

TJM/SP – 2016 – *Questão 85 – Direito Processual Civil/Normas fundamentais/Legislação*

Assinale a alternativa correta.

a) A garantia do contraditório participativo impede que se profira decisão ou se conceda tutela antecipada contra uma das partes sem que ela seja previamente ouvida (decisão surpresa).

b) A boa-fé no processo tem a função de estabelecer comportamentos probos e éticos aos diversos personagens do processo e restringir ou proibir a prática de atos atentatórios à dignidade da justiça.

c) O princípio da cooperação atinge somente as partes do processo que devem cooperar entre si para que se obtenha, em tempo razoável, decisão de mérito justa e efetiva.

d) Ao aplicar o ordenamento jurídico, o juiz atenderá aos fins sociais e econômicos e às exigências do bem público, resguardando e promovendo a dignidade da pessoa humana.

e) Será possível, em qualquer grau de jurisdição, a prolação de decisão sem que se dê às partes oportunidade de se manifestar, se for matéria da qual o juiz deva decidir de ofício.

Comentários

a) INCORRETA. Existem hipóteses nas quais o juiz poderá proferir decisão sem que a outra parte seja previamente ouvida. Vide artigo 9º, do CPC/2015.

b) CORRETA. Conforme os artigos 5º e 77, do CPC/2015.

c) INCORRETA. O princípio da cooperação atinge **todos os sujeitos do processo e não apenas as partes**, como disposto no artigo 6º, do CPC/2015.

d) INCORRETA. Nos termos do artigo 8º, do CPC/2015, o juiz atenderá aos **fins sociais e às exigências do bem comum.**

e) Incorreta. Consoante o artigo 10, do CPC que dispõe: "**O juiz não pode decidir**, em grau algum de jurisdição, com base em fundamento a respeito do qual não se tenha dado às partes oportunidade de se manifestar, **ainda que se trate de matéria sobre a qual deva decidir de ofício."**

Resposta: Letra B.

2. DIREITO PROCESSUAL CONSTITUCIONAL E DIREITO PROCESSUAL COLETIVO. A AÇÃO CIVIL PÚBLICA. MANDADO DE SEGURANÇA. AÇÃO POPULAR

3. JURISDIÇÃO E AÇÃO. CONCEITO, NATUREZA E CARACTERÍSTICAS. CONDIÇÕES DA AÇÃO. COMPETÊNCIA. CONFLITOS DE COMPETÊNCIA

TJPR – 2017. *Questão 13. Direito Processual Civil/Competência/Legislação*

Ao receber a petição inicial de processo eletrônico que tramita pelo procedimento comum, o magistrado, postergando o contraditório, deferiu liminarmente a tutela provisória de evidência requerida e intimou o réu para cumprimento no prazo de cinco dias. Considerou o juiz que as alegações do autor foram comprovadas

DIREITO PROCESSUAL CIVIL

documentalmente e que havia tese firmada em julgamento de casos repetitivos que amparava a medida liminar. Posteriormente, o réu apresentou manifestação alegando a incompetência absoluta do juízo e equívoco do magistrado na concessão da tutela provisória. Acerca dessa situação hipotética, assinale a *opção correta*.

a) O magistrado cometeu *error in* procedendo, porque viola a ampla defesa a concessão de tutela da evidência antes da manifestação do réu.

b) Ainda que venha a ser reconhecida a incompetência absoluta do juízo, os efeitos da decisão serão conservados até que outra seja proferida pelo órgão jurisdicional competente.

c) O magistrado agiu de forma equivocada, porque o CPC não autoriza a concessão de tutela provisória da evidência pelos motivos indicados pelo juiz.

d) Se reconhecer sua incompetência absoluta, o juiz deverá extinguir o processo sem resolução do mérito, justificando a medida na impossibilidade técnica em remeter os autos eletrônicos para o juízo competente.

Comentários

a) INCORRETA. **A concessão de tutela de evidência é uma hipótese de exceção ao contraditório prévio,** nos termos do artigo 9º, parágrafo único, inciso II, do CPC/2015.

b) Correta. Essa regra integra o sistema chamado *translatio judicii,* que busca preservar os efeitos de um processo conduzido por juízo incompetente, consoante o artigo 64, § 4º do CPC/15, transcrito a seguir: **Salvo decisão judicial em sentido contrário, conservar-se-ão os efeitos de decisão proferida pelo juízo incompetente até que outra seja proferida, se for o caso, pelo juízo competente.**

c) INCORRETA. A tutela de evidência é uma espécie do gênero tutela provisória, prevista no artigo 311, do CPC/2015, na qual é dispensada a demonstração de urgência (perigo de demora ou risco ao resultado útil do processo), bastando provar umas das hipóteses previstos nos quatro incisos do referido artigo. A hipótese narrada na questão está prevista no artigo 311, II, do CPC/2015 que dispõe que: **A tutela da evidência será concedida, independentemente da demonstração de perigo de dano ou de risco ao resultado útil do processo, quando: as alegações de fato puderem ser comprovadas apenas documentalmente e houver tese firmada em julgamento de casos repetitivos ou em súmula vinculante.**

d) INCORRETA. Conforme orientação do STJ: "**Se o juízo reconhece a sua incompetência absoluta para conhecer da causa, ele deverá determinar** a remessa dos autos ao juízo competente e não extinguir o processo sem exame do mérito. O argumento de impossibilidade técnica do Poder Judiciário em remeter os autos para o juízo competente, ante as dificuldades inerentes ao processamento eletrônico, não pode ser utilizado para prejudicar o jurisdicionado, sob pena de configurar-se indevido obstáculo ao acesso à tutela jurisdicional." (Resp. 1526914/PE, Rel. Ministra DIVA MALERBI (DESEMBARGADORA CONVOCADA TRF 3ª REGIÃO), SEGUNDA TURMA, julgado em 21/06/2016, DJe 28/06/2016)

Resposta: Letra B.

TJPR – 2017. *Questão 18. Direito Processual Civil/Código de Processo Civil/ Competência/Legislação*

Assinale a opção correta de acordo com as regras a respeito de jurisdição e de competência previstas no CPC.

a) A nova sistemática de cooperação jurídica internacional prevista no atual CPC dispensa a atuação de autoridade central para a recepção e transmissão dos pedidos de cooperação.

b) A competência do foro da situação do imóvel objeto de uma ação possessória pode ser modificada para o julgamento conjunto com outro processo, caso haja risco de prolação de decisões conflitantes ou contraditórias.

c) A justiça estadual possui competência para julgar mandado de segurança impetrado contra ato de conselho seccional da OAB.

d) Conforme o CPC, permite-se a exclusão de competência da justiça brasileira, quando esta for concorrente, em razão de cláusula contratual de eleição de foro exclusivo estrangeiro previsto em contrato internacional, desde que haja arguição pelo réu em constatação.

Comentários

a) INCORRETA. Nos termos do artigo 26, IV do CPC/15: "A cooperação jurídica internacional será regida por tratado de que o Brasil faz parte e observará: a existência de autoridade central para recepção e transmissão dos pedidos de cooperação."

b) INCORRETA. O CPC/2015 consagra a conexão por prejudicialidade no artigo 55, § 3º, ao dispor que "Serão reunidos para julgamento conjunto os processos que possam gerar risco de prolação de decisões conflitantes ou contraditórias caso decididos separadamente, mesmo sem conexão entre eles." O artigo 54, do CPC/2015 diz que a competência absoluta não pode ser modificada pela conexão ou continência e o artigo 47, § 2º, do CPC considera que ação possessória imobiliária será proposta no foro de situação da coisa, cujo juízo tem competência absoluta. Logo, a assertiva está incorreta, visto que sendo uma hipótese de competência absoluta, não poderá ser modificada pela conexão.

c) INCORRETA. Competência da Justiça Federal, conforme disposto no artigo 45, do CPC e no AgRg no REsp 1255052/AP [1].

d) CORRETA. Previsão contida no artigo 25 do CPC/15: "Não compete à autoridade judiciária brasileira o processamento e o julgamento da ação quando houver cláusula de eleição de foro exclusivo estrangeiro em contrato internacional, arguida pelo réu na contestação."

Resposta: Letra D.

TJSP – 2017 – *Questão 11 – Direito Processual Civil/Competência/Legislação*

Em matéria de competência, assinale a alternativa correta.

a) A competência determinada por critério territorial é sempre relativa.

b) A prevenção é efeito da citação válida.

c) No caso de continência, as demandas devem ser reunidas para julgamento conjunto, salvo se a ação continente preceder a propositura da ação contida, caso em que essa última terá seu processo extinto sem resolução do mérito.

d) Compete à autoridade judiciária brasileira julgar as ações em que as partes se submetam à jurisdição nacional, desde que o façam expressamente.

Comentários

a) INCORRETA. A competência territorial **NÃO é sempre relativa** (art. 47, § 2º, do CPC).

---

1. (...) 4. As funções atribuídas à OAB pelo art. 44, I e II, da Lei n. 8.906/94 possuem natureza federal. Não há como conceber que a defesa do Estado Democrático de Direito, dos Direitos Fundamentais, a regulação da atividade profissional dos advogados, dentre outras, constituam atribuições delegadas pelos Estados Membros. 5. Portanto, o presidente da seccional da OAB exerce função delegada federal, motivo pelo qual a competência para o julgamento do mandado de segurança contra ele impetrado é da Justiça Federal. Precedente: (EREsp 235.723/SP, Rel. Min. Fontes de Alencar, Corte Especial, julgado em 23.10.2003, DJ 16.8.2004, p. 118.) Agravo regimental improvido. (AgRg no REsp 1255052/AP, Rel. Ministro HUMBERTO MARTINS, SEGUNDA TURMA, julgado em 06/11/2012, DJe 14/11/2012)

b) INCORRETA. No CPC de 1973, dependendo da situação, a prevenção era estabelecida pelo despacho da inicial ou pela citação. **CPC/2015 adotou critério único para determinação do juiz prevento: o registro ou a distribuição (art. 59, do CPC).**

c) CORRETA. Nos termos do artigo 57, do CPC: Quando houver continência e a **ação continente tiver sido proposta anteriormente, no processo relativo à ação contida será proferida sentença sem resolução de mérito, caso contrário, as ações serão necessariamente reunidas.**

d) INCORRETA. Compete à autoridade judiciária brasileira processar e julgar as ações em que as partes, **expressa ou tacitamente,** se submeterem à jurisdição nacional (art. 22, III, do CPC).

Resposta: letra C.

4. PROCESSO. PROCEDIMENTO. SUJEITOS, OBJETO E PRESSUPOSTOS DA RELAÇÃO JURÍDICA PROCESSUAL. DA FORMAÇÃO, SUSPENSÃO E EXTINÇÃO DO PROCESSO

5. DO PODER JUDICIÁRIO E ÓRGÃOS JURISDICIONAIS. DO JUIZ. SERVIÇOS AUXILIARES DA JUSTIÇA

TJPR – 2017. *Questão 15. Direito Processual Civil/Código de Processo Civil/ Suspeição e impedimento/Legislação*

Em cada uma das próximas opções, é apresentada uma situação hipotética, seguida de uma assertiva a ser julgada. Assinale a opção que, de acordo com a legislação processual, apresenta a assertiva correta.

a) Foi distribuída para determinado juiz ação em que é parte instituição de ensino na qual ele leciona. Nessa situação, o magistrado tem de se declarar suspeito, haja vista que a suspeição independe de arguição do interessado.

b) Em determinada ação de cobrança, o magistrado julgou parcialmente procedente o pedido autoral, condenando o réu a pagar metade do valor pleiteado. Nessa situação, os honorários advocatícios deverão ser compensados em razão da sucumbência recíproca.

c) O MP deixou de apresentar parecer após o prazo legal que possuía para se manifestar como fiscal da ordem jurídica. Nessa situação, o juiz deverá requisitar os autos e dar andamento ao processo mesmo sem a referida manifestação.

DIREITO PROCESSUAL CIVIL

d) Pedro ajuizou demanda contra Roberto e, na petição inicial, requereu a concessão de gratuidade de justiça. Nessa situação, caberá agravo de instrumento contra a decisão que denegar ou conceder o pedido de gratuidade.

Comentários

a) INCORRETA. **Trata-se de hipótese de impedimento** e não de suspeição (artigo 144, VII, do CPC/15).

b) INCORRETA. É **vedada a compensação de honorários** no caso de sucumbência parcial (art. 85, § 14, do CPC/15).

c) CORRETA. **Findo o prazo para manifestação do Ministério Público sem o oferecimento de parecer, o juiz requisitará os autos e dará andamento ao processo** (art. 180, § 1º do CPC/15).

d) INCORRETA. **Não caberá agravo de instrumento contra a decisão que conceder o pedido de gratuidade.** Nos termos do artigo 1.015, V, do CPC/15: Cabe agravo de instrumento contra as decisões interlocutórias que versarem sobre: rejeição do pedido de gratuidade da justiça ou acolhimento do pedido de sua revogação.

Resposta: letra C.

6. DO MINISTÉRIO PÚBLICO. DAS PARTES EM GERAL. DOS ADVOGADOS E PROCURADORES

7. LITISCONSÓRCIO E ASSISTÊNCIA

TJPR – 2017. *Questão 19. Direito Processual Civil/Código de Processo Civil/ Litisconsórcio/Legislação*

Com referência ao litisconsórcio e à intervenção de terceiros, assinale a opção correta.

a) No incidente de desconsideração da personalidade jurídica, estará sempre presente interesse público que torne obrigatória a intervenção do MP como fiscal da ordem jurídica.

b) O magistrado deve indeferir o requerimento de ingresso de *amicus curiae* em processo que esteja em primeira instância, porque essa hipótese de intervenção de terceiro somente pode ocorrer em causa que tramite no tribunal.

c) Na hipótese de desmembramento do litisconsórcio multitudinário, a interrupção da prescrição deve retroagir à data de propositura da demanda original, inclusive para os autores que forem compor um novo processo.

d) A sentença de mérito, quando proferida sem a integração do contraditório pelo litisconsorte necessário, será nula de pleno direito, não importando que o litisconsórcio seja simples ou unitário.

Comentários

a) INCORRETA. Conforme o artigo 133 do CPC/15: O incidente de desconsideração da personalidade jurídica será instaurado a pedido da parte ou **do Ministério Público, quando lhe couber intervir no processo.**

b) INCORRETA. O **requerimento poderá ser feito perante o juiz, na primeira instância**, ou perante o relator, nos tribunais (art. 138 do CPC/15).

c) CORRETA. Previsão contida no enunciado 10 do Fórum Permanente de Processualistas Civis: **Em caso de desmembramento do litisconsórcio multitudinário, a interrupção da prescrição retroagirá à data de propositura da demanda original.**

d) INCORRETA. No caso de litisconsórcio necessário unitário a sentença será nula, todavia, **no caso de litisconsórcio necessário simples a sentença será ineficaz em relação aos litisconsortes não citados.** Vide artigo 115, do CPC.

Resposta: Letra C.

***TJSP – 2017** – Questão 12 – Direito Processual Civil/Litisconsórcio/Legislação*

Haverá litisconsórcio necessário

a) passivo, entre os cônjuges, na ação fundada em obrigação contraída por um deles, em proveito da família.

b) ativo, entre os cônjuges, na ação que verse sobre direito real imobiliário, salvo se casados sob regime de separação absoluta de bens.

c) sempre que ele for unitário.

d) entre alienante e adquirente quando ocorrer a alienação de coisa ou de direito litigioso.

DIREITO PROCESSUAL CIVIL

> *Comentários*
>
> a) Correto. Previsão contida no artigo 73, § 1º, III, do CPC: "Ambos os cônjuges serão necessariamente citados para a ação: (...) III – fundada em dívida contraída por um dos cônjuges a bem da família."
>
> b) Incorreto. O código **exige o consentimento do cônjuge** e não que o cônjuge integre a lide como litisconsorte necessário. Vide artigo 73, do CPC.
>
> c) Incorreto. O litisconsórcio será necessário **por disposição de lei ou quando for unitário**. Vide artigo 114, do CPC.
>
> c) Incorreto. Hipótese de litisconsórcio facultativo. Artigo 109, § 1º, do CPC: O adquirente ou cessionário **poderá** intervir no processo como assistente litisconsorcial do alienante ou cedente.
>
> **Resposta: Letra A.**

8. INTERVENÇÃO DE TERCEIROS

TJSP – 2017 – *Questão 20 – Direito Processual Civil/Intervenção de terceiros/Denunciação à lide/Legislação*

Considerando a denunciação da lide, assinale a alternativa correta.

a) Considerando-se a cadeia dominial, a denunciação da lide sucessiva é admitida ao originariamente denunciado, mas vedada ao sucessivamente denunciado, ressalvada a propositura de ação autônoma.

b) O direito regressivo poderá ser objeto de ação autônoma apenas no caso de não ser permitida pela lei ou no caso de ter sido indeferida pelo juiz.

c) Pode ser requerida e deferida originariamente em grau de apelação, nos casos em que seja dado ao tribunal examinar o mérito desde logo, por estar o processo em condições de julgamento.

d) Pode ser determinada de ofício pelo juiz, nos casos em que a obrigação de indenizar decorra expressamente da lei.

> *Comentários*
>
> a) Correto. Conforme artigo 125, § 2º, do CPC: "Admite-se uma única denunciação sucessiva, promovida pelo denunciado, contra seu antecessor imediato na cadeia dominial ou quem seja responsável por

indenizá-lo, não podendo o denunciado sucessivo promover nova denunciação, hipótese em que eventual direito de regresso será exercido por ação autônoma."

b) Incorreto. O direito regressivo será exercido por ação autônoma quando a denunciação da lide for indeferida, não for permitida e **também quando deixar de ser promovida** (artigo 125, § 1°, do CPC).

c) Incorreto. A citação do denunciado será **requerida na petição inicial, se o denunciante for autor, ou na contestação, se o denunciante for réu** (artigo 126, do CPC).

d) Incorreto. A denunciação da lide não poderá ser determinada de ofício pelo juiz. Artigos 126, 127 e 128, do CPC.

Resposta: Letra A.

TJM/SP – 2016 – *Questão 87 – Direito Processual Civil/Intervenção de Terceiros/Legislação*

A respeito do amicus curiae, é correto afirmar que

a) passou a ser modalidade de intervenção de terceiro no processo, com poder de interpor recurso de decisão que julgar o incidente de resolução de demandas repetitivas.

b) é terceiro admitido no processo para fornecer subsídios instrutórios à solução de causa revestida de especial relevância ou complexidade, passando a titularizar posições subjetivas relativas às partes, como o assistente simples.

c) é um auxiliar do juízo, equiparável a terceiros que prestam colaboração instrutória pontual no processo.

d) assume papel de fiscal da lei ou do interesse público no curso do processo, ficando investido das prerrogativas processuais conferidas ao Ministério Público.

e) sua admissibilidade não é pautada por seu interesse jurídico ou extrajurídico na solução da causa, sendo por este motivo vedado o ingresso quando houver interesse no resultado do processo.

Comentários

O CPC/2015 previu expressamente a figura do *amicus curiae* entre os terceiros intervenientes típicos (assertiva A), acabando com a polêmica doutrinária sobre sua natureza jurídica (assertivas B, C e D). Dispõe o artigo 138, do CPC (assertiva E) que "O juiz ou o relator, considerando a relevância da matéria, a especificidade do tema objeto da demanda ou a repercussão social da controvérsia, poderá, por decisão irrecorrível, de ofício ou a requerimento das partes ou de quem pretenda manifestar-se, solicitar ou admitir a participação de pessoa natural ou jurídica, órgão ou entidade especializada, com representatividade adequada, no prazo de 15 (quinze) dias de sua intimação." Cumpre ressaltar, ainda, que a legitimidade recursal do *amicus curiae* em relação ao incide incidente de resolução de demandas repetitivas está firmada no artigo 138, § 3°, do CPC (assertiva A).

Resposta: Letra A.

9. ATOS PROCESSUAIS, FORMA E VÍCIOS, TEMPO E LUGAR. FORMALISMO E INSTRUMENTALIDADE DAS FORMAS. CONVALIDAÇÃO DO ATO PROCESSUAL. PRAZOS NO PROCESSO, CONTAGEM E PRECLUSÃO. INCIDENTES PROCESSUAIS

TJPR – 2017. *Questão 14. Direito Processual Civil/Código de Processo Civil/ Valor da Causa/Legislação*

Determinado indivíduo ajuizou ação de indenização por danos morais contra empresa de comunicação e apontou como causa de pedir a publicação de reportagem que alega ter violado sua dignidade. Com referência a essa situação hipotética e a aspectos processuais a ela pertinentes, assinale a opção correta.

a) Havendo incorreção na atribuição do valor da causa pelo autor, poderá o réu impugnar tal valor por meio de petição autônoma a ser oferecida no mesmo prazo de contestação.

b) Na petição inicial de ação indenizatória fundada em dano moral, o autor deve sempre apresentar pedido genérico, porque a iliquidez do pedido decorre da natureza do dano sofrido.

c) Caberá ao magistrado corrigir de ofício o valor da causa se entender que o proveito econômico perseguido pelo autor está em desacordo com o valor atribuído na petição inicial.

d) Em ação indenizatória fundada em dano moral, o autor terá sempre interesse recursal para majorar a indenização, seja qual for o valor fixado na sentença.

> **Comentários**
>
> a) Incorreta. O réu poderá impugnar, **em preliminar da contestação,** o valor atribuído à causa pelo autor, sob pena de preclusão (artigo 293 do CPC/15).
>
> b) Incorreta. Ação indenizatória fundada em dano moral **deve conter o valor da causa** (artigo 292, V, do CPC/15).
>
> c) Correta. Artigo 292, § 3º do CPC/15: "O juiz corrigirá, de ofício e por arbitramento, o valor da causa quando verificar que não corresponde ao conteúdo patrimonial em discussão ou ao proveito econômico perseguido pelo autor, caso em que se procederá ao recolhimento das custas correspondentes."
>
> d) Incorreta. Haverá interesse recursal **somente se o valor fixado na sentença for inferior ao pedido na inicial.**
>
> **Resposta: Letra C.**

TJSC – 2017 – *Questão 17 – Direito Processual Civil/Comunicação dos atos processuais/Legislação.*

No que se refere à comunicação dos atos processuais, é correto que

a) para a eficácia e existência do processo é indispensável a citação do réu ou do executado, com a ressalva única de indeferimento da petição inicial.

b) o comparecimento espontâneo do réu ou do executado supre a falta ou a nulidade da citação, fluindo a partir desta data o prazo para apresentação de contestação ou de embargos à execução.

c) a citação válida, salvo se ordenada por juízo incompetente, induz litispendência, torna litigiosa a coisa e constitui em mora o devedor.

d) a citação será sempre pessoal, por se tratar de ato personalíssimo e, portanto, intransferível.

e) como regra geral, a citação será feita por meio de mandado a ser cumprido por oficial de justiça; frustrada esta, far-se-á pelo correio.

> **Comentários**
>
> a) INCORRETA. O artigo 239, do CPC/2015 ressalta as hipóteses de indeferimento da petição inicial e de **improcedência liminar do pedido.**

b) CORRETA. Art. 239,§ 1°, do CPC: "O comparecimento espontâneo do réu ou do executado supre a falta ou a nulidade da citação, fluindo a partir desta data o prazo para apresentação de contestação ou de embargos à execução."

c) INCORRETA. Conforme o artigo 240, do CPC: "A citação válida, **ainda quando ordenada por juízo incompetente**, induz litispendência, torna litigiosa a coisa e constitui em mora o devedor, ressalvado o disposto nos arts. 397 e 398 da Lei n. 10.406, de 10 de janeiro de 2002 (Código Civil)."

d) INCORRETA. Nos termos do artigo 242: "A citação será pessoal, **podendo, no entanto, ser feita na pessoa do representante legal ou do procurador do réu, do executado ou do interessado.**"

e) Incorreta. A regra é a citação pelo correio (artigo 247, do CPC).

Resposta: Letra B.

TJSC – 2017 – Questão 18 – Direito Processual Civil/Forma dos Atos Processuais/Legislação

Em relação à forma dos atos processuais, é correto afirmar:

a) Compete privativamente aos tribunais regulamentar a prática e a comunicação oficial de atos processuais por meio eletrônico, velando pela compatibilidade dos sistemas, disciplinando a incorporação progressiva de novos avanços tecnológicos e editando, para esse fim, os atos que forem necessários.

b) Os atos e termos processuais são em regra formais, considerando-se nulos os que tenham sido praticados em desrespeito a essa premissa.

c) A desistência da ação produzirá efeitos imediatos nos autos, embora seja possível discutir os ônus sucumbenciais se não houver anuência da parte adversa ao ato.

d) Apenas decisões interlocutórias e sentenças devem ser publicadas no Diário de Justiça Eletrônico, já que despachos, por não causarem gravames, não necessitam de publicação.

e) Versando o processo sobre direitos que admitam autocomposição, é lícito às partes plenamente capazes estipular mudanças no procedimento para ajustá-lo às especificidades da causa e convencionar sobre os seus ônus, poderes, faculdades e deveres processuais, antes ou durante o processo.

> ### Comentários
>
> a) Incorreto. Conforme o artigo 196, do CPC/2015: "**Compete ao Conselho Nacional de Justiça e, supletivamente, aos tribunais,** regulamentar a prática e a comunicação oficial de atos processuais por meio eletrônico e velar pela compatibilidade dos sistemas, disciplinando a incorporação progressiva de novos avanços tecnológicos e editando, para esse fim, os atos que forem necessários, respeitadas as normas fundamentais deste Código."
>
> b) Incorreto. Como se pode inferir da previsão contida no artigo 188: "Os atos e os termos processuais independem de forma determinada, salvo quando a lei expressamente a exigir, **considerando-se válidos os que, realizados de outro modo, lhe preencham a finalidade essencial.**"
>
> c) Incorreto. A desistência da ação **só produzirá efeitos após homologação judicial** (artigo 200, parágrafo único, do CPC/2015).
>
> d) Incorreto. **Os despachos também devem ser publicados no Diário de Justiça Eletrônico** (artigo 205, § 3º, do CPC/2015).
>
> e) Correto. Previsão contida no artigo 190, do CPC/2015: "Versando o processo sobre direitos que admitam autocomposição, é lícito às partes plenamente capazes estipular mudanças no procedimento para ajustá-lo às especificidades da causa e convencionar sobre os seus ônus, poderes, faculdades e deveres processuais, antes ou durante o processo."
>
> *Resposta: letra E.*

10. PETIÇÃO INICIAL: REQUISITOS E VÍCIOS, INDEFERIMENTO E EMENDA. PEDIDO: CONCEITO, ESPÉCIES, INTERPRETAÇÃO E ALTERAÇÃO. CUMULAÇÃO DE PEDIDOS. TUTELAS PROVISÓRIAS. TUTELA DEFINITIVA. JULGAMENTO DE AÇÕES REPETITIVAS

TJSP – 2017 – *Questão 16 – Direito Processual Civil/Petição Inicial/Legislação*

Quanto à petição inicial, no procedimento comum,

a) o autor, depois da citação, poderá aditar ou alterar o pedido ou causa de pedir, hipótese em que, desde que assegurado o contraditório mediante a possibilidade de manifestação no prazo mínimo de quinze (15) dias, não será exigido consentimento do demandado.

DIREITO PROCESSUAL CIVIL

b) o autor tem o ônus de alegar eventual desinteresse na designação de audiência de conciliação ou mediação, sob pena de ser presumido seu interesse na tentativa de autocomposição.

c) ela será inepta e, como tal, deverá ser indeferida se o juiz verificar desde logo a ocorrência de prescrição ou decadência.

d) o autor poderá cumular pedidos, desde que haja conexão entre eles.

Comentários

a) Incorreto. Nos termos do artigo 329, do CPC/2015: "O autor poderá: I – até a citação, aditar ou alterar o pedido ou a causa de pedir, independentemente de consentimento do réu; II – **até o saneamento do processo, aditar ou alterar o pedido e a causa de pedir, com consentimento do réu, assegurado o contraditório mediante a possibilidade de manifestação deste no prazo mínimo de 15 (quinze) dias, facultado o requerimento de prova suplementar.**"

b) Correto. Artigo 334, *caput* e § 5º, do CPC.

"Art. 334. Se a petição inicial preencher os requisitos essenciais e não for o caso de improcedência liminar do pedido, o juiz designará audiência de conciliação ou de mediação com antecedência mínima de 30 (trinta) dias, devendo ser citado o réu com pelo menos 20 (vinte) dias de antecedência. (...) § 5º O autor deverá indicar, na petição inicial, seu desinteresse na autocomposição, e o réu deverá fazê-lo, por petição, apresentada com 10 (dez) dias de antecedência, contados da data da audiência."

c) Incorreto. **É causa de improcedência liminar do pedido.** Art. 332, § 1º, do CPC.

d) Incorreto. O autor poderá cumular pedidos, **ainda que entre eles não haja conexão** (artigo 327, do CPC).

Resposta: Letra B.

***TJRS – 2016** – Questão 32 – (Adaptada) Direito Processual Civil/Contestação/ Da Improcedência Liminar do Pedido/Do Indeferimento da Petição Inicial/Do Julgamento Antecipado Parcial do Mérito/Legislação*

Na vigência do Novo Código de Processo Civil, instituído pela Lei nº 13.105/2015, assinale a alternativa **INCORRETA** a respeito do procedimento comum.

a) No sistema do Novo CPC, todas as defesas do réu, incluindo as alegações de incompetência relativa, impedimento e suspeição, deverão ser apresentadas como preliminares da contestação.

b) A constatação imediata da prescrição da pretensão ou da decadência do direito potestativo, entre outras hipóteses, autoriza o juiz a julgar liminarmente improcedente o pedido, não a indeferir a petição inicial.

c) No caso de o juiz indeferir por completo a petição inicial, o autor poderá apelar; não sendo exercido o juízo de retratação, o réu deverá ser citado para responder ao recurso de apelação.

d) O Novo CPC admite expressamente a extinção parcial do processo sem resolução do mérito, sendo que essa decisão será impugnável por meio do recurso de agravo de instrumento.

Comentários

a) INCORRETA. As exceções de impedimento e de suspeição deverão ser formuladas em petição específica (artigo 146, do CPC/2015).

b) CORRETA. Previsão contida no artigo 332, § 1º, do CPC/2015: "O juiz também poderá julgar liminarmente improcedente o pedido se verificar, desde logo, a ocorrência de decadência ou de prescrição."

c) CORRETA. Conforme artigo 331, § 1º, do CPC.

"Art. 331. Indeferida a petição inicial, o autor poderá apelar, facultado ao juiz, no prazo de 5 (cinco) dias, retratar-se. § 1º Se não houver retratação, o juiz mandará citar o réu para responder ao recurso."

c) CORRETA. É o que dispõe o artigo 356, § 5º, do CPC.

"Art. 356. O juiz decidirá parcialmente o mérito quando um ou mais dos pedidos formulados ou parcela deles: I – mostrar-se incontroverso; II – estiver em condições de imediato julgamento, nos termos do art. 355. (...) § 5º A decisão proferida com base neste artigo é impugnável por agravo de instrumento."

Resposta: Letra A.

TJSP – 2017 – *Questão 15 – Direito Processual Civil/Tutelas Provisórias/Legislação*

A tutela provisória de urgência:

a) exige, além do perigo da demora, prova pré-constituída das alegações de fato em que se funda o autor.

b) não pode ser concedida na sentença porque, do contrário, a tutela perderia a natureza de provisória.

c) quando requerida na forma de tutela cautelar antecedente, poderá ser apreciada como tutela antecipada, caso o juiz entenda que essa é sua verdadeira natureza.

d) só pode ser determinada pelo juiz estatal e não pelo árbitro, uma vez que falta a esse último poder de coerção para efetivar a medida.

> **Comentários**
>
> a) Incorreto. **Não há necessidade de prova pré-constituída das alegações de fato em que se funda o autor**, conforme o artigo 300, do CPC/2015.
>
> b) Incorreto. **Pode ser concedida na sentença.** Vide artigo 1.012, V, do CPC.
>
> c) Correto. Artigo 305, parágrafo único, do CPC.
>
> "Art. 305. A petição inicial da ação que visa à prestação de tutela cautelar em caráter antecedente indicará a lide e seu fundamento, a exposição sumária do direito que se objetiva assegurar e o perigo de dano ou o risco ao resultado útil do processo. Parágrafo único. Caso entenda que o pedido a que se refere o caput tem natureza antecipada, o juiz observará o disposto no art. 303."
>
> d) Incorreto. Com alterações promovidas pela Lei nº 13.129, de 2015 na Lei de Arbitragem, há previsão expressa de que, instituída arbitragem, cabe aos árbitros manter, modificar ou revogar a medida cautelar ou de urgência concedida pelo Poder Judiciário (artigo 22-B, *caput* e parágrafo único, da Lei 9.307/1996).
>
> **Resposta: letra C.**

TJSC – 2017 – *Questão 20 – Direito Processual Civil/Tutelas provisórias/ Legislação*

Em relação às tutelas provisórias, de urgência e da evidência, considere os enunciados seguintes:

I. A tutela provisória de urgência, se cautelar, só pode ser concedida em caráter antecedente, podendo a qualquer tempo ser revogada ou modificada.

II. A tutela de urgência de natureza cautelar pode ser efetivada mediante arresto, sequestro, arrolamento de bens, registro de protesto contra alienação de bem e qualquer outra medida idônea para asseguração do direito.

III. Entre outros motivos, a tutela da evidência será concedida, independentemente da demonstração de perigo de dano ou de risco ao resultado útil do processo, se se tratar de pedido reipersecutório fundado em prova documental adequada do contrato de depósito, caso em que será decretada a ordem de entrega do objeto custodiado, sob cominação de multa.

IV. Para a concessão da tutela de urgência, o juiz deve, conforme o caso, exigir caução real ou fidejussória idônea para ressarcir os danos que a outra parte possa vir a sofrer, só podendo a garantia ser dispensada se os requerentes da medida forem menores ou idosos com mais de sessenta anos.

Está correto o que se afirma APENAS em

a) II e III.
b) I e II.
c) I, II e IV.
d) II, III e IV.
e) I, II e III.

Comentários

I. Incorreto. Conforme o artigo 294, parágrafo único, do CPC: "A tutela provisória de urgência, **cautelar ou antecipada**, pode ser concedida em caráter antecedente ou incidental."

II. Correto. Previsão contida no artigo 301, do CPC: "A tutela de urgência de natureza cautelar pode ser efetivada mediante arresto, sequestro, arrolamento de bens, registro de protesto contra alienação de bem e qualquer outra medida idônea para asseguração do direito."

III. Correto. Nos termos do artigo 311, III, do CPC.

"Art. 311. A tutela da evidência será concedida, independentemente da demonstração de perigo de dano ou de risco ao resultado útil do processo, quando: (...) III – se tratar de pedido reipersecutório fundado em prova documental adequada do contrato de depósito, caso em que será decretada a ordem de entrega do objeto custodiado, sob cominação de multa."

IV. Incorreto. A caução poderá ser dispensada se a **parte economicamente hipossuficiente não puder oferecê-la** (artigo 300, § 1º, do CPC).

Resposta: Letra A) II e III.

***TJRS – 2016** – Questão 27 **(Adaptada)** Direito Processual Civil/Tutelas Provisórias/Doutrina*

Na vigência do Novo Código de Processo Civil, instituído pela Lei nº 13.105/2015, o Ministério Público do Estado do Rio Grande do Sul ingressa com ação alegando que certo medicamento está sendo distribuído às farmácias sem determinado selo, exigido por legislação específica para que o fármaco possa ser vendido. O produto, segundo a inicial, terá sua venda iniciada no dia de amanhã. Nesse caso, partindo do pressuposto de que os fatos alegados estão provados, é correto afirmar que, ao deferir a antecipação de tutela, o juiz estará concedendo

a) tutela preventiva contra o dano.

b) tutela preventiva contra o ilícito.

c) tutela repressiva contra o dano.

d) tutela repressiva contra o ilícito.

Comentários

A tutela é preventiva (medicamento ainda não foi comercializado) e visa evitar a ocorrência de ilícito (venda do produto sem selo exigido).

Resposta: Letra B está correta..

11. RESPOSTA DO RÉU: DEFESA DIRETA E DEFESA INDIRETA. CONTESTAÇÃO. EXCEÇÕES PROCESSUAIS. RECONVENÇÃO. REVELIA. JULGAMENTO CONFORME O ESTADO DO PROCESSO

***TJM/SP – 2016** – Questão 86 – Direito Processual Civil/Contestação/Legislação*

No tocante ao tema resposta do réu, assinale a alternativa correta.

a) O termo inicial para oferecimento de contestação será sempre a data da audiência de conciliação ou de mediação, ou da última sessão de conciliação, quando qualquer parte não comparecer ou, comparecendo, não houver autocomposição.

b) Deve necessariamente ser alegado no bojo da contestação a denunciação da lide, o chamamento do processo, a incompetência relativa, a impugnação ao valor da causa e a arguição de impedimento ou suspeição.

d) O réu pode ser condenado a arcar com as despesas processuais e indenizar o autor pelos prejuízos decorrentes da falta de indicação do sujeito passivo, quando alegar sua ilegitimidade e não indicar o sujeito passivo, tendo conhecimento de quem o seja.

e) A existência de convenção de arbitragem pode ser alegada a qualquer tempo pelo réu.

Comentários

a) Incorreto. O termo inicial para oferecimento da contestação **poderá ser também** a data do protocolo do pedido de cancelamento da audiência de conciliação ou de mediação apresentado pelo réu ou a data prevista no art. 231, de acordo com o modo como foi feita a citação, nos demais casos (artigo 335, incisos II e III, do CPC/2015).

b) Incorreto. Quando for alegada pelo autor, a **denunciação da lide deve ser arguida na petição inicial** (artigo 126, do CPC/2015) e **alegação de impedimento ou suspeição** deve ser feita no prazo de 15 (quinze) dias, a contar do conhecimento do fato, **em petição específica dirigida ao juiz do processo.**

c) Incorreto. Conforme artigo 335, § 1º, do CPC/2015: "**No caso de litisconsórcio passivo, ocorrendo a hipótese do art. 334, § 6º, o termo inicial** previsto no inciso II **será, para cada um dos réus, a data de apresentação de seu respectivo pedido de cancelamento da audiência."**

d) Correto. Previsão contida no artigo 339, do CPC/2015: "Quando alegar sua ilegitimidade, incumbe ao réu indicar o sujeito passivo da relação jurídica discutida sempre que tiver conhecimento, sob pena de arcar com as despesas processuais e de indenizar o autor pelos prejuízos decorrentes da falta de indicação."

e) Incorreto. A ausência de alegação da existência de convenção de arbitragem, **como preliminar na contestação,** implica aceitação da jurisdição estatal e renúncia ao juízo arbitral (artigo 337, inciso X, c/c § 6º, do CPC/2015).

Resposta: Letra D.

12. DAS AUDIÊNCIAS. DAS PROVAS. ÔNUS DA PROVA. INCIDENTES. O JUIZ E A PROVA

TJSP – 2017 – *Questão 13 – Direito Processual Civil/Provas/Legislação*

Em matéria de prova, é ***incorreto*** afirmar:

a) a falsidade de documento será resolvida como questão incidental e sobre a decisão não incidirá a autoridade da coisa julgada, salvo se a parte requerer que o juiz decida a falsidade como questão principal.

DIREITO PROCESSUAL CIVIL

b) desde que sejam capazes, e que a controvérsia comporte autocomposição, as partes podem escolher o perito, e a perícia, assim produzida, substituirá, para todos os efeitos, a que seria realizada por perito nomeado pelo juiz, sem prejuízo do convencimento motivado do magistrado.

c) a parte pode requerer o depoimento pessoal da parte adversária, do litisconsorte e eventualmente dela própria.

d) na audiência de instrução, as perguntas serão formuladas pelas partes (por seus advogados) diretamente à testemunha, mas o juiz poderá inquirir a testemunha tanto antes quanto depois da inquirição feita pelas partes.

Comentários

a) CORRETA. Conforme disposto nos artigos 430, parágrafo único, e 433, do CPC/2015.

Art. 430. Parágrafo único. Uma vez arguida, a falsidade será resolvida como questão incidental, salvo se a parte requerer que o juiz a decida como questão principal, nos termos do inciso II do art. 19.

Art. 433. A declaração sobre a falsidade do documento, quando suscitada como questão principal, constará da parte dispositiva da sentença e sobre ela incidirá também a autoridade da coisa julgada.

b) Correto. Artigo 471, § 3º, do CPC.

Art. 471. As partes podem, de comum acordo, escolher o perito, indicando-o mediante requerimento, desde que: I – sejam plenamente capazes; II – a causa possa ser resolvida por autocomposição. (...) § 3º A perícia consensual substitui, para todos os efeitos, a que seria realizada por perito nomeado pelo juiz.

c) Incorreto. **Cabe à parte requerer o depoimento pessoal da outra parte** (artigo 385, do CPC)

d) Correto. Previsão contida no artigo 459, *caput* e § 1º, do CPC.

Art. 459. As perguntas serão formuladas pelas partes diretamente à testemunha, começando pela que a arrolou, não admitindo o juiz aquelas que puderem induzir a resposta, não tiverem relação com as questões de fato objeto da atividade probatória ou importarem repetição de outra já respondida. § 1º O juiz poderá inquirir a testemunha tanto antes quanto depois da inquirição feita pelas partes.

Resposta: Letra C.

TJSC – 2017 – Questão 22 – *Direito Processual Civil/Provas/Legislação*

Em relação à prova, é correto afirmar que:

a) como regra, há hierarquia entre as provas previstas normativamente, embora não exista hierarquia entre as provas admitidas consuetudinariamente.

b) os fatos ocorridos, sobre os quais se tenha estabelecido controvérsia, prescindem de prova.

c) a existência e o modo de existir de algum fato podem ser atestados ou documentados, a requerimento do interessado, mediante ata lavrada por tabelião; dados representados por imagem ou som gravados em arquivos eletrônicos poderão constar da ata notarial.

d) para que o juiz determine as provas necessárias ao julgamento do mérito é preciso sempre que a parte as requeira, tendo em vista o princípio da inércia jurisdicional.

e) o ônus da prova não admite ser convencionado em sentido contrário ao da norma jurídica, salvo unicamente nas relações consumeristas, se em prol do consumidor.

Comentários

a) Incorreto. Em regra, não há hierarquia entre as provas. O sistema processual brasileiro adota o sistema do livre convencimento motivado (artigo 371, do CPC), no qual o juiz é livre para formar seu convencimento, dando as provas produzidas o peso que entender cabível em cada processo.

b) Incorreto. Não dependem de provas os fatos admitidos no processo como incontroversos (artigo 374, III, do CPC).

c) Correto. Previsão contida no artigo 384, do CPC: "A existência e o modo de existir de algum fato podem ser atestados ou documentados, a requerimento do interessado, mediante ata lavrada por tabelião. Parágrafo único. Dados representados por imagem ou som gravados em arquivos eletrônicos poderão constar da ata notarial."

d) Incorreto. Conforme o artigo, 370, do CPC que dispõe: "**Caberá ao juiz, de ofício** ou a requerimento da parte, determinar as provas necessárias ao julgamento do mérito."

e) Incorreto. A distribuição diversa do ônus da prova **pode ocorrer por convenção das partes** (artigo 373, § 3º, do CPC).

Resposta: Letra C

DIREITO PROCESSUAL CIVIL

TJRS – 2016 – *Questão 23 –* **(Adaptada)** *Direito Processual Civil/Das Provas/ Exibição de Documento/Legislação*

Na vigência do Novo Código de Processo Civil, instituído pela Lei nº 13.105/2015, Fernando propõe ação de exibição de documentos em face de Álvaro. Álvaro contesta a ação, apresentando justificativa para não exibir. O juiz julga ilegítima a justificativa de Álvaro, por considerar que o réu possui o documento, que tem dever legal de exibi-lo e que o documento em questão é comum às partes e necessário para a instrução do feito. Nesse caso, é correto afirmar que, em tese,

a) o juiz não poderia admitir como verdadeiros os fatos que, por meio do documento, Fernando pretendia provar.

b) o juiz poderia determinar busca e apreensão do documento, mas não poderia utilizar medidas coercitivas, como a multa diária, para constranger Álvaro a exibi-lo.

c) o juiz poderia adotar medidas como multa diária, busca e apreensão e restrição ao exercício de direitos, para fazer com que o documento seja levado a juízo.

d) o juiz deveria ter determinado a exibição do documento, ainda que Álvaro tivesse comprovado que a apresentação do documento violasse dever seu de honra.

Comentários

a) INCORRETA. O juiz admitirá como verdadeiros os fatos que, por meio do documento ou da coisa, a parte pretendia provar se a recusa for havida por ilegítima (artigo 400, II, do CPC/2015

b) INCORRETA. Sendo necessário, o juiz pode adotar medidas indutivas, coercitivas, mandamentais ou sub-rogatórias para que o documento seja exibido (artigo 400, parágrafo único, do CPC/2015). OBS: Enunciado 54 do Fórum Permanente de Processualistas Civis: Fica superado o enunciado 372 da súmula do STJ ("Na ação de exibição de documentos, não cabe a aplicação de multa cominatória") após a entrada em vigor do CPC, pela expressa possibilidade de fixação de multa de natureza coercitiva na ação de exibição de documento.

c) CORRETA. Vide letra B.

d) INCORRETA. A parte e o terceiro se escusam de exibir, em juízo, o documento ou a coisa se sua apresentação puder violar dever de honra (artigo 404, II, do CPC/2015).

Resposta: Letra C.

PREPARANDO PARA CONCURSOS - JUIZ ESTADUAL - TJ-MG

TJRS – 2016 *– Questão 24 – (Adaptada) Direito Processual Civil/Produção antecipada de provas/Legislação*

Na vigência do Novo Código de Processo Civil, instituído pela Lei nº 13.105/2015, Gabriel propõe ação de produção antecipada de prova pericial em face da Construtora Macondo S/A. Alega, basicamente, em petição inicial, que preenche os requisitos legais e que a prova, caso produzida, terá o condão de viabilizar a autocomposição das partes. Nesse caso, é correto afirmar que a produção

a) deverá ser indeferida, uma vez que a justificativa de Gabriel não demonstra perigo de que venha a se tornar impossível a verificação dos fatos.

b) deverá ser indeferida, uma vez que a medida judicial em questão só pode ser utilizada para produção de prova oral.

c) deverá ser deferida, e, caso Gabriel queira propor ação indenizatória posteriormente, o juízo da ação de produção antecipada já estará prevento para julgar a nova ação.

d) deverá ser deferida, e, havendo caráter contencioso, deverá o juiz determinar, inclusive de ofício, a citação de interessados na produção da prova.

Comentários

a) Incorreta **A justificativa para produção antecipada de prova dada no enunciado da questão é válida**, hipótese prevista no inciso II, do artigo 381, do CPC/2015, dispensa demonstração do perigo.

b) INCORRETA. **É possível** a produção de qualquer meio de prova.

c) INCORRETA. A produção antecipada da prova **não previne a competência do juízo** para a ação que venha a ser proposta (artigo 381, § 3°, do CPC/2015).

d) CORRETA. Previsão contida no artigo 382, § 1°, do CPC/2015: "O juiz determinará, de ofício ou a requerimento da parte, a citação de interessados na produção da prova ou no fato a ser provado, salvo se inexistente caráter contencioso."

Resposta Correta: D.

TJRS – 2016 *– Questão 28 (Adaptada) Direito Processual Civil/Da Audiência de Conciliação ou de Mediação/Legislação*

Confrontando o sistema de audiências previsto pelo Código de Processo Civil de 1973 com aquele previsto pelo Novo Código de Processo Civil, instituído pela Lei nº 13.105/2015, assinale a alternativa correta.

a) A audiência de conciliação ou de mediação prevista pelo Novo Código é idêntica, em sua função e conteúdo, à audiência de conciliação do procedimento sumário disciplinado no Código de 1973, dado que ambas visam à realização da transação e, caso essa não seja obtida, à apresentação da defesa do demandado.

b) A audiência de conciliação ou de mediação prevista pelo Novo Código é idêntica, em sua função e conteúdo, à audiência preliminar disciplinada pelo Código de 1973, já que ambas se destinam apenas à tentativa de resolução consensual do conflito.

c) Assim como o Código de 1973 dispunha em relação à audiência preliminar, o Novo Código permite ao juiz dispensar a realização da audiência de conciliação ou de mediação quando as circunstâncias da causa evidenciarem ser improvável a obtenção da transação.

d) De regra, no Novo CPC, o saneamento e a organização da causa, incluindo a delimitação consensual das questões de fato e de direito controvertidas, ocorrerão por meio de decisão judicial escrita, salvo quando a causa apresentar complexidade em matéria de fato ou de direito, quando deverá ser designada audiência.

Comentários

a) INCORRETA. Não são idênticas, diferença de conteúdo (artigos 277 e 278 do CPC/1973).

b) INCORRETA. Conforme o CPC/2015 o réu será citado para comparecer a audiência e depois apresentará defesa, nos termos dos artigos 334 e 335, do CPC/2015. Diferente da audiência preliminar (CPC/1973) que ocorria após a apresentação da defesa.

c) INCORRETA. Diferente do CPC/1973, a audiência não será realizada se ambas as partes manifestarem, expressamente, desinteresse na composição consensual ou quando não se admitir a autocomposição (artigo 334, § 4º, do CPC/2015).

d) CORRETA. Conforme disposto no artigo 357, § 3º, do CPC/2015: "Se a causa apresentar complexidade em matéria de fato ou de direito, deverá o juiz designar audiência para que o saneamento seja feito em cooperação com as partes, oportunidade em que o juiz, se for o caso, convidará as partes a integrar ou esclarecer suas alegações."

Resposta: Letra D.

TJM/SP – 2016 – *Questão 88 – Direito Processual Civil/Audiência de Instrução/ Procedimento Comum/Legislação*

Quanto à audiência de instrução e julgamento em procedimento comum, assinale a alternativa correta.

a) Será possível a gravação da audiência em imagem e em áudio pelas partes, em meio digital ou analógico, somente se houver autorização judicial.

b) Enquanto depuserem o perito, os assistentes técnicos, as partes e as testemunhas, poderão os advogados e o Ministério Púbico intervir ou apartear, independentemente de licença do juiz.

c) O juiz poderá dispensar a produção de provas requerida pelo Ministério Público ou pelo defensor público, se o promotor de justiça ou o defensor público não comparecerem à audiência.

d) Nas provas orais produzidas em audiência, devem ser ouvidos, obrigatoriamente, nesta ordem: o perito e os assistentes técnicos; o autor e o réu que prestarem depoimentos pessoais; as testemunhas arroladas pelo autor e, por último, as testemunhas arroladas pelo réu.

e) Instalada a audiência, o juiz pode deixar de tentar conciliar as partes se já tiver empregado anteriormente outros métodos de solução consensual de conflitos.

Comentários

a) Incorreto. Nos termos do artigo 367, §§ 5º e 6º, do CPC, abaixo transcrito:

Art. 367. (...) § 5º A audiência poderá ser integralmente gravada em imagem e em áudio, em meio digital ou analógico, desde que assegure o rápido acesso das partes e dos órgãos julgadores, observada a legislação específica. § 6º **A gravação** a que se refere o § 5º também pode ser realizada diretamente por qualquer das partes, **independentemente de autorização judicial.**

b) Incorreto. **Tem que haver a licença do juiz** (artigo 361, parágrafo único, do CPC/2015).

c) Correto. Previsão contida no artigo 362, § 2º, do CPC: "O juiz poderá dispensar a produção das provas requeridas pela parte cujo advogado ou defensor público não tenha comparecido à audiência, aplicando-se a mesma regra ao Ministério Público."

d) Incorreto. A ordem descrita na assertiva está correta, mas ela não é obrigatória, **é preferencial** (artigo 361, do CPC).

DIREITO PROCESSUAL CIVIL

> e) Incorreto. Conforme disposto no artigo 359, do CPC/2015: Instalada a audiência, **o juiz tentará conciliar as partes, independentemente do emprego anterior de outros métodos de solução consensual de conflitos**, como a mediação e a arbitragem.
>
> *Resposta: Letra C.*

13. DA SENTENÇA. DA COISA JULGADA: REQUISITOS, ESPÉCIES, EFEITOS, RELATIVIZAÇÃO. TUTELAS ESPECÍFICAS. LIQUIDAÇÃO DE SENTENÇA. DO CUMPRIMENTO DA SENTENÇA. RESCISÓRIA

TJPR – 2017. *Questão 16. Direito Processual Civil/Código de Processo Civil/ Remessa Necessária/Legislação*

Determinada sociedade empresária ajuizou demanda contra pequeno município localizado no interior do Paraná e, indicando como causa de pedir o inadimplemento contratual do município, apresentou dois pedidos de indenização: um por danos emergentes no valor de trezentos mil reais; outro por lucros cessantes no valor de duzentos mil reais. Apresentada a defesa pelo ente público e tomadas as providências preliminares, o magistrado julgou procedente o pedido referente aos danos emergentes em decisão interlocutória. Após a produção de outras provas, o juiz prolatou sentença em que julgou procedente também o pedido pertinente aos lucros cessantes, tendo ainda apreciado expressamente questão prejudicial de mérito relativa à validade do contrato. Nenhuma das decisões foi objeto de interposição de recurso pelo município.

Nessa situação hipotética,

a) o magistrado não poderia julgar o mérito em decisão interlocutória e, portanto, a decisão interlocutória deverá ser considerada nula quando o tribunal apreciar o processo em sede de remessa necessária.

b) a remessa necessária incidirá apenas em relação à sentença, não podendo recair sobre a decisão interlocutória, mesmo ante o fato de essa decisão ter resolvido o mérito de forma parcial.

c) a decisão interlocutória que versou sobre o mérito da demanda não faz coisa julgada material, porque essa é uma situação jurídica exclusiva das sentenças de mérito, quanto às decisões que são prolatadas em primeiro grau.

d) a coisa julgada sobre a questão prejudicial incidental dependerá de remessa necessária, observados ainda os demais pressupostos para a incidência do duplo grau obrigatório.

> **Comentários**
>
> a) **INCORRETA. O artigo 356, do CPC/2015 autoriza o julgamento parcial de mérito.**
>
> b) **INCORRETA.** Conforme o enunciado 17 do Fórum Nacional do Poder Público (arts. 356 e art. 496, Lei 13.105/15): "**A decisão parcial de mérito proferida contra a Fazenda Pública está sujeita ao regime da remessa necessária.**"
>
> c) **INCORRETA. Essa decisão interlocutória faz coisa julgada,** nos termos do artigo 503 do CPC/15 que dispõe: "A decisão que julgar **total ou parcialmente** o mérito tem força de lei nos limites da questão principal expressamente decidida."
>
> d) **CORRETA.** Previsão contida no enunciado 439 do Fórum Permanente de Processualistas Civil: "Nas causas contra a Fazenda Pública, além do preenchimento dos pressupostos previstos no art. 503, §§ 1º e 2º, a coisa julgada sobre a questão prejudicial incidental depende de remessa necessária, quando for o caso."
>
> *Resposta: Letra D.*

***

TJPR – 2017. *Questão 17. Direito Processual Civil/Código de Processo Civil/ Cumprimento de Sentença/Legislação*

Assinale a opção correta de acordo com as normas referentes ao cumprimento de sentença, ao procedimento monitório e ao processo de execução.

a) As defesas processuais relativas ao controle da regularidade dos atos executórios no procedimento do cumprimento de sentença somente podem ser arguidas por meio de impugnação ao cumprimento de sentença.

b) A existência de título executivo extrajudicial não é óbice ao ajuizamento de ação condenatória, podendo ainda o credor optar pelo ajuizamento de ação monitória, a despeito da possibilidade de utilização da via executória.

c) É incompatível com o regime de cumprimento provisório da sentença a multa de 10% prevista como sanção ao executado que, devidamente intimado, deixa de adimplir voluntariamente a condenação em quantia certa.

d) O protesto da decisão que determine a prestação de alimentos somente poderá ser feito após o trânsito em julgado da decisão, devendo o autor se valer de outros meios coercitivos para a efetivação de decisão interlocutória que fixe alimentos.

DIREITO PROCESSUAL CIVIL

> **Comentários**
>
> a) INCORRETA. Conforme o artigo 518, do CPC/15: **Todas as questões relativas à validade do procedimento de cumprimento da sentença e dos atos executivos subsequentes poderão ser arguidas pelo executado nos próprios autos e nestes serão decididas pelo juiz.**
>
> b) CORRETA. Previsão contida no artigo 785 do CPC/15: "A existência de título executivo extrajudicial não impede a parte de optar pelo processo de conhecimento, a fim de obter título executivo judicial". Confira, ainda, o Enunciado 446 do Fórum Permanente de Processualistas Civil. (arts. 785 e 700): "Cabe ação monitória mesmo quando o autor for portador de título executivo extrajudicial."
>
> c) INCORRETA. A **multa é devida** no cumprimento provisório de sentença (artigo 520, § 2º, do CPC/2015).
>
> d) INCORRETA. Nos termos do artigo 528, *caput* e § 1º, do CPC/15:
>
> Art. 528. No cumprimento de sentença que condene ao pagamento de prestação alimentícia ou de **decisão interlocutória que fixe alimentos, o juiz, a requerimento do exequente, mandará intimar o executado pessoalmente para, em 3 (três) dias**, pagar o débito, provar que o fez ou justificar a impossibilidade de efetuá-lo. § 1º **Caso o executado, no prazo referido no caput, não efetue o pagamento, não prove que o efetuou ou não apresente justificativa da impossibilidade de efetuá-lo, o juiz mandará protestar o pronunciamento judicial, aplicando-se, no que couber, o** disposto no art. 517.
>
> **Resposta: Letra B.**

TJSP – 2017 *– Questão 17 – Direito Processual Civil/Cumprimento de sentença/Legislação*

Na impugnação ao cumprimento de sentença,

a) poderá, ainda que já tenha se operado o trânsito em julgado da sentença, ser alegada inexigibilidade da obrigação reconhecida no título, se ele estiver fundado em lei ou ato normativo considerado inconstitucional pelo Supremo Tribunal Federal, ou fundado em aplicação ou interpretação da lei ou do ato normativo, tido pelo Supremo Tribunal Federal como incompatível com a Constituição Federal, em controle de constitucionalidade concentrado ou difuso.

b) o prazo para a apresentação não será contado em dobro, mesmo que, sendo físicos os autos, haja litisconsortes com procuradores diferentes, de escritórios de advocacia distintos.

c) quando se alegar excesso de execução, é ônus da parte, sob pena de não ser conhecida a alegação, indicar desde logo o valor que entenda correto, mediante demonstrativo, ainda que entenda que a apuração dependa de prova pericial.

d) a respectiva apresentação impedirá a penhora, sua substituição, reforço ou redução, se concedido efeito suspensivo pelo juiz.

Comentários

a) Incorreto: Se a decisão do STF for proferida **após o trânsito em julgado da decisão exequenda, caberá ação rescisória,** cujo prazo será contado do trânsito em julgado da decisão proferida pelo Supremo Tribunal Federal (artigo 525, § 15, do CPC).

b) Incorreto. O **prazo será contado em dobro** (artigo 229, c/c 525 § 3º, do CPC).

c) Correto. Previsão contida no artigo 525, § 4º, do CPC: "Quando o executado alegar que o exequente, em excesso de execução, pleiteia quantia superior à resultante da sentença, cumprir-lhe-á declarar de imediato o valor que entende correto, apresentando demonstrativo discriminado e atualizado de seu cálculo."

d) Incorreto. A **concessão de efeito suspensivo não impedirá** a efetivação dos atos de substituição, de reforço ou de redução da penhora e de avaliação dos bens (artigo 525, §§ 6º e 7º, do CPC).

Resposta: Letra C.

TJRS – 2016 – *Questão 25 – (Adaptada) Direito Processual Civil/Liquidação/ Medidas Executivas/Legislação/Jurisprudência*

Na vigência do Novo Código de Processo Civil, instituído pela Lei nº 13.105/2015, Antônio propõe ação em face de Ovídio, pedindo ordem para cumprimento de obrigação de fazer cumulada com indenização por danos materiais. Após a regular instrução do feito, passa-se à fase decisória. Nesse caso, quanto à sentença, assinale a alternativa correta.

a) Se, após contraditório prévio e efetivo, o juiz absolutamente competente fixar na sentença a liquidação por procedimento comum para os danos materiais, uma vez transitada em julgado a decisão, a forma de liquidação não poderá ser alterada, por estar protegida pela coisa julgada.

b) Após contraditório prévio e efetivo e uma vez transitada em julgado a decisão do juiz absolutamente competente, não será possível a Ovídio obter alterações no julgado calcadas em supostas modificações de fato ou de direito supervenientes, mesmo se a obrigação de fazer referir-se à relação jurídica de trato continuado.

c) Se, após contraditório prévio e efetivo, o juiz absolutamente competente fixar, na sentença, a técnica da multa diária para o cumprimento da obrigação de fazer, uma vez transitada em julgado a decisão, a técnica executiva não poderá ser alterada, por estar protegida pela coisa julgada.

d) Se, após contraditório prévio e efetivo, o juiz absolutamente competente decidir questão prejudicial de cuja solução dependa o mérito da causa, uma vez transitada em julgado a decisão, não será possível a Ovídio rediscutir tal questão em ação futura, por estar protegida pela coisa julgada.

Comentários

a) INCORRETA. Conforme a súmula 344/STJ: "A liquidação por forma diversa da estabelecida na sentença não ofende a coisa julgada."

b) INCORRETA. Nos termos do artigo 505, I, do CPC/2015: "Nenhum juiz decidirá novamente as questões já decididas relativas à mesma lide, salvo: I – se, tratando-se de relação jurídica de trato continuado, sobreveio modificação no estado de fato ou de direito, caso em que poderá a parte pedir a revisão do que foi estatuído na sentença."

c) INCORRETA. A multa poderá ser alterada ou excluída, de ofício ou a requerimento (artigo 537, § 1º, do CPC/2015).

d) CORRETA. Previsão contida no artigo 503, do CPC/2015, transcrito abaixo:

"Art. 503. A decisão que julgar total ou parcialmente o mérito tem força de lei nos limites da questão principal expressamente decidida. § 1º O disposto no caput aplica-se à resolução de questão prejudicial, decidida expressa e incidentemente no processo, se: I – dessa resolução depender o julgamento do mérito; II – a seu respeito tiver havido contraditório prévio e efetivo, não se aplicando no caso de revelia; III – o juízo tiver competência em razão da matéria e da pessoa para resolvê-la como questão principal."

Resposta Correta: D.

TJRS – 2016 – *Questão 26 – (Adaptada) Direito Processual Civil/Cumprimento de sentença para obrigação de fazer, não fazer e dar coisa certa./Legislação*

Na vigência do Novo Código de Processo Civil, instituído pela Lei n° 13.105/2015, Susan propõe ação pedindo que Frederico se abstenha de produzir ilegalmente ruídos em excesso. Apresenta, ainda, na petição inicial, pedido de antecipação de tutela. O juiz, ao despachar a inicial, concede ordem de não fazer, fixando multa de R$ 5.000,00 para caso de descumprimento. Cerca de 20 dias depois da intimação pessoal de Frederico, Susan verifica que ele está fazendo ingressar, no pátio de sua residência, potentes caixas de som e instrumentos musicais elétricos. Susan peticiona, juntando fotografias, vídeos e uma ata notarial, que dão conta de tais fatos, e afirma que, caso o som seja produzido, sofrerá danos materiais na ordem de R$ 5.000,00. Nesse contexto, é correto afirmar que, em tese,

a) o juiz não pode alterar a técnica executiva para outra mais contundente, uma vez que o comando de não fazer emitido em sede liminar não foi desrespeitado.

b) o juiz não pode aumentar o valor da multa, considerando que R$ 5.000,00 é valor suficiente para indenizar Frederico em caso de descumprimento da ordem.

c) o juiz poderá alterar a técnica executiva para outra mais contundente, mas não poderá utilizar força policial, por não se tratar de direitos indisponíveis.

d) o juiz poderá alterar a técnica executiva para outra mais contundente, como determinar a busca e apreensão dos cabos de ligação dos equipamentos de som à rede elétrica.

Comentários

a) e c) Incorretas. Conforme o artigo 536, do CPC/2015: "No cumprimento de sentença que reconheça a exigibilidade de obrigação de fazer ou de não fazer, o juiz poderá, de ofício ou a requerimento, para a efetivação da tutela específica ou a obtenção de tutela pelo resultado prático equivalente, determinar as medidas necessárias à satisfação do exequente.§ 1° Para atender ao disposto no caput, o juiz poderá determinar, entre outras medidas, a imposição de multa, a busca e apreensão, a remoção de pessoas e coisas, o desfazimento de obras e o impedimento de atividade nociva, podendo, caso necessário, requisitar o auxílio de força policial."

b) INCORRETA. A multa poderá ser alterada ou excluída, de ofício ou a requerimento (artigo 537, § 1°, do CPC/2015).

DIREITO PROCESSUAL CIVIL

d) CORRETA. Nos termos do artigo 536, § 1°, do CPC/2015, citado acima.

Resposta: Letra D.

TJSP – 2017 – *Questão 14 – Direito Processual Civil/Coisa Julgada/Legislação*

Sobre a coisa julgada material, é correto afirmar que

a) apenas decisões de mérito transitadas em julgado comportam ação rescisória.

b) na ação de dissolução de sociedade, a coisa julgada se opera em relação à sociedade, ainda que a sociedade não tenha sido citada, desde que todos seus sócios o tenham sido.

c) se opera entre as partes entre as quais é dada, não podendo prejudicar ou beneficiar terceiros.

d) pode abranger a resolução de questão prejudicial, desde que dessa resolução dependa o julgamento do pedido; que tenha sido facultado o contraditório; e que o órgão seja competente em razão da matéria e da pessoa para resolver a questão como se principal fosse.

Comentários

a) Incorreto. **Em algumas hipóteses será rescindível a decisão transitada em julgado que não seja de mérito** (artigo 966, § 2°, do CPC).

b) Correto. Previsão contida no artigo 601, parágrafo único, do CPC: "A sociedade não será citada se todos os seus sócios o forem, mas ficará sujeita aos efeitos da decisão e à coisa julgada."

c) Incorreto. A **coisa julgada material se opera entre as partes, não podendo prejudicar terceiros, mas poderá beneficiá-los**. Artigo 506, do CPC: "A sentença faz coisa julgada às partes entre as quais é dada, não prejudicando terceiros."

d) Incorreto. Conforme o artigo 503, do CPC/2015: "A decisão que julgar total ou parcialmente o mérito tem força de lei nos limites da questão principal expressamente decidida. § 1° O disposto no caput aplica-se à resolução de questão prejudicial, decidida expressa e incidentemente no processo, se: I – dessa resolução depender o julgamento do mérito; II – **a seu respeito tiver havido contraditório prévio e efetivo, não se aplicando no caso de revelia**; III – o juízo tiver competência em razão da matéria e da pessoa para resolvê-la como questão principal."

Resposta: Letra B.

TJSC – 2017 – *Questão 21* – *Direito Processual Civil/Coisa Julgada/Legislação*

No tocante à sentença e à coisa julgada, é correto afirmar que:

a) publicada a sentença, o juiz só poderá alterá-la para correção de inexatidões materiais ou erros de cálculo, por meio de embargos de declaração ou para reexaminar matérias de ordem pública.

b) a sentença faz coisa julgada às partes entre as quais é dada, não prejudicando terceiros, sendo vedado à parte discutir no curso do processo as questões já decididas a cujo respeito se operou a preclusão.

c) a sentença deve ser certa, a não ser que resolva relação jurídica condicional.

d) na ação que tenha por objeto a emissão de declaração de vontade, a sentença que julgar procedente o pedido produzirá de imediato todos os efeitos da declaração não emitida.

e) denomina-se coisa julgada material a autoridade que torna imutável e indiscutível a decisão, de mérito ou não, que não mais se encontre sujeita a recurso.

Comentários

a) INCORRETA. A correção de inexatidões materiais ou erros de cálculo, **pode ser feita de ofício pelo juiz** ou a requerimento da parte (artigo 494, do CPC).

b) CORRETA. Previsão contida nos artigos 506 e 507, do CPC, transcritos abaixo:

"Art. 506. A sentença faz coisa julgada às partes entre as quais é dada, não prejudicando terceiros. Art. 507. É vedado à parte discutir no curso do processo as questões já decididas a cujo respeito se operou a preclusão."

c) INCORRETA. A decisão deve ser certa, **ainda que resolva relação jurídica condicional** (artigo 492, parágrafo único, do CPC).

d) INCORRETA. A sentença que julgar procedente o pedido produzirá todos os efeitos da declaração não emitida, **após o seu trânsito em julgado** (artigo 501, do CPC).

e) Incorreta. Conforme artigo, 502, do CPC: "Denomina-se coisa julgada material a autoridade que torna imutável e indiscutível a **decisão de mérito** não mais sujeita a recurso."

Resposta: letra B.

DIREITO PROCESSUAL CIVIL

***TJSC – 2017** – Questão 25 – Direito Processual Civil/Ação Rescisória/ Legislação*

Em relação à ação rescisória,

a) não é cabível, por violação manifesta à norma jurídica, contra decisão baseada em enunciado de súmula ou acórdão proferido em julgamento de casos repetitivos, que não tenha considerado a existência de distinção entre a questão discutida no processo e o padrão decisório que lhe deu fundamento.

b) só se pode ajuizá-la de decisões que tenham resolvido o mérito e transitadas em julgado.

c) há erro de fato quando a decisão rescindenda admitir fato inexistente ou quando considerar inexistente fato efetivamente ocorrido, sendo dispensável que o fato não represente ponto controvertido sobre o qual o juiz deveria ter-se pronunciado.

d) pode ter por objeto apenas um capítulo da decisão.

e) sua propositura impede como regra o cumprimento da decisão rescindenda, até seu final julgamento.

Comentários

a) Incorreto. **É cabível ação rescisória,** vide artigo 966, V c/c § 5º, do CPC.

b) Incorreto. **Em algumas hipóteses será rescindível a decisão transitada em julgado que não seja de mérito,** vide artigo 966, § 2º, do CPC).

c) Incorreto. Conforme o artigo 966, § 1º, do CPC: "Há erro de fato quando a decisão rescindenda admitir fato inexistente ou quando considerar inexistente fato efetivamente ocorrido, **sendo indispensável,** em ambos os casos, que o fato não represente ponto controvertido sobre o qual o juiz deveria ter se pronunciado."

d) Correto. Previsão contida no artigo 966, § 3º, do CPC: "A ação rescisória pode ter por objeto apenas 1 (um) capítulo da decisão."

e) Incorreto. Nos termos do artigo 969, do CPC: "A propositura da ação rescisória **não impede o cumprimento da decisão rescindenda,** ressalvada a concessão de tutela provisória."

Resposta: Letra D

TJM/SP – 2016 – *Questão 91 – Direito Processual Civil/Ação Rescisória/ Legislação*

O carro de Paulo colidiu com a traseira do veículo pertencente a João, ocasionando danos de média monta em ambos os veículos. Em razão disso, entraram em discussão e a esposa de Paulo, Clarisse, adentrou na discussão e acabou desferindo uma paulada na cabeça de João, ocasionando ferimentos leves. João ingressou com ação indenizatória em face de Clarisse em razão da agressão, mas a ação foi julgada extinta por ilegitimidade de parte ao fundamento de que foi seu esposo quem colidiu com o veículo de João. A sentença transitou em julgado. Diante desses fatos hipotéticos, assinale a alternativa correta.

a) Deve ser proposta ação anulatória em face da sentença, pois Clarisse tem legitimidade para figurar no polo passivo da ação, tendo ocorrido infração a uma norma de direito material.

b) A ação pode ser reproposta em face de Paulo, embora o questionamento seja de ato praticado por Clarisse.

c) Se João tivesse ingressado com ação contra Clarisse e Paulo e a ação tivesse sido julgada extinta somente em face de Clarisse, seria necessário aguardar o julgamento da ação que prossegue contra Paulo para a propositura da ação anulatória.

d) A sentença pode ser objeto de ação rescisória, pois foi fundada em erro de fato verificável do exame dos autos e a decisão transitada em julgado impede a nova propositura da demanda em face de Clarisse.

e) A sentença não pode ser objeto de ação rescisória, pois não houve decisão de mérito.

Comentários.

É cabível, excepcionalmente, ação rescisória contra decisão transitada em julgado que, embora não seja de mérito, impeça a nova propositura da demanda ou a admissibilidade do recurso correspondente. Tal previsão está contida no artigo 966, § 2°, do CPC, que eliminou a polêmica doutrinária, até então existente, acolhendo a posição firmada pelo Superior Tribunal de Justiça.[2]

---

2. DIREITO PROCESSUAL CIVIL. AÇÃO RESCISÓRIA. SENTENÇA TERMINATIVA. É cabível o ajuizamento de ação rescisória para desconstituir tanto o provimento judicial que resolve o mérito quanto aquele que apenas extingue o feito sem resolução de mérito. (...) REsp 1.217.321-SC, Rel. originário Min. Herman Benjamin, Rel. para acórdão Min. Mauro Campbell Marques, julgado em 18/10/2012. Informativo n° 0509

DIREITO PROCESSUAL CIVIL

> Nesses termos, a decisão narrada na assertiva é passível de ação rescisória por ser fundada em erro de fato verificável do exame dos autos (artigo 966, inciso VIII, do CPC) e por que uma decisão de extinção do processo por ilegitimidade, transitada em julgado, impede a repropositura da demanda em face de Clarisse (artigo 966, § 2º, I, do CPC).
>
> *Resposta: Letra D.*

14. DOS PROCESSOS NOS TRIBUNAIS E DOS MEIOS DE IMPUGNAÇÃO DAS DECISÕES JUDICIAIS. RECURSOS. REQUISITOS E ADMISSIBILIDADE. EFEITOS. ESPÉCIES. INCIDENTES RECURSAIS. RECURSOS REPETITIVOS. SÚMULA VINCULANTE

TJSC – 2017 – Questão 24 – Direito Processual Civil/Da ordem dos processos no Tribunal/Recursos/Legislação

Em uma ação de despejo por falta de pagamento julgada procedente, o locatário interpõe apelação, à qual se nega provimento por maioria de votos.

Nesse caso

a) o julgamento terá prosseguimento em sessão a ser designada com a presença de outros julgadores, que serão convocados nos termos previamente definidos no regimento interno, em número suficiente para garantir a possibilidade de inversão do resultado inicial, assegurado às partes e a eventuais terceiros o direito de sustentar oralmente suas razões perante os novos julgadores, entretanto, sendo possível prosseguimento do julgamento dar-se-á na mesma sessão.

b) não haverá prosseguimento do julgado, uma vez que a maioria negava provimento ao apelo; somente se fosse dado provimento ao apelo, por maioria, é que necessária e automaticamente ocorreria o prolongamento do julgamento.

c) não haverá prosseguimento do julgado, uma vez que a maioria negava provimento ao apelo; somente se fosse provido o apelo, por maioria, e a requerimento expresso da parte, é que ocorreria o julgamento estendido do processo.

d) haverá o prosseguimento do julgamento, pois atualmente não mais se exige o provimento majoritário do apelo; no entanto, será preciso requerimento expresso da parte a quem beneficiaria a reversão do julgado.

e) não haverá o prosseguimento do julgamento, pois foram extintos os embargos infringentes, cabendo apenas a oposição de embargos de declaração e, julgados estes, a interposição de recursos especial e extraordinário.

> **Comentários**
>
> Assertiva trata da técnica de ampliação de julgamento prevista no artigo 942, do CPC/2015, que é uma inovação do CPC/2015, e dispõe que: "Quando o resultado da apelação for não unânime, o julgamento terá prosseguimento em sessão a ser designada com a presença de outros julgadores, que serão convocados nos termos previamente definidos no regimento interno, em número suficiente para garantir a possibilidade de inversão do resultado inicial, assegurado às partes e a eventuais terceiros o direito de sustentar oralmente suas razões perante os novos julgadores. § 1º Sendo possível, o prosseguimento do julgamento dar-se-á na mesma sessão, colhendo-se os votos de outros julgadores que porventura componham o órgão colegiado."
>
> **Resposta: Letra A**

TJPR – 2017. *Questão 20. Direito Processual Civil/Código de Processo Civil/ Da ordem dos processos no Tribunal/Incidentes e Causas de Competência Originária/Legislação*

Assinale a opção correta no que concerne a ordem dos processos, incidentes e causas de competência originárias dos tribunais.

a) Em razão de seu caráter vinculante, o mérito do incidente de resolução de demandas repetitivas deve ser julgado pelo plenário ou órgão especial do tribunal de justiça em que tramite a causa que der ensejo ao incidente.

b) Na hipótese de estabilização da tutela provisória antecipada em razão da não interposição de recurso, será cabível ação rescisória para rever, reformar ou invalidar a tutela concedida, sendo de dois anos o prazo para tal, contados da decisão que extinguir o processo.

c) O incidente de assunção de competência pode ter por objeto a solução de relevante questão de direito material ou processual em hipótese em que não caiba julgamento de casos repetitivos.

d) Para o preenchimento do requisito do prequestionamento, a matéria suscitada no recurso especial deve ter sido debatida no voto condutor do acórdão recorrido e não apenas no voto vencido, porque este não compõe o acórdão para fins de impugnação.

DIREITO PROCESSUAL CIVIL

> **Comentários**
>
> a) Incorreto. O julgamento do incidente **caberá ao órgão indicado pelo regimento interno** dentre aqueles responsáveis pela uniformização de jurisprudência do tribunal (art. 978 do CPC/15).
>
> b) Incorreto. Segundo o § 2º do art. 304, do NCPC, sendo extinto o processo com a estabilização da tutela antecipada, qualquer das partes poderá ingressar com novo processo com o objetivo de rever, reformar ou invalidar a tutela antecipada estabilizada. **Não se trata, todavia, de ação rescisória.**
>
> c) Correto. Conforme disposto no artigo 947, *caput*, do CPC/15: "É admissível a assunção de competência quando o julgamento de recurso, de remessa necessária ou de processo de competência originária envolver relevante questão de direito, com grande repercussão social, sem repetição em múltiplos processos."
>
> d) Incorreto. **O voto vencido será necessariamente declarado e considerado parte integrante do acórdão para todos os fins legais, inclusive de pré-questionamento** (artigo 941, § 3º, do CPC/15).
>
> *Resposta: Letra C.*

TJM/SP – 2016 – Questão 89 – Direito Processual Civil/Da Ordem dos Processos nos Tribunais/Legislação

Considere o seguinte caso hipotético. Simprônio, Major da Polícia Militar, moveu ação indenizatória alegando danos morais e perdas e danos por não ter sido promovido ao posto superior no concurso de promoção, alegando que a promoção teria sido impedida em razão da existência de processo de cobrança ajuizada em face do mesmo, quando na realidade tratava-se de homônimo. A ação foi julgada procedente quanto ao pedido de danos morais, tendo sido fixada indenização no montante de R$ 30.000,00. Interposto recurso pela Fazenda do Estado, dois julgadores votaram dando provimento ao recurso do réu para julgar a ação improcedente porque o autor não teria comprovado que a dívida seria de homônimo, enquanto o terceiro desembargador deu provimento ao recurso entendendo que a ação seria improcedente em razão de prescrição da pretensão. Assinale a alternativa correta, nos termos do Código de Processo Civil vigente.

a) Os julgadores que já tiverem votado, ocorrendo o novo julgamento na mesma sessão, não poderão rever seus votos, pois como ocorre prosseguimento do julgamento, somente serão colhidos os votos dos novos integrantes convocados para a sessão.

b) O julgamento deve ter prosseguimento em sessão a ser designada com a presença de outros julgadores ou na mesma sessão, colhendo-se os votos de outros julgadores que porventura componham o órgão colegiado, pois o julgamento não foi unânime quanto ao fundamento da improcedência.

c) O julgamento deve ser encerrado, não se aplicando a técnica de prosseguimento do julgamento, pois, embora com fundamentos diversos, foi dado provimento ao recurso da Fazenda do Estado em decisão unânime.

d) Se o recurso interposto fosse de agravo de instrumento por decisão parcial de mérito, caberia a aplicação da técnica de prosseguimento do julgamento, pois houve julgamento divergente na fundamentação, fazendo-se necessário o prosseguimento da sessão para colheita de voto de outros julgadores.

e) Seria possível o prosseguimento do julgamento em razão de julgamento não unânime mesmo se o julgamento tivesse sido proferido somente em razão de remessa necessária.

Comentários

Assertiva trata da técnica de ampliação de julgamento prevista no artigo 942, do CPC/2015 que dispõe: "**Quando o resultado da apelação for não unânime**, o julgamento terá prosseguimento em sessão a ser designada com a presença de outros julgadores, que serão convocados nos termos previamente definidos no regimento interno, em número suficiente para garantir a possibilidade de inversão do resultado inicial, assegurado às partes e a eventuais terceiros o direito de sustentar oralmente suas razões perante os novos julgadores."

Todavia, **a técnica de julgamento ampliado não se aplica ao caso narrado na questão**, uma vez que, embora tenha havido divergência de fundamentação nos votos, todos foram no sentido de julgar improcedente o pedido de Simprônio, **logo resultado da apelação foi unânime**.

Resposta: Letra C.

***TJSP – 2017** – Questão 18 – Direito Processual Civil/Incidente de resolução de demandas repetitivas/Legislação*

Quanto ao incidente de resolução de demandas repetitivas,

a) tanto que seja admitido, a suspensão dos processos pendentes em que se discuta a questão controvertida poderá ser determinada pelo relator ou eventualmente pelo tribunal superior competente para conhecer do recurso extraordinário ou especial.

b) poderá ser instaurado quando houver risco de multiplicação de processos como decorrência de controvérsia sobre questão unicamente de direito, de que possa resultar prejuízo à isonomia e à segurança jurídica.

c) pode tramitar, paralela e concorrentemente, com a afetação, perante tribunal superior, de recurso para definição de tese sobre questão material ou processual repetitiva.

d) o órgão colegiado incumbido de julgá-lo fixará a tese e, para preservar o juiz natural, devolverá o julgamento do recurso, da remessa necessária ou do processo de competência originária para que se complete o julgamento perante o órgão de onde se originou o incidente.

Comentários

a) Correto. Previsão contida no artigo 982, inciso I, e § 3º, do CPC.

b) Incorreto. Pela redação do artigo 976, será cabível quando houver **efetiva repetição de processos**.

c) Incorreto. **É incabível o incidente de resolução de demandas repetitivas quando um dos tribunais superiores, no âmbito de sua respectiva competência, já tiver afetado recurso para definição** de tese sobre questão de direito material ou processual repetitiva (artigo 976, § 4º, do CPC).

d) Incorreto. Conforme o artigo 978, parágrafo único, do CPC: "**O órgão colegiado incumbido de julgar o incidente e de fixar a tese jurídica julgará igualmente o recurso**, a remessa necessária ou o processo de competência originária de onde se originou o incidente."

Resposta: Letra A.

TJSC – 2017 – Questão 16 – Direito Processual Civil/Recursos/Legislação

Examine os enunciados seguintes, concernentes aos recursos:

I. A apelação devolverá ao tribunal o conhecimento da matéria impugnada; já o capítulo da sentença que confirma, concede ou revoga a tutela provisória não é impugnável na apelação, mas por meio de interposição de agravo autônomo.

II. Caberá agravo de instrumento contra decisões interlocutórias proferidas na fase de liquidação de sentença ou de cumprimento de sentença, no processo de execução e no processo de inventário.

III. Nos embargos de divergência, entre outras hipóteses, é embargável o acórdão de órgão fracionário que em recurso extraordinário ou em recurso especial, divergir do julgamento de qualquer outro órgão do mesmo tribunal, sendo um acórdão de mérito e outro que não tenha conhecido do recurso, embora tenha apreciado a controvérsia.

IV. Caso o acolhimento dos embargos de declaração implique modificação da decisão embargada, o embargado que já tiver interposto outro recurso contra a decisão originária tem o direito de complementar ou alterar suas razões, nos exatos limites da modificação, no prazo de dez dias, contado da intimação da decisão dos embargos de declaração.

Está correto o que se afirma APENAS em

a) II e III.
b) II e IV.
c) I, II e III.
d) I, III e IV.
e) II, III e IV.

Comentários

I. Incorreto. O capítulo da sentença que confirma, concede ou revoga a tutela provisória é **impugnável na apelação** (artigo 1.013, § 5º, do CPC).

II. Correto. Previsão contida no artigo 1.015, parágrafo único, do CPC: "Também caberá agravo de instrumento contra decisões interlocutórias proferidas na fase de liquidação de sentença ou de cumprimento de sentença, no processo de execução e no processo de inventário."

III. Correto. Nos termos do artigo 1.043, inciso III, do CPC:

"Art. 1.043. É embargável o acórdão de órgão fracionário que: (...) III – em recurso extraordinário ou em recurso especial, divergir do julgamento de qualquer outro órgão do mesmo tribunal, sendo um acórdão de mérito e outro que não tenha conhecido do recurso, embora tenha apreciado a controvérsia."

IV. Incorreto. O prazo para complementação ou alteração das razões é de **15 dias,** conforme o artigo 1.024, § 4º, do CPC.

Resposta: Letra A) II e III.

DIREITO PROCESSUAL CIVIL

TJRS – 2016 – *Questão 30 –* **(Adaptada)** *Direito Processual Civil/Recursos/ Legislação*

Confrontando o sistema recursal do Código de Processo Civil de 1973 com o do Novo Código de Processo Civil, instituído pela Lei n° 13.105/2015, assinale a alternativa correta.

a) No Código de 1973, o recurso de apelação interposto contra a sentença de interdição deveria ser recebido no duplo efeito, ao passo que, no Novo Código, passará a ser recebido apenas no efeito devolutivo, não mais obstando a eficácia desse tipo de sentença.

b) No Código de 1973, o juiz de primeiro grau deveria deixar de receber o recurso de apelação, quando a sentença estivesse em conformidade com Súmula do Supremo Tribunal Federal ou do Superior Tribunal de Justiça, ao passo que, no Novo Código, o juiz de primeiro grau não deverá fazer juízo de admissibilidade da apelação, o qual passa a ser de competência exclusiva do Tribunal.

c) No Código de 1973, o acórdão não unânime que, em grau de apelação, houvesse confirmado a sentença de mérito, desafiava recurso de embargos infringentes, ao passo que, sob a égide do Novo CPC, o julgamento dessa apelação não mais enseja embargos infringentes, mas deve prosseguir com a convocação de outros julgadores em número suficiente para garantir a possibilidade de inversão do resultado inicial.

d) Na vigência do Código de 1973, todas as decisões interlocutórias proferidas pelo juiz de primeiro grau eram impugnáveis por meio de agravo de instrumento, ao passo que, no Novo Código, somente algumas decisões interlocutórias casuisticamente elencadas na lei o são, devendo as demais ser objeto de protesto específico, cujas razões serão apresentadas posteriormente em sede de apelação ou contrarrazões de apelação.

Comentários

a) INCORRETA. **Tanto no CPC/1973, quanto no CPC/2015, o recurso de apelação interposto contra a sentença de interdição possui apenas efeito devolutivo (**artigo 1184, do CPC/1973 e 1012, § 1°, VI, do CPC/2015).

b) CORRETA. Como previsto nos artigos 518, § 1°, do CPC/1973 e 1.010, § 3°, do CPC/2015

c) INCORRETA. O acórdão não unânime que, em grau de apelação, houvesse **reformado** a sentença de mérito, desafiava recurso de embargos infringentes (artigo 530, do CPC/1973).

d) INCORRETA. **A regra era a impugnação por agravo retido** (artigo 522, do CPC/1973).

Resposta: Letra B.

TJPR – 2017. *Questão 21. Direito Processual Civil/Código de Processo Civil/ Recursos/Legislação*

Júlio ajuizou ação indenizatória contra Manoel, tendo formalizado pedido único de indenização por danos morais no valor de cem mil reais. Na fase de produção de provas, o juiz indeferiu o pedido de prova pericial feito por Júlio. Ao final da fase de conhecimento, o magistrado julgou integralmente procedente o pedido de indenização. Nessa situação hipotética, de acordo com as regras previstas no CPC, eventual pretensão recursal de Júlio com a finalidade de permitir a realização da perícia

a) poderá ser apresentada em contrarrazões, caso Manoel apele da sentença.

b) estará preclusa caso não tenha sido interposto recurso de agravo de instrumento da decisão que indeferiu a prova.

c) deverá ser rejeitada em qualquer hipótese por falta de interesse recursal.

d) poderá ser alcançada mediante a interposição de recurso de apelação, quando o autor for intimado da sentença de procedência.

Comentários

Não cabe agravo de instrumento, pois a decisão narrada na questão não está prevista no rol do artigo 1.015, do CPC/2015 e, dessa forma, dispõe o artigo 1.009, § 1º do CPC/15 que tais questões não são cobertas pela preclusão e devem ser suscitadas em preliminar de apelação, eventualmente interposta contra a decisão final, ou nas contrarrazões. No caso em tela, **deve ser alegada em contrarrazões**, pois o autor não teria interesse recursal para interpor apelação, uma vez que seu pedido foi julgado procedente.

Resposta: Letra A.

TJSP – 2017 – *Questão 19 – Direito Processual Civil/Recursos/Legislação*

Em matéria recursal, é correto afirmar que

a) se os embargos de declaração forem acolhidos com modificação da decisão embargada, ficará automaticamente prejudicado o outro recurso que o embargado já tiver interposto contra a decisão originária, ressalvada a interposição de novo recurso.

b) do pronunciamento que julgar parcial e antecipadamente o mérito, caberá apelação desprovida de efeito suspensivo.

c) a resolução da questão relativa à desconsideração da personalidade jurídica será sempre impugnável por agravo de instrumento.

d) a apelação devolverá ao tribunal todas as questões suscitadas e debatidas, ainda que não decididas, mas a devolução em profundidade ficará limitada ao capítulo impugnado.

Comentários

a) Incorreto. Conforme o artigo 1.024, § 4º, do CPC: Caso o acolhimento dos embargos de declaração implique modificação da decisão embargada, o embargado que já tiver interposto outro recurso contra a decisão originária **tem o direito de complementar ou alterar suas razões, nos exatos limites da modificação, no prazo de 15 (quinze) dias, contado da intimação da decisão dos embargos de declaração.** Vide Súmula 579, do STJ.

b) Incorreto. **Caberá agravo de instrumento**, nos termos do artigo 356, § 5º, do CPC.

c) Incorreto. **Não será sempre impugnável por agravo de instrumento.** Se o incidente de desconsideração da personalidade jurídica for resolvido por: a) decisão interlocutória caberá agravo de instrumento (artigo 1015, IV, do CPC); b) decisão for proferida pelo relator caberá agravo interno (art. 136, parágrafo único, do CPC; c) sentença caberá apelação (artigo 1.009, § 3º, do CPC).

d) Correto. Previsão contida no artigo 1.013, *caput* e § 1º, do CPC.

"Art. 1.013. A apelação devolverá ao tribunal o conhecimento da matéria impugnada. § 1º Serão, porém, objeto de apreciação e julgamento pelo tribunal todas as questões suscitadas e discutidas no processo, ainda que não tenham sido solucionadas, desde que relativas ao capítulo impugnado."

Resposta: Letra: D.

TJM/SP – 2016 – Questão 90 – Direito Processual Civil/Súmula Vinculante/ Legislação

No que concerne à súmula vinculante, assinale a alternativa correta.

a) A súmula com efeito vinculante sempre tem eficácia imediata, a partir da data do julgamento.

b) Da decisão judicial ou do ato administrativo que contrariar enunciado de súmula vinculante, negar-lhe vigência ou aplicá-lo indevidamente somente cabe reclamação dirigida ao Supremo Tribunal Federal.

c) O Procurador-Geral da República, ainda que seja autor da proposta, deve manifestar-se previamente à edição, revisão ou cancelamento de enunciado de súmula vinculante.

d) Tanto matérias de natureza constitucional como infraconstitucional, após reiteradas decisões, poderão ser objeto de súmula vinculante.

e) A proposta de edição, revisão ou cancelamento de enunciado de súmula vinculante não autoriza a suspensão dos processos em que se discuta a mesma questão.

Comentários

a) Incorreto. A súmula com efeito vinculante tem eficácia imediata, **mas o Supremo Tribunal Federal, por decisão de 2/3 (dois terços) dos seus membros, poderá restringir os efeitos vinculantes ou decidir que só tenha eficácia a partir de outro momento, tendo em vista razões de segurança jurídica ou de excepcional interesse público** (artigo 4º, da Lei 11.417/2006).

b) Incorreto. Da decisão judicial ou do ato administrativo que contrariar enunciado de súmula vinculante, negar-lhe vigência ou aplicá-lo indevidamente caberá reclamação ao Supremo Tribunal Federal, **sem prejuízo dos recursos ou outros meios admissíveis de impugnação** (artigo 7º, da Lei 11.417/2006).

c) Incorreto. O Procurador-Geral da República, **nas propostas que não houver formulado,** manifestar-se-á previamente à edição, revisão ou cancelamento de enunciado de súmula vinculante (artigo 1º, § 2º, da Lei 11.417/2006).

d) Incorreto. O Supremo Tribunal Federal poderá editar enunciado de súmula vinculante, de ofício ou por provocação, **após reiteradas decisões sobre matéria constitucional** (artigo 2º, da Lei 11.417/2007).

DIREITO PROCESSUAL CIVIL

e) Correto. Previsão contida no artigo 6º, da Lei 11.417/2006: A proposta de edição, revisão ou cancelamento de enunciado de súmula vinculante não autoriza a suspensão dos processos em que se discuta a mesma questão.

Resposta: Letra E.

15. DA EXECUÇÃO EM GERAL. DOS TÍTULOS EXECUTIVOS. DAS ESPÉCIES DE EXECUÇÕES. DEFESAS DO EXECUTADO. DA EXECUÇÃO CONTRA INSOLVENTE. EXECUÇÃO NAS AÇÕES COLETIVAS. DA SUSPENSÃO E DA EXTINÇÃO DO PROCESSO DE EXECUÇÃO

16. DO PROCESSO CAUTELAR. DAS MEDIDAS CAUTELARES. DOS PROCEDIMENTOS CAUTELARES ESPECÍFICOS

17. PROCEDIMENTOS ESPECIAIS DE JURISDIÇÃO CONTENCIOSA E VOLUNTÁRIA, NO CÓDIGO DE PROCESSO CIVIL E LEGISLAÇÃO EXTRAVAGANTE. AÇÃO DE ALIMENTOS E ALIMENTOS GRAVÍDICOS

TJSC – 2017 – *Questão 19 – Direito Processual Civil/Procedimentos especiais/Oposição/Legislação*

Mário propõe ação reivindicatória contra João Roberto, a quem acusa de ter invadido ilicitamente área imóvel de sua propriedade. Após a citação de João Roberto e oferecimento de sua contestação, ingressa nos autos José Antônio, alegando que o imóvel não é de Mário nem de João Roberto e sim dele, juntando documentos e pedindo a retomada do imóvel para si. A intervenção processual de José Antônio denomina-se

a) litisconsórcio.

b) chamamento ao processo.

c) denunciação da lide.

d) assistência litisconsorcial.

e) oposição.

Comentários

A intervenção processual será a oposição que, atualmente, é uma ação por meio da qual um terceiro ingressa com processo pleiteando o direito ou coisa sobre que controvertem autor e réu (art. 682 do Novo CPC). É procedimento especial previsto nos artigos 682 a 686 do CPC/2015. NÃO É MAIS MODALIDADE DE INTERVENÇÃO DE TERCEIROS, por isso no enunciado da questão consta o termo *"intervenção processual".*

Resposta: Letra E.

TJSC – 2017 – *Questão 26 – Direito Processual Civil/Procedimentos Especiais de Jurisdição Contenciosa/Legislação*

No tocante aos procedimentos especiais de jurisdição contenciosa,

a) quando o cônjuge ou companheiro defendam a posse de bens, próprios ou de sua meação, não serão considerados terceiros para a finalidade de ajuizamento dos embargos correspondentes.

b) a consignação em pagamento será requerida no domicílio do credor da obrigação, cessando para o devedor, por ocasião da aceitação do depósito, os juros e os riscos, salvo se a demanda for julgada improcedente.

c) na ação de exigir contas, a sentença deverá apurar o saldo, se houver, mas só poderá constituir título executivo judicial em prol do autor da demanda.

d) na pendência de ação possessória é permitido, tanto ao autor quanto ao réu, propor ação de reconhecimento do domínio, salvo se a pretensão for deduzida em face de terceira pessoa.

e) entre outros fins, a ação de dissolução parcial de sociedade pode ter por objeto somente a resolução ou a apuração de haveres.

Comentários

a) Incorreto. **Considera-se terceiro**, para ajuizamento dos embargos cônjuge ou companheiro, quando defende a posse de bens próprios ou de sua meação (artigo 674, § 2º, do CPC).

b) Incorreto. Requerer-se-á a consignação no **lugar do pagamento, cessando para o devedor, à data do depósito, os juros e os riscos,** salvo se a demanda for julgada improcedente (artigo 540, do CPC).

DIREITO PROCESSUAL CIVIL

c) Incorreto. O **reconhecimento de saldo devedor em favor do réu também constitui título executivo judicial.** Vide artigo 552, do CPC.

d) Incorreto. Na pendência de ação possessória **é vedado,** tanto ao autor quanto ao réu, propor ação de reconhecimento do domínio, exceto se a pretensão for deduzida em face de terceira pessoa (artigo 557, do CPC).

e) Correto. Previsão contida no artigo 599, inciso III, do CPC:

"Art. 599. A ação de dissolução parcial de sociedade pode ter por objeto: (...) III – somente a resolução ou a apuração de haveres."

Resposta: Letra E

***TJSC – 2017** – Questão 27 – Direito Processual Civil/Procedimentos Especiais De Jurisdição Voluntária/Legislação*

No tocante aos procedimentos especiais de jurisdição voluntária:

a) declarada a ausência nos casos previstos em lei, o juiz mandará arrecadar os bens do ausente, nomeando-lhe curador e determinando a publicação de editais na rede mundial de computadores; findo o prazo de um ano, poderão os interessados requerer a abertura da sucessão definitiva, observando-se as normas pertinentes.

b) a interdição pode ser proposta privativamente pelo cônjuge ou companheiro do interditando ou, se estes não existirem ou não promoverem a interdição, pelo Ministério Público.

c) na herança jacente, ultimada a arrecadação dos bens, o juiz mandará expedir edital, com os requisitos previstos em lei; passado um ano da primeira publicação do edital e não havendo herdeiro habilitado nem habilitação pendente, será a herança declarada vacante.

d) processar-se-á como procedimento de jurisdição voluntária a homologação de autocomposição extrajudicial, desde que limitada a valor equivalente a quarenta salários mínimos.

e) o divórcio consensual, a separação consensual e a extinção consensual de união estável, não havendo nascituro ou filhos incapazes e observados os requisitos legais, poderão ser realizados por escritura pública que deverá ser homologada judicialmente para constituir título hábil para atos de registro, bem como para levantamento de importância depositada em instituições financeiras.

Comentários

a) Incorreto. Conforme os artigos 744 e 745, do CPC:

"Art. 744. Declarada a ausência nos casos previstos em lei, o juiz mandará arrecadar os bens do ausente e nomear-lhes-á curador na forma estabelecida na Seção VI, observando-se o disposto em lei. Art. 745. **Feita a arrecadação, o juiz mandará publicar editais na rede mundial de computadores, no sítio do tribunal a que estiver vinculado e na plataforma de editais do Conselho Nacional de Justiça, onde permanecerá por 1 (um) ano, ou, não havendo sítio, no órgão oficial e na imprensa da comarca, durante 1 (um) ano, reproduzida de 2 (dois) em 2 (dois) meses, anunciando a arrecadação e chamando o ausente a entrar na posse de seus bens. § 1º Findo o prazo previsto no edital, poderão os interessados requerer a abertura da sucessão provisória,** observando-se o disposto em lei."

b) Incorreto. São legitimados para requerer a interdição: **cônjuge ou companheiro; parentes ou tutores; representante da entidade em que se encontra abrigado o interditando e o Ministério Público** (artigo 747 e 748 do CPC).

c) Correto. Artigo 741 c/c 743 do CPC.

"Art. 741. Ultimada a arrecadação, o juiz mandará expedir edital, que será publicado na rede mundial de computadores, no sítio do tribunal a que estiver vinculado o juízo e na plataforma de editais do Conselho Nacional de Justiça, onde permanecerá por 3 (três) meses, ou, não havendo sítio, no órgão oficial e na imprensa da comarca, por 3 (três) vezes com intervalos de 1 (um) mês, para que os sucessores do falecido venham a habilitar-se no prazo de 6 (seis) meses contado da primeira publicação."

"Art. 743. Passado 1 (um) ano da primeira publicação do edital e não havendo herdeiro habilitado nem habilitação pendente, será a herança declarada vacante."

d) Incorreto. **Não há limitação de valor** para homologação de autocomposição extrajudicial (artigo 725, VII, do CPC).

e) Incorreto. A **escritura não depende de homologação judicial** e constitui título hábil para qualquer ato de registro, bem como para levantamento de importância depositada em instituições financeiras (artigo 733, § 1º, do CPC).

Resposta: Letra C

DIREITO PROCESSUAL CIVIL

TJPR – 2017. *Questão 22. Direito Processual Civil/Procedimentos especiais/ Legislação*

No que concerne aos procedimentos especiais previstos no CPC e nas leis extravagantes, assinale a opção correta à luz da legislação e do entendimento dos tribunais superiores.

a) Em se tratando de ação de reintegração de posse, deve-se observar o procedimento comum, se for ajuizada após o prazo de ano e dia do esbulho, caso em que não terá as características inerentes às ações possessórias, como, por exemplo, a fungibilidade.

b) Em observância ao princípio da celeridade, o procedimento dos juizados especiais cíveis é incompatível com qualquer uma das modalidades de intervenção de terceiros previstas no CPC.

c) A utilização do procedimento de arrolamento para o inventário quando o valor dos bens do espólio for igual ou inferior a mil salários mínimos será expressamente proibida se houver interessado incapaz.

d) Tratando-se de tutela provisória que determina a indisponibilidade de bens do réu em ACP por ato de improbidade administrativa, dispensa-se a comprovação de periculum in mora.

Comentários

a) Incorreto. Conforme o artigo 558, parágrafo único, CPC/15: "Regem o procedimento de manutenção e de reintegração de posse as normas da Seção II deste Capítulo quando a ação for proposta dentro de ano e dia da turbação ou do esbulho afirmado na petição inicial. Passado o prazo referido no caput, será comum o procedimento, **não perdendo, contudo, o caráter possessório.**"

b) Incorreto. **O incidente de desconsideração da personalidade jurídica aplica-se ao processo de competência dos juizados especiais** (artigo 1.062 do CPC/15).

c) Incorreto. O inventário processar-se-á também na forma de arrolamento, **ainda que haja interessado incapaz, desde que concordem todas as partes e o Ministério Público** (artigo 665 do CPC/15).

d) Correto. Conforme orientação do STJ: "Esta Corte Superior, em interpretação ao art. 7º, da Lei 8.429/92, firmou o entendimento de que a **decretação de indisponibilidade de bens em ACP por Improbidade Administrativa dispensa a demonstração de dilapidação ou a tentativa de dilapidação do patrimônio para a configuração do periculum in mora**, o qual está implícito ao comando normativo do art. 7º. da Lei 8.429/92, bastando a demonstração do fumus boni juris, que consiste em indícios de atos ímprobos (REsp. 1.366.721/BA, Rel. p/Acórdão Min. OG FERNANDES, DJe 19.9.2014)." (AgRg no AREsp 733.681/MT, Rel. Ministro NAPOLEÃO NUNES MAIA FILHO, PRIMEIRA TURMA, julgado em 20/06/2017, DJe 28/06/2017)

Resposta: Letra D.

TJRS – 2016 – *Questão 31 – (Adaptada) Direito Processual Civil/Ação Monitória/Legislação*

Quincas, com base em simples prova oral documentada, propôs, em face da Fazenda Pública, ação monitória destinada à tutela específica de obrigação de não fazer, prevista em contrato administrativo. Isso posto, confrontando o sistema do Código de Processo Civil de 1973 com o do Novo Código de Processo Civil, instituído pela Lei n° 13.105/2015, assinale a alternativa **INCORRETA.**

a) Em ambos os Códigos de Processo Civil, é possível o ajuizamento de ação monitória contra a Fazenda Pública.

b) O Código de 1973 não admite o ajuizamento de ação monitória para tutela de obrigação de fazer ou não fazer, ao passo que o Novo Código o admite expressamente.

c) Nenhum dos dois Códigos admite o ajuizamento de ação monitória com base em prova oral documentada, exigindo-se a presença de prova escrita da obrigação.

d) No Código de 1973, cumprindo o réu o mandado no prazo legal, ficará isento de custas e honorários advocatícios, ao passo que, no Novo Código, o cumprimento no prazo legal acarreta apenas a isenção de custas.

Comentários

a) CORRETA. Na vigência do CPC/1973 era possível o ajuizamento de ação monitória contra Fazenda Pública, com base na Súmula 339/STJ. Entendimento consagrado no artigo 700, § 6°, do CPC/2015.

b) CORRETA. No CPC/1973 não havia previsão. CPC/2015 há previsão no artigo 700, inciso III.

c) INCORRETA. Conforme o artigo 700, § 1°, do CPC/2015: "A prova escrita pode consistir em prova oral documentada, produzida antecipadamente nos termos do art. 381."

DIREITO PROCESSUAL CIVIL

> d) CORRETA. Nos termos dos artigos Art. 1.102-C, § 1º, do CPC/1973 e 701, § 1º, do CPC/2015.
>
> *Resposta: Letra C.*

18. ASSISTÊNCIA JUDICIÁRIA. JUIZADOS ESPECIAIS CÍVEIS. ALIENAÇÃO FIDUCIÁRIA. DECRETO LEI Nº 911, DE 1º DE OUTUBRO DE 1969. DA LOCAÇÃO PREDIAL URBANA E SUAS AÇÕES

***TJSC – 2017** – Questão 23 – Direito Processual Civil/Normais processuais no ECA/Legislação*

Em relação às seguintes normas processuais civis, constantes do Estatuto da Criança e do Adolescente, é correto afirmar:

a) a sentença que deferir a adoção produz efeitos imediatos, mesmo que sujeita a apelação, que será recebida como regra geral nos efeitos devolutivo e suspensivo.

b) na perda ou suspensão do poder familiar, se o pedido importar modificação da guarda do menor, este será necessariamente ouvido, em qualquer hipótese, sob pena de nulidade do procedimento.

c) da decisão judicial que examine e discipline a participação de crianças e adolescentes em espetáculos públicos e seus ensaios, bem como em certames de beleza, cabe a interposição de agravo de instrumento.

d) a sentença que destituir ambos ou qualquer dos genitores do poder familiar fica sujeita a apelação, que deverá ser recebida apenas no efeito devolutivo.

e) nos procedimentos afetos à Justiça da Infância e da Juventude, proferida a decisão judicial a remessa dos autos à superior instância independerá de retratação pela autoridade judiciária que a proferiu.

Comentários

a) Incorreto. A sentença que deferir a adoção produz efeito desde logo, **embora sujeita a apelação, que será recebida exclusivamente no efeito devolutivo, salvo se se tratar de adoção internacional ou se houver perigo de dano irreparável ou de difícil reparação ao adotando** (artigo 199-A, do ECA).

b) Incorreto. Se o pedido importar em modificação de guarda, será obrigatória, **desde que possível e razoável, a oitiva da criança ou adolescente, respeitado seu estágio de desenvolvimento e grau de compreensão sobre as implicações da medida** (artigo 161, § 3°, do ECA).

c) Incorreto. É cabível o recurso de apelação, conforme artigo 199, do ECA.

d) Correto. Previsão contida no artigo 199-B, do ECA: A sentença que destituir ambos ou qualquer dos genitores do poder familiar fica sujeita a apelação, que deverá ser recebida apenas no efeito devolutivo.

e) Incorreto. **Antes de determinar a remessa dos autos à superior instância**, no caso de apelação, ou do instrumento, no caso de agravo, **a autoridade judiciária proferirá despacho fundamentado, mantendo ou reformando a decisão, no prazo de cinco dias** (artigo 198, inciso VII, do ECA).

Resposta: Letra D

DIREITO DO CONSUMIDOR

Lauriene Ayres de Queiroz

Visão geral sobre o Direito do Consumidor

Nos anos de 2007 e 2008 o conteúdo relativo a direito do consumidor foi abordado com apenas uma questão na prova de direito civil. Já nas provas realizadas em 2012 pela VUNESP e, em 2014 pela FUNDEP, a disciplina foi abordada em questões específicas conforme previsão dos respectivos editais. As provas foram baseadas com predominância de texto legal, com poucas questões sobre doutrina e jurisprudência. Dentre os temas mais exigidos destacam-se: a) espécies de responsabilidade nas relações de consumo, b) qualidade dos produtos e serviços, c) integrantes das relações de consumo, direitos básicos do consumidor, d) proteção contratual do consumidor, e) desconsideração da personalidade jurídica, e f) questões relativas à prescrição e decadência.

TÓPICOS DO EDITAL	Legislação	Doutrina	Jurisprudência
1. Natureza e fonte das regras de consumo. A relação de consumo e suas características.			
2 Integrantes e objeto da relação de consumo. Objetivos e princípios da política nacional das relações de consumo.	1-2012 1-2014		
3. Os direitos básicos do consumidor. Interpretação das regras de consumo.	1-2012 1-2014		
4. Da qualidade que os produtos e serviços devem ter. Da responsabilidade dos agentes que figuram nas relações de consumo.	1-2012 1-2014		
5. Espécies de responsabilidades previstas na lei de consumo.	1-2012 1-2014		1-2012

PREPARANDO PARA CONCURSOS - JUIZ ESTADUAL - TJ-MG

TÓPICOS DO EDITAL	Legislação	Doutrina	Jurisprudência
6. Da prescrição e da decadência nas ações atinentes a matéria de consumo.	1-2012 1-2014		1-2012
7. Da desconsideração da personalidade jurídica das empresas. Das práticas comerciais. Da oferta e da publicidade. As práticas abusivas e seus efeitos.	1-2012		
8. Da proteção contratual em matéria de consumo. Princípios que regem a matéria. Os contratos de adesão. Das cláusulas abusivas. Espécies e efeitos jurídicos.	1-2012		
9. A defesa do consumidor em juízo. Ações individuais e coletivas. Legitimidade para sua propositura. Efeitos da coisa julgada.			
10. Das ações coletivas para defesa dos direitos dos consumidores. Das ações de responsabilidade do fornecedor de produtos e serviços.	1-2012		
11. Responsabilidade civil. Responsabilidade contratual e extracontratual. Dano patrimonial e moral. Da cobrança de dívidas e dos bancos de dados e cadastros.			

*Alguns itens não apresentam questões.

1. NATUREZA E FONTE DAS REGRAS DE CONSUMO. A RELAÇÃO DE CONSUMO E SUAS CARACTERÍSTICAS.

2. INTEGRANTES E OBJETO DA RELAÇÃO DE CONSUMO. OBJETIVOS E PRINCÍPIOS DA POLÍTICA NACIONAL DAS RELAÇÕES DE CONSUMO

TJMG/2012 – *Concurso 87* – *Questão nº 21* – *VUNESP* – *Integrantes e objeto da relação de consumo/Os direitos básicos do consumidor/Espécies de responsabilidade previstas na lei de consumo/Legislação/Jurisprudência.*

Assinale a alternativa correta de acordo com o Código de Defesa do Consumidor:

DIREITO DO CONSUMIDOR

a) É considerado consumidor o microempresário que se utiliza do produto ou serviço como insumo para o exercício de sua atividade.

b) Nas ações judiciais que envolvam a relação jurídica consumerista, será obrigatória a inversão do ônus da prova em benefício do consumidor

c) Quando a ofensa aos direitos do consumidor tiver mais de um autor, cada um deles responderá pela reparação, considerados os danos que causou.

d) É direito básico do consumidor a informação adequada e clara sobre os diferentes produtos e serviços, com especificação correta de quantidade, características, composição, qualidade e preço, bem como riscos que apresentem.

Comentários

a) Incorreta. Art. 2°, do CDC: "Consumidor é toda pessoa física ou jurídica que adquire ou utiliza produto ou serviço como destinatário final". O CDC adota a teoria finalista ou subjetiva, segundo a qual é consumidor aquele que utiliza o bem como destinatário final fático ou econômico, retirando-o do mercado de consumo para uso próprio, não o utilizando em qualquer finalidade produtiva. Essa teoria contrapõe-se a teoria maximalista, ou objetiva, que amplia o conceito de consumidor, isto porque, para essa teoria, para ser consumidor basta retirar o bem do mercado de consumido independentemente da sua destinação econômica, ainda que para utilizá-lo nas suas atividades produtivas. O STJ tem adotado a teoria finalista mitigada, abrandada ou aprofundada, tomando por base o conceito de consumidor por equiparação previsto no art. 29 do CDC, evoluindo para uma aplicação temperada da teoria finalista frente às pessoas jurídicas, num processo que a doutrina vem denominando finalismo aprofundado, consistente em se admitir que, em determinadas hipóteses, a pessoa jurídica adquirente de um produto ou serviço pode ser equiparada à condição de consumidora, por apresentar frente ao fornecedor alguma vulnerabilidade, que constitui o princípio-motor da política nacional das relações de consumo, premissa expressamente fixada no art. 4°, I, do CDC, que legitima toda a proteção conferida ao consumidor. ((REsp 1195642/RJ, Rel. Ministra NANCY ANDRIGHI, TERCEIRA TURMA, julgado em 13/11/2012, DJe 21/11/2012) e (AgInt no CC 146.868/ES, Rel. Ministro MOURA RIBEIRO, SEGUNDA SEÇÃO, julgado em 22/03/2017, DJe 24/03/2017)

b) Incorreta. Art. 6°, VIII do CDC: "São direitos básicos do consumidor a facilitação da defesa de seus direitos, inclusive com a inversão do ônus da prova, a seu favor, no processo civil, quando, a critério do juiz, for verossímil a alegação ou quando for ele hipossuficiente, segundo as regras ordinárias de experiências.

c) Incorreta. Responsabilidade pelo vício do produto ou serviço: Art. 18, do CDC "Os fornecedores de produtos de consumo duráveis ou não duráveis respondem solidariamente pelos vícios de qualidade ou quantidade que os tornem impróprios ou inadequados ao consumo a que se destinam ou lhes diminuam o valor, assim como por aqueles decorrentes da disparidade, com a indicações constantes do recipiente, da embalagem, rotulagem ou mensagem publicitária, respeitadas as variações decorrentes de sua natureza, podendo o consumidor exigir a substituição das partes viciadas. Responsabilidade pelo fato do produto ou serviço: art. 12, do CDC " O fabricante, o produtor, o construtor, nacional ou estrangeiro, e o importador respondem, independentemente da existência de culpa, pela reparação dos danos causados aos consumidores por defeitos decorrentes de projeto, fabricação, construção, montagem, fórmulas, manipulação, apresentação ou acondicionamento de seus produtos, bem como por informações insuficientes ou inadequadas sobre sua utilização e riscos."

d) Correta. Art. 6º, III do CDC "São direitos básicos do consumidor: a informação adequada e clara sobre os diferentes produtos e serviços, com especificação correta de quantidade, características, composição, qualidade, tributos incidentes e preço, bem como sobre os riscos que apresentem."Atenção, a lei nº 13.146/15, Estatuto da Pessoa com Deficiência, incluiu o parágrafo único nesse artigo com a seguinte redação "a informação de que trata o inciso III do caput deste artigo deve ser acessível à pessoa com deficiência, observado o disposto em regulamento

Resposta: Letra "D"

TJMG/2014 – *Questão nº 23 – FUNDEP – Integrantes e objeto da relação de consumo. Objetivos e princípios da política nacional das relações de consumo/ Legislação.*

Quanto aos direitos do consumidor, é **INCORRETO** afirmar que o Código de Defesa do Consumidor:

a) define produto como sendo qualquer atividade material ou imaterial fornecida no mercado de consumo, mediante remuneração, inclusive as de natureza bancária, financeira, de crédito e securitária, salvo as decorrentes das relações de caráter trabalhista.

b) define fornecedor como sendo toda pessoa física ou jurídica, pública ou privada, nacional ou estrangeira, bem como os entes despersonalizados, que desenvolvem atividade de produção, montagem, criação, construção, transformação, importação, exportação, distribuição ou comercialização de produtos ou prestação de serviços.
c) define consumidor como sendo toda pessoa física ou jurídica que adquire ou utiliza produto ou serviço como destinatário final.
d) estabelece normas de proteção e defesa do consumidor, de ordem pública e interesse social.

Comentários

a) **INCORRETA.** Art. 3º, § 1º e 2º do CDC: **Produto** é qualquer bem, móvel ou imóvel, material ou imaterial. **Serviço** é qualquer atividade fornecida no mercado de consumo, mediante remuneração, inclusive as de natureza bancária, financeira, de crédito e securitária, salvo as decorrentes das relações de caráter trabalhista.

b) CORRETA. Art. 3º do CDC: "**Fornecedor é toda pessoa física ou jurídica, pública ou privada, nacional ou estrangeira, bem como os entes despersonalizado**s, que desenvolvem atividade de produção, montagem, criação, construção, transformação, importação, exportação, distribuição ou comercialização de produtos ou prestação de serviços".

c) CORRETA. Art. 2º do CDC: "Consumidor é toda pessoa física ou jurídica que adquire ou utiliza produto ou serviço como **destinatário final**".

d) CORRETA. Art. 1º do CDC: "O presente código estabelece normas de proteção e defesa do consumidor, **de ordem pública e interesse social**"

Resposta: Letra "A".

3. OS DIREITOS BÁSICOS DO CONSUMIDOR. INTERPRETAÇÃO DAS REGRAS DE CONSUMO

TJMG/2014 – *Questão nº 24 – FUNDEP– Os direitos básicos do consumidor. Interpretação das regras de consumo./Legislação.*

São direitos básicos do consumidor definidos pelo Código de Defesa do Consumidor, ***exceto***:

a) Adequada e eficaz prestação dos serviços públicos em geral.

b) Efetiva prevenção e reparação de danos patrimoniais e morais, individuais, coletivos e difusos.

c) Modificação das cláusulas contratuais que estabeleçam prestações desproporcionais ou sua revisão em razão de fatos supervenientes que as tornem excessivamente onerosas.

d) Participação e consulta na formulação das políticas que os afetam diretamente, e a representação de seus interesses por intermédio das entidades públicas ou privadas de defesa do consumidor.

> *Comentários*
>
> a) CORRETA. Art. 6º, X do CDC: "São direitos básicos do consumidor a **adequada e eficaz prestação dos serviços públicos em geral**".
>
> b) CORRETA. At. 6º, VI do CDC: Art. 6º, VI do CDC: "São direitos básicos do consumidor a efetiva **prevenção e reparação** de danos patrimoniais e morais, **individuais, coletivos e difusos**.
>
> c) CORRETA. Art. 6º, V do CDC: "São direitos básicos do consumidor a **modificação** das cláusulas contratuais que **estabeleçam prestações desproporcionais** ou sua **revisão** em razão de **fatos supervenientes que as tornem excessivamente onerosas**".
>
> d) INCORRETA. Sem previsão no art. 6º do CDC.
>
> *Resposta: Letra "D".*

4. DA QUALIDADE QUE OS PRODUTOS E SERVIÇOS DEVEM TER. DA RESPONSABILIDADE DOS AGENTES QUE FIGURAM NAS RELAÇÕES DE CONSUMO

5. ESPÉCIES DE RESPONSABILIDADES PREVISTAS NA LEI DE CONSUMO

TJMG/2012 – *Concurso 87 – Questão nº 22 – VUNESP – Da qualidade que os produtos e serviços devem ter. Da responsabilidade dos agentes que figuram nas relações de consumo./Legislação/*

Assinale a alternativa correta de acordo com o Código de Defesa do Consumidor:

a) Os riscos à saúde ou segurança não precisam ser necessariamente informados ao consumidor, quando considerados normais e previsíveis em decorrência de sua natureza e fruição.

DIREITO DO CONSUMIDOR

b) Em virtude da teoria da responsabilidade objetiva nas relações de consumo, o fabricante será responsabilizado por danos causados aos consumidores pelos seus produtos, mesmo se provar culpa exclusiva de terceiro.

c) Um produto jamais será considerado defeituoso se outro de melhor qualidade for colocado no mercado.

d) A responsabilização pessoal dos profissionais liberais, na prestação de serviços aos consumidores, será sempre objetiva.

Comentários

(a) Incorreta. Art. 8°, do CDC: "Os produtos e serviços colocados no mercado não acarretarão riscos à saúde ou segurança dos consumidores, exceto os considerados normais e previsíveis em decorrência de sua natureza e fruição, **obrigando-se os fornecedores, em qualquer hipótese**, a dar informações necessárias e adequadas a seu respeito."

(b) Incorreta. Art. 12, § 3° do CDC: Art. 12, § 3°, do CDC " O fabricante, o construtor, o produtor ou importador só **não será responsabilizado quando provar**: I – que não colocou o produto no mercado; II – que, embora haja colocado o produto no mercado, o defeito inexiste; III – a culpa exclusiva do consumidor ou de terceiro."

(c) Correta. Art. 12, § 2° do CDC: "O produto **não é considerado defeituoso** pelo fato de **outro de melhor qualidade** ter sido colocado no mercado.

(d) Incorreta. Art. 14, § 4° do CDC: "A responsabilidade pessoal dos **profissionais liberais** será apurada **mediante a verificação de culpa**".

Resposta: Letra "C"

TJMG/2014 – *Questão n° 22 – FUNDEP – Da qualidade que os produtos e serviços devem ter. Da responsabilidade dos agentes que figuram nas relações de consumo. Espécies de responsabilidade previstas na lei de consumo/Legislação.*

Parte inferior do formulário

No direito do consumidor, quanto à responsabilidade por vício do produto e do serviço, é ***INCORRETO*** afirmar que

a) a ignorância do fornecedor sobre os vícios de qualidade por inadequação dos produtos e serviços não o exime de responsabilidade.

b) os fornecedores respondem solidariamente pelos vícios de quantidade do produto sempre que, respeitadas as variações decorrentes de sua natureza, seu conteúdo líquido for inferior às indicações constantes do recipiente, da embalagem, da rotulagem ou de mensagem publicitária.

c) a garantia legal de adequação do produto ou serviço depende de termo expresso, vedada a exoneração contratual do fornecedor.

d) o fornecedor de serviços responde pelos vícios de qualidade que os tornem impróprios ao consumo ou lhes diminuam o valor, assim como por aqueles decorrentes da disparidade com as indicações constantes da oferta ou mensagem publicitária.

Comentários

a) CORRETA. Art. 23 do CDC: "**A ignorância do fornecedor** sobre os vícios de qualidade por inadequação dos produtos e serviços **não o exime de responsabilidade**".

b) CORRETA. Art. 19 do CDC: "Os fornecedores respondem **solidariamente pelos vícios** de **quantidade do produto** sempre que, respeitadas as variações decorrentes de sua natureza, seu **conteúdo líquido for inferior às indicações** constantes do recipiente, da embalagem, rotulagem ou de mensagem publicitária".

c) INCORRETA. Art. 24 do CDC: "A garantia legal de adequação do produto ou serviço **independe de termo expresso**, vedada a exoneração contratual do fornecedor".

d) CORRETA. Art. 18 do CDC: "Os fornecedores de produtos de consumo duráveis ou não duráveis **respondem solidariamente** pelos vícios de qualidade ou quantidade que os tornem impróprios ou inadequados ao consumo a que se destinam ou lhes **diminuam o valor**, assim **como por aqueles decorrentes da disparidade, com a indicações constantes do recipiente**, da embalagem, rotulagem ou mensagem publicitária, respeitadas as variações decorrentes de sua natureza, podendo o consumidor exigir a substituição das partes viciadas".

Resposta: Letra " C".

TJMG/2014 – *Questão nº 25 – FUNDEP– Da qualidade que os produtos e serviços devem ter. Da responsabilidade dos agentes que figuram nas relações de consumo/Legislação.*

Quanto à qualidade de produtos e serviços, especialmente no tocante a proteção à saúde e à segurança, assinale a alternativa ***INCORRETA:***

a) O fornecedor de produtos e serviços que, posteriormente à sua introdução no mercado de consumo, tiver conhecimento da periculosidade que apresentem, deverá comunicar o fato imediatamente às autoridades competentes e aos consumidores, mediante anúncios publicitários.

b) O produto ou serviço que, mesmo adequadamente utilizado ou fruído, apresenta alto grau de nocividade ou periculosidade, será retirado imediatamente do mercado pelo fornecedor, sempre às suas expensas, sem prejuízo da responsabilidade pela reparação de eventuais danos.

c) O fornecedor de produtos e serviços potencialmente nocivos ou perigosos à saúde ou à segurança deverá informar, de maneira ostensiva e adequada, a respeito da sua nocividade ou periculosidade, sem prejuízo da adoção de outras medidas cabíveis em cada caso concreto.

d) Os produtos e serviços colocados no mercado de consumo não acarretarão riscos à saúde ou à segurança dos consumidores, exceto os considerados normais e previsíveis em decorrência de sua natureza e fruição, obrigando-se os fornecedores, em qualquer hipótese, a dar as informações necessárias e adequadas a seu respeito.

Comentários

a) CORRETA. Art. 10, § 1º do CDC: "O fornecedor de produtos e serviços que, **posteriormente** à sua introdução no mercado de consumo, **tiver conhecimento da periculosidade** que apresentem, deverá **comunicar o fato imediatamente** às autoridades competentes e aos consumidores, **mediante anúncios publicitários**".

b) INCORRETA. Assertiva sem previsão no CDC.

c) CORRETA. Art. 9º do CDC: " O fornecedor de produtos e serviços potencialmente nocivos ou perigosos à saúde ou segurança **deverá informar, de maneira ostensiva e adequada**, a respeito da sua nocividade ou periculosidade, sem prejuízo da adoção de outras medidas cabíveis em cada caso concreto".

d) CORRETA. Art. 8º do CDC: "Os produtos e serviços colocados no mercado de consumo não acarretarão riscos à saúde ou segurança dos consumidores, exceto os considerados normais e previsíveis em decorrência de sua natureza e fruição, **obrigando-se os fornecedores, em qualquer hipótese**, a dar as informações necessárias e adequadas a seu respeito".

Resposta: Letra "B".

6. DA PRESCRIÇÃO E DA DECADÊNCIA NAS AÇÕES ATINENTES À MATÉRIA DE CONSUMO

7. DA DESCONSIDERAÇÃO DA PERSONALIDADE JURÍDICA DAS EMPRESAS. DAS PRÁTICAS COMERCIAIS. DA OFERTA E DA PUBLICIDADE. AS PRÁTICAS ABUSIVAS E SEUS EFEITOS

8. DA PROTEÇÃO CONTRATUAL EM MATÉRIA DE CONSUMO. PRINCÍPIOS QUE REGEM A MATÉRIA. OS CONTRATOS DE ADESÃO. DAS CLÁUSULAS ABUSIVAS. ESPÉCIES E EFEITOS JURÍDICOS

TJMG/2012 – Concurso 87 – Questão n° 23 – VUNESP – *Das práticas comerciais. Da oferta e da publicidade. As práticas abusivas e seus efeitos, Repetição de Indébito./Legislação.*

Analise as proposições seguintes:

I. Pode existir publicidade enganosa por omissão quando deixar de informar sobre dado essencial do produto ou serviço.

II. Não depende de declaração do juiz antes da fase instrutória sobre quem deve recair o ônus da veracidade e correção da informação e comunicação publicitária.

III. A lei considera prática abusiva enviar ou entregar ao consumidor, sem solicitação prévia, qualquer produto, bem como condicionar o fornecimento de produto ao fornecimento de outro produto.

IV. O consumidor cobrado em quantia indevida tem o direito à repetição do indébito, sempre por valor igual ao dobro do que pagou em excesso, acrescido de correção monetária e juros legais.

V. A lei consumerista considera entidade de caráter privado os serviços de proteção ao crédito.

Estão corretas apenas as proposições:

a) I, II e III.
b) I, III e IV.
c) II, III e IV.
d) II, IV e V.

DIREITO DO CONSUMIDOR

> **Comentários**
>
> I – Correta. Art. 37, § 3º do CDC: " Para os efeitos deste código, a publicidade **é enganosa por omissão quando deixar de informar** sobre dado essencial do produto ou serviço".
>
> II – Correta. Art. 38 do CDC: "**O ônus da prova** da veracidade e correção da informação ou comunicação publicitária **cabe a quem as patrocina**."
>
> III – Correta. Art. 39, I, e III do CDC: "**É vedado ao fornecedor** de produtos ou serviços, **dentre outras práticas abusivas: I – condicionar o fornecimento** de produto ou de serviço ao fornecimento de outro produto ou serviço, bem como, sem justa causa, a limites quantitativos; III " enviar ou entregar ao consumidor, **sem solicitação prévia**, qualquer produto, ou fornecer qualquer serviço."
>
> IV – Incorreta. Art. 42, parágrafo único do CDC "O consumidor cobrado em quantia indevida tem direito à repetição do indébito, por valor igual ao dobro do que pagou em excesso, acrescido de correção monetária e juros legais, **salvo hipótese de engano justificável.**"
>
> V – Incorreta. Art. 43, § 4º do CDC " Os bancos de dados e cadastros relativos a consumidores, os serviços de proteção ao crédito e congêneres são considerados **entidades de caráter público.** "
>
> **Resposta: Letra "A"**

TJMG/2012 – *Concurso 87 – Questão nº 24 – VUNESP – Prescrição e decadência nas ações atinentes à matéria de consumo. Das práticas comerciais. Da oferta e da publicidade. As práticas abusivas e seus efeitos. Da proteção em matéria de consumo./Legislação/Súmulas.*

Analise as proposições seguintes.

I. Os contratos nas relações jurídicas consumeristas não obrigam os consumidores se os respectivos instrumentos forem redigidos de modo a dificultar a compreensão de seu sentido e alcance.

II. O prazo decadencial para a reclamação por vícios em produtos ou serviços prestados ao consumidor é aplicável à ação de prestação de contas ajuizada pelo correntista com o escopo de obter esclarecimentos acerca da cobrança de taxas tarifas e/ou encargos bancários.

III. As instituições bancárias respondem objetivamente pelos danos causados aos consumidores por fraudes ou delitos praticados por terceiros – como, por exemplo, abertura de conta corrente ou recebimento de empréstimos mediante fraude ou utilização de documentos falsos –, porquanto tal responsabilidade decorre do risco do empreendimento, caracterizando-se como fortuito interno.

IV. O juiz poderá desconsiderar a personalidade jurídica da sociedade quando, em detrimento do consumidor, houver abuso de direito, excesso de poder, infração da lei, fato ou ato ilícito ou violação dos estatutos ou contrato social. A desconsideração também será efetivada quando houver falência, estado de insolvência, encerramento ou inatividade da pessoa jurídica provocados por má administração.

V. De acordo com o sistema consumerista, a nulidade de uma cláusula contratual abusiva sempre invalida o contrato.

São *incorretas* apenas as proposições:

a) II e V
b)   III e V.
c)   I, II e IV.
d)   II, IV e V.

Comentários

I. Correta. Art. 46 do CDC: "Os contratos que regulam as relações de consumo **não obrigarão os consumidore**s, se não lhes for dada a oportunidade de tomar conhecimento prévio de seu conteúdo, ou se os respectivos instrumentos forem redigidos de modo a dificultar a compreensão de seu sentido e alcance."

II. Incorreta. Súmula 477 do STJ: "A decadência do art. 26 do CDC **não é aplicável à prestação de contas** para obter esclarecimentos sobre cobrança de taxas, tarifas e encargos bancários".

III. Correta. Súmula 479 do STJ: "As instituições financeiras **respondem objetivamente** pelos danos gerados por **fortuito interno** relativo a fraudes e delitos praticados por terceiros no âmbito de operações bancárias".

IV. Correta. Art. 28, caput e § 5º do CDC: "O juiz poderá desconsiderar a personalidade jurídica da sociedade quando, em detrimento do consumidor, houver abuso de direito, excesso de poder, infração da lei, fato ou ato ilícito ou violação dos estatutos ou contrato social. A desconsideração também será efetivada quando houver falência, estado de insolvência, encerramento ou inatividade da pessoa jurídica provocados por má administração" § 5º "Também poderá ser desconsiderada a pessoa jurídica sempre que

DIREITO DO CONSUMIDOR

sua personalidade for, de alguma forma, obstáculo ao ressarcimento de prejuízos causados aos consumidores".

V. Incorreta. Art. 51, § 2°, do CDC: "A nulidade de uma cláusula contratual abusiva **não invalida o contrato**, exceto quando de sua ausência, apesar dos esforços de integração, decorrer ônus excessivo a qualquer das partes".

Resposta: Letra "A"

TJMG/2014 – *Questão n° 21 – FUNDEP – Da prescrição e da decadência nas ações atinentes à matéria de consumo./Legislação.*

Quanto aos prazos prescricionais e decadenciais previstos pelo Código de Defesa do Consumidor, é **INCORRETO** afirmar que:

a) o direito de reclamar pelos vícios aparentes ou de fácil constatação caduca em sete dias, tratando-se de fornecimento de serviço e de produtos não duráveis.

b) prescreve em cinco anos a pretensão à reparação pelos danos causados por fato do produto ou do serviço, iniciando-se a contagem do prazo a partir do conhecimento do dano e de sua autoria.

c) o direito de reclamar pelos vícios aparentes ou de fácil constatação caduca em noventa dias, tratando-se de fornecimento de serviço e de produtos duráveis.

d) a reclamação comprovadamente formulada pelo consumidor perante o fornecedor de produtos e serviços até a resposta negativa correspondente, que deve ser transmitida de forma inequívoca, é uma das formas que obsta a decadência.

Comentários

a) **INCORRETA**. Art. 26, I do CDC: "O direito de reclamar pelos vícios aparentes ou de fácil constatação caduca em: I – **trinta dias**, tratando-se de fornecimento de **serviço e de produtos não duráveis**".

b) CORRETA. Art. 27 do CDC ". **Prescreve em cinco anos** a pretensão à reparação pelos danos causados por **fato do produto ou do serviço** prevista na Seção II deste Capítulo, iniciando-se a contagem do prazo a partir do conhecimento do dano e de sua autoria".

c) CORRETA. Art. 26, inciso II do CDC "O direito de reclamar pelos vícios aparentes ou de fácil constatação caduca em **noventa dias**, tratando-se de fornecimento de serviço e de **produtos duráveis** ".

d) CORRETA. Art. 26, § 2°, I e II do CDC: "**Obstam a decadência** a **reclamação** comprovadamente formulada pelo consumidor perante o fornecedor de produtos e serviços **até a resposta negativa correspondente**, que deve ser transmitida de forma inequívoca e **a instauração de inquérito civil, até seu encerramento**".

Resposta: Letra "A".

9. A DEFESA DO CONSUMIDOR EM JUÍZO. AÇÕES INDIVIDUAIS E COLETIVAS. LEGITIMIDADE PARA SUA PROPOSITURA. EFEITOS DA COISA JULGADA

10. DAS AÇÕES COLETIVAS PARA DEFESA DOS DIREITOS DOS CONSUMIDORES. DAS AÇÕES DE RESPONSABILIDADE DO FORNECEDOR DE PRODUTOS E SERVIÇOS

TJMG/2012 – Concurso 87 – Questão n° 25 – VUNESP – Das ações coletivas para defesa dos direitos dos consumidores./Legislação.

Assinale a alternativa que apresenta informação *incorreta*.

a) O Ministério Público poderá propor, em nome próprio e no interesse das vítimas ou seus sucessores, ação civil coletiva de responsabilidade pelos danos individualmente sofridos.

b) Na ação que tenha por objeto o cumprimento da obrigação de fazer ou não fazer, o juiz concederá a tutela específica da obrigação ou determinará providências que assegurem o resultado prático equivalente ao do adimplemento

c) O Ministério Público, nas ações coletivas para a defesa de interesses individuais homogêneos, se não ajuizar a ação, atuará sempre como custos legis.

d) Nas ações coletivas de que trata o Código de Defesa do Consumidor, a sentença sempre fará coisa julgada *erga omnes*.

Comentários

a) CORRETA. **Art. 91 do CDC:** "Os legitimados de que trata o art. 82 **poderão propor, em nome próprio e no interesse das vítimas ou seus**

> **sucessores**, ação civil coletiva de responsabilidade pelos danos individualmente sofridos, de acordo com o disposto nos artigos seguintes".
>
> b) CORRETA. **Art. 84 do CDC:** " Na ação que tenha por objeto o cumprimento da obrigação de fazer ou não fazer, **o juiz concederá a tutela específica da obrigação ou determinará providências que assegurem o resultado prático equivalente ao do adimplemento**".
>
> c) **CORRETA. Art. 92 do CDC:** " O Ministério Público, se não ajuizar a ação, **atuará sempre como fiscal da lei.**
>
> d) **INCORRETA. Art. 103, I, II, III do CDC:** Nas ações coletivas de que trata este código, a sentença fará coisa julgada: **I – erga omnes, exceto se o pedido for julgado improcedente por insuficiência de provas**, hipótese em que qualquer legitimado poderá intentar outra ação, com idêntico fundamento valendo-se de nova prova, na hipótese do inciso I do parágrafo único do art. 81; **II – ultra partes,** mas **limitadamente ao grupo, categoria ou classe,** salvo improcedência por insuficiência de provas, **nos termos do inciso anterior**, quando se tratar da hipótese prevista no inciso II do parágrafo único do art. 81; **III – erga omnes, apenas no caso de procedência do pedido, para beneficiar todas as vítimas e seus sucessores**, na hipótese do inciso III do parágrafo único do art. 81.
>
> *Resposta: Letra "D"*

11. RESPONSABILIDADE CIVIL. RESPONSABILIDADE CONTRATUAL E EXTRACONTRATUAL. DANO PATRIMONIAL E MORAL. DA COBRANÇA DE DÍVIDAS E DOS BANCOS DE DADOS E CADASTROS.

DIREITO DA CRIANÇA E DO ADOLESCENTE

Gabriela Pinheiro de Oliveira

Visão Geral sobre as Questões de Direito das Crianças e Adolescente

Trata-se este concurso para ingresso na carreira da Magistratura do Estado de Minas Gerais por meio de comentários acurados às provas de primeira fase dos últimos certames.

Em tais comentários, há o registro das leis aplicáveis às respectivas questões, bem como menção a entendimentos jurisprudenciais e doutrinários pertinentes à matéria.

As questões concernentes ao Estatuto da Criança e Adolescente são basicamente cópia de texto de lei, assim o candidato deve ficar muito atento a literalidade da redação dos artigos. Verifica-se nas últimas provas que as questões versaram basicamente sobre o item dos direitos fundamentais, dos atos infracionais, do conselho tutelar e uma questão sobre alienação parental. Vale lembrar e repetir que as questões basicamente são transcrições da lei. Assim, o candidato deve-se ater as alterações legislativas para a próxima prova pois daí devem sair as futuras questões.

TÓPICOS DO EDITAL	Legislação	Doutrina	Jurisprudência
1. Dos direitos fundamentais	2 – 2014		
	3 – 2012		
2. Dos atos infracionais	1 – 2014		
	1 – 2012		
3. Do Conselho Tutelar	1 – 2014		
4. Do Ministério Público			1 – 2012

TÓPICOS DO EDITAL	Legislação	Doutrina	Jurisprudência
5. Da Alienação Parental	1 - 2014		

*Alguns itens não apresentam questões.

1. DOS DIREITOS FUNDAMENTAIS

(2014 – FUNDEP – Questão 28. Legislação. Lei 8.069/90. Dos direitos fundamentais. Do à Profissionalização e à Proteção do Trabalho)

Em relação aos Direitos Fundamentais previstos no Estatuto da Criança e do Adolescente, notadamente no que se refere à profissionalização e à proteção no trabalho é INCORRETO afirmar que

a) são assegurados direitos trabalhistas e previdenciários ao adolescente aprendiz, desde que maior de quatorze anos.

b) é proibido qualquer trabalho a menores de quatorze anos de idade, salvo na condição de aprendiz.

c) ao adolescente empregado, maior de dezesseis anos, desde que regularmente matriculado em escola técnica, é permitido, em caráter excepcional, trabalhar até as vinte e três horas.

d) ao adolescente portador de deficiência é assegurado trabalho protegido.

Comentários

a) CORRETA. *Ao adolescente aprendiz, maior de quatorze anos, são assegurados os direitos trabalhistas e previdenciários, nos termos do artigo 65 do ECA.*

b) CORRETA. Conforme art. 60 do ECA: *É proibido qualquer trabalho a menores de quatorze anos de idade, salvo na condição de aprendiz.*

c) INCORRETA. Como forma de proteger o adolescente, não é lhe permitido trabalhar no período noturno entre as vinte e duas horas de um dia e as cinco horas do dia seguinte, nos termos do art. 67 do ECA. *Ao adolescente empregado, aprendiz, em regime familiar de trabalho, aluno de escola técnica, assistido em entidade governamental ou não-governamental, é vedado trabalho: I – noturno, realizado entre as vinte e duas horas de um dia e as cinco horas do dia seguinte;*

DIREITO DA CRIANÇA E DO ADOLESCENTE

d) CORRETA. Art. 66. Do ECA: *Ao adolescente portador de deficiência é assegurado trabalho protegido.*

Resposta: Letra C.

***(2014 – FUNDEP** – Questão 29. Legislação. Lei 8.069/90. Dos direitos fundamentais. Da adoção)*

Quanto à adoção de crianças e adolescentes, assinale a alternativa INCORRETA.

a) Atribui a condição de filho ao adotado, com os mesmos direitos e deveres, inclusive sucessórios, desligando-o de qualquer vínculo com pais e parentes, salvo os impedimentos matrimoniais.

b) A morte dos adotantes não restabelece o poder familiar dos pais naturais.

c) O adotando deve contar com, no máximo, dezoito anos na data do pedido, salvo se já estiver sob a guarda ou tutela dos adotantes.

d) A idade mínima para adotar é de vinte e um anos, independentemente do estado civil e desde que o adotante seja, pelo menos, dezesseis anos mais velho do que o adotando.

Comentários

a) CORRETA. Conforme o ECA, art. 41. *A adoção atribui a condição de filho ao adotado, com os mesmos direitos e deveres, inclusive sucessórios, desligando-o de qualquer vínculo com pais e parentes, salvo os impedimentos matrimoniais.*

b) CORRETA. Nos exatos termos do art. 49 ECA.

c) CORRETA. Consoante a literalidade do art. 40 do ECA: *O adotando deve contar com, no máximo, dezoito anos à data do pedido, salvo se já estiver sob a guarda ou tutela dos adotantes.*

d) INCORRETA. Conforme art. 42 e § 3º do ECA, idade mínima para adotar é de 18 anos. *Art. 42. Podem adotar os maiores de 18 (dezoito) anos, independentemente do estado civil. § 3º O adotante há de ser, pelo menos, dezesseis anos mais velho do que o adotando.*

Resposta: D.

(2012 – VUNESP – *Questão 27. Legislação. Lei 8.069. Dos direitos fundamentais. Poder Familiar e o Direito à Convivência Familiar e Comunitária)*

Analise as assertivas seguintes.

Demonstrada a falta ou carência de recursos materiais, em procedimento contraditório, o juiz poderá decretar a perda ou a suspensão do poder familiar

PORQUE

aos pais incumbe o dever de sustento dos filhos.

Sobre as assertivas, é correto afirmar que

a) as duas são verdadeiras, mas a segunda não justifica a primeira.
b) as duas são verdadeiras, e a segunda justifica a primeira.
c) a primeira é verdadeira e a segunda é falsa.
d) a primeira é falsa e a segunda é verdadeira.

Comentários

A primeira assertiva está falsa conforme artigo 23, do ECA e artigos 1.637 e 1.638, CC.:

Art. 23. A falta ou a carência de recursos materiais não constitui motivo suficiente para a perda ou a suspensão do poder familiar. § 1º Não existindo outro motivo que por si só autorize a decretação da medida, a criança ou o adolescente será mantido em sua família de origem, a qual deverá obrigatoriamente ser incluída em serviços e programas oficiais de proteção, apoio e promoção. (Redação dada pela Lei nº 13.257, de 2016). § 2º A condenação criminal do pai ou da mãe não implicará a destituição do poder familiar, exceto na hipótese de condenação por crime doloso, sujeito à pena de reclusão, contra o próprio filho ou filha. (Incluído pela Lei nº 12.962, de 2014).

Art. 1.637. Se o pai, ou a mãe, abusar de sua autoridade, faltando aos deveres a eles inerentes ou arruinando os bens dos filhos, cabe ao juiz, requerendo algum parente, ou o Ministério Público, adotar a medida que lhe pareça reclamada pela segurança do menor e seus haveres, até suspendendo o poder familiar, quando convenha.

Parágrafo único. Suspende-se igualmente o exercício do poder familiar ao pai ou à mãe condenados por sentença irrecorrível, em virtude de crime cuja pena exceda a dois anos de prisão.

Art. 1.638. Perderá por ato judicial o poder familiar o pai ou a mãe que: I – castigar imoderadamente o filho; II – deixar o filho em abandono; III – praticar atos contrários à moral e aos bons costumes; IV – incidir,

DIREITO DA CRIANÇA E DO ADOLESCENTE

reiteradamente, nas faltas previstas no artigo antecedente. V – entregar de forma irregular o filho a terceiros para fins de adoção. (Incluído pela Lei n° 13.509, de 2017)

Já a segunda assertiva está correta, conforme artigo 22, do ECA:

Art. 22. Aos pais incumbe o dever de sustento, guarda e educação dos filhos menores, cabendo-lhes ainda, no interesse destes, a obrigação de cumprir e fazer cumprir as determinações judiciais.

Parágrafo único. A mãe e o pai, ou os responsáveis, têm direitos iguais e deveres e responsabilidades compartilhados no cuidado e na educação da criança, devendo ser resguardado o direito de transmissão familiar de suas crenças e culturas, assegurados os direitos da criança estabelecidos nesta Lei. (Incluído pela Lei n° 13.257, de 2016).

Resposta: Letra D

(2012 – VUNESP – Questão 28. Legislação. Lei n° 8.069. Direitos Fundamentais, Poder Familiar e o Direito à Convivência Familiar e Comunitária)

Analise as assertivas seguintes.

O reconhecimento do estado de filiação pode preceder o nascimento

PORQUE

este é direito personalíssimo, indisponível e imprescritível.

Sobre as assertivas, é correto afirmar que

a) as duas são verdadeiras, mas a segunda não justifica a primeira.

b) as duas são verdadeiras, e a segunda justifica a primeira.

c) a primeira é verdadeira e a segunda é falsa.

d) a primeira é falsa e a segunda é verdadeira.

Comentários

O Reconhecimento antecipado não é direito personalíssimo do filho, pois o genitor no próprio termo de nascimento, por testamento, mediante escritura ou outro documento público, qualquer que seja a origem da filiação, podendo preceder o nascimento do filho ou suceder-lhe ao falecimento, se deixar descendentes (ECA 26). Pode ainda o reconhecimento fazer-se por escrito particular, a ser arquivado em cartório (CC 1609, II). Ainda é direito personalíssimo, indispensável e imprescritível, podendo ser exercitado contra os pais ou seus herdeiros, sem qualquer restrição (ECA 27). Significa que o filho, e não outra pessoa em seu lugar, pode investigar o seu estado de filiação. É indispensável que o faça, como forma de exercer um direito, qual seja o de buscar as suas origens a fim de melhor entender a sua consanguinidade, as suas tendências e inclinações, tudo com base na história de seus ancestrais.

Art. 26. Os filhos havidos fora do casamento poderão ser reconhecidos pelos pais, conjunta ou separadamente, no próprio termo de nascimento, por testamento, mediante escritura ou outro documento público, qualquer que seja a origem da filiação.

Parágrafo único. O reconhecimento pode preceder o nascimento do filho ou suceder-lhe ao falecimento, se deixar descendentes.

Art. 27. O reconhecimento do estado de filiação é direito personalíssimo, indisponível e imprescritível, podendo ser exercitado contra os pais ou seus herdeiros, sem qualquer restrição, observado o segredo de Justiça.

Resposta: A

(2012 – VUNESP – Questão 29. Legislação. Lei 8.069. Dos direitos fundamentais. Da adoção)

Analise as assertivas seguintes. O vínculo da adoção constitui-se por sentença judicial e produz seus efeitos a partir do trânsito em julgado, ainda que o adotante, após inequívoca manifestação de vontade, venha a falecer no curso do procedimento

PORQUE

tal decisão tem natureza constitutiva.

Sobre as assertivas, é correto afirmar que

a) as duas são verdadeiras, mas a segunda não justifica a primeira.

b) as duas são verdadeiras, e a segunda justifica a primeira.

c) a primeira é verdadeira e a segunda é falsa.

d) a primeira é falsa e a segunda é verdadeira.

Comentários

A adoção produz seus efeitos a partir do trânsito em julgado da sentença constitutiva, exceto quando se tratar de adotante que falece no curso do processo, pois havendo inequívoca manifestação de vontade, a decisão judicial terá força retroativa à data do óbito, conforme § 7º do art. 45 e artigo 42, § 6º ambos do ECA. A sentença proferida na ação de adoção é constitutiva.

Resposta: D

2. DOS ATOS INFRACIONAIS

(2014 – FUNDEP – Questão 26. Legislação. Lei 8.069/90. Dos atos Infracionais)

Diante do Estatuto da Criança e do Adolescente, verificada a prática de ato infracional e a existência de provas suficientes da autoria e da materialidade, a autoridade competente poderá aplicar ao adolescente as seguintes medidas, exceto:

a) Obrigação de reparar o dano.
b) Encaminhamento a tratamento psicológico ou psiquiátrico.
c) Liberdade assistida.
d) Inserção em regime de semiliberdade.

Comentários

Letra A: CORRETA. Art. 112, inciso II.

Letra B: INCORRETA. O tratamento psicológico ou psiquiátrico é Medida protetiva, conforme artigo 101, inciso V do ECA.

Letra C: CORRETA. Art. 112, inciso IV.

Letra D: CORRETA. Art. 112, inciso V.

Art. 112. Verificada a prática de ato infracional, a autoridade competente poderá aplicar ao adolescente as seguintes medidas: I – advertência; II – obrigação de reparar o dano; III – prestação de serviços à comunidade; IV – liberdade assistida; V – inserção em regime de semiliberdade; VI – internação em estabelecimento educacional; VII – qualquer uma das previstas no art. 101, I a VI.

Resposta: B

(2012 – VUNESP – Questão 30. Legislação. Lei 8.069. Do ato infracional)

À luz da Lei nº 8.069/90, assinale a alternativa que apresenta informação incorreta.

a) Para adoção conjunta, por casal homoafetivo, é necessário que eles sejam casados civilmente ou que mantenham união estável, comprovada a estabilidade da família.

b) Iniciado o procedimento em decorrência de ato infracional cometido pelo menor, a concessão da remissão pela autoridade judiciária importará na suspensão ou extinção do processo.

c) Em se tratando de viagem ao exterior, a autorização judiciária é dispensável, se a criança ou adolescente viajar na companhia de um dos pais e autorizada expressamente pelo outro, com firma reconhecida.

d) O adolescente apreendido por força de ordem judicial será, desde logo, encaminhado à autoridade policial competente.

Comentários

a) CORRETA. Nos termos do art. 42, § 2º do ECA: *§ 2º Para adoção conjunta, é indispensável que os adotantes sejam casados civilmente ou mantenham união estável, comprovada a estabilidade da família.*

b) CORRETA. Conforme art. 126, parágrafo único do ECA: *Parágrafo único. Iniciado o procedimento, a concessão da remissão pela autoridade judiciária importará na suspensão ou extinção do processo.*

c) CORRETA. No que tange à viagem ao exterior, o ECA dispensa a autorização judicial se a criança ou adolescente: I – estiver acompanhado de ambos os pais ou responsável; II – viajar na companhia de um dos pais, autorizado expressamente pelo outro através de documento com firma reconhecida.

d) INCORRETA. Consoante art. 171 do ECA: *O adolescente apreendido por força de ordem judicial será, desde logo, encaminhado à autoridade judiciária.*

Resposta: D

DIREITO DA CRIANÇA E DO ADOLESCENTE

3. DO CONSELHO TUTELAR

(2014 – FUNDEP – Questão 27. Legislação. Lei 8.069/90. Do Conselho Tutelar)

Em relação ao Conselho Tutelar, assinale a alternativa INCORRETA.

a) É órgão permanente e autônomo, não jurisdicional, encarregado pela sociedade de zelar pelo cumprimento dos direitos da criança e do adolescente.

b) Em cada Município e em cada Região Administrativa do Distrito Federal haverá, no mínimo, um Conselho Tutelar como órgão integrante da administração pública local, composto de dez membros, escolhidos pela população local para mandato de quatro anos, permitida uma recondução, mediante novo processo de escolha.

c) O exercício efetivo da função de conselheiro constitui serviço público relevante e estabelece presunção de idoneidade moral.

d) As decisões do Conselho Tutelar somente poderão ser revistas pela autoridade judiciária a pedido de quem tenha legítimo interesse.

Comentários

a) CORRETA. Conforme art. 131 do ECA: *O Conselho Tutelar é órgão permanente e autônomo, não jurisdicional, encarregado pela sociedade de zelar pelo cumprimento dos direitos da criança e do adolescente, definidos nesta Lei.*

b) INCORRETA. São 05 membros, nos termos do artigo 132 do ECA. *Em cada Município e em cada Região Administrativa do Distrito Federal haverá, no mínimo, 1 (um) Conselho Tutelar como órgão integrante da administração pública local, composto de 5 (cinco) membros, escolhidos pela população local para mandato de 4 (quatro) anos, permitida 1 (uma) recondução, mediante novo processo de escolha.*

c) CORRETA. O exercício efetivo da função de conselheiro constituirá serviço público relevante e estabelecerá presunção de idoneidade moral, consoante artigo 135 do ECA.

d) CORRETA. O ECA prevê que as *decisões do Conselho Tutelar somente poderão ser revistas pela autoridade judiciária a pedido de quem tenha legítimo interesse, (artigo 137).*

Resposta: B

4. DO MINISTÉRIO PÚBLICO

TJMG 2012 – VUNESP *– Questão 26. Do Ministério Público. Jurisprudência.*

Analise as assertivas seguintes. O Ministério Público pode participar, como membro efetivo, dos Conselhos de Defesa da Criança e do Adolescente

PORQUE

é seu dever velar pela defesa dos direitos da criança e do adolescente.

Sobre as assertivas, é correto afirmar que

a) as duas são verdadeiras, mas a segunda não justifica a primeira.

b) as duas são verdadeiras, e a segunda justifica a primeira.

c) a primeira é verdadeira e a segunda é falsa.

d) a primeira é falsa e a segunda é verdadeira.

> **Comentários**
>
> Conforme decidido pelo STF na ADI 3463 – informativo 646-STF, a participação do membro do MP em conselhos de Defesa da Criança e do adolescente é como membro-convidado, sem direito a voto: Participação em conselho: Poder Judiciário e Ministério Público – O Plenário, por maioria, julgou parcialmente procedente pedido formulado em ação direta, proposta pelo Procurador-Geral da República, para declarar a inconstitucionalidade da expressão "Poder Judiciário" disposta no parágrafo único do art. 51 do Ato das Disposições Constitucionais Transitórias – ADCT da Constituição do Estado do Rio de Janeiro. Ademais, conferiu interpretação conforme a Constituição ao referido parágrafo para assentar que a participação do Ministério Público no Conselho Estadual de Defesa da Criança e do Adolescente deve ocorrer na condição de membro-convidado e sem direito a voto ("Art. 51 – Fica criado o Conselho Estadual de Defesa da Criança e do Adolescente, como órgãos normativo, consultivo, deliberativo e controlador da política integrada de assistência à infância e à juventude. Parágrafo único – A lei disporá sobre a organização, composição e funcionamento do Conselho, garantindo a participação de representantes do Poder Judiciário, Ministério Público, Defensoria Pública, Ordem dos Advogados do Brasil, órgãos públicos encarregados da execução da política de atendimento à infância e à juventude, assim como, em igual número, de representantes de organizações populares de defesa dos direitos da criança e do adolescente, legalmente constituídas e em funcionamento há pelo menos um ano"). ADI 3463/RJ, rel. Min. Ayres Britto, 27.10.2011. (ADI-3463)

DIREITO DA CRIANÇA E DO ADOLESCENTE

> Em que pese a participação como membro-convidado, é dever do ministério Público zelar pelas crianças e adolescentes, conforme art. 127 da CR/88: O Ministério Público é instituição permanente, essencial à função jurisdicional do Estado, incumbindo-lhe a defesa da ordem jurídica, do regime democrático e dos interesses sociais e individuais indisponíveis.
>
> *Resposta: D.*

5. DA ALIENAÇÃO PARENTAL

TJMG 2014 – FUNDEP – *Questão 30. Legislação. Lei 12.318. Da alienação parental*

Caracterizados atos típicos da prática de alienação parental ou qualquer conduta que dificulte a convivência de criança ou adolescente com genitor, o juiz NÃO poderá determinar

a) a perda do poder familiar.

b) a fixação cautelar do domicílio da criança ou adolescente.

c) a alteração da guarda para guarda compartilhada ou sua inversão.

d) o acompanhamento psicológico e/ou biopsicossocial.

Comentários

a) INCORRETA. *Art. 6º Caracterizados atos típicos de alienação parental ou qualquer conduta que dificulte a convivência de criança ou adolescente com genitor, em ação autônoma ou incidental, o juiz poderá, cumulativamente ou não, sem prejuízo da decorrente responsabilidade civil ou criminal e da ampla utilização de instrumentos processuais aptos a inibir ou atenuar seus efeitos, segundo a gravidade do caso: I – declarar a ocorrência de alienação parental e advertir o alienador; II – ampliar o regime de convivência familiar em favor do genitor alienado; III – estipular multa ao alienador; IV – determinar acompanhamento psicológico e/ou biopsicossocial; V – determinar a alteração da guarda para guarda compartilhada ou sua inversão; VI – determinar a fixação cautelar do domicílio da criança ou adolescente; VII – declarar a suspensão da autoridade parental.*

Parágrafo único. Caracterizado mudança abusiva de endereço, inviabilização ou obstrução à convivência familiar, o juiz também poderá inverter a obrigação de levar para ou retirar a criança ou adolescente da residência do genitor, por ocasião das alternâncias dos períodos de convivência familiar.

b) *CORRETA*. Lei 12.318/2010. Art. 6º, VI.
c) CORRETA. Lei 12.318/2010. Art. 6º, V.
d) CORRETA. Lei 12.318/2010. Art. 6º, IV.

Resposta: A

DIREITO PENAL

Paloma Sakalem e José Francisco Tudéia Júnior

Visão geral sobre Direito Penal:

Foram comentadas nesta obra as provas realizadas pelo Tribunal de Justiça de Minas Gerais aplicadas em 2007, 2008 e 2009 (Paloma Sakalem) e em 2012 e 2014 (José Francisco Tudéia Júnior).

As provas realizadas em 2007, 2008 e 2009 exigiram muita cobrança do Código Penal, com especial ênfase em aplicação da lei penal e penas, e em crimes contra a pessoa e o patrimônio, além dos crimes contra a dignidade sexual. Quanto à legislação especial, poucas foram as questões abordadas, sendo que as leis 11.340/06, 9.605/95, 10.826/03 e 11.343/06 foram as cobradas. É certo ainda que a quase totalidade das questões destas provas exigiam o conhecimento da legislação para serem respondidas. A abrangência de questões com amparo doutrinário também foi grande na parte geral e nos crimes contra o patrimônio. Recomenda-se uma leitura atenta acerca das novidades legislativas (na prova de 2009 foi cobrada a nova disposição referente aos crimes sexuais logo após sua entrada em vigor) e das decisões recentes dos tribunais superiores (também em 2009 foi cobrado o entendimento da ADI 3112 sobre o estatuto do Desarmamento).

No tocante às provas de 2012 e 2014, o perfil da banca se não alterou. É de fundamental importância o domínio da lei seca, bem como dos conceitos doutrinários. No plano jurisprudencial, atenção especial para os novos enunciados de súmulas e para os julgados da terceira seção do Superior Tribunal de Justiça.

Revise seu material de estudo com frequência. Boa prova futuro(a) Juiz(a) de Direito das minas gerais! "Tenha horas regulares para trabalhar e para se divertir; torne cada dia tão útil quanto prazeroso, e prove que você compreende o valor do tempo empregando-o bem. Então, a juventude será deliciosa, a velhice trará poucos arrependimentos, e a vida se tornará um lindo sucesso". Louisa May Alcott

TÓPICOS DO EDITAL	Legislação	Doutrina	Jurisprudência
1. Conceito de Direito Penal. História do Direito Penal. História do Direito Penal Brasileiro, Doutrinas e Escolas Penais. Fontes do Direito Penal. Sistemas Penitenciários.	2012 – 1	2012 – 1 2014 – 1	
2. Da aplicação da lei penal. Do crime. Da imputabilidade penal. Do concurso de pessoas.	2007 – 2 2008 – 3 2009 – 3 2012 – 1 2014 – 4	2007 – 4 2008 – 5 2009 – 3 2012 – 1 2014 – 5	2008 – 1 2009 – 1
3. Parte Geral do Código Penal. Das penas. Das medidas de segurança.	2007 – 2 2008 – 2 2009 – 3 2012 – 1 2014 – 1	2007 – 1 2008 – 2 2009 – 1 2012 – 1	2007 – 2 2008 – 1 2012 – 1 2014 – 1
4. Parte Geral do Código Penal. Da ação penal. Da extinção da punibilidade	2008 – 1 2009 – 1	2008 – 1 2009 – 1 2012 – 1	2009 – 1 2012 – 1
5. Dos crimes contra a pessoa. Dos crimes contra o patrimônio. Dos crimes contra a propriedade imaterial.	2007 – 4 2008 – 3 2009 – 1 2012 – 1 2014 – 3	2007 – 6 2008 –2 2009 – 3 2012 – 1 2014 – 1	2007 – 1 2008 – 2 2009 – 1 2014 – 1
6. Dos crimes contra a dignidade sexual. Dos crimes contra a família.	2007 – 1 2008 – 1 2009 – 1 2012 – 1 2014 – 1	2007 – 1 2009 – 1	2007 – 1 2008 – 1 2009 – 1

DIREITO PENAL

TÓPICOS DO EDITAL	Legislação	Doutrina	Jurisprudência
7. Dos crimes contra a fé pública. Dos crimes contra a administração pública.	2007 – 1 2008 – 1 2014 – 1	2007 – 1 2014 – 1	
8. Lei das Contravenções Penais (Decreto-Lei nº 3.688, de 3 de outubro de 1941).			
9. Crimes definidos na Lei nº 11.343, de 23 de agosto de 2003.	2008 – 1 2012 – 1	2008 – 1	
10. Crimes definidos na Lei nº 10.826, de 22 de dezembro de 2003.	2008 – 1 2009 – 1 2012 – 1		2009 – 1
11. Crimes eleitorais (Lei nº 4.737, de 15 de julho de 1965, e Lei nº 9.504, de 30 de setembro de 1997).	2012 – 1		
12. Crimes de abuso de autoridade (Lei nº 4.898, de 9 de dezembro de 1965). Crimes de tortura (Lei nº 9.455, de 7 de abril de 1997). Crimes hediondos (Lei nº 8.072, de 25 de julho de 1990).	2012 – 1 2014 – 1	2014 – 1	
13. Crimes contra as relações de consumo (Lei nº 8.078, de 11 de setembro de 1990). Crimes contra a ordem tributária (Lei nº 8.137, de 27 de dezembro de 1990). Crimes contra a ordem econômica (Lei nº 8.176, de 8 de fevereiro de 1991). Crimes contra a economia popular (Lei nº 1.521, de 26 de dezembro de 1951)			
14. Crimes de trânsito (Lei nº 9.503, de 23 de setembro de 1997). Crimes contra o meio ambiente (Lei nº 9.605, de 12 de fevereiro de 1998). Crimes falimentares (Lei nº 11.101, de 9 de fevereiro de 2005).	2009 – 2 2012 – 3	2009 – 1	2009 – 1

TÓPICOS DO EDITAL	Legislação	Doutrina	Jurisprudência
15. Crimes contra a criança e o adolescente (Lei nº 8.069, de 13 de julho de 1990). Crimes contra a violência doméstica e familiar (Lei nº 11.340, de 7 de agosto de 2006). Crimes contra os idosos (Lei nº 10.741, de 1º de outubro de 2003). Crimes de preconceito de raça ou cor (Lei nº 7.716, de 5 de janeiro de 1989).	2007 – 1 2014 – 1	2007 – 1	2007 – 1
16. Lei da Anistia		2014 – 1	

*Alguns itens não apresentam questões.

1. CONCEITO DE DIREITO PENAL. HISTÓRIA DO DIREITO PENAL. HISTÓRIA DO DIREITO PENAL BRASILEIRO, DOUTRINAS E ESCOLAS PENAIS. FONTES DO DIREITO PENAL. SISTEMAS PENITENCIÁRIOS

TJMG – 2012 – *Questão nº 31 Direito Penal/Parte Geral/História do Direito Penal, Aplicação de Lei Penal, Desistência Voluntária, Erro de Tipo/Legislação/Doutrina*

Leia atentamente as assertivas a seguir.

I. Pode-se afirmar que, na história do Direito Penal Brasileiro, as Ordenações Filipinas foram substituídas pelo Código Criminal do Império de 1830.

II. A interpretação da lei é autêntica contextual quando o julgador, dentro de um determinado contexto fático, aplica-a.

III. O agente que, voluntariamente, desiste de prosseguir na execução ou impede que o resultado se produza, só responde pelo crime tentado.

IV. O erro sobre o elemento constitutivo do tipo legal de crime exclui o dolo, mas permite a punição por crime culposo, se previsto em lei.

Está correto apenas o que se afirma em

a) I e II.
b) I e IV.
c) III e IV.
d) I, III e IV.

DIREITO PENAL

> *Comentários*
>
> I – Correta. Nesse sentido, tem-se as lições de Cleber Masson (2017, p. 86 e 87):
>
> "Ordenações Filipinas: Datadas de 1603, em razão de medida do Rei Filipe II, subsistiram até o ano de 1830. Mantivera, as características das Ordenações anteriores. (...) O art. 179, XVIII, da Constituição de 1824 determinou a urgente e necessária elaboração de um Código Criminal, "fundado nas solidas bases da justiça, e equidade". Em 1827, Bernardo Pereira de Vasconcellos apresentou o seu projeto, o qual foi sancionado em 1830 pelo imperador Dom Pedro I, destacando-se como o primeiro código autônomo da América Latina".
>
> II – Incorreta. A interpretação autêntica é realizada pelo próprio legislador. Pode ocorrer no próprio texto da lei (interpretação autêntica contextual) ou mediante uma lei editada posteriormente à norma em que se dará a devida interpretação (interpretação autêntica posterior).
>
> c) Incorreta. Conforme art. 15, Código Penal, o agente que, voluntariamente, desiste de prosseguir na execução ou impede que o resultado se produza, só responde pelos atos já praticados. Trata-se de uma política criminal que determina um prêmio para o autor do fato criminoso, qual seja, responder pelos atos praticados, desconsiderando o seu intento finalístico.
>
> d) Correta. O art. 20, Código Penal dispõe que: O erro sobre elemento constitutivo do tipo legal de crime exclui o dolo, mas permite a punição por crime culposo, se previsto em lei.
>
> **Resposta: Letra B.**

***TJMG – 2014** – Questão nº 37 Direito Penal/Parte Geral/Princípios/Doutrina*

A respeito dos princípios que regem o direito penal brasileiro, assinale a alternativa INCORRETA.

a) O princípio da legalidade penal, do qual decorre o princípio da reserva legal, impede o uso dos costumes e analogia para criar tipos penais incriminadores ou agravar as infrações existentes.

b) De acordo com o chamado princípio da insignificância o Direito Penal não deve se ocupar com assuntos irrelevantes. A aplicação de tal princípio exclui a tipicidade material da conduta.

c) O direito penal possui natureza fragmentária, ou seja, somente protege os bens jurídicos mais importantes, pois os demais são protegidos pelos outros ramos do direito.

d) O princípio da taxatividade, ao exigir lei com conteúdo determinado, resulta na proibição da criação de tipos penais abertos.

Comentários

a) CORRETA. Alguns autores denominam princípio da legalidade como gênero, sendo espécies: o princípio da reserva legal (legalidade estrita) e o princípio da anterioridade. Conforme lecionam Marcelo André e Alexandre Salim (2017, p. 49), o princípio da legalidade possui algumas funções fundamentais, sendo proibida a analogia contra o réu, e vedado o uso dos costumes por não possuírem a força de criar crimes e cominar sanções penais, uma vez que a lei deve ser escrita, ou seja, é proibido o costume incriminador (*nullum crimen, nulla poena sine lege scripta*).

b) Correta. Conforme os ensinamentos de Marcelo André e Alexandre Salim, (2017, p. 59): " O princípio da insignificância relaciona-se com o fato típico (análise do desvalor da conduta e do resultado). Consoante entendimento do STF, "o princípio da insignificância – que deve ser analisado em conexão com os postulados da fragmentariedade e da intervenção mínima do Estado em matéria penal – tem o sentido de excluir ou de afastar a própria tipicidade penal, examinada na perspectiva de seu caráter material" (STF, 2T., HC 84412, DJU 19/11/2004).

c) Correta. De acordo com as lições de Marcelo André e Alexandre Salim, (2017, p. 95): "O Direito Penal deve tutelar os bens jurídicos mais relevantes para a sociedade e, mesmo assim, somente em relação aos ataques mais intoleráveis (princípio da fragmentariedade)."

d) Incorreta. Segundo as lições de Marcelo André e Alexandre Salim, (2017, p. 49): "Existe a proibição da criação de tipos penais vagos e indeterminados. A lei penal deve ser precisa e determinada. Nesse enfoque, tem-se o princípio da taxatividade (*nullum crimen, nulla poena sine lege certa*). Assim sendo, verifica-se que a questão está errada por afirmar que há proibição da criação de tipos penais abertos, que são aqueles que não descrevem a conduta de forma completa, e fazem com que o juiz recorra a outros elementos para fechar o tipo. Ex.: Crimes culposos – análise da existência de negligencia, imprudência, imperícia no caso concreto.

Resposta: Letra D

DIREITO PENAL

2. DA APLICAÇÃO DA LEI PENAL. DO CRIME. DA IMPUTABILIDADE PENAL. DO CONCURSO DE PESSOAS

TJMG – 2007 – *Questão n° 33 Direito Penal/Parte Geral/Do crime/Doutrina*

Pode alguém, simultaneamente, ser sujeito ativo e passivo do mesmo crime?

a) Não pode.
b) Pode, na lesão do próprio corpo com intuito de receber seguro.
c) Pode, no crime de incêndio, quando o agente ateia fogo à própria casa.
d) Pode, no crime de rixa.

Comentários

a) CORRETA. Não é possível que uma pessoa seja sujeito ativo e concomitantemente sujeito passivo, conforme explicação de Rogério Sanches (Penal Parte Geral, 2017): "O homem não pode ser, ao mesmo tempo, sujeito ativo e sujeito passivo de crime, mesmo porque, como informa o princípio da alteridade, ninguém poderá ser responsabilizado pela conduta que não excede a sua esfera individual."

b) INCORRETA. Como explica Rogério Sanches (Parte Especial, 2017), "na autolesão haverá, eventualmente, o crime de fraude contra seguro (art. 171, § 2°, V, CP). [...] Tratando-se de fraude para recebimento de indenização ou valor de seguro, o sujeito ativo será o segurado, e, passivo, a seguradora."

c) INCORRETA. Explica Rogério Sanches (Parte Especial, 2017): no crime de incêndio "tutela-se a incolumidade pública, abalada pela conduta do agente (causar incêndio). [...] Pune-se a conduta daquele que *causar* (provocar) incêndio, expondo a perigo a vida, a integridade física ou o patrimônio de **outrem**".

d) INCORRETA. Explica Rogério Sanches (Parte Especial, 2017): "na **rixa** (art. 137, CP), os rixentos, embora pratiquem a ação criminosa e possam sofrer as consequências dela, são sujeitos ativos da conduta que realizam e vítimas dos demais participantes. Registre-se que, em sentido contrário, Rogério Greco entende que o crime de rixa é uma exceção."

Resposta: Letra A

TJMG – 2007 – *Questão n° 34 Direito Penal/Parte Geral/Do crime/Doutrina*

Fulgêncio, com *animus necandi*, coloca na xícara de chá servida a Arnaldo certa dose de veneno. Batista, igualmente interessado na morte de Arnaldo, desconhecendo a ação de Fulgêncio, também coloca uma dose de veneno na mesma xícara. Arnaldo vem a falecer pelo efeito combinado das duas doses de veneno ingeridas, pois cada uma delas, isoladamente, seria insuficiente para produzir a morte, segundo a conclusão da perícia. Fulgêncio e Batista agiram individualmente, cada um desconhecendo o plano, a intenção e a conduta do outro. Pergunta-se:

a) Fulgêncio e Batista respondem por tentativa de homicídio doloso qualificado.

b) Fulgêncio e Batista respondem, cada um, por homicídio culposo.

c) Fulgêncio e Batista respondem por lesão corporal, seguida de morte.

d) Fulgêncio e Batista respondem, como coautores, por homicídio doloso, qualificado, consumado.

Comentários

a) CORRETA. A questão cuida de concausas relativamente independentes, conforme explica Rogério Sanches (Parte Geral, 2016), "a causa efetiva do resultado se origina, ainda que indiretamente, do comportamento concorrente. Em outras palavras, as causas se conjugam para produzir o evento final. Isoladamente consideradas, não seriam capazes de ocasionar o resultado. [...]" E é exatamente do que se trata, pois a dose de veneno ministrada por cada um dos agentes, isoladamente, não seria capaz de provocar a morte da vítima, sendo que não havia entre eles nenhum vínculo. Deve-se ainda levar em consideração que a situação narrada retrata uma hipótese de autoria colateral, que, segundo Rogério Sanches, verifica-se "quando dois ou mais agentes, um ignorando a contribuição do outro, concentram suas condutas para o cometimento da mesma infração penal. Nota-se, no caso, a ausência de vínculo subjetivo entre os agentes. O problema surge quando não é possível determinar quem foi o real causador da morte, advindo daí a **autoria incerta**." Explica, então, Bitencourt (Tratado de Direito Penal, 2012): "Quando, por exemplo, dois indivíduos, sem saber um do outro, colocam-se de tocaia e quando a vítima passa desferem tiros, ao mesmo tempo, matando-a, cada um responderá, individualmente, pelo crime cometido. [...] Já na *autoria colateral* é indispensável saber quem produziu o quê. [...] Imagine-se que no exemplo referido não se possa apurar qual dos dois agentes matou a vítima. Aí surge a chamada *autoria incerta*, que não se confunde com *autoria desconhecida* ou ignorada. Nesta, se desconhece quem praticou a ação; na **autoria incerta** sabe-se quem a executou, mas ignora-se quem produziu o resultado. [...] A autoria incerta, que pode decorrer da autoria colateral, ficou sem solução. No exemplo supracitado, punir a ambos por homicídio é impossível, porque um deles ficou apenas na tentativa; absolvê-los também é inadmissível, porque ambos participaram de um crime de autoria conhecida. A solução será condená-los por tentativa de homicídio, abstraindo-se o resultado, cuja autoria é desconhecida." Os agentes respondem então por homicídio doloso qualificado na forma tentada. Qualificado pois houve o emprego de veneno (art. 121, § 2°, III, CP); como a dose de veneno que cada um utilizou não era suficiente para causar o resultado morte da vítima, que só faleceu por conta da junção das duas doses, cada agente responderá apenas por tentativa, já que nenhum deles tinha condição de, isoladamente, provocar a morte.

b) INCORRETA. Não se trata de homicídio culposo, mas sim doloso; cada um dos agentes tinha a intenção de matar. Vide comentários à alternativa A.

c) INCORRETA. Não se trata de lesão seguida de morte, e sim de homicídio. Vide comentários à alternativa A.

d) INCORRETA. Não há que se falar em coautoria, pois não houve vínculo subjetivo entre os agentes. Vide comentários à alternativa A.

Resposta: Letra A

TJMG – 2007 *– Questão n° 35 Direito Penal/Parte Geral/Do crime/Legislação/ Doutrina*

O filho intervém, energicamente, a favor da mãe, diante das ameaças que o pai, embriagado, fazia à esposa. O pai, bêbado, não se conforma. Vai até ao guarda-roupa, retira de lá uma pistola e, pelas costas, aciona várias vezes o gatilho, sem que nada acontecesse, pois a mãe, pressentindo aquele desfecho, havia retirado todas as balas da arma. Que delito o pai cometeu?

a) Tentativa imperfeita.
b) Crime hipotético.
c) Crime impossível.
d) Crime falho.

Comentários

a) **INCORRETA.** Não houve tentativa, mas sim crime impossível, pois o meio utilizado pelo agente foi absolutamente ineficaz (não havia balas na arma usada). Como explica Masson (Parte Geral, 2017), "o crime impossível guarda afinidade com o instituto da tentativa. Em ambos, o agente inicia, em seu plano interno, a execução da conduta criminosa que não alcança a consumação. As diferenças, entretanto, são nítidas. Na tentativa é possível atingir a consumação, pois os meios empregados pelo agente são idôneos, e o objeto material contra o qual se dirige a conduta é um bem jurídico suscetível de sofrer lesão ou perigo de lesão. Há, portanto, exposição do bem a dano ou perigo. No crime impossível, por sua vez, o emprego de meios ineficazes ou o ataque a objetos impróprios inviabilizam a produção do resultado, inexistindo situação de perigo ao bem jurídico penalmente tutelado. Vide comentários à alternativa C.

b) INCORRETA. Configurou-se no caso crime impossível, vide comentários à alternativa C.

c) CORRETA. Crime impossível, nos termos do **art. 17 do Código Penal,** é o que se verifica quando, por ineficácia absoluta do meio ou por absoluta impropriedade do objeto, é impossível consumar-se. Na situação descrita verifica-se que o meio é absolutamente ineficaz, pois a arma utilizada pelo agente estava desmuniciada. Como esclarece Masson (Parte Geral, 2017), no c**rime impossível por ineficácia absoluta do meio,** "a palavra "meio" se refere ao **meio de execução** do crime. Dá-se a ineficácia absoluta quando o meio de execução utilizado pelo agente é, por sua natureza ou essência, **incapaz de produzir o resultado,** por mais reiterado que seja seu emprego. É o caso daquele que decide matar seu desafeto com uma arma de brinquedo, ou então com munição de festim. A inidoneidade do meio deve ser analisada **no caso concreto,** e jamais em abstrato."

d) INCORRETA. Não houve crime falho, mas sim crime impossível. Segundo Masson (Parte Geral 2017), crime falho "é a denominação doutrinária atribuída à **tentativa perfeita** ou **acabada,** ou seja, aquela em que o agente esgota os meios executórios que tinha à sua disposição e, mesmo assim, o crime não se consuma por circunstâncias alheias à sua vontade." Vide comentários à alternativa C.

Resposta: Letra C

TJMG – 2007 – *Questão n° 44 Direito Penal/Parte Geral/Da aplicação da Lei Penal/Legislação/Doutrina*

A *abolitio criminis*, também chamada *novatio legis*, faz cessar:

a) os efeitos secundários da sentença condenatória, mas não a sua execução.
b) a execução da pena e também os efeitos secundários da sentença condenatória.
c) somente a execução da pena.
d) a execução da pena em relação ao autor do crime. Entretanto, tratando-se de benefício pessoal, não se estende aos co-autores do delito.

Comentários

a) **INCORRETA.** Faz cessar também a execução. Vide comentários à alternativa B.

b) **CORRETA.** De acordo com o Código Penal, "Art. 2° – Ninguém pode ser punido por fato que lei posterior deixa de considerar crime, cessando em virtude dela a execução e os efeitos penais da sentença condenatória. Parágrafo único – A lei posterior, que de qualquer modo favorecer o agente, aplica-se aos fatos anteriores, ainda que decididos por sentença condenatória transitada em julgado." Explica Masson (Parte Geral, 2017): "*abolitio criminis* é a nova lei que exclui do âmbito do Direito Penal um fato até então considerado criminoso. Encontra previsão legal no art. 2°, *caput*, do Código Penal e tem natureza jurídica de causa de extinção da punibilidade (art. 107, III). **Alcança a execução e os efeitos penais da sentença condenatória**, não servindo como pressuposto da reincidência, e também não configura maus antecedentes. Sobrevivem, entretanto, os efeitos civis de eventual condenação, quais sejam, a obrigação de reparar o dano provocado pela infração penal e constituição de título executivo judicial."

c) INCORRETA. Além da execução da pena, faz cessar também os efeitos penais da sentença condenatória. Vide comentários à alternativa B.

d) INCORRETA. Não se trata de benefício pessoal, e como explica Rogério Sanches (Parte Geral, 2016), "a abolição do crime representa a supressão da figura criminosa. Trata-se da revogação de um tipo penal pela superveniência de lei descriminalizadora."

Resposta: Letra B

TJMG – 2008 – *Questão nº 30 Direito Penal/Parte Geral/Da aplicação da lei penal/Princípios/Doutrina/Jurisprudência*

Em relação aos princípios norteadores do Direito Penal, aponte a afirmativa **INCORRETA**.

a) O princípio da legalidade ou da reserva legal constitui efetiva limitação ao poder punitivo estatal.

b) O princípio da insignificância refere-se à aplicação da pena.

c) Pelo princípio da fragmentariedade, a proteção penal limita-se aos bens jurídicos relevantes.

d) Pelo princípio da individualização da pena, a sanção a ser aplicada deve considerar todas as circunstâncias da conduta do agente.

Comentários

a) CORRETA. Conforme já decidiu o STJ, "O princípio da reserva legal atua como expressiva limitação constitucional ao aplicador judicial da lei, cuja competência jurisdicional, por tal razão, não se reveste de idoneidade suficiente para lhe permita a ordem jurídica ao ponto de conceder benefícios proibidos pela norma vigente, sob pena de incidir em domínio reservado ao âmbito de atuação do Poder Legislativo." HC 92.010/ES, rel Min. Napoleão Nunes Maia Filho, 5ª Turma, j. 21.2.2008.

b) INCORRETA. O princípio da insignificância não se refere à aplicação da pena, e sim é **causa de exclusão da tipicidade**. De acordo com Masson, (Direito Penal Parte Geral, 2017), "sua presença acarreta na atipicidade do fato. Com efeito, a tipicidade penal é constituída pela união da tipicidade formal com a tipicidade material. Na sua incidência, opera-se tão somente a **tipicidade formal** (juízo de adequação entre o fato praticado na vida real e o modelo de crime descrito na norma penal). Falta a **tipicidade material** (lesão ou perigo de lesão ao bem jurídico). Em síntese, exclui-se a tipicidade pela ausência da sua vertente material." O Supremo Tribunal Federal assim já decidiu: "O princípio da insignificância qualifica-se como fator de descaracterização material da tipicidade penal. O princípio da insignificância – que deve ser analisado em conexão com os postulados da fragmentariedade e da intervenção mínima do Estado em matéria penal – tem o sentido de excluir ou de afastar a própria tipicidade penal, examinada na perspectiva de seu caráter material." (HC 104.787/RJ, rel. Min. Ayres Britto, 2ª Turma, j. 26.10.2010).

c) CORRETA. O princípio da fragmentariedade estabelece que nem todos os ilícitos configuram infrações penais, "mas apenas os que **atentam**

DIREITO PENAL

contra valores fundamentais para a manutenção e o progresso do ser humano e da sociedade. [...] O Direito Penal preocupa-se unicamente com alguns comportamentos ("fragmentos") contrários ao ordenamento jurídico, tutelando somente os bens jurídicos mais importantes à manutenção e ao desenvolvimento do indivíduo e da coletividade. (Masson, 2017).

d) CORRETA. A individualização da pena, sob o prisma **judicial,** é efetivada pelo juiz, "quando aplica a pena utilizando-se de todos os instrumentais fornecidos pelos autos da ação penal, em obediência ao sistema trifásico delineado pelo art. 68 do Código Penal (pena privativa de liberdade), ou ainda ao sistema bifásico inerente à sanção pecuniária (CP, art. 49). (Masson 2017)

Resposta: Letra B

TJMG – 2008 – *Questão nº 31 Direito Penal/Parte Geral/Da aplicação da lei penal/Lei Penal no tempo/Legislação/Doutrina*

Com relação à aplicação da lei penal, é **INCORRETO** afirmar:

a) A ***lex mitior*** é inaplicável à sentença condenatória que se encontra em fase de execução.

b) A ***abolitio criminis*** faz desaparecer todos os efeitos penais, inclusive quanto àqueles relativos aos fatos definitivamente julgados.

c) A ***novatio legis*** incriminadora aplica-se a fatos posteriores à sua vigência.

d) A lei excepcional, embora cessadas as circunstâncias que a determinaram, aplica-se ao fato praticado durante sua vigência.

Comentários

a) **INCORRETA.** O parágrafo único do artigo 2º do Código Penal determina que a lei posterior que favorece o agente a ele se aplica, ainda que os fatos tenham sido decididos por sentença condenatória transitada em julgado; portanto, a *lex mitior* aplica-se, sim, à sentença condenatória em fase de execução: "Art. 2º – Ninguém pode ser punido por fato que lei posterior deixa de considerar crime, cessando em virtude dela a execução e os efeitos penais da sentença condenatória. Parágrafo único – A lei posterior, que de qualquer modo favorecer o agente, aplica-se aos fatos anteriores, ainda que decididos por sentença condenatória transitada em julgado." Também nesse sentido a jurisprudência do STJ: "Nos termos da orientação firmada por esta Corte, considerada a retroatividade da *lex mitior* posterior, deve ser aplicada a fração de 1/6 de aumento previsto no art. 40, inciso III da Lei 11.343/06 sobre a pena fixada com base na Lei 6.368/76. Precedente." (HC 129565/SP, rel. Min Ministro NAPOLEÃO NUNES MAIA FILHO, 5ª Turma, j. 26/10/2010). De acordo com Masson (Parte Geral, 2017), "a lei mais favorável deve ser obtida no caso concreto, aplicando-se a que produzir o resultado mais vantajoso ao agente (teoria da ponderação concreta) [...] A retroatividade é automática, dispensa cláusula expressa e alcança inclusive os fatos já definitivamente julgados."

b) CORRETA. O artigo 2º do Código Penal determina que, em caso de lei posterior deixar de considerar um fato como crime, cessam a execução e os efeitos penais da sentença: "Art. 2º – Ninguém pode ser punido por fato que lei posterior deixa de considerar crime, cessando em virtude dela a execução e os efeitos penais da sentença condenatória. (Redação dada pela Lei nº 7.209, de 11.7.1984)." Define Masson (Parte Geral, 2017) que "alcança a execução e os efeitos penais da sentença condenatória, não servindo como pressuposto da reincidência, e também não configura maus antecedentes."

c) CORRETA. A Constituição Federal dispõe em seu artigo 5º, XL: "a lei penal não retroagirá, salvo para beneficiar o réu." A lei que tipifica como infrações penais comportamentos até então considerados irrelevantes (neocriminalização), segundo Masson (Parte Geral, 2017), "somente pode atingir situações consumadas após sua entrada em vigor. Não poderá retroagir, em hipótese alguma, conforme determina o art. 5º, XL, da Constituição Federal. A *novatio legis* incriminadora, portanto, somente tem eficácia para o futuro."

d) CORRETA. Nos termos do artigo 3º do Código Penal, "A lei excepcional ou temporária, embora decorrido o período de sua duração ou cessadas as circunstâncias que a determinaram, aplica-se ao fato praticado durante sua vigência." A lei **penal excepcional** verifica-se quando a sua duração está relacionada a **situações de anormalidade**, é autorrevogável, e possui ultratividade, conforme Masson (Parte Geral, 2017): "Possuem **ultratividade**, pois se aplicam ao fato praticado durante sua vigência, embora decorrido o período de sua duração (temporária) ou cessadas as circunstâncias que a determinaram (excepcional). Lei excepcional ou temporária não tem retroatividade. Tem ultratividade, em face da regra do art. 3º do Código Penal" (STF: RE 768.494/GO, rel. Min. Luiz Fux, Plenário, j. 19.09.2014)."

Resposta: Letra A

DIREITO PENAL

TJMG – 2008 – *Questão nº 35 Direito Penal/Parte Geral/Do crime/Legislação/ Doutrina*

As situações abaixo caracterizam o estado de necessidade, *exceto*

a) Médico que deixa de atender um paciente para salvar outro, não tendo meios de atender a ambos.

b) Bombeiro que deixa de atender um incêndio de pequenas proporções para atender outro de maior gravidade.

c) "A" que dolosamente põe fogo num barco e depois mata outro passageiro para se salvar.

d) Mãe miserável que subtrai gêneros alimentícios para alimentar filho faminto.

Comentários

a) INCORRETA. A situação preenche todos os requisitos previstos no artigo 24 do Código Penal. Não havendo meios de o médico atender os dois pacientes, cabia verificar qual poderia ser melhor atendido na circunstância.

b) INCORRETA. A situação preenche todos os requisitos previstos no artigo 24 do Código Penal. Não sendo possível ao bombeiro agir para combater os dois incêndios, é razoável admitir como lícita a opção por agir no de maior proporção.

c) CORRETA. A situação descrita não caracteriza estado de necessidade, pois o agente provocou voluntariamente o perigo, ao atear fogo ao barco. Explica Masson (Parte Geral, 2017) que "o art. 24, *caput*, e seu § 1º, do Código Penal, elencam **requisitos cumulativos** para a configuração do estado de necessidade como causa legal de exclusão da ilicitude. A análise dos dispositivos revela a existência de dois momentos distintos para a verificação da excludente: **(1) situação de necessidade**, a qual depende de perigo atual, perigo não provocado voluntariamente pelo agente, ameaça a direito próprio ou alheio, e ausência do dever legal de enfrentar o perigo; e **(2) fato necessitado**, é dizer, fato típico praticado pelo agente em face do perigo ao bem jurídico, que tem como requisitos: inevitabilidade do perigo por outro modo, e proporcionalidade. O Código Penal, contudo, é claro ao negar o estado de necessidade àquele que voluntariamente provocou o perigo. [...] A letra da lei fala em perigo não provocado por "vontade" do agente, não nos parecendo tenha aí o significado de "dolo", ou seja, causar um perigo intencionalmente. O sujeito que provoca um incêndio culposo criou um perigo que jamais poderá deixar de ser considerado fruto da sua *vontade*; o contrário seria admitir que nos delitos culposos não há voluntariedade na conduta. Essa segunda posição nos parece a mais adequada."

d) INCORRETA. A situação preenche todos os requisitos previstos no artigo 24 do Código Penal, como leciona Masson (Parte Geral, 2017): "em casos excepcionais, admite-se a prática de um fato típico como medida inevitável, ou seja, para satisfação de necessidade estritamente vital que a pessoa, nada obstante seu empenho, não conseguiu superar de forma lícita, a exemplo do **furto famélico**, em que o agente subtrai alimentos básicos para saciar sua fome ou de pessoa a ele ligada por laços de parentesco ou de amizade."

Resposta: Letra C

***TJMG – 2008** – Questão nº 36 Direito Penal/Parte Geral/Do crime/Legislação/ Doutrina*

Em relação à legítima defesa, assinale a alternativa **INCORRETA**.

a) Pela legítima o agente pode repelir agressão injusta a direito seu ou de outrem que pode ser qualquer pessoa física, mesmo que um criminoso.

b) Através da legítima defesa pode-se proteger qualquer bem jurídico.

c) Na legítima defesa o agente pode escolher qualquer meio à sua disposição para repelir o injusto.

d) Na legítima defesa o agente não pode empregar o meio além do que é preciso para

evitar a lesão do bem jurídico próprio ou de terceiro.

Comentários

a) CORRETA. Nos termos do art. 25 do Código Penal: "Entende-se em legítima defesa quem, usando moderadamente dos meios necessários, repele injusta agressão, atual ou iminente, a direito seu ou de outrem". Portanto, pode haver legitima defesa para repelir injusta agressão a direito de outrem, seja este quem for, já que a lei não faz qualquer tipo de ressalva.

b) CORRETA. Conforme ensina Masson (Parte Geral, 2017), "Qualquer bem jurídico pode ser protegido pela legítima defesa, pertencente àquele que se defende ou a terceira pessoa. Em compasso com o auxílio mútuo que deve reinar entre os indivíduos, o Código Penal admite expressamente a legítima defesa de bens jurídicos alheios, com amparo no princípio da solidariedade humana."

c) INCORRETA. O próprio artigo 25 define que os meios utilizados devem ser os necessários para repelir a injusta agressão, utilizados moderadamente. Conforme Masson (Parte Geral, 2017), "meios necessários são aqueles que o agente tem à sua disposição para repelir a agressão injusta, atual ou iminente, a direito seu ou de outrem, no momento em que é praticada. Se o meio empregado for desnecessário, estará configurado o **excesso**, doloso, culposo ou exculpante (sem dolo ou culpa), dependendo das condições em que ocorrer. [...] A possibilidade de fuga ou o socorro pela autoridade pública não impedem a legítima defesa. Além disso, caracteriza-se pelo emprego dos meios necessários na medida suficiente para afastar a agressão injusta. Utiliza-se o perfil do homem médio, ou seja, para aferir a moderação dos meios necessários o magistrado compara o comportamento do agredido com aquele que, em situação semelhante, seria adotado por um ser humano de inteligência e prudência comuns à maioria da sociedade".

d) CORRETA. O artigo 25 define que os meios utilizados devem ser os necessários para repelir a injusta agressão, utilizados moderadamente. Caso o agente empregue meio além do que é preciso para evitar a lesão, restará configurado o excesso: "Se o meio empregado for desnecessário, estará configurado o **excesso**, doloso, culposo ou exculpante (sem dolo ou culpa), dependendo das condições em que ocorrer." (Masson, Parte Geral, 2017)

Resposta: Letra C

TJMG – 2008 – *Questão nº 37 Direito Penal/Parte Geral/Da imputabilidade Penal/Doutrina*

Dentre as situações abaixo assinale a que apresenta **APENAS** causas excludentes de culpabilidade:

a) Erro de proibição, coação moral irresistível e obediência hierárquica.
b) Inimputabilidade por menoridade e estrito cumprimento do dever legal.
c) Inimputabilidade por doença mental ou desenvolvimento mental incompleto ou retardado e exercício regular de direito.
d) Erro de tipo e inimputabilidade por embriaguez incompleta.

Comentários

a) CORRETA. Conforme ensina Masson (Parte Geral, 2017), dirimentes "são assim chamadas as causas de exclusão da culpabilidade. Podem ser sintetizadas pelo gráfico abaixo: imputabilidade (desenvolvimento mental retardado, desenvolvimento mental incompleto, embriaguez acidental completa), potencial consciência da ilicitude (**erro de proibição inevitável**), exigibilidade de conduta diversa (**coação moral irresistível, obediência hierárquica a ordem não manifestamente ilegal**) ". Assim, as três situações narradas na alternativa encontram-se listadas como causas de exclusão da culpabilidade.

b) INCORRETA. A inimputabilidade por menoridade é uma causa de exclusão da culpabilidade: "Em relação aos menores de 18 anos de idade adotou-se o sistema biológico para a constatação da inimputabilidade. Tais pessoas, independentemente da inteligência, da perspicácia e do desenvolvimento mental, são tratadas como inimputáveis [...] A capacidade ou incapacidade civil não se confunde com a imputabilidade penal." (Masson, Parte Geral, 2017). No entanto, o estrito cumprimento do dever legal é causa de exclusão da ilicitude, previsto no artigo 23, III, do Código Penal: Art. 23 – Não há crime quando o agente pratica o fato: I – em estado de necessidade; II – em legítima defesa; III – em estrito cumprimento de dever legal ou no exercício regular de direito."

c) INCORRETA. A Inimputabilidade por doença mental é causa de exclusão da culpabilidade. Conforme Masson (Parte Geral, 2017), "a expressão doença mental deve ser interpretada **em sentido amplo,** englobando os problemas patológicos e também os de origem toxicológica. Ingressam nesse rol (doença mental) todas as alterações mentais ou psíquicas que suprimem do ser humano a capacidade de entender o caráter ilícito do fato e de determinar-se de acordo com esse entendimento. A doença mental pode ser permanente ou transitória. Deve, contudo, existir ao tempo da prática da conduta para acarretar no afastamento da imputabilidade." A inimputabilidade por desenvolvimento mental incompleto "abrange os menores de 18 anos e os silvícolas (quando completamente incapaz de viver em sociedade, desconhecendo as regras que lhe são inerentes) ", de acordo com Masson, e também é causa de exclusão da culpabilidade. A inimputabilidade por desenvolvimento mental retardado "compreende as oligofrenias em suas mais variadas manifestações (idiotice, imbecilidade e debilidade mental propriamente dita), bem como as pessoas que, por ausência ou deficiência dos sentidos, possuem deficiência psíquica.", conforme Masson, e é causa de exclusão da culpabilidade. No entanto, o exercício regular de direito é

DIREITO PENAL

causa de exclusão da ilicitude, previsto no artigo 23, III, do Código Penal: Art. 23 – Não há crime quando o agente pratica o fato: I – em estado de necessidade; II – em legítima defesa; III – em estrito cumprimento de dever legal ou no exercício regular de direito."

d) INCORRETA. Conforme ensina Masson (Parte Geral, 2017), "O erro de tipo, seja escusável ou inescusável, sempre exclui o dolo. De fato, como o dolo deve abranger todas as elementares do tipo penal, resta afastado pelo erro de tipo, pois o sujeito não possui a necessária vontade de praticar integralmente a conduta tipificada em lei como crime ou contravenção penal. Nada obstante, os efeitos variam conforme a espécie do erro de tipo. O escusável exclui o dolo e a culpa, acarretando na impunidade total do fato, enquanto o inescusável exclui o dolo, mas permite a punição por crime culposo, se previsto em lei (excepcionalidade do crime culposo)." Assim, o erro de tipo exclui o dolo e, portanto, a tipicidade. Já a embriaguez incompleta não gera a exclusão da culpabilidade, como leciona Masson (Parte Geral, 2017): "a embriaguez acidental ou fortuita incompleta, isto é, aquela que ao tempo da conduta retira do agente parte da capacidade de entender o caráter ilícito do fato ou de determinar-se de acordo com esse entendimento, autoriza a diminuição da pena de 1 (um) a 2/3 (dois terços). Equivale, portanto, à semi-imputabilidade (CP, art. 28, § 2°)." Apenas a embriaguez acidental ou fortuita, se completa, capaz de ao tempo da conduta tornar o agente inteiramente incapaz de entender o caráter ilícito do fato ou de determinar-se de acordo com esse entendimento, exclui a imputabilidade penal (CP, art. 28, § 1°).

Resposta: Letra A

***TJMG – 2009** – Questão n° 30 Direito Penal/Parte Geral/Da aplicação da Lei Penal/Legislação/Doutrina/Jurisprudência*

Sobre as fontes do Direito Penal, a interpretação da Lei Penal, bem como seu âmbito de eficácia e sua aplicação no tempo e no espaço, marque a alternativa **CORRETA**.

a) Em razão do caráter fragmentário do Direito Penal, este deverá ser preferencialmente observado para a solução de conflitos, devendo abranger a tutela do maior número de bens jurídicos possível.

b) O princípio da Legalidade obriga a que toda deliberação referente ao Direito Penal, incriminador ou não incriminador, seja feita por meio de lei.

c) O nosso Código Penal, quanto ao tempo do crime, acolheu a teoria do resultado.

d) A lei penal nova mais benéfica retroage para abarcar também os fatos ocorridos antes de sua vigência, devendo aplicar-se inclusive aos processos com decisão já transitada em julgado, cabendo ao juízo da execução a sua aplicação.

Comentários

a) **INCORRETA.** Ao contrário, como leciona Masson (Parte Geral, 2017): "em razão de seu caráter fragmentário, o Direito Penal é a última etapa de proteção do bem jurídico. Esse princípio deve ser utilizado no plano abstrato, para o fim de permitir a criação de tipos penais somente quando os demais ramos do Direito tiverem falhado na tarefa de proteção de um bem jurídico."

b) INCORRETA. Não é toda e qualquer deliberação referente ao direito penal que deve ser feita por meio de lei. O princípio da legalidade "preceitua, basicamente, a exclusividade da lei para a **criação de delitos** (e contravenções penais) **e cominação de penas**, possuindo indiscutível dimensão democrática, pois revela a aceitação pelo povo, representado pelo Congresso Nacional, da opção legislativa no âmbito criminal. De fato, não há crime sem lei que o defina, nem pena sem cominação legal (nullum crimen nulla poena sine lege). (Masson, Parte Geral, 2017). Como bem lembra Rogério Sanches (Parte Geral, 2016), "temos no ordenamento jurídico pátrio exemplo de medida provisória versando sobre direito penal favorável ao réu, mesmo após a referida emenda constitucional. São as MPs editadas em função do Estatuto do Desarmamento (Lei n° l 0.826/2003). Entre os anos de 2003 e 2008, a posse irregular de arma de fogo fora considerada fato atípico em função de sucessivas medidas provisórias regularmente editadas pela Presidência da República, até que a MP 417/08 foi convertida na Lei n" 11.706/08. No período mencionado, ainda que apreciando de forma indireta o tema, o STF não se afastou do seu entendimento anterior à EC n° 32/2001, admitindo a MP veiculando conteúdo de direito penal benéfico."

c) INCORRETA. Quanto ao tempo do crime, o Código Penal adotou a teoria da atividade: "Art. 4° – Considera-se praticado o crime no momento da ação ou omissão, ainda que outro seja o momento do resultado.", como explica Masson (Parte Geral, 2017): "Pela teoria da atividade, considera-se praticado o crime no momento da conduta (ação ou omissão), pouco importando o momento do resultado. O art. 4° do Código Penal acolheu a teoria da atividade."

d) CORRETA. Em conformidade com o disposto no Código Penal, "Art. 2º – Ninguém pode ser punido por fato que lei posterior deixa de considerar crime, cessando em virtude dela a execução e os efeitos penais da sentença condenatória. Parágrafo único – A lei posterior, que de qualquer modo favorecer o agente, aplica-se aos fatos anteriores, ainda que decididos por sentença condenatória transitada em julgado." Nos termos do enunciado 611 da súmula do STF, "Transitada em julgado a sentença condenatória, compete ao juízo das execuções a aplicação de lei mais benigna." Rogério Sanches (Parte Geral, 2016) explica que "a súmula nº 611 do STF, dispondo que *"transitada em julgado a sentença condenatória, compete ao juiz da execução a aplicação de lei mais benéfica"* é incompleta, já que, se a lei mais benigna implicar juízo de valor, competirá ao juízo revisor, ou seja, àquele responsável pelo julgamento da revisão criminal."

Resposta: Letra D

TJMG – 2009 *– Questão nº 31 Direito Penal/Parte Geral/Do Crime/Legislação/ Doutrina*

Sobre a tipicidade penal, marque a alternativa **CORRETA**.

a) No crime omissivo, o dever jurídico de agir inexiste àquele que apenas criou riscos para a ocorrência do resultado.

b) O erro de tipo, se inescusável, apesar de excluir o dolo, permite, em qualquer hipótese, a punição a título culposo.

c) A tipicidade material surgiu para limitar a larga abrangência formal dos tipos penais, impondo que, além da adequação formal, a conduta do agente gere também relevante lesão ou perigo concreto de lesão ao bem jurídico tutelado.

d) No dolo eventual, a pessoa vislumbra o resultado que pode advir de sua conduta, acreditando que, com as suas habilidades, será capaz de evitá-lo.

Comentários

a) **INCORRETA.** Ao contrário, no crime omissivo o dever jurídico de agir existe para quem criou risco para a ocorrência do resultado, como dispõe o Código Penal: "Art. 13 [...] § 2º – A omissão é penalmente relevante quando o omitente devia e podia agir para evitar o resultado. O dever de agir incumbe a quem: [...] c) com seu comportamento anterior, criou o risco da ocorrência do resultado."

b) INCORRETA. O erro de tipo exclui o dolo, porém apenas permite a punição a título culposo se houver previsão legal, conforme dispõe o Código Penal: "Art. 20 – O erro sobre elemento constitutivo do tipo legal de crime exclui o dolo, mas permite a punição por crime culposo, se previsto em lei."

c) CORRETA. Masson (Parte Geral, 2017) define tipicidade material (ou substancial): "é a lesão ou perigo de lesão ao bem jurídico penalmente tutelado em razão da prática da conduta legalmente descrita. A tipicidade material relaciona-se intimamente com o princípio da ofensividade (ou lesividade) do Direito Penal, pois nem todas as condutas que se encaixam nos modelos abstratos e sintéticos de crimes (tipicidade formal) acarretam dano ou perigo ao bem jurídico. É o que se dá, a título ilustrativo, nas hipóteses de incidência do princípio da insignificância, nas quais, nada obstante a tipicidade formal, não se verifica a tipicidade material. A presença simultânea da tipicidade formal e da tipicidade material caracteriza a tipicidade penal."

d) INCORRETA. A alternativa descreve o instituto da culpa consciente, de acordo com a definição trazida por Masson (Parte Geral, 2017): "Culpa consciente, com previsão ou *ex lascivia* é a que ocorre quando o agente, após prever o resultado objetivamente previsível, realiza a conduta acreditando sinceramente que ele não ocorrerá." Já o dolo eventual "é a modalidade em que o agente não quer o resultado, por ele previsto, mas assume o risco de produzi-lo. É possível a sua existência em decorrência do acolhimento pelo Código Penal da teoria do assentimento, na expressão "assumiu o risco de produzi-lo", contida no art. 18, I, do Código Penal."

Resposta: Letra C

TJMG – 2009 – *Questão nº 33 Direito Penal/Parte Geral/Do crime/Legislação*

Fulano de tal, decidido a matar Cicrano, carrega o seu revólver e parte em seu encalço. Localiza-o em lugar deserto e, em perseguição, atira e o acerta apenas de raspão. Fulano consegue alcançá-lo, chega ao seu lado e, com o revólver dispondo ainda de 6 (seis) tiros, decide não disparar a arma, deixando de consumar o seu intento inicial. Marque a alternativa **CORRETA**.

a) Fulano responderá por tentativa de homicídio.

DIREITO PENAL

b) Fulano responderá por lesões corporais.

c) Fulano não responderá criminalmente por tratar-se de arrependimento eficaz, pois, com sua conduta, evitou a morte de Cicrano.

d) Fulano não responderá criminalmente, pois voluntariamente desistiu do seu intento, beneficiando-se, com isso, da regra do art. 15 do CP.

Comentários

a) **INCORRETA.** Não responderá por tentativa de homicídio, pois houve desistência voluntária; apenas responderá pelos atos já praticados, quais sejam, as lesões corporais, conforme comentários à alternativa B.

b) CORRETA. O agente responde apenas pelos atos já praticados (ou seja, no caso responderá apenas pelas lesões corporais produzidas) quando voluntariamente desiste de prosseguir na execução, e podia continuar, conforme dispõe o artigo 15, primeira parte, do Código Penal: "Art. 15 – O agente que, voluntariamente, desiste de prosseguir na execução ou impede que o resultado se produza, só responde pelos atos já praticados. Ensina Masson (Parte Geral, 2017) que "na desistência voluntária, o agente, por ato voluntário, interrompe o processo executório do crime, abandonando a prática dos demais atos necessários e que estavam à sua disposição para a consumação. É compatível, portanto, com a tentativa imperfeita ou inacabada, compreendida como aquela em que não se esgotaram os meios de execução que o autor tinha a seu alcance. Conforme a clássica fórmula de Frank, a desistência voluntária se caracteriza quando o responsável pela conduta diz a si próprio: "posso prosseguir, mas não quero". Estaremos diante da tentativa, entretanto, se o raciocínio for outro: "quero prosseguir, mas não posso". Em regra, caracteriza-se por uma conduta negativa, pois o agente desiste da execução do crime, deixando de realizar outros atos que estavam sob o seu domínio. Exemplo: A dispara um projétil de arma de fogo contra B. Com a vítima já caída ao solo, em local ermo e com mais cinco cartuchos no tambor de seu revólver, A desiste de efetuar outros tiros, quando podia fazê-lo para ceifar a vida de B."

c) INCORRETA. Não se trata de arrependimento eficaz, e sim de desistência voluntária, conforme comentários à alternativa B. Segundo Masson (Parte Geral, 2017), "no arrependimento eficaz, ou resipiscência, depois de já praticados todos os atos executórios suficientes à consumação do crime, o agente adota providências aptas a impedir a produção do resultado. Exemplo: depois de ministrar veneno à vítima, que o ingeriu ao beber o café "preparado" pelo agente, este lhe oferece o antídoto, impedindo a eficácia causal de sua conduta inicial. Fica claro, pois, que o arrependimento eficaz é compatível com a tentativa perfeita ou acabada, na qual o agente esgota os meios de execução que se encontravam à sua disposição." É certo ainda que, também no arrependimento eficaz, o agente não fica sem responder criminalmente: responde pelos atos já praticados: "na desistência voluntária e no arrependimento eficaz o efeito é o mesmo: o agente não responde pela forma tentada do crime inicialmente desejado, mas somente pelos atos já praticados."

d) INCORRETA. O agente não fica sem responder criminalmente, pois o efeito da desistência voluntária prevista no artigo 15 do Código Penal é o agente não responder pela forma tentada do crime inicialmente desejado, mas somente pelos atos já praticados.

Resposta: Letra B

TJMG – 2009 – *Questão nº 34 Direito Penal/Parte Geral/Do crime/Doutrina*

Marque a alternativa **CORRETA**. O erro de proibição escusável, como excludente da potencial consciência da ilicitude, leva à absolvição por exclusão da:

a) Imputabilidade
b) Tipicidade
c) Punibilidade
d) Culpabilidade

Comentários

a) **INCORRETA.** O erro de proibição escusável não exclui a imputabilidade, mas sim a culpabilidade. Vide comentário à alternativa D.

b) **INCORRETA.** O erro de proibição escusável não exclui a tipicidade, mas sim a culpabilidade. Vide comentário à alternativa D.

c) **INCORRETA.** O erro de proibição escusável não exclui a punibilidade, mas sim a culpabilidade. Vide comentário à alternativa D.

d) **CORRETA.** Erro de proibição escusável exclui a culpabilidade. O erro de proibição está previsto no Código Penal: "Art. 21 – O desconhecimento da lei é inescusável. O erro sobre a ilicitude do fato, se inevitável, isenta de pena; se evitável, poderá diminuí-la de um sexto a um terço. Parágrafo único – Considera-se evitável o erro se o agente atua ou se

DIREITO PENAL

omite sem a consciência da ilicitude do fato, quando lhe era possível, nas circunstâncias, ter ou atingir essa consciência." Conforme explica Masson (Parte Geral, 2017),"o erro de proibição foi disciplinado pelo art. 21, caput, do Código Penal, que o chama de "erro sobre a ilicitude do fato". Varia a natureza jurídica do instituto em razão da sua admissibilidade: funciona como causa de exclusão da culpabilidade, quando escusável, ou como causa de diminuição da pena, quando inescusável. [...] Erro de proibição escusável, inevitável ou invencível: o sujeito, ainda que no caso concreto tivesse se esforçado, não poderia evitá-lo. O agente, nada obstante o emprego das diligências ordinárias inerentes à sua condição pessoal, não tem condições de compreender o caráter ilícito do fato. Nesse caso, exclui-se a culpabilidade, em face da ausência de um dos seus elementos, a potencial consciência da ilicitude."

Resposta: Letra D

TJMG – 2014 – *Questão nº 31 Direito Penal/Parte Geral/Concurso de Pessoas/ Legislação/Doutrina*

Em relação ao concurso de pessoas, assinale a alternativa CORRETA.

a) O chamado crime plurissubjetivo demanda a aplicação de uma norma de extensão pessoal para tipificar a conduta do coautor.

b) Se algum dos agentes quis participar de crime menos grave (desvio subjetivo de conduta), deve ser-lhe aplicada a pena deste, exceto na hipótese de ter sido previsível o crime mais grave, situação em que todos os agentes respondem por este delito.

c) No delito de aborto, quando a gestante recebe auxílio de terceiro, configura-se exceção à teoria monista, aplicável ao concurso de pessoas.

d) O elemento principal para a caracterização da chamada autoria colateral é a circunstância de estarem os agentes unidos pelo liame subjetivo ou vínculo psicológico, havendo reciprocidade consensual.

Comentários

Resposta: Questão anulada

TJMG – 2014 – *Questão nº 32 Direito Penal/Parte Geral/Tentativa/Legislação e Doutrina*

Analise as seguintes alternativas sobre a figura prevista no Artigo 14, II do Código Penal.

I. Nos chamados crimes de atentado, a tentativa é equiparada ao crime consumado, havendo a aplicação da teoria subjetiva.

II. Tentativa imperfeita, ou iter criminis interrompido ocorre quando, apesar de ter o agente realizado toda a fase de execução, o resultado não é alcançado por circunstâncias alheias à sua vontade.

III. Não se admite a tentativa, em regra, nos delitos culposos, preterdolosos, unissubsistentes, omissivos próprios, habituais próprios e nas contravenções penais.

IV. Todos os crimes previstos na Lei 10.826-2003, em seus Artigos 12 a 18, são dolosos e comissivos sendo, portanto, admitida a modalidade tentada.

A partir da análise, conclui-se que estão CORRETAS.

a) II, III e IV apenas.
b) I e III apenas.
c) II e IV apenas.
d) I, II e III apenas.

Comentários

I – Correta. A Assertiva reflete exatamente o conceito doutrinário trazido pelas lições dos professores e promotores de justiça, Marcelo André e Alexandre Salim (2017, p. 152): "No crime de atentado ou de empreendimento, o próprio tipo penal prevê a tentativa como forma de realização do crime. Exemplos: art. 352 do CP ("evadir-se ou tentar evadir-se"); art. 309 do Código Eleitoral ("votar ou tentar votar mais de uma vez, ou em lugar de outrem"); art. 11 da Lei de Segurança Nacional ("tentar submeter o território nacional, ou parte dele, ao domínio ou à soberania de outro país") ". No que tange à teoria subjetiva, essa foi adotada pelo o Código Penal como exceção. De acordo com Marcelo André e Alexandre Salim, essa exceção diz respeito às hipóteses em que o legislador prevê no próprio tipo penal a forma tentada, exatamente conforme dispõe o enunciado da questão.

II – Incorreta. O enunciado da questão apresenta o conceito de tentativa perfeita. Na tentativa imperfeita não há o esgotamento de todos os meios de execução. Conforme as lições de Marcelo André e Alexandre Salim (2017, p. 251): "Na Tentativa imperfeita (inacabada) a fase executória é interrompida antes de ser esgotada e o crime não se consuma por circunstâncias alheias à vontade do agente_ Exemplo: o agente dispara um tiro em direção à vítima e erra o alvo_ Em seguida, não consegue efetuar um segundo disparo diante da interferência de um terceiro, que impediu o prosseguimento da execução."

III – Correta. A Assertiva reflete exatamente o conceito doutrinário trazido pelas lições de Marcelo André e Alexandre Salim (2017, p. 254):

"Infrações que não admitem a tentativa: *a)* crimes culposos: são incompatíveis com a tentativa, uma vez que o agente não persegue o resultado, isto é, não se pode tentar o que não se quer. Entretanto, poderá haver tentativa na chamada "culpa imprópria" (art. 20, § l', parte final), pois na verdade trata-se de uma conduta dolosa com aplicação da pena do crime culposo.

Dica: se no concurso público for afirmado em uma prova objetiva que é inadmissível a tentativa no crime culposo a resposta estará correta, independentemente da exceção acima apontada. *b)* crimes preterdolosos ou preterintencionais: como o resultado agravador foi causado culposamente, é impossível imaginar a tentativa de um resultado não perseguido.
c) contravenções: não se pune a tentativa de contravenção por expressa disposição legal (LCP, art. 4°). *d)* crimes unissubsistentes: a fase de execução não admite fracionamento. Basta a prática de apenas um ato para que ocorra a consumação do crime unissubsistente. *Exemplo:* injúria verbal".

IV – Incorreto. O Art. 13, da Lei 10.826/03, prevê crime culposo e omissivo. Omissão de cautela

Art. 13. Deixar de observar as cautelas necessárias para impedir que menor de 18 (dezoito) anos ou pessoa portadora de deficiência mental se apodere de arma de fogo que esteja sob sua posse ou que seja de sua propriedade: Pena – detenção, de 1 (um) a 2 (dois) anos, e multa. Parágrafo único. Nas mesmas penas incorrem o proprietário ou diretor responsável de empresa de segurança e transporte de valores que deixarem de registrar ocorrência policial e de comunicar à Polícia Federal perda, furto, roubo ou outras formas de extravio de arma de fogo, acessório ou munição que estejam sob sua guarda, nas primeiras 24 (vinte quatro) horas depois de ocorrido o fato.

Nesse sentido, tem-se as lições de Gabriel Habib (2016, p. 205): "Classificação caput. Crime próprio, pois o tipo exige que o agente seja o proprietário ou possuidor da arma de fogo; instantâneo; de perigo abstrato; culposo; omissivo próprio; de tentativa inadmissível; de mera conduta"

Resposta: Letra B.

TJMG – 2014 – *Questão nº 34 Direito Penal/Parte Geral/Erro de Tipo e Erro de Proibição/Doutrina*

Acerca do erro jurídico-penal é INCORRETO afirmar que

a) ocorre aberratio criminis quando o agente, objetivando um determinado resultado, termina alcançando resultado diverso. Nesta hipótese, o agente responde apenas por culpa, se houver previsão legal nesta modalidade.

b) o erro acidental atinge elementos secundários ou acessórios dos elementos constitutivos do tipo penal.

c) a Reforma Penal de 1984 adotou a teoria limitada da culpabilidade, que distingue o erro incidente sobre os pressupostos fáticos de uma causa de justificação do que incide sobre a norma permissiva.

d) o erro sobre a ilicitude do fato, se inevitável, isenta de pena e, se evitável poderá diminuí-la, de um sexto a um terço. Tal modalidade de erro é classificada como erro de tipo e pode, em circunstâncias excepcionais, excluir a culpabilidade pela prática da conduta.

Comentários

a) CORRETA. Erro de tipo acidental é aquele em que o erro recai sobre as circunstâncias e dados sem importância do tipo penal. Não há exclusão do crime. *Aberratio criminis* é uma espécie do referido erro. Também é conhecido como *aberratio delicti* ou resultado diverso do pretendido. Encontra-se disciplinado no artigo 74, do Código Penal:

Resultado diverso do pretendido – Art. 74 – Fora dos casos do artigo anterior, quando, por acidente ou erro na execução do crime, sobrevém resultado diverso do pretendido, o agente responde por culpa, se o fato é previsto como crime culposo; se ocorre também o resultado pretendido, aplica-se a regra do art. 70 deste Código

b) Correta. Conforme as lições de Marcelo Andre e Alexandre Salim (2017, p. 330): "Refere-se a dados acessórios ou secundários do crime. Não exclui o dolo nem a culpa. Hipóteses: a) erro sobre o objeto; b) erro sobre a pessoa; c) erro na execução; d) resultado diverso do pretendido; e) erro acerca do nexo causal ("desvio" do nexo causal) ".

c) Correta. A Assertiva reflete exatamente o conceito doutrinário. Vejamos as lições de Marcelo Andre e Alexandre Salim: "Inicialmente cumpre ressaltar que, segundo a teoria limitada da culpabilidade (adotada pelo CP), as descriminantes putativas podem ser por erro de tipo (erro sobre a situação fática de uma descriminante – art. 20, § 1°) ou por erro de proibição (erro sobre a existência ou limites da descriminante – art. 21)

". (Sinopses para concursos, Direito Penal. Parte Geral, Vol.1 – 7ª ed, p. 326; Marcelo André e Alexandre Salim).

d) Incorreta. A segunda parte da alternativa está incorreta. Trata-se de erro de proibição.

Resposta: Letra D.

TJMG – 2014 – *Questão nº 35 Direito Penal/Parte Geral/Lei Penal no Tempo/ Legislação e Doutrina*

A respeito da aplicação da lei penal, assinale a alternativa INCORRETA.

a) A revogação do complemento da lei penal em branco, quando essa for a parte essencial da norma, gera abolitio criminis.

b) Em relação ao tempo do crime, nosso Código Penal adotou a teoria da atividade, considerando-o praticado no momento da ação ou omissão.

c) As situações de aplicação extraterritorial da lei penal brasileira e que constituem exceções ao princípio geral da territorialidade (Artigo 5º) em nosso ordenamento jurídico são previstas, exclusivamente, no rol taxativo constante do Artigo 7º do CP.

d) A lei excepcional ou temporária, embora decorrido o período de sua duração, aplica-se ao fato praticado durante a sua vigência. Trata-se de uma exceção ao princípio da retroatividade benéfica.

Comentários

a) CORRETA. Marcelo André e Alexandre Salim, (2017, p. 115) ensinam que: "Se o complemento da lei penal em branco não possuir natureza excepcional ou temporária, ocorrerá abolitio criminis na hipótese de sua revogação."

b) Correta. Segundo art. 4º do Código Penal: Considera-se praticado o crime no momento da ação ou omissão, ainda que outro seja o momento do resultado.

c) Incorreta. Nos termos do Art. 12 do Código Penal: As regras gerais deste Código aplicam-se aos fatos incriminados por lei especial, se esta não dispuser de modo diverso. Assim sendo, verifica-se que o rol do art. 7º do CP não esgota as situações de aplicação extraterritorial da lei penal brasileira e que constituem exceções ao princípio geral da territorialidade. Como exemplo da existência de outra hipótese de extraterritorialidade, tem-se a Lei de tortura (Lei nº 9.455/97): Art. 2º: O disposto nesta Lei aplica-se ainda quando o crime não tenha sido cometido em território nacional, sendo a vítima brasileira ou encontrando-se o agente em local sob jurisdição brasileira.

d) Correta. De acordo com o art. 3º do Código Penal: A lei excepcional ou temporária, embora decorrido o período de sua duração ou cessadas as circunstâncias que a determinaram, aplica-se ao fato praticado durante sua vigência.

Resposta: Letra C.

3. PARTE GERAL DO CÓDIGO PENAL. DAS PENAS. DAS MEDIDAS DE SEGURANÇA

TJMG – 2007 – *Questão nº 41 Direito Penal/Parte Geral/Das penas/Legislação/Jurisprudência*

Sobre a aplicação da pena, assinale a alternativa **INCORRETA**.

a) As circunstâncias agravantes ou atenuantes não devem influir na fixação da pena base.

b) Verifica-se a agravante da reincidência quando o agente comete novo crime, mesmo que a condenação anterior já transitada em julgado tenha ocorrido no estrangeiro.

c) Segundo o entendimento majoritário, inclusive sumulado pelo Colendo STJ, a incidência da circunstância atenuante não pode conduzir à redução da pena abaixo do mínimo legal cominado.

d) No concurso de causas de aumento ou de diminuição de pena, previsto na Parte Especial do Código Penal, o juiz deve levar em conta todos os aumentos e/ou diminuições, não podendo limitar-se à causa que mais aumente ou diminua a pena.

Comentários

a) CORRETA. Dispõe o Código Penal sobre o cálculo da pena: "Art. 68 – A pena-base será fixada atendendo-se ao critério do art. 59 deste Código; em seguida serão consideradas as circunstâncias atenuantes e agravantes; por último, as causas de diminuição e de aumento. Parágrafo

DIREITO PENAL

> único – No concurso de causas de aumento ou de diminuição previstas na parte especial, pode o juiz limitar-se a um só aumento ou a uma só diminuição, prevalecendo, todavia, a causa que mais aumente ou diminua." Assim, o Código adotou o sistema trifásico para o cálculo da pena, como explica Rogério Sanches (Parte Geral, 2016): "sobre a pena cominada (prevista no tipo penal), numa primeira fase, estabelece-se a pena-base atendendo às circunstâncias judiciais trazidas pelo artigo 59 do CP; em seguida, fixada a pena-base, sobre ela incidirão eventuais circunstâncias agravantes e atenuantes (arts. 61, 62, 65 e 66); por fim, encerrando o *quantum* da reprimenda, serão consideradas as causas de diminuição e aumento de pena previstas tanto na Parte Geral como na Especial do Código." Portanto, agravantes e atenuantes são analisadas na segunda fase, não influenciando na aplicação da pena base.
>
> b) CORRETA. Em conformidade com o expresso texto do Código Penal: "Art. 63 – Verifica-se a reincidência quando o agente comete novo crime, depois de transitar em julgado a sentença que, no País ou no estrangeiro, o tenha condenado por crime anterior."
>
> c) CORRETA. Em conformidade com o enunciado da súmula do STJ: "Súmula 231. A incidência da circunstância atenuante não pode conduzir à redução da pena abaixo do mínimo legal."
>
> d) INCORRETA. Ao contrário, o Código Penal é expresso ao possibilitar que o juiz limite-se a um só aumento/diminuição: "Art. 68, Parágrafo único – No concurso de causas de aumento ou de diminuição previstas na parte especial, pode o juiz limitar-se a um só aumento ou a uma só diminuição, prevalecendo, todavia, a causa que mais aumente ou diminua."
>
> *Resposta: Letra D*

TJMG – 2007 – *Questão nº 42 Direito Penal/Parte Geral/Das penas/Legislação/ Doutrina/Jurisprudência*

Assinale a alternativa **INCORRETA** dos seguintes enunciados:

a) faz jus à atenuante da menoridade agente que não tenha atingido a maioridade penal; independentemente da atual maioridade civil, da emancipação, bem como da maioridade adquirida pelo casamento.

b) a coação física irresistível exclui a ação; a coação moral exclui a culpabilidade; a coação física ou moral, sendo resistível, atenua a pena.

c) para a configuração da atenuante da confissão espontânea do crime, a lei penal substantiva contentou-se com o reconhecimento da autoria do delito, pouco importando que o agente tenha sido preso em flagrante, ou que o conjunto probatório seja suficiente para demonstrá-la.

d) para beneficiar-se da atenuante da multidão em tumulto, pressupõe a lei penal que o agente tenha cometido o delito sob influência de multidão em tumulto, se não o provocou, e que não seja reincidente.

Comentários

a) CORRETA. A atenuante da menoridade não considera a capacidade civil. Ao tratar do tema, Rogério Sanches (Parte Geral, 2016) explica que "de acordo com a maioria, tal premissa foi mantida, mesmo com o advento do Código Civil de 2002 que, no seu art. 5°, anuncia que a menoridade cessa aos 18 anos completos, quando a pessoa fica habilitada à prática de todos os atos da vida civil. A opção estampada no Código Civil não revogou a atenuante da menoridade relativa trazida pelo art. 65 do CP, preocupando-se o direito penal com a idade biológica do agente (não considerando sua capacidade civil)." Portanto, a menoridade relativa prevista no Código Penal, conforme Masson (Parte Geral, 2017), "é a atenuante genérica aplicável aos réus **menores de 21 anos ao tempo do fato, pouco importando a data da sentença**. Devem ser maiores de 18 anos, independentemente de eventual emancipação civil."

b) CORRETA. Explica Masson (Parte Geral, 2017) que "**coação física irresistível,** também chamada de *vis absoluta,* ocorre quando o coagido não tem liberdade para agir. Não lhe resta nenhuma outra opção, a não ser praticar um ato em conformidade com a vontade do coator. O coagido serviu como instrumento do crime. Não agiu de forma voluntária, excluindo-se sua conduta." Com a exclusão da conduta exclui-se o fato típico. Já na **coação moral irresistível,** "ou *vis compulsiva,* o coagido pode escolher o caminho a ser seguido: obedecer ou não a ordem do coator. Como a sua vontade existe, porém de forma viciada, exclui-se a culpabilidade, em face da inexigibilidade de conduta diversa." Por fim, de acordo com o Código Penal, a coação resistível atenua a pena: "Art. 65 – São circunstâncias que sempre atenuam a pena: III – ter o agente: c) cometido o crime sob coação a que podia resistir, ou em cumprimento de ordem de autoridade superior, ou sob a influência de violenta emoção, provocada por ato injusto da vítima."

c) CORRETA. Assim leciona Masson (Parte Geral, 2017): "para o Supremo Tribunal Federal, a simples postura de reconhecimento da prática do delito enseja o reconhecimento desta atenuante genérica, pois o art. 65,

DIREITO PENAL

III, d, do Código Penal não faz qualquer ressalva no tocante à maneira como o agente pronuncia a confissão. Na visão da Suprema Corte, esta circunstância possui natureza objetiva, razão pela qual independe do subjetivismo do julgador. Além disso, exige-se seja a confissão relativa à autoria (em sentido amplo, para abranger a autoria propriamente dita e a participação). [...] Se presente a confissão perante a autoridade pública, a circunstância funcionará como atenuante genérica **mesmo se existirem outras provas aptas a embasarem a condenação**. [...] A **prisão em flagrante do agente não impede, por si só**, o reconhecimento da atenuante da confissão espontânea. (HC 135.666/RJ, rel. Min. Og Fernandes, 6ª Turma, j. 22.02.2011, noticiado no Informativo 464) "

d) INCORRETA. O Código Penal não prevê como requisito para a atenuante da multidão em tumulto que o agente não seja reincidente; apenas exige que o agente tenha cometido o crime sob a influência de multidão em tumulto se não o provocou: "Art. 65 – São circunstâncias que sempre atenuam a pena: III – ter o agente: e) cometido o crime sob a influência de multidão em tumulto, se não o provocou."

Resposta: Letra D

TJMG – 2008 *– Questão nº 39 Direito Penal/Parte Geral/Das penas/Legislação/ Doutrina/Jurisprudência*

Sobre a fixação das penas, é **CORRETO** afirmar:

a) Sendo o réu birreincidente, uma reincidência servirá como qualificadora e a outra como agravante.

b) Agrava-se a pena se o réu cometeu o delito em estado de embriaguez preordenada.

c) A culpabilidade descrita no art. 59 do CP é aquela utilizada para compor a existência do crime.

d) É entendimento majoritário na jurisprudência que processos instaurados em desfavor do réu caracterizam maus antecedentes.

Comentários

a) **INCORRETA.** A reincidência deve ser levada em consideração na segunda fase da dosimetria da pena, por consistir em agravante genérica prevista expressamente no art. 61, I, do Código Penal. De acordo com Masson (Parte Geral, 2017), "não pode ser também utilizada para a caracterização de maus antecedentes, sob pena de fomentar o *bis in idem*, é dizer, a dupla punição pelo **mesmo fato**. Esse é o teor da Súmula 241 do Superior Tribunal de Justiça: "A reincidência penal não pode ser considerada como circunstância agravante e, simultaneamente, como circunstância judicial", entendimento corroborado pelo Supremo Tribunal Federal. Entretanto, se o réu possui **mais de uma condenação definitiva**, uma pode ser utilizada como **mau antecedente** e outra, como **agravante genérica** (reincidência), não se falando em *bis in idem* **(STJ: AgRg no REsp 1.072.726-RS, Rel. Min. Paulo Gallotti, 6.ª Turma, j. 06.11.2008, noticiado no** Informativo **375)**. Na linha da jurisprudência do Supremo Tribunal Federal: "A utilização de condenações distintas e com trânsito em julgado, para fins de aumento de pena por maus antecedentes e reincidência, não viola o princípio do *non bis in idem*" (HC 96.771/SP, rel. Min. Gilmar Mendes, 2.ª Turma, j. 17.08.2010, noticiado no *Informativo* 596). Portanto, não poderá ser utilizado como qualificadora, e sim como circunstância judicial (maus antecedentes).

b) *CORRETA*. Dispõe o artigo 61 do Código Penal: Art. 61 – São circunstâncias que sempre agravam a pena, quando não constituem ou qualificam o crime: [...] II – ter o agente cometido o crime: *l*) em estado de embriaguez preordenada."

c) INCORRETA. Como explica Rogério Sanches (Parte Geral, 2016), "a circunstância judicial da "culpabilidade" nada tem a ver com a "culpabilidade" terceiro substrato do crime. Cuida-se, na verdade, do maior ou menor grau de reprovabilidade da conduta do agente. Com base nesse raciocínio, o STJ decidiu que "encontra-se fundamentada a fixação da pena-base acima do mínimo legal, pois as instâncias ordinárias consignam que a quadrilha da qual fazia parte o Paciente "se destinava a realizar blitz com intuito de achacar motoristas e efetuar prisões ilegais deles com o fim de obter vantagem econômica, bem como torturar (crime equiparado a hediondo) presos ou pessoas que estavam sob a sua guarda", o que empresta à conduta do Paciente especial reprovabilidade e não se afigura inerente ao próprio tipo penal" (HC 164189, Rel. Min. Laurita Vaz, Quinta Turma, DJe 04/09/2014).

d) INCORRETA. O entendimento majoritário, inclusive consolidado na tese 129 de Repercussão Geral, é no sentido de que "A existência de inquéritos policiais ou de ações penais sem trânsito em julgado não pode ser considerada como maus antecedentes para fins de dosimetria da pena." RE 591054, 17/12/2014. O enunciado 244 da súmula do STJ é no mesmo sentido: "Súmula 444. É vedada a utilização de inquéritos policiais e ações penais em curso para agravar a pena-base."

Resposta: Letra B

DIREITO PENAL

TJMG – 2008 – *Questão nº 40 Direito Penal/Parte Geral/Das Medidas de Segurança/Legislação/Doutrina*

No que tange à medida de segurança, é ***INCORRETO*** afirmar:

a) A medida de segurança difere da pena, dentre outros motivos, por ter prazo indeterminado.

b) Mesmo que esteja caracterizada uma excludente de ilicitude é aplicável a medida de segurança.

c) Aos semi-imputáveis pode ser aplicada a medida de segurança.

d) A periculosidade do agente é presumida no caso dos inimputáveis.

Comentários

a) CORRETA. Dispõe o artigo 97 do Código Penal: "Art. 97 – Se o agente for inimputável, o juiz determinará sua internação (art. 26). Se, todavia, o fato previsto como crime for punível com detenção, poderá o juiz submetê-lo a tratamento ambulatorial. § 1º – A internação, ou tratamento ambulatorial, **será por tempo indeterminado**, perdurando enquanto não for averiguada, mediante perícia médica, a cessação de periculosidade. O prazo mínimo deverá ser de 1 (um) a 3 (três) anos." Explica Masson (Parte Geral, 2017) que "as penas são aplicadas por **período** determinado, guardando proporcionalidade com a reprovação do crime. Já as medidas de segurança são aplicadas por período determinado quanto ao limite mínimo, mas **absolutamente indeterminado no tocante à duração máxima**, pois a sua extinção depende do fim da periculosidade do agente." Conforme Rogério Sanches (Parte Geral, 2016), "percebe-se que o legislador pátrio, partindo da premissa de que a medida de segurança tem propósito curativo e terapêutico, estipulou somente prazo mínimo (de 1 a 3 anos), perdurando a sanção até a cessão da periculosidade do agente. Essa opção legislativa, no entanto, tem sido alvo de críticas." Ressalta-se que o enunciado 527 da súmula do STJ define "O tempo de duração da medida de segurança não deve ultrapassar o limite máximo da pena abstratamente cominada ao delito praticado.", enquanto o STF possui julgados afirmando que a medida de segurança deverá obedecer a um prazo máximo de 30 anos, fazendo uma analogia ao artigo 75 do Código Penal, e considerando que a Constituição veda penas de caráter perpétuo (STF, 1ª Turma, HC 107432, Rel. Min. Ricardo Lewandowski, j. 24/05/2011).

b) INCORRETA. Explica Rogério Sanches (Parte Geral, 2016): "A prática de fato previsto como crime (leia-se, fato típico, não alcançado por causa excludente da ilicitude) aparece como primeiro pressuposto da medida de segurança. No Brasil, portanto, as medidas são sempre pós-delituais, vedando as pré-delituais." Assim, caso exista uma causa excludente da ilicitude, não haverá aplicação de medida de segurança.

c) CORRETA. Conforme Rogério Sanches (Parte Geral, 2016), "Se a conclusão dos expertos for de que o agente, além de portador de perturbação de saúde mental ou desenvolvimento mental incompleto ou retardado, não era, ao tempo do fato, inteiramente capaz de entender o caráter ilícito do faro ou de determinar-se de acordo com esse entendimento, será rotulado como semi-imputável (art. 26, parágrafo único, do CP). Depois de processado, deve ser condenado, decidindo o juiz se impõe pena, diminuída de 1/3 a 2/3 (art. 98 do CP) ou medida de segurança (esta quando demonstrada a sua necessidade)."

d) CORRETA. De acordo com Masson (Parte Especial, 2017), "**Periculosidade presumida** é a que ocorre quando a lei, expressamente, considera determinado indivíduo perigoso. Essa presunção é absoluta (*iuris et de iure*), e o juiz tem a obrigação de impor ao agente a medida de segurança. Aplica-se aos inimputáveis do art. 26, *caput*, do Código Penal, de modo que tais pessoas serão submetidas a medida de segurança quando comprovado seu envolvimento em uma infração penal. Se um inimputável, portanto, praticou uma infração penal, será tratado como perigoso, prescindindo-se de conclusão pericial específica nesse sentido. Basta ser inimputável e responsável por um crime ou contravenção penal."

Resposta: Letra B

TJMG – 2009 – *Questão nº 35 Direito Penal/Parte Geral/Das penas/Legislação/ Doutrina*

Sobre a fixação das penas, marque a alternativa **CORRETA**.

a) As atenuantes aplicam-se a todos os crimes, enquanto as agravantes, salvo a reincidência, se aplicam somente aos crimes dolosos.

b) As agravantes agravam a pena mesmo na hipótese de caracterizarem elementares do delito.

c) Assim como acontece em relação às agravantes, não pode o juiz aplicar atenuante que não esteja prevista em lei, em face do princípio da legalidade que norteia o Direito Penal como um todo.

d) Assim como ocorre em relação às circunstâncias agravantes e atenuantes, as causas de aumento e de diminuição não podem levar a pena provisória a patamares diversos daqueles máximos e mínimos abstratamente cominados.

Comentários

a) CORRETA. Rogério Sanches (Parte Geral, 2016) ensina que as agravantes "em regra, só incidem sobre os crimes dolosos (devendo ficar demonstrado que o agente tinha conhecimento da sua existência). Excepciona-se a agravante da reincidência, também aplicável nos culposos. No que diz respeito aos crimes preterdolosos, não se pode ignorar que sua conduta-base é dolosa, sendo o resultado culposo mera consequência, constituindo elemento relevante em sede de determinação da quantidade da pena. Dentro desse espírito, na análise das agravantes, os crimes perterdolosos devem ser tratados como dolosos, admitindo todas as agravantes dos arts. 61 e 62 do CP. (REsp 1.254.749-SC, Rel. Min. Maria Thereza de Assis Moura, julgado em 6/5/2014). [...] Diferente das agravantes, as atenuantes incidem nos crimes dolosos, culposos e preterdolosos."

b) INCORRETA. Caso a circunstância constitua elementar do crime, não agravará a pena, conforme dispõe o Código Penal: "Art. 61 – São circunstâncias que sempre agravam a pena, quando não constituem ou qualificam o crime: [...]" Como esclarece Rogério Sanches (Parte Geral, 2016), "Para evitar a dupla valoração em prejuízo do réu *(bis in idem)*, o legislador veda a incidência de agravante quando a circunstância já constitua elementar do crime ou sua qualificadora."

c) INCORRETA. Pode o juiz aplicar atenuante que não esteja prevista em lei, diante de expressa disposição legal no Código Penal: "Art. 66 – A pena poderá ser ainda atenuada em razão de circunstância relevante, anterior ou posterior ao crime, embora não prevista expressamente em lei." Segundo Rogério Sanches (Parte Geral, 2016), "é a atenuante da clemência (ex.: confissão voluntária, não abrangida pelo art. 65, III, 'd', restrito à confissão a espontânea)."

d) INCORRETA. Ao contrário do que acontece quanto às agravantes e atenuantes, as causas de aumento e diminuição podem, sim, levar a pena aquém do mínimo abstratamente cominado ou além do máximo. Esclarece Rogério Sanches (Parte Geral, 2016) que "não há de se confundir, sob qualquer aspecto, as causas de aumento e de diminuição de pena com as circunstâncias agravantes e atenuantes. Podemos dizer que a principal diferença entre elas é o efeito: as majorantes e minorantes podem elevar a pena para além do patamar máximo, bem como reduzir para aquém do limite mínimo da pena cominada (enquanto as agravantes e atenuantes, como visto, não têm esse condão)."

Resposta: Letra A

TJMG – 2009 – *Questão nº 36 Direito Penal/Parte Geral/Das penas/Legislação*

Sobre a substituição das penas privativas de liberdade por penas restritivas de direitos e suspensão condicional da pena, marque a alternativa **CORRETA**.

a) Àquele, reincidente em crime doloso, que já foi condenado à pena privativa de liberdade, é terminantemente vedada a substituição da sanção corporal por penas restritivas de direito.

b) Sobrevindo condenação a pena privativa de liberdade, por outro crime, o juiz da execução poderá deixar de converter a sanção restritiva de direitos anteriormente aplicada, desde que o seu cumprimento seja compatível com o da nova sanção penal.

c) Se a medida for socialmente recomendável e o condenado não for reincidente específico, caberá a suspensão condicional da pena, nos moldes das regras do art. 77 e seguintes do CP.

d) A prestação de serviços, como sanção restritiva de direitos, pode ser aplicada independentemente do *quantum* da pena privativa de liberdade aplicada.

Comentários

a) **INCORRETA.** Apesar de o artigo 44 *caput* do Código Penal trazer como uma das exigências para a substituição o fato de o réu não ser reincidente em crime doloso (art. 44, II), não se pode dizer que é terminantemente vedada a substituição, pois o próprio artigo excepciona: "Art. 44, § 3° Se o condenado for reincidente, o juiz poderá aplicar a substituição, **desde que, em face de condenação anterior, a medida seja socialmente recomendável e a reincidência não se tenha operado em virtude da prática do mesmo crime.**"

b) CORRETA. Assim dispõe o Código Penal: "Art. 44, § 5° Sobrevindo condenação a pena privativa de liberdade, por outro crime, o juiz da execução penal decidirá sobre a conversão, podendo deixar de aplicá-la se for possível ao condenado cumprir a pena substitutiva anterior."

c) INCORRETA. Se o condenado for reincidente em crime doloso não caberá a suspensão condicional da pena (não basta que não seja reincidente específico, deve não ser reincidente em qualquer crime doloso), como dispõe o Código Penal: "Art. 77 – A execução da pena privativa de liberdade, não superior a 2 (dois) anos, poderá ser suspensa, por 2 (dois) a 4 (quatro) anos, desde que: I – o condenado não seja reincidente em crime doloso; [...]"

d) INCORRETA. A prestação de serviços pode ser aplicada a condenações superiores a 6 meses, como dispõe do Código Penal: "Art. 46. A prestação de serviços à comunidade ou a entidades públicas é aplicável às condenações superiores a seis meses de privação da liberdade.

Resposta: Letra B

TJMG – 2009 – *Questão nº 37 Direito Penal/Parte Geral/Das Penas/Legislação*

Sobre o regime inicial de cumprimento de pena, marque a alternativa **CORRETA**.

a) É possível a imposição do regime fechado para o início do cumprimento da pena ao condenado à pena de detenção.

b) A gravidade do crime em abstrato, por si só, não se presta à adoção de regime inicial diverso do sugerido em lei.

c) A circunstância agravante da reincidência não guarda correlação com a estipulação do regime inicial para o cumprimento de pena.

d) Ao condenado à prisão simples, pela prática de contravenção penal, é vedada, regra geral, a adoção do regime inicialmente fechado, o que, todavia, poderá ocorrer excepcionalmente, desde que devidamente fundamentado pelo juiz.

Comentários

a) INCORRETA. Aplicada a pena de detenção, o regime deve ser o semi-aberto ou o aberto, sendo certo que pode haver a regressão a regime fechado, mas nunca este será estabelecido como regime inicial. Assim dispõe o Código Penal: "Art. 33 – A pena de reclusão deve ser cumprida em regime fechado, semiaberto ou aberto. A de **detenção, em regime semiaberto, ou aberto,** salvo necessidade de transferência a regime fechado."

b) CORRETA. Em conformidade com o enunciado 718 da súmula do STF: "A opinião do julgador sobre a gravidade em abstrato do crime não constitui motivação idônea para a imposição de regime mais severo do que o permitido segundo a pena aplicada."

c) INCORRETA. Ao contrário, a reincidência tem sim relação com a estipulação do regime inicial, como dispõe o Código Penal: "Art. 33, [...] § 2º – As penas privativas de liberdade deverão ser executadas em forma progressiva, segundo o mérito do condenado, observados os seguintes critérios e ressalvadas as hipóteses de transferência a regime mais rigoroso: a) o condenado a pena superior a 8 (oito) anos deverá começar a cumpri-la em regime fechado; b) o condenado não reincidente, cuja pena seja superior a 4 (quatro) anos e não exceda a 8 (oito), poderá, desde o princípio, cumpri-la em regime semiaberto; c) o condenado não reincidente, cuja pena seja igual ou inferior a 4 (quatro) anos, poderá, desde o início, cumpri-la em regime aberto."

d) INCORRETA. A Lei de Contravenções Penais estabelece "Art. 6º A pena de prisão simples deve ser cumprida, sem rigor penitenciário, em estabelecimento especial ou seção especial de prisão comum, em regime semiaberto ou aberto." Como salienta Masson (Parte Geral, 2017), "não há regime fechado, seja inicialmente, seja em decorrência de regressão."

Resposta: Letra B

TJMG – 2014 – *Questão nº 36 Direito Penal/Parte Geral e Especial/Concurso de Crimes/Legislação e Doutrina*

Assinale a alternativa INCORRETA.

a) O Artigo 344 do CP (coação no curso do processo) retrata uma hipótese em que o concurso material vale-se do sistema da acumulação material para a fixação da pena.

b) O sistema da exasperação da pena é um sistema benéfico, adotado nos Artigos 70 e 71 do CP.

c) Na hipótese de reconhecimento do concurso formal imperfeito, as penas aplicam-se cumulativamente por resultarem os crimes de desígnios autônomos. Nesse caso, não poderá a pena exceder a que seria cabível pela regra do concurso material.

d) Em todas as modalidades de concurso de crimes, a aplicação da pena de multa segue a regra da aplicação da pena privativa de liberdade.

DIREITO PENAL

> **Comentários**
>
> a) CORRETA. O concurso material obrigatório ocorre quando o crime é praticado com violência, devendo as penas serem somadas, nos termos do preceito secundário do tipo penal: Art. 344 – Usar de violência ou grave ameaça, com o fim de favorecer interesse próprio ou alheio, contra autoridade, parte, ou qualquer outra pessoa que funciona ou é chamada a intervir em processo judicial, policial ou administrativo, ou em juízo arbitral: Pena – reclusão, de um a quatro anos, e multa, *além da pena correspondente à violência.*
>
> b) Correta. Segundo as lições de Marcelo André e Alexandre Salim (2017, p. 494): "Exasperação: a pena a ser aplicada deve ser a do delito mais grave, mas aumentada em certa quantidade. Adotado pelo art. 70, caput, 1ª parte (concurso formal próprio ou perfeito), e art. 71 (crime continuado)". Não obstante, verifica-se ser um critério mais benéfico, tendo em vista o parágrafo único do art. 70, CP: "Parágrafo único – Não poderá a pena exceder a que seria cabível pela regra do art. 69 deste Código".
>
> c) Correta. É o que dispõe o art. 70, CP, segunda parte, Art. 70 – Quando o agente, mediante uma só ação ou omissão, pratica dois ou mais crimes, idênticos ou não, aplica-se-lhe a mais grave das penas cabíveis ou, se iguais, somente uma delas, mas aumentada, em qualquer caso, de um sexto até metade. *As penas aplicam-se, entretanto, cumulativamente, se a ação ou omissão é dolosa e os crimes concorrentes resultam de desígnios autônomos, consoante o disposto no artigo anterior.* Parágrafo único – Não poderá a pena exceder a que seria cabível pela regra do art. 69 deste Código.
>
> d) Incorreta. Na aplicação da pena privativa de liberdade, adota-se o critério trifásico de Nelson Hungria (Art. 68, CP). Enquanto na aplicação da pena de multa, observa-se o critério bifásico: na primeira fase, fixa-se a quantidade de dias-multa; na segunda fase, fixa-se o valor do dia-multa.
>
> **Resposta: Letra D.**

TJMG – 2014 – *Questão nº 39 Direito Penal/Parte Geral/Efeitos da Condenação, Livramento Condicional, Regime Prisional e Sursis/Legislação/Jurisprudência*

Analise as afirmativas a seguir.

I. A perda da função pública constitui efeito da condenação quando aplicada pena privativa de liberdade igual ou superior a um ano, nos crimes praticados com abuso de poder ou violação de dever para com a administração pública, desde que a sentença forneça a necessária motivação.

II. Haverá revogação obrigatória do livramento condicional se o reeducando for condenado por sentença irrecorrível, pela prática de crime culposo, qualquer que seja a pena cominada.

III. A gravidade abstrata do crime mostra-se insuficiente para determinar o estabelecimento do regime fechado para cumprimento da pena respectiva, já que a eleição do regime prisional inicial deve observar os mesmos critérios elencados no Artigo 59.

IV. No chamado *sursis* etário ocorre a suspensão condicional da execução da pena privativa de liberdade, não superior a quatro anos, pelo período de quatro a seis anos, para o condenado que tenha mais de sessenta anos de idade.

A partir da análise, conclui-se que estão CORRETAS.

a) I e III apenas.
b) I, II, IV apenas.
c) III e IV apenas.
d) I e II apenas.

Comentários

I-Correta. Art. 92 – São também efeitos da condenação:

I – a perda de cargo, função pública ou mandato eletivo:

a) quando aplicada pena privativa de liberdade por tempo igual ou superior a um ano, nos crimes praticados com abuso de poder ou violação de dever para com a Administração Pública;

b) quando for aplicada pena privativa de liberdade por tempo superior a 4 (quatro) anos nos demais casos.

Parágrafo único – Os efeitos de que trata este artigo não são automáticos, devendo ser motivadamente declarados na sentença.

II – Incorreta. Revogação obrigatória do Livramento Condicional encontra-se prevista no Código Penal, art. 81 – A suspensão será revogada se, no curso do prazo, o beneficiário: I – é condenado, em sentença irrecorrível, por crime doloso;

Revogação facultativa está prevista no Código Penal, art. 81, § 1º – A suspensão poderá ser revogada se o condenado descumpre qualquer outra condição imposta ou é irrecorrivelmente condenado, por crime

DIREITO PENAL

culposo ou por contravenção, a pena privativa de liberdade ou restritiva de direitos.

III – Correta. Nos termos da Súmula nº 440 do STJ – Fixada a pena-base no mínimo legal, é vedado o estabelecimento de regime prisional mais gravoso do que o cabível em razão da sanção imposta, com base apenas na gravidade abstrata do delito.

IV – Incorreta. O art. 77, § 2º do CP prevê que: A execução da pena privativa de liberdade, não superior a quatro anos, poderá ser suspensa, por quatro a seis anos, desde que o condenado seja maior de setenta (70) anos de idade, ou razões de saúde justifiquem a suspensão.

Resposta: Letra A

4. PARTE GERAL DO CÓDIGO PENAL. DA AÇÃO PENAL. DA EXTINÇÃO DA PUNIBILIDADE

TJMG – 2008 – *Questão nº 43 Direito Penal/Parte Geral/Da extinção da punibilidade/Legislação/Doutrina*

Quanto à prescrição, é **CORRETO** afirmar:

a) Na prescrição intercorrente o prazo começa a correr a partir da sentença condenatória até o trânsito em julgado para a acusação e defesa.

b) A prescrição retroativa regula-se pelo máximo da pena privativa de liberdade cominada abstratamente ao delito.

c) Ainda que pendente recurso da acusação para aumentar a pena é possível o decreto da extinção da punibilidade do agente pela prescrição retroativa da pretensão punitiva do Estado.

d) O prazo prescricional começa a correr nos crimes permanentes no dia em que se iniciou o delito.

Comentários

a) CORRETA. Prescrição intercorrente, segundo leciona Masson (Parte Geral, 2017), "é a **modalidade de prescrição da pretensão punitiva** que se verifica entre a publicação da sentença condenatória recorrível e seu trânsito em julgado para a defesa. [...] A prescrição intercorrente começa a fluir com a publicação da sentença condenatória recorrível, embora condicionada ao trânsito em julgado para a acusação. Em suma, depende do trânsito em julgado para o Ministério Público ou para o querelante, mas, com esse pressuposto, seu prazo inicial retroage à data da publicação do decreto condenatório. É calculada com base na **pena concreta**."

b) INCORRETA. Como explica Masson (Parte Geral, 2017), "a prescrição retroativa, **espécie da prescrição da pretensão punitiva,** é calculada pela **pena concreta**, ou seja, pela pena aplicada na sentença condenatória. É o que se extrai do art. 110, § 1º, do Código Penal, e também da Súmula 146 do Supremo Tribunal Federal: A prescrição da ação penal regula-se pela pena concretizada na sentença, quando não há recurso da acusação".

c) INCORRETA. A prescrição retroativa depende do trânsito em julgado da sentença condenatória para a acusação no tocante à pena imposta, "**seja pela não interposição do recurso cabível no prazo legal, seja pelo fato de ter sido improvido seu recurso.**" (Masson, Parte Geral, 2017). Portanto, se pendente recurso da acusação para aumentar a pena não é possível reconhecer a prescrição retroativa.

d) INCORRETA. Dispõe o Código Penal: "Art. 111 – A prescrição, antes de transitar em julgado a sentença final, começa a correr: [...] III – nos crimes permanentes, do dia em que cessou a permanência."

Resposta: Letra A

TJMG – 2009 – *Questão nº 38 Direito Penal/Parte Geral/Da Extinção da Punibilidade/Legislação/Doutrina/Jurisprudência*

Sobre o instituto da prescrição, marque a alternativa **CORRETA**.

a) A prescrição da pretensão executória faz desaparecer todos os efeitos da condenação.

b) Na prescrição punitiva em abstrato, ou seja, antes da sentença condenatória, é aplicável a "Teoria da Pior das Hipóteses", devendo o Juiz observar as causas de aumento pela maior fração, as de diminuição pela menor fração, bem como considerar também as agravantes e atenuantes.

c) A prescrição da pretensão punitiva, por implicar na perda do direito de punir do Estado, deverá ser reconhecida apenas após requerimento do Ministério Público nesse sentido, sendo vedado o seu conhecimento de ofício pelo juiz.

d) O termo inicial para a fluência do prazo prescricional, regra geral, é o dia em que o crime se consumou. Na hipótese de tentativa, do dia em que cessou a atividade criminosa. Na hipótese de crime permanente, do dia em que cessou a permanência.

Comentários

a) **INCORRETA.** A prescrição da pretensão executória não faz desaparecer todos os efeitos da condenação. Como bem explica Masson (Parte Geral, 2017), a prescrição da pretensão executória "extingue somente a pena (efeito principal), mantendo-se intocáveis todos os demais efeitos secundários da condenação, penais e extrapenais. O nome do réu continua inscrito no rol dos culpados. Subsiste a condenação, ou seja, não se rescinde a sentença penal, que funciona como pressuposto da reincidência dentro do período depurador previsto no art. 64, I, do Código Penal. Por igual fundamento, a condenação caracteriza antecedente negativo e serve como título executivo no campo civil."

b) *INCORRETA.* A primeira parte da alternativa está correta, como esclarece Rogério Sanches (Parte Geral, 2016): "Antes da sentença recorrível, não se sabe qual o *quantum* ou tipo de pena a ser fixada pelo Magistrado, razão pela qual o lapso prescricional regula-se pela pena máxima prevista em lei, atendendo à já referida "teoria da pior das hipóteses". Uma vez que as majorantes e minorantes têm aumento e diminuição ditados em lei, sendo capazes de extrapolar os limites máximo e mínimo da pena cominada, o cômputo da pena máxima abstrata deverá levá-las em consideração. Em se tratando de aumento ou diminuição variável (ex: 1/3 a 2/3), deve ser aplicada a teoria da pior das hipóteses: para a causa de aumento, considera-se o maior aumento possível (2/3, considerando nosso exemplo); para a causa de diminuição, a menor redução cabível dentre os parâmetros fixados no dispositivo respectivo (de acordo com o exemplo, 1/3) ". No entanto, a parte final da alternativa está equivocada, quando informa que o juiz deve considerar as agravantes e atenuantes, já que estas não são observadas para o cômputo da pena máxima em abstrato, como explica Rogério Sanches (Parte Geral, 2016): "para encontrar a pena máxima em abstrato, desprezam-se as agravantes e atenuantes, valendo, aqui, os motivos que justificam a não aplicação das circunstâncias judiciais: patamar de aumento e diminuição não previstos em lei e impossibilidade de, com a sua incidência, elevar a pena além do limite máximo ou reduzir aquém do patamar mínimo (como, aliás, anuncia a súmula n° 231, STJ. As atenuantes da menoridade e da senilidade (art. 65, I, CP), entretanto, por força do disposto no artigo 115 do Código Penal, têm força para reduzir o prazo prescricional pela metade. Por fim, a reincidência não influi no prazo da prescrição da pretensão punitiva (súmula n° 220, STJ), muito embora tenha importantes reflexos quando da análise da prescrição da pretensão executória."

c) INCORRETA. Não é vedado o reconhecimento de ofício da prescrição, conforme decisão do STJ, citada por Masson (Parte Geral, 2017): "a prescrição é matéria prejudicial ao exame do mérito por constituir fato impeditivo do direito estatal de punir e extintivo da punibilidade do réu, podendo ser, inclusive, analisada de ofício em qualquer fase do processo" (Rcl 4.515/SP, rel. Min. Maria Thereza de Assis Moura, 3.ª Seção, j. 27.04.2011, noticiado no *Informativo* 470)."

d) CORRETA. Assim dispõe o Código Penal: "Art. 111 – A prescrição, antes de transitar em julgado a sentença final, começa a correr: I – do dia em que **o crime se consumou**; II – no caso de **tentativa, do dia em que cessou a atividade criminosa**; III – nos crimes **permanentes, do dia em que cessou a permanência**; IV – nos de bigamia e nos de falsificação ou alteração de assentamento do registro civil, da data em que o fato se tornou conhecido. V – nos crimes contra a dignidade sexual de crianças e adolescentes, previstos neste Código ou em legislação especial, da data em que a vítima completar 18 (dezoito) anos, salvo se a esse tempo já houver sido proposta a ação penal."

Resposta: Letra D

TJMG – 2012 – *Questão n° 33 Direito Penal/Parte Geral/Prescrição/Doutrina/ Jurisprudência*

João Teodoro foi condenado a 1 (um) ano de reclusão, pela prática de furto tentado, por fato ocorrido em 21.04.2006. Na fixação da pena, foi considerada a circunstância agravante da reincidência. A sentença transitou em julgado para as partes em 02.02.2007. Foi expedido mandado de prisão e o réu não foi encontrado.

Quanto à prescrição da pretensão executória da pena, pode-se afirmar que ela ocorrerá em

a) 4 (quatro) anos.

b) 3 (três) anos.

c) 2 (dois) anos.

d) 5 (cinco) anos e 4 (quatro) meses.

DIREITO PENAL

> *Comentários*
>
> Para se calcular o prazo prescricional da pretensão executória, deve-se primeiro olhar o prazo no artigo 109, do Código Penal.
>
> Art. 109. A prescrição, antes de transitar em julgado a sentença final, salvo o disposto no § 1º do art. 110 deste Código, regula-se pelo máximo da pena privativa de liberdade cominada ao crime, verificando-se: V – em **quatro anos**, se o máximo da pena é **igual a um ano** ou, sendo superior, **não excede a dois;**
>
> Após a verificação do prazo prescricional correspondente à pena de um ano, tendo em vista que se trata de reincidente, deve-se aplicar o aumento do prazo prescricional em 1/3, de acordo com o Artigo 110, do CP.
>
> Art. 110 – A prescrição **depois de transitar em julgado** a sentença condenatória regula-se pela pena aplicada e verifica-se nos prazos fixados no artigo anterior, os quais **se aumentam de um terço, se o condenado é reincidente.**
>
> Dessa forma, verifica-se que o prazo final será de 5 anos e 4 meses.
>
> *Resposta: Letra D*

5. DOS CRIMES CONTRA A PESSOA. DOS CRIMES CONTRA O PATRIMÔNIO. DOS CRIMES CONTRA A PROPRIEDADE IMATERIAL

TJMG – 2007 – *Questão nº 30 Direito Penal/Parte Especial/Dos crimes contra o patrimônio/Doutrina/Jurisprudência*

Carlos desceu do carro para acompanhar a noiva Beatriz até a porta do prédio, quando foram abordados por Leôncio de Tal, que, de revólver em punho, exigiu que Carlos lhe entregasse a carteira e o relógio, no que foi prontamente atendido. Quando se preparava para fugir, ainda de arma em punho, vendo o celular nas mãos de Beatriz, tomou-lhe o referido telefone e saiu a passos largos do local. Entretanto, o assalto foi percebido por transeuntes que gritaram "pega ladrão", sendo Leôncio preso, logo em seguida, por policial civil que ouviu os gritos, e os bens restituídos aos proprietários. Qual a capitulação **CORRETA** para a denúncia na hipótese acima?

a) A que imputa a Leôncio a prática do delito previsto no art. 157, § 2º, inciso I, do CP (por duas vezes) em concurso material.

b) A que imputa a Leôncio a prática do delito previsto no art. 157, § 2º, inciso I, do CP (por duas vezes) em concurso formal.
c) A que imputa a Leôncio a prática do delito previsto no art. 157, § 2º, inciso I, c/c art. 14, II, ambos do CP (por duas vezes) em concurso material.
d) A que imputa a Leôncio a prática do delito previsto no art. 157, § 2º, inciso I, c/c art. 14, II, ambos do CP (por duas vezes) em concurso formal.

Comentários

a) **INCORRETA.** Não se trata de concurso material, mas sim formal. Vide comentários à alternativa B.
b) **CORRETA.** A capitulação correta é a que imputa ao agente o delito do art. 157, § 2º, inciso I, pois houve a utilização efetiva de arma de fogo; "explica CEZAR ROBERTO BITENCOURT: Segundo a dicção do texto legal, é necessário o *emprego efetivo* de arma" (citado por Rogério Sanches, Penal Parte Especial, 2017). O delito deve ser imputado na modalidade consumada, em conformidade com o enunciado da Súmula do STJ: "Súmula 582. Consuma-se o crime de roubo com a inversão da posse do bem mediante emprego de violência ou grave ameaça, ainda que por breve tempo e em seguida à perseguição imediata ao agente e recuperação da coisa roubada, sendo prescindível a posse mansa e pacífica ou desvigiada." Por fim, há concurso formal no caso do roubo praticado contra duas pessoas, atingindo dois patrimônios, no mesmo contexto fático, como ensina Rogério Sanches (Penal Parte Especial, 2017): "Já decidiu o STF que o roubo cometido contra mais de uma pessoa, no mesmo contexto fático, caracteriza o concurso formal de delitos (HC 112.871/DF, reL Min. Rosa Weber, DJe 30/04/2014). Para o STJ, é possível o concurso formal, mas deve ser observada a quantidade de patrimônios atingidos pela subtração, não a quantidade de vítimas submetidas à conduta. Assim, se o agente subjugou duas ou mais pessoas para subtrair pertences de apenas uma delas, haverá só um crime de roubo (Rg no REsp 1.490.894/DF, Rel. Min. Sebastião Reis Júnior, DJe 23/2/2015). Se, no entanto, foi atingido mais de um patrimônio, impõe-se o concurso formal: "Conforme consignado pelo Tribunal a *quo*, a ação do acusado lesionou objetos e pertences individualizados de duas vítimas, ferindo patrimônios diversos (roubo das armas de fogo da empresa de vigilância, além do roubo dos valores em dinheiro existentes na agência bancária). Dessa forma, praticado o crime de roubo em um mesmo contexto fático, mediante uma só ação, contra vítimas diferentes, tem-se configurado o concurso formal de crimes, e não a ocorrência de crime único, visto que violados patrimônios distintos"(AgRg no REsp

DIREITO PENAL

1.243.675/SP, Rel. Min. Reynaldo Soares da Fonseca, Quinta Turma, DJe 29/08/2016) ".

c) INCORRETA. Não se trata de delito na forma tentada, e sim consumada, tampouco se trata de concurso material, mas sim formal. Vide comentários à alternativa B.

d) INCORRETA. Não se trata de delito na forma tentada, e sim consumada. Vide comentários à alternativa B.

Resposta: Letra B

TJMG – 2007 – *Questão nº 31 Direito Penal/Parte Especial/Dos crimes contra o patrimônio/Doutrina*

Nestor, auxiliar da tesouraria de uma empresa, em decorrência de dívidas de jogo, resolve subtrair dinheiro do pagamento dos empregados, convidando a namorada Jussara para auxiliá-lo na subtração. Acerta com ela todos os detalhes da empreitada, cabendo à Jussara a vigília da porta. Nestor ingressa na empresa, utilizando a chave original que deixara de entregar ao tesoureiro, e tenta abrir o cofre. Entretanto, ao escutar o estouro de um foguete, pensando serem tiros, foge por uma porta dos fundos, deixando sua comparsa e namorada, que vem a ser presa por policiais chamados por um vigilante de outra empresa que desconfiou das atitudes da dupla. Por qual(ais) delito(s) Nestor e Jussara respondem?

a) Nestor responde por tentativa de furto duplamente qualificado e Jussara, por tentativa de furto qualificado pelo concurso de pessoas.

b) Ambos respondem por violação de domicílio.

c) Nestor responde por invasão de domicílio e Jussara, por tentativa de furto.

d) Ambos respondem por tentativa de furto duplamente qualificado.

Comentários

a) **INCORRETA.** Ambos respondem por tentativa de furto duplamente qualificado, não há que se falar em apenas uma qualificadora para Jussara, já que ela responderá pelo concurso com Nestor. Vide comentários à alternativa D.

b) **INCORRETA.** Ambos respondem por tentativa de furto duplamente qualificado, não há que se falar em violação de domicílio apenas, pois este delito fica absorvido pelo furto. Vide comentários à alternativa D.

c) INCORRETA. Ambos respondem por tentativa de furto duplamente qualificado, não há que se falar em responsabilizar Nestor por violação de domicílio, pois este delito fica absorvido pelo furto. Vide comentários à alternativa D.

d) CORRETA. Ambos respondem por tentativa de furto duplamente qualificado. Tentado pois não se consumou por circunstâncias alheias à vontade dos agentes (fuga ao ouvir barulho). A qualificadora pelo concurso de duas ou mais pessoas resta caracterizada, como explica Guilherme Nucci (Código Penal Comentado, 2017), "o agente que furta uma casa, enquanto o comparsa, na rua, vigia o local, está praticando um furto qualificado." O uso da chave original que o agente deixou de entregar não pode qualificar o crime pelo inciso III do artigo 155 (uso de chave falsa), pois é certo que o uso de chave verdadeira, ilicitamente obtida pelo agente, mediante subtração ou apropriação, "não caracteriza a qualificadora em análise. Pode ensejar, todavia, a qualificadora atinente à fraude." (Masson, Penal Parte Especial, 2015). Assim, apesar de não se enquadrar no inciso III, é possível configurar a segunda qualificadora pelo emprego de fraude (inciso II), já que na situação narrada o agente apropriou-se da chave, posto que não a entregou para pode utilizá-la no furto.

Resposta: Letra D

TJMG – 2007 – *Questão nº 32 Direito Penal/Parte Especial/Dos crimes contra o patrimônio/Legislação/Doutrina*

Caio, vigia de uma fazenda, fissurado em música pop, após esconder numa árvore oca um *walkmam* que havia furtado de um colega de trabalho, viu-se despojado do referido aparelho por Pedro, que o subtraiu para si, mesmo sabendo da origem ilícita do objeto, pois este percebeu quando Caio furtou o *walkmam* do colega. Que crime praticou o segundo gatuno?

a) Não praticou nenhum delito, porque subtraiu para si coisa já furtada.
b) Furto em concurso com Caio.
c) Apropriação de coisa achada.
d) Receptação dolosa.

Comentários

a) **INCORRETA.** Não se pode dizer que não houve prática de nenhum delito, pois Pedro cometeu furto, como bem esclarece Masson (Parte

Especial, 2015): "o ladrão que furta ladrão, relativamente à coisa por este subtraída, comete crime de furto. O bem cada vez mais se distancia da vítima, tornando ainda mais improvável sua recuperação. O sujeito passivo, porém, não será o primeiro larápio, e sim o proprietário ou possuidor da coisa, vítima do delito inicial."

b) INCORRETA. Não houve concurso com Caio, pois a subtração perpetrada por Pedro deu-se após finalizado aquele primeiro furto. Bem explica Juarez Cirino (Penal Parte Geral, 2014): "o momento da decisão comum deve ocorrer antes da realização do tipo de injusto, mas, excepcionalmente, pode ocorrer durante a realização até a terminação do tipo de injusto, com responsabilidade penal do coautor pelos fatos anteriores conhecidos, desde que a contribuição do coautor promova sua realização posterior – por exemplo, na extorsão mediante sequestro –, com exceção de tipos de injusto independentes já concluídos."

c) INCORRETA. Não se trata de apropriação de coisa achada, pois Pedro não "achou", e sim percebeu quando Caio furtou o *walkmam*. Houve na situação o crime de furto, vide comentários à alternativa A.

d) INCORRETA. Não se trata de receptação dolosa, e sim de furto, pois Pedro subtraiu o bem. Vide comentários à alternativa A.

Resposta: ANULADA, nenhuma das alternativas responde à questão.

TJMG – 2007 – *Questão nº 36 Direito Penal/Parte Especial/Dos crimes contra a pessoa/Legislação/Doutrina*

Virginia, com 17 anos, foi estuprada e ficou grávida. Constatada a gravidez, pediu a Sérgio Roberto, enfermeiro com curso superior, que lhe praticasse um aborto. Esse pedido foi também corroborado pelos pais de Virginia e outros amigos comuns de Sérgio e de Virginia, que sabiam do seu drama, tendo Sérgio concordado e praticado o aborto. Ocorre que o feto de quase cinco meses, em vez de morrer dentro do ventre da mãe, veio, em razão de sua imaturidade, a morrer fora do ventre. Sérgio Roberto responderá criminalmente por:

a) aceleração de parto;
b) aborto consentido pela gestante;
c) aborto sentimental ou humanitário;
d) homicídio.

Comentários

a) **INCORRETA.** Não se trata de aceleração de parto, mas sim de aborto consentido, pois como explica Masson (Parte Especial, 2015), "aceleração de parto é a **antecipação do parto**, o **parto prematuro**, que ocorre quando o feto nasce antes do período normal estipulado pela medicina, em decorrência da lesão corporal produzida na gestante. A criança nasce viva e continua a viver. A pena é aumentada porque o nascimento precoce é perigoso tanto para a mãe como para o feto. Exige-se o conhecimento, pelo sujeito, da gravidez da vítima." Vide comentários à alternativa B.

b) CORRETA. Trata-se de aborto consentido pela gestante, conforme dispõe o Código penal: "Art. 126 – Provocar aborto com o consentimento da gestante: Pena – reclusão, de um a quatro anos." Na situação narrada o consentimento foi válido; apenas não seria válido se se enquadrasse em alguma das situações indicadas pelo art. 126, parágrafo único, do Código Penal: gestante não maior de 14 anos ou alienada ou débil mental (dissenso presumido) ou consentimento obtido mediante fraude, grave ameaça ou violência (dissenso real). Sobre assunto, Masson (Parte Especial, 2015) explica que a lei "abriu uma exceção à teoria unitária ou monista no concurso de pessoas, e criou crimes distintos. A gestante que presta o consentimento incide na pena da parte final do art. 124 do Código Penal (consentimento para o aborto), ao passo que o terceiro que provoca o aborto com o seu consentimento é enquadrado no art. 126 do Código Penal (aborto consentido ou consensual). Decidiu-se tratar a mulher de forma mais branda em decorrência dos abalos físicos e mentais que ela enfrenta com o aborto."

c) INCORRETA. Não se trata de aborto sentimental, apesar de ser decorrente de estupro e consentido pela gestante, pois não foi praticado por médico, conforme dispõe o Código Penal: "Art. 128 – Não se pune o aborto praticado **por médico**: II – se a gravidez resulta de estupro e o aborto é precedido de consentimento da gestante ou, quando incapaz, de seu representante legal." Sobre o aborto sentimental explana Rogério Sanches (Parte Especial, 2017): "A exclusão do crime depende de três condições: a) *que o aborto seja praticado por médico:* caso realizado por pessoa sem habilitação legal, haverá o crime, não se ajustando qualquer causa legal (ou extralegal) de justificação; b) q*ue a gravidez seja resultante de estupro;* c) *prévio consentimento da gestante ou seu representante legal.*"

d) INCORRETA. Não se trata de homicídio, mas de aborto, pois a morte do feto se deu em razão das manobras abortivas. Como ensina Rogério

Sanches (Parte Especial, 2017), "cuidando-se de crime material, consuma-se com a morte do feto ou a destruição do produto da concepção, pouco importando se esta ocorre dentro ou fora do ventre materno, desde que, é claro, decorrente das manobras abortivas."

Resposta: Letra B

TJMG – 2007 – *Questão nº 37 Direito Penal/Parte Especial/Dos crimes contra a pessoa/Legislação/Doutrina*

Assinale as assertivas **CORRETAS**.

1. A eutanásia pode ser citada como exemplo de homicídio privilegiado, uma vez que o autor do crime age para abreviar o sofrimento da vítima portadora de doença incurável e desenganada pela medicina.

2. O homicídio praticado contra velho ou criança torna-o qualificado pela maior dificuldade de defesa da vítima.

3. A premeditação, que em muitos casos revela maldade de espírito, não é qualificadora do crime de homicídio.

a) 1, 2, e 3.
b) 1 e 2, apenas.
c) 1 e 3, apenas.
d) 2 e 3, apenas.

Comentários

Alternativa 1) CORRETA. O *relevante valor moral* liga-se aos interesses individuais, particulares do agente, entre eles os sentimentos de piedade, misericórdia e compaixão. Ensina Rogério Sanches (Parte Especial, 2017) que "o homicídio praticado com o intuito de livrar um doente, irremediavelmente perdido, dos sofrimentos que o atormentam (eutanásia) goza de privilégio da atenuação da pena que o parágrafo consagra. O mesmo exemplo é lembrado pela Exposição de Motivos: o projeto entende significar o motivo que, em si mesmo, é aprovado pela moral ática, como, por exemplo, a compaixão ante o irremediável sofrimento da vítima (caso do homicídio eutanásico) (item 39)".

Alternativa 2) INCORRETA. Caso o homicídio seja cometido contra pessoa idosa ou menor de 14 anos, haverá a incidência de causa de aumento de pena, e não de qualificadora, conforme previsto no Código Penal: "Art.

121. § 4° [...] Sendo doloso o homicídio, a pena é aumentada de 1/3 (um terço) se o crime é praticado contra pessoa menor de 14 (quatorze) ou maior de 60 (sessenta) anos."

Alternativa 3) CORRETA. Realmente a premeditação não é uma qualificadora do homicídio, conforme se verifica no Código Penal: "Art. 121. Matar alguém [...]§ 2° Se o homicídio é cometido: I – mediante paga ou promessa de recompensa, ou por outro motivo torpe; II – por motivo fútil; III – com emprego de veneno, fogo, explosivo, asfixia, tortura ou outro meio insidioso ou cruel, ou de que possa resultar perigo comum; IV – à traição, de emboscada, ou mediante dissimulação ou outro recurso que dificulte ou torne impossível a defesa do ofendido; V – para assegurar a execução, a ocultação, a impunidade ou vantagem de outro crime, VI – contra a mulher por razões da condição de sexo feminino, VII – contra autoridade ou agente descrito nos artigos 142 e 144 da Constituição Federal, integrantes do sistema prisional e da Força Nacional de Segurança Pública, no exercício da função ou em decorrência dela, ou contra seu cônjuge, companheiro ou parente consanguíneo até terceiro grau, em razão dessa condição." Lembra Damásio de Jesus, citado por Rogério Sanches (Parte Especial, 2017), "A premeditação não constitui circunstância qualificadora do homicídio. Nem sempre a preordenação criminosa constitui circunstância capaz de exasperar a pena do sujeito diante do maior grau de censurabilidade de seu comportamento. Muitas vezes, significa resistência à prática delituosa. Entretanto, tal circunstância não é irrelevante diante da pena, podendo agravá-la nos termos do art. 59 do CP (circunstância judicial)." Nesse sentido: *RT* 534/396.

Resposta: Letra C (alternativas 1 e 3)

TJMG – 2007 – *Questão n° 39 Direito Penal/Parte Especial/Dos crimes contra o patrimônio/Legislação/Doutrina*

Que delito praticam os estudantes de Direito com o chamado "pendura", nas comemorações da instalação dos cursos jurídicos no País?

a) Nenhum crime foi praticado, por se tratar de fato atípico.

b) Crime de dano qualificado, por motivo egoístico.

c) Delito de fraude, consistente em tomar refeições em restaurante, sem dispor de recursos para pagar as despesas.

d) Estelionato privilegiado, devido ao pequeno valor do prejuízo causado à vítima.

DIREITO PENAL

Comentários

a) **INCORRETA.** Houve a prática de delito, vide comentários à alternativa C.

b) **INCORRETA.** Não houve crime de dano, vide comentários à alternativa C.

c) **CORRETA.** É preciso ressalvar que o delito previsto no artigo 176 exige para sua configuração que o agente não disponha de recursos para pagar: "Art. 176 – Tomar refeição em restaurante, alojar-se em hotel ou utilizar-se de meio de transporte sem dispor de recursos para efetuar o pagamento: Pena – detenção, de quinze dias a dois meses, ou multa. Parágrafo único – Somente se procede mediante representação, e o juiz pode, conforme as circunstâncias, deixar de aplicar a pena." Sobre o assunto, assim explica Masson (Parte Especial, 2015): "Firmou-se o entendimento no sentido de que a pendura não caracteriza o crime tipificado pelo art. 176 do Código Penal, mas mero ilícito civil. Não há fraude penal, pois as pessoas que realizam tal conduta assim agem para preservação de uma antiga crença estudantil, uma vez que em sua ampla maioria possuem condições financeiras para efetuar o pagamento dos serviços prestados. [...] Mas é necessário interpretar o art. 176 do Código Penal não com base na década de 1940, data em que foi criado, mas com esteio na realidade atual. [...] Nos tempos modernos, em pleno século 21, o número dos estudantes de Direito aumentou consideravelmente, e os restaurantes, notadamente os mais procurados, não têm meios para suportar os prejuízos causados por milhares de pessoas ávidas pela pendura. Muitos estudantes de Direito desvirtuaram a pendura como tradição jurídica, dela se valendo como instrumento de impunidade para o cometimento de abusos inaceitáveis, os quais colocam em risco a saúde econômica de diversos estabelecimentos comerciais. **Nessas hipóteses, é visível a fraude, bem como o propósito de lesar o patrimônio alheio**, caracterizado o delito em apreço (176), ou até mesmo o estelionato (CP, art. 171, *caput*), dependendo do grau do meio fraudulento utilizado e do prejuízo patrimonial proporcionado ao ofendido."

d) **INCORRETA.** Não houve crime de estelionato, vide comentários à alternativa C.

Resposta: Letra C

TJMG – 2008 – *Questão nº 32 Direito Penal/Parte Especial/Dos crimes contra o patrimônio/Legislação/Doutrina/Jurisprudência*

Inocêncio contratou os serviços profissionais de um advogado para propor ação trabalhista a qual foi julgada procedente, mas a quantia paga pela empresa ré, apesar de recebida pelo advogado, não foi entregue a Inocêncio. Procurado, o advogado alega que precisou do dinheiro, mas pretende devolvê-lo a Inocêncio quando puder. Quanto à conduta do advogado, assinale a alternativa **CORRETA**.

a) Não se trata de infração penal, mas mero descumprimento contratual.

b) Restou caracterizado o delito de furto qualificado pelo abuso de confiança.

c) A inversão do título da posse exercida sobre a quantia caracteriza a apropriação indébita.

d) Mesmo tendo utilizado a quantia recebida da empresa na ação trabalhista para fins pessoais, caso o advogado a restitua a Inocêncio, o crime permanece na esfera da tentativa.

Comentários

a) INCORRETA. Não há que se falar em mero descumprimento contratual, pois restou caracterizado o crime de apropriação indébita. Vide comentários à alternativa C.

b) INCORRETA. Não há que se falar em delito de furto, pois houve no caso a inversão do ânimo em relação à coisa alheia (de mero possuidor passa a comportar-se como proprietário). Veja-se a explicação de CEZAR ROBERTO BITENCOURT, diferenciando os institutos do furto mediante abuso de confiança e da apropriação: "O furto qualificado, ora examinado, difere da apropriação indébita, basicamente, por dois aspectos fundamentais: o momento da deliberação criminosa e o do apossamento da *res*. Na apropriação indébita o agente exerce a posse em nome de outrem, enquanto no furto com abuso de confiança tem mero contato, mas não a posse da coisa; naquela, o dolo é superveniente, enquanto neste há *dolus ab initia*" citado por Rogério Sanches (Parte Especial, 2017). Vide comentários à alternativa C.

c) CORRETA. Houve na hipótese apropriação indébita. Segundo Masson (Parte Especial 2015), "a nota característica do crime de apropriação indébita é a existência de uma situação de **quebra de confiança.**" A apropriação indébita deu-se pela retenção dos valores da vítima quando o acusado, por conta do exercício de sua atividade de advogado, deixou de repassar voluntariamente os valores recebidos nessa condição, daí advindo o dolo de sua conduta. Para que se perfaça o crime de apropriação indébita pressupõe-se o atendimento dos seguintes requisitos,

DIREITO PENAL

conforme esclarece Rogério Sanches (Parte Especial, 2017): "1) a posse ou a detenção deve ser legítima (com a concordância expressa ou tácita do proprietário). E no âmbito da legitimidade se insere a boa-fé, vez que se o agente recebe a coisa já com a intenção de não devolvê-la, há furto (art. 155); 2) a posse ou a detenção exercida pelo agente deve ser desvigiada; 3) a ação do agente deve recair sobre coisa alheia móvel; 4) após obter legitimamente a coisa, o agente passa a agir como se fosse seu dono. Apura-se a inversão por meio de atos de disposição, como venda e locação, ou pela recusa mesma em restituir a coisa." Assim já decidiu o STJ: "APROPRIAÇÃO INDÉBITA. [...] CULPABILIDADE ELEVADA E CONSEQUÊNCIAS DO CRIME. PREJUÍZO DE GRANDE MONTA (PACIENTE QUE SE VALEU DA CONDIÇÃO DE ADVOGADO PARA APROPRIAR-SE DE R$147.244,00). PARECER DO MPF PELA DENEGAÇÃO DO WRIT. ORDEM DENEGADA." HC 129518(2009/0032669-0 de 24/08/2009), rel. Min. NAPOLEÃO NUNES MAIA FILHO j. 04/08/2009.

d) INCORRETA. Não há que se falar em tentativa, pois houve consumação do delito. "O crime de apropriação indébita se consuma no momento em que o sujeito inverte seu ânimo em relação à coisa alheia móvel, isto é, de mero detentor ou possuidor (posse ou detenção de natureza precária), passa a se comportar como proprietário, daí resultando a lesão ao patrimônio alheio (**crime material**)" (Masson, Parte Especial, 2015). Na linha de raciocínio do Superior Tribunal de Justiça: "O crime de apropriação indébita se consuma no momento em que o agente, livre e conscientemente, inverte o domínio da coisa que se encontra na sua posse, passando a dela dispor como se fosse o proprietário". HC 200.939/RS, rel. Min. Jorge Mussi, 5.a Turma, j. 25.09.2012.

Resposta: Letra C

TJMG – 2008 *– Questão n° 33 Direito Penal/Parte Especial/Dos crimes contra o patrimônio/Legislação/Jurisprudência*

Sizenando pediu a arma de um amigo emprestada dizendo que precisava cobrar uma dívida de um funcionário de sua empresa. No dia seguinte a esposa de Sizenando encontrou o corpo do funcionário com duas perfurações à bala na altura do peito e percebeu que o salário recebido por este no dia anterior havia desaparecido do bolso de sua calça. Encontrada a arma do crime na posse de Sizenando, ele alegou que havia matado o funcionário para defender a sua honra, pois tinha descoberto o envolvimento deste com sua esposa. Considerando a conduta de Sizenando, marque a alternativa ***CORRETA***.

a) Na hipótese de Sizenando ter efetuado disparos de arma de fogo contra o funcionário com *animus necandi*, estaria caracterizado o crime de latrocínio.

b) Se Sizenando na verdade possuía *animus furandi*, o delito praticado seria homicídio.

c) Caso o amigo que emprestou a arma soubesse que a intenção de Sizenando era praticar um latrocínio, não responderia sequer como partícipe.

d) A morte do funcionário caracteriza a consumação na hipótese de delito de latrocínio, independentemente da efetiva subtração da quantia encontrada no bolso da calça.

Comentários

a) **INCORRETA.** Caso Sizenando tivesse agido com *animus necandi*, intenção de matar, restaria configurado o delito de homicídio, e não o de latrocínio, e a competência seria do júri.

b) **INCORRETA.** Caso Sizenando tivesse agido com *animus furandi*, que é a intenção de subtrair, restaria configurado o delito de latrocínio, de competência do juiz singular.

c) INCORRETA. Em conformidade com o disposto no artigo 29 do Código Penal, quem concorre de qualquer modo para o crime responde na medida de sua culpabilidade; se o amigo empresta a arma, sabendo da intenção de Sizenando de praticar latrocínio, responde como partícipe, pois auxiliou materialmente.

d) CORRETA. O delito de latrocínio resta consumado na hipótese de morte, independentemente de ter havido ou não a subtração de bens, conforme dispõe o enunciado da súmula do STF: "Súmula 610. Há crime de latrocínio, quando o homicídio se consuma, ainda que não realize o agente a subtração de bens da vítima."

Resposta: Letra D

TJMG – 2008 – *Questão nº 34 Direito Penal/Parte Especial/Dos crimes contra o patrimônio/Legislação/Doutrina*

Juvêncio foi a um posto de gasolina e abasteceu seu veículo pagando com cheque pré-datado, o qual retornou por insuficiência de fundos. Quanto à conduta de Juvêncio, marque a alternativa ***CORRETA***.

a) Se o emitente soubesse com antecedência que o cheque não teria fundos, restaria caracterizado ilícito civil.

b) Se a intenção de emitente do cheque fosse obter vantagem ilícita em prejuízo alheio mediante fraude, estaria caracterizado o delito de estelionato.

c) Não há crime uma vez que o posto de gasolina assumiu o risco do negócio ao permitir o pagamento com cheques pré-datados.

d) A emissão de cheque pré-datado, por si só, caracteriza infração penal, já que a espécie de título de crédito em questão consiste em ordem de pagamento à vista;

Comentários

a) **INCORRETA.** Estaria configurado crime, não apenas ilícito civil, se no momento em que o agente emite o cheque já tinha ciência de que não haveria fundos suficientes para o pagamento, agindo assim com a intenção de obter indevida vantagem.

b) **CORRETA.** Estaria caracterizado o crime de estelionato se a intenção de emitente do cheque fosse obter vantagem ilícita em prejuízo alheio mediante fraude.

c) **INCORRETA.** Conforme comentário anterior, estaria configurado o crime de estelionato, não havendo que se falar em assunção do risco pelo posto.

d) **INCORRETA.** Não há infração penal na emissão de cheque pré-datado, que é inclusive prática usual. Como ensina Rogério Sanches (Parte Especial, 2017), "a emissão de cheque pós-datado sem posterior fundo junto ao banco sacado, não configura o crime, pois tal prática costumeira (pós-datar a cártula) desnatura o cheque, deixando de ser ordem de pagamento à vista, revestindo-se das características de nota promissória."

Resposta: Letra B

***TJMG – 2009** – Questão n° 32 Direito Penal/Parte Especial/Dos crimes contra o patrimônio/Legislação/Doutrina*

Deoclides e Odilon deliberam a prática conjunta de furto a uma residência. Sem o conhecimento de Odilon, Deoclides, para a segurança de ambos, arma-se de um revólver carregado com 02 cartuchos. Os dois entram na casa. Enquanto

Odilon furtava os bens que se encontravam na área externa, Deoclides é surpreendido com a presença de um morador que reage e acaba sendo morto por Deoclides. Marque a alternativa **CORRETA**.

a) Deoclides responderá pelo latrocínio e pelo furto, enquanto Odilon apenas pelo furto.
b) Os dois responderão por latrocínio.
c) Deoclides responderá por latrocínio e Odilon pelo crime de furto.
d) Deoclides responderá pelo latrocínio, pelo furto e pelo porte ilegal de arma, enquanto Odilon apenas pelo furto.

Comentários

a) **INCORRETA.** Deoclides não pode ser responsabilizado por furto e por latrocínio em razão do mesmo fato, já que o latrocínio, como ensina Masson (Parte Especial, 2015), é "crime complexo, pois resulta da fusão dos delitos de roubo (crime-fim) e homicídio (crime-meio), e pluriofensivo, já que ofende dois bens jurídicos, quais sejam, o patrimônio e a vida humana."

b) INCORRETA. Odilon não pode responder por latrocínio, pois houve no caso cooperação dolosamente distinta, ele quis participar apenas do furto, e sequer tinha conhecimento de que o comparsa portava uma arma; portanto só responderá por furto. Segundo Masson (Parte Geral, 2017), a cooperação dolosamente distinta, "também chamada de desvios subjetivos entre os agentes ou participação em crime menos grave, está descrita pelo art. 29, § 2°, do Código Penal: Se algum dos concorrentes quis participar de crime menos grave, ser-lhe-á aplicada a pena deste; essa pena será aumentada até a 1/2 (metade), na hipótese de ter sido previsível o resultado mais grave. [...] Essa regra constitui-se em corolário lógico da teoria unitária ou monista adotada pelo art. 29, caput, do Código Penal. Destina-se, ainda, a afastar a responsabilidade objetiva no concurso de pessoas." Explica, ainda, Masson (Parte Especial, 2015), que, "se, no contexto do roubo, praticado em concurso de pessoas, somente uma delas tenha produzido a morte de alguém – vítima da subtração patrimonial ou terceiro –, o latrocínio consumado deve ser imputado a todos os envolvidos na empreitada criminosa, como consectário lógico da adoção da teoria unitária ou monista pelo art. 29, *caput*, do Código Penal. Entretanto, se um dos agentes quis participar de crime menos grave, ser-lhe-á aplicada a pena deste. Cuida-se de manifestação do instituto da cooperação dolosamente distinta, ou desvios subjetivos entre os agentes, disciplinado pelo art. 29, § 2.°, do Código

Penal. Nessa hipótese, não há concurso de pessoas para o crime mais grave, mas somente para o de menor gravidade. Exemplo: "A" e "B" combinam a prática do furto de um automóvel. Quando, em via pública, valendo-se de chave falsa, começam a abrir a fechadura de um veículo para subtraí-lo, são surpreendidos pelo seu proprietário. Nesse momento, "A" decide fugir, ao passo que "B" luta com o dono do automóvel, vindo a matá-lo mediante disparo de arma de fogo. A solução jurídicopenal é simples: "A" responde por tentativa de furto qualificado, enquanto a "B" será imputado o crime de latrocínio consumado. Repito: não há concurso para o crime mais grave (latrocínio), mas apenas para o menos grave (furto qualificado pelo emprego de chave falsa e concurso de pessoas)."

c) CORRETA. Deoclides responderá por latrocínio e Odilon pelo crime de furto, em razão da cooperação dolosamente distinta. Vide comentários à alternativa B.

d) INCORRETA. Deoclides não pode ser responsabilizado por furto e por latrocínio em razão do mesmo fato, já que o latrocínio é crime complexo, conforme explicado no comentário da alternativa A. Quanto ao porte ilegal de arma, explica Masson (Parte Geral, 2017) que, "de acordo com o princípio da consunção, ou da absorção, o fato mais amplo e grave consome, absorve os demais fatos menos amplos e graves, os quais atuam como meio normal de preparação ou execução daquele, ou ainda como seu mero exaurimento. Por tal razão, aplica-se somente a lei que o tipifica: *lex consumens derogat legi consumptae*. [...] Atos anteriores, prévios ou preliminares impuníveis são os que funcionam como meios de execução do tipo principal, ficando por este absorvidos." Ainda Masson (Parte Especial, 2015) explica que "se o roubo é praticado com emprego de arma de fogo, e o agente não tem autorização para portá-la, não incide o crime autônomo de porte ilegal de arma de fogo, de uso permitido ou de uso restrito, nos termos dos arts. 14 e 16 da Lei 10.826/2003 – Estatuto do Desarmamento. [...] Entretanto, estará caracterizado concurso material entre os crimes tipificados pelos arts. 157, § 2.º, inciso I, do Código Penal, e 14 (arma de fogo de uso permitido) ou 16 (arma de fogo de uso restrito) da Lei 10.826/2003, quando depois da consumação do roubo, e fora do contexto fático deste crime, o sujeito continua a portar ilegalmente arma de fogo."

Resposta: Letra C

TJMG – 2009 – *Questão nº 39 Direito Penal/Parte Especial/Dos crimes contra a pessoa/Doutrina*

Sobre os delitos contra a vida, marque a alternativa **CORRETA**.

a) Tem-se por inadmissível a figura do homicídio qualificado-privilegiado.

b) Uma determinada pessoa decide agredir fisicamente seu desafeto, conseguindo causar-lhe diversos ferimentos. Contudo, durante o entrevero, muda o seu intento e decide matá-lo, disparando com uma arma de fogo contra a vítima, sem conseguir acertá-la. Responderá por lesões corporais consumadas e homicídio tentado.

c) Uma mulher, em estado puerperal, mata, com a ajuda da enfermeira, o seu filho que acabara de nascer. As duas responderão por infanticídio.

d) Em face da adoção, em nosso Código Penal, da teoria monista, aquele que auxilia a gestante a praticar aborto, responderá, em concurso material com ela, pelo mesmo crime, qual seja: art. 124 do CP (provocar aborto em si mesma ou consentir que outrem lho provoque).

Comentários

a) **INCORRETA.** É possível a figura do homicídio privilegiado-qualificado, conforme explica Rogério Sanches (Parte Especial, 2017): "convencionou-se ser perfeitamente possível a coexistência das circunstâncias privilegiadoras (§ 1°), todas de natureza subjetiva, com qualificadoras de natureza objetiva."

b) INCORRETA. Houve no caso progressão criminosa, conforme explica Rogério Sanches (Parte Geral, 2016): "progressão criminosa: o agente substitui o seu dolo, dando causa a resultado mais grave. O agente deseja praticar um crime menor e o consuma. Depois, delibera praticar um crime maior e também o concretiza, atentando contra o mesmo bem jurídico. Exemplo de progressão criminosa é o caso do agente que inicialmente pretende somente causar lesões na vítima, porém, após consumar os ferimentos, decide ceifar a vida do ferido, causando-lhe a morte. Somente incidirá a norma referente ao crime de homicídio, artigo 121 do Código Penal, ficando absorvido o delito de lesões corporais." No caso da alternativa, o agente responderá por tentativa de homicídio, pois somente incide a norma referente ao crime de homicídio, absorvido o crime de lesões corporais.

c) CORRETA. Nas lições de Rogério Greco (Código Penal Comentado, 2017), "analisando-se a figura típica do infanticídio, percebe-se que se trata, na verdade, de uma modalidade especial de homicídio, que é cometido

DIREITO PENAL

considerando determinadas condições particulares do sujeito ativo, que atua influenciado pelo estado puerperal, em meio a certo espaço de tempo, pois que o delito deve ser praticado durante o parto ou logo após. [...] A *influência do estado puerperal* não pode ser considerada mera circunstância, mas, sim, elementar do tipo do art. 123, que tem vida autônoma comparativamente ao delito do art. 121. Em razão disso, nos termos do art. 30 do Código Penal, se for do conhecimento do terceiro que, de alguma forma, concorre para o crime, deverá a ele se comunicar. [...] Parturiente e terceiro praticam a conduta núcleo do art. 123, que é o verbo matar. Ambos, portanto, praticam atos de execução no sentido de causar a morte, por exemplo, do recém-nascido. A gestante, não temos dúvida, que atua influenciada pelo estado puerperal, causando a morte do próprio filho logo após o parto, deverá ser responsabilizada pelo infanticídio. O terceiro, que também executa a ação de matar, da mesma forma, deverá responder pelo mesmo delito, conforme determina o art. 30 do Código Penal."

d) INCORRETA. O erro da alternativa está em afirmar que se trata de concurso material, o que não ocorreu, já que houve apenas 1 ação/omissão, e apenas 1 crime, ao passo que o artigo 69 do Código Penal exige, para configurar concurso material, mais de uma ação ou omissão e a prática de dois ou mais crimes. Ao explicar o delito do artigo 124 do Código Penal, Masson (especial 2015) discorre: "esse crime é compatível com o concurso de pessoas, na modalidade **participação**. Destarte, se, exemplificativamente, uma mulher grávida ingere medicamento abortivo, que lhe fora fornecido pelo seu namorado, e em razão dessa conduta provoca a morte do feto, o enquadramento típico será o seguinte: (1) a mulher é autora de autoaborto; e (2) o namorado é **partícipe do crime de autoaborto**, definido como delito de mão própria e compatível com a conduta de induzir, instigar ou **auxiliar**, de forma secundária, a gestante a provocar aborto em si mesma. Se o namorado, contudo, tivesse executado qualquer ato de provocação do aborto, seria autor do crime descrito pelo art. 126 do Código Penal (aborto com o consentimento da gestante)."

Resposta: Letra C

TJMG – 2009 – *Questão nº 40 Direito Penal/Parte Especial/Dos crimes contra o patrimônio/Doutrina/Jurisprudência*

Sobre os delitos contra o patrimônio, marque a alternativa **CORRETA**.

a) Podem ser objeto do delito de furto as coisas abandonadas.

b) O crime de furto (art. 155 do CP), praticado em concurso de pessoas e durante a madrugada em residência com moradores repousando sofrerá a incidência da qualificadora do concurso de pessoas (art. 155, § 4º, IV, do CP) e da causa especial de aumento do repouso noturno (art. 155, § 1º, do CP).

c) Caracterizada a hipótese de roubo (art. 157 do CP) em que o agente, simulando portar arma de fogo (com a mão por baixo da camisa para parecer que está armado) ameaça a vítima de morte para subtrair-lhe a carteira, a capitulação adequada à conduta seria a de roubo majorado pela causa especial de aumento prevista no § 2º, I do art. 157, do CP.

d) O agente que, para subtrair o veículo da vítima, tira-lhe também a vida, responde por latrocínio consumado (art. 157, § 3º, do CP), mesmo que não tenha conseguido, efetivamente, apossar-se do carro.

Comentários

a) **INCORRETA.** Coisas abandonadas não podem ser objeto de furto, como explica Rogério Sanches (Parte Especial, 2017), "havendo que ser alheia, a *coisa de ninguém* (coisa que nunca teve dono) e a *coisa abandonada* (que já pertenceu a alguém, mas foi dispensada) não podem ser objeto material do delito de furto."

b) **CORRETA.*** À época da realização do concurso (2009) o entendimento jurisprudencial dominante realmente era no sentido de que a causa de aumento do repouso noturno apenas era aplicável ao furto simples, entendimento que sofreu alteração posteriormente, como explica Rogério Sanches (Parte Especial, 2017) "ressalte-se que a presente causa de aumento, de acordo com a orientação dos Tribunais Superiores, tinha aplicação restrita ao furto simples, previsto no *caput*, podendo o juiz, em se tratando de furto qualificado (§ 4º), considerar o período de cometimento (se durante o repouso noturno) na análise das circunstâncias judiciais (art. 59 do CP). Ressaltamos, no entanto, que o STJ decidiu ser possível a aplicação da majorante também no furto qualificado, pois não há incompatibilidade entre esta circunstância e aquelas que qualificam o delito, nem há prejuízo para a dosimetria da pena, tendo em vista que o juiz parte da pena-base relativa à forma qualificada e faz incidir o aumento de um terço na terceira fase de aplicação. Além disso, não se justifica a imposição de óbice porque, lançando mão de critério de interpretação semelhante, o tribunal firmou o entendimento de que é possível aplicar sobre o furto qualificado o privilégio do § 2º do art. 155 (25. HC 306.450/SP, Sexta Turma, Rel. Min. Maria Thereza de Assis Moura, DJe 17/12/2014).

c) INCORRETA. O uso simulado de arma não faz incidir a causa de aumento da pena, serve apenas para configurar a grave ameaça do *caput*. De acordo com Masson (especial 2015), "o porte simulado de arma configura a grave ameaça. Exemplo: o sujeito coloca a mão em uma mochila, fingindo segurar um revólver, dizendo à vítima para lhe entregar seus bens senão irá atirar contra ela. É a posição do Superior Tribunal de Justiça: HC 98.844/MG, rel. Min. Og Fernandes (decisão monocrática), j. 30.03.2009. E ainda: REsp 444.760/RS, rel. Min. Hamilton Carvalhido (decisão monocrática), j. 14.11.2006."

d) CORRETA. Em conformidade com o enunciado 610 da súmula do STF, "há crime de latrocínio, quando o homicídio se consuma, ainda que não realize o agente a subtração de bens da vítima." Nesse sentido explica Rogério Sanches (Parte Especial, 2017): "morte consumada, subtração tentada, configura, de acordo com entendimento sumulado no STF (610), latrocínio consumado. O Pretória Excelso, certamente, atentou para o fato de que a conduta, no caso, atinge a vida humana, bem jurídico acima de interesses meramente patrimoniais."

Resposta: Letra D (gabarito oficial); B está igualmente correta hoje.

TJMG – 2012 *– Questão nº 34 Direito Penal/Parte Especial/Aborto/Doutrina*

Maria da Piedade, com 21 (vinte e um) anos, foi estuprada por um desconhecido. Envergonhada com o fato, não tomou nenhuma providência perante a polícia, o Ministério Público ou a justiça. Desse fato, resultou gravidez. Maria provocou aborto em si mesma.

Em face da legislação que rege a matéria, assinale a alternativa correta.

a) Agiu amparada pelo estado de necessidade.

b) Praticou o crime de aborto, descrito no artigo 124 do Código Penal Brasileiro.

c) O aborto sentimental pode ser praticado pela própria vítima.

d) Agiu impelida por relevante valor social.

Comentários

a) Incorreta. Considera-se amparado pelo estado de necessidade quando o aborto é praticado pelo médico, na situação em que há risco de morte pela gestante.

b) Correta. Conclui-se que levando em consideração os termos do Art. 128 do CP, somente não será punido o aborto quando praticado por médico. No caso em tela, Maria da Piedade provocou aborto em si mesma, cometendo, portanto, o crime tipificado no art. 124: "Provocar aborto em si mesma ou consentir que outrem lho provoque".

c) Incorreta. Segundo as lições de Cleber Masson (2016, p. 512): "Na hipótese de aborto sentimental ou humanitário, o fato é típico e ilícito, pois nessa modalidade somente é autorizado o aborto praticado por médico."

d) Incorreta. Quanto à conduta, ressalte-se que esta foi motivada por valor moral, tendo em vista se tratar de interesse particular do agente e não conforme interesse da sociedade (valor social).

Resposta: Letra B

TJMG – 2012 – *Questão nº 36 Direito Penal/Penal Especial/Estelionato/ Legislação*

Atanásio Aparecido ocultou um veículo de sua propriedade e lavrou um boletim de ocorrência com o relato de que fora furtado, com o objetivo de receber o seguro, o que de fato ocorreu.

O delito praticado por Atanásio é definido como

a) estelionato.
b) fraude para recebimento de indenização ou valor de seguro.
c) simulação para recebimento de valor de seguro.
d) estelionato qualificado.

Comentários

a) Incorreta. Art. 170, V, CP.

b) Correta. Art. 170, V, CP: Fraude para recebimento de indenização ou valor de seguro

V – destrói, total ou parcialmente, ou oculta coisa própria, ou lesa o próprio corpo ou a saúde, ou agrava as consequências da lesão ou doença, com o intuito de haver indenização ou valor de seguro;"

c) Incorreta. Art. 170, V, CP.

d) Incorreta. Art. 170, V, CP.

Resposta: Letra B

DIREITO PENAL

TJMG - 2014 – *Questão nº 33 Direito Penal/Parte Especial/Crime contra a Vida/Legislação/Doutrina/Jurisprudência*

Em relação ao crime de homicídio é CORRETO afirmar que

a) a presença de qualificadores impede o reconhecimento do homicídio privilegiado.

b) o crime de homicídio classifica-se como comum; unissubjetivo; material, em regra; de forma livre; doloso ou culposo; de dano e plurissubsistente.

c) tratando-se de homicídio privilegiado é admitido o perdão judicial.

d) a natureza do homicídio privilegiado é de circunstância atenuante especial.

Comentários

Resposta: Anulada

6. DOS CRIMES CONTRA A DIGNIDADE SEXUAL. DOS CRIMES CONTRA A FAMÍLIA

TJMG - 2007 – *Questão nº 40 Direito Penal/Parte Especial/Dos crimes contra a dignidade sexual/Legislação/Doutrina/Jurisprudência*

Ao término de uma festa Junina, Márcia e sua amiga Solange, ambas com 14 (quatorze) anos, completamente embriagadas, aceitaram carona de Guilherme e Leonardo, que se desviaram do caminho de casa e rumaram para um local ermo, onde cada um manteve relações sexuais, dentro do carro. Guilherme com Solange e Leonardo com Márcia. Qual o delito, em tese, praticado por Guilherme e Leonardo?

a) Guilherme e Leonardo praticaram o delito de estupro (art. 213/CP), cumulado com a presunção de violência prevista no art. 224, letra *c*, do C. Penal.

b) Guilherme e Leonardo praticaram o delito de estupro (art. 213/CP), cumulado com a causa de aumento do concurso de pessoas previsto no art. 226, I, do C. Penal.

c) Guilherme e Leonardo praticaram o delito de estupro e de atentado violento ao pudor (art. 213 e 214, do CP), cumulados com a presunção de violência prevista no art. 224, letra *c*, do C. Penal.

d) Guilherme e Leonardo praticaram o delito de atentado violento ao pudor (art. 214/CP), cumulado com a causa de aumento do concurso de pessoas previsto no art. 226, I, do C. Penal.

Comentários

a) CORRETA.* À época da realização do concurso (2007) estava em vigor a redação antiga dos crimes contra a dignidade sexual. Com a vigência da Lei n° 12.015/2009 é preciso atualizar a resposta, podendo-se afirmar que atualmente a situação se enquadraria no artigo 217-A, § 1°: "Incorre na mesma pena quem pratica as ações descritas no **caput** com alguém que, por enfermidade ou deficiência mental, não tem o necessário discernimento para a prática do ato, ou que, por qualquer outra causa, não pode oferecer resistência. (Incluído pela Lei n° 12.015, de 2009)" Explica Rogério Sanches (Parte Especial, 2017): no caso em que a vítima não pode, por qualquer causa, oferecer resistência, "podemos citar como exemplos as situações da pessoa que, embora não padeça de nenhuma anomalia mental, embriaga-se até a inconsciência e, inerte, é submetida ao ato sexual sem que possa resistir; ou da pessoa que é induzida, por meio de drogas, à inconsciência por alguém que tem o propósito de com ela manter relação sexual não consentida." Não se encaixa a situação no caput do art. 217-A pois as vítimas não eram menores de 14 anos. É certo ainda que a presunção de violência, anteriormente prevista no art. 224, foi revogada e a regra deixou de ser aplicada.

b) INCORRETA. Não se configurou no caso o concurso de agente, pois Guilherme cometeu estupro contra Solange e Leonardo contra Márcia. É o que entende Rogério Greco (Código Penal Comentado, 2017): "a mencionada majorante somente poderá ser aplicada se os agentes praticarem, conjuntamente, atos de execução tendentes à prática do delito sexual." Atualizando a alternativa, a situação narrada configuraria atualmente o artigo 217-A, § 1°.

c) INCORRETA. Atualizando a alternativa, atualmente o delito de estupro e o de estupro de vulnerável englobam as condutas de ter conjunção carnal ou praticar outro ato libidinoso. Assim, como explica Rogério Sanches (Parte Especial, 2017), "antes da Lei 12.015/09 entendia-se que o agente, nesse caso, praticava duas condutas (impedindo reconhecer-se o concurso formal) gerando dois resultados de espécies diferentes (incompatíveis com a continuidade delitiva). Contudo, com a novel Lei, o crime de estupro passou a ser de conduta múltipla ou de conteúdo variado." A Sexta Turma do STJ vem decidindo no mesmo sentido, ou seja, o autor de estupro e atentado violento ao pudor, praticados no mesmo contexto fático e contra a mesma vítima, rem direito à aplicação retroativa da Lei 12.015/2009, de modo a ser reconhecida a ocorrência de crime único, devendo a prática de ato libidinoso diverso da conjunção carnal ser valorada na aplicação da pena-base referente ao

DIREITO PENAL

crime de estupro (Precedentes citados: HC 243.678-SP, Sexta Turma, DJe 1311212014; e REsp Ll98.786-DF, Quinta Turma, DJe 10104/2014. HC 212.305-DF, ReL Min. Marilza Maynard – Desembargadora Convocada do T) ISE-, julgado em 2414/2014). No mais, a situação narrada no enunciado não descreve a prática de atos libidinosos, apenas de conjunção carnal. É certo ainda que a presunção de violência, anteriormente prevista no art. 224, foi revogada e a regra deixou de ser aplicada.

d) INCORRETA. Não se trata de atentado violento ao pudor, e sim de estupro (que atualmente engloba as condutas de ter conjunção carnal e praticar outro ato libidinoso. Não se configurou no caso o concurso de agente, pois Guilherme cometeu estupro contra Solange e Leonardo contra Márcia. Vide comentários às alternativas anteriores.

Resposta: Letra A* DESATUALIZADA

***TJMG – 2008** – Questão nº 38 Direito Penal/Parte Especial/Dos crimes contra a dignidade sexual/Legislação/Jurisprudência*

Manfredo prometeu à sua vizinha Patrícia Inocência, de 13 anos de idade, virgem, que se casaria com ela caso mantivessem conjunção carnal, o que foi aceito por Patrícia. Porém, durante o ato, Patrícia pediu para que ele parasse. Ocorre que Manfredo não lhe deu ouvidos e, usando de força física, prosseguiu com a relação, não obstante os incessantes pedidos de Patrícia para encerrá-la. A conduta de Manfredo se amolda a qual tipo penal:

a) Posse sexual mediante fraude.
b) Estupro com causa especial de aumento de pena.
c) Atentado ao pudor mediante fraude.
d) Estupro simples.

Comentários

a), b), c), d) INCORRETAS. A questão foi anulada. À época da realização da prova não existia o tipo de estupro de vulnerável (Incluído pela Lei nº 12.015, de 2009), mas atualizando a questão, hoje seria possível classificar a conduta descrita como estupro de vulnerável, previsto no artigo 217-A, do Código Penal: "Art. 217-A. Ter conjunção carnal ou praticar outro ato libidinoso com menor de 14 (catorze) anos: Pena – reclusão, de 8 (oito) a 15 (quinze) anos. § 1º Incorre na mesma pena quem pratica as ações descritas no caput com alguém que, por enfermidade ou deficiência mental, não tem o necessário discernimento para a prática do ato, ou que, por qualquer outra causa, não pode oferecer resistência. § 3° Se da conduta resulta lesão corporal de natureza grave: Pena – reclusão, de 10 (dez) a 20 (vinte) anos. § 4° Se da conduta resulta morte: Pena – reclusão, de 12 (doze) a 30 (trinta) anos." Recente súmula do STJ cuidou do tema: Súmula 593 do STJ: "O crime de estupro de vulnerável configura-se com a conjunção carnal ou prática de ato libidinoso com menor de 14 anos, sendo irrelevante o eventual consentimento da vítima para a prática do ato, experiência sexual anterior ou existência de relacionamento amoroso com o agente".

Resposta: **ANULADA *DESATUALIZADA**

TJMG – 2009 – *Questão n° 41 Direito Penal/Parte Especial/Dos crimes contra a dignidade sexual/Legislação/Doutrina/Jurisprudência*

Sobre os delitos contra a liberdade sexual, marque a alternativa **CORRETA**.

a) A ação penal no caso de estupro de vítima menor de 18 anos é pública condicionada, já que a vontade da vítima em processar o sujeito ativo, bem como as consequências da exposição decorrente da instauração de um processo penal, na visão do legislador, devem ser levadas em consideração.

b) Pratica assédio sexual (art. 216-A do CP) a mulher que obriga qualquer homem a manter com ela conjunção carnal.

c) Há presunção de violência na hipótese de crime de estupro (previsto no art. 213 do CP) praticado contra menor de 14 anos, consoante regra expressa no art. 224 do CP.

d) Constitui qualificadora do crime de estupro, o fato de a vítima ser menor de 18 e maior de 14 anos.

Comentários

a) **INCORRETA.** Sendo a vítima menor de 18 anos, o Código Penal traz exceção à regra da ação penal pública condicionada à representação para os crimes dos artigos 213, 215, 216-A, 217-A, 218, 218-A, e 218-B: "Art. 225. Nos crimes definidos nos Capítulos I e II deste Título, procede-se mediante ação penal pública condicionada à representação. Parágrafo único. Procede-se, entretanto, mediante **ação penal pública incondicionada se a vítima é menor de 18 (dezoito) anos** ou pessoa vulnerável. Nota-se que a questão já abordou a lei n° 12.015, que alterou a redação dos crimes contra a dignidade sexual em 2009.

DIREITO PENAL

b) INCORRETA. O crime cometido é o de estupro, posto que o tipo do artigo 213 não mais exige que o sujeito ativo seja homem, como ensina Rogério Sanches (Parte Especial, 2017): "Antes da Lei 12.015/2009, ensinava a doutrina que o crime de estupro era *bipróprio,* exigindo condição especial dos dois sujeitos, ativo (homem) e passivo (mulher). Agora, com a reforma, conclui-se que o delito é *bicomum,* onde qualquer pessoa pode praticar ou sofrer as consequências da infração penal (em outras palavras: qualquer pessoa pode ser sujeito ativo assim como qualquer pessoa pode ser sujeito passivo)." Nota-se que a questão já abordou a lei n° 12.015, que alterou a redação dos crimes contra a dignidade sexual em 2009.

c) INCORRETA. Com as alterações perpetradas pela Lei n° 12.015 em 2009 não mais se fala em presunção de violência quanto ao menor de 14 anos, posto que foi editado tipo específico para o estupro de vulnerável, sendo certo que o artigo 224 foi revogado expressamente. Assim explana Rogério Sanches (Parte Especial, 2017): "Antes da entrada em vigor da Lei 12.015/09, o Código Penal considerava, pelo disposto art. 224, presumidamente violenta a relação sexual com menor de quatorze anos. Com a edição da Lei 12.015/09, revogou-se o art. 224 do Código Penal e a regra da presunção de violência deixou de ser aplicada. A mesma lei incluiu no Código o art. 217-A, que, sem mencionar presunção de nenhuma ordem, pune, no *caput,* a conduta de ter conjunção carnal ou praticar outro ato libidinoso com menor de quatorze anos. E atendendo ao propósito da lei, o STJ firmou o entendimento no sentido de afastar pretensões para apurar concretamente a vulnerabilidade (33. REsp 1.480.881/PI, Rei. Min. Rogerio Schietti Cruz, DJe 10/9/2015)." Recentemente foi editado pelo STJ o enunciado n° *593 da súmula do STJ:* "O crime de estupro de vulnerável configura-se com a conjunção carnal ou prática de ato libidinoso com menor de 14 anos, sendo irrelevante o eventual consentimento da vítima para a prática do ato, experiência sexual anterior ou existência de relacionamento amoroso com o agente".

d) *CORRETA*. Em conformidade com o disposto no Código Penal: "Art. 213. Constranger alguém, mediante violência ou grave ameaça, a ter conjunção carnal ou a praticar ou permitir que com ele se pratique outro ato libidinoso: Pena – reclusão, de 6 (seis) a 10 (dez) anos. § 1° Se da conduta resulta lesão corporal de natureza grave ou se a vítima é menor de 18 (dezoito) ou maior de 14 (catorze) anos: (Incluído pela Lei n° 12.015, de 2009) Pena – reclusão, de 8 (oito) a 12 (doze) anos." Nota-se que a questão já abordou a lei n° 12.015, que alterou a redação do delito de estupro em 2009. Explica Rogério Sanches (especial 2017) que "Os §§ 1° e 2° trazem qualificadoras preterdolosas (dolo no antecedente e culpa no consequente), punidas com reclusão de 8 a 12 anos quando da conduta do agente resulta lesão corporal de natureza grave, e 12 a 30 anos, se resulta morte."

Resposta: Letra D

TJMG – 2012 – *Questão nº 37 Direito Penal/Parte Especial/Crimes contra a Dignidade Sexual/Legislação*

Nos crimes de estupro (artigo 213 do Código Penal) e estupro de vulnerável (artigo 217-A do Código Penal), a pena é aumentada pela metade quando o

a) agente é empregador da vítima.
b) crime é cometido em concurso de duas ou mais pessoas.
c) agente é reincidente específico.
d) agente praticou o crime em estado de embriaguez preordenada.

Comentários

a) CORRETA. Conforme o art. 226, II, CP, a pena é aumentada II – de metade, se o agente é ascendente, padrasto ou madrasta, tio, irmão, cônjuge, companheiro, tutor, curador, preceptor ou empregador da vítima ou por qualquer outro título tem autoridade sobre ela;
b) Incorreta. Art. 226, II, CP.
c) Incorreta. Art. 226, II, CP.
d) Incorreta. Art. 226, II, CP.

Resposta: Letra A

7. DOS CRIMES CONTRA A FÉ PÚBLICA. DOS CRIMES CONTRA A ADMINISTRAÇÃO PÚBLICA

TJMG – 2007 – *Questão nº 38 Direito Penal/Parte Especial/Dos crimes contra a administração pública/Legislação/Doutrina*

Assinale a alternativa **INCORRETA**.

a) A perda de cargo, função pública ou mandato eletivo não é efeito automático da condenação, sendo necessário declará-lo explicitamente na sentença condenatória.

b) No caso de peculato culposo, a reparação do dano, se precede à sentença irrecorrível, extingue a punibilidade; se o ressarcimento for posterior, reduz de metade a pena imposta.

c) Pratica o delito de corrupção passiva o funcionário público que exige vantagem indevida para si ou para outrem, direta ou indiretamente, ainda que fora da função ou antes de assumi-la, mas em razão dela.

d) O delito de concussão, embora considerado pela doutrina como crime próprio, admite a participação ou, até mesmo, a coautoria entre o particular e o funcionário público.

Comentários

a) CORRETA. É a expressa disposição do parágrafo único do artigo 92 do Código Penal: "Art. 92 – São também efeitos da condenação: I – a perda de cargo, função pública ou mandato eletivo [...] Parágrafo único – Os efeitos de que trata este artigo não são automáticos, devendo ser motivadamente declarados na sentença."

b) CORRETA. É a expressa disposição do § 3º do artigo 312 do Código Penal: "Art. 312 [...] § 2º – Se o funcionário concorre culposamente para o crime de outrem: Pena – detenção, de três meses a um ano. § 3º – No caso do parágrafo anterior, a reparação do dano, se precede à sentença irrecorrível, extingue a punibilidade; se lhe é posterior, reduz de metade a pena imposta."

c) INCORRETA. Trata-se de concussão, conforme dispõe o Código Penal: "Concussão Art. 316 – Exigir, para si ou para outrem, direta ou indiretamente, ainda que fora da função ou antes de assumi-la, mas em razão dela, vantagem indevida: Pena – reclusão, de dois a oito anos, e multa."

d) CORRETA. Trata-se de crime próprio, somente o funcionário público pode ser *sujeito ativo* do delito de *concussão*, tipificado no art. 316 do Código Penal, mas como afirma Rogério Sanches (Parte Especial, 2017), "o particular poderá concorrer para a prática delituosa, desde que conhecedor da circunstância subjetiva elementar do tipo, ou seja, de estar colaborando com ação criminosa de autor funcionário público (art. 30 do CP)".

Resposta: Letra C

TJMG – 2008 – Questão nº 41 Direito Penal/Parte Especial/Dos Crimes contra a Administração Pública/Legislação

Nos crimes contra a administração pública, é **CORRETO** afirmar:

a) No crime de peculato doloso, o funcionário que reparar o dano até a publicação de sentença condenatória tem extinta sua punibilidade.

b) Solicitar, para si ou para outrem, direta ou indiretamente, ainda que fora da função ou antes de assumi-la, mas em razão dela, vantagem indevida, configura-se o crime de corrupção ativa.

c) O Diretor de Penitenciária que deixa de cumprir seu dever de vedar ao preso o acesso a aparelho telefônico que permita a comunicação com outros presos comete o crime de prevaricação.

d) Comete o crime de desobediência quem se opõe à execução de ato legal, mediante violência ou ameaça a funcionário competente para executá-lo ou a quem lhe esteja prestando auxílio.

Comentários

a) **INCORRETA.** A reparação do dano, **se precede à sentença irrecorrível, extingue a punibilidade apenas no caso do peculato culposo (§ 3º)**, não alcançando a figura do peculato doloso. Dispõe o Código Penal: "Art. 312. [...] Peculato culposo § 2º – Se o funcionário concorre culposamente para o crime de outrem: Pena – detenção, de três meses a um ano. § 3º – No caso do parágrafo anterior, a reparação do dano, se precede à sentença irrecorrível, extingue a punibilidade; se lhe é posterior, reduz de metade a pena imposta."

b) **INCORRETA.** Configura-se o crime de corrupção passiva, não corrupção ativa. Assim dispõe o Código Penal: "Corrupção passiva Art. 317 – Solicitar ou receber, para si ou para outrem, direta ou indiretamente, ainda que fora da função ou antes de assumi-la, mas em razão dela, vantagem indevida, ou aceitar promessa de tal vantagem: Pena – reclusão, de 2 (dois) a 12 (doze) anos, e multa. § 1º – A pena é aumentada de um terço, se, em consequência da vantagem ou promessa, o funcionário retarda ou deixa de praticar qualquer ato de ofício ou o pratica infringindo dever funcional. § 2º – Se o funcionário pratica, deixa de praticar ou retarda ato de ofício, com infração de dever funcional, cedendo a pedido ou influência de outrem: Pena – detenção, de três meses a um ano, ou multa.

c) **CORRETA.** O Código Penal, com a alteração introduzida pela Lei n.º Lei nº 11.466, de 2007, dispõe: "Prevaricação. Art. 319-A. Deixar o Diretor

DIREITO PENAL

de Penitenciária e/ou agente público, de cumprir seu dever de vedar ao preso o acesso a aparelho telefônico, de rádio ou similar, que permita a comunicação com outros presos ou com o ambiente externo: Pena: detenção, de 3 (três) meses a 1 (um) ano."

d) INCORRETA. Comete o crime de resistência, e não desobediência. Assim dispõe o Código Penal: "Resistência Art. 329 – Opor-se à execução de ato legal, mediante violência ou ameaça a funcionário competente para executá-lo ou a quem lhe esteja prestando auxílio: Pena – detenção, de dois meses a dois anos. § 1º – Se o ato, em razão da resistência, não se executa: Pena – reclusão, de um a três anos. § 2º – As penas deste artigo são aplicáveis sem prejuízo das correspondentes à violência."

Resposta: Letra C

TJMG – 2014 – *Questão nº 40 Direito Penal/Parte Especial e Extravagante/ Peculato, Tortura, Organização Criminosa, Associação Criminosa/Legislação e Doutrina*

Analise as seguintes afirmativas, assinalando com V as verdadeiras e com F as falsas.

( ) Sempre que houver a reparação do dano no crime de peculato culposo ocorrerá a extinção da punibilidade do agente.

( ) A Lei nº 9.455/97, que trata dos crimes de tortura, revogou tacitamente a qualificadora relativa ao emprego de tortura no delito de homicídio, uma vez que prevê o crime de tortura com resultado morte.

( ) É possível a formação de organização criminosa com o intuito de praticar infração cuja pena máxima cominada seja inferior a quatro anos.

( ) O crime de associação para o tráfico previsto no Artigo 35 da Lei nº 12.343/2006 é equiparado a hediondo, por força do Artigo 5º inciso XLIII da CF, bem como do Artigo 2º, caput, da Lei nº 8.052/90.

Assinale a alternativa que apresenta a sequência CORRETA.

a) F V F V.
b) V V F F.
c) F F V V.
d) F F V F.

Comentários

I – Incorreta. Para a extinção da punibilidade, a reparação do dano deve ser realizada antes da sentença penal irrecorrível, conforme preceitua o artigo 312, § 2º do Código Penal: Peculato culposo – § 2º – Se o funcionário concorre culposamente para o crime de outrem: Pena – detenção, de três meses a um ano. § 3º – No caso do parágrafo anterior, a reparação do dano, se *precede à sentença irrecorrível, extingue a punibilidade*; se lhe é posterior, reduz de metade a pena imposta.

II – Incorreta. Na lei de tortura, se a lesão corporal resultar morte o crime será qualificado. Verifica-se a ocorrência de crime preterdoloso, pois há dolo na conduta de torturar e culpa no resultado morte. Destarte, não houve revogação da qualificadora do crime de homicídio, em que a tortura será o meio de execução escolhido pelo agente.

Art. 1º Constitui crime de tortura: § 3º Se resulta lesão corporal de natureza grave ou gravíssima, a pena é de reclusão de quatro a dez anos; se resulta morte, a reclusão é de oito a dezesseis anos.

CP Art. 121. Matar alguém: § 2º Se o homicídio é cometido: III – com emprego de veneno, fogo, explosivo, asfixia, tortura ou outro meio insidioso ou cruel, ou de que possa resultar perigo comum;

III – Correta. Na hipótese de crime de transnacional não há a limitação pelo *quantum* da pena, conforme previsto no artigo 1º da Lei 12.850/13:

§ 1º Considera-se organização criminosa a associação de 4 (quatro) ou mais pessoas estruturalmente ordenada e caracterizada pela divisão de tarefas, ainda que informalmente, com objetivo de obter, direta ou indiretamente, vantagem de qualquer natureza, mediante a prática de infrações penais cujas penas máximas sejam superiores a 4 (quatro) anos, ou que sejam de caráter transnacional.

IV – Incorreta. A associação para o tráfico de drogas não é crime hediondo, pois não se encontra no rol da lei dos crimes hediondos e não é crime equiparado a hediondo. Nesse sentido é a jurisprudência Superior Tribunal de Justiça: 1. O crime de associação para o tráfico não integra o rol de crimes hediondos ou equiparados, previstos na Lei nº 8.072/90. Assim, a progressão de regime e o livramento condicional em condenações pelo delito do art. 35 da Lei nº 11.343/06 sujeitam-se aos lapsos de 1/6 e 1/3 da pena, previstos no art. 112 da Lei de Execução Penal e no art. 83, inciso I, do Código Penal, respectivamente. REsp 1469504.

Resposta: Letra D

DIREITO PENAL

8. LEI DAS CONTRAVENÇÕES PENAIS (DECRETO-LEI Nº 3.688, DE 3 DE OUTUBRO DE 1941)

9. CRIMES DEFINIDOS NA LEI Nº 11.343, DE 23 DE AGOSTO DE 2003

TJMG – 2008 – *Questão nº 44 Direito Penal/Leis Penais Especiais/Lei nº 11.343/Legislação/Doutrina*

Nos termos da Lei de Tóxicos (Lei n. 11.343, de 23 de agosto de 2006), é ***CORRETO*** afirmar:

a) Aquele que oferece droga, eventualmente e sem objetivo de lucro, a pessoa de seu relacionamento, para juntos a consumirem, deve ser considerado como usuário.

b) É vedada a progressão de regime do réu condenado pela prática de tráfico de drogas.

c) É permitida a conversão da pena privativa de liberdade em restritivas de direito quando o agente adquire droga com o objetivo de revendê-la.

d) Justifica-se o aumento da pena se ocorrer tráfico interestadual de drogas.

Comentários

a) INCORRETA. A conduta se insere no § 3º do artigo 33 da Lei 11.343/2006; não será considerado usuário, pois caso assim fosse, o agente seria enquadrado no artigo 28 da lei. E não é isso o que determina o dispositivo legal, ao dispor de tipo específico no artigo 33, § 3º, para aquele que oferece droga, eventualmente e sem objetivo de lucro, a pessoa de seu relacionamento, para juntos a consumirem. Assim dispõe a Lei: "Art. 33. [...] § 3º Oferecer droga, eventualmente e sem objetivo de lucro, a pessoa de seu relacionamento, para juntos a consumirem: Pena – detenção, de 6 (seis) meses a 1 (um) ano, e pagamento de 700 (setecentos) a 1.500 (mil e quinhentos) dias-multa, sem prejuízo das penas previstas no art. 28." Importante esclarecimento deve ser feito no tocante à classificação dos crimes da Lei 11.343 como tráfico: Renato Brasileiro, em seu Legislação Especial Criminal Comentada (2016), explica que "na nova lei de drogas (Lei nº 11.343/06), portanto, encontra-se o crime de tráfico de drogas previsto nos artigos 33, caput, § 1º, e 34, excluído desse conceito o art. 35, que traz a figura da associação para fins de tráfico. Insere-se também no conceito de tráfico de drogas o delito de financiamento ao tráfico, previsto no art. 36. O tipo penal previsto no art.

37 também deve ser rotulado como equiparado a hediondo. Interpretando-se a *contrario sensu* o art. 44 da Lei n° 11.343/06, não podem ser rotulados como "tráfico de drogas" e, portanto, equiparados a hediondos, os crimes previstos nos arts. 28 (porte ou cultivo de drogas para consumo próprio), 33, § 2° (auxílio ao uso), **33, § 3° (uso compartilhado)**, 38 (prescrição ou ministração culposa) e 39 (condução de embarcação ou aeronave após o uso de drogas). Por mais que a Lei n° 11.343/06 não defina expressamente quais seriam os crimes de tráfico de drogas, não se pode perder de vista que a palavra tráfico está vinculada à ideia de comércio, mercancia, trato mercantil, negócio fraudulento, etc. Assim, não se pode querer atribuir a natureza de tráfico de drogas à conduta daquele que divide com outrem um cigarro de maconha (Lei n° 11.343/06, art. 33, § 3°), sob pena de rotularmos como equiparado a hediondo um crime cuja pena cominada é de detenção, de 6 (seis) meses a 1 (um) ano."

b) **INCORRETA.** Não é vedada a progressão de regime, mas sim aplicado um patamar diferenciado para que o agente possa a ela fazer jus. Ensina Renato Brasileiro (Legislação Especial, 2016) que "se o crime de tráfico for praticado a partir da vigência da Lei n° 11.464/07, que modificou o art. 2°, § 2°, da Lei 8.072/1990, exige-se o cumprimento de 2/5 (dois quintos) da pena, se o apenado for primário, e de 3/5 (três quintos), se reincidente, para a progressão de regime no caso de condenação por tráfico de drogas, ainda que aplicada a causa de diminuição prevista no art. 33, § 4°, da Lei 11.343/2006." Dispõe a Lei 8.072/90: "Art. 2° Os crimes hediondos, a prática da tortura, **o tráfico ilícito de entorpecentes** e drogas afins e o terrorismo são insuscetíveis de: [...] § 2° A progressão de regime, no caso dos condenados aos crimes previstos neste artigo, dar-se-á **após o cumprimento de 2/5 (dois quintos) da pena, se o apenado for primário, e de 3/5 (três quintos), se reincidente. (Redação dada pela Lei n° 11.464, de 2007)** ".

c) **INCORRETA.** O texto expresso da lei define: "Art. 44. Os crimes previstos nos arts. 33, caput e § 1°, e 34 a 37 desta Lei são inafiançáveis e insuscetíveis de sursis, graça, indulto, anistia e liberdade provisória, **vedada a conversão de suas penas em restritivas de direitos.**" No entanto, é de se esclarecer que, conforme explica Renato Brasileiro (Legislação Especial, 2016), "Ao apreciar o HC 97.256, o plenário do Supremo declarou, incidentalmente, com efeito *ex nunc*, a inconstitucionalidade da expressão *vedada a conversão em penas restritivas de direitos*, constante do § 4° do art. 33, e da parte final do art. 44, ambos da Lei de Drogas (Lei n° 11.343/2006). Para o Supremo, a vedação, em abstrato, da possibilidade de substituição da pena privativa de liberdade por restritiva de

DIREITO PENAL

direitos seria incompatível com o princípio da individualização da pena, porquanto subtrai da instância julgadora a possibilidade de se movimentar com certa discricionariedade nos quadrantes da alternatividade sancionatória.[...] Por tais motivos, foi concedida a ordem em habeas corpus não para assegurar ao paciente a imediata substituição, mas pelo menos para remover o obstáculo da Lei n° 11.343/06, devolvendo ao juiz da causa a tarefa de aferir a presença das condições objetivas e subjetivas listadas no art. 44 do Código Penal. Ora, diante desse entendimento, não há como negar a possibilidade, pelo menos em tese, de substituição da pena privativa de liberdade por restritiva de direitos em relação aos crimes hediondos. [...] De mais a mais, removida a vedação legal à progressão de regime aos condenados pela prática de crime hediondo em virtude do julgamento do HC 82.959/SP, também resta ultrapassada a argumentação que era utilizada para vedar a substituição da reprimenda corporal por restritiva de direitos. Logo, desde que preenchidos os requisitos do art. 44 do CP, é plenamente possível a substituição da pena privativa de liberdade por restritiva de direitos, pouco importando o fato de se tratar de acusado estrangeiro."

d) CORRETA. Caso ocorra tráfico interestadual de drogas incidirá causa de aumento de pena, conforme dispõe a Lei n° 11.343: "Art. 40. As penas previstas nos arts. 33 a 37 desta Lei são aumentadas de um sexto a dois terços, se: [...] V – caracterizado o tráfico entre Estados da Federação ou entre estes e o Distrito Federal;" Renato Brasileiro (Legislação Especial, 2016) esclarece que "é dominante o entendimento no sentido de que não é necessária a efetiva transposição da divisa interestadual. Na verdade, basta a presença de evidências de que a substância entorpecente tinha como destino qualquer ponto além das linhas divisórias estaduais."

Resposta: Letra D

TJMG – 2012 – *Questão n° 35 Direito Penal/Legislação Extravagante/Lei de Drogas/Legislação*

O legislador elegeu como circunstâncias preponderantes, sobre o previsto no artigo 59 do Código Penal Brasileiro, para a fixação das penas nos crimes de tráfico de drogas, Lei n° 11.343/06, a natureza e quantidade da substância,

a) a culpabilidade e a personalidade do agente.

b) a reincidência e a culpabilidade do agente.

c) a culpabilidade, as circunstâncias e as consequências do crime.

d) a personalidade e a conduta social do agente

> **Comentários**
>
> a) Incorreta. Artigo 42, da Lei 11.343/06
>
> b) Incorreta. Artigo 42, da Lei 11.343/06
>
> c) Incorreta. Artigo 42, da Lei 11.343/06
>
> d) Correta. O artigo 42, da Lei 11.343/06, impõe que: O juiz, na fixação das penas, considerará, com preponderância sobre o previsto no art. 59 do Código Penal, a natureza e a quantidade da substância ou do produto, a personalidade e a conduta social do agente.
>
> **Resposta: Letra D.**

10. CRIMES DEFINIDOS NA LEI Nº 10.826, DE 22 DE DEZEMBRO DE 2003

TJMG – 2008 – *Questão nº 42 Direito Penal/Leis Penais Especiais/Lei nº 10.826/Legislação*

Sobre as leis que regulam as armas de fogo no Brasil, é ***CORRETO*** afirmar:

a) Aquele que deixa de observar as cautelas necessárias e permite que menor de 18 (dezoito) anos se apodere de arma de fogo de sua posse ou propriedade não pode ser punido, eis que os crimes previstos no Estatuto do Desarmamento só admitem o dolo como elemento subjetivo do tipo.

b) O agente que mantém em sua residência arma de fogo de uso permitido, sem o devido registro em seu nome, incorre no delito de porte ilegal de arma, previsto no art. 14 da Lei n. 10.826, de 22 dezembro de 2003.

c) A fim de verificar a classificação e a definição de armas de fogo, deve-se consultar a parte final do Estatuto do Desarmamento, eis que, em suas Disposições Gerais, consta o rol de armamentos restritos, permitidos e proibidos.

d) A lei expressamente consagra a proibição de porte de arma de fogo em todo o território nacional, ressalvadas algumas hipóteses específicas, como os integrantes das Forças Armadas e as empresas de segurança privada e de transporte de valores, os quais poderão portar armas de fogo, desde que obedecidos os requisitos legais e regulamentares.

DIREITO PENAL

Comentários

a) **INCORRETA.** A situação narrada amolda-se ao crime previsto no artigo 13 da Lei n° 10.826/2003, "sendo a conduta incriminada nitidamente culposa, na modalidade de negligência, já que se pune a **omissão** do agente, que não observa as **cautelas** devidas para **evitar** o apoderamento de arma de fogo pelo menor ou deficiente", como ensinam Vitor Eduardo Rios Gonçalves e Jose Paulo Baltazar Junior (Legislação Penal Especial, 2017). Assim dispõe a lei: "Omissão de cautela Art. 13. Deixar de observar as cautelas necessárias para impedir que menor de 18 (dezoito) anos ou pessoa portadora de deficiência mental se apodere de arma de fogo que esteja sob sua posse ou que seja de sua propriedade: Pena – detenção, de 1 (um) a 2 (dois) anos, e multa."

b) INCORRETA. A situação narrada amolda-se ao crime previsto no artigo 12 da Lei n° 10.826/2003, assim dispondo: "Posse irregular de arma de fogo de uso permitido Art. 12. Possuir ou manter sob sua guarda arma de fogo, acessório ou munição, de uso permitido, em desacordo com determinação legal ou regulamentar, no interior de sua residência ou dependência desta, ou, ainda no seu local de trabalho, desde que seja o titular ou o responsável legal do estabelecimento ou empresa: Pena – detenção, de 1 (um) a 3 (três) anos, e multa."

c) INCORRETA. As disposições gerais da Lei n° 10.826/2003 não trazem o rol de armamentos restritos, permitidos e proibidos, já que essa definição será disciplinada em ato do chefe do Poder Executivo Federal. Assim dispõe a lei: "Art. 23. A classificação legal, técnica e geral bem como a definição das armas de fogo e demais produtos controlados, de usos proibidos, restritos, permitidos ou obsoletos e de valor histórico serão disciplinadas em ato do chefe do Poder Executivo Federal, mediante proposta do Comando do Exército."

d) CORRETA. Assim dispõe a lei n° 10.826/2003: "Art. 6° É **proibido o porte de arma de fogo em todo o território nacional**, salvo para os casos previstos em legislação própria e para: I – **os integrantes das Forças Armadas**; [...] VIII – **as empresas de segurança privada e de transporte de valores** constituídas, nos termos desta Lei; [...]."

Resposta: Letra D

TJMG – 2009 – *Questão n° 42 Direito Penal/Leis Penais Especiais/Lei 10.826/ Legislação/Jurisprudência*

Sobre o Estatuto do Desarmamento – Lei n. 10.826, de 2003, marque a alternativa **CORRETA**.

a) No julgamento da ADI 3112, o STF entendeu pela constitucionalidade do art. 21 da Lei n° 10.826, de 2003, que veda a concessão de liberdade provisória aos crimes dos seus artigos 16, 17 e 18 (respectivamente: posse ou porte ilegal de arma de fogo de uso restrito; comércio ilegal de arma de fogo; e tráfico internacional de arma de fogo).

b) Também no julgamento da ADI 3112, o STF considerou constitucionais os parágrafos únicos dos artigos 14 e 15 da Lei n° 10.826, de 2003, que estabelecem a inafiançabilidade dos delitos neles previstos (porte ilegal de arma de fogo de uso permitido e disparo de arma de fogo, respectivamente).

c) Com a entrada em vigor da Lei n° 10.826, de 2003, o crime previsto em seu art. 12 (posse irregular de arma de fogo de uso permitido) teve, inicialmente, sua aplicação afetada por sucessivas medidas provisórias, cujo conteúdo foi considerado pela jurisprudência como espécie de *abolitio criminis* temporário.

d) O crime de posse ilegal de arma de fogo de uso permitido, tipificado no art. 12 da Lei n° 10.826, de 2003, com pena privativa de liberdade, abstratamente cominada em detenção de 01 a 03 anos, não comporta a substituição por pena restritiva de direitos, consoante as regras do art. 44 do CP, em face da violência intrinsecamente ligada ao comércio e utilização de armas de fogo em nosso país.

Comentários

a) INCORRETA. Ao contrário, a referida ADI declarou a inconstitucionalidade da vedação da liberdade provisória, como explicam Victor Rios Gonçalves e José Baltazar (Legislação Especial, 2017): "o art. 21 da Lei n. 10.826/2003 proíbe a concessão de liberdade provisória; [...] a lei se refere a todos os crimes do art. 16, bem como ao comércio ilegal (art. 17) e ao tráfico internacional de armas de fogo (art. 18). O Supremo Tribunal Federal, todavia, no julgamento da ADIn 3.112, ocorrido em 2 de maio de 2007, declarou a inconstitucionalidade desse dispositivo, de modo que, atualmente, a pessoa presa em flagrante por um desses crimes pode obter a liberdade provisória, desde que ausentes as vedações do art. 324 do CPP, ou seja, que o réu não tenha quebrado a fiança anteriormente concedida, que não tenha descumprido as obrigações de comparecimento a todos os atos do processo e que estejam ausentes os requisitos da prisão preventiva."

b) INCORRETA. Ao contrário, a referida ADI declarou a inconstitucionalidade da vedação à fiança, como explicam Victor Rios Gonçalves e José Baltazar (Legislação Especial, 2017): "o Supremo Tribunal Federal, todavia, por julgamento em Plenário, declarou a inconstitucionalidade do dispositivo ao apreciar ação direta de inconstitucionalidade (ADIn 3.112), no dia 2 de maio de 2007. Assim, no crime de porte ilegal de arma [e no de disparo de arma de fogo], é possível a concessão de fiança, ainda que a arma não esteja registrada em nome do agente. É claro, porém, que a fiança só será concedida se ausentes as vedações do art. 324 do Código de Processo Penal, ou seja, desde que o réu não tenha quebrado a fiança anteriormente concedida, que não tenha descumprido as obrigações de comparecimento a todos os atos do processo e que estejam ausentes os requisitos da prisão preventiva. O argumento para a declaração da inconstitucionalidade pelo Supremo foi o de que o delito em tela não pode ser equiparado aos crimes hediondos para os quais a Carta Magna veda a fiança, porque é crime de perigo, que não acarreta lesão efetiva à vida ou à propriedade."

c) CORRETA. De acordo com Masson (Parte Geral, 2017), "é cabível o reconhecimento da "abolitio criminis" temporária, nas situações em que a lei prevê a descriminalização transitória de uma conduta. Esse fenômeno foi constatado nos arts. 30 a 32 da Lei 10.826/2003 – Estatuto do Desarmamento, ao autorizar a extinção da punibilidade no tocante aos responsáveis pelos crimes de posse e de porte ilegal de arma de fogo que efetuaram voluntariamente a entrega de armas de fogo de uso permitido dentro dos prazos neles estabelecidos (STF: HC 120.077/RS, rel. Min. Rosa Weber, 1.ª Turma, j. 13.05.2014). O enunciado da súmula do STJ dispõe nesse sentido: "Súmula 513 A 'abolitio criminis' temporária prevista na Lei n. 10.826/2003 aplica-se ao crime de posse de arma de fogo de uso permitido com numeração, marca ou qualquer outro sinal de identificação raspado, suprimido ou adulterado, praticado somente até 23/10/2005."

d) INCORRETA. Ao contrário, é possível a substituição por pena restritiva de direitos, pois o requisito previsto no artigo 44 do Código Penal é que a pena aplicada não seja superior a quatro anos e o crime não tenha sido cometido com violência ou grave ameaça à pessoa: "Art. 44. As penas restritivas de direitos são autônomas e substituem as privativas de liberdade, quando: I – aplicada pena privativa de liberdade não superior a quatro anos e o crime não for cometido com violência ou grave ameaça à pessoa ou, qualquer que seja a pena aplicada, se o crime for culposo". Assim, o crime do artigo 12 da Lei 10.826 comporta a substituição da pena privativa, como explica Gabriel Habib (Leis Especiais, 2015): "tendo em vista que o delito ora comentado não possui, como elemento do tipo, a violência, nem a grave ameaça, bem como o quantum de pena cominada, conclui-se que é possível a substituição da pena privativa de liberdade por pena restritiva de direitos, desde que presentes os demais requisitos positivados no art. 44 do Código Penal."

Resposta: Letra C

TJMG – 2012 – *Questão n° 38 Direito Penal/Legislação Extravagante/Estatuto do Desarmamento/Legislação*

Com relação ao porte de arma de fogo em todo o território nacional, podem portar arma de fogo os integrantes das:

I. guardas municipais das capitais dos Estados, independentemente da regulamentação da lei;

II. guardas municipais dos Municípios com mais de 300 mil habitantes;

III. guardas municipais dos Municípios com mais de 50 mil e menos de 500 mil habitantes, quando em serviço;

IV. carreiras de auditoria da Receita Federal e de auditoria fiscal do Trabalho, cargos de auditor fiscal e analista tributário.

Está correto apenas o contido em

a) I e II.
b) II e IV.
c) III e IV.
d) I, II e IV

Comentários

I – Incorreta. Lei n° 10.826/03, Art. 6°: "É proibido o porte de arma de fogo em todo o território nacional, salvo para os casos previstos em legislação própria e para: III – os integrantes das guardas municipais das capitais dos Estados e dos Municípios com mais de 500.000 (quinhentos mil) habitantes, nas condições estabelecidas no regulamento desta Lei."

II: Incorreta. Não basta que as guardas municipais sejam de Municípios com mais de 300 mil habitantes, sendo que o uso somente será permitido quando em serviço, razão pela qual a assertiva encontra-se incompleta.

Lei n° 10.826/03, Art. 6°, IV – os integrantes das guardas municipais dos Municípios com mais de 50.000 (cinquenta mil) e menos de 500.000

DIREITO PENAL

(quinhentos mil) habitantes, quando em serviço; (Redação dada pela Lei n° 10.867, de 2004)

III: Correta. Lei n° 10.826/03, Art. 6°, IV – os integrantes das guardas municipais dos Municípios com mais de 50.000 (cinquenta mil) e menos de 500.000 (quinhentos mil) habitantes, quando em serviço;

IV – Correta. Lei n° Lei n° 10.826/03, Art. 6°, X – integrantes das Carreiras de Auditoria da Receita Federal do Brasil e de Auditoria-Fiscal do Trabalho, cargos de Auditor-Fiscal e Analista Tributário.

Resposta: Letra C

11. CRIMES ELEITORAIS (LEI N° 4.737, DE 15 DE JULHO DE 1965, E LEI N° 9.504, DE 30 DE SETEMBRO DE 1997)

TJMG – 2012 – *Questão n° 40 Direito Penal/Legislação/Crimes eleitorais, falimentares, de trânsito, ambientais/Legislação*

Analise as proposições a seguir classificando-as em V (verdadeira) ou F (falsa).

I. ( ) Constitui apenas infração administrativa inscrever-se o eleitor, simultaneamente, em 2 (dois) ou mais partidos.

II. ( ) Os efeitos da condenação em crimes falimentares não são automáticos, devendo ser declarados na sentença, e perdurarão até 5 (cinco) anos após a extinção da punibilidade, podendo, contudo, cessar antes pela reabilitação.

III. ( ) O agente que não possuir Carteira de Habilitação ou Permissão para Dirigir terá a sua pena aumentada de 1/3 (um terço) à 1/2 (metade) no caso da prática de homicídio culposo na direção de veículo automotor.

IV. ( ) O baixo grau de instrução ou escolaridade do agente não é considerado circunstância atenuante nos delitos previstos na Lei Ambiental (Lei n.° 9.605/98).

Assinale a alternativa que apresenta a classificação correta das proposições.

a) I-F; II-V; III-V; IV-F.
b) I-F; II-V; III-F; IV-V.
c) I-V; II-F; III-V; IV-V.
d) I-V; II-V; III-F; IV-F.

> **Comentários**
>
> I – Incorreta. Trata-se de conduta tipificada pela Lei 4.737/1965 (Código Eleitoral), no Art. 320: "Inscrever-se o eleitor, simultaneamente, em dois ou mais partidos: Pena: pagamento de 10 a 20 dias –multas"
>
> II – Correta. Lei 11.101/2005 (Lei de Falências), art. 181. São efeitos da condenação por crime previsto nesta Lei: I – a inabilitação para o exercício de atividade empresarial; II – o impedimento para o exercício de cargo ou função em conselho de administração, diretoria ou gerência das sociedades sujeitas a esta Lei; III – a impossibilidade de gerir empresa por mandato ou por gestão de negócio. § 1º Os efeitos de que trata este artigo não são automáticos, devendo ser motivadamente declarados na sentença, e perdurarão até 5 (cinco) anos após a extinção da punibilidade, podendo, contudo, cessar antes pela reabilitação penal.
>
> III – Correta. Conforme CTB, art. 302. Praticar homicídio culposo na direção de veículo automotor: Penas – detenção, de dois a quatro anos, e suspensão ou proibição de se obter a permissão ou a habilitação para dirigir veículo automotor. Parágrafo único. No homicídio culposo cometido na direção de veículo automotor, a pena é aumentada de um terço à metade, se o agente: I – não possuir Permissão para Dirigir ou Carteira de Habilitação;
>
> IV – Incorreta. Segundo o artigo 14 da Lei 9.605/98 (Lei de crimes ambientais): "São circunstâncias que atenuam a pena: I – baixo grau de instrução ou escolaridade do agente."
>
> *Resposta: Letra A*

12. CRIMES DE ABUSO DE AUTORIDADE (LEI Nº 4.898, DE 9 DE DEZEMBRO DE 1965). CRIMES DE TORTURA (LEI Nº 9.455, DE 7 DE ABRIL DE 1997). CRIMES HEDIONDOS (LEI Nº 8.072, DE 25 DE JULHO DE 1990)

TJMG – 2012 – *Questão nº 39 Direito Penal/Legislação Extravagante/Tortura/ Legislação*

Assinale a alternativa correta.

a) Submeter pessoa de quem se tem a guarda ou custódia a vexame ou a constrangimento não autorizado em lei constitui crime de tortura.

b) Omitir, o agente, quando tinha o dever de evitar ou apurar conduta de outrem consistente em constrangimento a alguém ou emprego de grave

DIREITO PENAL

ameaça, causando-lhe sofrimento mental, com o fim de obter informação, declaração ou confissão, constitui abuso de autoridade.

c) O abuso de autoridade sujeitará o seu autor apenas às sanções administrativas e penais.

d) No crime de tortura, a pena aumenta de 1/6 (um sexto) a 1/3 (um terço) se o crime é cometido por superior

Comentários

Resposta: Anulada

13. CRIMES CONTRA AS RELAÇÕES DE CONSUMO (LEI Nº 8.078, DE 11 DE SETEMBRO DE 1990). CRIMES CONTRA A ORDEM TRIBUTÁRIA (LEI Nº 8.137, DE 27 DE DEZEMBRO DE 1990). CRIMES CONTRA A ORDEM ECONÔMICA (LEI Nº 8.176, DE 8 DE FEVEREIRO DE 1991). CRIMES CONTRA A ECONOMIA POPULAR (LEI Nº 1.521, DE 26 DE DEZEMBRO DE 1951)

14. CRIMES DE TRÂNSITO (LEI Nº 9.503, DE 23 DE SETEMBRO DE 1997). CRIMES CONTRA O MEIO AMBIENTE (LEI Nº 9.605, DE 12 DE FEVEREIRO DE 1998). CRIMES FALIMENTARES (LEI Nº 11.101, DE 9 DE FEVEREIRO DE 2005)

TJMG – 2009 – *Questão nº 43 Direito Penal/Leis Penais Especiais/Lei 9.605/ Legislação/Jurisprudência*

Sobre os crimes contra o meio ambiente, marque a alternativa **CORRETA**.

a) Havendo a responsabilização penal pessoal do representante legal da pessoa jurídica é obrigatória também a responsabilização da pessoa jurídica.

b) A perícia produzida no inquérito civil poderá servir para o cálculo da fiança e da multa.

c) O art. 6º da Lei nº 9.605, de 1998 afasta a aplicação dos artigos 59 e 60 do Código Penal, quanto à aplicação e dosimetria da pena.

d) Limitação de fim de semana prevista no art. 48 do Código Penal é equivalente ao recolhimento domiciliar estabelecido no art. 13 da Lei nº 9.605, de 1998.

Comentários

a) **INCORRETA.** O entendimento jurisprudencial mais recente desvinculou a responsabilidade penal da pessoa jurídica em relação às pessoas físicas supostamente autoras e partícipes do delito ambiental, como decidiu o STF: "crime ambiental: absolvição de pessoa física e responsabilidade penal de pessoa jurídica. É admissível a condenação de pessoa jurídica pela prática de crime ambiental, ainda que absolvidas as pessoas físicas ocupantes de cargo de presidência ou direção do órgão responsável pela prática criminosa." (RE 548.181/PR, rel. Min. Rosa Weber, j. 06.08.2014). O STJ, em 2015, reviu seu posicionamento e afastou também a dupla imputação obrigatória nos crimes ambientais (RMS 39.173, j. 06.08.2015). Assim conclui Frederico Amado (Direito Ambiental, 2017): "nota-se que na atualidade tanto o STF quanto o STJ admitem a imputação de responsabilidade penal à pessoa jurídica sem a obrigatoriedade de imputação simultânea de crime ambiental à pessoa natura, adotando o sistema de dupla imputação não necessariamente concomitante."

b) CORRETA. Em conformidade com a Lei n° 9.605/98: "Art. 19. A perícia de constatação do dano ambiental, sempre que possível, fixará o montante do prejuízo causado para efeitos de prestação de fiança e cálculo de multa. Parágrafo único. A perícia produzida no inquérito civil ou no juízo cível poderá ser aproveitada no processo penal, instaurando-se o contraditório."

c) INCORRETA. A disposição da Lei 9.605/98 não afasta a aplicação dos artigos do Código Penal quanto à dosimetria da pena, de acordo com a redação do artigo 79: "Art. 79. Aplicam-se subsidiariamente a esta Lei as disposições do Código Penal e do Código de Processo Penal.". Nesse sentido explica Frederico Amado (Direito Ambiental, 2017): "é certo que a Lei 9.605/98 forma um microssistema jurídico, apenas se aplicando as disposições do CP e CPP subsidiariamente. Existem regras especiais para a dosimetria da sanção penal, presentes na Lei 9.605/98, que se juntam às circunstâncias do art. 59 do Código Penal, utilizadas na primeira fase na dosimetria." Ensinam Victor Rios Gonçalves e José Baltazar (Legislação Especial, 2017): "a existência de regras específicas não afasta a consideração das demais circunstâncias judiciais do art. 59, mas permite que as consequências, os motivos e os antecedentes, quando especialmente relevantes do ponto de vista ambiental, tenham preponderância em relação às demais circunstâncias judiciais.

d) INCORRETA. Não são equivalentes. Veja-se que o recolhimento domiciliar baseia-se na autodisciplina, não tem vigilância, determina o recolhimento nos dias de folga, enquanto a limitação de fim de semana obriga a permanecer aos fins de semana em casa de albergado por 5 horas diárias. Conforme dispõe a Lei 9.605: "Art. 13. O recolhimento domiciliar baseia-se na autodisciplina e senso de responsabilidade do condenado, que deverá, sem vigilância, trabalhar, frequentar curso ou exercer atividade autorizada, permanecendo recolhido nos dias e horários de folga em residência ou em qualquer local destinado a sua moradia habitual, conforme estabelecido na sentença condenatória." E conforme o Código Penal: "Art. 48 – A limitação de fim de semana consiste na obrigação de permanecer, aos sábados e domingos, por 5 (cinco) horas diárias, em casa de albergado ou outro estabelecimento adequado." Além disso, como ensinam Victor Rios Gonçalves e José Baltazar (Legislação Especial, 2017), "Na LCA, o recolhimento domiciliar tem a natureza de PRD, ao contrário do que se dá no sistema do CP, em que a medida é limitada a alguns casos específicos de apenados que estejam no regime aberto (LEP, art. 117)."

Resposta: Letra B

TJMG – 2009 – *Questão nº 44 Direito Penal/Leis Penais Especiais/Lei 9.605/ Legislação/Doutrina*

Sobre os crimes contra o meio ambiente, marque a alternativa **CORRETA**.

a) Ao conceituar pesca, para os fins legais, a Lei nº 9.605, de 1998, abrange peixes, crustáceos, moluscos e vegetais hidróbios.

b) Todas as contravenções penais contra a fauna previstas no Código Florestal estão implicitamente revogadas, pois, com o advento da Lei de Crimes Ambientais, aquelas condutas foram, de certa forma, contempladas como crimes.

c) Nos crimes ambientais, a aplicação de pena de multa decorrente de sentença transitada em julgado impede a cominação de multa por infração administrativa relativamente ao mesmo fato, em razão do princípio do ***non bis in idem***.

d) Constitui circunstância agravante da pena pela prática de crime ambiental, tal como definido pela Lei nº 9.605, de 1998, a baixa instrução ou escolaridade do agente.

Comentários

a) CORRETA. Está em conformidade com a Lei 9.605/98: "Art. 36. Para os efeitos desta Lei, considera-se pesca todo ato tendente a retirar, extrair, coletar, apanhar, apreender ou capturar espécimes dos grupos dos peixes, crustáceos, moluscos e vegetais hidróbios, suscetíveis ou não de aproveitamento econômico, ressalvadas as espécies ameaçadas de extinção, constantes nas listas oficiais da fauna e da flora."

b) INCORRETA.*DESATUALIZADA. À época da realização do concurso (2009) ainda não havia sido editado o novo código florestal (LEI Nº 12.651, DE 25 DE MAIO DE 2012), que revogou expressamente o antigo código florestal a que se referia a questão (LEI Nº 4.771, DE 15 DE SETEMBRO DE 1965), revogando consequentemente todas as disposições acerca de contravenções penais ali existentes. Respondendo à alternativa, a título de exemplo, Frederico Amado explica (Direito ambiental esquematizado 2015): "a contravenção penal estatuída no artigo 26, e, do antigo Código Florestal, não havia sido revogada, pois este crime-anão era de tipicidade mais ampla, tutelando todas as formas de vegetação, tendo aplicabilidade subsidiária. A sua revogação expressa apenas se verificou com a aprovação da Lei 12.651/2012, que expressamente revogou a Lei 4.771/1965." Apenas para esclarecer, o novo código florestal não dispõe acerca de crimes ou contravenções ambientais, e analisando o antigo código florestal é possível perceber que algumas contravenções ali previstas já haviam sido revogadas pela Lei 9.605, como o art. 26, a (revogado pelo art. 38 da Lei 9.605), o art. 26, f (pelo art. 42), o art. 26, o (pelo art. 44), o art. 26, q (pelo art. 45), o art. 26, h e i (pelo art. 46), o art. 26, g (pelo art. 48), o art. 26, n (pelo art. 49), o art. 45, § 3º (pelo art. 51).

c) INCORRETA. Não há se falar em *bis in idem*, como bem esclarece Frederico Amado (Ambiental Esquematizado, 2015): "A Constituição de 1988 prevê no artigo 225, § 3º, que as condutas e atividades lesivas ao meio ambiente sujeitarão os infratores, pessoas físicas ou jurídicas, a sanções penais e administrativas, independentemente da obrigação de reparar os danos causados. Ou seja, inexiste *bis in idem* na aplicação das sanções penais e administrativas juntamente com a indenização, uma vez que a regra é a independência das instâncias."

d) INCORRETA. Ao contrário, trata-se de circunstancia que atenua a pena, como dispõe a Lei 9.605/98: "Art. 14. São circunstâncias que atenuam a pena: I – baixo grau de instrução ou escolaridade do agente [...]"

Resposta: Letra A

DIREITO PENAL

15. CRIMES CONTRA A CRIANÇA E O ADOLESCENTE (LEI Nº 8.069, DE 13 DE JULHO DE 1990). CRIMES CONTRA A VIOLÊNCIA DOMÉSTICA E FAMILIAR (LEI Nº 11.340, DE 7 DE AGOSTO DE 2006). CRIMES CONTRA OS IDOSOS (LEI Nº 10.741, DE 1º DE OUTUBRO DE 2003). CRIMES DE PRECONCEITO DE RAÇA OU COR (LEI Nº 7.716, DE 5 DE JANEIRO DE 1989)

TJMG – 2007 – *Questão nº 43 Direito Penal/Leis Penais Especiais/Lei 11.340/ Legislação/Doutrina/Jurisprudência*

Em relação à Lei n. 11.340/2006, também chamada "Lei Maria da Penha", analise as assertivas a seguir e assinale a opção **CORRETA**.

1. Independentemente da pena prevista, nos crimes praticados com violência familiar contra a mulher, é vedada a aplicação da composição civil e da transação penal.

2. Nas ações públicas condicionadas à representação da ofendida de que trata a referida Lei, só será admitida a renúncia à representação perante o juiz, em audiência especial designada com tal finalidade, antes do recebimento da denúncia e ouvido o MP. Como a renúncia é típica da ação de iniciativa privada, a Lei trata, na verdade, da retratação da representação, que ocorrerá com a denúncia já ofertada, mas não recebida pelo juiz, em nítida contradição à regra estabelecida no artigo 25 do CPP.

3. Tendo a Lei em exame repudiado os Juizados Especiais Criminais, a ação penal no crime de lesões corporais decorrentes da violência doméstica voltou a ser pública incondicionada.

4. Salvo as exceções previstas no artigo 17, da Lei n. 11.340/2006, a Lei não veda a substituição da pena corporal pelas penas restritivas de direitos.

a) Todas as assertivas estão corretas.

b) Apenas as assertivas 1 e 3, estão corretas.

c) Apenas as assertivas 1, 3 e 4, estão corretas.

d) Apenas as assertivas 2 e 4, estão corretas.

Comentários

Alternativa 1) CORRETA. Dispõe a Lei 11.340/06: "Art. 41. Aos crimes praticados com violência doméstica e familiar contra a mulher, independentemente da pena prevista, não se aplica a Lei n. 9.099, de 26 de setembro de 1995. Sobre o tema, Habib (Leis Especiais tomo III, 2015) escreve:

"esse dispositivo possui dois comandos: o primeiro comando é no sentido de as infrações penais praticadas nos moldes dessa lei não se considerarem infrações penais de menor potencial ofensivo; o segundo comando é evitar a aplicação das medidas despenalizadoras. Com efeito, a lei nº 9.099/95 trouxe para a ordem jurídica brasileira quatro medidas despenalizadoras: a composição civil dos danos (art. 74); a transação penal (art. 76); a representação (art. 88); e a suspensão condicional do processo (art. 89). Todas essas medidas visam a evitar o processo ou evitar uma condenação. Como o legislador deu um tratamento mais severo aos crimes praticados no âmbito da violência doméstica e familiar contra a mulher, ele quis que não fossem aplicadas medidas que permitam uma alternativa ao processo ou que impliquem uma alternativa à condenação, que são justamente as medidas despenalizadoras previstas na lei nº 9.099/95." Veja-se, ainda, o enunciado da súmula do STJ: "**Súmula 536. A suspensão condicional do processo e a transação penal não se aplicam na hipótese de delitos sujeitos ao rito da Lei Maria da Penha.**"

Alternativa 2) CORRETA. Dispõe a Lei 11.340/06: "Art. 16. Nas ações penais públicas condicionadas à representação da ofendida de que trata esta Lei, só será admitida a renúncia à representação perante o juiz, em audiência especialmente designada com tal finalidade, antes do recebimento da denúncia e ouvido o Ministério Público." Conforme ensina Habib (Leis Especiais tomo III, 2015), "o que o legislador chamou de renúncia, na realidade é uma retratação do direito de representação que já foi exercido. [...] Dessa forma, nos delitos de ação penal pública condicionada à representação, para evitar qualquer espécie de vício na vontade da vítima de oferecer a retratação justamente pelo constrangimento ou ameaça do agressor e garantir a sua espontaneidade, o legislador exigiu que essa retratação seja feita em audiência específica para esse fim, na presença do Juiz, com a oitiva do Ministério Público."

Alternativa 3) CORRETA*. Apesar da redação truncada, o enunciado parece querer dizer que a Lei 11.340/06 afastou a incidência da Lei dos Juizados e, por consequência, o crime de lesões corporais decorrente de violência doméstica passou a ser de ação pública incondicionada. Nesse caso, correta a assertiva, pois desde a edição da Lei 9.099/95 havia divergência no tocante ao tema, e apenas por ocasião do julgamento da ADI 4424 DF o Supremo Tribunal Federal deu interpretação conforme aos arts. 12, I, 16 e 41 da Lei n. 11.340/2006 e firmou a orientação de que a natureza da ação do crime de lesões corporais, praticadas no âmbito doméstico, é sempre pública incondicionada. É necessário esclarecer que, à época da realização do concurso (2007) não havia sido pacificado esse posicionamento, razão pela qual pode ter sido entendida como incorreta pela banca esta alternativa. Recentemente, inclusive, o STJ editou enunciado nesse sentido: "Súmula 542. A ação penal relativa ao crime de lesão corporal resultante de violência doméstica contra a mulher é pública incondicionada."

Alternativa 4) CORRETA. A lei em si não veda a substituição por pena restritiva de direito fora do artigo 17, porém há que se verificar o enunciado da súmula do STJ, "Súmula 588. A prática de crime ou contravenção penal contra a mulher com violência ou grave ameaça no ambiente doméstico impossibilita a substituição da pena privativa de liberdade por restritiva de direitos."

Resposta: ANULADA

TJMG – 2014 – *Questão nº 38 Direito Penal/Penal Especial e Extravagante/ Maria da Penha, Crime contra a Honra, Estupro, Invasão de dispositivo Informático/Legislação*

Analise as afirmativas a seguir.

I. A Lei nº 11.340/06, que trata da violência doméstica e familiar contra a mulher, veda a aplicação de penas de prestação de serviços à comunidade ou de doação de cestas básicas, mas possibilita a substituição da pena privativa por pagamento isolado de multa.

II. As penas cominadas aos delitos contra a honra aplicam-se em dobro, caso o crime tenha sido cometido mediante promessa de recompensa.

III. A revogação do Artigo 214 do CP pela Lei nº 12.015/09 conduziu à abolitio criminis do delito de atentado violento ao pudor anteriormente cometido.

IV. O delito de invasão de dispositivo informático previsto no Artigo 154-A do CP é um tipo penal misto, processando-se sempre mediante ação pública condicionada à representação.

A partir da análise, conclui-se que está(ão) CORRETA(S) a(s) afirmativa(s)

a) I apenas.
b) II apenas.
c) III apenas.
d) I, II, III e IV.

Comentários

I – Incorreta. Lei 11.340/06, Art. 17: É vedada a aplicação, nos casos de violência doméstica e familiar contra a mulher, de penas de cesta básica ou outras de prestação pecuniária, bem como a substituição de pena que implique o pagamento isolado de multa.

II – Correta. Código Penal, Art. 141: As penas cominadas neste Capítulo aumentam-se de um terço, se qualquer dos crimes é cometido: Parágrafo único – Se o crime é cometido mediante paga ou promessa de recompensa, aplica-se a pena em dobro.

III – Incorreta. Não houve abolitio criminis. Verifica-se o fenômeno da continuidade típico-normativa, pois o atentado violento ao pudor passou a integrar o tipo do Art. 213 do Código Penal: Constranger alguém, mediante violência ou grave ameaça, a ter conjunção carnal ou a praticar ou permitir que com ele se pratique outro ato libidinoso.

IV – Incorreta. O termo sempre tornou a alternativa incorreta, pois excepcionalmente, a ação penal será pública incondicionada, conforme previsto no artigo 154-B do Código Penal: Nos crimes definidos no art. 154-A, somente se procede mediante representação, salvo se o crime é cometido contra a administração pública direta ou indireta de qualquer dos Poderes da União, Estados, Distrito Federal ou Municípios ou contra empresas concessionárias de serviços públicos.

Resposta: Letra B

16. LEI DA ANISTIA

***TJMG – 2012** – Questão nº 32 Direito Penal/Legislação Extravagante/Anistia/ Legislação/Doutrina*

Da Lei da Anistia, surgem os seguintes efeitos.

I. A anistia do delito não pode ser revogada.

II. A condenação por crime anistiado só pode ser considerada para efeitos de reincidência.

III. Quando existir decisão condenatória, a norma eliminará a condenação e todos os seus efeitos.

IV. A anistia não elimina a tipicidade da conduta dos coautores.

Estão corretas apenas as assertivas

a)   I e II.

b)   I e III.

DIREITO PENAL

c) II e IV.
d) I, III e IV.

Comentários

(I): Correta. Uma vez concedida, não pode a anistia ser revogada, porque a lei posterior revogadora prejudicaria os anistiados, em clara violação ao princípio constitucional de que a lei não pode retroagir para prejudicar o acusado, nos termos do art. 5º, XL, CF: " a lei penal não retroagirá, salvo para beneficiar o réu". Nesse sentido, tem-se as lições de Nucci (2010, p. 550-554): "De um modo ou de outro, uma vez concedido, não pode mais ser revogada".

II – Incorreta. Conforme ensinamentos de Marcelo André e Alexandre Salim, (2017, p. 463), Anistia e *'abolitio criminis'* do crime anterior. Como a anistia e a *abolitio criminis* cessam os efeitos penais da sentença condenatória, o agente que vier a praticar novo delito não poderá ser considerado reincidente.

(II): Correta. A anistia consiste no esquecimento jurídico da infração penal fazendo cessar os efeitos penais da sentença condenatória. Nesse sentido as lições de Marcelo André e Alexandre Salim, (2017, p. 463) ensinam que, "Efeitos: possui efeitos *ex tunc*, cessando os efeitos penais da sentença condenatória". Ressalta-se que apesar da redação da alternativa a banca examinadora considerou o item correto, uma vez que os efeitos mencionados na questão seriam os penais. Atenção: não se afasta efeitos civis, como por exemplo a obrigação de reparação do dano. (Sinopses para concursos, Direito Penal. Parte Geral, Vol. 1 – 7ª ed, p. 562; Marcelo André e Alexandre Salim)

(IV): Incorreta. A anistia tem a capacidade de apagar o fato criminoso, e por via reflexa, abrange todos os sujeitos do ato criminoso, sejam autores, coautores ou partícipes. Nesse sentido, são lições de Marcelo André e Alexandre Salim (2017, p. 562): "Anistia – consiste no esquecimento jurídico da infração. A anistia atinge fatos e não pessoas". Assim sendo, quando o congresso nacional decide aprovar determina lei de anistia, a lei é dotada de abstratividade e generalidade implicando na renúncia ao poder-dever de punir a todos os envolvidos na infração penal. Lado outro, chama-se atenção que a banca considerou a natureza jurídica da anistia como excludente de tipicidade e não de exclusão da culpabilidade. Adotou-se o entendimento de *Nucci* (2011, p. 598): "A anistia só é concedida através de lei editada pelo Congresso Nacional. Possui efeito ex tunc, ou seja, apaga o crime e todos os efeitos da sentença, embora não atinja os efeitos civis.

[...] Deve ser declarada a extinção da punibilidade, quando concedida a anistia, pelo juiz da execução penal. Tratada no art. 107 do Código Penal como excludente de punibilidade, na verdade, a sua natureza Jurídica é de excludente de tipicidade, pois, apagado o fato, a consequência lógica é o afastamento da tipicidade, que é adequação do fato ao tipo penal"

Resposta: Letra B

DIREITO PROCESSUAL PENAL

Natália Soares Fuchs

Visão geral sobre as questões de Direito Processual Penal

O presente capítulo apresenta as questões de constitucional dos últimos 05 concursos do TJMG. Os temas mais recorrentes foram:

I – Das provas;

II – Da prisão;

III – Do Tribunal do Júri, com destaque para o tema desaforamento

IV – Recursos; e,

V – Execução Penal.

As questões foram baseadas, predominantemente, na Lei seca, sendo a utilização da doutrina necessária, principalmente para atualizar as questões.

Para melhor aproveitamento dos estudos, recomenda-se a leitura do Código de Processo Penal e das Leis especiais, com destaque para a lei dos Juizados Especiais e a Lei de Execuções Penais.

Desejo-lhe bons estudos!

TÓPICOS DO EDITAL	Legislação	Doutrina	Jurisprudência
1. Do processo penal em geral.			
2. Princípios e fontes do processo penal.	2012-1　2008-1	2012-1　2008-1	
3. Código de Processo Penal (Decreto-Lei nº 3.689, de 3 de outubro de 1941)			
4. Disposições preliminares.			

TÓPICOS DO EDITAL	Legislação	Doutrina	Jurisprudência
5. Do inquérito policial.			
6. Da ação penal.	2014-1 2009-2 2008-3	2014-1 2009-3	
7. Da ação civil.			
8. Da competência.	2014-1 2012-1 2007-1	2014-1 2012-1	2012-1
9. Das questões e processos incidentes.	2007-1		2007-1
10. Da prova.	2014-3 2009-3 2007-1	2014-1 2007-1	
11. Do juiz, do Ministério Público, do acusado e defensor, dos assistentes e auxiliares da Justiça.			
12. Da prisão e da liberdade provisória.	2014-1 2009-1 2008-1 2007-1	2009-2 2008-1 2007-1	
13. Das citações e intimações.	2014-1 2012-1 2009-1	2012-1	
14. Da sentença.	2008-1 2007-1		

DIREITO PROCESSUAL PENAL

TÓPICOS DO EDITAL	Legislação	Doutrina	Jurisprudência
15. Dos processos em espécie.	2014-1 2009-4 2008-3 2007-3	2009-1 2007-1	
16. Das nulidades e dos recursos em geral.	2014-2 2012-2 2008-1 2007-1	2012-1	
17. Disposições gerais.			
18. Habeas Corpus e seu procedimento.			
19. Mandado de segurança em matéria criminal (Lei nº 12.016, de 7 de agosto de 2009).			
20. Execução penal (Lei nº 7.210, de 11 de julho de 1984).	2012-2 2009-2 2008-2 2007-2	2012-1	
21. Entorpecentes (Lei nº 11.343, de 23 de agosto de 2003).	2012-1 2008-1		
22. Violência doméstica (Lei nº 11.340, de 7 de agosto de 2006).			
23. Prisão temporária (Lei nº 7.960, de 21 de dezembro de 1989).			
24. Da prisão, das medidas cautelares, da liberdade provisória (Lei nº 12.403, de 4 de maio de 2011).			
25. Juizados Especiais Criminais (Lei nº 9.099, de 26 de setembro de 1995).	2014-1 2012-1 2007-2	2012-1	

TÓPICOS DO EDITAL	Legislação	Doutrina	Jurisprudência
26. Falências (Lei nº 11.101, de 9 de fevereiro de 2005).			
27. Código Eleitoral (Lei nº 4.737, de 15 de julho de 1965).			
28. Organizações criminosas (Lei nº 9.034, de 3 de maio de 1995).	2012-1		
29. Proteção a testemunhas (Lei nº 9.807, de 13 de julho de 1999).			
30. Interceptação telefônica (Lei nº 9.296, de 24 de julho de 1996).	2007-1		

*Alguns itens não apresentam questões.

1. DO PROCESSO PENAL EM GERAL

2. PRINCÍPIOS E FONTES DO PROCESSO PENAL

TJMG 2012. *Questão 41. Direito Processual Penal/CPP/interpretação e fontes do direito processual penal/Legislação e doutrina.*

Considere as afirmações a seguir.

I. São admitidos no Direito Processual Penal a interpretação extensiva, a aplicação analógica e os princípios gerais de direito.

II. Os costumes têm caráter de fonte normativa primária do Direito Processual Penal.

III. Com autorização pela Emenda Constitucional nº 45/09 para o Supremo Tribunal Federal (STF) editar súmulas vinculantes, passamos a ter novas fontes material e formal das normas processuais penais.

IV. A analogia é aplicável somente em caso de lacuna involuntária da lei, ainda que não haja real semelhança entre o caso previsto e o não previsto.

Estão corretos apenas os itens

a) I e II.

b) I e III.

c) I e IV.
d) II e IV.

> **Comentários**
>
> I. CORRETA – Art. 3º do CPP: Art. 3º A lei processual penal admitirá interpretação extensiva e aplicação analógica, bem como o suplemento dos princípios gerais de direito.
>
> II. INCORRETA – no Direito Processual Penal os costumes são fontes indireta.
>
> III. CORRETA – A doutrina é divergente nesse aspecto, porém prevalece o entendimento de que as súmulas vinculantes integram ao rol das fontes materiais e formais.
>
> IV. INCORRETA – o art. 3º do CPP permite a aplicação da analogia no processo penal, porém tal recurso apenas é legítimo quando estendemos a um caso não previsto aquilo que o legislador previu para outro semelhante, em igualdade de razões.
>
> **Resposta: Letra B**

TJMG 2008. *Questão 47. Direito Processual Penal/CPP/Princípio do devido processo legal/Doutrina.*

São implicações do princípio do devido processo legal, exceto:

a) Favor rei, Imparcialidade do Juiz, Legalidade das formas.
b) Estado de inocência, Juiz Natural, Identidade física do Juiz.
c) Publicidade, Indisponibilidade da Ação Penal Pública, Oficialidade.
d) Verdade real, Assistência Judiciária, Iniciativa da parte.

> **Comentários QUESTÃO DESATUALIZADA**
>
> TODAS AS ALTERNATIVAS ESTÃO CORRETAS:
>
> A. *Favor rei:* "Inicialmente, faz-se necessário esclarecer que o princípio favor rei, muito embora comumente utilizado como sinônimo de outros princípios do Direito Penal e Processual Penal, é, em verdade, gênero, do qual os princípios do in dubio pro reo, por exemplo, é uma das espécies. ( ) O princípio do favor rei, ou favor libertatis, consiste basicamente numa diretriz do

Estado Democrático de Direito que dispensa ao réu um tratamento diferenciado, baseando-se precipuamente na predominância do direito de liberdade, quando em confronto com o direito de punir do Estado". (QUEIROZ, 2014, p.102)

B. Imparcialidade: Princípio adotado pela Constituição Federal tendo em vista a necessidade de um julgamento justo, livre de pré-conceitos e visões tendenciosas a uma das partes proibindo-se o posicionamento de juiz inquisidor.

C. Legalidade das formas: de acordo com esse princípio, os atos processuais terão a forma que, nos termos mais simples, melhor correspondem o que visam atingir.

D. Estado de inocência: art. 5°, LVII, da CF/88: LVII – ninguém será considerado culpado até o trânsito em julgado de sentença penal condenatória;

E. Juiz natural: A Constituição Federal no art. 5°, inciso LIII, diz que: "Ninguém será processado nem sentenciado senão pela autoridade competente".

F. Identidade física do juiz: art. 399, § 2°, do CPP: O juiz que presidiu a instrução deverá proferir a sentença.

G. Publicidade: art. 5°, LX, da CF/88: LX – a lei só poderá restringir a publicidade dos atos processuais quando a defesa da intimidade ou o interesse social o exigirem.

H. Indisponibilidade da Ação Penal Pública: art. 42 e ar. 576 ambos do CPP: Art. 42 – O Ministério Público não poderá desistir da ação penal. Art. 576. O Ministério Público não poderá desistir de recurso que haja interposto.

I. Oficialidade: a pretensão punitiva do Estado deve se fazer valer por órgãos públicos, u seja, a autoridade policial, no caso do inquérito e o MP nas ações penais públicas.

J. Verdade real: de acordo com o art. 156 do CPP, o Juiz não se curvaria a verdade das partes, devendo buscar a verdade real ou material, com poderes instrutórios para produzir prova de ofício em complementação as provas produzidas pelas partes.

K. Assistência judiciária: art. 5°, LXXIV, da CF/88: LXXIV – o Estado prestará assistência jurídica integral e gratuita aos que comprovarem insuficiência de recursos;

L. Iniciativa das partes: art. 24 e 30 do CPP: Art. 24. Nos crimes de ação pública, esta será promovida por denúncia do Ministério Público, mas

DIREITO PROCESSUAL PENAL

> dependerá, quando a lei o exigir, de requisição do Ministro da Justiça, ou de representação do ofendido ou de quem tiver qualidade para representá-lo. Art. 30. Ao ofendido ou a quem tenha qualidade para representá-lo caberá intentar a ação privada.
>
> *Resposta OFICIAL: Letra B*

3. CÓDIGO DE PROCESSO PENAL (DECRETO-LEI Nº 3.689, DE 3 DE OUTUBRO DE 1941)

4. DISPOSIÇÕES PRELIMINARES

5. DO INQUÉRITO POLICIAL

6. DA AÇÃO PENAL

TJMG 2014. Questão 44. Direito Processual Penal/CPP/Da Ação Penal/ Legislação e doutrina.

Assinale a alternativa INCORRETA.

a) Na ação penal privada subsidiária da pública, o Promotor de Justiça pode repudiar a queixa e oferecer denúncia substitutiva, quando a queixa apresentada for inepta.

b) Tanto a renúncia ao exercício do direito de queixa como o perdão do ofendido em relação a um dos autores do crime, a todos se estenderá, extinguindo-se a punibilidade.

c) A renúncia, nas ações penais privadas, pode ser tácita e admite, para tanto, todos os meios de prova, conforme previsto no Código de Processo Penal.

d) Tratando-se de ação penal privada personalíssima, a morte da vítima extingue a punibilidade.

> *Comentários*
>
> a) CORRETA – Art. 29 do CPP: Art. 29. Será admitida ação privada nos crimes de ação pública, se esta não for intentada no prazo legal, cabendo ao Ministério Público aditar a queixa, repudiá-la e oferecer denúncia substitutiva, intervir em todos os termos do processo, fornecer elementos de prova, interpor recurso e, a todo tempo, no caso de negligência do querelante, retomar a ação como parte principal.

b) INCORRETA – Art. 49 e art. 51 ambos do CPP: Art. 49. A renúncia ao exercício do direito de queixa, em relação a um dos autores do crime, a todos se estenderá. Art. 51. O perdão concedido a um dos querelados aproveitará a todos, sem que produza, todavia, efeito em relação ao que o recusar.

c) CORRETA – art. 57 do CPP: Art. 57. A renúncia tácita e o perdão tácito admitirão todos os meios de prova.

d) CORRETA – Renato Brasileiro afirma que são raras as espécies de crimes subordinados a esta espécie de ação penal privada. Na verdade, subiste apenas o crime de induzimento a erro essencial e ocultação de impedimento (CP, art. 236, parágrafo único), já que o adultério foi revogado pela Lei n° 11.106/05. Diferencia-se da hipótese anterior porque a queixa só pode ser oferecida pelo próprio ofendido, sendo incabível a sucessão processual.

Resposta: Letra B

TJMG 2009. *Questão 49. Direito Processual Penal/CPP/Ação Penal Privada/ Doutrina e legislação.*

Marque a opção INCORRETA.

Tratando-se de ação penal de natureza privada, prevalecem as seguintes normas, princípios e fundamentos:

a) Da indivisibilidade.
b) Da indisponibilidade.
c) Da oportunidade.
d) Da conveniência.

Comentários

a) CORRETA – Art. 48 do CPP: a queixa contra qualquer dos autores do crime obrigará ao processo de todos, e o Ministério Público velará pela sua indivisibilidade.

b) INCORRETA: funciona como desdobramento lógico do princípio da obrigatoriedade. Dessa forma, se o Ministério Público é obrigado a oferecer denúncia, caso visualize a presença das condições da ação penal e a existência de justa causa (princípio da obrigatoriedade), também não pode dispor ou desistir do processo em curso (indisponibilidade).

DIREITO PROCESSUAL PENAL

(C E D) CORRETA: De acordo com Renato brasileiro, por conta deste princípio, cabe ao ofendido ou ao seu representante legal o juízo de oportunidade ou conveniência acerca do oferecimento (ou não) da queixa-crime. Consiste, pois, na faculdade que é outorgada ao titular da ação penal privada para dispor, sob determinadas condições, de seu exercício, com independência de que se tenha provado a existência de um fato punível contra um autor determinado.

Resposta: Letra B

TJMG 2009. *Questão 55. Direito Processual Penal/CPP/Ação Penal Privada/ Legislação e doutrina.*

Em se tratando de crimes contra a propriedade industrial, de exclusiva ação penal privada, é CORRETO afirmar:

a) Fazendo-se necessária a apreensão e perícia, o laudo só terá valor se tiver sido homologado dentro dos 30 (trinta) dias anteriores à apresentação da queixa.

b) O laudo deverá acompanhar a queixa, independente da data de sua homologação.

c) O laudo deverá ser homologado dentro dos 15 (quinze) dias anteriores à apresentação da queixa.

d) Nenhuma das hipóteses é verdadeira.

Comentários

(A, B, C e D): Conforme preceitua o art. 529 do CPP: Nos crimes de ação privativa do ofendido, não será admitida queixa com fundamento em apreensão e em perícia, se decorrido o prazo de 30 dias, após a homologação do laudo. Parágrafo único. Será dada vista ao Ministério Público dos autos de busca e apreensão requeridas pelo ofendido, se o crime for de ação pública e não tiver sido oferecida queixa no prazo fixado neste artigo. Importante ressaltar que em regra, os crimes contra a propriedade industrial são de ação privada, conforme dispõe o artigo 199 da Lei 9.279/96, ressalvado o crime do artigo 191 da referida lei, que trata dos crimes cometidos por meio de marca, título de estabelecimento e sinal de propaganda, que a ação penal será pública.

Resposta: Letra A

TJMG 2008*. Questão 45. Direito Processual Penal/CPP/Da ação penal/ Legislação.*

Concluído o inquérito policial, determinou o MM. Juiz que o inquérito fosse remetido ao Dr. Promotor de Justiça para oferecimento da denúncia, tendo este requerido o seu arquivamento. Discordando da conclusão do Promotor, que providência deve o Juiz adotar:

a) devolver os autos à Delegacia de Polícia para novas diligências.
b) insistir junto ao Promotor de Justiça quanto ao oferecimento da denúncia.
c) remeter o inquérito ao Procurador-Geral de Justiça.
d) remeter o inquérito ao Presidente do Tribunal de Justiça.

Comentários

(A, B, C e D) Consoante disposto no art. 28 do CPP: Se o órgão do Ministério Público, ao invés de apresentar a denúncia, requerer o arquivamento do inquérito policial ou de quaisquer peças de informação, o juiz, no caso de considerar improcedentes as razões invocadas, fará remessa do inquérito ou peças de informação ao procurador-geral, e este oferecerá a denúncia, designará outro órgão do Ministério Público para oferecê-la, ou insistirá no pedido de arquivamento, ao qual só então estará o juiz obrigado a atender.

Resposta: Letra C

TJMG 2008*. Questão 46. Direito Processual Penal/CPP/denúncia/Legislação.*

Oferecida a queixa-crime, com materialidade e autoria comprovadas, foram os autos com vista ao Promotor de Justiça, tendo este do exame dos autos verificado tratar-se de crime de ação pública. Que providência deve o Dr. Promotor adotar:

a) aditar a queixa.
b) oferecer denúncia.
c) pedir o prosseguimento do feito.
d) requerer diligências.

Comentários

(A, B, C e D) O art. 29 do CPP determina que: Será admitida ação privada nos crimes de ação pública, **se esta não for intentada no prazo legal,**

DIREITO PROCESSUAL PENAL

> cabendo ao Ministério Público aditar a queixa, repudiá-la e oferecer denúncia substitutiva, intervir em todos os termos do processo, fornecer elementos de prova, interpor recurso e, a todo tempo, no caso de negligência do querelante, retomar a ação como parte principal. A questão não falou nada sobre o prazo legal, dessa forma não se pode falar e ação penal subsidiária, motivo pelo qual o MP deve repudiar a queixa e oferecer a denúncia.
>
> *Resposta: Letra B*

7. DA AÇÃO CIVIL
8. DA COMPETÊNCIA

TJMG 2014. *Questão 43*. *Direito Processual Penal/CPP/Jurisdição e Competência/Legislação e doutrina.*

A respeito da jurisdição e competência, analise as afirmativas a seguir.

I. O princípio da identidade física do Juiz no processo penal se reveste de caráter absoluto.

II. Na competência por conexão ou continência, havendo concurso de jurisdições da mesma categoria, preponderará a do lugar da infração à qual for cominada pena mais grave.

III. A competência será determinada pela continência nas hipóteses de concurso formal, erro na execução e resultado diverso do pretendido.

IV. Tratando-se de infração permanente, praticada em território de duas ou mais jurisdições, a competência será determinada pelo lugar em que for praticado o último ato de execução.

A partir da análise, conclui-se que estão CORRETAS.

a) I, II e III apenas.
b) II e III apenas.
c) I, II e IV apenas.
d) I e IV apenas.

Comentários

I. ERRADA – art. 399, § 2º: Art. 399, § 2º O juiz que presidiu a instrução deverá proferir a sentença. De acordo com Renato Brasileiro, (2016, p. 578), ao introduzir o princípio da identidade física do juiz no processo penal, o art. 399, § 2°, do CPP, não ressalvou situações em que o princípio será mitigado. Sem embargo do silêncio do legislador, aplicávamos subsidiariamente o Código de Processo Civil, como faculta o art. 3° do CPP. Portanto, o juiz que presidir a instrução deve julgar a demanda, salvo se estiver convocado, licenciado, afastado por qualquer motivo, promovido ou aposentado, casos em que passará os autos ao seu sucessor (CPC/73, art. 132, *caput*). Porém, diante da revogação desse artigo, e o silêncio do novo CPC acerca das hipóteses que autorizam a mitigação ao princípio da identidade física do juiz, certamente surgirá o seguinte questionamento: será que as ressalvas à aplicação do referido princípio dele constantes – convocação, licença, afastamento por qualquer motivo, promoção ou aposentadoria –, continuam válidas para o processo penal (CPP, art. 399, § 2°) ? A nosso juízo, a resposta é afirmativa. É evidente que, em qualquer ressalva outrora listada pelo referido dispositivo, cessa a competência do magistrado instrutor para o julgamento do feito. A título de exemplo, por mais que determinado magistrado tenha presidido a instrução probatória de determinado feito como titular de uma vara criminal de 1ª entrância, a partir do momento em que promovido para uma vara criminal de 2ª entrância, este juiz deixará de ter competência para o julgamento dos feitos por ele instruídos naquela vara criminal. Por consequência, sob pena de se admitir que um princípio com status de lei ordinária – identidade física do juiz (CPP, art. 399, § 2°) –, possa se sobrepor a um princípio com envergadura constitucional – juiz natural (CF, art. 5°, incisos XXXVII e LIII) –, não se pode admitir que um juiz que deixou de ter competência para o julgamento do processo em virtude de afastamento legal, logo, incompetente, seja compelido a julgar o feito pelo simples fato de ter presidido a instrução probatória." CORRETA – Art. 78, II, a, do CPP: Art. 78. Na determinação da competência por conexão ou continência, serão observadas as seguintes regras: II – no concurso de jurisdições da mesma categoria: a) preponderará a do lugar da infração, à qual for cominada a pena mais grave;

II.CORRETA – prevista no art. 77, inciso II, do CPP, ocorre nas hipóteses de concurso formal de crimes (CP, art. 70), aberratio ictus ou erro na execução (CP, art. 73, segunda parte), e aberratio delicti ou resultado diverso do pretendido (CP, art. 74, segunda parte).

I. ERRADA – art. 71 do CPP: Art. 71. Tratando-se de infração continuada ou permanente, praticada em território de duas ou mais jurisdições, a competência firmar-se-á pela prevenção.

Resposta: Letra B

DIREITO PROCESSUAL PENAL

TJMG 2012. *Questão 42. Direito Processual Penal/CPP/Lugar do crime/ Legislação, jurisprudência e doutrina.*

Leia atentamente as assertivas a seguir.

I. Nos crimes sujeitos ao procedimento da Lei nº 9.099/95, a respeito do lugar do crime, adota-se a teoria da atividade.

II. No delito plurilocal, no caso de a conduta e o resultado ocorrerem dentro do território nacional, aplica-se a teoria da ubiquidade.

III. Nos casos de exclusiva ação privada, o querelante poderá preferir o foro do domicílio ou da residência do réu somente quando não conhecido o lugar da infração.

IV. Em relação ao foro especial, previsto em lei ordinária ou de organização judiciária, no caso de cometimento de crime contra a vida, prevalecerá a competência do Tribunal do Júri.

Estão corretas apenas as afirmativas

a) I e IV.
b) II e III.
c) II e IV.
d) I, II e IV.

Comentários

I. CORRETA – art. 63 da lei 9.099/95: Art. 63. A competência do Juizado será determinada pelo lugar em que foi praticada a infração penal.

II.INCORRETA – de acordo com Renato Brasileiro, crimes plurilocais são as infrações penais em que a ação e o resultado ocorrem em lugares distintos, porém ambos dentro do território nacional. De modo algum se confundem com os crimes à distância, ou de espaço máximo. Aqueles ocorrem dentro do território nacional, porém em lugares distintos; estes, em dois Estados soberanos. Em regra, aplica-se o art. 70 do CPP: Art. 70. A competência será, de regra, determinada pelo lugar em que se consumar a infração, ou, no caso de tentativa, pelo lugar em que for praticado o último ato de execução. Porém, em relação ao homicídio, é dominante o entendimento no sentido de que o foro competente para o processo e julgamento de crimes plurilocais de homicídio é aquele em que mais efetivamente puderem ser produzidas as provas que ajudem no acertamento do fato delituoso, pouco importando se se trata de crime doloso ou culposo.

III. INCORRETA – art. 73 do CPP: Art. 73. Nos casos de exclusiva ação privada, o querelante poderá preferir o foro de domicílio ou da residência do réu, ainda quando conhecido o lugar da infração.

IV. CORRETA – Súmula vinculante 45: A competência constitucional do Tribunal do Júri prevalece sobre o foro por prerrogativa de função estabelecido exclusivamente pela constituição estadual.

Resposta: Letra A

TJMG 2007. *Questão 46. Direito Processual Penal/CPP/Competência/ Legislação.*

Tendo em mira as disposições do Código de Processo Penal (Título V) relativas às causas determinantes da competência, assinale a alternativa CORRETA.

a) A competência será, de regra, determinada pelo lugar em que se iniciar a infração penal, ou, no caso de tentativa, pelo lugar em que for praticado o último ato de execução.

b) Quando incerto o limite territorial entre duas ou mais jurisdições, ou quando incerta a jurisdição por ter sido a infração consumada ou tentada nas divisas de duas ou mais jurisdições, a competência firmar-se-á pela precedência da distribuição.

c) Nos casos de exclusiva ação privada, a queixa-crime poderá ser apresentada no foro do domicílio ou da residência do ofendido, ainda quando conhecido o lugar da infração.

d) A competência será determinada pela conexão se, ocorrendo duas ou mais infrações, houverem sido praticadas, ao mesmo tempo, por várias pessoas reunidas, ou por várias pessoas em concurso, embora diverso o tempo e o lugar, ou por várias pessoas, umas contra as outras.

Comentários

a) INCORRETA – Art. 70 do CPP: A competência será, de regra, determinada pelo lugar em que se consumar a infração, ou, no caso de tentativa, pelo lugar em que for praticado o último ato de execução.

b) INCORRETA – Art. 70, § 3º, do CPP: § 3º Quando incerto o limite territorial entre duas ou mais jurisdições, ou quando incerta a jurisdição por ter sido a infração consumada ou tentada nas divisas de duas ou mais jurisdições, a competência firmar-se-á pela prevenção.

c) INCORRETA – Art. 73 do CPP: Nos casos de exclusiva ação privada, o querelante poderá preferir o foro de domicílio ou da residência do réu, ainda quando conhecido o lugar da infração.

d) CORRETA – Art. 76 do CPP: A competência será determinada pela conexão: I – se, ocorrendo duas ou mais infrações, houverem sido praticadas, ao mesmo tempo, por várias pessoas reunidas, ou por várias pessoas em concurso, embora diverso o tempo e o lugar, ou por várias pessoas, umas contra as outras; II – se, no mesmo caso, houverem sido umas praticadas para facilitar ou ocultar as outras, ou para conseguir impunidade ou vantagem em relação a qualquer delas; III – quando a prova de uma infração ou de qualquer de suas circunstâncias elementares influir na prova de outra infração.

Resposta: Letra D

9. DAS QUESTÕES E PROCESSOS INCIDENTES

TJMG 2007. *Questão 57. Direito Processual Penal/CPP/Questões Prejudiciais/ Legislação e doutrina.*

Quando a decisão sobre a existência da infração penal depender do reconhecimento do estado civil das pessoas, o juiz de direito determinará a suspensão:

a) da ação penal, até que no juízo cível seja a controvérsia dirimida por sentença passada em julgado.

b) da ação penal pelo prazo máximo de 1 (um) ano, período em que ficará suspenso o prazo prescricional.

c) do inquérito policial, sem prejuízo, entretanto, da inquirição das testemunhas e de outras provas de natureza urgente.

d) do inquérito policial ou da ação penal, por meio de decisão irrecorrível.

Comentários

(A, B, C e D) art. 92 e art. 93 do CPP:

Art. 92. Se a decisão sobre a existência da infração depender da solução de controvérsia, que o juiz repute séria e fundada, sobre o estado civil das pessoas, o curso da ação penal ficará suspenso até que no juízo cível seja a controvérsia dirimida por sentença passada em julgado, sem prejuízo, entretanto, da inquirição das testemunhas e de outras provas de natureza urgente. Parágrafo único. Se for o crime de ação pública, o Ministério Público, quando necessário, promoverá a ação civil ou prosseguirá na que tiver sido iniciada, com a citação dos interessados.

Art. 93. Se o reconhecimento da existência da infração penal depender de decisão sobre questão diversa da prevista no artigo anterior, da competência do juízo cível, e se neste houver sido proposta ação para resolvê-la, o juiz criminal poderá, desde que essa questão seja de difícil solução e não verse sobre direito cuja prova a lei civil limite, suspender o curso do processo, após a inquirição das testemunhas e realização das outras provas de natureza urgente.

§ 1º O juiz marcará o prazo da suspensão, que poderá ser razoavelmente prorrogado, se a demora não for imputável à parte. Expirado o prazo, sem que o juiz cível tenha proferido decisão, o juiz criminal fará prosseguir o processo, retomando sua competência para resolver, de fato e de direito, toda a matéria da acusação ou da defesa.

§ 2º Do despacho que denegar a suspensão não caberá recurso.

§ 3º Suspenso o processo, e tratando-se de crime de ação pública, incumbirá ao Ministério Público intervir imediatamente na causa cível, para o fim de promover-lhe o rápido andamento.

Resposta: Letra A

10. DA PROVA

TJMG 2014. *Questão 41. Direito Processual Penal/CPP e Lei 9.296/96/ Produção de Provas/Legislação.*

A respeito da produção de prova no processo penal, assinale a alternativa CORRETA.

a) Ao Juiz, de acordo com o Código de Processo Penal, é vedado determinar a realização de provas antes do início da ação penal.

b) A confissão do acusado, por ocasião de seu interrogatório judicial, concordando com a classificação legal dos fatos narrados na denúncia, autoriza o julgamento antecipado da lide, por economia processual.

c) A interceptação telefônica poderá ser requerida verbalmente ao juiz pela autoridade policial, desde que estejam presentes os pressupostos que a autorizem, caso em que a concessão será condicionada à sua redução a termo.

d) O Juiz formará sua convicção pela livre apreciação da prova produzida em juízo, mas também pode fundamentar sua decisão exclusivamente nos elementos informativos colhidos na fase investigatória.

Comentários

a) ERRADA – art. 156, I, do CPP: Art. 156. A prova da alegação incumbirá a quem a fizer, sendo, porém, facultado ao juiz de ofício: I – ordenar, mesmo antes de iniciada a ação penal, a produção antecipada de provas consideradas urgentes e relevantes, observando a necessidade, adequação e proporcionalidade da medida;

b) ERRADA – art. 197 do CPP: Art. 197. O valor da confissão se aferirá pelos critérios adotados para os outros elementos de prova, e para a sua apreciação o juiz deverá confrontá-la com as demais provas do processo, verificando se entre ela e estas existe compatibilidade ou concordância.

c) CORRETA – ART. 4º, § 1º da Lei 9296/96 (Lei de Interceptação de Comunicações Telefônica): § 1º Excepcionalmente, o juiz poderá admitir que o pedido seja formulado verbalmente, desde que estejam presentes os pressupostos que autorizem a interceptação, caso em que a concessão será condicionada à sua redução a termo.

d) ERRADA – art. 155 do CPP: Art. 155. O juiz formará sua convicção pela livre apreciação da prova produzida em contraditório judicial, não podendo fundamentar sua decisão exclusivamente nos elementos informativos colhidos na investigação, ressalvadas as provas cautelares, não repetíveis e antecipadas.

Resposta: Letra C

TJMG 2014. *Questão 42. Direito Processual Penal/CPP/Produção de Provas/ Legislação e doutrina.*

Analise as afirmativas seguintes.

I. O parágrafo 4º do Artigo 394 CPP revogou tacitamente as defesas preliminares ao recebimento da denúncia, uma vez que estabelece que se aplicam os Artigos 395, 396, 396-A e 397 do CPP a todos os procedimentos penais de primeiro grau.

II. A videoconferência pode ser substitutiva da carta precatória e da carta rogatória, conforme previsão em nossa lei processual penal.

III. No procedimento sumário, as provas devem ser produzidas em uma só audiência, podendo o juiz indeferir as que considerar irrelevantes, impertinentes ou protelatórias, sendo que os esclarecimentos a serem prestados pelos peritos sujeitam-se ao prévio requerimento das partes.

IV. O réu poderá ser citado com hora certa, aplicando-se ao processo penal as regras estabelecidas no Código de Processo Civil, no caso em que ele se oculte para não ser citado.

A partir da análise, conclui-se que estão CORRETAS.

a) III e IV apenas.
b) I e III apenas.
c) II e IV apenas.
d) I, II e III apenas.

Comentários

II. ERRADA – De acordo com Renato Brasileiro, a defesa prévia era a peça de defesa prevista na antiga redação do art. 395 do Código de Processo Penal. Segundo a antiga redação do art. 395 do CPP, "o réu ou seu defensor poderá, logo após o interrogatório ou no prazo de 3 (três) dias, oferecer alegações escritas e arrolar testemunhas". Porém, em alguns procedimentos há a previsão legal de defesa preliminar, tal como, na lei de drogas, nos procedimentos originários dos Tribunais, Juizados especiais criminais, Decreto-Lei n° 201/67, Lei de Improbidade Administrativa e crimes funcionais inafiançáveis.

III. ERRADA – De acordo com o nosso ordenamento (ART. 222, § 3° do CPP, a vídeo conferência pode substituir apenas a carta precatória: Art. 222. A testemunha que morar fora da jurisdição do juiz será inquirida pelo juiz do lugar de sua residência, expedindo-se, para esse fim, **carta precatória**, com prazo razoável, intimadas as partes. § 1° A expedição da precatória não suspenderá a instrução criminal. § 2° Findo o prazo marcado, poderá realizar-se o julgamento, mas, a todo tempo, a precatória, uma vez devolvida, será junta aos autos. § 3° **Na hipótese prevista no caput deste artigo**, a oitiva de testemunha poderá ser realizada por meio de videoconferência ou outro recurso tecnológico de transmissão de sons e imagens em tempo real, permitida a presença do defensor e podendo ser realizada, inclusive, durante a realização da audiência de instrução e julgamento.

IV. CORRETA – Art. 533 c/c art. 400 ambos do CPP:

DIREITO PROCESSUAL PENAL

> Art. 533. Aplica-se ao procedimento sumário o disposto nos parágrafos do art. 400 deste Código.
>
> Art. 400. Na audiência de instrução e julgamento, a ser realizada no prazo máximo de 60 (sessenta) dias, proceder-se-á à tomada de declarações do ofendido, à inquirição das testemunhas arroladas pela acusação e pela defesa, nesta ordem, ressalvado o disposto no art. 222 deste Código, bem como aos esclarecimentos dos peritos, às acareações e ao reconhecimento de pessoas e coisas, interrogando-se, em seguida, o acusado. § 1º As provas serão produzidas numa só audiência, podendo o juiz indeferir as consideradas irrelevantes, impertinentes ou protelatórias. § 2º Os esclarecimentos dos peritos dependerão de prévio requerimento das partes.
>
> V. CORRETA – art. 362 do CPP:
>
> Art. 362. Verificando que o réu se oculta para não ser citado, o oficial de justiça certificará a ocorrência e procederá à citação com hora certa, na forma estabelecida nos arts. 227 a 229 da Lei n. 5.869, de 11 de janeiro de 1973 – Código de Processo Civil.
>
> *Resposta: Letra A*

TJMG 2014. *Questão 50. Direito Processual Penal/CPP/Produção de Provas/ Legislação.*

Em relação ao inquérito policial, analise as seguintes afirmativas e assinale com V as verdadeiras e com F as falsas.

( ) As partes poderão, no curso do inquérito policial, opor exceção de suspeição da autoridade policial, nas mesmas situações previstas no Código de Processo Penal em relação ao Juiz.

( ) A decisão que determina o arquivamento do inquérito policial não gera, em regra, coisa julgada material.

( ) É vedado ao Juiz, ao discordar do pedido de arquivamento de inquérito policial formulado pelo Promotor de Justiça, determinar que a autoridade policial proceda a novas diligências.

( ) O despacho da autoridade policial que indefere o requerimento de abertura de inquérito é irrecorrível.

Assinale a alternativa que apresenta a sequência CORRETA.

a) F V F V.

b) V F V F.
c) F V V F.
d) F V V V.

> **Comentários**
>
> (F) FALSO – ART. 107 do CPP: Art. 107. Não se poderá opor suspeição às autoridades policiais nos atos do inquérito, mas deverão elas declarar-se suspeitas, quando ocorrer motivo legal.
>
> (V) VERDADEIRA – Em regra faz coisa julgada formal, art. 18 do CPP: Art. 18. Depois de ordenado o arquivamento do inquérito pela autoridade judiciária, por falta de base para a denúncia, a autoridade policial poderá proceder a novas pesquisas, se de outras provas tiver notícia.
>
> (V) VERDADEIRA – art. 28 do CPP: Art. 28. Se o órgão do Ministério Público, ao invés de apresentar a denúncia, requerer o arquivamento do inquérito policial ou de quaisquer peças de informação, o juiz, no caso de considerar improcedentes as razões invocadas, fará remessa do inquérito ou peças de informação ao procurador-geral, e este oferecerá a denúncia, designará outro órgão do Ministério Público para oferecê-la, ou insistirá no pedido de arquivamento, ao qual só então estará o juiz obrigado a atender.
>
> (F) FALSA – ART. 5º, § 2º do CPP: § 2º Do despacho que indeferir o requerimento de abertura de inquérito caberá recurso para o chefe de Polícia.
>
> **Resposta: Letra B**

TJMG 2009. *Questão 53.* Direito Processual Penal/CPP/Produção de Provas/Legislação.

Marque a opção CORRETA.

Entendendo o Juiz sentenciante ser possível dar nova definição jurídica ao fato criminoso da qual resultará pena mais grave, ainda que não modifique a descrição do fato contido na denúncia, deverá:

a) Baixar os autos em cartório para as partes se manifestarem.
b) Abrir vista o Ministério Público para aditamento da denúncia, no prazo de 5 (cinco) dias.
c) Proceder a *emendatio libelli*.
d) Reabrir a instrução criminal.

Comentários

(A, B, C e D) Conforme disposto no art. 383 do CPP: O juiz, sem modificar a descrição do fato contida na denúncia ou queixa, poderá atribuir-lhe definição jurídica diversa, ainda que, em consequência, tenha de aplicar pena mais grave. § 1º Se, em consequência de definição jurídica diversa, houver possibilidade de proposta de suspensão condicional do processo, o juiz procederá de acordo com o disposto na lei. § 2º Tratando-se de infração da competência de outro juízo, a este serão encaminhados os autos.

Resposta: Letra C

TJMG 2009. Questão 56. *Direito Processual Penal/CPP/provas/Legislação.*

Marque a opção CORRETA.

a) O Código de Processo Penal permite ao Juiz determinar diligências apenas antes do encerramento da instrução.

b) O Código de Processo Penal permite ao Juiz determinar diligências, de ofício, no curso do processo ou antes de proferir sentença, desde que seja para dirimir dúvida sobre ponto relevante ao julgamento da causa.

c) O Código de Processo Penal não permite ao Juiz, de ofício, determinar diligências.

d) Nenhuma das hipóteses é verdadeira.

Comentários

(A, B, C e D) Segundo o art. 156 do CPP: A prova da alegação incumbirá a quem a fizer, sendo, porém, facultado ao juiz de ofício: I – ordenar, mesmo antes de iniciada a ação penal, a produção antecipada de provas consideradas urgentes e relevantes, observando a necessidade, adequação e proporcionalidade da medida; II – **determinar, no curso da instrução, ou antes de proferir sentença, a realização de diligências para dirimir dúvida sobre ponto relevante.**

Resposta: Letra B

TJMG 2009. *Questão 58. Direito Processual Penal/CPP/Produção de Provas/ Legislação.*

Em se tratando da prova no processo penal, marque a opção CORRETA.

a) Se o ofendido for intimado para prestar declarações e não comparecer, ficará sujeito ao pagamento de multa.

b) Se o ofendido for intimado para prestar declarações poderá eximir-se de fazê-lo, desde que o queira, sem consequências nocivas para a sua pessoa.

c) Se o ofendido for intimado para prestar declarações e não comparecer, sem motivo justo, poderá ser conduzido coercitivamente.

d) Nenhuma das hipóteses é verdadeira.

Comentários

(A, B, C e D) Conforme art. 201, § 1°, do CPP: Sempre que possível, o ofendido será qualificado e perguntado sobre as circunstâncias da infração, quem seja ou presuma ser o seu autor, as provas que possa indicar, tomando-se por termo as suas declarações. § 1° Se, intimado para esse fim, deixar de comparecer sem motivo justo, o ofendido poderá ser conduzido à presença da autoridade.

Resposta: Letra C

TJMG 2007. *Questão 58. Direito Processual Penal/CPP/Produção de Provas/ Legislação e doutrina.*

Marque a alternativa INCORRETA.

Sobre a prova e sua produção no processo penal, o juiz de direito deverá assegurar a observância:

a) do princípio da autorresponsabilidade das partes.

b) do princípio da liberdade probatória irrestrita.

c) do princípio da aquisição ou comunhão.

d) do princípio da audiência contraditória.

Comentários

a) CORRETA – as partes devem suportar as consequências de sua inatividade, erro ou atos intencionais.

b) INCORRETA – O princípio da liberdade probatória suporta restrição, vez que o CPP em seu art. 157 dispõe que: São inadmissíveis, devendo ser desentranhadas do processo, as provas ilícitas, assim entendidas as obtidas em violação a normas constitucionais ou legais. § 1º São também inadmissíveis as provas derivadas das ilícitas, salvo quando não evidenciado o nexo de causalidade entre umas e outras, ou quando as derivadas puderem ser obtidas por uma fonte independente das primeiras. § 2º Considera-se fonte independente aquela que por si só, seguindo os trâmites típicos e de praxe, próprios da investigação ou instrução criminal, seria capaz de conduzir ao fato objeto da prova. § 3º Preclusa a decisão de desentranhamento da prova declarada inadmissível, esta será inutilizada por decisão judicial, facultado às partes acompanhar o incidente.

c) CORRETA – a prova não pertence à parte, mas ao processo.

d) CORRETA – toda prova admite contraprova.

Resposta: Letra B

11. DO JUIZ, DO MINISTÉRIO PÚBLICO, DO ACUSADO E DEFENSOR, DOS ASSISTENTES E AUXILIARES DA JUSTIÇA

12. DA PRISÃO E DA LIBERDADE PROVISÓRIA

TJMG 2012. *Questão 48. Direito Processual Penal/CPP/Prisão Domiciliar/ Legislação.*

A Lei nº 12.403/11 inovou ao prever outra modalidade de medida cautelar, que consiste na prisão domiciliar. Com relação às hipóteses de aplicação da prisão domiciliar, como substitutiva da prisão preventiva, conforme a lei citada, assinale a alternativa correta.

a) Para a gestante a partir do 6º (sexto) mês de gestação, independentemente de risco para a gravidez.

b) Quando o acusado ou indiciado for paraplégico.

c) Quando o agente for imprescindível para os cuidados especiais de pessoa menor de 7 (sete) anos de idade.

d) Quando o indiciado ou acusado for maior de 80 (oitenta) anos de idade.

Comentários

(A, B, C e D) Art. 318 do CPP: Art. 318. Poderá o juiz substituir a prisão preventiva pela domiciliar quando o agente for: I – maior de 80 (oitenta) anos; II – extremamente debilitado por motivo de doença grave; III – imprescindível aos cuidados especiais de pessoa menor de 6 (seis) anos de idade ou com deficiência; IV – gestante; V – mulher com filho de até 12 (doze) anos de idade incompletos; VI – homem, caso seja o único responsável pelos cuidados do filho de até 12 (doze) anos de idade incompletos. Parágrafo único. Para a substituição, o juiz exigirá prova idônea dos requisitos estabelecidos neste artigo.

Parágrafo único. Para a substituição, o juiz exigirá prova idônea dos requisitos estabelecidos neste artigo.

Resposta: Letra D

TJMG 2009. *Questão 48. Direito Processual Penal/CPP/Flagrante/Legislação e doutrina.*

Marque a opção CORRETA.

Não poderá ser autuado em flagrante, em qualquer hipótese:

a) Os magistrados.

b) Os familiares de agentes diplomáticos.

c) Os membros do congresso nacional.

d) Os delegados de polícia no específico exercício da função.

Comentários

a) INCORRETO – De acordo com a Lei Orgânica da Magistratura Nacional (LC 35/79), são prerrogativas do Magistrado não ser preso senão por ordem escrita do Tribunal ou do Órgão Especial competente para o julgamento, salvo em flagrante de crime inafiançável, caso em que a autoridade fará imediata comunicação e apresentação do Magistrado ao Presidente do Tribunal a que esteja vinculado (art. 33, inciso II).

b) CORRETO – Renato Brasileiro afirma que chefes de governo estrangeiro ou de Estado estrangeiro, suas famílias e membros das comitivas, embaixadores e suas famílias, funcionários estrangeiros do corpo diplomático e suas famílias, assim como funcionários de organizações

DIREITO PROCESSUAL PENAL

internacionais em serviço (ONU, OEA, etc.) gozam de imunidade diplomática, que consiste na prerrogativa de responder no seu país de origem pelo delito praticado no Brasil (Convenção de Viena sobre Relações Diplomáticas, aprovada pelo Decreto Legislativo 103/1964, e promulgada pelo Decreto n° 56.435, de 08/06/1965). Em virtude disso, tais pessoas não podem ser presas e nem julgadas pela autoridade do país onde exercem suas funções, seja qual for o crime praticado (CPP, art. 1°, inciso I).

c) INCORRETO – Os membros do congresso nacional, desde a expedição do diploma, não poderão ser presos, salvo em flagrante de crime inafiançável.

d) INCORRETO – pode ser preso.

Dica: em regra qualquer pessoa pode ser presa em flagrante. Exceções:

1. Não podem ser presos em flagrante (dispensa de flagrante):

a) Menor de Idade (arts. 171 e ss da Lei n. 8.069/90);

b) Presidente da República (art. 86, § 3°, da CF);

c) Diplomatas Estrangeiros (imunidade diplomática);

d) Autor de acidente automobilístico culposo que preste pronto e integral socorro à vítima (art. 301 do CTB/Lei n. 9.503/97);

e) Autor de infração penal de menor potencial ofensivo (art. 69, § único, da Lei n. 9.099/95);

f) Usuário de Drogas (para consumo pessoal – arts. 28 e 48, § 2°, da Lei n. 11.343/06).

2. Podem ser presos em flagrante apenas nos crimes inafiançáveis:

a) membros do Congresso Nacional: Senador e Deputado Federal (art. 53, § 2°, CF);

b) Deputados Estaduais ou Distritais (art. 27, § 1°, CF);

c) magistrados e membros do Ministério Público (art. 33 da LC n. 35/79 e art. 40, III, da Lei n. 8.625/93);

d) advogados no exercício da profissão (art. 7°, IV, da Lei n. 8.906/94).

Resposta: Letra B

TJMG 2009. *Questão 45. Direito Processual Penal/CPP/Prisões/Doutrina.*

Marque a alternativa CORRETA.

A liberdade provisória pode ser concedida no caso de:

a) Prisão em flagrante.

b) Prisão preventiva.

c) Prisão em flagrante viciado.

d) Prisão temporária.

> **Comentários QUESTÃO DESATUALIZADA**
>
> (A, B, C e D) Antes da Lei 12.403/11 a liberdade provisória era cabível apenas em caso de flagrante, agora, de acordo com Renato Brasileiro, passou a ser cabível em face de qualquer prisão.
>
> **Resposta: Letra A**

TJMG 2008. *Questão 48. Direito Processual Penal/CPP/Prisões/Legislação e doutrina.*

Assinale a alternativa INCORRETA.

a) Mesmo primário e de bons antecedentes, o réuasssi que se encontrava preso, por força de flagrante ou preventiva, deve permanecer preso após a pronúncia, salvo casos especiais e justificados.

b) Réu não reincidente que se encontrava em liberdade ao tempo da sentença condenatória pode apelar em liberdade, salvo se a prisão provisória for devidamente justificada na sentença, não bastando a simples afirmativa de se tratar de crime hediondo.

c) A prisão em flagrante pode ser efetuada em qualquer momento do dia ou da noite, com ou sem consentimento do morador. Já a prisão por mandado, com o consentimento do morador, pode ser feita de dia ou noite; sem seu consentimento, só de dia.

d) Qualquer cidadão pode ser sujeito passivo da prisão em flagrante, salvo Diplomatas estrangeiros, face a tratado ou convenção internacional.

Comentários questão desatualizada

a) CORRETA – Questão desatualizada. A regra hoje é a liberdade, mesmo no Tribunal do Júri, conforme art. 310 do CPP: Art. 310. Ao receber o auto de prisão em flagrante, o juiz deverá fundamentadamente: I – relaxar a prisão ilegal; ou II – converter a prisão em flagrante em preventiva, quando presentes os requisitos constantes do art. 312 deste Código, e se revelarem inadequadas ou insuficientes as medidas cautelares diversas da prisão; ou III – conceder liberdade provisória, com ou sem fiança.

b) CORRETA – ART. 387, § 1°, do CPP: § 1° O juiz decidirá, fundamentadamente, sobre a manutenção ou, se for o caso, a imposição de prisão preventiva ou de outra medida cautelar, sem prejuízo do conhecimento de apelação que vier a ser interposta.

c) CORRETA – Diversamente da prisão preventiva e da prisão temporária, a prisão em flagrante independe de prévia autorização judicial, estando sua efetivação limitada à presença de uma das situações de flagrância descritas no art. 302 do CPP, podendo ocorrer em qualquer momento do dia ou noite, em conformidade com o art. 5°, XI, da Constituição Federal, segundo o qual a casa é asilo inviolável do indivíduo, ninguém nela podendo penetrar sem consentimento do morador, salvo em caso de flagrante delito ou desastre, ou para prestar socorro, ou, durante o dia, por determinação judicial.

d) INCORRETA – Em regra, qualquer pessoa pode ser presa em flagrante, porém existem outras exceções além dos Diplomatas estrangeiros.

Exceções:

2. Não podem ser presos em flagrante (dispensa de flagrante):

a) Menor de Idade (arts. 171 e ss. da Lei n. 8.069/90);

b) Presidente da República (art. 86, § 3°, da CF);

c) Diplomatas Estrangeiros (imunidade diplomática);

d) Autor de acidente automobilístico culposo que preste pronto e integral socorro à vítima (art. 301 do CTB/Lei n. 9.503/97);

e) Autor de infração penal de menor potencial ofensivo (art. 69, par. único, da Lei n. 9.099/95);

f) Usuário de Drogas (para consumo pessoal – arts. 28 e 48, § 2°, da Lei n. 11.343/06).

2. Podem ser presos em flagrante apenas nos crimes inafiançáveis:

a) membros do Congresso Nacional: Senador e Deputado Federal (art. 53, § 2º, CF);

b) Deputados Estaduais ou Distritais (art. 27, § 1º, CF);

c) magistrados e membros do Ministério Público (art. 33 da LC n. 35/79 e art. 40, III, da Lei n. 8.625/93);

d) advogados no exercício da profissão (art. 7º, IV, da Lei n. 8.906/94).

Resposta oficial: Letra D

TJMG 2007. *Questão 55. Direito Processual Penal/CPP/Prisão/Legislação e doutrina.*

Marque a alternativa INCORRETA. O acusado NÃO poderá recorrer, validamente, à garantia da inviolabilidade domiciliar quando se tratar de:

a) prisão preventiva ordenada por autoridade competente e efetivada durante o dia.

b) prisão temporária ordenada por autoridade competente e efetivada durante o período noturno, depois de colhido o consentimento do morador.

c) prisão decorrente de sentença condenatória que transitou em julgado, independentemente do horário de sua efetivação.

d) prisão decorrente de sentença de pronúncia efetivada durante o dia, independentemente do consentimento do morador.

Comentários

(A, B, C e D) Consoante disposto no art. 5º, XI, da CF/88: a casa é asilo inviolável do indivíduo, ninguém nela podendo penetrar sem consentimento do morador, salvo em caso de flagrante delito ou desastre, ou para prestar socorro, ou, durante o dia, por determinação judicial. Assim, a prisão decorrente de sentença condenatória que transitou em julgado deve observar as regras de horário previstas na Constituição, ou seja, somente poderia ser realizada durante o dia ou a noite com o consentimento do morador.

Resposta oficial: Letra C

13. DAS CITAÇÕES E INTIMAÇÕES

TJMG 2014. *Questão 49. Direito Processual Penal/CPP/Produção de Provas, citação, recurso/Legislação.*

Assinale a alternativa CORRETA.

a) No caso de réu citado por edital, em que tenha sido decretada a suspensão do processo e da prescrição, o juiz deverá determinar a antecipação da produção de provas para evitar o decurso do tempo, com fundamento no princípio constitucional da duração razoável do processo.

b) Conforme determina nossa lei processual penal, sendo cabível nova definição jurídica do fato capitulado na denúncia e não procedendo o Ministério Público ao seu aditamento, o assistente de acusação poderá fazê-lo, no prazo de cinco dias, desde que previamente habilitado nos autos.

c) A decisão que, embora admitido o recurso de apelação, obsta sua expedição e seu seguimento, desafia recurso em sentido estrito.

d) No curso da instrução do feito, o juiz pode determinar, de ofício, a realização de diligências para dirimir dúvida sobre ponto relevante da causa.

Comentários

a) INCORRETA – Art. 366 do CPP: Art. 366. Se o acusado, citado por edital, não comparecer, nem constituir advogado, ficarão suspensos o processo e o curso do prazo prescricional, **podendo o juiz** determinar a produção antecipada das provas consideradas urgentes e, se for o caso, decretar prisão preventiva, nos termos do disposto no art. 312.

b) INCORRETA – Art. 384 c/c art. 28 ambos do CPP: Art. 384. Encerrada a instrução probatória, se entender cabível nova definição jurídica do fato, em consequência de prova existente nos autos de elemento ou circunstância da infração penal não contida na acusação, o Ministério Público deverá aditar a denúncia ou queixa, no prazo de 5 (cinco) dias, se em virtude desta houver sido instaurado o processo em crime de ação pública, reduzindo-se a termo o aditamento, quando feito oralmente. § 1º Não procedendo o órgão do Ministério Público ao aditamento, aplica-se o art. 28 deste Código. Art. 28. Se o órgão do Ministério Público, ao invés de apresentar a denúncia, requerer o arquivamento do inquérito policial ou de quaisquer peças de informação, o juiz, no caso de considerar improcedentes as razões invocadas, fará remessa do inquérito ou peças de informação ao procurador-geral, e este oferecerá a denúncia, designará outro órgão do Ministério Público para oferecê-la, ou insistirá no pedido de arquivamento, ao qual só então estará o juiz obrigado a atender.

c) INCORRETA – Art. 581, XV, do CPP: Art. 581. Caberá recurso, no sentido estrito, da decisão, despacho ou sentença: XV – que **denegar** a apelação ou a julgar deserta;

d) CORRETA – art. 156, II, do CPP: Art. 156. A prova da alegação incumbirá a quem a fizer, sendo, porém, facultado ao juiz de ofício: II – determinar, no curso da instrução, ou antes de proferir sentença, a realização de diligências para dirimir dúvida sobre ponto relevante.

Resposta: Letra D

***

TJMG 2012. *Questão 43. Direito Processual Penal/CPP/citação e revelia/ Legislação e doutrina.*

Analise as proposições seguintes.

I. Aplica-se a revelia ao acusado que, citado ou intimado pessoalmente para qualquer ato, deixar de comparecer ao juízo sem motivo justificado e não atender ao chamado deste, ou, no caso de mudança de residência, não comunicar o novo endereço ao juízo.

II. No caso de determinação de citação por carta rogatória, de réu no estrangeiro, em lugar sabido, suspende-se o curso do prazo prescricional até o seu cumprimento.

III. As cartas rogatórias só serão expedidas se demonstrada previamente a sua imprescindibilidade, arcando a parte requerente com os custos do envio.

IV. Quando o réu se ocultar para não ser citado no juízo deprecado, deve-se devolver a carta precatória ao juízo deprecante para realizar a citação por edital.

Está correto apenas o que se afirma em

a) II e III.
b) III e IV.
c) I, II e IV.
d) II, III e IV.

Comentários

I. INCORRETA – o art. Art. 367 do CPP determina que "O processo seguirá sem a presença do acusado que, citado ou intimado pessoalmente para qualquer ato, deixar de comparecer sem motivo justificado, ou, no caso de mudança de residência, não comunicar o novo endereço ao juízo." Porém, Renato Brasileiro afirma que no âmbito processual penal, por força do princípio da presunção de inocência, mesmo que o acusado venha a confessar a prática do delito, subsiste o ônus da acusação de comprovar a imputação constante da peça acusatória. Assim, mesmo que seja decretada a revelia do acusado com fundamento no art. 367 do CPP, não há falar em confissão ficta ou presumida no processo penal, com a consequente presunção da veracidade dos fatos narrados na peça acusatória, ou seja, não se aplica os efeitos da revelia.

II. CORRETA – art. 368 do CPP: Art. 368. Estando o acusado no estrangeiro, em lugar sabido, será citado mediante carta rogatória, suspendendo-se o curso do prazo de prescrição até o seu cumprimento.

III. CORRETA – art. 222-A do CPP: Art. 222-A. As cartas rogatórias só serão expedidas se demonstrada previamente a sua imprescindibilidade, arcando a parte requerente com os custos de envio.

IV. INCORRETA – art. 362 do CPP: Art. 362. Verificando que o réu se oculta para não ser citado, o oficial de justiça certificará a ocorrência e procederá à citação com hora certa, na forma estabelecida nos arts. 227 a 229 da Lei n. 5.869, de 11 de janeiro de 1973 – Código de Processo Civil.

Resposta: Letra A

TJMG 2009. *Questão 47. Direito Processual Penal/CPP/Intimação/Legislação.*

Marque a alternativa CORRETA.

A intimação da testemunha funcionária pública, para fins de audiência, será efetivada:

a) Através de requisição ao seu superior hierárquico.

b) Pessoalmente, via mandado.

c) Pelo correio, via AR (aviso de recebimento).

d) Pessoalmente, via mandado, com comunicação ao chefe da repartição em que servir.

Comentários

(A, B, C e D) art. 221, § 3º, do CPP: § 3º Aos funcionários públicos aplicar-se-á o disposto no art. 218, devendo, porém, a expedição do mandado ser imediatamente comunicada ao chefe da repartição em que servirem, com indicação do dia e da hora marcados.

Resposta: Letra D

14. DA SENTENÇA

TJMG 2008. *Questão 57. Direito Processual Penal/CPP/emendatio libelli/ Legislação.*

O Juiz que, ao proferir a sentença, constata que o fato delituoso descrito na denúncia foi incorretamente capitulado:

a) poderá dar ao fato definição jurídica diversa da que constar da denúncia, ainda que, em consequência, tenha de aplicar pena mais grave.

b) não poderá dar ao fato definição jurídica diversa da que constar da denúncia, por implicar violação ao princípio do contraditório.

c) se reconhecer a possibilidade de nova definição jurídica do fato, em consequência de prova existente nos autos de circunstância elementar, não contida, explícita ou implicitamente, na denúncia, remeterá os autos ao Ministério Público ou cópia das peças a ela relativas, a fim de que ofereça nova denúncia.

d) poderá dar ao fato definição jurídica diversa da que constar da denúncia, desde que isso não importe em aplicação de pena mais grave.

Comentários

(A, B, C e D): Proceder a *emendatio libelli* conforme art. 383 do CPP: O juiz, sem modificar a descrição do fato contida na denúncia ou queixa, poderá atribuir-lhe definição jurídica diversa, ainda que, em consequência, tenha de aplicar pena mais grave.

Resposta: Letra A

TJMG 2007. *Questão 45. Direito Processual Penal/CPP/sentença absolutória/ Legislação.*

Se da sentença absolutória não for interposta apelação pelo Ministério Público no prazo legal:

a) o ofendido poderá interpor apelação no efeito suspensivo, se o crime for da competência do Tribunal do Júri.
b) o ofendido não poderá interpor recurso algum.
c) o ofendido poderá interpor apelação, desde que tenha se habilitado como assistente antes da prolação da sentença.
d) o ofendido poderá interpor apelação em até 15 (quinze) dias, cujo prazo correrá do dia em que terminar o do Ministério Público.

Comentários

(A, B, C e D) Nos termos do art. 598 do CPP: Nos crimes de competência do Tribunal do Júri, ou do juiz singular, se da sentença não for interposta apelação pelo Ministério Público no prazo legal, o ofendido ou qualquer das pessoas enumeradas no art. 31, ainda que não se tenha habilitado como assistente, poderá interpor apelação, que não terá, porém, efeito suspensivo. Parágrafo único. O prazo para interposição desse recurso será de quinze dias e correrá do dia em que terminar o do Ministério Público.

Resposta: Letra D

15. DOS PROCESSOS EM ESPÉCIE

TJMG 2014. *Questão 45. Direito Processual Penal/CPP/Tribunal do júri/Legislação.*

Assinale a alternativa INCORRETA.

a) A decisão de impronúncia, que é interlocutória mista de conteúdo terminativo, encerrando a primeira fase do processo relacionado ao Tribunal do Júri, produz coisa julgada material.
b) De acordo com o Código de Processo Penal, cabe absolvição sumária imprópria quando a inimputabilidade do réu por doença mental for a única tese defensiva.
c) Os jurados suspeitos ou impedidos são aproveitados para a formação do quórum mínimo exigido para a instalação da sessão de julgamento pelo Tribunal do Júri.
d) O julgamento pelo Tribunal do Júri não será adiado em razão do não comparecimento do acusado solto, que tiver sido regularmente intimado.

Comentários

a) INCORRETA – A impronúncia faz coisa julgada forma, art. 414 do CPP: Art. 414. Não se convencendo da materialidade do fato ou da existência de indícios suficientes de autoria ou de participação, o juiz, fundamentadamente, impronunciará o acusado. Parágrafo único. Enquanto não ocorrer a extinção da punibilidade, poderá ser formulada nova denúncia ou queixa se houver prova nova.

b) CORRETA – art. 415, IV, parágrafo único do CPP: Art. 415. O juiz, fundamentadamente, absolverá desde logo o acusado, quando: IV – demonstrada causa de isenção de pena ou de exclusão do crime. Parágrafo único. Não se aplica o disposto no inciso IV do caput deste artigo ao caso de inimputabilidade prevista no caput do art. 26 do Decreto-Lei n. 2.848, de 7 de dezembro de 1940 – Código Penal, salvo quando esta for a única tese defensiva.

c) CORRETA – art. 463, § 2°, do CPP: Art. 463. Comparecendo, pelo menos, 15 (quinze) jurados, o juiz presidente declarará instalados os trabalhos, anunciando o processo que será submetido a julgamento. § 2° Os jurados excluídos por impedimento ou suspeição serão computados para a constituição do número legal.

d) CORRETA – art. 457 do CPP: Art. 457. O julgamento não será adiado pelo não comparecimento do acusado solto, do assistente ou do advogado do querelante, que tiver sido regularmente intimado.

Resposta: Letra A

TJMG 2009. *Questão 50. Direito Processual Penal/CPP/Desaforamento/ Legislação e doutrina.*

Tratando-se de desaforamento, é INCORRETO afirmar que:

a) O seu deferimento não ofende o princípio do juiz natural.

b) Poderá ser requerido pelo assistente do Ministério Público, no caso de interesse da ordem pública ou se houver dúvida sobre a imparcialidade do júri.

c) Poderá ser requerido pelo órgão Ministerial ou pela defesa, em razão de comprovado excesso de serviço na vara ou comarca, se o julgamento não puder ser realizado no prazo de 6 (seis) meses, contados do trânsito em julgado da decisão de pronúncia.

d) Trata-se de decisão que altera a competência fixada pelos critérios constantes do art. 69 do Código de Processo Penal, com aplicação restrita no procedimento do júri.

O art. 69 do Código de Processo Penal tem a seguinte redação:

"Determinará a competência jurisdicional:

I. O lugar da infração;

II. O domicílio ou residência do Réu;

III. A natureza da infração;

IV. A distribuição

V. A conexão ou continência;

VI. A prevenção;

VII. A prerrogativa de função.

Comentários

a) CORRETA – de acordo com Renato Brasileiro, no âmbito do CPP, consiste o desaforamento no deslocamento da competência territorial de uma comarca para outra, a fim de que nesta seja realizado o julgamento pelo Tribunal do Júri. Cuida-se de decisão jurisdicional que altera a competência territorial inicialmente fixada pelos critérios constantes do art. 70 do CPP, com aplicação estrita à sessão de julgamento propriamente dita.

b) CORRETA – Art. 427 do CPP: Art. 427. Se o interesse da ordem pública o reclamar ou houver dúvida sobre a imparcialidade do júri ou a segurança pessoal do acusado, o Tribunal, a requerimento do Ministério Público, do assistente, do querelante ou do acusado ou mediante representação do juiz competente, poderá determinar o desaforamento do julgamento para outra comarca da mesma região, onde não existam aqueles motivos, preferindo-se as mais próximas.

c) INCORRETA – Art. 428 do CPP: Art. 428. O desaforamento também poderá ser determinado, em razão do comprovado excesso de serviço, **ouvidos o juiz presidente e a parte contrária**, se o julgamento não puder ser realizado no prazo de 6 (seis) meses, contado do trânsito em julgado da decisão de pronúncia.

d) CORRETA – Renato Brasileiro afirma que, no âmbito do CPP, consiste o desaforamento no deslocamento da competência territorial de uma comarca para outra, a fim de que nesta seja realizado o julgamento pelo Tribunal do Júri.

Resposta: Letra C

TJMG 2009. *Questão 46. Direito Processual Penal/CPP/Rito ordinário/ Legislação.*

Em se tratando de procedimento de rito ordinário ou sumário é INCORRETO afirmar:

a) A denúncia alternativa oferecida, apresentando duas versões contra o mesmo réu, deixando que uma delas prevaleça ao final, não pode ser considerada inepta para fins de sua rejeição liminar.

b) Verificado que o réu se oculta para não ser citado, o Oficial de Justiça certificará a ocorrência e procederá a citação com hora certa, na forma estabelecida no Código de Processo Civil.

c) O Magistrado que presidiu a instrução\audiência, torna-se vinculado ao feito, devendo proferir a sentença, em homenagem ao princípio da identidade física do Juiz.

d) Recebida a denúncia e ofertada a resposta aos termos da acusação, sendo o Réu inimputável, o Juiz não poderá absolvê-lo sumariamente, ainda que verificada a existência manifesta de causa excludente de culpabilidade.

Comentários

a) INCORRETA – Se essa imputação alternativa superveniente prevista no antigo parágrafo único do art. 384 do CPP era amplamente admitida pela doutrina e pelos Tribunais, pode-se dizer que, diante das modificações produzidas pela Lei n° 11.719/08, não se pode mais falar em denúncia alternativa superveniente. Isso porque, de acordo com a nova redação do art. 384, § 4°, do CPP, havendo aditamento, ficará o juiz, na sentença, adstrito aos termos do aditamento.

b) CORRETA – Art. 355, § 2°, do CPP: § 2° Certificado pelo oficial de justiça que o réu se oculta para não ser citado, a precatória será imediatamente devolvida, para o fim previsto no art. 362.

c) CORRETA – Art. 399, § 2°, do CPP: § 2° O juiz que presidiu a instrução deverá proferir a sentença.

d) CORRETA – Art. 397, II, CPP: Art. 397. Após o cumprimento do disposto no art. 396-A, e parágrafos, deste Código, o juiz deverá absolver sumariamente o acusado quando verificar: II – a existência manifesta de causa excludente da culpabilidade do agente, salvo inimputabilidade;

Resposta: Letra A

DIREITO PROCESSUAL PENAL

TJMG 2009. *Questão 54. Direito Processual Penal/CPP/Processo sumário/ Legislação.*

Em se tratando de processo sumário, marque a opção CORRETA.

a) Se a audiência for suspensa, a testemunha que compareceu será ouvida, desde que obedecida a ordem prevista no Código de Processo Penal.

b) Se a audiência for suspensa, a testemunha que compareceu para o ato não será inquirida.

c) Se a audiência for suspensa, a testemunha que compareceu para o ato será inquirida independentemente da ordem estabelecida no Código de Processo Penal.

d) Nenhuma das hipóteses é verdadeira.

Comentários

(A, B, C e D): Nos termos do art. 536 do CPP: A testemunha que comparecer será inquirida, independentemente da suspensão da audiência, observada em qualquer caso a ordem estabelecida no art. 531 deste Código.

Resposta: Letra A

TJMG 2009. *Questão 57. Direito Processual Penal/CPP/Tribunal do Júri/ Legislação.*

Em se tratando do julgamento pelo Tribunal do Júri, marque a opção CORRETA.

a) Quando dos debates, a parte só poderá intervir, com aparte, tendo a permissão do Juiz.

b) Quando dos debates, só poderá ter aparte, quando a parte que estiver falando o permitir.

c) Quando dos debates, poderá existir aparte apenas da defesa, ante o princípio da plenitude de defesa.

d) Quando dos debates, não poderá haver qualquer aparte.

Comentários

(A, B, C e D) Nos termos do inciso XII, do art. 497, do CPP: São atribuições do juiz presidente do Tribunal do Júri, além de outras expressamente referidas neste Código: XII – regulamentar, durante os debates, a intervenção de uma das partes, quando a outra estiver com a palavra, podendo conceder até 3 (três) minutos para cada aparte requerido, que serão acrescidos ao tempo desta última.

Resposta: Letra A

TJMG 2008. *Questão 51. Direito Processual Penal/CPP/Absolvição sumária/ Legislação.*

Em conformidade com o previsto no art. 411 do Código de Processo Penal, o Juiz que absolver sumariamente o réu denunciado pela prática de homicídio qualificado obrigatoriamente terá que:

a) comunicar a decisão ao Procurador-Geral de Justiça.

b) comunicar a decisão ao Presidente do Tribunal de Justiça.

c) abrir vistas dos autos ao Promotor de Justiça.

d) recorrer de ofício.

Comentários QUESTÃO DESATUALIZADA

A lei 11.689/08 alterou o CPP e a absolvição sumária passou a ser tratada pelo artigo 415, que assim dispõe: O juiz, fundamentadamente, absolverá desde logo o acusado, quando: I – provada a inexistência do fato; II – provado não ser ele autor ou partícipe do fato; III – o fato não constituir infração penal; IV – demonstrada causa de isenção de pena ou de exclusão do crime. Parágrafo único. Não se aplica o disposto no inciso IV do caput deste artigo ao caso de inimputabilidade prevista no caput do art. 26 do Decreto-Lei n. 2.848, de 7 de dezembro de 1940 – Código Penal, salvo quando esta for a única tese defensiva.

Não há previsão de comunicação da decisão ao Presidente do Tribunal de Justiça, nem ao PGJ e tampouco se abre vista ao MP ou recurso de ofício, pois conforme preceitua o artigo 416 do CPP, contra a decisão de absolvição sumária caberá apelação.

TJMG 2008. *Questão 53. Direito Processual Penal/CPP/Tribunal do Júri/ Legislação.*

O réu poderá ser julgado à revelia pelo Tribunal do Júri, quando:

a) o crime for afiançável e o réu não comparecer ao julgamento sem motivo legítimo.

b) o réu for menor de 21 anos.

c) o réu for maior de 70 anos.

d) o réu for estrangeiro.

Comentários questão desatualizada

A atual legislação determina que:

Art. 457. O julgamento não será adiado pelo não comparecimento do acusado solto, do assistente ou do advogado do querelante, que tiver sido regularmente intimado.

§ 1º Os pedidos de adiamento e as justificações de não comparecimento deverão ser, salvo comprovado motivo de força maior, previamente submetidos à apreciação do juiz presidente do Tribunal do Júri.

§ 2º Se o acusado preso não for conduzido, o julgamento será adiado para o primeiro dia desimpedido da mesma reunião, salvo se houver pedido de dispensa de comparecimento subscrito por ele e seu defensor

Resposta oficial: Letra A

TJMG 2008. *Questão 55. Direito Processual Penal/CPP/Desaforamento/Legislação.*

O desaforamento de que trata o art. 424 do Código de Processo Penal, na conformidade do previsto no Regimento Interno do Tribunal de Justiça do Estado de Minas Gerais, terá o mesmo processamento do(A)

a) recurso em sentido estrito.

b) agravo.

c) carta testemunhável.

d) *habeas corpus.*

Comentários

(A, B, C e D) Conforme o art. 85 do Regimento Interno do TJMG: Recebido o processo como relator e não havendo pedido de vista formulado por advogado atuante no processo, o desembargador lançará o relatório, sugerirá a data da sessão para julgamento pelo sistema eletrônico e: III

– colocá-lo-á em mesa na primeira sessão que se seguir à conclusão, nos casos de: a) habeas corpus, recurso de habeas corpus e desaforamento;

Resposta: Letra D

TJMG 2007. *Questão 51. Direito Processual Penal/CPP/desaforamento/ Legislação e doutrina.*

Marque a alternativa INCORRETA. O Tribunal de Justiça poderá desaforar, mediante representação do juiz de direito, o julgamento do Júri Popular para Comarca mais próxima, quando:

a) o interesse da ordem pública o reclamar.

b) o julgamento não se realizar no período de 1 (um) ano, contado do recebimento do libelo.

c) houver dúvida sobre a segurança pessoal do réu.

d) houver dúvida sobre a imparcialidade do júri.

Comentários **QUESTÃO DESATUALIZADA**

(A, B, C e D) A atual legislação determina que:

Art. 427. **Se o interesse da ordem pública o reclamar ou houver dúvida sobre a imparcialidade do júri ou a segurança pessoal do acusado**, o Tribunal, a requerimento do Ministério Público, do assistente, do querelante ou do acusado ou mediante representação do juiz competente, poderá determinar o desaforamento do julgamento para outra comarca da mesma região, onde não existam aqueles motivos, preferindo-se as mais próximas.

Art. 428. O desaforamento também poderá ser determinado, **em razão do comprovado excesso de serviço**, ouvidos o juiz presidente e a parte contrária, **se o julgamento não puder ser realizado no prazo de 6 (seis) meses**, contado do trânsito em julgado da decisão de pronúncia.

TJMG 2007. *Questão 52. Direito Processual Penal/CPP/Tribunal do Júri/ Legislação e doutrina.*

Ao cabo da instrução em processo instaurado para apurar crime de homicídio doloso e depois de colhidas as alegações finais das partes, além de configuradas materialidade e autoria delituosas, resultou comprovado que o réu, em virtude de perturbação de saúde mental, não era inteiramente capaz de entender o caráter

DIREITO PROCESSUAL PENAL

ilícito do fato ou de determinar-se de acordo com esse entendimento. Consequentemente, o juiz de direito:

a) absolverá desde logo o réu, com a imposição de medida de segurança.

b) impronunciará desde logo o réu, que poderá ser processado se houver novas provas de sua higidez mental.

c) pronunciará o réu, com a determinação para que seja submetido ao Tribunal do Júri.

d) desclassificará a infração imputada ao réu, com a remessa do processo ao juízo singular.

> **Comentários QUESTÃO DESATUALIZADA**
>
> (A, B, C e D) Renato Brasileiro afirma que no âmbito do procedimento comum ordinário, não é cabível a absolvição sumária do inimputável do art. 26, caput, do Código Penal (CPP, art. 397, II). No âmbito do procedimento do júri, no entanto, a situação do inimputável é diferente. Isso porque, nos termos do art. 415, parágrafo único, do CPP, não é possível sua absolvição sumária, salvo quando esta for a única tese defensiva. Se a inimputabilidade do art. 26, caput, for a única tese defensiva, não é possível a absolvição sumária imprópria, pois a ele será imposta medida de segurança (CPP, art. 386, parágrafo único, III, c/c art. 97, caput, do CP). Reconhecida a existência de conduta típica e ilícita, porém ausente a capacidade de culpabilidade, e desde que a inimputabilidade seja sua única tese defensiva, é possível a absolvição sumária do agente. Assim, prever a lei que a absolvição sumária imprópria só será cabível quando a inimputabilidade for a única tese defensiva.
>
> **Resposta oficial (desatualizado): Letra C**

TJMG 2007. *Questão 53. Direito Processual Penal/CPP/Tribunal do Júri/ Legislação e jurisprudência.*

Marque a alternativa INCORRETA. Nos processos do Tribunal do Júri, o juiz de direito deverá assegurar:

a) o sigilo das votações.

b) a soberania dos veredictos.

c) a repetição da votação, se a resposta a qualquer dos quesitos estiver em contradição com outra já proferida.

d) a competência exclusiva para o julgamento dos crimes dolosos contra a vida, consumados ou tentados.

> **Comentários**
>
> (A, B, C e D) art. 5°, XXXVIII, da CF/88: XXXVIII – é reconhecida a instituição do júri, com a organização que lhe der a lei, assegurados:
>
> a) a plenitude de defesa;
>
> b) o sigilo das votações;
>
> c) a soberania dos veredictos;
>
> d) a competência para o julgamento dos crimes dolosos contra a vida;
>
> Além dos crimes contra a vida o tribunal do Júri também é responsável pelo julgamento dos crimes conexos:
>
> Habeas corpus. 2. Homicídio e roubo majorado em concurso material. 3. Competência do Tribunal do Júri. Decisão de pronúncia prudente e equilibrada. Ausência de fundamentação. Inocorrência. 4. Crimes conexos. A competência para apreciar os crimes conexos aos dolosos contra a vida é do Tribunal do Júri e é diretamente estabelecida pelo reconhecimento desta. 5. Ordem denegada. (HC 122287/MT – MATO GROSSO).
>
> **Resposta: Letra D**

16. DAS NULIDADES E DOS RECURSOS EM GERAL

TJMG 2014. Questão 46. Direito Processual Penal/CPP/Nulidade/Legislação e jurisprudência.

No que se refere às nulidades no processo penal, assinale a alternativa INCORRETA.

a) A nulidade por ilegitimidade do representante da parte não poderá ser sanada, mediante a ratificação dos atos processuais, impondo-se a renovação dos atos processuais praticados pelo representante ilegítimo.

b) A falta ou nulidade da citação do acusado fica sanada quando ele comparece em juízo antes da consumação do ato, mesmo que declare que o faz para o único fim de suscitar tal nulidade.

c) Conforme entendimento jurisprudencial majoritário, a nulidade pertinente ao conteúdo dos debates no Tribunal do Júri, prevista no Artigo 478 do CPP, é relativa, fazendo-se necessário, para a sua configuração, a demonstração da ocorrência de prejuízo.

d) A prova declarada inadmissível deve ser desentranhada e inutilizada, após preclusão da decisão respectiva, podendo as partes acompanhar o incidente.

Comentários

a) INCORRETA – Art. 568 do CPP: Art. 568. A nulidade por ilegitimidade do representante da parte poderá ser a todo tempo sanada, mediante ratificação dos atos processuais.

b) CORRETA – art. 570 do CPP: Art. 570. A falta ou a nulidade da citação, da intimação ou notificação estará sanada, desde que o interessado compareça, antes de o ato consumar-se, embora declare que o faz para o único fim de argui-la. O juiz ordenará, todavia, a suspensão ou o adiamento do ato, quando reconhecer que a irregularidade poderá prejudicar direito da parte.

c) CORRETA – Conforme entendimento do STF: Recurso ordinário em habeas corpus. Processual Penal. Júri. Homicídio qualificado. Artigo 121, § 2º, II, c/c o art. 29, do Código Penal. Leitura pelo Ministério Público, nos debates, de sentença condenatória de corréu proferida em julgamento anterior. Alegação de sua utilização como argumento de autoridade, em prejuízo do recorrente. Nulidade. Não ocorrência. Sentença que não faz qualquer alusão a sua pessoa nem a sua suposta participação no crime. Inaptidão do documento para interferir no ânimo dos jurados em desfavor do recorrente. Peça que não se subsume na vedação do art. 478, I, do Código de Processo Penal. Possibilidade de sua leitura em plenário (art. 480, caput, CPP). Inexistência de comprovação de que o documento, de fato, foi empregado como argumento de autoridade e de que houve prejuízo insanável à defesa (art. 563, CPP). Recurso não provido. 1. O art. 478, I, do Código de Processo Penal veda que as partes, nos debates, façam referência a decisão de pronúncia e a decisões posteriores em que se tenha julgado admissível a acusação como argumento de autoridade para beneficiar ou prejudicar o acusado. 2. Esse dispositivo legal não veda a leitura, em plenário, da sentença condenatória de corréu, proferida em julgamento anterior, a qual é admitida pelo art. 480, caput, do Código de Processo Penal. 3. A sentença, ademais, é desprovida de aptidão para interferir no ânimo dos jurados, como argumento de autoridade e em prejuízo do recorrente, uma vez que não faz qualquer alusão a sua pessoa nem a sua suposta participação no crime. 4. Ausente a comprovação de que o documento, de fato, foi empregado como argumento de autoridade e que houve prejuízo insanável à defesa (art. 563, CPP), não há nulidade a ser reconhecida. 5. Recurso não provido. (STF – RHC 118006/SP – SÃO PAULO)

d) CORRETA – art. 157, § 3º do CPP: § 3º Preclusa a decisão de desentranhamento da prova declarada inadmissível, esta será inutilizada por decisão judicial, facultado às partes acompanhar o incidente.

Resposta: Letra A

TJMG 2014. *Questão 47. Direito Processual Penal/CPP/Recurso/Legislação e jurisprudência.*

Assinale a alternativa CORRETA.

a) Na hipótese de concurso de agentes, o réu condenado que não recorreu da sentença será sempre beneficiado pela decisão proferida em recurso interposto pelo corréu.

b) O efeito devolutivo do recurso de apelação manejado contra decisões proferidas no procedimento dos crimes dolosos contra a vida é amplo, sendo permitida a sua devolução ao órgão recursal para o conhecimento pleno da matéria.

c) As decisões de pronúncia e impronúncia desafiam recurso em sentido estrito.

d) Na hipótese de o Ministério Público não manejar recurso de apelação no prazo legal, a vítima poderá interpor apelação no prazo de 15 dias, ainda que não tenha se habilitado como assistente nos autos.

Comentários

a) CORRETA – ART. 580 do CPP: Art. 580. No caso de concurso de agentes (Código Penal, art. 25), a decisão do recurso interposto por um dos réus, se fundado em motivos que não sejam de caráter exclusivamente pessoal, aproveitará aos outros.

b) INCORRETA – A Súmula nº 713 do STF dispõe que: Efeito Devolutivo da Apelação – Decisões do Júri – Fundamentos: O efeito devolutivo da apelação contra decisões do Júri é adstrito aos fundamentos da sua interposição.

c) INCORRETA – Conforme os artigos 46 e 581, V, ambos do CPP: Art. 416. Contra a sentença de impronúncia ou de absolvição sumária caberá apelação. Art. 581. Caberá recurso, no sentido estrito, da decisão, despacho ou sentença: IV – que pronunciar o réu;

d) CORRETA – Art. 598 do CPP: Art. 598. Nos crimes de competência do Tribunal do Júri, ou do juiz singular, se da sentença não for interposta apelação pelo Ministério Público no prazo legal, o ofendido ou qualquer das pessoas enumeradas no art. 31, ainda que não se tenha habilitado como assistente, poderá interpor apelação, que não terá, porém, efeito suspensivo. Parágrafo único. O prazo para interposição desse recurso será de quinze dias e correrá do dia em que terminar o do Ministério Público.

Resposta: Letra D

TJMG 2012. *Questão 44. Direito Processual Penal/CPP/sentença, pronuncia e recurso/Legislação e doutrina.*

Assinale a alternativa correta.

a) Qualquer das partes poderá, no prazo de 5 (cinco) dias, pedir ao juiz que declare a sentença sempre que nela houver obscuridade, contradição, ambiguidade ou omissão.

b) Ainda que preclusa a decisão de pronúncia, havendo circunstância superveniente que altere a classificação do crime, caberá ao próprio juiz de primeiro grau fazê-la, respeitado o contraditório.

c) Nos crimes de ação pública, conforme previsão legal, não poderá o juiz reconhecer circunstâncias agravantes que não tenham sido alegadas pelo Ministério Público.

d) A violação da regra da correlação entre acusação e sentença é causa de nulidade relativa.

Comentários

a) INCORRETA – Art. 619 do CPP: Art. 619. Aos acórdãos proferidos pelos Tribunais de Apelação, câmaras ou turmas, poderão ser opostos embargos de declaração, **no prazo de dois dias** contados da sua publicação, quando houver na sentença ambiguidade, obscuridade, contradição ou omissão.

b) CORRETA – ART. 421, § 1º do CPP: § 1º Ainda que preclusa a decisão de pronúncia, havendo circunstância superveniente que altere a classificação do crime, o juiz ordenará a remessa dos autos ao Ministério Público.

c) INCORRETA – Art. 385 do CPP: Art. 385. Nos crimes de ação pública, o juiz poderá proferir sentença condenatória, ainda que o Ministério Público tenha opinado pela absolvição, bem como reconhecer agravantes, embora nenhuma tenha sido alegada.

d) INCORRETA – Renato Brasileiro afirma que a inobservância ao princípio da correlação entre acusação e sentença dará ensejo ao reconhecimento de nulidade absoluta do feito, porquanto haverá violação a preceitos constitucionais como os da ampla defesa, do contraditório e do devido processo legal.

Resposta: Letra B

TJMG 2012. *Questão 45. Direito Processual Penal/CPP/recurso de apelação/ Legislação.*

Cabe recurso de apelação das decisões em que

a) julgarem procedentes as exceções, salvo a de suspeição.

b) decretar a prescrição ou julgar, por outro modo, extinta a punibilidade.

c) ocorrer nulidade posterior à pronúncia.

d) revogar a medida de segurança.

Comentários

Art. 593 do CPP:

Art. 593. Caberá apelação no prazo de 5 (cinco) dias:

I – das sentenças definitivas de condenação ou absolvição proferidas por juiz singular;

II – das decisões definitivas, ou com força de definitivas, proferidas por juiz singular nos casos não previstos no Capítulo anterior;

III – das decisões do Tribunal do Júri, quando:

a) ocorrer nulidade posterior à pronúncia;

b) for a sentença do juiz-presidente contrária à lei expressa ou à decisão dos jurados;

c) houver erro ou injustiça no tocante à aplicação da pena ou da medida de segurança;

d) for a decisão dos jurados manifestamente contrária à prova dos autos.

§ 1º Se a sentença do juiz-presidente for contrária à lei expressa ou divergir das respostas dos jurados aos quesitos, o tribunal ad quem fará a devida retificação.

§ 2º Interposta a apelação com fundamento no inciso III, c, deste artigo, o tribunal ad quem, se lhe der provimento, retificará a aplicação da pena ou da medida de segurança.

§ 3º Se a apelação se fundar no inciso III, d, deste artigo, e o tribunal ad quem se convencer de que a decisão dos jurados é manifestamente contrária à prova dos autos, dar-lhe-á provimento para sujeitar o réu a novo julgamento; não se admite, porém, pelo mesmo motivo, segunda apelação.

§ 4º Quando cabível a apelação, não poderá ser usado o recurso em sentido estrito, ainda que somente de parte da decisão se recorra.

Resposta: Letra C

TJMG 2008. *Questão 58. Direito Processual Penal/CPP/Revisão Criminal/ Legislação.*

Julgada procedente a revisão criminal, o Tribunal poderá:

a) alterar a classificação da infração, absolver o réu, modificar a pena ou anular o processo.

b) absolver o réu, cuja inimputabilidade penal resultar reconhecida na revisão, dispensando-o da aplicação da medida de segurança respectiva.

c) deixar de conhecer do pedido, se o réu tiver falecido.

d) agravar a pena imposta se surgiu na revisão prova de conduta mais grave do condenado, não apreciada pela decisão revista.

Comentários

(A, B, C e D) Consoante disposto no art. 626 do CPP: Julgando procedente a revisão, o tribunal poderá alterar a classificação da infração, absolver o réu, modificar a pena ou anular o processo. Parágrafo único. De qualquer maneira, não poderá ser agravada a pena imposta pela decisão revista.

Resposta: Letra A

TJMG 2007 *(Concurso). Questão 56.* Direito Processual Penal/CPP/Recurso/ Legislação.

Caberá recurso no sentido estrito, da decisão, despacho ou sentença que:

a) julgar procedente exceção de coisa julgada.

b) conceder, negar, arbitrar, cassar ou julgar inidônea a fiança, indeferir revogação de prisão preventiva ou decretá-la, conceder liberdade provisória ou relaxar a prisão em flagrante.

c) rejeitar arguição de nulidade processual ocorrida na instrução criminal.

d) concluir pela competência do juízo.

Comentários

a) CORRETA. Art. 581, I do CPP: Art. 581. Caberá recurso, no sentido estrito, da decisão, despacho ou sentença: I – que não receber a denúncia ou a queixa;

b) INCORRETA. Art. 581. Caberá recurso, no sentido estrito, da decisão, despacho ou sentença:

c) INCORRETA. Art. 581. Caberá recurso, no sentido estrito, da decisão, despacho ou sentença: V – que conceder, negar, arbitrar, cassar ou julgar inidônea a fiança, indeferir **requerimento de prisão preventiva ou revogá-la**, conceder liberdade provisória ou relaxar a prisão em flagrante;

d) INCORRETA. Art. 581. Caberá recurso, no sentido estrito, da decisão, despacho ou sentença: II – que concluir pela **incompetência** do juízo;

Resposta: Letra A

DIREITO PROCESSUAL PENAL

17. DISPOSIÇÕES GERAIS
18. HABEAS CORPUS E SEU PROCEDIMENTO
19. MANDADO DE SEGURANÇA EM MATÉRIA CRIMINAL (LEI Nº 12.016, DE 7 DE AGOSTO DE 2009)
20. EXECUÇÃO PENAL (LEI Nº 7.210, DE 11 DE JULHO DE 1984)

TJMG 2012. *Questão 46. Direito Processual Penal/CPP/Lei de execução Penal/ Legislação e doutrina.*

Assinale a alternativa correta.

a) É assegurado ao condenado maior de 60 (sessenta) anos de idade o recolhimento em local adequado e separado dos demais presos.

b) Considerando o dispositivo legal que rege a matéria, será admitido o recolhimento em regime domiciliar quando o condenado for maior de 65 (sessenta e cinco) anos, cujo regime de cumprimento de pena for o aberto.

c) Considerando a legislação vigente, a casa de albergado se destina somente ao cumprimento da pena em regime aberto.

d) A progressão do regime fechado para o semiaberto depende sempre do laudo da Comissão Técnica de Classificação.

Comentários

a) CORRETA – ART. 82, § 1º da Lei 7.210/84: § 1º A mulher e o maior de sessenta anos, separadamente, serão recolhidos a estabelecimento próprio e adequado à sua condição pessoal.

b) INCORRETA – ART. 117 da Lei 7.210/84: Art. 117. Somente se admitirá o recolhimento do beneficiário de regime aberto em residência particular quando se tratar de: I – condenado maior de 70 (setenta) anos; II – condenado acometido de doença grave; III – condenada com filho menor ou deficiente físico ou mental; IV – condenada gestante.

c) INCORRETA – ART. 93 da Lei 7.210/84: Art. 93. A Casa do Albergado destina-se ao cumprimento de pena privativa de liberdade, em regime aberto, e da pena de limitação de fim de semana.

d) INCORRETA – A questão foi considerada errada porque na época do certame havia necessidade do parecer da comissão técnica, juntamente com o exame criminológico, conforme parágrafo único do art. 112 da LEP. Contudo, o referido parágrafo do 112 da LEP foi revogado e, atualmente, possui a seguinte redação: "A pena privativa de liberdade será executada em forma progressiva com a transferência para regime menos rigoroso, a ser determinada pelo juiz, quando o preso tiver cumprido ao menos um sexto da pena no regime anterior e ostentar bom comportamento carcerário, comprovado pelo diretor do estabelecimento, respeitadas as normas que vedam a progressão. § 1º A decisão será sempre motivada e precedida de manifestação do Ministério Público e do defensor. § 2º Idêntico procedimento será adotado na concessão de livramento condicional, indulto e comutação de penas, respeitados os prazos previstos nas normas vigentes. Destaca-se que, muito embora a necessidade do exame criminológico tenha sido revogada, o juiz poderá determinar a sua realização para fins de progressão de regime no cumprimento de pena por crime hediondo ou equiparado, através de decisão fundamentada, nos termos da súmula vinculante nº 26.

Resposta: Letra A

TJMG 2009. *Questão 51. Direito Processual Penal/CPP/Execução de Pena/ Legislação.*

Em matéria de execução penal, é INCORRETO afirmar que:

a) O condenado por crime de tráfico, sendo reincidente, ainda que não específico, poderá obter a progressão de regime, depois de cumpridos 3/5 (três quintos) da pena privativa de liberdade.

b) O condenado pelo crime de tráfico, em se tratando de reincidente específico (anterior condenação pelo mesmo crime de tráfico) não poderá obter a outorga do livramento condicional.

c) É incabível o indulto natalino ao condenado por crime de tráfico.

d) O condenado por crime de tráfico, não sendo reincidente, só poderá obter a progressão do regime fechado para o semiaberto, depois de cumpridos 2/5 (dois quintos) da pena, qualquer que seja a data do fato criminoso.

Comentários

a) CORRETA – Art. 2º, § 2º, da Lei 8.072/90: § 2º A progressão de regime, no caso dos condenados aos crimes previstos neste artigo, dar-se-á após o cumprimento de 2/5 (dois quintos) da pena, se o apenado for primário, e de 3/5 (três quintos), se reincidente.

DIREITO PROCESSUAL PENAL

b) CORRETA – Art. 44, p.ú., da lei 11.343/06: Art. 44. Os crimes previstos nos arts. 33, caput e § 1°, e 34 a 37 desta Lei são inafiançáveis e insuscetíveis de sursis, graça, indulto, anistia e liberdade provisória, vedada a conversão de suas penas em restritivas de direitos. Parágrafo único. Nos crimes previstos no caput deste artigo, dar-se-á o livramento condicional após o cumprimento de dois terços da pena, vedada sua concessão ao reincidente específico.

c) CORRETA – Art. 2°, I, da Lei 8.072/90: Art. 2° Os crimes hediondos, a prática da tortura, o tráfico ilícito de entorpecentes e drogas afins e o terrorismo são insuscetíveis de: I – anistia, graça e indulto;

d) INCORRETA – Se o fato ocorreu antes de 29 de março de 2007 – data em que entrou em vigor a Lei n. 11.464/07, são aplicadas as regras previstas na Lei de Execução Penal, exigindo-se, para a progressão, o cumprimento de, ao menos 1/6 da pena (art. 112 da Lei de Execução Penal). Ou seja, se o crime foi cometido antes da lei 11.464/07 a progressão se dará com o cumprimento de 1/6 da pena, já aqueles cometidos após a nova lei deverão cumprir 2/5 da pena, se primário.

Resposta: Letra D

TJMG 2009. *Questão 52. Direito Processual Penal/CPP/Procedimento do Júri/Legislação.*

Marque a opção INCORRETA.

No procedimento do júri, o Juiz pronunciará o acusado, todavia, fundamentadamente o absolverá desde logo quando:

a) Provada a inexistência do fato.

b) O fato não constituir infração penal.

c) Demonstrada a causa de isenção de pena.

d) Não se convencer da existência de indícios suficientes da autoria ou de participação.

Comentários

(A, B, C e D): Segundo o art. 415 do CPP: O juiz, fundamentadamente, absolverá desde logo o acusado, quando: I – provada a inexistência do fato; II – provado não ser ele autor ou partícipe do fato; III – o fato não constituir infração penal; IV – demonstrada causa de isenção de pena ou de exclusão do crime. Parágrafo único. Não se aplica o disposto no inciso IV do caput deste artigo ao caso de inimputabilidade prevista no caput do art. 26 do Decreto-Lei n. 2.848, de 7 de dezembro de 1940 – Código Penal, salvo quando esta for a única tese defensiva.

Resposta: Letra D

TJMG 2008. *Questão 52. Direito Processual Penal/CPP/Execução Penal/ Legislação.*

A sentença que decide sobre a progressão do regime de cumprimento da pena é recorrível por:

a) agravo.

b) apelação.

c) recurso em sentido estrito.

d) correição parcial.

Comentários

(A, B, C e D) Conforme art. 197 da Lei 7.210/84: Das decisões proferidas pelo Juiz caberá recurso de agravo, sem efeito suspensivo. A doutrina o denomina de agravo em execução, cujo prazo para interposição é de 5 dias, por força da súmula 700 do STF.

Resposta: Letra A

TJMG 2008. *Questão 54. Direito Processual Penal/CPP/Execução de Pena/ Legislação.*

No curso da execução da pena, sobreveio a insanidade mental do réu, apurada em regular perícia médica. Que providência deve ser adotada pelo Juiz da Execução, em relação ao réu:

a) colocá-lo em liberdade.

b) recolhê-lo a uma prisão albergue.

c) interná-lo em estabelecimento adequado.

d) declarar extinta a punibilidade.

> **Comentários**
>
> (A, B, C e D) De acordo com o art. 183 da lei 7.210/84: Quando, no curso da execução da pena privativa de liberdade, sobrevier doença mental ou perturbação da saúde mental, o Juiz, de ofício, a requerimento do Ministério Público, da Defensoria Pública ou da autoridade administrativa, poderá determinar a substituição da pena por medida de segurança.
>
> **Resposta: Letra C**

TJMG 2007. *Questão 49. Direito Processual Penal/CPP/Lei de Execução Penal/ Legislação.*

Segundo as disposições da Lei de Execução Penal (LEP, artigo 117), o recolhimento em residência particular será admitido, quando se tratar de:

a) condenada gestante, independentemente do regime prisional.

b) condenado acometido de doença grave, ainda que em regime fechado.

c) condenada com filho menor ou deficiente físico ou mental, desde que em regime semiaberto.

d) condenado maior de 70 (setenta) anos, desde que em regime aberto.

> **Comentários**
>
> (A, B, C e D) De acordo com o art. 117 da Lei 7.210/84: Somente se admitirá o recolhimento do beneficiário de regime aberto em residência particular quando se tratar de: I – condenado maior de 70 (setenta) anos; II – condenado acometido de doença grave; III – condenada com filho menor ou deficiente físico ou mental; IV – condenada gestante.
>
> **Resposta: Letra D**

TJMG 2007. *Questão 50. Direito Processual Penal/CPP/Execução Penal/ Legislação.*

Na condição de órgão da execução penal, incumbe ao Conselho Penitenciário, exceto

a) emitir parecer sobre comutação de pena.

b) supervisionar os patronatos.

c) emitir parecer sobre indulto com base no estado de saúde do preso.

d) apresentar, no primeiro trimestre de cada ano, ao Conselho Nacional de Política Criminal e Penitenciária, relatório dos trabalhos efetuados no exercício anterior.

> **Comentários**
>
> (A, B, C e D): Nos termos do art. 70 da Lei 7.210/84: Incumbe ao Conselho Penitenciário: I – emitir parecer sobre indulto e comutação de pena, excetuada a hipótese de pedido de indulto com base no estado de saúde do preso; II – inspecionar os estabelecimentos e serviços penais; III – apresentar, no 1º (primeiro) trimestre de cada ano, ao Conselho Nacional de Política Criminal e Penitenciária, relatório dos trabalhos efetuados no exercício anterior; IV – supervisionar os patronatos, bem como a assistência aos egressos.
>
> **Resposta: Letra C**

21. ENTORPECENTES (LEI Nº 11.343, DE 23 DE AGOSTO DE 2003)

TJMG 2012. *Questão 47. Direito Processual Penal/CPP/legislação Especial/ Legislação e jurisprudência.*

Analise as proposições seguintes classificando-as em V (verdadeira) ou F (falsa).

I. ( ) Ao agente que praticar a conduta prevista no artigo 28 da Lei nº 11.343/06, poderá o Ministério Público propor a transação penal (artigo 76 da Lei nº 9.099/95), com a aplicação imediata de pena prevista no referido dispositivo a ser especificada na proposta.

II. ( ) Nos crimes definidos na Lei nº 11.343/06, o inquérito será concluído em 30 (trinta) dias se o réu estiver preso e em 60 (sessenta) dias se estiver solto.

III. ( ) O perito que subscrever o laudo de constatação toxicológico ficará impedido da elaboração do laudo definitivo.

IV. ( ) Na audiência de instrução e julgamento dos crimes definidos na Lei nº 11.343/06, as testemunhas serão inquiridas após o interrogatório do réu.

Assinale a alternativa que apresenta a classificação correta das proposições.

a)   I-V; II-V; III-F; IV-V.
b)   I-F; II-F; III-V; IV-V.
c)   I-V; II-F; III-F; IV-V.
d)   I-F; II-V; III-V; IV-F.

> *Comentários*
>
> I. Verdadeira – art. 48, § 5°, da Lei 11.343/06: § 5° Para os fins do disposto no art. 76 da Lei n. 9.099, de 1995, que dispõe sobre os Juizados Especiais Criminais, o Ministério Público poderá propor a aplicação imediata de pena prevista no art. 28 desta Lei, a ser especificada na proposta.
>
> II. Falsa – art. 51 da Lei 11.343/06: Art. 51. O inquérito policial será concluído no prazo de 30 (trinta) dias, se o indiciado estiver preso, e de 90 (noventa) dias, quando solto. Parágrafo único. Os prazos a que se refere este artigo podem ser duplicados pelo juiz, ouvido o Ministério Público, mediante pedido justificado da autoridade de polícia judiciária.
>
> III. Falsa – Art. 50, § 2°, da Lei 11.434/06: Art. 50. Ocorrendo prisão em flagrante, a autoridade de polícia judiciária fará, imediatamente, comunicação ao juiz competente, remetendo-lhe cópia do auto lavrado, do qual será dada vista ao órgão do Ministério Público, em 24 (vinte e quatro) horas. § 1° Para efeito da lavratura do auto de prisão em flagrante e estabelecimento da materialidade do delito, é suficiente o laudo de constatação da natureza e quantidade da droga, firmado por perito oficial ou, na falta deste, por pessoa idônea. § 2° O perito que subscrever o laudo a que se refere o § 1° deste artigo não ficará impedido de participar da elaboração do laudo definitivo.
>
> IV. Verdadeira – o art. 57 da Lei 11.434/06 estabelece que: Na audiência de instrução e julgamento, após o interrogatório do acusado e a inquirição das testemunhas, será dada a palavra, sucessivamente, ao representante do Ministério Público e ao defensor do acusado, para sustentação oral, pelo prazo de 20 (vinte) minutos para cada um, prorrogável por mais 10 (dez), a critério do juiz. Em decisão recente, o STF entendeu que: Ementa: AGRAVO REGIMENTAL NO RECURSO ORDINÁRIO EM HABEAS CORPUS. PENAL E PROCESSUAL PENAL. CRIME DE TRÁFICO DE DROGAS. ARTIGO 33, CAPUT, DA LEI 11.343/2006. HABEAS CORPUS ORIGINARIAMENTE SUBSTITUTIVO DE RECURSO. INADMISSIBILIDADE. PRECEDENTES. MOMENTO PROCESSUAL DO INTERROGATÓRIO. NULIDADE. INEXISTÊNCIA. LEI DE DROGAS. RITO PRÓPRIO. AGRAVO REGIMENTAL DESPROVIDO. 1. A alteração promovida pela Lei n. 11.719/2008 não alcança os crimes

descritos na Lei 11.343/2006, em razão da existência de rito próprio normatizado neste diploma legislativo. 2. A jurisprudência desta Corte é pacífica no sentido de que as novas disposições do Código de Processo Penal sobre o interrogatório não se aplicam a casos regidos pela Lei das Drogas. Precedentes: ARE 823822 AgR, Relator(A) Min. GILMAR MENDES, Segunda Turma, julgado em 12/08/2014; HC 122229, Relator(A) Min. RICARDO LEWANDOWSKI, Segunda Turma, julgado em 13/05/2014. 3. *In casu*, a realização de interrogatório no início da instrução processual não enseja constrangimento ilegal a ser sanado na via do habeas corpus, notadamente quando ainda pendente de análise impetração na instância a quo. 4. Verifica-se a existência de óbice processual, porquanto o habeas corpus impetrado perante o Tribunal a quo foi manejado em substituição a recurso cabível. 5. Agravo regimental desprovido. (RHC 129952 AgR/MG – MINAS GERAIS).

Resposta: Letra C

TJMG 2008. *Questão 50. Direito Processual Penal/CPP/lei 11.343/06/ Legislação.*

Concluído o inquérito policial instaurado para apurar a prática dos delitos previstos na Lei n. 11.343, de 23 de agosto de 2006, deu-se vista ao Ministério Público para, no prazo de 10 (dez) dias, adotar uma das seguintes providências, exceto:

a) requerer o arquivamento.

b) requerer a notificação do acusado para oferecer defesa prévia.

c) requisitar diligências que entender necessárias.

d) oferecer denúncia, arrolar até 5 (cinco) testemunhas e requerer as demais provas que entender pertinentes.

Comentários

(A, B, C e D): art. 4 da Lei 11.343/06: Art. 54. Recebidos em juízo os autos do inquérito policial, de Comissão Parlamentar de Inquérito ou peças de informação, dar-se-á vista ao Ministério Público para, no prazo de 10 (dez) dias, adotar uma das seguintes providências:

I – requerer o arquivamento;

II – requisitar as diligências que entender necessárias;

DIREITO PROCESSUAL PENAL

> III – oferecer denúncia, arrolar até 5 (cinco) testemunhas e requerer as demais provas que entender pertinentes.
>
> *Resposta: Letra B*

22. VIOLÊNCIA DOMÉSTICA (LEI N° 11.340, DE 7 DE AGOSTO DE 2006)

23. PRISÃO TEMPORÁRIA (LEI N° 7.960, DE 21 DE DEZEMBRO DE 1989)

24. DA PRISÃO, DAS MEDIDAS CAUTELARES, DA LIBERDADE PROVISÓRIA (LEI N° 12.403, DE 4 DE MAIO DE 2011)

25. JUIZADOS ESPECIAIS CRIMINAIS (LEI N° 9.099, DE 26 DE SETEMBRO DE 1995)

TJMG 2014. *Questão 48. Direito Processual Penal/CPP/Legislação especial e impedimento/Legislação.*

Analise as afirmativas a seguir.

I. As medidas despenalizadoras previstas na Lei n° 9.099/95 aplicam-se aos casos de violência doméstica, se a pena cominada não exceder a dois anos.

II. Em qualquer fase da persecução criminal relativa aos crimes previstos na Lei de Drogas (Lei n° 11.343/06) são permitidos procedimentos investigatórios, além dos previstos em lei e independentemente de autorização judicial, consistente na infiltração por agentes de polícia e ação controlada.

III. Ensejam a regressão de regime prisional a prática de fato definido como crime doloso ou a condenação do sentenciado por crime anterior, cuja pena, somada ao restante da pena em execução, torne incabível o regime.

IV. Configura-se a suspeição do juiz na hipótese em que ele próprio ou seu cônjuge ou parente, consanguíneo ou afim em linha reta ou colateral até o terceiro grau, inclusive, for parte ou diretamente interessado no feito.

A partir da análise, conclui-se que está(ão) CORRETA(S) a(s) afirmativa(s)

a) I apenas.
b) II apenas.
c) III apenas.
d) I, II, III e IV.

> **Comentários**
>
> I. INCORRETA – Art. 41 da lei n° 11.340/06: Aos crimes praticados com violência doméstica e familiar contra a mulher, independentemente da pena prevista, não se aplica a Lei n. 9.099, de 26 de setembro de 1995 (Lei do Juizado Especial).
>
> II. INCORRETA – Art. 53 da Lei 11.343/06: Art. 53. Em qualquer fase da persecução criminal relativa aos crimes previstos nesta Lei, são permitidos, além dos previstos em lei, mediante autorização judicial e ouvido o Ministério Público, os seguintes procedimentos investigatórios: I – a infiltração por agentes de polícia, em tarefas de investigação, constituída pelos órgãos especializados pertinentes; II – a não-atuação policial sobre os portadores de drogas, seus precursores químicos ou outros produtos utilizados em sua produção, que se encontrem no território brasileiro, com a finalidade de identificar e responsabilizar maior número de integrantes de operações de tráfico e distribuição, sem prejuízo da ação penal cabível. Parágrafo único. Na hipótese do inciso II deste artigo, a autorização será concedida desde que sejam conhecidos o itinerário provável e a identificação dos agentes do delito ou de colaboradores.
>
> III. CORRETA – Art. 118 da Lei de Execução Penal (lei n° 7.210/84): Art. 118. A execução da pena privativa de liberdade ficará sujeita à forma regressiva, com a transferência para qualquer dos regimes mais rigorosos, quando o condenado: I – praticar fato definido como crime doloso ou falta grave; II – sofrer condenação, por crime anterior, cuja pena, somada ao restante da pena em execução, torne incabível o regime (artigo 111).
>
> IV. INCORRETA – O art. 252 do CPP prevê hipóteses de impedimento: Art. 252. O juiz não poderá exercer jurisdição no processo em que: I – tiver funcionado seu cônjuge ou parente, consanguíneo ou afim, em linha reta ou colateral até o terceiro grau, inclusive, como defensor ou advogado, órgão do Ministério Público, autoridade policial, auxiliar da justiça ou perito; II – ele próprio houver desempenhado qualquer dessas funções ou servido como testemunha; III – tiver funcionado como juiz de outra instância, pronunciando-se, de fato ou de direito, sobre a questão; IV – ele próprio ou seu cônjuge ou parente, consanguíneo ou afim em linha reta ou colateral até o terceiro grau, inclusive, for parte ou diretamente interessado no feito.
>
> *Resposta: Letra C*

DIREITO PROCESSUAL PENAL

TJMG 2012. Questão 49. *Direito Processual Penal/CPP/Transação Penal/ Legislação e doutrina.*

Analise as proposições seguintes.

I. O não oferecimento da representação na audiência preliminar implica em decadência do direito.

II. A transação penal, com trânsito em julgado, consistente em multa e não cumprida, acarreta tão somente a sua execução pelo Ministério Público no âmbito do JECRIM (Juizado Especial Criminal).

III. Da decisão do juiz que homologa a transação penal, caberá o recurso de apelação.

IV. Da decisão de rejeição da denúncia, nos processos de competência do Juizado Especial, caberá apelação.

Está correto apenas o que se afirma em

a) I, II e III.
b) I, II e IV.
c) I, III e IV.
d) II, III e IV.

Comentários QUESTÃO DESATUALIZADA

I. INCORRETA – art. 75, p.ú., da Lei 9.099/96: Art. 75. Não obtida a composição dos danos civis, será dada imediatamente ao ofendido a oportunidade de exercer o direito de representação verbal, que será reduzida a termo. Parágrafo único. O não oferecimento da representação na audiência preliminar não implica decadência do direito, que poderá ser exercido no prazo previsto em lei.

II. INCORRETA – O gabarito oficial considerou a alternativa como correta, **porém a SV. 35** estabelece que: A homologação da transação penal não faz coisa julgada material e, descumpridas suas cláusulas, retoma-se a situação anterior, possibilitando-se ao Ministério Público a continuidade da persecução penal mediante o oferecimento da denúncia.

III. CORRETA – art. 76, § 5º, da Lei 9.099/96: § 5º Da sentença prevista no parágrafo anterior caberá a apelação referida no art. 82 desta Lei.

IV. CORRETA – art. 82 da Lei 9.099/96: Art. 82. Da decisão de rejeição da denúncia ou queixa e da sentença caberá apelação, que poderá ser julgada por turma composta de três Juízes em exercício no primeiro grau de jurisdição, reunidos na sede do Juizado.

Resposta: Letra B gabarito oficial desatualizado.

TJMG 2007. *Questão 48. Direito Processual Penal/CPP/Juizados Especiais Criminais/Legislação.*

Segundo a Lei dos Juizados Especiais Criminais, aberta a audiência de instrução e julgamento, o juiz, depois de receber a denúncia, observará a seguinte ordem:

a) concederá a palavra ao defensor para responder a acusação, ouvindo, após, a vítima e as testemunhas de acusação e defesa, interrogando a seguir o acusado, se presente, passando imediatamente aos debates orais e à prolação da sentença.

b) realizará a oitiva da vítima e das testemunhas de acusação e defesa, interrogando a seguir o acusado, se presente, passando imediatamente aos debates orais e à prolação da sentença.

c) concederá a palavra ao defensor para responder à acusação, interrogando a seguir o acusado, se presente, ouvindo, após, a vítima e as testemunhas de acusação e defesa, passando imediatamente aos debates orais e à prolação da sentença.

d) interrogará o acusado, se presente, ouvindo, após, a vítima e as testemunhas de acusação e defesa, passando imediatamente aos debates orais e à prolação da sentença.

Comentários

(A, B, C e D): Conforme o art. 81 da lei 9.099/95: Aberta a audiência, será dada a palavra ao defensor para responder à acusação, após o que o Juiz receberá, ou não, a denúncia ou queixa; havendo recebimento, serão ouvidas a vítima e as testemunhas de acusação e defesa, interrogando-se a seguir o acusado, se presente, passando-se imediatamente aos debates orais e à prolação da sentença.

Resposta: Letra B

TJMG 2007. *Questão 54. Direito Processual Penal/CPP/Juizados Especial/Legislação.*

Marque a alternativa INCORRETA. Na sistemática adotada pela Lei dos Juizados Especiais Criminais:

a) os embargos de declaração contra sentença observarão o prazo de até 05 (cinco) dias, contados da ciência da decisão.

b) os embargos de declaração contra sentença poderão ser opostos oralmente.

c) os embargos de declaração contra sentença provocarão a interrupção do prazo para o recurso.

d) os embargos de declaração contra sentença serão admitidos quando houver obscuridade, contradição, omissão ou dúvida.

Comentários questão desatualizada

(A e B) CORRETAS – art. 49 da Lei 9.099/95: Art. 49. Os embargos de declaração serão interpostos por escrito ou oralmente, no prazo de cinco dias, contados da ciência da decisão.

c) CORRETA – Na época do certame, a lei 9.099/95 previa que seria caso de suspensão e por esta razão a presente alternativa estava incorreta. Contudo, com o advento do NCPC, o art. 50 da Lei 9.099/95 foi alterado, passando também prever que a interposição dos embargos de declaração interrompe o prazo para interposição de recurso. (D) CORRETA. Conforme redação do artigo 48 na ocasião do concurso, os embargos de declaração eram admitidos em caso de obscuridade, contradição, omissão ou dúvida. Importante destacar que o artigo 48 da Lei 9.099/95 também foi alterado pelo NCPC e suas hipóteses de cabimento estão previstas no artigo 1.022 do CPC: Cabem embargos de declaração contra qualquer decisão judicial para: I – esclarecer obscuridade ou eliminar contradição; II – suprir omissão de ponto ou questão sobre o qual devia se pronunciar o juiz de ofício ou a requerimento; III – corrigir erro material.

Resposta oficial: Letra C

26. FALÊNCIAS (LEI Nº 11.101, DE 9 DE FEVEREIRO DE 2005)

27. CÓDIGO ELEITORAL (LEI Nº 4.737, DE 15 DE JULHO DE 1965)

28. ORGANIZAÇÕES CRIMINOSAS (LEI Nº 12.850/13)

29. PROTEÇÃO A TESTEMUNHAS (LEI Nº 9.807, DE 13 DE JULHO DE 1999)

TJMG 2012. *Questão 50. Direito Processual Penal/CPP/Proteção a vítimas e testemunhas/Legislação.*

Leia atentamente as assertivas a seguir.

I. A proteção oferecida pelo Programa de Proteção a Vítimas e Testemunhas terá a duração máxima e improrrogável de 2 (dois) anos.

II. A pessoa protegida pelo Programa de Proteção a Vítimas e Testemunhas, quando servidor público ou militar, poderá ter as suas atividades funcionais temporariamente suspensas, sem prejuízo dos respectivos vencimentos e vantagens.

III. A exclusão da pessoa protegida do Programa de Proteção a Vítimas e Testemunhas não poderá ocorrer por solicitação própria.

IV. Nos procedimentos afetos à Justiça da Infância e da Juventude, no caso de apelação, antes de determinar a remessa dos autos à Superior Instância, o juiz proferirá despacho fundamentado, mantendo ou reformando a decisão, no prazo de 5 (cinco) dias.

Está correto apenas o que se afirma em:

a) I e III.
b) II e IV.
c) III e IV.
d) I, III e IV.

Comentários

I. INCORRETA – Art. 11 da lei 9.807/99: A proteção oferecida pelo programa terá a duração máxima de dois anos. Parágrafo único. Em circunstâncias excepcionais, perdurando os motivos que autorizam a admissão, a permanência poderá ser prorrogada.

II. CORRETA – Art. 7°, VI, da lei 9.807/99: Art. 7° Os programas compreendem, dentre outras, as seguintes medidas, aplicáveis isolada ou cumulativamente em benefício da pessoa protegida, segundo a gravidade e as circunstâncias de cada caso: VI – suspensão temporária das atividades funcionais, sem prejuízo dos respectivos vencimentos ou vantagens, quando servidor público ou militar;

III. INCORRETA – Art. 10 da lei 9.807/99: A exclusão da pessoa protegida de programa de proteção a vítimas e a testemunhas poderá ocorrer a qualquer tempo: I – por solicitação do próprio interessado; II – por decisão do conselho deliberativo, em consequência de: a) cessação dos motivos que ensejaram a proteção; b) conduta incompatível do protegido.

IV. CORRETA – Art. 198, II, do ECA: II – em todos os recursos, salvo nos embargos de declaração, o prazo para o Ministério Público e para a defesa será sempre de 10 (dez) dias;

Resposta: Letra B

30. INTERCEPTAÇÃO TELEFÔNICA (LEI Nº 9.296, DE 24 DE JULHO DE 1996)

TJMG 2007. *Questão 47. Direito Processual Penal/CPP/Interceptação telefônica/Legislação.*

Segundo as diretrizes fixadas na Lei n. 9.296/96, que trata da interceptação de comunicações telefônicas e de comunicações em sistemas de informática e telemática:

a) a gravação que não interessar à prova será inutilizada, incontinenti, por determinação da autoridade policial, durante o inquérito policial.

b) o juiz, no prazo máximo de 24 (vinte e quatro) horas, decidirá sobre o pedido de interceptação de comunicações telefônicas.

c) a interceptação de comunicações telefônicas não será admitida, em qualquer hipótese, quando não for possível a indicação e a qualificação dos investigados.

d) a interceptação de comunicações telefônicas não poderá ser requerida pelo Ministério Público no curso das investigações policiais.

Comentários

a) INCORRETA – art. 9º da Lei 9.296/96: A gravação que não interessar à prova será inutilizada por decisão judicial, durante o inquérito, a instrução processual ou após esta, em virtude de requerimento do Ministério Público ou da parte interessada.

b) CORRETA – art. 4º, § 2º da Lei 9.296/96: O pedido de interceptação de comunicação telefônica conterá a demonstração de que a sua realização é necessária à apuração de infração penal, com indicação dos meios a serem empregados. § 2º O juiz, no prazo máximo de vinte e quatro horas, decidirá sobre o pedido.

c) INCORRETA – art. 2º, parágrafo único, da Lei 9.296/96: Em qualquer hipótese deve ser descrita com clareza a situação objeto da investigação, inclusive com a indicação e qualificação dos investigados, salvo impossibilidade manifesta, devidamente justificada.

d) INCORRETA – art. 3º da Lei 9.296/96: A interceptação das comunicações telefônicas poderá ser determinada pelo juiz, de ofício ou a requerimento: I – da autoridade policial, na investigação criminal; II – do representante do Ministério Público, na investigação criminal e na instrução processual penal.

Resposta: Letra B

DIREITO CONSTITUCIONAL

Fernanda Adriana de Paula Guido

Visão geral sobre as questões de Direito Constitucional

O presente capítulo apresenta as questões de constitucional dos últimos 05 concursos do TJMG. Os temas mais recorrentes foram:

I – Poder Judiciário. Estruturas, composição e Constituição Estadual;

II – Da ordem econômica e social. Fundamentos e princípios. Propriedade. Sistema financeiro;

III – Da organização do Estado Federal. Da separação dos Poderes. Da União, Estados, Municípios e Territórios. Intervenção nos Estados e Municípios. Da administração pública; e,

IV – Dos direitos e garantias fundamentais. Tutela dos direitos e deveres individuais, difusos e coletivos.

As questões foram baseadas, predominantemente, na Constituição Federal e leis correlatas aos temas, poucas abordaram jurisprudência e doutrina.

Para melhor aproveitamento dos estudos, recomenda-se a leitura da Constituição do Estado de Minas Gerais e dos artigos da Constituição Federal referentes à estruturação do Poder Judiciário.

Desejo-lhe bons estudos!

Tópicos do edital	Legislação	Doutrina	Jurisprudência
1. Constituição, conceito, objeto, elementos e classificações. Princípios fundamentais.	2014 – 1	2007 – 1 2008 – 1 2009 – 1 2012 – 2 2014 – 3	2012 – 1

Tópicos do edital	Legislação	Doutrina	Jurisprudência
2. Poder Constituinte originário e derivado. Características. Emenda: reforma e revisão da Constituição.		2014 – 1	
3. Supremacia da Constituição. Normas constitucionais. Interpretação, princípios, eficácia. Controle de constitucionalidade.	2007 – 1 2008 – 1 2009 – 3 2012 – 2	2008 – 1 2012 – 2 2014 – 1	2012 – 1
4. Dos direitos e garantias fundamentais. Tutela dos direitos e deveres individuais, difusos e coletivos.	2007 – 2 2012 – 3 2014 – 2	2007 – 1 2009 – 1 2012 – 1	2012 – 2 2014 – 1
5. A tutela constitucional das liberdades. Habeas Corpus, Habeas Data, Mandado de Segurança.	2008 – 1 2009 – 1 2012 – 1 2014 – 1		2012 – 1
6. Da organização do Estado Federal. Da separação dos Poderes. Da União, Estados, Municípios e Territórios. Intervenção nos Estados e Municípios. Da administração pública.	2007 – 1 2008 – 2 2012 – 1 2014 – 1		2008 – 1
7. Da organização dos Poderes. Do Poder Legislativo. Estruturas, composições, atribuições e competências. Do processo legislativo.	2007 – 3 2008 – 2		
8. Do Poder Executivo. Estrutura, atribuições e competências. Prerrogativas e responsabilidades. Dos ministros e dos conselhos.	2008 – 1 2009 – 1		
9. Do Poder Judiciário. Estruturas, composição e Constituição estadual. Da organização judiciária de Minas Gerais.	2007 – 2 2008 – 3 2009 – 2 2012 – 2 2014 – 1		

DIREITO CONSTITUCIONAL

Tópicos do edital	Legislação	Doutrina	Jurisprudência
10. Da ordem econômica e social. Fundamentos e princípios. Propriedades. Sistema financeiro nacional. Da seguridade social.	2007 – 4 2008 – 4 2012 – 5		2010 – 2

*Alguns itens não apresentam questões.

1. CONSTITUIÇÃO, CONCEITO, OBJETO, ELEMENTOS E CLASSIFICAÇÕES. PRINCÍPIOS FUNDAMENTAIS

TJMG – 2014 – *Questão n° 51 – Direito Constitucional/Constituição/Conceito/ Constituição Federal/Doutrina*

Sobre o conceito de Constituição, assinale a alternativa **CORRETA**.

a) É o estatuto que regula as relações entre Estados soberanos.

b) É o conjunto de normas que regula os direitos e deveres de um povo.

c) É a lei fundamental e suprema de um Estado, que contém normas referentes à estruturação, à formação dos poderes públicos, direitos, garantias e deveres dos cidadãos.

d) É a norma maior de um Estado, que regula os direitos e deveres de um povo nas suas relações.

Comentários

Incorreta. Nos dizeres de Marcelo Novelino (2015, pág. 99) "em sentido jurídico contemporâneo, a constituição pode ser definida como o conjunto sistematizado de normas originárias e estruturantes do Estado cujo objeto nuclear são os **direitos fundamentais, a estruturação do Estado e a organização dos poderes.**"

a) Incorreta. Vide comentário da alternativa a.
b) Correta. Vide comentário da alternativa a.
c) Incorreta. Vide comentário da alternativa a.

Resposta: Letra C.

TJMG – 2014 – *Questão nº 52 – Direito Constitucional/Constituição/ Classificações/Constituição Federal/Doutrina*

Dentre as formas de classificação das Constituições, uma delas é quanto à origem. Em relação às características de uma Constituição quanto à sua origem, assinale a alternativa **CORRETA**.

a) Dogmáticas ou históricas.

b) Materiais ou formais.

c) Analíticas ou sintéticas.

d) Promulgadas ou outorgadas.

Comentários

a) Incorreta. A classificação apresentada refere-se ao modo de elaboração.

b) Incorreta. A alternativa apresenta a classificação quanto à identificação das normas constitucionais.

c) Incorreta. A alternativa retrata a classificação quanto à extensão.

d) Correta. Sob o escólio do doutrinador Ingo Wolfgang Sarlet (2017, pág. 71); "(...) o modo pelo qual a constituição é elaborada, critério, portanto que diz respeito ao modo de exercício do poder constituinte. Nesse sentido, as constituições podem ser: a) *Constituições democráticas ou promulgadas* (também chamadas de constituições populares ou votadas) são as constituições que resultam, na sua origem, de um processo democrático no que diz com a sua elaboração e aprovação, sendo, portanto, resultada da expressão da vontade popular, exercida por meio da formação de uma assembleia constituinte livremente eleita e autônoma; b) *Constituição não democrática* (outorgada ou cesaristas) são aquelas que não decorrem de um processo democrático, mas sim de um ato autoritário, traduzido mediante a imposição de uma nova constituição escrita por uma pessoa que exerce o poder político ou um grupo. No caso das constituições outorgadas, ocorre uma imposição unilateral, sem qualquer consulta popular, por parte dos detentores do poder. Na história constitucional brasileira, é o caso da Carta Imperial de 1824, da Constituição do Estado Novo, de 1937, bem como da EC 1/1969, muito embora a qualidade de não democrática seja também atribuída à Constituição aprovada em 1967. Uma modalidade especial de constituição não democrática, embora não propriamente outorgada, é a assim chamada constituição cesarista, que se caracteriza pelo fato de que o detentor despótico do poder (exercido de modo unipessoal por um

DIREITO CONSTITUCIONAL

> ditador ou monarca ou por determinado grupo hegemônico) submete a constituição por ele (ou a seu comando) elaborada à aprovação popular, manipulando e induzindo a opinião pública, tal como ocorreu no caso da Constituição Francesa de 1852; c) *Constituições pactuadas* são aquelas que exprimem um compromisso entre a monarquia debilitada e outras forças sociais e políticas, como é o caso da burguesia e da nobreza, resultando numa relação de equilíbrio precário, de modo que se trata de constituições em geral instáveis, em que se buscam resguardar determinados direitos e privilégios. Ainda que se possam compreender as razões que levam parte da doutrina a considerar tal modelo como um tipo distinto das constituições democráticas e não democráticas (outorgadas), o fato é que também as constituições democráticas envolvem uma solução compromissória entre forças oponentes, não raro resultando em fortes tensões mesmo após a promulgação da constituição."
>
> *Resposta: Letra D.*

***TJMG – 2014** – Questão nº 56 – Direito Constitucional/Princípios fundamentais/Constituição Federal/Legislação*

Assinale a alternativa que descreve **COMPLETAMENTE** os objetivos fundamentais da República Federativa do Brasil.

a) Erradicar a pobreza e o analfabetismo.

b) Garantir o desenvolvimento pessoal dos cidadãos e construir a riqueza de sua gente.

c) Construir uma sociedade livre, justa e solidária, garantindo o desenvolvimento nacional com erradicação da pobreza e da marginalização, reduzindo as desigualdades sociais e regionais, promovendo o bem de todos, sem preconceitos de origem, raça, cor, idade e quaisquer outras formas de discriminação.

d) Promover a defesa nacional contra atos de Estados estrangeiros que intervierem nos assuntos internos da nação.

Comentários

a) Incorreta. Os objetivos fundamentais estão dispostos no art. 3º, CF: "Constituem objetivos fundamentais da República Federativa do Brasil: I – construir uma sociedade livre, justa e solidária; II – garantir o desenvolvimento nacional; III – erradicar a pobreza e a marginalização e reduzir as desigualdades sociais e regionais; IV – promover o bem de todos, sem preconceitos de origem, raça, sexo, cor, idade e quaisquer outras formas de discriminação."

b) Incorreta. Vide comentário da alternativa a.

c) Correta. Vide comentário da alternativa a.

d) Incorreta. Vide comentário da alternativa a.

Resposta: Letra C.

2. PODER CONSTITUINTE ORIGINÁRIO E DERIVADO. CARACTERÍSTICAS. EMENDA: REFORMA E REVISÃO DA CONSTITUIÇÃO

TJMG – 2014 – *Questão n° 53 – Direito Constitucional/Poder constituinte/ Constituição Federal/Doutrina*

Sobre o Poder Constituinte Originário, assinale a alternativa que o define **CORRETAMENTE**.

a) É o que surge da manifestação da vontade de um povo de auto-organizar-se, seja pelo consenso, por meio de uma Assembleia Constituinte, seja por um movimento revolucionário.

b) É o que não tem origem apenas na revolução popular.

c) É o que se manifesta apenas na elaboração de uma carta política que tenha como objetivo o estabelecimento de regras de convivência.

d) É o que nasce da manifestação de um povo com o objetivo de apenas formar um Estado soberano, que legitimamente o represente diante das nações.

Comentários

a) Incorreta. Sob o escólio de Marcelo Novelino (2015, pág. 73): "A doutrina constitucional utiliza uma série de denominações para identificar diferentes aspectos da manifestação do Poder Constituinte Originário. Quanto ao modo de deliberação constituinte, fala-se em Poder Constituinte Concentrado (ou Demarcado) quando o surgimento da constituição resulta da deliberação formal de um grupo de agentes, como no caso das constituições escritas; ou, em Poder Constituinte Difuso

DIREITO CONSTITUCIONAL

> quando a constituição é resultante de um processo informal em que a criação de normas ocorre a partir da tradição de uma determinada sociedade, como ocorre com as constituições consuetudinárias. Quanto ao momento de manifestação, denomina-se Poder Constituinte Histórico o responsável pelo surgimento da primeira constituição de um Estado (Exemplo: Constituição brasileira de 1824); ou Poder Constituinte Revolucionário o que elabora as constituições posteriores a partir de uma revolução (Exemplo: Constituição brasileira de 1937, criada com o propósito de tornar efetiva a Revolução de 1930) ou de uma transição constitucional (Exemplo: Constituição brasileira de 1988, criada pela Assembleia Nacional Constituinte de 1987/1988, convocada pela Emenda Constitucional nº 26, de 27 de novembro de 1985.)"
>
> b) Incorreta. Nos dizeres de Marcelo Novelino (2015, pág. 74): "No caso de Estados já existentes, a nova constituição pode surgir em decorrência de revolução, de transição constitucional ou de derrota em uma guerra."
>
> c) Incorreta. Nos dizeres de Marcelo Novelino (2015, pág. 74): "O fenômeno constituinte pode se manifestar em diferentes situações. A elaboração de uma constituição pode ser decorrente do surgimento de um novo Estado ou de algum fato suficientemente relevante para causar a ruptura com a ordem jurídica estabelecida."
>
> d) Incorreta. Como ressaltado na alternativa anterior, o poder constituinte se manifesta em diferentes situações, no entanto, ele é permanente, por não se exaurir com a conclusão de sua obra, ele permanece latente.
>
> *Resposta: A questão foi anulada pela banca do concurso.*

TJMG – 2014 – *Questão nº 54 – Direito Constitucional/Supremacia da constituição/Constituição Federal/Doutrina*

Sobre a supremacia da Constituição da República, assinale a alternativa **CORRETA**.

a) A supremacia está no fato de o controle da constitucionalidade das leis só ser exercido pelo Supremo Tribunal Federal.

b) A supremacia está na obrigatoriedade de submissão das leis aos princípios que norteiam o Estado por ela instituído.

c) A supremacia está no fato de a interpretação da constituição não depender da observância dos princípios que a norteiam.

d) A supremacia está no fato de que os princípios e fundamentos da constituição se resumam na declaração de soberania.

PREPARANDO PARA CONCURSOS - JUIZ ESTADUAL - TJ-MG

Comentários

a) Incorreta. O controle de constitucionalidade pressupõe uma constituição rígida, e um escalonamento no ordenamento jurídico, ocupando a constituição o grau máximo. "Trata-se do princípio da supremacia da constituição, que nos dizeres, do Professor José Afonso da Silva, reputado por Pinto Ferreira como 'pedra angular, em que assenta o edifício do moderno direito político', 'significa que a Constituição se coloca no vértice do sistema jurídico do país, a que confere validade, e que todos os poderes estatais são legítimos na medida em que ela os reconheça e na proporção por ela distribuídos. É, enfim, a lei suprema do Estado, pois é nela que se encontram a própria estruturação deste e a organização de seus órgãos; é nela que se acham as normas fundamentais do Estado, e só nisso se notará sua superioridade em relação às demais normas jurídicas."(Pedro Lenza, 2012, pág. 239). Não obstante, o controle de constitucionalidade admite a forma difusa ou concentrada.

b) Correta. Do princípio da supremacia da constituição "resulta o da compatibilidade vertical das normas da ordenação jurídica de um país, no sentido de que as normas de grau inferior somente valerão se forem compatíveis com as normas de grau superior, que é a Constituição. As que não forem compatíveis com ela são inválidas, pois a incompatibilidade vertical resolve-se em favor das normas de grau mais elevado, que funcionam, como fundamento de validade das inferiores."(Pedro Lenza, 2012, pág. 240). A observância não se restringe às normas constitucionais, compreendendo, ainda, os princípios expressos e os implícitos, denominado de bloco de constitucionalidade.

c) Incorreta. Vide comentários das alternativas anteriores.

d) Incorreta. Vide comentários das alternativas anteriores.

Alternativa correta letra b.

3. SUPREMACIA DA CONSTITUIÇÃO. NORMAS CONSTITUCIONAIS. INTERPRETAÇÃO, PRINCÍPIOS, EFICÁCIA. CONTROLE DE CONSTITUCIONALIDADE

TJMG – 2007 – Questão n° 73 – Direito Constitucional/Controle de Constitucionalidade/Constituição do Estado de Minas Gerais/Legislação

No âmbito do controle estadual de constitucionalidade, estruturado nos termos da Constituição do Estado de Minas Gerais, é **CORRETO** afirmar que:

DIREITO CONSTITUCIONAL

a) a Assembleia Legislativa detém competência privativa para suspender, no todo ou em parte, a execução de ato normativo estadual ou municipal declarado, incidentalmente, inconstitucional por decisão definitiva do Tribunal de Justiça, quando a decisão de inconstitucionalidade for limitada ao texto da Constituição do Estado.

b) os partidos políticos legalmente instituídos e as entidades sindicais e de classe são legitimados para a propositura de ação direta de inconstitucionalidade de lei ou ato normativo estadual ou municipal, em face da Constituição Estadual.

c) a decisão que reconhece a inconstitucionalidade por omissão será comunicada ao Poder competente para a adoção das providências necessárias à prática do ato ou início do processo legislativo, e, em se tratando de órgão administrativo, para fazê-lo em trinta dias, sob pena de responsabilidade.

d) a ação declaratória de constitucionalidade terá o mesmo procedimento previsto para a ação direta de inconstitucionalidade.

Comentários

a) Incorreta. Na hipótese descrita, a Constituição do Estado de Minas Gerais atribui à Assembleia Legislativa a competência para suspender, tão somente, o ato normativo estadual. Nesse sentido, art. 62: "Compete privativamente à Assembleia Legislativa: **XXIX** – suspender, no todo ou em parte, **a execução de ato normativo estadual declarado**, incidentalmente, inconstitucional por decisão definitiva do Tribunal de Justiça, quando a decisão de inconstitucionalidade for limitada ao texto da Constituição do Estado."

b) Incorreta. Segundo o disposto no artigo 118, da Constituição do Estado de Minas Gerais, são legitimados: "São partes legítimas para propor a ação direta de inconstitucionalidade e ação declaratória de constitucionalidade: I – Governador do Estado; II – a Mesa da Assembleia; III – o Procurador-Geral de Justiça; IV – o Prefeito ou a Mesa da Câmara Municipal; V – o Conselho da Ordem dos Advogados do Brasil, Seção do Estado de Minas Gerais; **VI – partido político com representação na Assembleia Legislativa do Estado (Inciso com redação dada pelo art. 33 da Emenda à Constituição nº 84, de 2/12/2010); VII – entidade sindical ou de classe com base territorial no Estado**; VIII – Defensoria Pública (Inciso acrescentado pelo art. 2º da Emenda à Constituição nº 88, de 2/12/2011)." A questão está errada, pois à época de sua elaboração não era o partido político legitimado a propor a ação direta de inconstitucionalidade.

c) Correta. A alternativa consiste na transcrição literal do disposto no art. 118, § 4º, da Constituição do Estado de Minas Gerais: "Reconhecida a inconstitucionalidade por omissão de medida para tornar efetiva norma desta Constituição, a decisão será comunicada ao Poder competente para adoção das providências necessárias à prática do ato ou início do processo legislativo, e, em se tratando de órgão administrativo, para fazê-lo em trinta dias, sob pena de responsabilidade."

d) Incorreta. Há diversos dispositivos que regulamentam, tão somente, o controle de inconstitucionalidade, diferenciando o procedimento das ações. Nesse sentido, art. 118, § 2º "O Procurador-Geral de Justiça será ouvido, previamente, **nas ações diretas de inconstitucionalidade**"; § 5º "Quando o Tribunal de Justiça apreciar a **inconstitucionalidade**, em tese, da norma legal ou ato normativo estadual, citará, previamente, o Advogado-Geral do Estado e o Procurador-Geral da Assembleia Legislativa, que defenderão o ato ou texto impugnado, ou, no caso de norma legal ou ato normativo municipal, o Prefeito e o Presidente da Câmara Municipal, para a mesma finalidade." Por outro lado, há previsões expressas que compreendem igualmente os dois procedimentos, art. 118, § 6º "Somente pelo voto da maioria de seus membros ou de seu órgão especial poderá o Tribunal de Justiça declarar a **inconstitucionalidade de lei ou ato normativo estadual ou municipal, incidentalmente ou como objeto de ação direta, ou declarar a constitucionalidade** de lei ou ato normativo estadual ou municipal que seja objeto de ação declaratória de constitucionalidade."

Resposta: Letra C.

TJMG – 2008 – *Questão nº 79 – Direito Constitucional/Controle de Constitucionalidade/Constituição Federal/Legislação – Doutrina*

INSTRUÇÃO: Nas questões de n. **72 a 85,** assinale a alternativa **CORRETA**, considerando as assertivas fornecidas.

O controle concentrado de constitucionalidade manifesta-se através de diversas formas no âmbito da Constituição da República.

a) Compete ao Supremo Tribunal Federal processar e julgar, originariamente, a ação direta de inconstitucionalidade de lei ou ato normativo federal, estadual e municipal.

b) A argüição de descumprimento de preceito fundamental é cabível apenas para evitar lesão a preceito fundamental resultante de ato do poder público e seu julgamento é da competência do Supremo Tribunal Federal.

c) O objeto da ação declaratória de constitucionalidade abrange não somente a lei federal, mas também a estadual, e é necessário que se demonstre a controvérsia judicial sobre sua validade perante o texto constitucional federal.

d) A ação direta de inconstitucionalidade interventiva tem como objetivo a defesa dos princípios sensíveis estabelecidos no art. 34, VII, CR, de que são exemplos a forma republicana, o sistema representativo e o regime democrático, e somente poderá ser proposta pelo Procurador-Geral da República.

Comentários

a) Incorreta. A Constituição Federal, art. 102, I, alínea "a", preceitua que: "Compete ao Supremo Tribunal Federal, precipuamente, a guarda da Constituição, cabendo-lhe: I – processar e julgar, originariamente: a) a ação direta de inconstitucionalidade de **lei ou ato normativo federal ou estadual** e ação declaratória de constitucionalidade de lei ou ato normativo federal."

b) Incorreta. Segundo o disposto no artigo 1º, da Lei nº 9882/1999: "A arguição prevista no § 1º do art. 102 da Constituição Federal será proposta perante o Supremo Tribunal Federal, e terá por objeto evitar ou reparar lesão a preceito fundamental, resultante de ato do Poder Público. Parágrafo único: Caberá também arguição de descumprimento de preceito fundamental: I – **quando for relevante o fundamento da controvérsia constitucional sobre lei ou ato normativo federal, estadual ou municipal, incluídos os anteriores à Constituição.**"

c) Incorreta. O objeto da ação declaratória de constitucionalidade é lei ou ato normativo federal. Nesse sentido, art. 102, I, alínea "a", CF: "Compete ao Supremo Tribunal Federal, precipuamente, a guarda da Constituição, cabendo-lhe: I – processar e julgar, originariamente: a) a ação direta de inconstitucionalidade de lei ou ato normativo federal ou estadual e **ação declaratória de constitucionalidade de lei ou ato normativo federal.**" Lado outro, a legislação pátria exige a comprovação da controvérsia judicial, art. 14, da Lei 9868/99: "A petição inicial indicará: I – o dispositivo da lei ou do ato normativo questionado e os fundamentos jurídicos do pedido; II – o pedido, com suas especificações; III – **a existência de controvérsia judicial relevante sobre a aplicação da disposição objeto da ação declaratória.**"

d) Correta. A Constituição Federal, art. 34, VII, c/c art. 36, III, preceitua que: art. 34 – "A União não intervirá nos Estados nem no Distrito federal, exceto para: VII – assegurar a observância dos seguintes princípios constitucionais: a) forma republicana, sistema representativo e regime democrático; b) direitos da pessoa humana; c) autonomia municipal; d) prestação de contas da administração pública, direta e indireta; e) aplicação do mínimo exigido da receita resultante de impostos estaduais, compreendida a proveniente de transferências, na manutenção e desenvolvimento do ensino e nas ações e serviços públicos de saúde." Art. 36 – A decretação da intervenção dependerá: III – de provimento, **pelo Supremo Tribunal Federal, de representação do Procurador-Geral da República, na hipótese do art. 34, VII, e no caso de recusa à execução de lei federal."** De igual forma, dispõe o art. 2°, da Lei n° 12.562/2011; "A representação será proposta pelo Procurador-Geral da República, em caso de violação aos princípios referidos no inciso VII do art. 34 da Constituição Federal, ou de recusa, por parte de Estado-Membro, à execução de lei federal." Atente-se que à época da realização da prova este instrumento normativo não estava em vigor, tendo sido promulgada em 23 de dezembro de 2011. Foi inserida na resposta com o intuito de atualizar o candidato.

Resposta: Letra D.

TJMG – 2009 – *Questão n° 76 – Direito Constitucional/Controle de constitucionalidade/Constituição Federal/Legislação – Doutrina*

Nos julgamentos que envolvam inconstitucionalidade de leis, é ***INCORRETO*** afirmar:

a) A ação direta de inconstitucionalidade, julgada no mérito pelo Supremo Tribunal Federal, tem efeitos vinculante e ***erga omnes***.

b) Os juízes de Direito podem declarar a inconstitucionalidade de uma lei.

c) A Turma de um Tribunal Estadual, ao julgar apelação, pode declarar a inconstitucionalidade de uma lei ou negar-lhe aplicação.

d) A ação direta por omissão se destina a superar omissões inconstitucionais causadas pelo Administrador ou pelo Legislador.

Comentários

a) Incorreta. A alternativa corresponde ao descrito no § 2°, art. 102, CF: "As decisões definitivas de mérito, proferidas pelo Supremo Tribunal Federal, nas ações diretas de inconstitucionalidade e nas ações declaratórias de constitucionalidade produzirão **eficácia contra todos e efeito**

vinculante, relativamente aos demais órgãos do Poder Judiciário e à administração pública direta e indireta, nas esferas federal, estadual e municipal."

b) Incorreta. Nos dizeres do doutrinador Pedro Lenza (2015, pág. 269): "O controle difuso, repressivo, ou posterior, é também chamado de controle pela via de exceção ou defesa, ou controle aberto, sendo realizado por qualquer juízo ou tribunal do Poder Judiciário. Quando dizemos qualquer juízo ou tribunal, devem ser observadas, é claro as regras de competência processual, a serem estudadas no processo civil. O controle difuso verifica-se em um caso concreto, e a declaração de inconstitucionalidade dá-se de forma incidental (*incidenter tantum*), prejudicialmente ao exame do mérito."

c) Correta. A alternativa contraria o disposto no art. 97, CF; "Somente pelo voto da **maioria absoluta de seus membros ou dos membros do respectivo órgão especial** poderão os tribunais declarar a inconstitucionalidade de lei ou ato normativo do Poder Público." Essa limitação é conhecida por "cláusula de reserva de plenário."

d) Incorreta. A alternativa fundamenta-se no disposto no § 2°, do art. 103, CF: "Declarada a inconstitucionalidade por omissão de medida para tornar efetiva norma constitucional, será dada ciência ao **Poder competente** para a adoção das providências necessárias e, em se tratando de **órgão administrativo**, para fazê-lo em trinta dias."

Resposta: Letra C.

TJMG – 2012 – *Questão n° 56 – Direito Constitucional/Normas constitucionais/Constituição Federal/Legislação – Doutrina*

Analise as afirmativas a seguir.

I. A repristinação é o fenômeno jurídico que ocorre quando uma norma revogadora de outra anterior, que, por sua vez, tivesse revogado uma mais antiga, recoloca esta última novamente em estado de produção de efeitos.

II. O fenômeno repristinatório existe no ordenamento jurídico brasileiro sem que haja necessidade de qualquer ressalva normativa, já que ele pode ser presumido constitucionalmente.

III. A declaração final de inconstitucionalidade, quando proferida em sede de fiscalidade normativa abstrata, não importa no efeito repristinatório de normas revogadas pelo diploma normativo julgado inconstitucional.

IV. Em virtude do exercício da competência legislativa plena dos Estados, a União não poderá suspender a eficácia de lei estadual no que lhe for contrário.

Está correto apenas o contido em:

a) I.
b) II e IV.
c) III e IV.
d) I, III e IV.

Comentários

I – Correta. Segundo o doutrinador Marcelo Novelino (2015, pág. 146): "A 'repristinação' consiste no restabelecimento de uma condição anterior. No direito, este fenômeno ocorre quando uma norma restaura sua vigência em virtude da revogação da norma que a revogou. Em regra, admite-se apenas a repristinação expressa. No âmbito constitucional, o fundamento da repulsa à repristinação tácita são os princípios da segurança jurídica e da estabilidade das relações sociais."

II – Incorreta. Em regra, no ordenamento jurídico pátrio admite-se apenas a repristinação expressa. Nesse sentido, art. 2°, § 3°, LINDB (Lei n° 12.376/2010): "Não se destinando à vigência temporária, a lei terá vigor até que outra a modifique ou revogue. § 3° – Salvo disposição em contrário, a lei revogada não se restaura por ter a lei revogadora perdido a vigência."

III – Incorreta. Há previsão legal acerca do efeito repristinatório tácito, art. 11, § 2°, da Lei n° 9868/99; "Concedida a medida cautelar, o Supremo Tribunal Federal fará publicar em sessão especial do Diário Oficial da União e do Diário Oficial da Justiça da União a parte dispositiva da decisão, no prazo de 10 (dez) dias, devendo solicitar as informações à autoridade da qual tiver emanado o ato, observando-se, no que couber, o procedimento estabelecido na Seção I deste Capítulo. § 2° – **A concessão da medida cautelar torna aplicável a legislação anterior acaso existente, salvo expressa manifestação em sentido contrário.**" Nos dizeres de Marcelo Novelino (2015, pág. 147): " Não obstante, há um fenômeno conhecido como efeito repristinatório tácito no qual a condição anterior de uma norma é restabelecida sem que haja determinação expressa nesse sentido. A diferença apontada em relação à repristinação tácita é de que nesta ocorre a restauração automática da vigência de uma norma efetivamente revogada, ao passo que naquele se verifica a repristinação de uma norma aparentemente revogada."

IV – Incorreta. Nos termos do art. 24, § 4º, CF: "A superveniência de lei federal sobre normas gerais **suspende a eficácia da lei estadual,** no que lhe for contrário." Destaca-se os ensinamentos de Marcelo Novelino (2015, pág. 147): "O efeito repristinatório tácito também pode ocorrer nos casos de exercício da competência legislativa plena pelos Estados-membros (CF, art. 24, §§ 1º ao 4º). A Constituição estabelece que, no âmbito da legislação concorrente, a União tem competência suplementar. Caso a União não elabore as normas gerais, os Estados poderão exercer a competência suspendendo a (vigência e) eficácia da lei estadual no que lhe for contrário. Se, porventura, esta lei federal sobre normas gerais for posteriormente revogada, a lei estadual suspensa poderá voltar a produzir efeitos novamente."

Resposta: Letra A.

TJMG – 2012 – *Questão nº 60 – Direito Constitucional/Controle de constitucionalidade/Constituição Federal/Legislação – Doutrina – Jurisprudência*

Analise as afirmativas a seguir.

I. O STF já consolidou o entendimento de que a ação cível pública pode ser utilizada como meio de fiscalização difusa de constitucionalidade, desde que a declaração de inconstitucionalidade seja apenas a causa pedir e não constitua objeto único do pedido.

II. No controle concreto de constitucionalidade, a arguição de inconstitucionalidade é questão prejudicial e gera um procedimento *incidenter tantum.*

III. O sistema judicial de controle de constitucionalidade brasileiro foi alterado pela Emenda nº 16/65 à Constituição Federal brasileira de 1946, uma vez que introduziu o controle judicial abstrato.

IV. O sistema judicial de controle de constitucionalidade brasileiro até a introdução do controle concentrado, por modificação operada na Constituição Federal de 1946, seguia o modelo norte-americano, sendo que, a partir daí, recepcionou a concepção "austríaco-kelseniana", sem, contudo, abandonar a fiscalização judicial difusa.

Está correto o contido em

a) II, apenas.
b) I e III, apenas.
c) II e III, apenas.
d) I, II, III e IV.

Comentários

I – Correta. A utilização da ação civil pública como instrumento de controle difuso é admitida pela jurisprudência da Suprema Corte. Nesse sentido: "EMENTA: AÇÃO CIVIL PÚBLICA VERSUS AÇÃO DIREITA DE INCONSTITUCIONALIDADE – RECLAMAÇÃO – LIMINAR. Na dicção da ilustrada maioria, entendimento em relação ao qual continuo guardando reservas, não surge relevante a articulação em torno da usurpação da competência do Supremo Tribunal Federal, a partir da premissa de o acolhimento do pedido formulado em ação civil pública pressupor, necessariamente e em primeiro lugar, a conclusão sobre o conflito de certo ato normativo abstrato com a Constituição Federal." (STF, Recl. 2460)

II – Correta. Assim leciona Marcelo Novelino (2015, pág. 205): "A finalidade principal do controle difuso-concreto é a proteção de direitos subjetivos. Por ser apenas uma questão incidental analisada na fundamentação da decisão, a inconstitucionalidade pode ser reconhecida, inclusive de ofício, ou seja, sem provocação das partes. Sua análise ocorre na fundamentação da decisão de forma incidental (*incidenter tantum*), *como questão* prejudicial de mérito. O órgão jurisdicional não a declara no dispositivo, tão somente a reconhece para afastar sua aplicação no caso concreto."

III – Correta. De fato, "o controle normativo abstrato surgiu no sistema constitucional brasileiro com a representação de inconstitucionalidade, instituída pela Emenda Constitucional nº 16/65." (Marcelo Novelino, 2015, pág. 219)

IV – Correta. "O controle concentrado (ou reservado) pode ser exercido apenas por determinado órgão judicial. Idealizado por Hans Kelsen e consagrado originariamente pela Constituição da Áustria (1920), este tipo de controle se espalhou pela Europa, razão pela qual ficou conhecido como sistema austríaco ou europeu. Em diversos países deste continente – como na Alemanha – tanto o exercício do controle concentrado como do abstrato se concentra no Tribunal Constitucional. No direito brasileiro, o primeiro instrumento de controle concentrado de constitucionalidade foi a representação interventiva, introduzida pela Constituição de 1934. Atualmente prevista no inciso III do art. 36 da Constituição de 1988 e regulamentada pela Lei 12.562/2011, esta ação de controle concentrado é uma exceção dentro da sistemática brasileira que, em regra, consagra mecanismos de controle concentrado-abstrato ou de controle difuso-concreto."

Resposta: Letra D.

DIREITO CONSTITUCIONAL

TJMG – 2012 – *Questão n° 54 – Direito Constitucional/Eficácia das normas constitucionais/Direitos e garantias fundamentais/Constituição Federal/ Legislação – Doutrina*

Analise as afirmativas a seguir.

I. As normas que definem os direitos e garantias individuais são consideradas programáticas.

II. As normas constitucionais chamadas de "eficácia limitada", de acordo com a doutrina brasileira, apresentam aplicabilidade indireta, mediata e reduzida.

III. Segundo a doutrina e jurisprudência brasileira, o direito de greve, reconhecido ao servidor público pela Constituição Federal brasileira de 1988, é de eficácia plena.

IV. As normas infraconstitucionais anteriores à promulgação de uma nova constituição, quando com esta incompatíveis ou não recepcionadas, são tidas como normas inconstitucionais.

Está correto apenas o contido em

a) II.
b) IV.
c) I e III.
d) II, III e IV

Comentários

I – Incorreta. Nos dizeres do doutrinador Pedro Lenza (2012, pág. 963): "Nos termos do art. 5°, § 1°, as normas definidoras dos direitos e garantias fundamentais têm **aplicação imediata**. (...) Como anota Jose Afonso da Silva, ter aplicação imediata significa que as normas constitucionais são 'dotadas de todos os meios e elementos necessários à sua pronta incidência aos fatos, situações, condutas ou comportamentos que elas regulam. A regra é que as normas definidoras de *direitos e garantias individuais* (direitos de 1ª dimensão, acrescente-se) sejam de aplicabilidade imediata. Mas aquelas definidoras de direitos sociais, culturais e econômicos (direitos de 2ª dimensão, acrescente-se) nem sempre o são, porque não raro dependem de providências ulteriores o que lhes completem a eficácia e possibilitem sua aplicação." Assim, 'por regra, as normas que consubstanciam os direitos fundamentais democráticos e individuais são de aplicabilidade imediata, enquanto as que definem os direitos sociais tendem a sê-lo também na Constituição vigente, mas algumas especialmente as que mencionam uma lei integradora, são de eficácia limitada e aplicabilidade indireta.'"

II – Correta. Nesse sentido: "Parte das normas constitucionais só manifestam a plenitude dos efeitos jurídicos pretendidos pelo legislador constituinte após a emissão de atos normativos previstos ou requeridos por ela, possuindo uma eficácia limitada ou reduzida. A aplicabilidade dessas normas é *indireta, mediata e reduzida,* pois só incidem totalmente sobre os interesses objeto de sua regulamentação jurídica 'após uma normatividade ulterior que lhes desenvolva a eficácia, conquanto tenham uma incidência reduzida e surtam outros efeitos não essenciais'." (Pedro Lenza, 2012, pág. 218)

III – Incorreta. Cuida-se de norma de eficácia limitada, porquanto depende de regulamentação jurídica para produzir integralmente sua eficácia. Nesse sentido, Marcelo Novelino (2015, pág. 123): "Parte das normas constitucionais só manifestam a plenitude dos efeitos jurídicos pretendidos pelo legislador constituinte após a emissão de atos normativos previstos ou requeridos por ela, possuindo uma eficácia limitada ou reduzida. A aplicabilidade dessas normas é indireta, mediata e reduzida, pois só incidem totalmente sobre os interesses objeto de sua regulamentação jurídica 'após uma normatividade ulterior que lhes desenvolva a eficácia, conquanto tenham uma incidência reduzida e surtam outros efeitos não essenciais."

IV. Incorreta. Na realidade a norma é não recepcionada, nos dizeres de Pedro Lenza (2012, pág. 198): "O que acontecerá com as normas infraconstitucionais elaboradas antes do advento da nova Constituição? Todas as normas que forem incompatíveis com a nova Constituição serão **revogadas,** por **ausência de recepção**. Vale dizer, a *contrario sensu*, a norma infraconstitucional que não contrariar a nova ordem será recepcionada, podendo, inclusive, adquirir nova 'roupagem'. Como exemplo lembramos o CTN (Código Tributário Nacional – Lei n. 5172/66), que em embora tenha sido elaborado com *quorum* de lei ordinária, foi recepcionado pela nova ordem como lei complementar, sendo que os ditames que tratam sobre matérias previstas no art. 146, I, II e III, da CF só poderão ser alterados por lei complementar. Pode-se afirmar, então, que nos casos de normas infraconstitucionais produzidas antes da nova Constituição, incompatíveis com as novas regras, não se observará qualquer situação de inconstitucionalidade, mas, apenas, como vimos, de revogação da lei anterior pela nova Constituição, por falta de **recepção**."

Resposta: Letra A.

4. DOS DIREITOS E GARANTIAS FUNDAMENTAIS. TUTELA DOS DIREITOS E DEVERES INDIVIDUAIS, DIFUSOS E COLETIVOS

TJMG – 2007 – *Questão nº 72 – Direito Constitucional/Direitos Fundamentais/ Constituição Federal/Legislação*

Na declaração de direitos fundamentais da Constituição de 1988, **NÃO** há previsão expressa de reserva legal envolvendo:

a) a extradição de brasileiro nato.
b) a atividade profissional.
c) a locomoção no território nacional em tempo de paz.
d) o sigilo telefônico.

Comentários

a) Correta. A Constituição Federal veda expressamente a extradição de brasileiro nato, art. 5º – inciso LI – "**nenhum brasileiro será extraditado, salvo o naturalizado,** em caso de crime comum, praticado antes da naturalização, ou de comprovado envolvimento em tráfico ilícito de entorpecentes e drogas afins, na forma da lei."

b) Incorreta. Há previsão expressa acerca da atividade profissional no texto constitucional, art. 5º – inciso XIII – "é livre o exercício de qualquer trabalho, ofício ou profissão, atendidas as qualificações profissionais que a lei estabelecer."

c) Incorreta. O artigo 5º, inciso XV, regulamenta a locomoção no território nacional: "é livre a locomoção no território nacional em tempo de paz, podendo qualquer pessoa, nos termos da lei, nele entrar, permanecer ou dele sair com seus bens."

d) Incorreta. De igual forma, há previsão na Lei Fundamental sobre o sigilo telefônico, art. 5º, inciso XII: "é inviolável o sigilo da correspondência e das comunicações telegráficas, de dados e das comunicações telefônicas, salvo no último caso, por ordem judicial, nas hipóteses e na forma que a lei estabelecer para fins de investigação criminal ou instrução processual penal."

Resposta: Letra A.

TJMG – 2007 – *Questão nº 75 – Direito Constitucional/Dos direitos e garantias fundamentais/Dos direitos políticos/Constituição Federal/Legislação – Doutrina*

A perda dos direitos políticos se dará no seguinte caso:

a) improbidade administrativa.
b) cancelamento da naturalização, por sentença transitada em julgado.
c) condenação criminal transitada em julgado, enquanto durarem seus efeitos.
d) incapacidade civil absoluta.

Comentários

a) Incorreta. A improbidade administrativa acarreta a suspensão dos direitos políticos. Nesse sentido, art. 15, V, CF: "É vedada a cassação de direitos políticos, cuja perda ou suspensão se dará nos casos de: V – improbidade administrativa, nos termos do art. 37, § 4º." E o art. 37, § 4º, CF: "Os atos de improbidade administrativa importarão a suspensão dos direitos políticos, a perda da função pública, a indisponibilidade dos bens e o ressarcimento ao erário, na forma e gradação previstas em lei, sem prejuízo da ação penal cabível."

b) Correta. O cancelamento da naturalização acarreta na perda dos direitos políticos. Assim dispõe o art. 15, I, CF: "É vedada a cassação de direitos políticos, cuja perda ou suspensão se dará nos casos de: I – cancelamento da naturalização por sentença transitada em julgado." Nesse sentido, dispõe o doutrinador Pedro Lenza (2012, pag. 1137): "Cancelamento da naturalização por sentença transitada em julgado: em decorrência do cancelamento da naturalização o indivíduo voltará à condição de estrangeiro, não podendo mais se alistar como eleitor (art. 14, § 2º), nem eleger-se uma vez que deixa de ostentar a nacionalidade brasileira (art. 14, § 3º, I)."

c) Incorreta. A alternativa enseja a suspensão dos direitos políticos e não a perda como menciona a questão. Nesse sentido, art. 15, III, CF: "É vedada a cassação de direitos políticos, cuja perda ou suspensão se dará nos casos de: III – condenação criminal transitada em julgado, enquanto durarem seus efeitos." De igual forma, leciona Pedro Lenza (2012, pag. 1137): "condenação criminal transitada em julgado: observar que **os direitos políticos ficam suspensos enquanto durarem os efeitos da condenação.**"

d) Incorreta. A incapacidade civil enseja a suspensão dos direitos políticos. Assim dispõe o art. 15, II, CF: "É vedada a cassação de direitos políticos,

DIREITO CONSTITUCIONAL

cuja perda ou suspensão se dará nos casos de: II – incapacidade civil absoluta." Nesse sentido, doutrina Pedro Lenza (2012, pág. 1137) "incapacidade civil absoluta: como só se pode suspender aquilo que já existia, deve-se partir do pressuposto de que o indivíduo tinha direitos políticos e estes foram suspensos. Então, somente nos casos de **interdição é que se poderia falar em suspensão dos direitos políticos**."

Resposta: Letra B.

TJMG – 2009 – *Questão nº 73 – Direito Constitucional/Dos direitos e garantias fundamentais/Direitos individuais, coletivos e difusos/Constituição Federal/Doutrina*

Nas proposições abaixo, marque "V" para as verdadeiras e "F" para as falsas, assinalando a alternativa **CORRETA**.

1. Os atos administrativos negociais e os contratos públicos deixam de sujeitar-se ao princípio da supremacia do interesse público.

2. Os atos lesivos ao princípio da probidade poderão acarretar a suspensão dos direitos políticos e a perda de função pública.

3. O princípio do devido processo legal refere-se com exclusividade ao processo legal adjetivo ou formal.

4. O que está implícito em um determinado princípio tem a mesma força do que vem nele explicitado.

a) V, F, F, V.
b) F, V, F, V.
c) V, V, F, F.
d) F, F, V, V.

Comentários

1 – Falsa – Seguindo os ensinamentos dos doutrinadores Marcelo Alexandrino e Vicente Paulo (2015, pág. 537), tem-se que "Os atos negociais são editados em situações nas quais o ordenamento jurídico exige que o particular obtenha anuência prévia da administração para realizar determinada atividade de interesse dele, ou exercer determinado direito. Quando há direito do particular, a administração deve praticar o ato, sempre que o administrado demonstre que cumpre todos os requisitos estabelecidos na lei como condição para exercício daquele direito. Na

hipótese de existir mero interesse do administrado (e não um direito subjetivo à prática do ato negocial), a administração praticará, ou não, o ato negocial solicitado, conforme seus critérios de conveniência e oportunidade administrativas. **É necessário ter em conta que sempre deverá o ato negocial – assim como qualquer ato administrativo – ter como finalidade a satisfação do interesse público, ainda que este possa coincidir com um interesse particular que solicitou o ato."** Lado outro, os sobreditos doutrinadores explicam que o contrato administrativo: "ajuste entre a administração pública, atuando na qualidade de poder público, e particulares, firmado nos termos estipulados pela própria administração contratante, **em conformidade com o interesse público, e sob a regência predominante do direito público."**

2 – Verdadeira – A alternativa encontra fundamento no art. 37, § 4º, do Texto Constitucional: "A administração pública direta e indireta de qualquer dos Poderes da União, dos Estados, do Distrito Federal e dos Municípios obedecerá aos princípios da legalidade, impessoalidade, moralidade, publicidade e eficiência e, também, ao seguinte: § 4º – Os atos de improbidade administrativa importarão **a suspensão dos direitos políticos, a perda da função pública**, a indisponibilidade dos bens e o ressarcimento ao erário, na forma e gradação previstas em lei, sem prejuízo da ação penal cabível."

3 – Falsa – Seguindo os ensinamentos de Marcelo Novelino (2015, pág 469): "Os estudos sobre o princípio do devido processo legal têm como ponto de partida a experiência constitucional americana do *due processo of Law,* que, por sua vez, é reconduzida aos esquemas garantísticos da Magna Carta. Para que a privação de direitos ligados à liberdade ou à propriedade seja considerada legítima, exige-se a observância de um determinado processo legalmente estabelecido, cujo pressuposto é uma atividade legislativa moldada por procedimentos justos e adequados. Em sua acepção processual (sentido formal), o princípio garante a qualquer pessoa o direito de exigir que o julgamento ocorra em conformidade com regras procedimentais previamente estabelecidas. (...) A acepção substantiva está ligada à ideia de um processo legal justo e adequado, materialmente informado pelos princípios da justiça, com base nos quais os juízes podem e devem analisar os requisitos intrínsecos da lei. (...) O princípio do devido processo legal é o núcleo material comum de todos as garantias relacionadas à efetividade e à justiça, não apenas dos processos judiciais, mas também dos administrativos. É exatamente a aplicação das garantias constitucionais processuais ao processo administrativo que faz dele um verdadeiro processo e não um procedimento. **A Constituição de 1988 consagrou o**

DIREITO CONSTITUCIONAL

princípio do devido processo legal em suas duas acepções: processual e material (CF, art. 5°, LIV e LV)."

4 – Verdadeira – Nos dizeres de Marcelo Novelino (2015, pág. 129): "Os princípios são normas imediatamente finalísticas, primariamente prospectivas e com pretensão de complementariedade e de parcialidade, para cuja aplicação se demanda uma avaliação da correlação entre estado de coisas a ser promovido e os efeitos decorrentes da conduta havida como necessária à sua promoção."

Resposta: Letra B.

TJMG – 2009 – *Questão n° 75 – Direito Constitucional/Dos direitos e garantias fundamentais/Dos direitos difusos/Dos direitos políticos/Constituição Federal/ Legislação*

Nas proposições abaixo, marque "V" para as verdadeiras e "F" para as falsas, assinalando a alternativa **CORRETA**.

1. São imprescritíveis e inafiançáveis o crime de racismo e a ação de grupos armados contra a ordem constitucional e o Estado Democrático.

2. Os brasileiros natos poderão ser extraditados em caso de tráfico ilícito de entorpecentes.

3. Os brasileiros naturalizados podem ser extraditados em caso de tráfico ilícito de entorpecentes.

4. As provas obtidas por meio ilícito podem prevalecer, na forma da lei.

a) F, V, F, V.
b) V, F, F, V.
c) V, F, V, F.
d) V, V, F, F.

Comentários

1 – Verdadeira – A Carta Magna preceitua que: "a prática do racismo constitui crime inafiançável e imprescritível, sujeito à pena de reclusão, nos termos da lei" (art. 5°, XLII) e "constitui crime inafiançável e imprescritível a ação de grupo armados, civis ou militares, contra a ordem constitucional e o Estado Democrático de Direito" (art. 5°, XLIV).

> 2 – Falsa – O Texto Constitucional veda a extradição de brasileiro nato. Nesse sentido, "nenhum brasileiro será extraditado, salvo o naturalizado, em caso de crime comum, praticado antes da naturalização, ou de comprovado envolvimento em tráfico ilícito de entorpecentes e drogas afins, na forma da lei."
>
> 3 – Verdadeira. Vide comentário do item 2.
>
> 4 – Falso – Segundo a Constituição Federal "são inadmissíveis, no processo, as provas obtidas por meio ilícito."
>
> **Resposta: Letra C.**

TJMG – 2012 – *Questão nº 55 – Direito Constitucional/Dos direitos e garantias fundamentais/Constituição Federal/Legislação – Jurisprudência*

Com relação ao princípio constitucional do "direito adquirido", o STF já consolidou o entendimento de que:

a) é possível invocá-lo diante da mudança de regime jurídico de servidor público.

b) há sempre "direito adquirido" aos critérios de fixação do valor da remuneração dos servidores públicos.

c) a garantia constitucional de irredutibilidade de vencimentos dos servidores públicos é "modalidade qualificada" de "direito adquirido".

d) não há falar em "direito adquirido" quando a administração pública necessita revogar seus atos por motivo de conveniência ou oportunidade, visando claramente ao interesse público.

Comentários

a) Incorreta. Segundo o Supremo Tribunal Federal: "EMENTA: Agravo Regimental no Recurso Extraordinário. Administrativo. Servidor Público. Estabilidade financeira. Transformação de gratificação em vantagem pessoal nominalmente identificável. Precedentes. Agravo Regimental ao qual se nega provimento. 1 – Servidor não tem direito adquirido a regime jurídico de reajuste da gratificação incorporada. 2 – Não afronta a Constituição lei que transforma as gratificações incorporadas em vantagem pessoal nominalmente identificada, reajustável pelos índices gerais de revisão dos vencimentos dos servidores públicos. 3. Alegação de

DIREITO CONSTITUCIONAL

redução de vencimentos: impossibilidade do reexame de provas (súmula 279 do Supremo Tribunal Federal). (STF, RE 589118)

b) Incorreta. Segundo o Supremo Tribunal Federal: "EMENTA: CONSTITUCIONAL. ADMINISTRATIVA. SERVIDOR PÚBLICO. APOSENTADORIA. GRATIFICAÇÃO INCORPORADA. DIREITO ADQUIRIDO. Lei 7923/89. GRATIFICAÇÃO POR TRABALHO COM RAIO-X. I – Gratificação incorporada aos proventos, por roça de lei. Sua redução numa posterior majoração de vencimentos e proventos, sem prejuízo para o servidor, que teve aumentada a sua remuneração. **Inexistência de direito adquirido, na forma da jurisprudência do Supremo Tribunal Federal.** Precedentes. II – Ressalvada do ponto de vista pessoal do relator deste. III – RE conhecido e provido." (STF, RE 364.371)

c) Correta. A Suprema Corte decidiu que "a irredutibilidade de vencimento é uma 'modalidade qualificada' de direito adquirido. Este princípio não veda a redução de parcelas que componham os critérios legais de fixação, desde que não se diminua o valor da remuneração em sua totalidade. Nesse sentido, RE 364.371, cuja a ementa foi transcrita na alternativa anterior.

d) Incorreta. "A administração pode anular seus próprios atos, quando eivados de vícios que os tornam ilegais, porque deles não se originam direitos; ou revogá-los, por motivo de conveniência ou oportunidade, respeitados os direitos adquiridos, e ressalvada, em todos os casos, a apreciação judicial." (Súmula nº 473, STF)

Resposta: Letra C.

TJMG – 2012 – *Questão nº 57 – Direito Constitucional/Dos direitos e garantias fundamentais/Constituição Federal/Legislação – Doutrina – Jurisprudência*

Com relação ao princípio da igualdade previsto no texto constitucional brasileiro, assinale a alternativa que apresenta informação *incorreta*.

a) Acentuam o princípio da igualdade os chamados direitos de "primeira geração".

b) De acordo com o STF, não ofende o princípio da igualdade a limitação de idade para a inscrição em concurso público, desde que se leve em conta a natureza das atribuições do cargo a ser preenchido.

c) O princípio da isonomia reveste-se de autoaplicabilidade e não é suscetível de regulamentação ou complementação normativa.

d) Segundo o STF, não cabe ao Poder Judiciário aumentar vencimentos de servidores públicos, mesmo que sob o fundamento do princípio da igualdade.

> **Comentários**
>
> a) Correta. Nos ensinamentos de Marcelo Novelino (2015, pág. 315): "O lema revolucionário do século XVIII (liberdade, igualdade e fraternidade) inspirou esta classificação baseada no conteúdo e na sequência histórica do surgimento dos direitos fundamentais nos textos das constituições. (...) **Os direitos fundamentais de segunda dimensão (ou geração), ligados à igualdade material, compreendem os direitos sociais, econômicos e culturais.**"
>
> b) Incorreta. Segundo a Suprema Corte: "EMENTA: AGRAVO REGIMENTAL EM RECURSO EXTRAORDINÁRIO. CONCURSO PÚBLICO. LIMITAÇÃO DE IDADE. CONSTITUCIONALIDADE ANTE A PREVISÃO LEGAL E A NATUREZA DAS ATRIBUIÇÕES DO CARGO. Conforme a firme jurisprudência do Supremo Tribunal Federal, é permitida a imposição de limite de idade para inscrição em concurso público, desde que haja também anterior previsão legal que possa ser justificada pela natureza das atribuições do cargo a ser preenchido. É razoável a exigência de idade mínima de dezoito anos para a investidura em cargo público, uma vez que a própria Constituição federal proíbe expressamente o exercício de qualquer trabalho a menores de dezoito anos, salvo na condição de aprendiz, a partir de quatorze anos (art. 7º, XXXIII, da Carta). Precedentes, Agravo Regimental a que se nega provimento." (RE 425760 AgR/DF – Distrito Federal – Julgamento: 29/10/2014)
>
> c) Incorreta. O princípio da igualdade consagra que todos são iguais perante a lei, sem distinção de qualquer natureza (art. 5º, *caput*, CF). Trata-se de norma de eficácia plena e aplicabilidade direta, imediata e integral.
>
> d) Incorreta. Segundo a Suprema Corte: "Servidor Público. Isonomia – Para chegar a conclusão à que chegou o acórdão recorrido – que negou a existência de igualdade ou assemelhação de atribuições entre os cargos de professor e os trazidos como paradigmas, seria necessário reexaminar-se, previamente, essa questão em face da legislação infraconstitucional, o que implica dizer que a alegação de ofensa ao princípio constitucional da isonomia é indireta ou reflexa, não dando margem, assim, ao cabimento do recurso extraordinário. – Por outro lado, está correto o acórdão recorrido ao acentuar que, no caso, se aplica a súmula 339 desta Corte ('não cabe ao Poder Judiciário, que não tem função legislativa, aumentar vencimentos de servidores públicos, sob

DIREITO CONSTITUCIONAL

fundamento de isonomia'). Recurso extraordinário não conhecido. (STF, RE 295926/RN)

Resposta: Letra A.

TJMG – 2012 – *Questão nº 58 – Direito Constitucional/Dos direitos e garantias fundamentais/Constituição Federal/Legislação – Doutrina*

Analise as afirmativas a seguir.

I. Os chamados pela doutrina de "direitos fundamentais de primeira geração" estão relacionados com a igualdade e compõem alguns direitos sociais, tais como os direitos trabalhistas, previdenciários, econômicos e culturais, e outros vinculados à educação e à saúde.

II. As normas fundamentais de direitos sociais, previstas na Constituição Federal brasileira, não vinculam o legislador cuja liberdade envolve o seu juízo de discricionariedade para que haja concretização de programas e fins constitucionais.

III. O STF tem considerado incidente sobre determinadas matérias a cláusula da "reserva constitucional de jurisdição", como no caso de busca domiciliar e de interceptação telefônica.

IV. A liberdade constitucional de locomoção encontra restrições próprias à sua manifestação ou mesmo impostas por regulamentações dos poderes públicos.

Está correto apenas o contido em:

a) II.
b) IV.
c) I e III.
d) III e IV.

Comentários

I – Incorreta. Seguindo os ensinamentos de Pedro Lenza (2012, pág. 958): "Os direitos humanos de 1ª dimensão marcam a passagem de um Estado autoritário para um Estado de Direito e, nesse contexto, o respeito às liberdades individuais, em uma verdadeira perspectiva de absenteísmo estatal. O seu reconhecimento surge com maior evidência nas primeiras constituições escritas, e podem ser caracterizados como frutos do pensamento liberal-burguês do século XVIII. Mencionados direitos dizem respeito às liberdades públicas e aos direitos políticos, ou seja, direitos civis e políticos a traduzir o valor da liberdade."

II – Incorreta. Nos dizeres de Marcelo Novelino (2015, pág. 520): "O entendimento de que as normas de direitos sociais, por terem caráter meramente programático, são insuscetíveis de conferir direitos subjetivos adjudicáveis encontra-se superado. No contexto constitucional contemporâneo, a controvérsia não gira em torno da possibilidade de adjudicação, mas dos limites a serem observados por órgãos judiciais quando da implementação desses direitos. Ante o pleno reconhecimento da força normativa da constituição, seria incompatível com o princípio da inafastabilidade da função jurisdicional (CF, art. 5°, XXXV) qualquer argumento no sentido de afastar a possibilidade de adjudicação dos direitos sociais, os quais possuem dimensão subjetiva, ou seja, conferem aos cidadãos o direito de exigir do Estado determinadas prestações materiais. Como ressalta Andreas Krell (2002), 'a negação de qualquer tipo de obrigação a ser cumprida na base dos direitos fundamentais sociais tem como consequência a renúncia de reconhecê-los como verdadeiros direitos.' Em caso de omissão injustificável dos poderes públicos, não resta ao Judiciário senão assegurar o direito constitucionalmente assegurado."

III – Correta. Segundo a Suprema Corte: "EMENTA: COMISSÃO PARLAMENTAR DE INQUÉRITO – QUEBRA DE SIGILO ADEQUADAMENTE FUNDAMENTADA – VALIDADE – EXISTÊNCIA SIMULTÂNEA DE PROCEDIMENTO PENAL EM CURSO PERANTE O PODER JUDICIÁRIO LOCAL – CIRCUNSTÂNCIA QUE NÃO IMPEDE A INSTAURAÇÃO, SOBRE FATOS CONEXOS AO EVENTO DELITUOSO, DA PERTINENTE INVESTIGAÇÃO PARLAMENTAR – MANDADO DE SEGURANÇA INDEFERIDO. A QUEBRA FUNDAMENTADA DO SIGILO INCLUI-SE NA ESFERA DE COMPETÊNCIA INVESTIGATÓRIA DAS COMISSÕES PARLAMENTARES DE INQUÉRITO. – A quebra do sigilo fiscal, bancário e telefônico de qualquer pessoa sujeita a investigação legislativa pode ser legitimamente decretada pela Comissão Parlamentar de Inquérito, desde que esse órgão estatal faça mediante deliberação adequadamente fundamentada e na qual indique a necessidade objetiva da adoção dessa medida extraordinária. Precedente: MS 23.452-RJ, Rel. Min. Celso de Mello (Pleno). **PRINCÍPIO CONSTITUCIONAL DA RESERVA DE JURISDIÇÃO E QUEBRA DE SIGILO POR DETERMINAÇÃO DA CPI. O princípio constitucional da reserva de jurisdição incide sobre as hipóteses de busca domiciliar (CF, art. 5°, XI), de interceptação telefônica (CF, art. 5°, XII)** e de decretação da prisão, ressalvada a situação de flagrância penal (CF, art. 5°, LXI) (....) " G.N. (STF, MS 23639/DF)

DIREITO CONSTITUCIONAL

IV – Correta. Nos dizeres de Marcelo Novelino (2015, pág. 429): "A liberdade de locomoção, além das limitações inerentes a sua própria natureza, poderá ser restringida quando houver uma fundamentação baseada em outros princípios de hierarquia constitucional. São restrições legítimas, por exemplo, a imposição legal de penas privativas de liberdade ou a autorização legislativa conferida à Administração Pública para disciplinar a forMa de circulação das pessoas em determinados locais, como ocorre na regulamentação do uso de vias e logradouros públicos."

Resposta: Letra D.

TJMG – 2014 – *Questão nº 55 – Direito Constitucional/Dos direitos fundamentais/Constituição Federal/Legislação*

Sobre a classificação dos direitos e garantias fundamentais, assinale a alternativa **CORRETA**.

a) Direitos individuais e coletivos.
b) Direitos sociais e políticos.
c) Direitos de nacionalidade, políticos e partidos políticos.
d) Direitos individuais, coletivos, sociais, de nacionalidade, políticos e de partidos políticos.

Comentários

a) Incorreta. O título II, do Texto Constitucional, denominado "Dos Direitos e Garantias Fundamentais", compreende do capítulo I ao V, dispostos do artigo 5º ao 17, com as seguintes rubricas: os direitos individuais, coletivos, sociais, de nacionalidade, políticos e de partidos políticos.
b) Incorreta. Vide comentário da alternativa a.
c) Incorreta. Vide comentário da alternativa a.
d) Correta. Vide comentário da alternativa a.

Resposta: Letra D.

5. A TUTELA CONSTITUCIONAL DAS LIBERDADES. HABEAS CORPUS, HABEAS DATA, MANDADO DE SEGURANÇA

TJMG – 2009 – *Questão nº 78 – Direito Constitucional/Dos direitos e garantias fundamentais/Dos direitos políticos/Tutela constitucional das liberdades/ Constituição Federal/Legislação*

Nas proposições abaixo, marque "V" para as verdadeiras e "F" para as falsas, assinalando a alternativa **CORRETA**.

1. A Ação de Impugnação de Mandato Eletivo (AIME), o Mandado de Injunção e a Ação Popular são ações constitucionais.

2. O *Habeas Data* se destina a assegurar o conhecimento de informações relativas à pessoa do impetrante, constantes de bancos de dados de entidades governamentais e de caráter privado.

3. O Mandado de Injunção é meio hábil para corrigir eventual inconstitucionalidade que infirme a validade de ato em vigor.

4. O cidadão, enquanto tiver os seus direitos políticos suspensos, está inabilitado a propor Ação Popular.

a) V, F, V, F.
b) F, V, F, V.
c) F, V, V, F.
d) V, F, F, V.

Comentários

1 – Verdadeira. A Ação de Impugnação ao Mandato Eletivo tem previsão no art. 14, § 10, CF: "O mandato eletivo poderá se impugnado ante a Justiça Eleitoral no prazo de quinze dias contados da diplomação, instruída a ação com provas de abuso do poder econômico, corrupção ou fraude."Outrossim, o mandado de injunção está previsto no art. 5º, LXXI, CF: "conceder-se-á mandado de injunção sempre que a falta de norma regulamentadora torne inviável o exercício dos direitos e liberdades constitucionais e das prerrogativas inerentes à nacionalidade, à soberania e à cidadania." De igual forma, a ação popular está prevista no Texto Constitucional: "qualquer cidadão é parte legítima para propor ação popular que vise a anular ato lesivo ao patrimônio público ou entidade de que o Estado participe, à moralidade administrativa, ao meio ambiente e ao patrimônio histórico e cultura, ficando o autor, salvo comprovada má-fé, isento do pagamento de custas judiciais e dos ônus da sucumbência" (art. 5º, LXXIII).

DIREITO CONSTITUCIONAL

2 – Falsa. Segundo o disposto na aliena "a", do inciso LXXII, do artigo 5º, da CF, "conceder-se-á habeas data: a) para assegurar o conhecimento de informações relativas à pessoa do impetrante, constante de registros ou bancos de dados de entidades governamentais **ou de caráter público.**"

3 – Falsa. O mandado de injunção será concedido "sempre que a falta de norma regulamentadora torne inviável o exercício dos direitos e liberdades constitucionais e das prerrogativas inerentes à nacionalidade, à soberania e à cidadania" (art. 5º, LXXI, CF).

4 – Verdadeira. A legislação pátria atribui ao cidadão a legitimidade ativa para o ajuizamento da ação popular. Nos dizeres de Marcelo Novelino (2015, pág. 510): "A Constituição não atribui a qualquer pessoa da população (brasileiros natos e naturalizados, estrangeiros residentes e apátridas) ou do povo (brasileiros natos e naturalizados) a legitimidade para a propositura da ação popular. Apesar do nome, a legitimidade ativa foi atribuída aos cidadãos em sentido estrito, ou seja, **aos nacionais que estejam no pleno gozo dos direitos políticos.**"

Resposta: Letra D.

TJMG – 2008 – *Questão nº 80 – Direito Constitucional/Dos direitos e garantias fundamentais/Educação/Constituição Federal/Legislação*

INSTRUÇÃO: Nas questões de n. **72 a 85,** assinale a alternativa **CORRETA**, considerando as assertivas fornecidas.

A Constituição da República estabelece os direitos e garantias fundamentais e fornece os instrumentos para que a tutela destes valores possa ser concretizada.

a) o mandado de segurança coletivo somente pode ser interposto por associação civil constituída há pelo menos um ano, na defesa de interesses de seus membros.

b) A ação popular poderá ser ajuizada por qualquer cidadão e não se limita somente a obter a anulação de ato lesivo ao patrimônio público ou de entidade de que participe o Estado e à moralidade administrativa, mas também à defesa do meio ambiente e do patrimônio histórico e cultural.

c) O mandado de segurança será concedido sempre que a ausência de norma regulamentadora tornar inviável o exercício dos direitos e liberdades constitucionais.

d) A concessão do *habeas corpus* somente ocorrerá quando alguém sofrer violência ou coação em sua liberdade de locomoção, por ilegalidade ou abuso de poder.

Comentários

a) Incorreta. Segundo o disposto no art. 5º, LXX, da Constituição da República, são legitimados: "Todos são iguais perante a lei, sem distinção de qualquer natureza, garantindo-se aos brasileiros e aos estrangeiros residentes no País a inviolabilidade do direito à vida, à liberdade, à igualdade, à segurança e à propriedade, nos termos seguintes: LXX: o mandado de segurança coletivo pode ser impetrado por: a) **partido político com representação no Congresso Nacional**; b) **organização sindical, entidade de classe ou associação legalmente constituída** e em funcionamento há pelo menos um ano, em defesa dos interesses dos seus membros ou associados." Destaca-se a redação da súmula 629, do Supremo Tribunal Federal, segundo a qual "a impetração de mandado de segurança coletivo por entidade de classe em favor dos associados independe da autorização destes."

b) Correta. A alternativa corresponde ao disposto no art. 5º, LXXIII, do Texto Constitucional: "Todos são iguais perante a lei, sem distinção de qualquer natureza, garantindo-se aos brasileiros e aos estrangeiros residentes no País a inviolabilidade do direito à vida, à liberdade, à igualdade, à segurança e à propriedade, nos termos seguintes: LXX: qualquer cidadão é parte legítima para propor ação popular que vise a anular ato lesivo ao patrimônio público ou de entidade de que o Estado participe, à moralidade administrativa, ao meio ambiente e ao patrimônio histórico e cultural, ficando o autor, salvo comprovada má-fé, isento de custas judiciais e ônus de sucumbência."

c) Incorreta. A alternativa descreve o mandado de injunção, disposto no art. 5º, LXXI – "Todos são iguais perante a lei, sem distinção de qualquer natureza, garantindo-se aos brasileiros e aos estrangeiros residentes no País a inviolabilidade do direito à vida, à liberdade, à igualdade, à segurança e à propriedade, nos termos seguintes: LXXI: **conceder-se-á mandado de injunção sempre que a falta de norma regulamentadora torne inviável o exercício dos direitos e liberdades constitucionais e das prerrogativas inerentes à nacionalidade, à soberania e à cidadania**." Lado outro, o mandado de segurança será concedido "para proteger direito líquido e certo, não amparado por *habeas corpus* ou *habeas data*, quando o responsável pela ilegalidade ou abuso de poder for autoridade pública ou agente de pessoa jurídica no exercício de atribuições do Poder Público." (Art. 5º, LXIX, CF)

d) Incorreta. O *habeas corpus* poderá ser concedido "sempre que alguém **sofrer ou se achar ameaçado de sofrer** violência ou coação em sua liberdade de locomoção, por ilegalidade ou abuso de poder" (Art. 5º, LXVIII, CF).

Resposta: Letra B.

DIREITO CONSTITUCIONAL

TJMG – 2012 – *Questão nº 59 – Direito Constitucional/Tutela constitucional das liberdades/Mandado de Segurança/Constituição Federal/Legislação – Jurisprudência*

Assinale a alternativa que apresenta informação ***incorreta***.

a) De acordo o entendimento do STF, a impetração de mandado de segurança coletivo, por entidade de classe em favor dos associados, independe da autorização destes.

b) Inexiste direito líquido e certo amparado por mandado de segurança, quando fundado em lei cujos efeitos foram anulados por outra declarada inconstitucional pelo STF.

c) Conforme reconhece o STF, a entidade de classe tem legitimidade para o mandado de segurança, ainda que a pretensão veiculada interesse apenas a uma parte da respectiva categoria.

d) A controvérsia sobre matéria de direito impede a concessão de mandado de segurança, já que este exige o direito líquido e certo.

Comentários

a) Incorreta. Restou assentado no RE 555.720 AgR, rel. Min. Gilmar Mendes, que: "Esta corte firmou o entendimento segundo o qual o sindicato tem legitimidade para atuar como substituto processual na defesa de direitos e interesses coletivos ou individuais homogêneos da categoria que representa. (...) Quanto à violação ao art. 5º, LXX e XXI, da Carta Magna, esta corte firmou entendimento de que é desnecessária a expressa autorização dos sindicalizados para a substituição processual."

b) Correta. Nos termos da súmula 474, STF: "não há direito líquido e certo, amparado pelo mandado de segurança, quando se escuda em lei cujos efeitos foram anulados por outra, declarada constitucional pelo Supremo Tribunal Federal."

c) Incorreta. A alternativa vai ao encontro da jurisprudência do STF: "concluído o julgamento de uma série de recursos extraordinários nos quais se discutia sobre o âmbito de incidência do inciso III do art. 8º da CF/88 ('a sindicato cabe a defesa dos direitos e interesses coletivos ou individuais da categoria, inclusive em questões judiciais e administrativas') (...) conheceu dos recursos e lhes deu provimento para reconhecer que o referido dispositivo assegura ampla legitimidade ativa ad causam dos sindicatos como substitutos processuais das categorias que representam na defesa de direitos e interesses coletivos ou individuais de seus integrantes" (Informativo 431/STF - RE 193.503/SP, RE 193.579/SP, RE 208.983/SC)

d) Correta. Nos termos da súmula 625, STF: "controvérsia sobre matéria de direito não impede concessão de mandado de segurança."

Resposta: Estão corretas as alternativas B e D. A comissão do concurso anulou a questão.

TJMG – 2014 – *Questão n° 58 – Direito Constitucional/Tutela constitucional das liberdades/Mandado de Segurança/Habeas Corpus/Habeas Data/Constituição Federal/Legislação – Jurisprudência*

Sobre a forma como deve ser exercida a tutela constitucional das liberdades individuais, assinale a alternativa **CORRETA**.

a) Mediante o uso da ação popular.

b) Mediante o uso da ação civil pública.

c) Mediante o uso do **Habeas Corpus**, **Habeas Data** ou do Mandado de Segurança.

d) Mediante o uso das ações populares e civis que, dada a sua amplitude, melhor ampara os interesses dos cidadãos.

Comentários

a) Incorreta. A tutela constitucional deve ser exercida por meio dos remédios constitucionais: mandado de segurança, habeas data, habeas corpus, mandado de injunção e ação popular. Todos estão regulamentados no art. 5°, do Texto Constitucional: "LXVIII – conceder-se-á **habeas corpus** sempre que alguém sofrer ou se achar ameaçado de sofrer violência ou coação em sua liberdade de locomoção, por ilegalidade ou abuso de poder; LXIX – conceder-se-á **mandado de segurança** para proteger direito líquido e certo, não amparado por habeas corpus ou habeas data, quando o responsável pela ilegalidade ou abuso do poder for autoridade pública ou agente de pessoa jurídica no exercício de atribuição do Poder Público; LXXI – conceder-se-á **mandado de injunção** sempre que a falta de norma regulamentadora torne inviável o exercício dos direitos e liberdades constitucionais e das prerrogativas inerentes à nacionalidade, à soberania e à cidadania; LXXII – conceder-se-á **habeas data**: a) para assegurar o conhecimento de informações relativas à pessoa do impetrante, constantes de registros ou bancos de dados de entidade

DIREITO CONSTITUCIONAL

> governamentais ou de caráter público; b) para a retificação de dados, quando não se prefira fazê-lo por processo sigiloso, judicial ou administrativo; e, **LXXIII** – qualquer cidadão é parte legítima para propor **ação popular** que vise a anular ato lesivo ao patrimônio público ou de entidade de que o Estado participe, à moralidade administrativa, ao meio ambiente e ao patrimônio histórico e cultural, ficando o autor, salvo comprovada má-fé, isento de custas judiciais e do ônus da sucumbência."
>
> b) Incorreta. Vide comentário da alternativa a.
>
> c) Correta. A alternativa transcreve três dos remédios constitucionais estatuídos no art. 5º, da CF. Para complementação da resposta vide comentário da alternativa a.
>
> d) Incorreta. Vide comentário da alternativa a.
>
> *Resposta: Letra C.*

6. DA ORGANIZAÇÃO DO ESTADO FEDERAL. DA SEPARAÇÃO DOS PODERES. DA UNIÃO, ESTADOS, MUNICÍPIOS E TERRITÓRIOS. INTERVENÇÃO NOS ESTADOS E MUNICÍPIOS. DA ADMINISTRAÇÃO PÚBLICA

***TJMG – 2007** – Questão nº 74 – Direito Constitucional/Da organização do Estado Federal/Da União, Estados, Municípios e Territórios/Constituição Federal/ Legislação*

A limitação constitucional à autonomia do Estado-Membro, consubstanciada em que o Governo estadual terá no máximo dez Secretarias, aplica-se aos:

a) Estados cuja população não exceda um milhão de habitantes.

b) quinze primeiros anos da criação de Estado.

c) dez primeiros anos da criação de Estado.

d) Estados cuja população não exceda cinco milhões de habitantes.

Comentários

> A questão refere-se ao disposto no artigo 235, II, da Constituição Federal, "Nos dez primeiros anos da criação do Estado, serão observadas as seguintes normas básicas: II – o Governo terá no máximo dez Secretarias."

PREPARANDO PARA CONCURSOS - JUIZ ESTADUAL - TJ-MG

a) Incorreta. Vide comentário acima.
b) Incorreta. Vide comentário anterior.
c) Correta. A alternativa consiste na transcrição literal do disposto no art. 235, II, da Constituição Federal.
d) Incorreta. Vide comentário da alternativa anterior.

Resposta: Letra C.

TJMG – 2008 – *Questão nº 74 – Direito Constitucional/Da organização do Estado Federal/Da União, Estados, Municípios e Territórios/Competência/ Constituição Federal/Legislação*

INSTRUÇÃO: Nas questões de n. **72 a 85,** assinale a alternativa **CORRETA**, considerando as assertivas fornecidas

A Constituição da República estabelece que compete à União, aos Estados e ao Distrito Federal legislar concorrentemente sobre a "proteção ao patrimônio histórico, cultural, artístico, turístico e paisagístico" (art. 24, VII).

a) A União estabelecerá as normas gerais e, mesmo diante da inércia legislativa do Estado membro ou do Distrito Federal, poderá editar norma suplementar.

b) Editadas as normas gerais pela União, é lícito que o Estado-membro ou o Distrito Federal veicule norma suplementar que melhor as especifique, segundo sua peculiaridade regional, e propicie mais adequadamente a proteção ao patrimônio histórico, cultural, artístico e paisagístico.

c) A União poderá delegar, por meio de lei complementar, competência ao Estado-membro ou ao Distrito Federal para dispor sobre as normas gerais de proteção do patrimônio histórico, cultural, artístico, turístico e paisagístico.

d) A inércia da União em estabelecer as normas gerais impede o Estado-membro ou o Distrito Federal de dispor sobre as normas gerais e suplementares relativas à proteção ao patrimônio histórico, cultural, artístico, turístico e paisagístico.

Comentários

a) Incorreta. Na hipótese descrita, a Constituição Federal atribui à União a competência para legislar sobre normas gerais. Nesse sentido, art. 24, §§ 1º e 2º: "Compete à União, aos Estados e ao Distrito Federal legislar

DIREITO CONSTITUCIONAL

concorrentemente sobre: § 1º – No âmbito da legislação concorrente, a **competência da União limitar-se-á a estabelecer normas gerais**. § 2º – A competência da União para legislar sobre normas **gerais não exclui a competência suplementar dos Estados**."

b) Correta. A alternativa corresponde à hipótese descrita no § 2º do art. 24, do Texto Constitucional: "Compete à União, aos Estados e ao Distrito Federal legislar concorrentemente sobre: § 2º – A competência da União para legislar sobre normas **gerais não exclui a competência suplementar dos Estados**."

c) Incorreta. A competência para legislar sobre a proteção do patrimônio histórico, cultural, artístico, turístico e paisagístico é da união, dos Estados e do Distrito Federal, conforme dispõe o art. 24, VII, do Texto Constitucional: "Compete à União, aos Estados e ao Distrito Federal legislar concorrentemente sobre: VII – proteção ao patrimônio histórico, cultural, artístico, turístico e paisagístico."

d) Incorreta. Segundo dispõe o art. 24, § 4º, do Texto Constitucional: "Compete à União, aos Estados e ao Distrito Federal legislar concorrentemente sobre: § 4º – A superveniência de lei federal sobre normas gerais suspende a eficácia da lei estadual, no que lhe for contrário."

Resposta: Letra B.

TJMG – 2008 – *Questão nº 75 – Direito Constitucional/Da organização do Estado Federal/Da União, Estados, Municípios e Territórios/Constituição Federal/ Legislação – Jurisprudência*

INSTRUÇÃO: Nas questões de n. **72 a 85,** assinale a alternativa **CORRETA,** considerando as assertivas fornecidas.

Os Municípios integram a federação e regem-se por lei orgânica própria, atendidos os princípios estabelecidos na Constituição da República e na Constituição do Estado.

a) O número de Vereadores não necessita ser proporcional à população do Município e cada lei orgânica poderá estabelecer o número mínimo e máximo de integrantes do Poder Legislativo.

b) O Vereador é inviolável pelas suas opiniões, palavras e votos no exercício do mandato, ainda quando esteja fora da circunscrição do Município.

c) O subsídio dos Vereadores será sempre fixado em lei de iniciativa do Prefeito Municipal.

d) A fixação dos subsídios do Prefeito, do Vice-Prefeito e dos Secretários Municipais será feita por lei de iniciativa da Câmara Municipal, observado o teto remuneratório estabelecido na Constituição da República.

Comentários

a) Incorreta. O Texto Constitucional estabelece o número de vereadores proporcionalmente aos habitantes da municipalidade. Nesse sentido, art. 29, IV: "O Município reger-se-á por Lei Orgânica, votada em dois turnos, com o interstício mínimo de dez dias, e aprovada por dois terços dos membros das Câmara Municipal, que a promulgará, atendidos os princípios estabelecidos nesta Constituição, na Constituição do respectivo Estado e os seguintes preceitos: V – **para a composição das Câmaras Municipais, será observado o limite máximo de:** a) 9 (nove) Vereadores, nos Municípios de até 15.000 (quinze mil) habitantes; b) 11 (onze) Vereadores, nos Municípios de mais de 15.000 (quinze mil) habitantes e de até 30.000 (trinta mil) habitantes; c) 13 (treze) Vereadores, nos Municípios com mais de 30.000 (trinta mil) habitantes e de até 50.000 (cinquenta mil) habitantes; d) 15 (quinze) Vereadores, nos Municípios de mais de 50.000 (cinquenta mil) habitantes e de até 80.000 (oitenta mil) habitantes; e) 17 (dezessete) Vereadores, nos Municípios de mais de 80.000 (oitenta mil) habitantes e de até 120.000 (cento e vinte mil) habitantes; f) 19 (dezenove) Vereadores, nos Municípios de mais de 120.000 (cento e vinte mil) habitantes e de até 160.000 (cento sessenta mil) habitantes; g) 21 (vinte e um) Vereadores, nos Municípios de mais de 160.000 (cento e sessenta mil) habitantes e de até 300.000 (trezentos mil) habitantes; h) 23 (vinte e três) Vereadores, nos Municípios de mais de 300.000 (trezentos mil) habitantes e de até 450.000 (quatrocentos e cinquenta mil) habitantes; i) 25 (vinte e cinco) Vereadores, nos Municípios de mais de 450.000 (quatrocentos e cinquenta mil) habitantes e de até 600.000 (seiscentos mil) habitantes; j) 27 (vinte e sete) Vereadores, nos Municípios de mais de 600.000 (seiscentos mil) habitantes e de até 750.000 (setecentos cinquenta mil) habitantes; k) 29 (vinte e nove) Vereadores, nos Municípios de mais de 750.000 (setecentos e cinquenta mil) habitantes e de até 900.000 (novecentos mil) habitantes; l) 31 (trinta e um) Vereadores, nos Municípios de mais de 900.000 (novecentos mil) habitantes e de até 1.050.000 (um milhão e cinquenta mil) habitantes; m) 33 (trinta e três) Vereadores, nos Municípios de mais de 1.050.000 (um milhão e cinquenta mil) habitantes e de até 1.200.000 (um milhão e duzentos mil) habitantes; n) 35 (trinta e cinco) Vereadores, nos Municípios de mais de 1.200.000 (um milhão e duzentos mil) habitantes e de até 1.350.000 (um milhão e trezentos e cinquenta mil) habitantes; o) 37 (trinta e sete) Vereadores, nos Municípios de 1.350.000 (um milhão e trezentos e cinquenta mil) habitantes e de até 1.500.000 (um milhão e quinhentos mil) habitantes; p) 39 (trinta e nove) Vereadores, nos Municípios de mais de 1.500.000 (um milhão e quinhentos mil) habitantes e de até 1.800.000 (um milhão e oitocentos mil) habitantes; q) 41 (quarenta e um) Vereadores, nos Municípios de mais de 1.800.000 (um milhão e oitocentos mil) habitantes e de até 2.400.000 (dois milhões e quatrocentos mil) habitantes; r) 43 (quarenta e três) Vereadores, nos Municípios de mais de 2.400.000 (dois milhões e quatrocentos mil) habitantes e de até 3.000.000 (três milhões) de habitantes; s) 45 (quarenta e cinco) Vereadores, nos Municípios de mais de 3.000.000 (três milhões) de habitantes e de até 4.000.000 (quatro milhões) de habitantes; t) 47 (quarenta e sete) Vereadores, nos Municípios de mais de 4.000.000 (quatro milhões) de habitantes e de até 5.000.000 (cinco milhões) de habitantes; u) 49 (quarenta e nove) Vereadores, nos Municípios de mais de 5.000.000 (cinco milhões) de habitantes e de até 6.000.000 (seis milhões) de habitantes; v) 51 (cinquenta e um) Vereadores, nos Municípios de mais de 6.000.000 (seis milhões) de habitantes e de até 7.000.000 (sete milhões) de habitantes; w) 53 (cinquenta e três) Vereadores, nos Municípios de mais de 7.000.000 (sete milhões) de habitantes e de até 8.000.000 (oito milhões) de habitantes; e x) 55 (cinquenta e cinco) Vereadores, nos Municípios de mais de 8.000.000 (oito milhões) de habitantes."

b) Incorreta. Segundo o disposto no artigo 29, VIII, da Constituição Federal: "O Município reger-se-á por lei orgânica, votada em dois turnos, com o interstício mínimo de dez dias, e aprovada por dois terços dos membros da Câmara Municipal, que a promulgará, atendidos os princípios estabelecidos nesta Constituição, na Constituição do respectivo Estado e os seguintes preceitos: VIII – inviolabilidade dos Vereadores por suas opiniões, palavras e votos **no exercício do mandato e na circunscrição do Município**." Nas precisas palavras do Min. Celso de Mello: "EMENTA: 1. A garantia constitucional da imunidade parlamentar em sentido material (CF, art. 29, VIII, c/c art. 53, *caput*) exclui a responsabilidade penal (e também civil) do membro do Poder Legislativo (Vereadores, Deputados e Senadores), por manifestações orais ou escritas, desde que motivadas pelo desempenho do mandato (prática *in officio*) ou externadas em razão deste (prática *propter officium*). **Tratando-se de Vereador, a inviolabilidade constitucional que o ampara no exercício da atividade legislativa estende-se às opiniões, palavras e votos por ele proferidos, mesmo fora do recinto da própria Câmara Municipal, desde que nos estritos limites territoriais do Município a que se acha funcionalmente** vinculado. (Precedentes. AI 631.276/SP. Rel. Min. Celso de Mello, v. g). 3. Essa prerrogativa político-jurídica que protege o parlamentar (como os Vereadores, p. ex.) em tema de responsabilidade penal – incide, de maneira ampla, nos casos em que as declarações contumeliosas tenham sido proferidas no recinto da Casa Legislativa, notadamente da tribuna parlamentar, hipótese em que será absoluta a inviolabilidade constitucional. Doutrina. Precedentes."(AI 818.693, Rel. Min. Celso de Mello, decisão monocrática. J. 1°.08.2011, DJE 03.08.2011)

c) Incorreta. O subsídio dos vereadores será fixado pela respectiva Câmara Municipal, assim dispõe o art. 29, VI, da CF: "O Município reger-se-á por lei orgânica, votada em dois turnos, com o interstício mínimo de dez dias, e aprovada por dois terços dos membros da Câmara Municipal, que a promulgará, atendidos os princípios estabelecidos nesta Constituição, na Constituição do respectivo Estado e os seguintes preceitos: VI – **o subsídio dos Vereadores será fixado pelas respectivas Câmaras Municipais em cada legislatura para a subseqüente**, observado o que dispõe esta Constituição, observados os critérios estabelecidos na respectiva Lei Orgânica e os seguintes limites máximos: a) em Municípios de até dez mil habitantes, o subsídio máximo dos Vereadores corresponderá a vinte por cento do subsídio dos Deputados Estaduais; b) em Municípios de dez mil e um a cinqüenta mil habitantes, o subsídio máximo dos Vereadores corresponderá a trinta por cento do subsídio dos Deputados Estaduais; c) em Municípios de cinqüenta mil e um a cem mil habitantes, o subsídio máximo dos Vereadores corresponderá a quarenta por cento do subsídio dos Deputados Estaduais; d) em Municípios de cem mil e um a trezentos mil habitantes, o subsídio máximo dos Vereadores corresponderá a cinqüenta por cento do subsídio dos Deputados Estaduais; e) em Municípios de trezentos mil e um a quinhentos mil habitantes, o subsídio máximo dos Vereadores corresponderá a sessenta por cento do subsídio dos Deputados Estaduais; f) em Municípios de mais de quinhentos mil habitantes, o subsídio máximo dos Vereadores corresponderá a setenta e cinco por cento do subsídio dos Deputados Estaduais."

d) Correta. A alternativa consiste na transcrição do disposto no inciso V, do artigo 29, CF: "O Município reger-se-á por lei orgânica, votada em dois turnos, com o interstício mínimo de dez dias, e aprovada por dois terços dos membros da Câmara Municipal, que a promulgará, atendidos os princípios estabelecidos nesta Constituição, na Constituição do respectivo Estado e os seguintes preceitos: V – **subsídios do Prefeito, Vice-Prefeito e dos Secretários Municipais fixados por lei de iniciativa da**

DIREITO CONSTITUCIONAL

> Câmara Municipal, observado o que dispõem os arts. 37, XI, 39, § 4°, 150, II, 153, III, e 153, § 2°, I."
>
> *Resposta: Letra D.*

TJMG – 2012 – *Questão n° 53 – Direito Constitucional/Da organização do Estado/Constituição Federal/Legislação*

Com relação à competência concorrente dos Estados para legislar, assinale a alternativa correta.

a) Não podem os Estados legislar sobre proteção ambiental.

b) As Assembleias Legislativas estaduais têm competência suplementar para legislar sobre as custas judiciais e emolumentos.

c) Os Estados sempre podem legislar de forma supletiva sobre critérios de identificação das causas cíveis de "menor complexidade" e dos crimes de "menor potencial ofensivo", a serem julgados pelos juizados especiais.

d) Jamais poderá ser autorizado aos Estados da Federação legislar sobre assuntos de competência privativa da União.

Comentários

a) Incorreta. Na hipótese descrita, a Constituição Federal, art. 24, VI, preceitua que "Compete à União, aos Estados e ao Distrito Federal legislar concorrentemente sobre: VI – florestas, caça, pesca, fauna, conservação da natureza, defesa do solo e dos recursos naturais, **proteção do meio ambiente** e controle da poluição."

b) Correta. Segundo o Texto Constitucional, no caso em testilha a União "limitar-se-á a estabelecer normas gerais", o que não "exclui a competência suplementar dos Estados" (art. 24, §§ 1° e 2°). Por isso, pode o Estado legislar supletivamente sobre as custas dos serviços forenses (art. 24, III, CF).

c) Incorreta. Os Estados só podem legislar supletivamente quando não houver normas gerais. Nesse sentido, art. 24, § 3°, CF: "Inexistindo lei federal sobre normas gerais, os Estados exercerão a competência legislativa plena, para atender a suas peculiaridades." Não é a hipótese em tela, porquanto a União regulamentou os juizados especiais por meio da Lei n° 9.099/95.

d) Incorreta. De acordo com o disposto no art. 22, parágrafo único, CF: "Compete privativamente à União legislar sobre: parágrafo único: Lei complementar **poderá autorizar os Estados a legislar sobre questões específicas das matérias relacionadas neste artigo."**

Resposta: Letra B.

TJMG – 2014 – *Questão nº 57 – Direito Constitucional/Da administração pública/Princípios/Constituição Federal/Legislação*

Assinale a alternativa que apresenta **CORRETAMENTE** os princípios constitucionais a que a Administração Pública deverá obedecer na consecução dos seus objetivos.

a) A administração deverá obedecer ao caráter pessoal do administrador público.

b) A administração não tem a obrigação de subsumir-se às normas legais pertinentes, desde que o ato alcance a finalidade.

c) A administração, no exercício do poder, independe da publicidade do ato, desde que alcance a finalidade pretendida.

d) Os princípios constitucionais definem-se pelo exercício do poder que, na prática do ato, observa os princípios da legalidade, impessoalidade, oralidade, publicidade e eficiência.

Comentários

a) Incorreta. Na hipótese descrita, a Constituição Federal, art. 37, *caput,* dispõe: "A administração pública direta e indireta de qualquer dos Poderes da União, dos Estados, do Distrito Federal e dos Municípios obedecerá aos princípios de legalidade, ***impessoalidade,*** moralidade, publicidade e eficiência, e, também, ao seguinte." Nesse viés, a Administração deve sempre buscar a concretização do interesse público e não do particular.

b) Incorreta. Como descrito na alternativa anterior, a administração pública sujeita-se ao princípio da legalidade, o qual é o "postulado basilar de todos os Estados de Direito, consistindo, a rigor, no cerne da própria qualificação destes (o Estado é dito "de Direito" porque sua atuação está integralmente sujeita ao ordenamento jurídico, vigora o 'império da lei')." "Deveras, para os particulares a regra é a autonomia da vontade, ao passo que a administração pública não tem vontade autônoma, estando adstrita à lei, a qual expressa a 'vontade geral', manifestada pelos

DIREITO CONSTITUCIONAL

representantes do povo, único titular originário da 'coisa pública'. (Marcelo Alexandrino e Vicente Paulo, 2015, pag. 209).

c) Incorreta. O princípio da publicidade apresenta dupla acepção. A primeira está relacionada à eficácia do ato, enquanto não publicado, o ato não está apto a produzir seus efeitos. Nos dizeres de Marcelo Alexandrino e Vicente de Paulo (2015, pág. 217): "Evidentemente, em um Estado de Direito, é inconcebível a existência de atos sigilosos ou confidenciais que pretendam incidir sobre a esfera jurídica dos administrados, criando, restringindo ou extinguindo direitos, ou que onerem o patrimônio público." A segunda acepção está ligada à exigência de transparência da atuação administrativa. Esta, deriva do princípio da indisponibilidade do interesse público, diz respeito à exigência de que seja possibilitado, da forma mais ampla possível, o controle da administração pelos administrados.

d) Correta. Os princípios constitucionais da administração pública estão explicitados no art. 37, caput, do Texto Constitucional: "A administração pública direta e indireta de qualquer dos Poderes da União, dos Estados, do Distrito Federal e dos Municípios obedecerá aos princípios de *legalidade, impessoalidade, moralidade, publicidade e eficiência*, e, também, ao seguinte."

Resposta: Letra D.

TJMG – 2014 *– Questão nº 59 – Direito Constitucional/Da organização do Estado Federal/Constituição Federal/Legislação – Doutrina*

Assinale a alternativa que **DIFERENCIA** o Federalismo do Estado Unitário:

a) No Estado Unitário, a administração não é rigorosamente centralizada.

b) No federalismo, os Estados que ingressam na federação continuam inteiramente soberanos, autônomos e independentes.

c) No federalismo, os Estados que passam a integrar o novo Estado, perdem a soberania no momento em que ingressam, mas preservam, contudo, uma autonomia política limitada.

d) No federalismo, os Estados que ingressam na instituição do novo Estado, perdem completamente a sua autonomia política.

Comentários

a) Incorreta. Segundo Pedro Lenza (2015, pág. 418) "doutrinariamente, costuma-se classificar o gênero Estado unitário em três espécies distintas:

a) Estado unitário puro; b) Estado unitário descentralizado administrativamente; c) Estado unitário descentralizado administrativa e politicamente." O Estado unitário puro caracteriza-se por uma absoluta centralização do exercício do Poder. O Estado unitário descentralizado administrativamente conta descentralização da execução das decisões políticas, mas as decisões políticas são concentradas nas mãos do Governo. O Estado unitário descentralizado administrativa e politicamente, forma mais comum nos dias atuais, principalmente nos países europeus. Neste, há descentralização administrativa e política.

b) Incorreta. "Sob o escólio de Pedro Lenza (2012, pág. 423); "A partir do momento em que os Estados ingressam na Federação perdem soberania, passando a ser autônomos entre si, de acordo com as regras constitucionalmente previstas, nos limites de sua competência; a soberania, por seu turno é característica do todo, do 'país', do Estado federado, no caso do Brasil, tanto é que aparece como fundamento da República Federativa do Brasil (art. 1º, I, CF/88)."

c) Correta. Ocorre uma descentralização política, a própria Constituição prevê núcleos de poder político, concedendo autonomia para os referidos entes.

d) Incorreta. Vide comentário da alternativa c.

Resposta: Letra C.

7. DA ORGANIZAÇÃO DOS PODERES. DO PODER LEGISLATIVO. ESTRUTURAS, COMPOSIÇÕES, ATRIBUIÇÕES E COMPETÊNCIAS. DO PROCESSO LEGISLATIVO

***TJMG – 2007** – Questão nº 76 – Direito Constitucional/Organização dos Poderes/Do Poder Legislativo/Reuniões/Constituição Federal/Legislação*

A Câmara dos Deputados e o Senado Federal reunir-se-ão em sessão conjunta para:

a) proceder à tomada de contas do Presidente da República, quando não apresentadas ao Congresso Nacional dentro de sessenta dias após a abertura da sessão legislativa.

b) conhecer do veto e sobre ele deliberar.

c) aprovar, previamente, por voto secreto, após argüição pública, a escolha dos Ministros do Tribunal de Contas da União indicados pelo Presidente da República.

d) discutir e votar proposta de emenda à Constituição.

DIREITO CONSTITUCIONAL

> *Comentários*
>
> a) Incorreta. Na hipótese descrita, a Constituição Federal atribui à Câmara dos Deputados deliberar, privativamente, sobre o assunto, art. 51, II, CF: "Compete privativamente à Câmara dos Deputados: II – proceder à tomada de contas do Presidente da República, quando não apresentadas ao Congresso Nacional dentro de sessenta dias após a abertura da sessão legislativa."
>
> b) Correta. O veto será apreciado em sessão conjunta pela Câmara dos Deputado e Senado Federal, assim dispõe o artigo 66, § 4°, CF: "A Casa na qual tenha sido concluída a votação enviará o projeto de lei ao Presidente da República, que, aquiescendo, o sancionará; § 4° **O veto será apreciado em sessão conjunta**, dentro de trinta dias a contar de seu recebimento, **só podendo ser rejeitado pelo voto da maioria absoluta dos Deputados e Senadores**."
>
> c) Incorreta. No caso descrito, a atribuição é do Senado Federal, art. 52, III, alínea b, CF: "**Compete privativamente ao Senado Federal**: III – aprovar previamente, por voto secreto, após arguição pública a escolha de: b) **Ministros do Tribunal de Contas da União indicados pelo Presidente da República**."
>
> d) Incorreta. As propostas de emendas serão discutidas e aprovadas em cada Casa do Congresso Nacional e não em conjunto como propõe a alternativa. Assim dispõe o artigo 60, § 2°, CF: "A Constituição poderá ser emendada mediante a proposta: § 2° – **A proposta será discuta e votada em cada Casa do Congresso Nacional**, em dois turnos, considerando-se aprovada se obtiver, em ambos, três quintos dos votos dos respectivos membros."
>
> **Resposta: Letra B.**

***TJMG – 2007** – Questão n° 77 – Direito Constitucional/Organização dos Poderes/Do Poder Legislativo/Dos deputados e senadores/Constituição Federal/Legislação*

A imunidade formal é garantia legislativa que:

a) exclui a responsabilidade penal do congressista, por motivo de opiniões, palavras e votos proferidos no exercício do mandato.

b) estende-se aos deputados estaduais e aos vereadores, desde a expedição do diploma.

c) inviabiliza a suspensão da prescrição enquanto durar o mandato parlamentar, uma vez sustado o processo.

d) impede a prisão de congressista, desde a expedição do diploma, salvo em flagrante de crime inafiançável.

> **Comentários**
>
> a) Incorreta. A alternativa retrata a imunidade material, prevista no caput do art. 53, da Constituição Federal, tal imunidade garante aos congressistas a inviolabilidade, civil e penal, por quaisquer de suas opiniões, palavras e votos, desde que proferidos em razão da função parlamentar, no exercício e relacionados ao mandato, não se restringido ao âmbito do Congresso Nacional.
>
> b) Incorreta. A imunidade formal ou processual para a prisão aplica-se aos parlamentares (deputados federais e senadores). Assim, art. 53, § 2°, CF: "Os Deputados e Senadores são invioláveis, civil e penalmente, por quaisquer de suas opiniões, palavras e votos. § 2° – **Desde a expedição do diploma, os membros do Congresso Nacional não poderão ser presos**, salvo em flagrante de crime inafiançável. Nesse caso, os autos serão remetidos dentro de vinte e quatro horas à Casa respectiva, para que, pelo voto da maioria de seus membros, resolva sobre a prisão."
>
> c) Incorreta. Uma vez suspenso o processo, suspensa será a prescrição. Nesse sentido, art. 53, § 5°, CF: "**A sustação do processo suspende a prescrição, enquanto durar o mandato**."
>
> d) Correta. Os parlamentares farão jus a imunidade formal ou processual a partir do momento em que forem diplomados pela Justiça Eleitoral, portanto antes de tomarem a posse. Por isso, desde a expedição do diploma não poderão ser presos em flagrante, assim dispõe o art. 53, § 2°, CF: **Desde a expedição do diploma, os membros do Congresso Nacional não poderão ser presos**, salvo em flagrante de crime inafiançável. Nesse caso, os autos serão remetidos dentro de vinte e quatro horas à Casa respectiva, para que, pelo voto da maioria de seus membros, resolva sobre a prisão."
>
> *Resposta: Letra D.*

TJMG – 2007 – *Questão n° 78 – Direito Constitucional/Organização dos Poderes/Do Processo Legislativo/Constituição Federal/Legislação*

A Constituição de 1988 veda a edição de medida provisória sobre matéria relativa a:

a) direito eleitoral.

b) direito civil.
c) direito ambiental.
d) direito do trabalho.

Comentários

a) Correta. A Constituição Federal no artigo 62, § 1°, I, veda a edição de medida provisória relativa ao direito eleitoral: "Em caso de relevância e urgência, o Presidente da República poderá adotar medidas provisórias, com força de lei, devendo submetê-las de imediato ao Congresso Nacional. § 1° – **É vedada a edição de medidas provisórias sobre matéria**: I – relativa a: a) nacionalidade, cidadania, direitos políticos, partidos políticos e **direito eleitoral**."

b) Incorreta. A Constituição da República não impede a regulamentação de medida provisória relativa ao direito civil, mas sim sobre o direito processual civil. Nesse sentido, art. 62, § 1°, II: Em caso de relevância e urgência, o Presidente da República poderá adotar medidas provisórias, com força de lei, devendo submetê-las de imediato ao Congresso Nacional. § 1° – **É vedada a edição de medidas provisórias sobre matéria**: I – relativa a: b) direito penal, processual penal e processual civil."

c) Incorreta. Não há na Constituição Federal impedimento de regulamentação da matéria ambiental por meio de medida provisória. As matérias vedadas de regulamentação estão dispostas no art. 62, § 1°, I CF, são elas: Em caso de relevância e urgência, o Presidente da República poderá adotar medidas provisórias, com força de lei, devendo submetê-las de imediato ao Congresso Nacional. § 1° – **É vedada a edição de medidas provisórias sobre matéria**: I – relativa a: a) nacionalidade, cidadania, direitos políticos, partidos políticos e direito eleitoral; b) direito penal, processual penal e processual civil; c) organização do Poder Judiciário e do Ministério Público, a carreira e a garantia de seus membros; d) planos plurianuais, diretrizes orçamentárias, orçamento e créditos adicionais e suplementares, ressalvado o previsto no art. 167, § 3°."

d) Incorreta. A Constituição Federal não veda a edição de medida provisória para tratar de matéria relativa ao direito do trabalho. Nesse sentido, dispõe o artigo 62, § 1°, I, CF, acima transcrito.

Resposta: Letra A.

TJMG – 2008 – *Questão n° 73 – Direito Constitucional/Do Poder Legislativo/ Constituição Federal/Legislação e doutrina*

INSTRUÇÃO: Nas questões de n. **72 a 85,** assinale a alternativa **CORRETA**, considerando as assertivas fornecidas.

As imunidades parlamentares – material e formal – constituem garantia significativa para o exercício do mandato concedido pelo povo aos integrantes do Poder Legislativo.

a) As imunidades podem ser objeto de renúncia.

b) A imunidade parlamentar material obsta a propositura de ação penal ou indenizatória contra o membro do Poder Legislativo pelas opiniões, palavras e votos que proferir e exige relação de pertinência com o exercício da função.

c) A imunidade parlamentar formal somente garante ao integrante do Poder Legislativo a impossibilidade de ser ou de permanecer preso.

d) A imunidade parlamentar material será aplicável somente nos casos em que a manifestação do pensamento ocorrer dentro do recinto legislativo.

Comentários

a) Incorreta. As imunidades não podem ser objeto de renúncia, visto que são prerrogativas inerentes à função parlamentar, garantidoras do exercício do mandato parlamentar, com plena liberdade.

b) Correta. Sob o escólio do doutrinador Pedro Lenza (2012, pág. 527-528), tem-se que a imunidade material ou inviolabilidade parlamentar "garante que os parlamentares federais são invioláveis, **civil e penalmente**, por quaisquer de suas opiniões, palavras e votos, desde que proferidos em razão de suas funções parlamentares, no exercício e relacionados ao mandato, não se restringindo ao âmbito do Congresso Nacional. Assim, mesmo que um parlamentar esteja fora do Congresso Nacional, mas exercendo sua função parlamentar federal, em qualquer lugar do território nacional estará resguardado, não praticando qualquer crime por sua opinião, palavra ou voto." Ao final conclui que "não importa, pois, qual a denominação que se dê; o importante é saber que a imunidade material (inviolabilidade) impede que o parlamentar seja condenado na medida em que há ampla descaracterização do tipo penal, irresponsabilizando-o penal, civil, política e administrativamente (disciplinarmente). Trata-se de irresponsabilidade geral, desde que, é claro, tenha ocorrido o fato em razão do exercício do mandato e da função parlamentar.". Nesse sentido, RE 210.917 – RJ.

DIREITO CONSTITUCIONAL

c) Incorreta. A imunidade formal ou processual está devidamente regulamentada no art. 53, § 2°, CF: "Os Deputados e Senadores são invioláveis, civil e penalmente, por quaisquer de suas opiniões, palavras e votos. § 2° – **Desde a expedição do diploma, os membros do Congresso Nacional não poderão ser presos, salvo em flagrante de crime inafiançável.** Nesse caso, os autos serão remetidos dentro de vinte e quatro horas à Casa respectiva, que, por iniciativa de partido político nela representado e pelo voto da maioria de seus membros, poderá, até a decisão final, sustar o andamento da ação."

d) Incorreta. Vide comentário da alternativa b.

Resposta: Letra B.

TJMG – 2008 *– Questão n° 77 – Direito Constitucional/Da organização dos Poderes. Do processo legislativo/Constituição Federal*

INSTRUÇÃO: Nas questões de n. **72 a 85,** assinale a alternativa **CORRETA**, considerando as assertivas fornecidas.

A Constituição da República discrimina as regras mediante as quais se desenvolve o processo legislativo e que irão propiciar a formação dos atos normativos nela declinados (art. 59).

a) O texto constitucional admite a aprovação de projeto de lei ou de medida provisória por decurso de prazo.

b) É de iniciativa privativa do Presidente da República a lei que disponha sobre criação de cargos, funções ou empregos públicos na administração direta e autárquica ou aumento de sua remuneração.

c) No projeto de iniciativa exclusiva do Chefe do Poder Executivo sempre é lícito aos membros do Poder Legislativo emendá-lo de modo a aumentar a despesa nele prevista.

d) Não é admissível a iniciativa popular

Comentários

a) Incorreta. A Constituição Federal, art. 62, §§ 3° e 6°, preceitua que: "Em caso de relevância e urgência, o Presidente da República poderá adotar as medidas provisórias, com força de lei, devendo submetê-las de imediato ao Congresso Nacional. § 3° – **As medidas provisórias,** ressalvado o disposto nos §§ 11 e 12 **perderão eficácia, desde a edição, se**

não forem convertidas em lei no prazo de sessenta dias, prorrogável, nos termos do § 7°, uma vez por igual período, devendo o Congresso Nacional disciplinar, por decreto legislativo, as relações jurídicas delas decorrentes. § 6° – Se a medida provisória não for apreciada em até quarenta e cinco dias contados de sua publicação, entrará em regime de urgência, subsequentemente, em cada uma das Casas do Congresso Nacional, ficando sobrestadas, até que se ultime a votação, todas as demais deliberações legislativas da Casa em que estiver tramitando."

b) Correta. A alternativa transcreve o disposto no art. 61, § 1°, II, alínea "a": "A iniciativa das leis complementares e ordinárias cabe a qualquer membro ou Comissão da Câmara dos Deputados, do Senado Federal ou do Congresso Nacional, ao Supremo Tribunal Federal, aos Tribunais Superiores, ao Procurador-Geral da República e aos cidadãos, na forma e nos casos previstos nesta Constituição. § 1° – São de iniciativa privativa do Presidente da República as leis que: II – disponham sobre: a) **criação de cargos, funções ou empregos públicos na administração direta e autárquica ou aumento de sua remuneração.**"

c) Incorreta. O art. 63, I, do Texto Constitucional, preceitua que: "**Não será admitido aumento da despesa prevista**: I – nos **projetos de iniciativa exclusiva do Presidente da República**, ressalvado o disposto no art. 166, §§ 3° e 4°."

d) Incorreta. Há previsão expressa acerca da iniciativa popular no Texto Constitucional. Nesse sentido, art. 61, *caput*, § 2°, CF: "A iniciativa das leis complementares e ordinárias cabe a qualquer membro ou Comissão da Câmara dos Deputados, do Senado Federal ou do Congresso Nacional, ao Supremo Tribunal Federal, aos Tribunais Superiores, ao Procurador-Geral da República **e aos cidadãos**, na forma e nos casos previstos nesta Constituição. § 2° – **A iniciativa popular** pode ser exercida pela apresentação à Câmara dos Deputados de projeto de lei subscrito por, no mínimo, um por cento do eleitorado nacional, distribuído pelo menos por cinco Estados, com não menos de três décimos por cento dos eleitores de cada um deles." Nos dizeres do doutrinador Pedro Lenza (2012, pág. 553): "(...) a iniciativa popular caracteriza-se como forma direta de exercício do poder (que emana do povo – art. 1°, parágrafo único), sem o intermédio de representantes, através da apresentação de projeto de lei, dando-se início ao processo legislativo de formação da lei."

Resposta: Letra B.

DIREITO CONSTITUCIONAL

TJMG – 2008 – *Questão nº 78 – Direito Constitucional/Da organização dos Poderes/Do processo legislativo/Constituição Federal/Legislação*

INSTRUÇÃO: Nas questões de n. **72 a 85,** assinale a alternativa **CORRETA**, considerando as assertivas fornecidas.

A medida provisória constitui espécie de ato normativo excepcional e tem características estabelecidas no texto constitucional.

a) É vedada a edição de medida provisória sobre matéria reservada à lei complementar.

b) O período de vigência da medida provisória poderá ser prorrogado indefinidamente até que o Congresso Nacional ultime sua votação.

c) O Presidente da República, nas hipóteses definidas em lei, poderá delegar a quaisquer de seus Ministros o poder de adotar medida provisória em caso de relevância e urgência.

d) É possível a reedição, na mesma sessão legislativa, de medida provisória que tenha sido rejeitada ou que tenha perdido sua eficácia por decurso de prazo.

Comentários

a) Correta. A alternativa consiste na transcrição literal do disposto no art. 62, § 1º, III, do Texto Constitucional: "Em caso de relevância e urgência, o Presidente da República poderá adotar as medidas provisórias, com força de lei, devendo submetê-las de imediato ao Congresso Nacional. § 1º – É vedada a edição de medidas provisórias sobre matéria: III – **reservada a lei complementar.**"

b) Incorreta. A medida provisória poderá ser prorrogada uma única vez. Nesse sentido, art. 62, § 3º: "Em caso de relevância e urgência, o Presidente da República poderá adotar as medidas provisórias, com força de lei, devendo submetê-las de imediato ao Congresso Nacional. § 3º – **As medidas provisórias,** ressalvado o disposto nos §§ 11 e 12 perderão eficácia, desde a edição, se não forem convertidas em lei no prazo de sessenta dias, **prorrogável, nos termos do § 7º, uma vez por igual período,** devendo o Congresso Nacional disciplinar, por decreto legislativo, as relações jurídicas delas decorrentes. § 7º – **Prorrogar-se-á uma única vez por igual período a vigência de medida provisória** que, no prazo de sessenta dias, contado de sua publicação não tiver a sua votação encerrada nas duas Casas do Congresso Nacional."

c) Incorreta. A medida provisória só poderá ser adotada pelo Presidente da República, atendidos os requisitos constitucionais. Assim, dispõe o art. 62, *caput*, CF: "Em caso de relevância e urgência, o **Presidente da República poderá adotar as medidas provisórias**, com força de lei, devendo submetê-las de imediato ao Congresso Nacional." Interessante constar o posicionamento adotado por Pedro Lenza (2012, pág. 590) acerca das medidas provisórias: "A medida provisória é adotada pelo Presidente da República, por ato **monocrático, unipessoal**, sem a participação do Legislativo, chamado a discuti-la somente em momento posterior, quando já adotada pelo Executivo, com força de lei e produzindo os seus efeitos jurídicos."

d) Incorreta. Há vedação expressa no texto constitucional: art. 62, § 10º: ""Em caso de relevância e urgência, o Presidente da República poderá adotar as medidas provisórias, com força de lei, devendo submetê-las de imediato ao Congresso Nacional. § 10º – **É vedada a reedição, na mesma sessão legislativa**, de medida provisória que tenha sido rejeitada ou que tenha perdido sua eficácia por decurso de prazo."

Resposta: Letra A.

8. DO PODER EXECUTIVO. ESTRUTURA, ATRIBUIÇÕES E COMPETÊNCIAS. PRERROGATIVAS E RESPONSABILIDADES. DOS MINISTROS E DOS CONSELHOS

TJMG – 2007 – *Questão nº 81 – Direito Constitucional/Poder Executivo/ Atribuições e competências/Defesa do Estado e das Instituições Democráticas/ Constituição Federal*

Quanto ao estado de defesa, é **CORRETO** afirmar que:

a) as imunidades parlamentares de Deputados e Senadores subsistirão durante o estado de defesa, só podendo ser suspensas mediante o voto de dois terços dos membros da Casa respectiva, nos casos de atos praticados fora do recinto do Congresso Nacional, que sejam incompatíveis com a execução da medida.

b) o Presidente da República deverá solicitar autorização do Congresso Nacional para decretar o estado de defesa, relatando os motivos determinantes do pedido.

c) o tempo de duração do estado de defesa não será superior a trinta dias, podendo ser prorrogado uma vez, por igual período, se persistirem as razões que justificaram a sua decretação.

d) a prisão ou detenção de qualquer pessoa não poderá ser superior a quarenta e oito horas, salvo quando autorizada pelo Poder Judiciário.

DIREITO CONSTITUCIONAL

> *Comentários*
>
> a) Incorreta. As imunidades dos parlamentares subsistirão durante o estado de sítio e não de defesa como propõe a alternativa. Nesse sentido, art. 53, § 8°, CF: "**As imunidades de Deputados ou Senadores subsistirão durante o estado de sítio**, só podendo ser suspensas mediante o voto de dois terços dos membros da Casa respectiva, nos casos de atos praticados fora do recinto do Congresso Nacional, que sejam incompatíveis com a execução da medida."
>
> b) Incorreta. Segundo o disposto no artigo 136, da Constituição Federal: "**o Presidente da República pode, ouvidos o Conselho da República e o Conselho da Defesa Nacional, decretar o estado de defesa** para preservar ou prontamente restabelecer, em locais restritos e determinados, a ordem pública ou a paz social ameaçadas por grave e iminente instabilidade institucional ou atingidas por calamidades de grandes proporções na natureza."
>
> c) Correta. A alternativa consiste na transcrição literal do disposto no art. 136 § 2°, da Constituição Federal: "**O tempo de duração do estado de defesa não será superior a trinta dias, podendo ser prorrogado uma vez, por igual período, se persistirem as razões que justificaram sua decretação.**"
>
> d) Incorreta. Segundo o disposto no art. 136, § 3°, III – "Na vigência do estado de defesa: III – a prisão ou detenção de qualquer pessoa **não poderá ser superior a dez dias,** salvo quando autorizada pelo Poder Judiciário."
>
> **Resposta: Letra C.**

***TJMG – 2008** – Questão nº 72 – Direito Constitucional/Do Poder Executivo/ Prerrogativas/Constituição Federal/Constituição do Estado/Legislação*

INSTRUÇÃO: Nas questões de n. **72 a 85**, assinale a alternativa **CORRETA**, considerando as assertivas fornecidas.

Nos crimes eleitorais, o Prefeito Municipal será julgado pelo:

a) Tribunal de Justiça.

b) Tribunal Regional Federal.

c) Tribunal Regional Eleitoral.

d) Juiz Eleitoral

Comentários

a) Incorreta. A Constituição Federal, art. 20, X, preceitua: "O Município reger-se-á por lei orgânica, votada em dois turnos, com o interstício mínimo de dez dias, e aprovada por dois terços dos membros da Câmara Municipal, que a promulgará, atendidos os princípios estabelecidos nesta Constituição, na Constituição do respectivo Estado e os seguintes preceitos: X – julgamento do Prefeito perante o Tribunal de Justiça." A Constituição do Estado de Minas Gerais, por sua vez, estabelece que: art. 106 – "Compete ao Tribunal de Justiça, além das atribuições previstas nestas Constituição: I – **processar e julgar originariamente, ressalvada a competência das justiças especializadas**: b) o Secretário de Estado, ressalvado o disposto no § 2º do art. 93, os Juízes do Tribunal de Justiça Militar, os Juízes de Direito, os membros do Ministério Público, o Comandante-Geral da Polícia Militar e o Corpo de Bombeiros, o Chefe da Polícia Civil e os Prefeitos Municipais, nos crimes comuns e nos de responsabilidade." Por ser a matéria eleitoral atribuição da justiça especializada (Justiça Eleitoral), a alternativa encontra-se incorreta.

b) Incorreta. A competência dos Tribunais Regionais Federais está expressamente descrita no art. 108, CF, não se incluindo o julgamento de prefeito. Art. 108: Compete aos Tribunais Regionais Federais: I – processar e julgar, originariamente: a) os juízes federais da área de sua jurisdição, incluídos os da Justiça Militar e da Justiça do Trabalho, nos crimes de responsabilidade e comuns, e os membros do Ministério Público da União, ressalvada a competência da Justiça Eleitoral. B) as revisões criminais e as ações rescisórias de julgados seus ou dos juízes federais da região; c) os mandos de segurança e os habeas data contra ato do próprio Tribunal ou de juiz federal; d) os habeas corpus, quando a autoridade coatora for juiz federal; e) os conflitos de competência entre juízes federais vinculados ao Tribunal; II – julgar, em grau de recurso, as causas decididas pelos juízes federais e pelos juízes estaduais no exercício da competência federal da área de sua jurisdição."

c) Correta. Trata-se de entendimento sumulado pela Suprema Corte, súmula 702: "A competência do Tribunal de Justiça para julgar Prefeitos restringe-se aos crimes de competência da Justiça comum estadual; nos demais casos, a competência originária caberá ao respectivo tribunal de segundo grau." Esclarecedores são os ensinamentos de Marcelo Novelino (2015, pág. 734): "A competência para o julgamento do prefeito por crimes comuns, inclusive crimes dolosos contra a vida, é do Tribunal de Justiça (CF, art. 29, X), independentemente de qualquer autorização da Câmara Municipal. A competência do Tribunal de Justiça

DIREITO CONSTITUCIONAL

> restringe-se aos crimes de competência da Justiça comum estadual. Nos demais casos, a competência originaria caberá ao respectivo tribunal de segundo grau (STF – súmula 702). Portanto, a competência para processar e julgar os crimes eleitorais praticados por Prefeitos será do Tribunal Regional Eleitoral (Lei 4737/1965, art. 35). Caso o crime praticado seja em detrimento de bens, serviços ou interesses da união, a competência será do Tribunal Regional Federal (CF, art. 109, IV c/c art. 108, II)."
>
> d) Incorreta. Vide comentário da alternativa anterior.
>
> *Resposta: Letra C.*

9. DO PODER JUDICIÁRIO. ESTRUTURA, COMPOSIÇÃO E CONSTITUIÇÃO ESTADUAL. DA ORGANIZAÇÃO JUDICIÁRIA DE MINAS GERAIS

TJMG – 2007 – *Questão nº 79 – Direito Constitucional/Poder Judiciário/ Estrutura/Composição/Constituição Federal*

A Emenda Constitucional n. 45/2004 (Reforma do Poder Judiciário) alterou a Constituição de 1988, para nela prever:

a) a diminuição do *quorum* de votação, de dois terços para maioria absoluta, para perda da garantia de inamovibilidade do juiz.

b) a ampliação da autonomia das Defensorias Públicas e das Procuradorias dos Estados.

c) a federalização dos crimes contra direitos humanos, mediante incidente suscitado pelo Procurador-Geral da República, no Supremo Tribunal Federal.

d) a aferição do merecimento do juiz, para fins de promoção, conforme o desempenho e pelos critérios objetivos de presteza e segurança no exercício da jurisdição.

> *Comentários*
>
> a) Correta. O quorum para remoção, disponibilidade ou aposentadoria do magistrado é maioria absoluta. Assim, dispõe o art. 93, VIII, CF: "Lei complementar, de iniciativa do Supremo Tribunal Federal, disporá sobre o

Estatuto da Magistratura, observados os seguintes princípios: VIII **– o ato de remoção, disponibilidade e aposentaria do magistrado, por interesse público,** fundar-se-á em decisão por voto **da maioria absoluta** do respectivo tribunal ou do Conselho Nacional de Justiça, assegurada ampla defesa."

b) Incorreta. A Procuradoria do Estado foi regulamentada pela Emenda Constitucional nº 19/1998, cuja redação foi assim assentada: art. 132: "Os Procuradores dos Estados e do Distrito Federal, organizados em carreira, na qual o ingresso depende de concurso público de provas e títulos, com a participação da Ordem dos Advogados do Brasil em todas as fases, exercerão a representação judicial e a consultoria jurídica das respectivas unidades federadas. Parágrafo único: Aos procuradores referidos neste artigo é assegurada estabilidade após 3 (três) anos de efetivo exercício, mediante avaliação de desempenho perante os órgãos próprios, após relatório circunstanciado das corregedorias." Lado outro, em relação à defensoria pública, a autonomia administrativa foi concedida pela Emenda Constitucional nº 80, de 04 de junho de 2014, art. 134, §§ 2º e 3º: "A Defensoria Pública é instituição permanente, essencial à função jurisdicional do Estado, incumbindo-lhe, como expressão e instrumento do regime democrático, fundamentalmente, a orientação jurídica, a promoção dos direitos humanos e a defesa em todos os graus, judicial e extrajudicial, dos direitos individuais e coletivos de forma integral e gratuita, aos necessitados, na forma do inciso LXXIV do art. 5º desta Constituição Federal, § 2º – **Às Defensorias Públicas Estaduais são asseguradas autonomia funcional e administrativa e a iniciativa de proposta orçamentária** dentro dos limites estabelecidos na lei de diretrizes orçamentárias e subordinação ao disposto no art. 99, § 2º. § 3º – Aplica-se o disposto no § 2º às Defensorias Públicas da União e do Distrito Federal."

c) Incorreta. Segundo o disposto no artigo 109, § 5º, CF, o incidente de deslocamento de competência deve ser suscitado perante o Tribunal Cidadão: "Nas hipóteses de grave violação de direitos humanos, o Procurador-Geral da República, com a finalidade de assegurar o cumprimento de obrigações decorrentes de tratados internacionais de direitos humanos dos quais o Brasil seja parte, poderá suscitar, **perante o Superior Tribunal de Justiça**, em qualquer fase do inquérito ou processo, incidente de deslocamento de competência para a justiça federal."

d) Incorreta. O artigo 93, II, dispõe que: "Lei complementar, de iniciativa do Supremo Tribunal Federal, disporá sobre o Estatuto da Magistratura, observados os seguintes princípios: II – promoção de entrância para entrância, alternadamente, por antiguidade e merecimento, atendidas as seguintes normas: a) é obrigatória a promoção do juiz que figure por três vezes consecutivas ou cinco alternadas em lista de merecimento; II – a promoção por merecimento pressupõe dois anos de exercício na respectiva entrância e integrar o juiz a primeira quinta parte da lista de antiguidade desta, salvo se não houver com tais requisitos quem aceite o lugar vago; III – **aferição do merecimento conforme o desempenho e pelos critérios objetivos de produtividade e presteza no exercício da jurisdição e pela frequência e aproveitamento em cursos oficiais e reconhecidos de aperfeiçoamento.**"

Resposta: Letra A.

TJMG – 2007 *– Questão n° 80 – Direito Constitucional/Poder Judiciário/ Estrutura/Composição/Constituição do Estado de Minas Gerais/Legislação*

De acordo com a Constituição do Estado de Minas Gerais, a competência para processar e julgar mandado de segurança contra ato da Presidência de câmara Municipal ou de suas comissões, quando se tratar de processo de perda de mandato de Prefeito, é atribuída:

a) ao Superior Tribunal de Justiça.

b) aos juízes de direito.

c) ao Tribunal Regional Eleitoral.

d) ao Tribunal de Justiça.

Comentários

a) Incorreta. A Constituição do Estado de Minas Gerais atribui a competência ao Tribunal de Justiça, art. 106, I, alínea c: "**Compete ao Tribunal de Justiça**, além das atribuições previstas nesta Constituição: I – processar e julgar originariamente, ressalva a competência das justiças especializadas: c) o **mandado de segurança contra** o Governador do Estado, da Mesa e da Presidência da Assembleia Legislativa, do próprio Tribunal ou de seus órgãos diretivos e colegiados, de Juiz de Direito, nas causas de sua competência recursal, do Secretário de Estado, do Presidente do Tribunal de Contas, do Procurador-Geral de Justiça, do Advogado-Geral do Estado e **contra ato da Presidência da Câmara Municipal ou de suas comissões, quando se tratar de processo de perda de mandato de Prefeito.**"

b) Incorreta. Vide alternativa anterior.

c) Incorreta. Vide alternativa anterior.

d) Correta. No caso, a competência para julgar o mandado de segurança é do Tribunal de Justiça do Estado de Minas Gerais, nos termos do disposto no art. art. 106, I, alínea c, da Constituição do Estado de Minas Gerais, o qual foi transcrito na alternativa a.

Resposta: Letra D.

TJMG – 2008 – *Questão nº 76 – Direito Constitucional/Do Poder Judiciário/ Composição/Constituição Federal/Legislação*

INSTRUÇÃO: Nas questões de n. **72 a 85,** assinale a alternativa **CORRETA**, considerando as assertivas fornecidas.

O ingresso na carreira da magistratura implica a obtenção de determinadas garantias e a necessidade de serem observadas certas vedações, todas especificadas na Constituição da República.

a) A vitaliciedade, no primeiro grau de jurisdição, somente é obtida após três anos de exercício no cargo.

b) O Juiz pode dedicar-se à atividade político-partidária.

c) O Juiz é inamovível, salvo por motivo de interesse público a ser reconhecido em decisão da maioria absoluta do respectivo Tribunal.

d) O Juiz poderá receber, nas hipóteses especificadas em lei, custas ou participação em processo.

Comentários

a) Incorreta. Na hipótese descrita, a Constituição Federal estabelece o prazo de dois anos. Nesse sentido, art. 95, I: "Os juízes gozam das seguintes garantias: I – **vitaliciedade**, que, no primeiro grau, **só será adquirida após dois anos de exercício,** dependendo a perda do cargo, nesse período, de deliberação do tribunal a que o juiz estiver vinculado, e, nos demais casos, de sentença judicial transitada em julgado."

b) Incorreta. Segundo o disposto no artigo 95, parágrafo único, III, da Constituição Federal: "Os juízes gozam das seguintes garantias: Parágrafo único: Aos juízes é vedado: III – dedicar-se à atividade político-partidária."

c) Correta. A alternativa consiste na transcrição literal do disposto no art. 95, II, da Constituição Federal: "Os juízes gozam das seguintes garantias:

DIREITO CONSTITUCIONAL

II – **inamovibilidade, salvo por motivo de interesse público,** na forma do art. 93, VIII." O art. 93, VIII, CF, dispõe que: "Lei complementar, de iniciativa do Supremo Tribunal Federal, disporá sobre o Estatuto da Magistratura, observados os seguintes princípios: VIII – o ato de remoção, disponibilidade e aposentadoria do magistrado, por interesse público, **fundar-se-á em decisão por voto da maioria absoluta** do respectivo Tribunal ou do Conselho Nacional de Justiça, assegurada a ampla defesa."

d) Incorreta. A Constituição Federal, art. 95, parágrafo único, II, preleciona que: "Os juízes gozam das seguintes garantias: Parágrafo único: Aos juízes é **vedado**: II – **receber, a qualquer título ou pretexto, custas ou participação em processo.**"

Resposta: Letra C.

TJMG – 2008 – *Questão n° 81 – Direito Constitucional/Do Poder Judiciário/ Da organização dos Poderes/Funções Essenciais à Justiça/Constituição Federal/ Legislação*

INSTRUÇÃO: Nas questões de n. **72 a 85,** assinale a alternativa **CORRETA**, considerando as assertivas fornecidas.

A Constituição da República estabelece as funções essenciais à justiça e discrimina regras sobre o Ministério Público, a Advocacia Pública, a Advocacia e a Defensoria Pública.

a) O advogado, conquanto indispensável à administração da justiça, não possui inviolabilidade por seus atos e manifestações no exercício da profissão.

b) A Defensoria Pública Estadual constitui órgão integralmente subordinado ao Poder Executivo e não lhe é assegurada autonomia alguma, quer funcional ou administrativa.

c) A legitimação do Ministério Público para as ações civis mencionadas no texto constitucional e na lei impede a de terceiros.

d) Ao Ministério Público compete, dentre outras funções institucionais, exercer o controle externo da atividade policial, na forma da lei complementar.

Comentários

a) Incorreta. Segundo o Texto Constitucional, "o advogado é indispensável à administração da justiça, **sendo inviolável por seus atos e manifestações no exercício da profissão, nos limites da lei**" (art. 130). Outrossim, há disposição semelhante no Estatuto da Advocacia e da OAB, Lei n° 8906/1994, art. 2° "O advogado é indispensável à administração da justiça. § 1° No seu ministério privado, o advogado presta serviço público e exerce função social. § 2° No processo judicial, o advogado contribui, na postulação de decisão favorável ao seu constituinte, ao convencimento do julgador, e seus atos constituem múnus público. § 3° **No exercício da profissão, o advogado é inviolável por seus atos e manifestações, nos limites desta lei.**"

b) Incorreta. A Constituição Federal assegura autonomia administrativa e financeira à Defensoria Pública. Destaca-se que a autonomia foi consideravelmente ampliada pela Emenda Constitucional n° 80/2014, que alterou substancialmente o disposto no art. 134: "A Defensoria Pública é instituição permanente, essencial à função jurisdicional do Estado, incumbindo-lhe, como expressão e instrumento do regime democrático, fundamentalmente, a orientação jurídica, a promoção dos direitos humanos e a defesa, em todos os graus, judicial e extrajudicial, dos direitos individuais e coletivos, de forma integral e gratuita, aos necessitados, na forma do inciso LXXIV, do art. 5° desta Constituição Federal. § 2° Às Defensorias Públicas Estaduais são asseguradas autonomia funcional e administrativa e a iniciativa de sua proposta orçamentária dentro dos limites estabelecidos na lei de diretrizes orçamentárias e subordinação ao disposto no art. 99, § 2°. § 3° Aplica-se o disposto no § 2° às Defensorias Públicas da União e do Distrito Federal."

c) Incorreta. O Texto Constitucional estatui que "**a legitimação do Ministério Público para as ações civis previstas neste artigo não impede a de terceiros nas mesas hipóteses**, segundo o disposto nesta Constituição e na lei" (Art. 129, § 1°).

d) Correta. A alternativa corresponde a transcrição literal do disposto no art. 129, VII, CF: "São funções institucionais do Ministério Público: VII – exercer o controle externo da atividade policial, na forma da lei complementar mencionada no artigo anterior."

Resposta: Letra D.

TJMG – 2009 – *Questão n° 77 – Direito Constitucional/Do Poder Judiciário/ Organização/Estrutura/Constituição Federal/Legislação*

Quanto Poder Judiciário, marque a alternativa **INCORRETA**.

a) Os atos administrativos do Judiciário dispensam sessão pública.

b) O juiz, com menos de dois anos de exercício, pode perder o cargo, através de deliberação administrativa do Tribunal.

c) A prática de atos de mero expediente, no Poder Judiciário, pode ser atribuída aos servidores.

d) As decisões do Poder Judiciário, jurisdicionais e administrativas, devem ser motivadas, pena de nulidade.

Comentários

a) Correta. A alternativa contraria o disposto no art. 93, X, CF: "Lei complementar, de iniciativa do Supremo Tribunal Federal, disporá sobre o Estatuto da Magistratura, observados os seguintes princípios: X – as decisões administrativas dos tribunais serão motivadas e **em sessão pública,** sendo as disciplinares tomadas pelo voto da maioria absoluta de seus membros."

b) Incorreta. A alternativa está em consonância com o disposto no art. 95, I, CF: "Os juízes gozam das seguintes garantias: I – vitaliciedade, que, no primeiro grau, só será adquirida após dois anos de exercício, **dependendo a perda do cargo, nesse período, de deliberação do tribunal a qual estiver vinculado,** e, nos demais casos, de sentença judicial."

c) Incorreta. A alternativa consiste na transcrição literal do disposto no art. 93, XIV, CF: "Lei complementar, de iniciativa do Supremo Tribunal Federal, disporá sobre o Estatuto da Magistratura, observados os seguintes princípios: XIV – os servidores receberão delegação para a prática de atos de administração e atos de mero expediente sem caráter decisório."

d) Incorreta. A alternativa traduz o disposto no art. 93, IX, do Texto Constitucional: "Lei complementar, de iniciativa do Supremo Tribunal Federal, disporá sobre o Estatuto da Magistratura, observados os seguintes princípios: IX – todos os julgamentos dos órgãos do Poder Judiciário serão públicos, e, fundamentadas todas as decisões, **sob pena de nulidade,** podendo a lei limitar a presença, em determinados atos, às próprias partes e a seus advogados, ou somente a estes, em casos nos quais a preservação do direito à intimidade do interessado no sigilo não prejudique o interesse público à informação."

Resposta: Letra A.

TJMG – 2009 – *Questão nº 79 – Direito Constitucional/Do Poder Judiciário/ Estrutura/Constituição Federal/Legislação*

Dentre as assertivas abaixo, marque aquela **CORRETA**. Compete ao Superior Tribunal de Justiça processar e julgar:

a) Em grau de recurso ordinário, os mandados de segurança decididos em única instância pelos Tribunais Regionais Federais ou pelos Tribunais dos Estados, Distrito Federal e Territórios, quando concessiva a decisão.

b) Originariamente, nos crimes de responsabilidade, os Desembargadores dos Estados e do Distrito Federal, os membros dos Tribunais Regionais Federais, dos Tribunais Regionais Eleitorais e dos Tribunais do Trabalho.

c) Originariamente, nos crimes de responsabilidade, os Governadores dos Estados e do Distrito Federal.

d) Nos crimes comuns, os membros do Ministério Público dos Estados e do Distrito Federal e os Juízes de 1º Grau.

Comentários

a) Incorreta. O Texto Constitucional, no art. 105, II, alínea 'a' que: "compete ao Superior Tribunal de Justiça: II – Julgar, em recurso ordinário: a) *habeas corpus* decididos em única ou última instancia pelos Tribunais Regionais Federais ou pelos tribunais dos Estados, do Distrito Federal e Territórios, **quando a decisão for denegatória."**

b) Correta. A alternativa corresponde ao disposto no art. 105, I, alínea 'a', da CF: "Compete ao Superior Tribunal de Justiça: I – processar e julgar, originariamente: I – **nos crimes comuns, os Governadores dos Estados e do Distrito Federal**, e, estes e nos de responsabilidade, os **desembargadores dos Tribunais de Justiça dos Estados e do Distrito Federal, os membros dos Tribunais de Contas dos Estados e do Distrito Federal, os dos Tribunais Regionais Federais, dos Tribunais Regionais Eleitorais e do Trabalho,** os membros dos Conselhos ou Tribunais de Contas dos Municípios e os do Ministério Público da União que oficiem perante tribunais."

c) Incorreta. Vide comentário da alternativa anterior.

d) Incorreta. Vide comentário das alternativas anteriores.

Resposta: Letra B.

DIREITO CONSTITUCIONAL

TJMG – 2012 – *Questão nº 51 – Direito Constitucional/Do Poder Judiciário/ Estruturas/Composição/Constituição Federal/Legislação*

Assinale a alternativa correta.

a) Somente a lei poderá dispor sobre a competência e o funcionamento de órgãos jurisdicionais.

b) O magistrado poderá ser removido contra sua vontade, por motivo de interesse público, mediante decisão por voto da maioria absoluta do respectivo tribunal ou do CNJ, assegurada ampla defesa.

c) O Poder Judiciário brasileiro é constituído pelo Supremo Tribunal Federal, pelo Superior Tribunal de Justiça, tribunais e juízes da justiça federal, comum e especializada, bem como de tribunais e da justiça estadual, sendo que todos os seus membros ingressam na carreira mediante concurso público de provas e títulos, com a participação da OAB em todas as fases.

d) As promoções dos magistrados sempre se darão pelo critério objetivo do merecimento, sendo obrigatória a promoção do magistrado que figurar por três vezes consecutivas ou cinco alternadas em lista de merecimento.

Comentários

a) Incorreta. Na hipótese descrita, a Constituição Federal, art. 96, I, alínea 'a', preceitua que "compete privativamente: I – aos tribunais: a) eleger seus órgãos diretivos **e elaborar seus regimentos internos**, com observância das normas de processo e das garantias processuais das partes, **dispondo sobre a competência e o funcionamento dos respectivos órgãos jurisdicionais** e administrativos."

b) Correta. A alternativa contempla o disposto no art. 93, VIII, do Texto Constitucional: "Lei complementar, de iniciativa do Supremo Tribunal Federal, disporá sobre o Estatuto da Magistratura, observados os seguintes princípios: VIII – o ato de remoção, disponibilidade e aposentadoria do magistrado, **por interesse público, fundar-se-á em decisão por voto da maioria absoluta do respectivo tribunal ou do Conselho Nacional de Justiça, assegurada a ampla defesa.**"

c) Incorreta. O Poder Judiciário é constituído: I – o Supremo Tribunal Federal; I-A – o Conselho Nacional de Justiça; II – o Superior Tribunal de Justiça; II-A – o Tribunal Superior do Trabalho; III – os Tribunais Regionais Federais e Juízes Federais; IV – os Tribunais e Juízes do Trabalho; V – os Tribunais e Juízes Eleitorais; VI – os Tribunais e Juízes Militares; VII – os Tribunais e Juízes dos Estados e do Distrito Federal e Territórios" (art. 92, CF). O ingresso na carreira, "cujo cargo inicial será de juiz substituto, mediante concurso público de provas e títulos, com a participação da Ordem dos Advogados do Brasil em todas as fases, exigindo-se do bacharel em direito, no mínimo, três anos de atividade jurídica e obedecendo-se, nas nomeações, à ordem de classificação" (art. 93, I, CF). O ingresso, todavia, pode ocorrer pelo quinto constitucional. Nesse sentido, art. 94, CF: "um quinto dos lugares dos Tribunais Regionais Federais, dos Tribunais dos Estados, e do Distrito Federal e Territórios será composto de membros, do Ministério Público, com mais de dez anos de carreira, e de advogados de notório saber jurídico e de reputação ilibada, com mais de dez anos de efetiva atividade profissional, indicados em lista sêxtupla pelos órgãos de representação das respectivas classes." Importante destacar que o Supremo Tribunal Federal e o Superior Tribunal de Justiça tem procedimento próprio para investidura. O STF "compõe-se de onze Ministros, escolhidos dentre cidadãos com mais de trinta e cinco e menos de sessenta e cinco anos de idade, de notável saber jurídico e reputação ilibada. **Os Ministros do Supremo Tribunal Federal serão nomeados pelo Presidente da República, depois de aprovada a escolha pela maioria absoluta do Senado Federal**" (art. 101, CF). Em relação ao STJ, "compõe-se de, no mínimo, trinta e três Ministros. Os Ministros do Superior Tribunal de Justiça serão nomeados pelo Presidente da República, dentre brasileiros com mais de trinta e cinco anos, de notável saber jurídico e reputação ilibada, depois de aprovada a escolha pela maioria absoluta do Senado Federal, sendo: **I – um terço dentre juízes dos Tribunais Regionais Federais e um terço dentre desembargadores dos Tribunais de Justiça, indicados em lista tríplice elaborada pelo próprio Tribunal; II – um terço, em partes iguais, dentre advogados e membros do Ministério Público Federal, Estadual, do Distrito Federal e Territórios, alternadamente, indicados na forma do art. 94."**

d) Incorreta. A promoção de entrância para entrância será alternada pelos critérios da antiguidade e merecimento (art. 93, II, CF).

Resposta: Letra B.

TJMG – 2012 – *Questão n° 52 – Direito Constitucional/Do Poder Judiciário/ Estruturas/Composição/Constituição Federal/Legislação*

Analise as afirmativas a seguir.

I. É prevista como garantia constitucional dos magistrados a possibilidade do exercício remunerado de dois cargos de magistério.

DIREITO CONSTITUCIONAL

II. Constitui garantia constitucional dos magistrados a irredutibilidade de subsídios, não podendo a lei infraconstitucional estabelecer qualquer ressalva.

III. Todo magistrado, a partir de sua posse no cargo e efetivo exercício, torna-se vitalício e somente poderá perder o cargo por sentença transitada em julgado.

IV. De acordo com a Constituição Republicana de 1988, o Poder Judiciário reger-se-á pelo princípio da publicidade de seus julgamentos, sob pena de nulidade, podendo, contudo, a lei, se o interesse público o exigir, limitar a presença, em determinados atos, às próprias partes e a seus advogados, ou somente a estes.

Está correto apenas o contido em:

a) I.
b) III.
c) IV.
d) II e IV.

Comentários

I – Incorreta. A Constituição Federal, art. 93, parágrafo único, I, preceitua que: "Os juízes gozam das seguintes garantias: parágrafo único: Aos juízes é vedado: I – exercer, ainda que em disponibilidade, outro cargo ou função, **salvo uma de magistério.**"

II – Incorreta. O Texto Constitucional estabelece que "os juízes gozam das seguintes garantias: III – irredutibilidade de subsídio, ressalvado o disposto nos arts. 37, X e XI, 39, § 4º, 150, II, 153, III e 153, § 2º, I" (art. 95, III). O art. 37, incisos X e XI, dispõe: "A administração pública direta e indireta de qualquer dos Poderes da União, dos Estados, do Distrito Federal e dos Municípios obedecerá aos princípios da legalidade, impessoalidade, moralidade, publicidade e eficiência e, também, aos seguinte: X – a remuneração dos servidores públicos e o subsídio de que trata o § 4º do art. 39 somente poderão ser fixados ou alterados por **lei específica,** observada a iniciativa privativa em cada caso, assegurada revisão geral anual, sempre na mesma data e sem distinção de índices; XI – a remuneração e o subsídio dos ocupantes de cargos, funções e empregos públicos da administração direta, autárquica e fundacional, dos membros de qualquer dos Poderes da União, dos Estados, do Distrito Federal e dos Municípios, dos detentores de mandato eletivo e dos demais agentes políticos e os proventos, pensões ou outra espécie remuneratória, percebidos cumulativamente ou não, incluídas as vantagens pessoais ou de qualquer outra natureza, não poderão exceder o subsídio mensal, em espécie, dos Ministros do Supremo Tribunal Federal, aplicando-se como limite, nos Municípios, o subsídio do

> Prefeito, e nos Estados e no Distrito Federal, o subsídio mensal do Governador no âmbito do Poder Executivo, o subsídio dos Deputados Estaduais e Distritais no âmbito do Poder Legislativo e o subsídio dos Desembargadores do Tribunal de Justiça, limitado a noventa inteiros e vinte e cinco centésimos por cento do subsídio mensal, em espécie, dos Ministros do Supremo Tribunal Federal, no âmbito do Poder Judiciário, aplicável este limite aos membros do Ministério Público, aos Procuradores e aos Defensores Públicos."
>
> III - Incorreta. A **vitaliciedade no primeiro grau só será adquirida após dois anos de exercício**, dependendo a perda do cargo, nesse período, de deliberação do tribunal a que o juiz estiver vinculado, e, nos demais casos, de sentença judicial transitada em julgado (art. 95, I, CF).
>
> IV - Correta. A proposição colaciona o disposto no art. 93, IX, CF; "Lei Complementar, de iniciativa do Supremo Tribunal Federal, disporá sobre o Estatuto da Magistratura, observados os seguintes princípios: IX – todos os julgamentos dos órgãos do Poder Judiciário serão públicos, e fundamentadas todas as decisões, **sob pena de nulidade,** podendo a lei limitar a presença, em determinados atos, às próprias partes e a seus advogados, ou somente a estes, em casos nos quais a preservação do direito à intimidade do interessado no sigilo não prejudique o interesse público à informação."
>
> *Resposta: Letra C.*

TJMG – 2014 – *Questão nº 60 – Direito Constitucional/Do Poder Judiciário/ Composição/Constituição Federal/Legislação*

Assinale a alternativa que apresenta a estrutura **COMPLETA** do Poder Judiciário Brasileiro.

a) Supremo Tribunal Federal, Tribunais e Juízes Federais e Tribunais e Juízes Militares.

b) Supremo Tribunal Federal, Superior Tribunal de Justiça e Tribunais Regionais Eleitorais.

c) Supremo Tribunal Federal, Superior Tribunal de Justiça e Tribunais de Justiça dos Estados e Distrito Federal.

d) Supremo Tribunal Federal, Superior Tribunal de Justiça, Tribunal Superior do Trabalho, Tribunal Superior Eleitoral, Superior Tribunal Militar, Tribunais de Justiça dos Estados, do Distrito Federal e dos Territórios, Tribunais Regionais Federais, Tribunais Regionais do Trabalho, Tribunais

DIREITO CONSTITUCIONAL

Regionais Eleitorais, Tribunais de Justiça Militar, Juízes de Direito, Juízes Federais, Juízes do Trabalho, Juízes Eleitorais e Juízes Militares.

Comentários

a) Incorreta. O Poder Judiciário é constituído: I - o Supremo Tribunal Federal; I-A - o Conselho Nacional de Justiça; II - o Superior Tribunal de Justiça; II-A - o Tribunal Superior do Trabalho; III - os Tribunais Regionais Federais e Juízes Federais; IV - os Tribunais e Juízes do Trabalho; V - os Tribunais e Juízes Eleitorais; VI - os Tribunais e Juízes Militares; VII - os Tribunais e Juízes dos Estados e do Distrito Federal e Territórios" (art. 92, CF).

b) Incorreta. Vide comentário da alternativa a.

c) Incorreta. Vide comentário da alternativa a.

d) Correta. Vide comentário da alternativa a.

Resposta: Letra D.

10. DA ORDEM ECONÔMICA E SOCIAL. FUNDAMENTOS E PRINCÍPIOS. PROPRIEDADE. SISTEMA FINANCEIRO NACIONAL. DA SEGURIDADE NACIONAL

TJMG – 2007 – *Questão nº 82 – Direito Constitucional/Da ordem econômica e social/Tributação e orçamento/Jurisprudência e doutrina*

A jurisprudência do Supremo Tribunal Federal consagrou, no domínio do sistema tributário nacional, a obrigatoriedade de o Poder Público respeitar, como princípio para a instituição de taxas:

a) progressividade.
b) imunidade recíproca.
c) seletividade.
d) isonomia.

Comentários

a) Incorreta. O princípio em questão aplica-se, tão somente, aos tributos. Está previsto expressamente no artigo 145, § 1º: "Sempre que possível, **os impostos terão caráter pessoal e serão graduados segundo a**

capacidade econômica do contribuinte, facultado à administração tributária, especialmente para conferir efetividade a esses objetivos, identificar, respeitados os direitos individuais e nos termos da lei, o patrimônio, os rendimentos e as atividades econômicas do contribuinte." Nesse viés, o imposto deve onerar mais aquele que detiver maior riqueza tributária. Normalmente, a progressividade está associada à noção de uma estrutura tributária com alíquotas crescentes.

b) Incorreta. A imunidade recíproca incide apenas sobre os impostos. Nesse sentido, art. 150, VI, alínea a, CF: "Sem prejuízo de outras garantias asseguradas ao contribuinte, é vedado à União, aos Estados, ao Distrito Federal e aos Municípios: VI – **instituir impostos sobre**: a) **patrimônio, renda ou serviços uns dos outros**."

c) Incorreta. O princípio da seletividade incide sobre os impostos. Cuida-se de espécie de técnica empregada pelo legislador em obediência à capacidade contributiva. Assim, certas classes de bens de maior utilidade social serão tributados com uma alíquota reduzida em relação a outros bens que não possuem esta propriedade (como bebidas alcoólicas, cigarros e artigos de luxo). A Constituição Federal estabelece a observância deste princípio em dois impostos: o IPI e o ICMS. Nesse sentido, art. 153, IV, c/c § 3°, I, CF: "Compete à União instituir impostos sobre: IV – produtos industrializados. § 3° O imposto previsto no inciso IV: I – será seletivo, em função da essencialidade do produto." Art. 155, II, c/c § 2°, III, CF: "Compete aos Estados e ao Distrito Federal instituir impostos sobre: II – operações relativas à circulação de mercadorias e sobre prestações de serviços de transporte interestadual e intermunicipal e de comunicação, ainda que as operações e as prestações iniciem no exterior; § 2° – O imposto previsto no inciso II atenderá o seguinte: III – poderá ser seletivo, em função da essencialidade das mercadorias e dos serviços."

d) Correta. A alternativa retrata princípio geral do direito tributário que incide sobre todas as espécies de tributos. A Constituição Federal, no artigo 150, II, dispões que: "Sem prejuízo de outras garantias asseguradas ao contribuinte, é vedado à União, aos Estados, ao Distrito Federal e aos Municípios: II – instituir tratamento desigual entre contribuintes que se encontrem em situação equivalente, proibida qualquer distinção em razão de ocupação profissional ou função por eles exercida, independentemente da denominação jurídica dos rendimentos, títulos ou direitos." Nessa senda, o princípio da isonomia proíbe o legislador de instituir tratamento desigual entre contribuintes que se encontrem em situação equivalente. As taxas são tributos vinculados a atuação estatal, de modo que sua estrutura não pode se distanciar do ato estatal em si. Isso significa que a hipótese de incidência, a base de cálculo, a alíquota, e, sobretudo os contribuintes dessa espécie tributária devem ter relação de equivalência com a ação pública prestada, sob pena de violação ao texto constitucional, nesse sentido, é o posicionamento da Suprema Corte.

Resposta: Letra D.

***TJMG – 2007** – Questão n° 83 – Direito Constitucional/Da ordem econômica e social/Tributação e orçamento/Constituição Federal/Legislação*

As contribuições sociais e de intervenção no domínio econômico, cuja instituição é de competência da União:

a) incidirão sobre as receitas decorrentes de exportação.

b) poderão ter alíquota específica, tendo por base a unidade de medida adotada.

c) poderão ter alíquota *ad valorem*, tendo por base exclusivamente o faturamento.

d) incidirão uma única vez, nas hipóteses previstas em decreto do Presidente da República.

Comentários

a) Incorreta. Segundo o disposto no art. 149, § 2°, I: "Compete exclusivamente à União instituir contribuições sociais, de intervenção no domínio econômico e de interesse das categorias profissionais ou econômicas, como instrumento de sua atuação nas respectivas áreas, observado o disposto nos arts. 146, III, e 150, I e III, e sem prejuízo do previsto no art. 195, § 6°, relativamente às contribuições a que alude o dispositivo. § 2° As contribuições sociais e de intervenção no domínio econômico de que trata o caput deste artigo: I – **não incidirão sobre as receitas decorrentes de exportação**."

b) Correta. A alternativa consiste na transcrição literal do disposto no art. 149, § 2°, III, alínea b, CF: "Compete exclusivamente à União instituir contribuições sociais, de intervenção no domínio econômico e de interesse das categorias profissionais ou econômicas, como instrumento de sua atuação nas respectivas áreas, observado o disposto nos arts. 146, III, e 150, I e III, e sem prejuízo do previsto no art. 195, § 6°, relativamente às contribuições a que alude o dispositivo. § 2° As contribuições sociais e de intervenção no domínio econômico de que trata o caput deste artigo: III – poderão ter **alíquotas: b) específica, tendo por base a unidade de medida adotada."**

c) Incorreta. Segundo o disposto no art. 149, § 2°, III, alínea a, CF, não há exclusividade: "Compete exclusivamente à União instituir contribuições sociais, de intervenção no domínio econômico e de interesse das categorias profissionais ou econômicas, como instrumento de sua atuação nas respectivas áreas, observado o disposto nos arts. 146, III, e 150, I e III, e sem prejuízo do previsto no art. 195, § 6°, relativamente às contribuições a que alude o dispositivo. § 2° As contribuições sociais e de intervenção no domínio econômico de que trata o caput deste artigo: III – poderão ter **alíquotas: a) ad valorem, tendo por base o faturamento, a receita bruta ou o valor da operação e, no caso de importação, o valor aduaneiro."**

d) Incorreta. As hipóteses de incidência devem ser regulamentas por lei, e não por decreto. A propósito, art. 149, § 4°, CF: **"A lei definirá as hipóteses em que as contribuições incidirão uma única vez."**

Resposta: Letra B.

TJMG – 2007 – *Questão n° 84 – Direito Constitucional/Da ordem econômica e social/Propriedade/Política Agrícola e Fundiária e da Reforma Agrária/ Constituição Federal/Legislação*

A reforma agrária observará o seguinte:

a) cabe à lei ordinária estabelecer o procedimento contraditório especial, de rito sumário, para o processo judicial de desapropriação.

b) o orçamento fixará anualmente o volume total de títulos da dívida agrária, assim como o montante de recursos para atender ao programa de reforma agrária no exercício.

c) são isentas de impostos e taxas federais, estaduais e municipais as operações de transferência de imóveis desapropriados para fins de reforma agrária.

d) é insuscetível de desapropriação, para fins de reforma agrária, a pequena e média propriedade rural, mesmo que seu proprietário possua outra.

Comentários

a) Incorreta. Na hipótese descrita, a Constituição Federal exige lei complementar, art. 184, § 3°: "Compete à União desapropriar por interesse social, para fins de reforma agrária, o imóvel rural que não esteja cumprindo sua função social, mediante prévia e justa indenização em títulos da dívida agrária, com cláusula de preservação do valor real, resgatáveis no prazo de até vinte anos, a partir do segundo ano de sua emissão, e cuja utilização será definida em lei. § 3° – **Cabe à lei complementar estabelecer procedimento contraditório especial, de rito sumário, para o processo judicial de desapropriação.**"

b) Correta. A alternativa consiste na transcrição literal do disposto no art. 184, § 4°, CF: "*Omissis* – § 4° **O orçamento fixará anualmente o volume total de títulos da dívida agrária, assim como o montante de recursos para atender ao programa de reforma agrária no exercício.**"

c) Incorreta. De acordo com o art. 149, § 5°, CF, a isenção compreende apenas os impostos: art. 184 – *Omissis* – § 5° "**São isentos de impostos federais, estaduais e municipais** as operações de transferência de imóveis desapropriados para fins de reforma agrária."

d) Incorreta. Art. 185, CF: "São insuscetíveis de desapropriação para fins de reforma agrária: I – **a pequena e média propriedade rural, assim definida em lei, desde que seu proprietário não possua outra.** II – a propriedade produtiva."

Resposta: Letra B.

TJMG – 2007 – *Questão n° 85 – Direito Constitucional/Da ordem econômica e social/Educação/Constituição Federal/Legislação*

O dever do Estado com a educação será efetivado mediante garantia:

a) do atendimento em creche e pré-escola às crianças de zero a seis anos de idade.

b) da aplicação, anualmente, pela União, de, no mínimo, quinze, e pelos Estados, de vinte por cento da receita resultante de impostos, na manutenção e desenvolvimento do ensino.

c) da oferta de ensino diurno regular, adequado às condições do educando.

d) da progressiva universalização do ensino médio gratuito.

Comentários

a) Incorreta. A Constituição Federal, no art. 208, IV, estabelece que: "O dever do Estado com a educação será efetivado mediante a garantia de:

IV – educação infantil, em creche e pré-escola, **às crianças até 5 (cinco) anos de idade."**

b) Incorreta. Segundo o disposto no artigo 212, da Constituição Federal, a União aplicará no mínimo 18%: **"A união aplicará, anualmente, nunca menos de dezoito**, e os Estados, o Distrito Federal e os Municípios vinte e cinco por cento, no mínimo da receita resultante de impostos, compreendida a proveniente de transferências, na manutenção e desenvolvimento do ensino."

c) Incorreta. A Constituição Federal, art. 208, VI, estabelece que: "O dever do Estado com a educação será efetivado mediante a garantia de: VI – **oferta de ensino noturno regular**, adequado às condições do educando."

d) Correta. A alternativa consiste na transcrição literal do art. 208, II, CF: "O dever do Estado com a educação será efetivado mediante a garantia de: II – progressiva universalização do ensino médio gratuito."

Resposta: Letra D.

TJMG – 2008 – *Questão n° 82 – Direito Constitucional/Da ordem econômica e social/Tributação e orçamento/Constituição Federal/Legislação*

INSTRUÇÃO: Nas questões de n. 72 a 85, assinale a alternativa **CORRETA**, considerando as assertivas fornecidas.

O texto constitucional estabelece as diretrizes relativas ao Sistema Tributário Nacional e discrimina as prerrogativas que são concedidas à União, aos Estados, ao Distrito Federal e aos Municípios.

a) As taxas podem ter a base de cálculo própria de impostos.

b) A instituição de contribuições sociais, de intervenção no domínio econômico e de interesse das categorias profissionais ou econômicas compete, nos termos da lei, à União, aos Estados-membros e ao Distrito Federal.

c) Os Municípios e o Distrito Federal podem instituir contribuição, na forma das respectivas leis, para o custeio do serviço de iluminação pública.

d) A instituição de contribuição de melhoria leva em consideração a utilização potencial de serviços públicos indivisíveis e colocados à disposição do contribuinte.

Comentários

a) Incorreta. O Texto Constitucional preceitua que "as taxas **não** poderão ter base de cálculo própria de imposto" (Art. 145, § 2°). Não obstante a previsão constitucional, o Supremo Tribunal Federal, na súmula vinculante n° 29, preceitua que "é constitucional adoção, no cálculo do valor da taxa, de um ou mais elementos da base de cálculo própria de determinado imposto, desde que não haja integral identidade entre uma base e outra."

b) Incorreta. A competência é exclusiva da União. Nesse sentido, art. 149: **"Compete exclusivamente à União instituir contribuições sociais, de intervenção no domínio econômico e de interesse das categorias profissionais ou econômicas**, como instrumento de sua atuação nas respectivas áreas, observado o disposto nos arts. 146, III, e 150, I e III, e sem prejuízo do previsto no art. 195, § 6°, relativamente às contribuições a que alude o dispositivo."

c) Correta. A alternativa consiste na transcrição literal do disposto no art. 149, da Constituição Federal: "Os Municípios e o Distrito Federal poderão instituir contribuição, na forma das respectivas leis, para o custeio do serviço de iluminação pública, observado o disposto no art. 150, I e III."

d) Incorreta. A alternativa apresenta o conceito de taxa, preceituado no art. 145, II, CF: "A União, os Estados, o Distrito Federal e os Municípios poderão instituir os seguintes tributos: II – taxas, em razão do exercício do poder de polícia ou pela utilização efetiva ou potencial, de serviços públicos, específicos ou divisíveis, prestados ao contribuinte ou postos a sua disposição.". Por outro lado, as contribuições de melhorias são instituídas em razão das obras públicas realizadas (Art. 145, III, CF).

Resposta: Letra C.

TJMG – 2008 – *Questão n° 83 – Da ordem econômica e social/Tributação e orçamento/Constituição Federal/Legislação – Doutrina*

INSTRUÇÃO: Nas questões de n. 72 a 85, assinale a alternativa **CORRETA**, considerando as assertivas fornecidas.

O legislador constituinte estabeleceu limitações ao poder de tributar dos entes políticos a fim de preservar os direitos dos contribuintes em face do Estado.

a) Em situações excepcionais e disciplinadas em lei, é possível exigir ou aumentar tributo sem lei que o estabeleça.

b) É lícito que a União estabeleça, por lei, isenções de tributos da competência dos Estados, do Distrito Federal e dos Municípios.

c) É vedado instituir tributos no mesmo exercício financeiro em que haja sido publicada a lei que os instituiu ou aumentou.

d) O tributo pode ser utilizado com efeito de confisco

Comentários

a) Incorreta. O princípio da legalidade tributária previsto no artigo 150, I, da CF, estabelece que "Sem prejuízo de que outras garantias asseguradas ao contribuinte é vedado à União, aos Estados, ao Distrito Federal e aos Municípios: I – **exigir ou aumentar tributo sem lei que o estabeleça.**" Trata-se de princípio multissecular, com previsão inaugural na Carta Magna Inglesa, de 1215, do Rei João Sem Terra. Nos dizeres do doutrinador Eduardo Sabag (2014, pág. 65-75); "É fato que o preceptivo em epígrafe é a franca especificação do indigitado art. 5º, II, da CF/88, permitindo-se a adoção do importante aforismo *nullum tributum sine lege*. Em outras palavras, o tributo depende de lei para ser instituído e para ser majorado. Se o tributo é veículo de invasão patrimonial, é prudente que isso ocorra segundo a vontade popular, cuja lapidação se dá no Poder Legislativo e em suas Casas Legislativas. Tal atrelamento, no trinômio 'tributo-lei-povo' assegura ao particular um 'escudo' protetor contra injunções estatais feitas por instrumentos diverso de lei." Em outra passagem o atencioso doutrinador, leciona acerca da mitigação do princípio da legalidade tributária: "O Princípio da Legalidade Tributária comporta uma atenuação ou mitigação – ou simplesmente, 'exceção', para alguns doutrinadores. Falar em 'exceção' ao princípio em tela parece não ser a melhor exegese dos preceptivos que ressalvam a legalidade, haja vista referirem-se eles a exações tributárias que dependem de lei, mas que podem ter uma alteração de alíquotas empreendidas por ato do Poder Executivo. A bem da verdade, todos os tributos estão sujeitos ao princípio da legalidade, embora, em relação a alguns, sob as vestes de uma 'aparente exceção', nos dizeres de José Eduardo Soares de Melo, o princípio se mostre mitigado, com relação às alíquotas (e não com relação à base de cálculo!). Significa dizer que, em certas circunstâncias – e dentro dos limites legais, não se submetem 'completamente' ao princípio da legalidade tributária. Com efeito, há limites legais, dentro dos quais o Poder Executivo alterará as alíquotas dos tributos considerados 'exceções'. Evidencia-se, assim, que a terminologia mais burilada para o fenômeno em estudo deve ser aquela que sinaliza a 'mitigação' ou 'atenuação' do postulado, e não 'exceção', propriamente dita. É vital destacar, no estudo da legalidade tributária, que a doutrina tem lapidado a distinção entre lei material e lei formal. A lei material é a própria norma, na condição de comando abstrato, geral e impessoal, dotado de hipoteticidade. Diz-se, assim, que determinada matéria se submete à chamada 'reserva de lei material' ou 'reserva material da lei'. Por outro lado,

DIREITO CONSTITUCIONAL

> a lei formal é o ato normativo que detém a forma de lei. Assim, destaca-se como o comando que deve ser formulado por órgão titular da função legislativa, na condição de ato jurídico emanado pelo Poder Competente, segundo a forma estabelecida no texto constitucional. Diz-se, pois, que se trata de 'reserva de lei formal' ou reserva formal de lei.' A partir desse traço distintivo, nota-se que o ato que tem a 'forma de lei' – a lei formal – nem sempre indicará a presença da lei em sentido material. Ademais, é fácil perceber que as ressalvas à legalidade tributária, quando veiculadoras de uma atuação do Poder Executivo na seara tributacional, são verdadeiras ressalvas à 'reserva da lei formal', e não à 'reserva de lei material.'"
>
> b) Incorreta. O Texto Constitucional veda expressamente a União "instituir isenções de tributos da competência dos Estados, do Distrito Federal ou dos Municípios" (Art. 151, III). É o que a doutrina denomina do princípio da proibição das isenções heterônomas.
>
> c) Incorreta. A Constituição Federal veda, expressamente, a cobrança de tributo no mesmo exercício financeiro em que foi instituído. Nesse sentido, art. 150, III, alínea b: "Sem prejuízo de outras garantias asseguradas ao contribuinte, é vedado à União, aos Estados, ao Distrito Federal e aos Municípios: III – cobrar tributos: b) no mesmo exercício financeiro em que haja sido publicada a lei que os instituiu ou aumentou."
>
> d) Incorreta. O art. 150, IV, CF, estabelece que: "Sem prejuízo de outras garantias asseguradas ao contribuinte, **é vedado** à União, aos Estados, ao Distrito Federal e aos Municípios: IV – utilizar tributo com efeito de confisco."
>
> **Resposta: A questão foi anulada pela banca do concurso.**

TJMG – 2008 – *Questão nº 84 – Direito Constitucional/Da ordem econômica e social/Da política agrícola e fundiária e da reforma agrária/Constituição Federal/Legislação*

INSTRUÇÃO: Nas questões de n. ***72 a 85,*** assinale a alternativa ***CORRETA***, considerando as assertivas fornecidas.

Ao dispor sobre a reforma agrária, a Constituição da República autoriza a União a promover a desapropriação e estabelece que a função social da propriedade rural deve ser cumprida mediante a observância de determinados requisitos.

a) A pequena e média propriedade rural, assim definidas em lei, são insuscetíveis de reforma agrária, desde que seu proprietário não possua outra.

b) As benfeitorias úteis e necessárias não serão objeto de indenização.
c) A função social da propriedade rural é atendida mesmo quando não ocorre utilização adequada dos recursos naturais disponíveis e o meio ambiente não é preservado.
d) A propriedade rural produtiva poderá ser desapropriada para fins de reforma agrária.

Comentários

a) Correta. A alternativa consiste na transcrição do art. 185, I, do Texto Constitucional: "São insuscetível de desapropriação para fins de reforma agrária: I – **a pequena e média propriedade rural, assim definida em lei, desde que seu proprietário não possua outra**."

b) Incorreta. Segundo o disposto no artigo 184, § 1°, da Constituição Federal: "Compete à União desapropriar por interesse social, para fins de reforma agrária, o imóvel rural que não esteja cumprindo sua função social, mediante prévia e justa indenização em títulos da dívida agrária, com cláusula de preservação do valor real, resgatáveis no prazo de até vinte anos, a partir do segundo ano de sua emissão, e cuja utilização será definida em lei. § 1° **As benfeitorias úteis e necessárias serão indenizadas em dinheiro**."

c) Incorreta. De acordo com o Texto Constitucional, "a função social é cumprida quando a propriedade rural atende, simultaneamente, segundo critérios e graus de exigência estabelecido em lei, aos seguintes requisitos: I – aproveitamento racional e adequado; II – **utilização adequada dos recursos naturais disponíveis e preservação do meio ambiente**; III – observância das disposições que regulam as relações de trabalho; IV – exploração que favoreça o bem-estar dos proprietários e dos trabalhadores" (Art. 186).

d) Incorreta. A alternativa consiste na transcrição do art. 185, I, do Texto Constitucional: "São insuscetível de desapropriação para fins de reforma agrária: I – a pequena e média propriedade rural, assim definida em lei, desde que seu proprietário não possua outra; II – **a propriedade produtiva**."

Resposta: Letra A.

DIREITO CONSTITUCIONAL

TJMG – 2008 – *Questão nº 85 – Direito Constitucional/Da ordem econômica e social/Da família, da criança, do adolescente, do jovem e do idoso/Constituição Federal/Legislação*

INSTRUÇÃO: Nas questões de n. **72 a 85,** assinale a alternativa **CORRETA**, considerando as assertivas fornecidas.

A Constituição da República dedica um capítulo especial à família, à criança, ao adolescente e ao idoso e especifica normas de aplicabilidade imediata e outras dirigidas ao legislador ordinário.

a) A adoção será assistida pelo Poder Público, na forma da lei, vedada sua efetivação por estrangeiro.

b) Os pais têm o dever de assistir, criar e educar os filhos menores, e os filhos maiores têm o dever de ajudar e amparar os pais na velhice, carência ou enfermidade.

c) Os idosos, mesmo após 65 anos de idade, não têm direito à gratuidade nos transportes coletivos urbanos.

d) O planejamento familiar, fundado nos princípios da dignidade da pessoa humana e da paternidade responsável, é disciplinado somente pelo Estado, vedada a livre decisão do casal.

Comentários

a) Incorreta. A alternativa contraria o disposto no art. 227, § 5º, do Texto Constitucional: "É dever da família, da sociedade e do Estado assegurar à criança, ao adolescente e ao jovem, com absoluta prioridade, o direito à vida, à saúde, à alimentação, à educação, ao lazer, à profissionalização, à cultura, à dignidade, ao respeito, à liberdade e à convivência familiar e comunitária, além de colocá-los a salvo de toda forma de negligência, discriminação, exploração, violência, crueldade e opressão. § 5º – **A adoção será assistida pelo Poder Público, na forma da lei, que estabelecerá casos e condições de sua efetivação por parte de estrangeiros.**"

b) Correta. A alternativa corresponde ao estatuído no art. 229, CF: "Os pais têm o dever de assistir, criar e educar os filhos menores, e os filhos maiores têm o dever de ajudar e amparar os pais na velhice, carência ou enfermidade."

c) Incorreta. A Constituição Federal estatui que "aos maiores de sessenta e cinco anos é garantida a gratuidade dos transportes coletivos urbanos" (art. 230, § 2º).

d) Incorreta. Segundo o Texto Constitucional, "fundado nos princípios da dignidade da pessoa humana e da paternidade responsável, o planejamento familiar é livre decisão do casal, competindo ao Estado propiciar recursos educacionais e científicos para o exercício desse direito, vedada qualquer forma coercitiva por parte de instituições oficiais ou privadas" (art. 226, § 7º).

Resposta: Letra B.

TJMG – 2009 – *Questão nº 74 – Direito Constitucional/Da ordem social/ Constituição Federal/Legislação*

Quanto aos direitos relativos à ordem social, elencados na Constituição Federal, marque a alternativa **INCORRETA**.

a) O Ministério Público tem legitimidade para ajuizar ação civil pública destinada a garantir direitos das crianças e dos idosos.

b) A assistência social será prestada a quem dela necessitar, mesmo ausente contribuição à seguridade social.

c) Os chamados conceitos vagos ou imprecisos, relativos à Justiça Social, impedem que o Judiciário lhes reconheça efeitos concretos.

d) A lesão ao meio ambiente sujeita o infrator a sanções penais e administrativas, independentemente da obrigação de reparar os danos.

Comentários

a) Incorreta. A alternativa corresponde ao disposto no Texto Constitucional e na legislação correspondente ao tema. Nesse sentido, dispõe: art. 129, III, CF: "São funções institucionais do Ministério Público: III – promover o inquérito civil e ação civil pública, para a proteção do patrimônio público e social, do meio ambiente e de outros interesses difusos e coletivos." De igual forma, preceitua o art. 74, I, do Estatuto do Idoso (Lei nº 10.741/2003): "Compete ao Ministério Público: I – instaurar o inquérito civil e a ação civil pública para proteção dos direitos e interesses difusos ou coletivos, individuais indisponíveis e individuais homogêneos do idoso." Outrossim, o Estatuto da Criança e do Adolescente (Lei nº 8069/90), estabelece que "Compete ao Ministério Público: V – promover o inquérito civil e a ação civil pública para a proteção dos interesses individuais, difusos ou coletivos relativos à infância e à adolescência, inclusive, os definidos no art. 220, § 3º, inciso II, da Constituição Federal" (art. 201, V).

b) Incorreta. O Texto Constitucional preceitua que "a assistência social será prestada a quem dela necessitar, independentemente de contribuição à seguridade social" (art. 203, *caput*).

c) Correta. A alternativa contraria o disposto no direito pátrio, porquanto o "juiz não se exime de decidir sob a alegação de lacuna ou obscuridade no ordenamento jurídico" (art. 140, *caput*, CPC). Ademais, os princípios auxiliam na interpretação da norma legal, devendo o magistrado observá-los no caso concreto.

d) Incorreta. A Constituição Federal estabelece que "as condutas e atividades consideradas lesivas o meio ambiente sujeitarão os infratores, pessoas físicas ou jurídicas, a sanções penais e administrativas, independentemente da obrigação de reparar os danos causados."

Resposta: Letra C.

TJMG – 2009 – *Questão nº 80 – Direito Constitucional/Da ordem econômica e social/Saúde/Constituição Federal/Legislação*

Quanto à Saúde, é **CORRETO** afirmar:

a) É legítima a destinação de recursos públicos para auxílios ou subvenções às instituições privadas com fim lucrativo.

b) Os gestores locais do sistema único de saúde poderão admitir agentes comunitários e agentes de combate às endemias, por meio de processo seletivo público.

c) É livre a participação direta ou indireta de empresas ou capitais estrangeiros na assistência à saúde no País.

d) Os Municípios estão isentos de aplicar, em ações e serviços públicos de saúde, recursos mínimos, derivados de percentuais sobre arrecadação de impostos.

Comentários

a) Incorreta. Na hipótese descrita, a Constituição Federal veda expressamente a destinação de recursos para estas instituições. Nesse sentido, art. 199, § 2º: "A assistência à saúde é livre à iniciativa privada. § 2º É **vedada** a destinação de recursos públicos para auxílios ou subvenções às **instituições privadas com fins lucrativos**."

b) Correta. A alternativa corresponde à transcrição literal do § 4º, do art. 198, do Texto Constitucional: "Os gestores locais do sistema único de saúde poderão admitir agentes comunitários de saúde e agentes de combate às endemias por meio de processo seletivo público, de acordo com a natureza e complexidade de suas atribuições e requisitos específicos para sua atuação."

c) Incorreta. Segundo o Texto Constitucional "é vedada a participação direta ou indireta de empresas ou capitais estrangeiros na assistência à saúde no País, salvo nos casos previstos em lei" (art. 199, § 3º).

d) Incorreta. Segundo o Texto Constitucional "a União, os Estados, o Distrito Federal **e os Municípios aplicarão, anualmente, em ações e serviços públicos de saúde recursos mínimos** derivados da aplicação de percentuais calculados sobre: III – no caso dos Municípios e do Distrito Federal, o produto da arrecadação dos impostos a que se refere o art. 156 e dos recursos de que tratam os arts. 158 e 159, I, b e § 3º" (art. 198, § 2º)

Resposta: Letra B.

TJMG – 2009 *– Questão nº 81 – Direito Constitucional/Da ordem social/ Constituição Federal/Legislação*

Nas proposições abaixo, marque "V" para as verdadeiras e "F" para as falsas, assinalando a alternativa **CORRETA**.

1. Às contribuições sociais mencionadas no art. 149 e seu § 1º da CF, *se aplica* o princípio da anterioridade especial ou nonagesimal.

2. Ao Imposto sobre Produtos Industrializados – IPI (art. 153, IV, da CF) *não se aplica* o princípio da anterioridade.

3. A imunidade tributária *se aplica* ao patrimônio, renda ou serviços das sociedades de economia mista.

4. A imunidade tributária *não se aplica* às entidades sindicais dos trabalhadores.

a) V, V, F, F.
b) F, V, F, V.
c) F, V, V, F.
d) F, F, V, V.

Comentários

1 – Verdadeira. As contribuições em tela não se enquadram entre as exceções à aplicação da anterioridade nonagesimal. Nesse sentido, § 1º, art.

DIREITO CONSTITUCIONAL

150, CF: "A vedação do inciso III, b, (anterioridade anual) não se aplica aos tributos previstos nos arts. 148, I, **153**, I, II, **IV** e V e 154, II; e a **vedação do inciso III, c,** (anterioridade nonagesimal), não se aplica aos tributos previstos nos arts. 148, I (empréstimo compulsório), 153, I (imposto sobre importação de produtos estrangeiros), II (imposto sobre exportação), III (imposto de renda e proventos de qualquer natureza) e V (imposto sobre operações de crédito, câmbio e seguro, ou relativas a títulos ou valores mobiliários) e 154, II (impostos extraordinários), nem à fixação da base de cálculo dos impostos previstos nos arts. 155, III (imposto sobre a propriedade de veículos automotores), e 156, I (imposto sobre a propriedade predial e territorial urbana)."

2 – Verdadeira. Vide comentário do item 1.

3 – Falsa. A Constituição Federal, no art. 150, VI, alínea 'a', c/c § 2°: "Sem prejuízo de outras garantias asseguradas ao contribuinte, é **vedado** à União, aos Estados, ao Distrito Federal e aos Municípios: VI – instituir impostos sobre: a) patrimônio, renda ou serviços uns dos outros; § 2° – A vedação do inciso VI, a, é extensível **às autarquias e às fundações instituídas e mantidas pelo Poder Público,** no que se refere ao patrimônio, à renda e aos serviços vinculados a suas finalidades essenciais ou às delas decorrentes."

4 – Falsa. A Constituição Federal, no art. 150, VI, alínea 'c': "Sem prejuízo de outras garantias asseguradas ao contribuinte, é **vedado** à União, aos Estados, ao Distrito Federal e aos Municípios: VI – instituir impostos sobre: c) patrimônio, renda ou serviços dos partidos políticos, inclusive suas fundações, das **entidades sindicais dos trabalhadores,** das instituições de educação e de assistência social, sem fins lucrativos, atendidos os requisitos legais.

Resposta: Letra A.

TJMG – 2009 – *Questão n° 83 – Direito Constitucional/Da ordem econômica e social/Impostos Municipais/Constituição Federal/Legislação*

Quanto ao imposto sobre serviços de qualquer natureza – ISS, marque a alternativa **CORRETA**.

a) Incide sobre prestação de fornecimento de energia elétrica.
b) Incide sobre a prestação de serviços de informática e congêneres.
c) Incide sobre prestação de serviços de transporte intermunicipal.
d) Incide sobre serviços de comunicação.

> **Comentários**
>
> a) Incorreta. A produção, a circulação, a distribuição ou consumo de energia elétrica podem provocar a incidência do ICMS, exceto nas operações que destinem energia elétrica a outros Estados (art. 155, § 2°, CF). Deste modo, a energia elétrica é considerada mercadoria, um bem móvel dotado de valor econômico, e, por conseguinte, as operações de sua circulação são tributáveis pelo imposto estadual – ICMS. O Texto Constitucional preceitua expressamente que "à exceção dos impostos de que tratam o inciso II do *caput* deste artigo (ICMS) e o art. 153, I (Imposto sobre importação) e II (Imposto sobre exportação), **nenhum outro imposto poderá incidir sobre operações relativas a energia elétrica, serviços de telecomunicações, derivados de petróleo, combustíveis e minerais no País.**"
>
> b) Correta. A alternativa transcreve o disposto no item 1, da Lista anexa à Lei Complementar n° 116, de 31 de julho de 2003: "1 – Serviços de informática e congêneres."
>
> c) Incorreta. Segundo o Texto Constitucional, art. 156, III, CF: "Compete aos Municípios instituir impostos sobre: III – serviços de qualquer natureza, **não compreendidos no art. 155, II, definidos em lei complementar.**" O art. 155, II, CF, por sua vez, dispõe que: "Compete aos Estados e ao Distrito Federal instituir impostos sobre: II – operações relativas à circulação de mercadorias e sobre **prestações de serviços de transporte interestadual e intermunicipal** e de **comunicação**, ainda que as operações e as prestações se iniciem no exterior."
>
> d) Incorreta. Vide comentário da alternativa anterior.
>
> *Resposta: Letra B.*

TJMG – 2009 – *Questão n° 84 – Direito Constitucional/Da ordem econômica e social/Impostos Estaduais/Constituição Federal/Legislação*

Quanto ao imposto sobre operações relativas à circulação de mercadorias – ICMS é **CORRETO** afirmar:

a) Tem seus contribuintes definidos por lei ordinária.

b) Poderá ser progressivo, em função das características das mercadorias e dos serviços.

c) Cabe à lei ordinária federal dispor sobre substituição tributária.

d) A isenção ou não-incidência não implicará crédito para compensação com o montante devido nas operações ou prestações seguintes.

DIREITO CONSTITUCIONAL

> *Comentários*
>
> a) Incorreta. Segundo o Texto Constitucional "cabe à **Lei Complementar** definir seus contribuintes" (art. 155, § 2°, XII, alínea 'a').
>
> b) Incorreta. O ICMS, imposto estadual, é plurifásico, real e proporcional, tendo, predominantemente, caráter fiscal. É orientado pelo princípio constitucional impositivo (ou não cumulatividade), o qual está regulamentado no art. 155, § 2°, I, CF: "será não cumulativo, compensando-se o que for devido em cada operação relativa à circulação de mercadorias ou prestação de serviços com o montante cobrado nas anteriores pelo mesmo ou outro Estado ou pelo Distrito Federal"; e pelo princípio constitucional da seletividade previsto no art. 155, § 2°, III, CF: "poderá ser seletivo, em função da essencialidade das mercadorias e dos serviços." Desta forma, o imposto não tem por princípio orientador a progressividade.
>
> c) Incorreta. De acordo com o Texto Constitucional "cabe à **Lei Complementar** dispor sobre substituição temporária" (art. 155, § 2°, XII, b, CF).
>
> d) Correta. A alternativa transcreve o disposto no art. 155, § 2°, II, alínea 'a', CF: "Compete aos Estados e ao Distrito Federal instituir impostos sobre: II – operações relativas à circulação de mercadorias e sobre prestações de serviços de transporte interestadual e intermunicipal e de comunicação, ainda que as operações e prestações se iniciem no exterior. § 2° O imposto previsto no inciso II atenderá ao seguinte: II – **a isenção ou não incidência, salvo determinação em contrário da legislação: a) não implicará crédito para compensação com o montante devido nas operações ou prestações seguintes.**"
>
> *Resposta: Letra D.*

***

TJMG – 2009 – *Questão n° 85 – Direito Constitucional/Da ordem econômica e social/Impostos Estaduais/Constituição Federal/Legislação*

Em relação ao imposto sobre operações relativas à circulação de mercadorias – ICMS, marque "V" para as verdadeiras e "F" para as falsas nas proposições abaixo, assinalando a alternativa **CORRETA**.

1. **Incide** sobre operações que destinem mercadorias para o exterior e sobre serviços prestados a destinatários no exterior.

2. **Não** incide sobre operações que destinem a outros Estados petróleo, combustíveis dele derivados e energia elétrica.

3. **Não** incide sobre o valor total da operação, quando mercadorias forem fornecidas com serviços não compreendidos na competência tributária dos Municípios.

4. **Incide** sobre a entrada de bem ou mercadorias importados do exterior por pessoa física ou jurídica, ainda que não seja contribuinte habitual do imposto.

a) F, V, F, V.
b) V, F, F, V.
c) F, V, V, F.
d) F, F, V, V.

> *Comentários*
>
> 1 – Falsa. O ICMS **não incidirá** "sobre operações que destinem mercadorias para o exterior, nem sobre serviços prestados à destinatários no exterior, assegurada a manutenção e o aproveitamento do montante do imposto cobrado nas operações e prestações anteriores" (art. 155, § 2°, X, alínea 'a', CF).
>
> 2 – Verdadeira. O ICMS **não incidirá "sobre operações que destinem a outros Estados petróleo, inclusive lubrificantes, combustíveis líquidos e gasosos dele derivados, e energia elétrica"** (art. 155, § 2°, X, alínea b, CF).
>
> 3 – Falsa. O ICMS incidirá **"sobre o valor total da operação, quando mercadorias forem fornecidas com serviços não compreendidos na competência tributária dos Municípios"** (art. 155, § 2°, IX, alínea b, CF).
>
> 4 – Verdadeira. O ICMS incidirá **"sobre a entrada de bem ou mercadoria importados do exterior por pessoa física ou jurídica, ainda que não seja contribuinte habitual do imposto, qualquer que seja a sua finalidade, assim como sobre o serviço prestado no exterior, cabendo o imposto ao Estado onde estiver situado o domicílio ou o estabelecimento do destinatário da mercadoria, bem ou serviço"** (art. 155, § 2°, IX, alínea a, CF).
>
> *Resposta: Letra A.*

DIREITO ELEITORAL

Aline de Melo Souza

Visão geral sobre Direito Eleitoral:

Provas comentadas:

Tribunal de Justiça do Estado de Minas Gerais – 2007.

Tribunal de Justiça do Estado de Minas Gerais – 2012.

Tribunal de Justiça do Estado de Minas Gerais – 2014.

Foram comentadas as provas aplicadas pelo Tribunal de Justiça do Estado de Minas Gerais nos seguintes anos: 2012 e 2014. As provas dos anos de 2007, 2008 e 2009, não havia previsão no edital de cobrança de Direito Eleitoral, sendo que na prova de 2007, apenas uma questão afeta a matéria de eleitoral está inserida dentro de Direito Constitucional.

Dentre os temas exigidos, destacam-se aqueles de maior incidência:

Direitos Políticos

Propaganda Eleitoral

Justiça Eleitoral

Partidos Políticos

Ações Eleitorais

Através de análise acurada das questões, no geral, verifica-se uma predominância da cobrança do texto legal. Com relação ao estudo da jurisprudência, recomenda-se a leitura de informativos e jurisprudências do Tribunal Superior Eleitoral.

Recomenda-se a leitura das Leis Eleitorais sobre inelegibilidade (LC 64/90 e LC 135/2010, e a Constituição Federal em especial artigo 14), o Código Eleitoral (Lei nº 4.737/65), Lei das Eleições (Lei nº 9.504/97), Lei dos Partidos Políticos (Lei nº 9.096/95), a Mini reforma Eleitoral (Lei nº 13.165/15) e as Súmulas do TSE (súmulas 01 a 71).

Em 2017, o Direito Eleitoral passou por algumas Alterações promovidas pelas Leis nº 13.487/17 e 13.488/17. Além da Emenda Constitucional nº 97/2017, que alterou o Capítulo V – Dos Partidos Políticos, da Constituição Federal.

TÓPICOS DO EDITAL	Legislação	Doutrina	Jurisprudência
1. Estado Democrático de Direito. Cidadania. Sistema representativo. Soberania popular. Política.			
2. Direitos políticos. Conceito. Classificação. Perda. Suspensão. Sufrágio universal. Voto.	2 – 2014 1 – 2007	2 – 2014 1 – 2007	2 – 2014
3. Partidos políticos. Conceito. História. Disciplina constitucional e legal no Direito Brasileiro.	1 – 2012 2 – 2014	2 – 2014	
4. Direito eleitoral. Conceito. Fontes. Princípios. Aplicação. Interpretação.		1 – 2014	
5. Justiça Eleitoral. Organização. Competência.	1 – 2014	1 – 2012	2 – 2012
6. Ministério Público Eleitoral. Organização. Atribuições.			
7. Alistamento eleitoral. Regras constitucionais, legais e regulamentares.			
8. Elegibilidade. Conceito. Condições de elegibilidade. Inelegibilidade. Incompatibilidade. Regras constitucionais, legais e regulamentares.			
9. Sistemas eleitorais. Classificações. Modelo brasileiro. Outros modelos.	1 – 2014 1 – 2012		
10. Processo Eleitoral. Convenções partidárias. Registro de candidatos.	1 – 2012		
11. Campanha eleitoral. Conceito. Financiamento. Abuso de poder político e econômico: caracterização e efeitos.	1 – 2012		

DIREITO ELEITORAL

TÓPICOS DO EDITAL	Legislação	Doutrina	Jurisprudência
12. Propaganda política e suas modalidades. Propaganda eleitoral. Regras legais e regulamentares.	1 - 2014 2 - 2012		
13. Eleição, apuração e diplomação dos eleitos.		1 - 2014	
14. Ações judiciais eleitorais. Crimes eleitorais. Tipos penais e sanções. Processo por crimes eleitorais. Jurisprudência dos tribunais eleitorais.	2 - 2014	1 - 2012 2 - 2014	1 - 2012 2 - 2014

*Alguns itens não apresentam questões.

1. **ESTADO DEMOCRÁTICO DE DIREITO. CIDADANIA. SISTEMA REPRESENTATIVO. SOBERANIA POPULAR. POLÍTICA**

2. **DIREITOS POLÍTICOS. CONCEITO. CLASSIFICAÇÃO. PERDA. SUSPENSÃO. SUFRÁGIO UNIVERSAL. VOTO**

TJMG – 2014 – *Questão nº 61 – Direito Eleitoral/Direitos Políticos/Perda e Suspensão/Sufrágio Universal/Legislação/Doutrina.*

Sobre os direitos políticos, assinale a alternativa INCORRETA.

a) Direitos políticos são as prerrogativas e os deveres inerentes à cidadania. Englobam o direito de participar direta ou indiretamente do governo, da organização e do funcionamento do Estado.

b) A soberania popular será exercida pelo sufrágio universal e pelo voto direto e secreto, com valor igual para todos.

c) A Constituição Federal declara que, no Brasil, o alistamento eleitoral e o voto são obrigatórios para os maiores de 18 anos e facultativos para os analfabetos, os maiores de 70 anos e os maiores de 16 e menores de 18 anos.

d) É certo afirmar que a cassação do direito político é permitida e se equipara à perda e à suspensão dos direitos políticos.

Comentários

a) CORRETA – José Jairo Gomes (2017, p. 30) entende que direitos políticos ou cívicos equivalem às prerrogativas e aos deveres inerentes à cidadania e englobam o direito de participar direta ou indiretamente do governo, da organização e do funcionamento do Estado.

b) CORRETA – Transcrição literal do artigo 14, *caput*, CR, que é a repetição do texto do artigo 1º, da Lei nº 9.709/98, que regulamenta os incisos I, II e III, do artigo 14, da CR.

Art. 14. A soberania popular será exercida pelo sufrágio universal e pelo voto direto e secreto, com valor igual para todos, e, nos termos da lei, mediante: I – plebiscito; II – referendo; III – iniciativa popular.

c) CORRETA – Transcrição do artigo 14, § 1º, inciso I e inciso II, *alíneas* "a", "b" e "c", da CR. § 1º O alistamento eleitoral e o voto são: I – obrigatórios para os maiores de dezoito anos; II – facultativos para: a) os analfabetos; b) os maiores de setenta anos; c) os maiores de dezesseis e menores de dezoito anos.

d) INCORRETA – O artigo 15, da CR veda expressamente a cassação de direitos políticos, bem como não se equipara a perda ou suspensão. A propósito, os casos de perda ou suspensão dos direitos decorrem do rol taxativo deste artigo. Ademais, é possível o restabelecimento dos direitos políticos nos casos de perda e suspensão.

Resposta: Letra D

TJMG – 2007 *– Questão nº 75 – Direito Constitucional/Direitos Políticos/ Perda e Suspensão/Legislação/Doutrina.*

A perda dos direitos políticos se dará no seguinte caso:

a) improbidade administrativa.

b) cancelamento da naturalização, por sentença transitada em julgado.

c) condenação criminal transitada em julgado, enquanto durarem seus efeitos.

d) incapacidade civil absoluta.

Comentários

A Constituição Federal traz em seu artigo 15, as situações de perda e suspensão dos direitos políticos.

Art. 15. É vedada a cassação de direitos políticos, cuja perda ou suspensão só se dará nos casos de:

I – cancelamento da naturalização por sentença transitada em julgado;

II – incapacidade civil absoluta;

III – condenação criminal transitada em julgado, enquanto durarem seus efeitos;

IV – recusa de cumprir obrigação a todos imposta ou prestação alternativa, nos termos do art. 5º, VIII;

V – improbidade administrativa, nos termos do art. 37, § 4º.

Os itens A, C e D estão INCORRETOS, pois, tratam de causas de SUSPENSÃO DOS DIREITOS POLÍTICOS.

A assertiva B está CORRETA, pois, a nacionalidade é o vínculo que liga um indivíduo a determinado Estado. Pela naturalização, o estrangeiro recebe do Estado concedente o *status* de nacional (naturalizado). O cancelamento da naturalização traduz o rompimento do vínculo jurídico existente entre o indivíduo e o Estado. O artigo 12, § 4º, I, da Constituição determina a perda da nacionalidade do brasileiro naturalizado que tiver cancelada sua naturalização em virtude de atividade nociva ao interesse nacional. Como consequência, ele reassume o *status* de estrangeiro. Logo, a perda da nacionalidade brasileira acarreta *ipso facto* a perda dos direitos políticos. (Gomes, 2016, p. 36/37).

Resposta: Letra B

3. PARTIDOS POLÍTICOS. CONCEITO. HISTÓRIA. DISCIPLINA CONSTITUCIONAL E LEGAL NO DIREITO BRASILEIRO

TJMG – 2012 *– Questão nº 66 – Direito Eleitoral/Partido Político/Infidelidade Partidária/Legislação.*

O artigo 1º, ***caput***, da Resolução nº 22.610/07, do Tribunal Superior Eleitoral, estabelece que "o partido político interessado pode pedir, perante a Justiça Eleitoral, a decretação da perda de cargo eletivo em decorrência de desfiliação partidária sem justa causa".

É correto afirmar que a competência para decretar a perda do mandato de vereador, por infidelidade partidária, será do:

a) Juiz da zona eleitoral em que se situa o município no qual o vereador exerce o mandato.

b) Tribunal Regional Eleitoral do estado em que se situa o município no qual o vereador exerce o mandato.

c) Juiz de direito da comarca em que se situa o município no qual o vereador exerce o mandato, ad referendum do respectivo Tribunal de Justiça.

d) Juiz da zona eleitoral em que se situa o município no qual o vereador exerce o mandato, ad referendum do respectivo Tribunal Regional Eleitoral.

Comentários

Fidelidade Partidária/Resolução nº 22.610/07 alterada pela Resolução nº 22.733/08. Os itens A, C e D estão INCORRETOS, pois, a competência para decretar a perda do mandato de vereador, por infidelidade partidária, é do Tribunal Regional Eleitoral.

Nos termos do artigo 2º, da Resolução nº 22.610/07 – O Tribunal Superior Eleitoral é competente para processar e julgar pedido relativo a mandato federal; nos demais casos, é competente o tribunal eleitoral do respectivo estado.

Resposta: Letra B.

TJMG – 2014 – *Questão nº 62 – Direito Eleitoral/Partidos Políticos/Legislação.*

Sobre os partidos políticos, assinale a alternativa INCORRETA.

a) O § 2º do Artigo 17 da Constituição Federal dispõe que os partidos políticos, após adquirirem personalidade jurídica, na forma da lei civil, registrarão seus estatutos no Tribunal Superior Eleitoral. Logo, o registro do estatuto no Tribunal Superior Eleitoral é condição *sine qua non* para que se considere criado um partido político para fins eleitorais.

b) É assegurada aos partidos políticos a autonomia para definir sua estrutura interna, organização e funcionamento e para adotar os critérios de escolha e o regime de suas coligações eleitorais.

c) O partido político funciona, nas casas legislativas, por intermédio de uma bancada, que deve constituir suas lideranças de acordo com o estatuto do partido, as disposições regimentais das respectivas casas e as normas da Lei dos Partidos Políticos.

d) É autorizada a utilização pelos partidos políticos de organização paramilitar.

DIREITO ELEITORAL

> *Comentários*
>
> a) CORRETA – Conforme o art. 7°, da Lei n° 9.096/95 (Lei dos Partidos Políticos), assim como o § 2°, do art. 17, da Constituição Federal, dispõe que: "O partido político, após adquirir personalidade jurídica na forma da lei civil, registra seu estatuto no Tribunal Superior Eleitoral."
>
> b) CORRETA – A questão cobrou a literalidade do § 1°, do art. 17, da Constituição Federal à época do certame. Importante destacar que a Emenda 97/2017 alterou o referido artigo: "**É assegurada aos partidos políticos autonomia para definir sua estrutura interna e estabelecer regras sobre escolha, formação e duração de seus órgãos permanentes e provisórios e sobre sua organização e funcionamento e para adotar os critérios de escolha e o regime de suas coligações** nas eleições majoritárias, vedada a sua celebração nas eleições proporcionais, sem obrigatoriedade de vinculação entre as candidaturas em âmbito nacional, estadual, distrital ou municipal, devendo seus estatutos estabelecer normas de disciplina e fidelidade partidária. (Redação dada pela Emenda Constitucional n° 97, de 2017)."
>
> c) CORRETA – Art. 12, da Lei n° 9.096/95 – O partido político funciona, nas Casas Legislativas, por intermédio de uma bancada, que deve constituir suas lideranças de acordo com o estatuto do partido, as disposições regimentais das respectivas Casas e as normas desta Lei.
>
> d) INCORRETA – Art. 17 § 4°, da Constituição Federal: É vedada a utilização pelos partidos políticos de organização paramilitar.
>
> *Resposta: Letra D.*

4. DIREITO ELEITORAL. CONCEITO. FONTES. PRINCÍPIOS. APLICAÇÃO. INTERPRETAÇÃO

TJMG – 2014 – *Questão n° 63 – Direito Eleitoral/Princípios/Conceito/Doutrina/ Legislação.*

Analise as afirmativas seguintes.

I. Independente e próprio, com autonomia científica e didática, o Direito Eleitoral está encarregado de regulamentar os direitos políticos dos cidadãos e o processo eleitoral, cujo conjunto de normas destina-se a assegurar a organização e o exercício de direitos políticos, especialmente os que envolvam votar e ser votado.

II. A Lei Eleitoral é exclusivamente federal por força do Artigo 22, I, da Constituição Federal, podendo, no entanto, os Estados e Municípios disporem de regras de cunho eleitoral supletivamente.

III. As Medidas Provisórias podem conter disposições com conteúdo eleitoral.

IV. Vigora no Direito Eleitoral o princípio da anterioridade, ou seja, embora em vigor na data de sua publicação, a lei somente será aplicada se a eleição acontecer após um ano da data de sua vigência.

A partir da análise, conclui-se que estão **CORRETAS**.

a) I e II apenas.
b) I e III apenas.
c) II e III apenas.
d) I e IV apenas.

Comentários

ITEM I – CORRETO – A autonomia do Direito Eleitoral se acha reconhecida na própria Constituição, ao atribuir, em seu art. 22, I, competência privativa à União para legislar sobre esse ramo do Direito. O direito eleitoral pertence ao ramo do Direito Público. Não obstante possuir regramento próprio (autonomia científica, didática e jurisdicional), vincula-se, ou se relaciona, em diversas passagens, com outras disciplinas, como o Direito Constitucional, o Direito Penal, o Direito Administrativo, o Processo Penal, o Direito Civil e o Processo Civil, dentre outros.

ITEM II – INCORRETO – Nos termos do artigo 22, inciso I, da Constituição Federal, Compete privativamente à União Legislar sobre direito Eleitoral, sendo que de acordo com o parágrafo único, do mesmo artigo, dispõe que "Lei Complementar poderá autorizar os Estados a legislar sobre questões específicas das matérias relacionadas neste artigo". Não abrange os Municípios.

ITEM III – INCORRETO – Nos termos do artigo 62, § 1º, inciso I, alínea "a" Art. 62. Em caso de relevância e urgência, o Presidente da República poderá adotar medidas provisórias, com força de lei, devendo submetê-las de imediato ao Congresso Nacional. (Redação dada pela Emenda Constitucional nº 32, de 2001) § 1º **É vedada a edição de medidas provisórias sobre matéria**: (Incluído pela Emenda Constitucional nº 32, de 2001) I – relativa a: (Incluído pela Emenda Constitucional nº 32, de 2001) a) nacionalidade, cidadania, direitos políticos, partidos políticos e **direito eleitoral**; (Incluído pela Emenda Constitucional nº 32, de 2001)

ITEM IV – CORRETO – O STF foi chamado a se manifestar em inúmeras ocasiões sobre o princípio da anualidade. **A norma consubstanciada no art. 16 da Constituição Federal, que consagra o postulado da anterioridade eleitoral** (cujo precípuo destinatário é o Poder Legislativo), vincula-se, em seu sentido teleológico, à finalidade ético-jurídica de obstar a deformação do processo eleitoral mediante modificações que, casuisticamente introduzidas pelo Parlamento, culminem por romper a necessária igualdade de participação dos que nele atuam como protagonistas relevantes (partidos políticos e candidatos), vulnerando-lhes, com inovações abruptamente estabelecidas, a garantia básica de igual competitividade que deve sempre prevalecer nas disputas eleitorais. (José Afonso da Silva e Antonio Tito Costa, citados na ADI 3.345) **A importância fundamental do princípio da segurança jurídica para o regular transcurso dos processos eleitorais está plasmada no princípio da anterioridade eleitoral positivado no art. 16 da Constituição. O STF fixou a interpretação desse art. 16, entendendo-o como uma garantia constitucional (1) do devido processo legal eleitoral, (2) da igualdade de chances e (3) das minorias (RE 633.703, rel. min. Gilmar Mendes, j. 1º-8-2012, P, DJE de 21-5-2013, tema 564.)**

Resposta: Letra D

5. JUSTIÇA ELEITORAL. ORGANIZAÇÃO. COMPETÊNCIA

TJMG – 2012 *– Questão nº 61 – Direito Eleitoral/Justiça Eleitoral/Organização da Justiça Eleitoral/Doutrina.*

É correto afirmar que a criação da Justiça Eleitoral ocorreu

a) após a instauração do Regime Militar de 1964, pois os militares, ao assumirem o poder, tinham como meta moralizar as práticas políticas no país.

b) ao tempo do Império, por iniciativa de D. Pedro II, copiando o modelo português, de inspiração francesa.

c) após a Revolução de 1930, durante o governo de Getúlio Vargas.

d) em 1946, após a restauração democrática, quando os militares, egressos da Força Expedicionária Brasileira, inspiraram-se na reação aos regimes nazifascistas corrente na Europa do pós-Guerra.

Comentários

Considerando que a questão foi elaborada a partir do site eletrônico do TSE[3], colaciona-se o texto para melhor compreensão sobre a criação da Justiça Eleitoral:

---

3. Disponível em: http://www.tse.jus.br/eleitor/glossario/termos/justica-eleitoral:.

Justiça Eleitoral

Justiça Eleitoral – anexo I

A criação da Justiça Eleitoral e a verdade eleitoral

O **Brasil jurisdicionalizou, com o Código Eleitoral de 1932, o processo eleitoral, com a criação da Justiça Eleitoral. É dizer, o órgão que aplica o processo eleitoral, no Brasil, e que administra as eleições, preparando-as, realizando-as e apurando-as, é a Justiça Eleitoral.**

A Justiça Eleitoral foi criada pelo Código Eleitoral de 1932, com base no famoso Tribunal Eleitoral tcheco, de 1920, que teve a inspirá-lo o gênio jurídico de Hans Kelsen. A Constituição de 1934 constitucionalizou a Justiça Eleitoral. A Carta Política de 1937, compreensivelmente, ignorou-a. Compreensivelmente, porque a Carta de 1937 simplesmente dava forma jurídica à ditadura do Estado Novo. Ora, onde não há liberdade, onde não há democracia, não pode haver Justiça Eleitoral. O raiar da democracia, em 1945, trouxe-nos, com a Lei Constitucional nº 9, de 28.2.45, novamente, a Justiça Eleitoral. Seguiu-se-lhe o Decreto-Lei nº 7.586, de 28.5.45, que recriou o Tribunal Superior Eleitoral e um Tribunal Regional em cada estado e no Distrito Federal. O TSE instalou-se no dia 1º de junho de 1945. Corajosamente, foi o TSE que, respondendo a uma consulta que lhe foi formulada pelo Partido Social Democrático e pela Ordem dos Advogados do Brasil, estabeleceu que "o Parlamento Nacional, que será eleito a 2 de dezembro de 1945, terá poderes constituintes, isto é, apenas sujeito aos limites que ele mesmo prescrever". É dizer, a Assembleia que votou a Constituição de 1946 investiu-se de poderes constituintes originários, por força de decisão do Tribunal Superior Eleitoral.

A Constituição de 1946 e as demais – a de 1967, com ou sem a Emenda Constitucional nº 1/69, e a de 1988 – constitucionalizaram a Justiça Eleitoral.

A Justiça Eleitoral foi instituída para o fim de realizar a verdade eleitoral, a verdade das urnas. Esta é a sua missão básica, fundamental, como condição da democracia.

Justiça Eleitoral – anexo II

A instituição da Justiça Eleitoral no Brasil foi consequência do movimento revolucionário de 1930, que tinha como uma das principais bandeiras a moralização das eleições no país, já ressabiado com as fraudes e violências em matéria eleitoral que marcaram toda a República Velha.

O jurista piauiense João Crisóstomo da Rocha Cabral foi o relator da 19ª Comissão Legislativa, da qual faziam parte J.F. Assis Brasil e Mário Pinto Serva, criada em 1930 por Getúlio Vargas, então chefe do Governo Provisório, encarregada de elaborar o anteprojeto do Código Eleitoral. Segundo João Cabral, que veio a integrar o Tribunal Superior da Justiça Eleitoral na década de 1930, existia no Brasil uma aspiração geral em retirar o processo eleitoral do arbítrio dos governos e da influência conspurcadora do caciquismo local, e que a instituição de um órgão judiciário encarregado tanto do alistamento eleitoral quanto de todas as funções judicantes e administrativas do processo eleitoral tinha como objetivo acompanhar a evolução do controle desse processo, já experimentado por outros povos civilizados.

A Justiça Eleitoral foi criada através do Decreto n° 21.076, de 24 de fevereiro de 1932, que também instituiu nosso primeiro Código Eleitoral. No ano seguinte, a 3 de maio, se realizou a primeira eleição totalmente administrada pela Justiça Eleitoral, para escolha dos representantes do povo em Assembleia Nacional Constituinte.

Na instituição da Justiça Eleitoral, o Decreto n° 21.076 adotou um sistema em que se aproveitou as estruturas judiciárias já existentes (quadros judicantes e pessoal administrativo). Foi criada então uma magistratura especial e federal, dividida em três instâncias: um Tribunal Superior, um Tribunal Regional em cada estado, no Distrito Federal e no Território do Acre, e juízes eleitorais singulares (juízes de direito) em cada comarca. Foi instituído ainda a rotatividade dos membros dos tribunais eleitorais, não podendo os mesmos servirem por mais de dois biênios consecutivos.

A Constituição de 1934 inseriu a Justiça Eleitoral como órgão do Poder Judiciário. Com o golpe do Estado Novo, em novembro de 1937, instalou--se a ditadura no Brasil, quando foram dissolvidos o Senado Federal, a Câmara dos Deputados, as assembleias legislativas e as câmaras municipais, e extintos os partidos políticos e a Justiça Eleitoral.

Veio a redemocratização do país, em 1945, e a urgente necessidade de realização de eleições para presidente da República, senadores e deputados federais, representantes do povo na Constituinte. Através do Decreto-Lei n° 7.586, de 28 de maio de 1945, é instituída a Justiça Eleitoral e regulamentada toda a matéria eleitoral. Foram instituídos os seguintes órgãos da Justiça Eleitoral: um Tribunal Superior Eleitoral, tribunais regionais em cada estado e no Distrito Federal e os juízes eleitorais nas comarcas.

Desde a sua criação, em 1932, a Justiça Eleitoral tem mantido a sua estrutura, com poucas alterações relativas à composição das cortes. A composição dos tribunais regionais eleitorais é determinada pela Constituição Federal de 88, que se dará através de: I – eleição pelo voto secreto de: a) dois juízes dentre os desembargadores do Tribunal de Justiça; b) de dois juízes de direito, escolhidos pelo Tribunal de Justiça; II – de um juiz do Tribunal Federal com sede na capital do estado ou no Distrito Federal ou, não havendo, de juiz federal, escolhido pelo Tribunal Regional Federal respectivo; III – por nomeação pelo presidente da República de dois juízes, dentre seis advogados de notável saber jurídico e idoneidade moral, indicados pelo Tribunal de Justiça. O TRE elege seu presidente e vice-presidente dentre os desembargadores.

Referência:

BRASIL. Tribunal Regional Eleitoral do Piauí. Apresentação. Disponível em: <http://www.tre-pi.gov.br/home/apresentacao.html>. Acesso em: 11 dez. 2003.

VELLOSO, Carlos Mário da Silva. A reforma eleitoral e os rumos da democracia no Brasil. In: ROCHA, Cármen Lúcia Antunes; VELLOSO, Carlos Mário da Silva. Direito eleitoral. Belo Horizonte: Del Rey, 1996. p. 11-30.

Disponível em: http://www.tse.jus.br/eleitor/glossario/termos/justica-eleitoral:.

Resposta: Letra C.

TJMG – 2012 – *Questão n° 62 – Direito Eleitoral/Justiça Eleitoral/Competência/Jurisprudência.*

Falecido um vereador, dois meses após tomar posse no cargo, dois suplentes reivindicam o direito de assumir a cadeira à Câmara Municipal. A questão terá de ser resolvida pela(o):

a) Justiça Eleitoral, porque se trata de matéria pertinente ao desdobramento do processo eleitoral.

b) Justiça Comum Estadual, por ser matéria alheia à competência da Justiça Eleitoral.

c) Poder Legislativo, por se tratar de matéria *interna corporis*.

d) Justiça Federal, porque compete à União legislar sobre Direito Eleitoral.

Comentários

a) INCORRETA – a Competência da Justiça Eleitoral se encerra com a diplomação.

b) CORRETA – De acordo com a jurisprudência consolidada no Superior Tribunal de Justiça – Conflito de Competência n° 147.693/SP.

"(...) A respeito do tema, **esta Corte Superior possui entendimento consolidado no sentido de que a competência da Justiça Eleitoral se exaure com a diplomação dos eleitos – salvo na hipótese prevista no 14, § 10, da Constituição Federal, que trata da ação de impugnação de mandato. Sendo assim, a competência para processar e julgar o** *mandamus* **é da Justiça Estadual, devendo, portanto, ser determinado o seu retorno ao juízo ora suscitado a fim de que examine a lide nos limites em que foi apresentada.**

[...]

Com efeito, a **jurisprudência deste Colendo Superior Tribunal de Justiça é assente no sentido de que a competência para julgar as demandas em que se pleiteia a convocação de suplentes à Câmara de Vereadores é da Justiça Comum Estadual.**

[...]

Logo, "Com exceção da ação de impugnação de mandato prevista no § 10 do art. 14 da CF/88, a competência da Justiça Eleitoral finda-se com a diplomação dos eleitos". Sendo Competente a Justiça Comum Estadual processar e julgar mandado de segurança em que se discute a ordem de convocação de suplente à Câmara de Vereadores.

c) INCORRETA – Apesar se tratar de ato *interna corporis*, cabe ao Poder Judiciário dirimir a questão sobre a convocação de suplente de vereador, tendo em vista a reinvindicação da suplência por dois interessados.

d) INCORRETA –Nos termos da jurisprudência do Superior Tribunal de Justiça, compete à Justiça Comum Estadual processar e julgar ação que discute a ordem de convocação de suplente.

Resposta: Letra B.

TJMG – 2012 – Questão n° 63 – Direito Eleitoral/Justiça Eleitoral/Competência/ Jurisprudência.

Um erro de apuração fez com que candidato a vereador não eleito tomasse posse na vaga de outro candidato verdadeiramente eleito. O prejudicado, após pedir judicialmente a recontagem de votos, foi diplomado e assumiu o mandato somente dois anos após o início da legislatura. Reclamou indenização por perdas e danos, inclusive danos morais.

É competente para julgar a ação a(o)

a) Justiça Federal.
b) Justiça Comum Estadual.
c) Justiça Eleitoral de primeira instância.
d) Respectivo Tribunal Regional Eleitoral.

Comentários

a) CORRETA – A Justiça Eleitoral, quando atua no processo de apuração de votos nas eleições, não pratica ato judicial típico, mas ato administrativo, que se equipara aos demais atos da Administração que, se lesivos, neste caso, acarretam a responsabilidade da União. A propósito esse foi entendimento exarado na APELAÇÃO CÍVEL Nº 2004.43.00.002493-6/TO que tramitou no TRF1. APELAÇÃO CÍVEL Nº 2004.43.00.002493-6/TO CIVIL. RESPONSABILIDADE CIVIL DO ESTADO. ERRO NA CONTAGEM DE VOTOS. DANOS MATERIAIS E MORAIS. ATIVIDADE DE NATUREZA ADMINISTRATIVA DA JUSTIÇA ELEITORAL. 1. É cabível indenização por danos materiais e morais, em virtude de erro na contagem de votos realizada pela Justiça Eleitoral, que atrasou, pelo período de 2 anos, a posse dos Autores em cargo de vereador (CF, art. 37, § 6º). 2. Dá-se parcial provimento à apelação e à remessa oficial. (TRF-1 – AC: 2493 TO 2004.43.00.002493-6, Relator: DESEMBARGADORA FEDERAL MARIA ISABEL GALLOTTI RODRIGUES, Data de Julgamento: 11/12/2006, SEXTA TURMA, Data de Publicação: 12/02/2007 DJ p.141) Trechos da decisão:

"(...) **Ressalto que, neste caso, resta evidente que a máquina administrativa funcionou mal, visto que não procedeu à correta contagem dos votos, havendo, em face desse equívoco, responsabilidade da União, pelos prejuízos causados. A responsabilidade civil da União decorre, portanto, não da decisão judicial de primeiro grau, reformada em grau de recurso, mas do ato estatal, de natureza administrativa, embora praticado pela Justiça Eleitoral, de contagem equivocada dos votos (CF, art. 37, § 6º).**

Em se tratando de responsabilidade objetiva, resta apenas averiguar se o dano causado ao Autor teve como causa o funcionamento de um serviço público (sem interessar se ele funcionou bem ou mal), ou seja, o nexo causal e se ficou configurada alguma causa excludente ou atenuante da responsabilidade do Estado. Neste caso, verifico estarem presentes todos

DIREITO ELEITORAL

os elementos necessários para que haja dever de indenizar por parte da União.

[ ] Estando configurado, portanto, o dano causado ao Autor, o mal funcionamento dos serviços administrativos da Justiça Eleitoral, que não procedeu à correta contagem dos votos, o nexo causal entre o comportamento estatal e o dano e a ausência de qualquer causa excludente que possa exonerar a responsabilidade civil da União, no caso, resta evidente o dever de indenizar, merecendo ser confirmada, neste ponto, a sentença.

b) INCORRETA – A União está no polo passivo da demanda atraindo a competência da Justiça Federal.

Os itens C e D estão INCORRETOS, pois a competência da Justiça Eleitoral se exaure com a diplomação dos eleitos.

Resposta: Letra A.

TJMG – 2014 – *Questão n° 64 – Direito Eleitoral/Justiça Eleitoral/Organização/ Legislação.*

Sobre a Justiça Eleitoral e o Ministério Público Eleitoral, assinale a alternativa INCORRETA.

a) A Justiça Eleitoral Brasileira não possui um quadro exclusivo de magistrados, sendo que sua composição é constituída por juízes e advogados de diferentes áreas do direito.

b) O Tribunal Superior Eleitoral é composto, no mínimo, de sete membros, escolhidos mediante eleição, pelo voto secreto, sendo três juízes dentre os Ministros do Supremo Tribunal Federal, dois juízes dentre os Ministros do Superior Tribunal de Justiça e dois juízes da classe dos advogados.

c) São órgãos da Justiça Eleitoral o Tribunal Superior Eleitoral, os Tribunais Regionais Eleitorais, os Juízes Eleitorais e as Juntas Eleitorais.

d) Há previsão expressa na Constituição Federal em vigor sobre a organização do Ministério Público junto à Justiça Eleitoral.

Comentários

a) CORRETA. A Justiça Eleitoral Brasileira não possui um quadro exclusivo de magistrados, sendo que sua composição é constituída por juízes e advogados de diferentes áreas do direito. Conforme artigo 120§ 1° da

CR/88, incisos, o Tribunal Regional Eleitoral será composto juízes e advogados.

"Art. 120, da Constituição Federal – Haverá um Tribunal Regional Eleitoral na Capital de cada Estado e no Distrito Federal. § 1º – Os Tribunais Regionais Eleitorais compor-se-ão:

I – mediante eleição, pelo voto secreto:

a) de dois juízes dentre os desembargadores do Tribunal de Justiça;

b) de dois juízes, dentre juízes de direito, escolhidos pelo Tribunal de Justiça;

II – de um juiz do Tribunal Regional Federal com sede na Capital do Estado ou no Distrito Federal, ou, não havendo, de juiz federal, escolhido, em qualquer caso, pelo Tribunal Regional Federal respectivo;

III – por nomeação, pelo Presidente da República, de dois juízes dentre seis advogados de notável saber jurídico e idoneidade moral, indicados pelo Tribunal de Justiça".

b) CORRETA. Conforme artigos 119, incisos I e II, da Constituição Federal e artigo 16 do Código Eleitoral.

"Art. 119, da Constituição Federal – O Tribunal Superior Eleitoral compor-se-á, no mínimo, de sete membros, escolhidos:

I – mediante eleição, pelo voto secreto:

a) três juízes dentre os Ministros do Supremo Tribunal Federal;

b) dois juízes dentre os Ministros do Superior Tribunal de Justiça;

II – por nomeação do Presidente da República, dois juízes dentre seis advogados de notável saber jurídico e idoneidade moral, indicados pelo Supremo Tribunal Federal".

OBS: Repetição do artigo 16, do Código Eleitoral.

c) CORRETA. De acordo com o artigo 118, incisos I a IV, da Constituição Federal e art. 12 do Código Eleitoral.

"Art. 118, da Constituição Federal: São órgãos da Justiça Eleitoral:

I – o Tribunal Superior Eleitoral;

II – os Tribunais Regionais Eleitorais;

III – os Juízes Eleitorais;

IV – as Juntas Eleitorais".

d) **INCORRETA. Não há previsão expressa na Constituição Federal em vigor sobre a organização do Ministério Público junto à Justiça Eleitoral.** O Promotor Eleitoral será o membro do Ministério Público local. Artigo 73, § 1º, Lei 8.625/93, Lei Orgânica Nacional do Ministério Público. Art. 73. Para exercer as funções junto à Justiça Eleitoral, por solicitação do Procurador-Geral da República, os membros do Ministério Público do Estado serão designados, se for o caso, pelo respectivo Procurador-Geral de Justiça.

Resposta: Letra D.

6. MINISTÉRIO PÚBLICO ELEITORAL. ORGANIZAÇÃO. ATRIBUIÇÕES

7. ALISTAMENTO ELEITORAL. REGRAS CONSTITUCIONAIS, LEGAIS E REGULAMENTARES

8. ELEGIBILIDADE. CONCEITO. CONDIÇÕES DE ELEGIBILIDADE. INELEGIBILIDADE. INCOMPATIBILIDADE. REGRAS CONSTITUCIONAIS, LEGAIS E REGULAMENTARES

9. SISTEMAS ELEITORAIS. CLASSIFICAÇÕES. MODELO BRASILEIRO. OUTROS MODELOS

TJMG – 2012 – *Questão nº 69 – Sistemas Eleitorais/Quociente Eleitoral/ Legislação.*

Na apuração de vereadores eleitos, é correto afirmar que, pela aplicação do sistema proporcional, o quociente partidário é obtido dividindo-se pelo

a) quociente eleitoral o número de votos válidos dados sob a mesma legenda ou coligação de legendas, desprezada a fração.

b) quociente eleitoral, somado com o número de bairros que compõem o município respectivo, o número de votos válidos dados sob a mesma legenda ou coligação de legendas, desprezada a fração.

c) quociente eleitoral, somado com o número de distritos que compõem o município respectivo, o número de votos válidos dados sob a mesma legenda ou coligação de legendas, desprezada a fração.

d) quociente eleitoral, somado com o número de bairros e distritos, que compõem o município respectivo, o número de votos válidos dados sob a mesma legenda ou coligação de legendas, desprezada a fração.

> **Comentários**
>
> Os itens B, C e D estão INCORRETOS. A assertiva A está CORRETA, nos termos dos artigos 106 e 107, do Código Eleitoral:
>
> "Art. 106. Determina-se o quociente eleitoral dividindo-se o número de votos válidos apurados pelo de lugares a preencher em cada circunscrição eleitoral, desprezada a fração se igual ou inferior a meio, equivalente a um, se superior".
>
> "Art. 107 – Determina-se para cada Partido ou coligação o quociente partidário, dividindo-se pelo quociente eleitoral o número de votos válidos dados sob a mesma legenda ou coligação de legendas, desprezada a fração".
>
> *Resposta: Letra A.*

TJMG – 2014 – *Questão nº 65 – Direito Eleitoral/Sistema Eleitoral/Sistema Majoritário/Sistema Proporcional/Legislação/Doutrina.*

O sistema eleitoral é o conjunto de técnicas e procedimentos que se empregam na realização das eleições, destinados a organizar a representação do povo no território nacional, sendo que, no Brasil, se adota o sistema majoritário e o proporcional.

Considerando o sistema eleitoral brasileiro, assinale a alternativa INCORRETA.

a) O sistema majoritário é aquele em que são eleitos os candidatos que tiverem o maior número de votos para o cargo disputado.

b) No sistema majoritário deve-se observar, para os cargos de presidente, governador e prefeitos de municípios com mais de duzentos mil eleitores, que é necessária a obtenção da maioria absoluta de votos, não computados os em branco e os nulos, no 1º turno, sob pena de se realizar o 2º turno com os dois candidatos mais votados.

c) O sistema proporcional é utilizado para os cargos de várias vagas, como os de senadores.

d) O sistema proporcional objetiva distribuir proporcionalmente as vagas entre os partidos políticos que participam da disputa e, com isso, viabilizar a representação de todos os setores da sociedade no parlamento.

Comentários

No Brasil, o sistema majoritário foi adotado nas eleições para a chefia do Poder Executivo (Presidente da República, Governador, Prefeito e respectivos vices) e Senador (e suplentes), conforme se vê nos artigos 28, caput, 29, II, 32, § 2º, 46 e 77, § 2º, todos da Constituição Federal. Já o sistema proporcional é adotado nas eleições para Casas Legislativas, a saber: Câmara de Deputados, Assembleias Legislativas e Câmaras de Vereadores, conforme dispõem os artigos 27, § 1º, 29, IV, 32, § 3º, e 45, todos da Constituição Federal. (Gomes, 2016, p. 144)

a) CORRETA. O sistema majoritário funda-se no princípio da representação "da maioria" em cada circunscrição. Por ele, cada circunscrição eleitoral (União, Estado, Distrito Federal e Município) equivale a um distrito. O candidato que receber a maioria – absoluta ou relativa – dos votos válidos do distrito (ou circunscrição) é considerado vencedor do certame. (Gomes, 2016, p. 144)

b) CORRETA. No chamado sistema majoritário de dois turnos, o candidato só é considerado eleito no primeiro turno se obtiver a maioria absoluta de votos, não computados os em branco e os nulos. Caso contrário, faz-se nova eleição. Esta deve ser realizada no último domingo de outubro, somente podendo concorrer os dois candidatos mais votados. Considera-se eleito o que obtiver a maioria dos votos válidos (CF, art. 77, § 3º). Tal se dá nas eleições para Presidente da República, Governador, Prefeito e seus respectivos vices em municípios com mais de 200.000 eleitores. (Gomes, 2016, p.144)

c) INCORRETA. De acordo com o artigo 46, da Constituição Federal, a eleição para senadores é pelo sistema majoritário. "Art. 46. O **Senado Federal** compõe-se de representantes dos Estados e do Distrito Federal, **eleitos segundo o princípio majoritário**".

d) **CORRETA.** O sistema proporcional foi concebido para refletir os diversos pensamentos e tendências existentes no meio social. Visa distribuir entre as múltiplas entidades políticas as vagas existentes nas Casas Legislativas, tornando equânime a disputa pelo poder e, principalmente, ensejando a representação de grupos minoritários. (Gomes, 2016, p. 144)

Resposta: Letra C.

10. PROCESSO ELEITORAL. CONVENÇÕES PARTIDÁRIAS. REGISTRO DE CANDIDATOS

TJMG – 2012 – *Questão nº 68 – Direito Eleitoral/Processo Eleitoral/Registro de Candidatura/Quitação Eleitoral/Legislação/Súmula TSE.*

É correto afirmar que a prestação de contas de campanha integra o conceito de "quitação eleitoral", para fins de registro de candidatura, nas seguintes condições, à luz da mais recente jurisprudência do Tribunal Superior Eleitoral (p. ex., Agravo Regimental em Recurso Especial Eleitoral nº 339.082):

a) não basta que o candidato tenha apresentado a prestação de contas de campanha eleitoral anterior, sendo exigida a sua aprovação pela Justiça Eleitoral.

b) nem mesmo a aprovação das contas pela Justiça Eleitoral, com ressalvas, permite a obtenção do registro da candidatura.

c) basta que o candidato tenha apresentado a prestação de contas de campanha eleitoral anterior, independentemente de sua aprovação pela Justiça Eleitoral.

d) não basta que o candidato tenha apresentado a prestação de contas de campanha eleitoral anterior, sendo exigida a sua aprovação pela Justiça Eleitoral, mas o indeferimento fica condicionado à impugnação ao pedido do registro, a ser formulada por quem de direito.

> **Comentários**
>
> A Certidão de Quitação Eleitoral destina-se a atestar, conforme disciplinado pelo § 7º do art. 11 da Lei nº 9.504, de 1997, a existência/inexistência de registro no histórico da inscrição (título) do interessado no cadastro eleitoral de restrição no que se refere à plenitude do gozo dos direitos políticos, ao regular exercício do voto, ao atendimento a convocações da Justiça Eleitoral para auxiliar os trabalhos relativos ao pleito, à inexistência de multas aplicadas, em caráter definitivo, pela Justiça Eleitoral e não remitidas, e à apresentação de contas de campanha eleitoral.
>
> A propósito a jurisprudência mais recente do TSE – Ac. de 16.10.2012, no AgR-REspe nº 23211; Ac.-TSE, de 30.8.2012, no AgR-REspe 11197 e Ac.-TSE, de 28.9.2010, no REspe 442363: **a apresentação das contas de campanha é suficiente para a obtenção de quitação eleitoral, sendo desnecessária sua aprovação.**

DIREITO ELEITORAL

> Súmula-TSE n° 57: "A apresentação das contas de campanha é suficiente para a obtenção da quitação eleitoral, nos termos da nova redação conferida ao art. 11, § 7°, da Lei n° 9.504/97, pela Lei n° 12.034/2009".
>
> Os itens A, B e D estão INCORRETOS, pois, basta a apresentação das contas de campanha para a obtenção de quitação eleitoral, sendo desnecessária a sua aprovação. Logo, a alternativa C está CORRETA – Art. 11 § 7° **A certidão de quitação eleitoral** abrangerá exclusivamente a plenitude do gozo dos direitos políticos, o regular exercício do voto, o atendimento a convocações da Justiça Eleitoral para auxiliar os trabalhos relativos ao pleito, a inexistência de multas aplicadas, em caráter definitivo, pela Justiça Eleitoral e não remitidas, **e a apresentação de contas de campanha eleitoral.** (Incluído pela Lei n° 12.034, de 2009)
>
> *Resposta: Letra C.*

11. CAMPANHA ELEITORAL. CONCEITO. FINANCIAMENTO. ABUSO DE PODER POLÍTICO E ECONÔMICO: CARACTERIZAÇÃO E EFEITOS

TJMG – 2012 – *Questão n° 67 – Direito Eleitoral/Campanha Eleitoral/Legislação.*

É correto afirmar que o candidato com pedido de registro **sub judice:**

a) poderá prosseguir a campanha eleitoral.

b) poderá prosseguir a campanha eleitoral, exceto a participação na propaganda pelo rádio e TV (horário gratuito), conforme recente interpretação jurisprudencial do Tribunal Superior Eleitoral.

c) poderá prosseguir a campanha eleitoral, exceto a divulgação da propaganda pela internet, conforme recente interpretação jurisprudencial do Tribunal Superior Eleitoral.

d) não poderá prosseguir a campanha eleitoral.

> *Comentários*
>
> Os itens B, C e D estão INCORRETOS, pois o candidato *sub judice* poderá efetuar todos os atos relativos à campanha eleitoral. Portanto, a assertiva da alternativa A está CORRETA, é que podemos extrair do artigo 16-A, da Lei n° 9.504/97.

> "Art. 16-A. O **candidato cujo registro esteja sub judice poderá efetuar todos os atos relativos à campanha eleitoral, inclusive utilizar o horário eleitoral gratuito no rádio e na televisão e ter seu nome mantido na urna eletrônica enquanto estiver sob essa condição, ficando a validade dos votos a ele atribuídos condicionada ao deferimento de seu registro por instância superior.** (Incluído pela Lei nº 12.034, de 2009)
>
> Parágrafo único. O cômputo, para o respectivo partido ou coligação, dos votos atribuídos ao candidato cujo registro esteja sub judice no dia da eleição fica condicionado ao deferimento do registro do candidato. (Incluído pela Lei nº 12.034, de 2009)."
>
> Obs: É importante destacar que quanto ao **candidato que aguarda a apreciação de seu pedido de registro de candidatura pela Justiça Eleitoral,** aplica-se o artigo **16-B**, da Lei 9.504/97, "Art. 16-B. O disposto no art. 16-A quanto ao direito de participar da campanha eleitoral, inclusive utilizar o horário eleitoral gratuito, aplica-se igualmente ao candidato cujo pedido de registro tenha sido protocolado no prazo legal e ainda não tenha sido apreciado pela Justiça Eleitoral. (Incluído pela Lei nº 12.891, de 2014) ".
>
> *Resposta: Letra A.*

12. PROPAGANDA POLÍTICA E SUAS MODALIDADES. PROPAGANDA ELEITORAL. REGRAS LEGAIS E REGULAMENTARES

TJMG – 2012 – *Questão nº 64 – Direito Eleitoral/Propaganda Eleitoral/ Legislação.*

A propaganda eleitoral poderá ser iniciada a partir da(o) _ QUESTÃO ATUALIZADA

a) Após a escolha do candidato pela convenção partidária (artigo 240 do Código Eleitoral).

b) Após a escolha do candidato pela convenção partidária, desde que sejam modalidades de propaganda previstas pelo Código Eleitoral (artigo 240 do Código Eleitoral).

c) Após o dia 15 de julho do ano da eleição, desde que sejam modalidades de propaganda previstas pela Lei das Eleições (artigo 36, *caput*, da Lei nº 9.504/97).

d) Após o dia 15 de agosto do ano da eleição (artigo 36, *caput*, da Lei nº 9.504/97 – Lei das Eleições).

DIREITO ELEITORAL

Comentários

A minirreforma Eleitoral promovida pela Lei nº 13.165/2015 alterou a data de início da propaganda eleitoral.

"Art. 240, do Código Eleitoral – A propaganda de candidatos a cargos eletivos somente é permitida após o dia 15 de agosto do ano da eleição. (Redação dada pela Lei nº 13.165, de 2015) "

"Art. 36, da Lei nº 9.504/97 A propaganda eleitoral somente é permitida após o dia 15 de agosto do ano da eleição".

Os itens A, B e C estão incorretos, tendo em vista que é permitida a propaganda eleitoral após o dia 15 de agosto do ano da eleição.

Resposta: Letra D.

TJMG – 2012 – *Questão nº 65 – Propaganda Eleitoral/Legislação.*

É correto afirmar que a propaganda eleitoral pela internet:

a) será sempre gratuita, se feita por meio de *sites* dos candidatos e partidos políticos.

b) será admitida somente se for propaganda paga e se feita por meio de *sites* de pessoas jurídicas de direito privado, *blogs* e congêneres.

c) poderá ser feita de forma gratuita, desde que assegurada igualdade de tratamento a candidatos, partidos e coligações, em *sites* oficiais e da Administração Pública indireta, em todos os níveis federativos.

d) será sempre gratuita.

Comentários

A Lei nº 9.504/97 regulamentou a propaganda na Internet.

"Art. 57-C. **É vedada** a veiculação de qualquer tipo de **propaganda eleitoral paga na internet**, excetuado o impulsionamento de conteúdos, desde que identificado de forma inequívoca como tal e contratado exclusivamente por partidos, coligações e candidatos e seus representantes. (Redação dada pela Lei nº 13.488, de 2017)

§ 1º **É vedada, ainda que gratuitamente, a veiculação de propaganda eleitoral na internet, em sítios**: (Incluído pela Lei nº 12.034, de 2009)

I – de pessoas jurídicas, com ou sem fins lucrativos; (Incluído pela Lei nº 12.034, de 2009)

II – oficiais ou hospedados por órgãos ou entidades da administração pública direta ou indireta da União, dos Estados, do Distrito Federal e dos Municípios. (Incluído pela Lei nº 12.034, de 2009)

Os itens A, B e C estão INCORRETOS – **É vedada** a veiculação de qualquer tipo de **propaganda eleitoral paga na internet.**

Resposta: Alternativa D.

TJMG – 2014 – *Questão nº 67 – Direito Eleitoral/Propaganda Eleitoral/ Propaganda Política/Legislação/Doutrina.*

Sobre a propaganda política e suas modalidades, assinale a alternativa INCORRETA.

a) Não se permite nos programas partidários a divulgação de propaganda de candidatos a cargos eletivos, defesa de interesses pessoais e defesa de interesse de outros partidos.

b) De acordo com o Artigo 44 da Lei das Eleições, "a propaganda no rádio e na televisão restringe-se ao horário eleitoral gratuito".

c) No campo legal, pode-se constatar que há quatro espécies de propaganda: propaganda permitida em lei, propaganda vedada na lei, propaganda não prevista em lei e propaganda exigida pela lei.

d) A divulgação fraudulenta de pesquisa não é crime eleitoral, caracterizando, apenas, infração administrativa.

Comentários

a) CORRETA – Nos termos do artigo 45, § 1º, da Lei nº 9.096/95, alterada pela Lei nº 13.487/2017. Art. 45. A propaganda partidária gratuita, gravada ou ao vivo, efetuada mediante transmissão por rádio e televisão será realizada entre as dezenove horas e trinta minutos e as vinte e duas horas para, com exclusividade: (Vide Lei nº 13.487, de 2017) (Vigência)

§ 1º Fica vedada, nos programas de que trata este Título:

I – a participação de pessoa filiada a partido que não o responsável pelo programa;

II - a divulgação de propaganda de candidatos a cargos eletivos e a defesa de interesses pessoais ou de outros partidos;

III - a utilização de imagens ou cenas incorretas ou incompletas, efeitos ou quaisquer outros recursos que distorçam ou falseiem os fatos ou a sua comunicação.

b) CORRETA - Art. 44, DA Lei nº 9.504/97: A propaganda eleitoral no rádio e na televisão restringe-se ao horário gratuito definido nesta Lei, vedada a veiculação de propaganda paga.

c) CORRETA - As Leis nº 9.504/97 e 9.096/95 exemplificam alguns tipos de propaganda. Nas quatro espécies de propaganda: i) a propaganda permitida em lei, ii) propaganda vedada na lei, iii) propaganda não prevista em lei e iv) propaganda exigida pela lei. De modo a facilitar a compreensão sobre cada espécie, seguem alguns exemplos:

i) Propaganda permitida em lei:

Artigo 36 - Da Propaganda Eleitoral em Geral - Art. 36. A propaganda eleitoral somente é permitida após o dia 15 de agosto do ano da eleição.

Artigo 43 - Da Propaganda Eleitoral na Imprensa - Art. 43. São permitidas, até a antevéspera das eleições, a divulgação paga, na imprensa escrita, e a reprodução na internet do jornal impresso, de até 10 (dez) anúncios de propaganda eleitoral, por veículo, em datas diversas, para cada candidato, no espaço máximo, por edição, de 1/8 (um oitavo) de página de jornal padrão e de 1/4 (um quarto) de página de revista ou tabloide. (Redação dada pela Lei nº 12.034, de 2009)

Artigo 44 - Da Propaganda Eleitoral no Rádio e na Televisão - Art. 44. A propaganda eleitoral no rádio e na televisão restringe-se ao horário gratuito definido nesta Lei, vedada a veiculação de propaganda paga. artigo 57-A, da Lei nº 9.504/97, alterada pela Lei nº 13.487/2017 - Propaganda na Internet.

ii) Propaganda vedada na lei

Artigo 243, do Código Eleitoral: Art. 243. Não será tolerada propaganda:

I - de guerra, de processos violentos para subverter o regime, a ordem política e social ou de preconceitos de raça ou de classes;

II - que provoque animosidade entre as forças armadas ou contra elas, ou delas contra as classes e instituições civis;

III - de incitamento de atentado contra pessoa ou bens;

IV – de instigação à desobediência coletiva ao cumprimento da lei de ordem pública;

V – que implique em oferecimento, promessa ou solicitação de dinheiro, dádiva, rifa, sorteio ou vantagem de qualquer natureza;

VI – que perturbe o sossego público, com algazarra ou abusos de instrumentos sonoros ou sinais acústicos;

VII – por meio de impressos ou de objeto que pessoa inexperiente ou rústica possa confundir com moeda;

VIII – que prejudique a higiene e a estética urbana ou contravenha a posturas municipais ou a outra qualquer restrição de direito;

IX – que caluniar, difamar ou injuriar quaisquer pessoas, bem como órgãos ou entidades que exerçam autoridade pública.

Art. 36, § 2°, da Lei n° 9.504/97 – § 2° Não será permitido qualquer tipo de propaganda política paga no rádio e na televisão.

Artigo 39, § 8°, da Lei n° 9.504/97. "§ 8° É vedada a propaganda eleitoral mediante outdoors, inclusive eletrônicos, sujeitando-se a empresa responsável, os partidos, as coligações e os candidatos à imediata retirada da propaganda irregular e ao pagamento de multa no valor de R$ 5.000,00 (cinco mil reais) a R$ 15.000,00 (quinze mil reais). (Redação dada pela Lei n° 12.891, de 2014)".

Art. 57-C. É vedada a veiculação de qualquer tipo de propaganda eleitoral paga na internet, excetuado o impulsionamento de conteúdos, desde que identificado de forma inequívoca como tal e contratado exclusivamente por partidos, coligações e candidatos e seus representantes. (Redação dada pela Lei n° 13.488, de 2017)

iii) Propaganda não prevista em lei – É aquela propaganda ou aquele tipo de propaganda que não mereceu a preocupação do legislador. Não existe um rol desse tipo de propaganda, pois qualquer tipo que não mereceu a atenção da lei pode fazer parte da lista. Logo, é uma lista aberta. Desta feita a propaganda ou forma de publicidade não prevista em lei é livre, ou seja, pode ser utilizada, e deve apenas obedecer às regras gerais da propaganda. Para ela, se aplicam os princípios da liberdade e da disponibilidade: a propaganda é livre e deve estar disponível para qualquer partido, coligação ou candidato. Exemplo: MANDADO DE SEGURANÇA – **DECISÃO QUE PROIBIU TOTALMENTE O USO DE PAREDÕES DE SOM EM MUNICÍPIO DURANTE PROPAGANDA ELEITORAL – EXISTÊNCIA DE PROIBIÇÃO NÃO PREVISTA NA LEI E RESOLUÇÃO DO TSE – OBSERVÂNCIA APENAS DOS LIMITES DE VOLUME IMPOSTOS PELA LEGISLAÇÃO** – CONCESSÃO PARCIAL

DA SEGURANÇA Não há que se falar em decisão ultra petita se proferida conforme os fatos expostos pelo autor, que integram a causa de pedir da demanda. **A Resolução nº 23.370 não proíbe a utilização de alto-falantes ou amplificadores de som em locais abertos, assim como em veículos de partidos ou coligações, impondo apenas a observância da legislação, inclusive dos limites do volume sonoro.** Concessão parcial da segurança. (TRE-RN – MS: 14830 RN, Relator: JAILSOM LEANDRO DE SOUSA, Data de Julgamento: 18/09/2012, Data de Publicação: DJE – Diário de justiça eletrônico, Data 24/09/2012, Página 07/08)

iv) **Propaganda exigida pela lei** – Propaganda Partidária – artigos 45 a 49, da Lei nº 9.096/95.

Artigo 46, da Lei nº 9.096/95 – Art. 46. As emissoras de rádio e de televisão ficam obrigadas a realizar, para os partidos políticos, na forma desta Lei, transmissões gratuitas em âmbito nacional e estadual, por iniciativa e sob a responsabilidade dos respectivos órgãos de direção. (Vide Lei nº 13.487, de 2017) (Vigência)

d) INCORRETA – A divulgação fraudulenta de pesquisa é crime eleitoral, punível com pena de detenção e multa, conforme artigo 33, § 4º, da Lei nº 9.504/97, "A divulgação de pesquisa fraudulenta constitui crime, punível com detenção de seis meses a um ano e multa no valor de cinquenta mil a cem mil UFIR".

Resposta: Letra D.

13. ELEIÇÃO, APURAÇÃO E DIPLOMAÇÃO DOS ELEITOS

TJMG – 2014 *– Questão nº 69 – Direito Eleitoral/Eleição/Apuração/Legislação.*

Sobre a apuração das eleições, assinale a alternativa INCORRETA.

a) A apuração compete às Juntas Eleitorais, no tocante às eleições realizadas na zona sob sua jurisdição; aos Tribunais Regionais, a referente às eleições para governador, vice-governador, senador, deputado federal e estadual, de acordo com os resultados parciais enviados pelas Juntas Eleitorais; ao Tribunal Superior Eleitoral nas eleições para presidente e vice-presidente da República, pelos resultados parciais remetidos pelos Tribunais Regionais.

b) Podem e devem fiscalizar a apuração os partidos políticos e coligações, por meio de seus fiscais e delegados, devidamente credenciados, os candidatos, que são fiscais natos, e o Ministério Público, fiscal da lei eleitoral sempre.

c) À medida que os votos forem sendo apurados, poderão os fiscais e delegados de partido, assim como os candidatos, apresentar impugnações que serão decididas de plano pela Junta. Todavia, ainda que não tenha havido impugnação perante a Junta Eleitoral, no ato da apuração, contra as nulidades arguidas, poderão os interessados apresentar recursos.

d) A lei indica a competência para proceder à publicação dos resultados finais dos pleitos, a saber: nas eleições municipais, é da Junta Eleitoral; nas eleições gerais, do TRE, e, nas eleições presidenciais, do TSE.

> *Comentários*
>
> a) CORRETA. De acordo com a literalidade do artigo 158, do Código Eleitoral.
>
> "Art. 158 – A apuração compete: I – às Juntas Eleitorais quanto às eleições realizadas na zona sob sua jurisdição; II – aos Tribunais Regionais a referente às eleições para governador, vice-governador, senador, deputado federal e estadual, de acordo com os resultados parciais enviados pelas Junta Eleitorais; III – ao Tribunal Superior Eleitoral nas eleições para presidente e vice-presidente da República, pelos resultados parciais remetidos pelos Tribunais Regionais.
>
> b) CORRETA. A fiscalização é um direito garantido no Código Eleitoral: Art. 132. Pelas Mesas Receptoras serão admitidos a fiscalizar a votação, formular protestos e fazer impugnações, inclusive sobre a identidade do eleitor, os candidatos registrados, os Delegados e os Fiscais dos partidos.
>
> No mesmo sentido, a Lei dos Partidos dispõe: Art. 66. Os partidos e coligações poderão fiscalizar todas as fases do processo de votação e apuração das eleições e o processamento eletrônico da totalização dos resultados. O Ministério Público Eleitoral trabalha junto à Justiça Eleitoral para garantir a soberania popular por meio do voto. Para isso, fiscaliza o processo eleitoral – alistamentos de eleitores, registro de candidatos, campanha eleitoral, exercício do sufrágio popular, apuração dos votos, proclamação dos vencedores, diplomação dos eleitos.
>
> c) INCORRETA. Conforme o art. 169, do Código Eleitoral – À medida que os votos forem sendo apurados, poderão os fiscais e delegados de partido, assim como os candidatos, apresentar impugnações que serão decididas de plano pela Junta.

DIREITO ELEITORAL

> No entanto, de acordo com o artigo 171, do Código Eleitoral. "Art. 171 – Não será admitido recurso contra a apuração, se não tiver havido impugnação perante a Junta, no ato apuração, contra as nulidades arguidas.
>
> d) CORRETA – Nas eleições presidenciais, compete ao Tribunal Superior Eleitoral proclamar os resultados. Nas federais e estaduais, a proclamação é feita pelo Tribunal Regional Eleitoral. Nas municipais, a atribuição é do juiz que presidir a Junta Eleitoral.
>
> *Resposta: Letra C.*

14. AÇÕES JUDICIAIS ELEITORAIS. CRIMES ELEITORAIS. TIPOS PENAIS E SANÇÕES. PROCESSO POR CRIMES ELEITORAIS. JURISPRUDÊNCIA DOS TRIBUNAIS ELEITORAIS

TJMG – 2012 – *Questão nº 70 – Direito Eleitoral/Ações Eleitorais/Recurso Contra a Expedição de Diploma/RCED/Doutrina.*

Com relação ao recurso contra a expedição de diploma, previsto pelo artigo 262 do Código Eleitoral, é correto afirmar, à luz de doutrina predominante e jurisprudência do Tribunal Superior Eleitoral (notadamente o Mandado de Segurança nº 3.100/MA, DJ 07.02.2003), que tem natureza de:

a) recurso, quando interposto perante os Tribunais Regionais Eleitorais ou o Tribunal Superior Eleitoral, nas eleições submetidas às respectivas competências, porque, nesses casos, haverá efetivo duplo grau de jurisdição. Nas eleições municipais, tem natureza de ação constitutiva negativa do ato de diplomação, não caracterizado o duplo grau de jurisdição.

b) recurso, quando interposto perante os Tribunais Regionais Eleitorais ou o Tribunal Superior Eleitoral, nas eleições submetidas às respectivas competências, porque, nesses casos, adota-se critério "orgânico", segundo o qual basta haver a denominação "tribunal" para o ato possuir natureza recursal. Nas eleições municipais, tem natureza de ação constitutiva negativa do ato de diplomação, porque não se aplica o referido critério "orgânico".

c) recurso em todas as hipóteses, haja vista a intenção do legislador em atribuir tal natureza independentemente do órgão da Justiça Eleitoral perante o qual é interposto.

d) ação constitutiva negativa do ato de diplomação, levando-se em conta a natureza administrativa do ato da diplomação.

Comentários

A presente questão exige do candidato o conhecimento sobre a natureza jurídica do Recurso contra expedição de diploma. A doutrina encampada por Gomes, (2016, p. 712) explica que: "O recurso (ação) deve ser interposto no prazo decadencial de três dias, contados da data da 'sessão da diplomação' dos eleitos (CE, arts. 258 e 276, § 1°, in fine), perante o órgão da Justiça Eleitoral incumbido desse ato. Nota-se que o prazo é contado da sessão de diplomação, sendo irrelevante a data real da expedição do diploma.

A discussão acerca da natureza jurídica reflete na linguagem empregada no RCED, que por vezes é imprecisa e vacilante. Assim, por exemplo, o sujeito ativo da relação processual ora é denominado "recorrente", ora "autor", ora se fala em "interposição" do RCED, ora em "ajuizamento", ora se fala em "provimento do recurso", ora em "procedência do pedido".

Apesar de, originariamente, ter sido concebido como recurso no Código Eleitoral, o instituto "Recurso Contra Expedição de Diploma" evidentemente não possui natureza recursal, cuidando-se, antes, de ação.

Aspectos processuais do RCED que o tornam, uma ação eleitoral: a) recursos se prestam a impugnar decisões judiciais, mas o RCED questiona um diploma (ato administrativo); b) nos recursos não é possível a produção de provas, entretanto no RCED há essa possibilidade; e c) no RCED deve-se obediência aos princípios do contraditório e da ampla defesa.

Nesse contexto, diante dos aspectos processuais supracitados e do posicionamento majoritário da doutrina, é seguro afirmar que o RCED, apesar de carregar o nome "RECURSO", tem natureza jurídica de ação.

No mesmo sentido, bem observou o Ministro Sepúlveda Pertence por ocasião do julgamento do Mandado de Segurança n° 3.100/MA (DJ 7-2-2003, p. 139): '1. **De logo, tanto a proclamação dos resultados da eleição, quanto a diplomação dos eleitos são atos de administração eleitoral, e não de jurisdição. 2. Por isso mesmo, tenho observado que o chamado 'recurso contra expedição de diplomação' (C. Eleit., art. 262), antes de ser um recurso, é, na verdade, uma ação constitutiva negativa do ato administrativo da diplomação'. "Fixadas as questões acima e esclarecido que a diplomação não é decisão jurisdicional, mas ato administrativo, tem-se que a natureza jurídica do RCED é de verdadeira ação.**

Desse modo, a assertiva D está CORRETA.

Resposta: Letra D.

DIREITO ELEITORAL

TJMG – 2014 – *Questão nº 66 – Ações Eleitorais/Captação Ilícita de Sufrágio/ Lei Ficha Limpa/Jurisprudência.*

A crescente conscientização da sociedade em ser obedecido o princípio da moralidade nas relações jurídicas de qualquer natureza, notadamente em face da compra de votos para a eleição aos cargos do Executivo e do Legislativo, fez nascer, por meio de um projeto de iniciativa popular, apoiado no Artigo 61, § 2º, da Constituição Federal, com mais de 1 milhão de assinaturas, o Artigo 41-A da Lei Federal nº 9.504, de 30.09.1997.

Em face desse dispositivo legal, analise as afirmativas seguintes.

I. À luz da jurisprudência dominante do Tribunal Superior Eleitoral, pode-se afirmar que, para a caracterização da infração ao Artigo 41-A da Lei nº 9.504/97, é desnecessário que o ato de compra de votos tenha sido praticado diretamente pelo candidato, mostrando-se suficiente que, evidenciado o benefício, haja participado de qualquer forma ou com ele consentido.

II. A captação ilícita de sufrágio é apurada por meio de representação processada de acordo com o Artigo 22, incisos I a XIII, da Lei Complementar nº 64/90, que não se confunde com a ação de investigação judicial eleitoral, nem com a ação de impugnação de mandato eletivo, pois não implica a declaração de inelegibilidade, mas apenas a cassação do registro ou do diploma.

III. O Artigo 41-A revogou o Artigo 299 do Código Eleitoral. Logo, alguns fatos tais como dar, oferecer, prometer ou entregar ao eleitor com o fim de obter o voto não podem mais tipificar o crime eleitoral do Artigo 299, em face da infração eleitoral do Artigo 41-A da Lei das Eleições.

IV. Na hipótese de abuso do poder econômico, o requisito da potencialidade deve ser apreciado em função da seriedade e da gravidade da conduta imputada, à vista das particularidades do caso, não devendo tal análise basear-se em eventual número de votos decorrentes do abuso, ou mesmo em diferença de votação, embora essa avaliação possa merecer criterioso exame em cada situação concreta.

A partir da análise, conclui-se que estão CORRETAS.

a) I, III e IV apenas.
b) I, II e III apenas.
c) I, II e IV apenas.
d) II, III e IV apenas.

Comentários.

ITEM I – CORRETO. "[...]. A atual jurisprudência do Tribunal não exige a prova da participação direta, ou mesmo indireta, do candidato, para fins de aplicação do art. 41-A da Lei das Eleições, bastando o consentimento, a anuência, o conhecimento ou mesmo a ciência dos fatos que resultaram na prática do ilícito eleitoral, elementos esses que devem ser aferidos diante do respectivo contexto fático. No caso, a anuência, ou ciência, da candidata a toda a significativa operação de compra de votos é fruto do envolvimento de pessoas com quem tinha forte ligação familiar, econômica e política. [...]" (Ac. de 24.8.2010 no RCED nº 755, rel. Min. Arnaldo Versiani).

Item II – CORRETO. ADI 3592. Ação direta de inconstitucionalidade. Art. 41-A da Lei nº 9.504/97. Captação de sufrágio. 3. A captação ilícita de sufrágio é apurada por meio de representação processada de acordo com o art. 22, incisos I a XIII, da Lei Complementar nº 64/90, que não se confunde com a ação de investigação judicial eleitoral, nem com a ação de impugnação de mandato eletivo, pois não implica a declaração de inelegibilidade, mas apenas a cassação do registro ou do diploma. (...) 5. Ação direta de inconstitucionalidade julgada improcedente.

Item III – INCORRETO. Ac.-TSE nº 81/2005: este artigo não alterou a disciplina do art. 299 do Código Eleitoral e não implicou abolição do crime de corrupção eleitoral nele tipificado.

Item IV – CORRETO. Conforme jurisprudência do TSE "Recurso contra expedição de diploma. Captação ilícita de sufrágio. Abuso do poder econômico. Cassação de diploma. Candidata ao cargo de deputado federal. [...] 3. Na hipótese de abuso do poder econômico, o requisito da potencialidade deve ser apreciado em função da seriedade e da gravidade da conduta imputada, à vista das particularidades do caso, não devendo tal análise basear-se em eventual número de votos decorrentes do abuso, ou mesmo em diferença de votação, embora essa avaliação possa merecer criterioso exame em cada situação concreta. Recurso a que se dá provimento para cassar o diploma da recorrida."(Ac. de 24.8.2010 no RCED nº 755, rel. Min. Arnaldo Versiani.)

Resposta: Letra C

TJMG – 2014 – *Questão nº 68 – Direito Eleitoral. Ações Eleitorais/Ação de Impugnação de Mandado Eletivo/AIME/Ação de Impugnação de Registro De Candidatura/AIRC/Legislação/Jurisprudência.*

Analise as afirmativas seguintes.

I. São fontes formais que moldam o perfil da ação de impugnação de mandato eletivo: a Constituição da República, no Artigo 14, §§ 10 e 11; as leis específicas, as Resoluções do TSE e a jurisprudência.

DIREITO ELEITORAL

II. Uma das hipóteses de cabimento da ação de impugnação de mandato eletivo é a de abuso de poder econômico.

III. No caso da ação de impugnação de mandato eletivo, em razão da matéria tratada na demanda, a competência é da justiça comum.

IV. O procedimento adotado para a ação de impugnação de mandado eletivo é o previsto na Lei Complementar 64/90, em seus Arts. 3º e seguintes.

A partir da análise, conclui-se que estão CORRETAS.

a) I e III apenas.
b) II e III apenas.
c) I, II e IV apenas.
d) III e IV apenas.

Comentários

ITEM I – CORRETO – Três são as fontes formais que moldam o perfil da ação de impugnação de mandato eletivo: a) a Constituição da República, no art. 14, §§ 10 e 11; b) leis específicas e as Resoluções do TSE; e, c) a jurisprudência.

Segundo os §§ 10 e 11, do art. 14, da Constituição Federal: § 10. O mandato eletivo poderá ser impugnado ante a Justiça Eleitoral no prazo de quinze dias contados da diplomação, instruída a ação com provas de abuso do poder econômico, corrupção ou fraude.

§ 11. A ação de impugnação de mandato tramitará em segredo de justiça, respondendo o autor, na forma da lei, se temerária ou de manifesta má-fé.

O embasamento para traçar o perfil deste meio processual na lei eleitoral, em especial no Código Eleitoral e na Lei Complementar nº 64/90, bem como nas resoluções do Tribunal Superior Eleitoral, já que estes detêm competência legislativa residual em matéria eleitoral.

A jurisprudência eleitoral, assim como acontece nos sistemas do *commom law*, gera prejulgados que devem ser respeitados numa mesma eleição. Nesse sentido é o artigo 263, do Código Eleitoral.

"Art. 263 – No julgamento de um mesmo pleito eleitoral, as decisões anteriores sobre questões de direito constituem prejulgados para os demais casos, salvo se contra a tese votarem dois terços dos membros do Tribunal".

ITEM II – CORRETO – Artigo 14, § 10, da Constituição Federal. "§ 10. O mandato eletivo poderá ser impugnado ante a Justiça Eleitoral no prazo de quinze dias contados da diplomação, **instruída a ação com provas de abuso do poder econômico**, corrupção ou fraude.

ITEM III – INCORRETO De acordo com a jurisprudência do TSE "[...] Ação de impugnação de mandato eletivo. **Atos que, em tese, foram realizados com o propósito de influenciar no pleito. Competência da Justiça Eleitoral.** [...]" NE: "[...] as imputações se referem a período coincidente com o do pleito municipal, estendendo-se desde antes, quando a conduta se projetava em decorrência do exercício do mandato, até o período coincidente e subsequente à campanha. [...] a hipótese é de influência direta no resultado da eleição [...] com isso, resta aberta a porta do art. 14, § 10 da Constituição Federal, que indica expressamente a jurisdição especial como teatro adequado à apuração dos propalados abusos'. **Portanto, uma vez que a conduta praticada pode ser considerada, em tese, abuso de poder econômico, ocorrida com o propósito de influenciar no resultado do pleito, não há como repelir a competência da Justiça Eleitoral** [...]". (Ac. no 3.729, de 8.4.2003, rel. Min. Fernando Neves.)

ITEM IV – CORRETO – Assentou-se na jurisprudência que o procedimento a ser observado é aquele previsto nos artigos 3º a 16 da LC no 64/90 para a Ação de Impugnação de Registro de Candidatura (AIRC), considerado "ordinário" na seara eleitoral. Por óbvio, o diploma processual civil será sempre invocável subsidiariamente. É este – reitere-se – o entendimento vitorioso e iterativo na hodierna jurisprudência eleitoral. (Gomes, 2016, p. 682).

Resposta: Letra C.

TJMG – 2014 – *Questão nº 70 – Direito Eleitoral/Crimes Eleitorais/Processo Penal Eleitoral/Legislação/Doutrina.*

Analise as afirmativas seguintes.

I. O Direito Eleitoral tem sua legislação criminal própria, deslocada do Direito Penal comum, constante do Código Eleitoral, na legislação penal eleitoral extravagante e nas leis eleitorais especiais.

II. No processo e julgamento dos crimes eleitorais e dos comuns que lhe forem conexos, assim como nos recursos e na execução que lhes digam respeito, aplicar-se-á, como lei subsidiária ou supletiva, o Código de Processo Penal.

III. É possível, para as infrações penais eleitorais cuja pena não seja superior a dois anos, a adoção da transação e da suspensão condicional do processo, salvo para os crimes que contam com um sistema punitivo especial, entre eles aqueles a cuja pena privativa de liberdade se cumula a cassação do registro se o responsável for candidato, a exemplo do tipificado no Artigo 334 do Código Eleitoral.

IV. É correto afirmar que, para os efeitos penais do Código Eleitoral, não se pode considerar como membros e funcionários da Justiça Eleitoral aqueles requisitados pela Justiça Eleitoral.

A partir da análise, conclui-se que estão CORRETAS.

a) I e IV apenas.
b) II, III e IV apenas.
c) I, II e III apenas.
d) III e IV apenas.

Comentários

ITEM I – CORRETO – o Direito Penal doa ao Eleitoral toda a teoria do crime, além dos institutos versados na Parte Geral do Código Penal, tais como lugar e tempo do delito, consumação e tentativa, pena e sua aplicação e dosimetria, concurso de pessoas, concurso de crimes, concurso de normas penais, sursis e extinção da pretensão punitiva estatal. Outrossim, no Direito Eleitoral Penal incidem todas as medidas de caráter despenalizador, tais como a transação penal e o *sursis* processual. (Gomes, 2016, p. 61).

ITEM II – CORRETO – Literalidade do artigo 364, do Código Eleitoral. "Art. 364. No processo e julgamento dos crimes eleitorais e dos comuns que lhes forem conexos, assim como nos recursos e na execução, que lhes digam respeito, aplicar-se-á, como lei subsidiária ou supletiva, o Código de Processo Penal".

ITEM III – CORRETO – No âmbito eleitoral, com fundamento na Resolução do TSE nº. 21.294/2002, no Acórdão do STJ CONFLITO DE COMPETÊNCIA Nº 37.595 – SC (2002/0164351-3), e no Acórdão do TSE RESPE_ Nº 25137 – RECURSO ESPECIAL ELEITORAL, podemos concluir que é possível a aplicabilidade da transação penal e da suspensão condicional do processo no processo penal eleitoral, salvo, em regra, para crimes que contam com sistema punitivo especial.

RESOLUÇÃO Nº 21.294 (7 DE NOVEMBRO DE 2002)

Processo Administrativo nº 18.956 – Classe 19ª – Distrito Federal (Brasília)

Relator: Ministro Sálvio de Figueiredo

Interessada: Corregedoria-Geral da Justiça Eleitoral

Infrações penais eleitorais. Procedimento especial. Exclusão da competência dos juizados especiais. Termo circunstanciado de ocorrência em substituição a auto de prisão – Possibilidade. Transação e suspensão condicional do processo – Viabilidade. Precedentes.

I – As infrações penais definidas no Código Eleitoral obedecem ao disposto nos seus arts. 355 e seguintes e o seu processo é especial, não podendo, via de consequência, ser da competência dos Juizados Especiais a sua apuração e julgamento.

II – O termo circunstanciado de ocorrência pode ser utilizado em substituição ao auto de prisão em flagrante, até porque a apuração de infrações de pequeno potencial ofensivo elimina a prisão em flagrante.

III – O entendimento dominante da doutrina brasileira é no sentido de que a categoria jurídica das infrações penais de pequeno potencial ofensivo, após o advento da Lei nº 10.259/2001, foi parcialmente alterada, passando a ser assim consideradas as infrações com pena máxima até dois anos ou punidas apenas com multa.

IV – É possível, para as infrações penais eleitorais cuja pena não seja superior a dois anos, a adoção da transação e da suspensão condicional do processo, salvo para os crimes que contam com um sistema punitivo especial, entre eles aqueles a cuja pena privativa de liberdade se cumula a cassação do registro se o responsável for candidato, a exemplo do tipificado no art. 334 do Código Eleitoral.

ITEM IV – INCORRETO – Literalidade do artigo 283, *caput* e inciso IV, do Código Eleitoral.

"Art. 283. Para os efeitos penais **são considerados membros e funcionários da Justiça Eleitoral:**

I – os magistrados que, mesmo não exercendo funções eleitorais, estejam presidindo Juntas Apuradoras ou se encontrem no exercício de outra função por designação de Tribunal Eleitoral;

II – Os cidadãos que temporariamente integram órgãos da Justiça Eleitoral;

III - Os cidadãos que hajam sido nomeados para as mesas receptoras ou Juntas Apuradoras;

IV - Os funcionários requisitados pela Justiça Eleitoral".

Resposta: Alternativa D

DIREITO EMPRESARIAL

Luana Pessoa de Souza

Visão geral sobre Direito Empresarial

Foram comentadas as últimas cinco provas aplicadas dos Concursos para ingresso na Carreira da Magistratura do Estado de Minas Gerais.

Os assuntos mais cobrados foram Títulos de Crédito e a Lei n. 11.101/2005.

Também é imprescindível dar atenção ao conteúdo relativo aos tipos societários, sobretudo, quanto às Sociedades Limitadas e Sociedades Anônimas.

Embora a cobrança de sobreditos temas tenha sido maior, verifique no quadro a seguir outros temas recorrentes.

Sem dúvida, a principal cobrança é do conteúdo da lei. Mas, no mesmo quadro, consignamos a cobrança de aspectos doutrinários e jurisprudenciais.

Bons estudos!

TÓPICOS DO EDITAL	Legislação	Doutrina	Jurisprudência
1. Fontes do Direito Empresarial.			
2. Hermenêutica no Direito Empresarial.		2-2009	
3. As sociedades empresárias.	1-2007 2-2009	1-2007 1-2009	
4. Personalização.			
5. Classificação.			
6. Desconsideração da personalidade jurídica.	1-2014		
7. Do empresário.	1-2009 1-2012	1-2009 1-2012	

TÓPICOS DO EDITAL	Legislação	Doutrina	Jurisprudência
8. Da sociedade empresária.	1-2007 1-2014	1-2007	
9. Da sociedade não personificada.	2-2008	1-2008	
10. Da sociedade personificada.			
11. Da sociedade simples	1-2008		
12. Da sociedade em nome coletivo.			
13. Da sociedade em comandita simples.			
14. Da sociedade limitada.	1-2009 1-2012 1-2014		
15. Da sociedade anônima.	2-2007 1-2012 1-2014		
16. Dos contratos empresariais.	1-2014		1-2014
17. Contratos bancários.	1-2008		1-2008 1-2009
18. Depósito.			
19. Mútuo.			
20. Arrendamento mercantil.	1-2012		1-2012
21. Factoring			
22. Franquias			
23. Cartão de crédito			
24. Contratos eletrônicos			

DIREITO EMPRESARIAL

TÓPICOS DO EDITAL	Legislação	Doutrina	Jurisprudência
25. Legislação extravagante	1-2007 2-2008		
26. O empresário e a relação de consumo.			
27. Tutela contratual dos consumidores.	1-2012		1-2012
28. A intervenção judicial.			
29. Jurisprudência dos tribunais superiores.	1-2014		1-2007 1-2014
30. Da falência e da recuperação judicial. Lei nº 11.101, de 9 de fevereiro de 2005.	3-2007 2-2008 4-2009 2-2012 2-2014	1-2014	1-2014
31. Títulos de crédito. Teoria geral.	1-2007 2-2008 2-2009 2-2012	2-2008 2-2009 2-2012	2-2012
32. Os títulos de crédito no Código Civil e legislação pertinente.	3-2007 3-2008 2-2014	3-2007 1-2008 1-2014	1-2007 1-2008 1-2009 2-2014

*Alguns itens não apresentam questões.

1. FONTES DO DIREITO EMPRESARIAL
2. HERMENÊUTICA NO DIREITO EMPRESARIAL

TJMG – 2009 – *Questão n° 59 Direito Empresarial/Hermenêutica no Direito Empresarial/Princípios/Doutrina*

Marque a opção INCORRETA. As características principais do Direito Empresarial são as seguintes:

a) Informalismo.
b) Fragmentário.
c) Cosmopolita.
d) Sistema jurídico harmônico.

Comentários

a) CORRETA. O informalismo ou simplicidade refere-se à ausência de formalidade em grande parte das relações habituais no mercado, o que ocorre diante da necessária celeridade no trato dos negócios. Um exemplo desse informalismo é a circulação cambial. "Circulação cambial consiste na possibilidade de se transferir para terceiros o título de crédito e o direito dele emergente. Nos títulos ao portador essa transferência se dá por simples tradição (sem formalidade alguma) " (COSTA, 2008, p. 179).

b) CORRETA. Essa característica refere-se ao fato do Direito Empresarial ser regulado por diversas normas.

c) CORRETA. A característica do cosmopolitismo ou universalismo diz respeito ao fato de, sobretudo em razão da globalização, as relações comerciais não se restringirem aos limites de um único país. Em razão disso, há normas que são adotadas em mais de um país, como a Lei Uniforme de Genebra – lei uniforme em matéria de letras e cambio e notas promissórias.

d) INCORRETA. A harmonia é uma característica de todo o sistema jurídico, não se restringindo ao Direito Empresarial. É importante observar que o enunciado pede "as características principais do Direito Empresarial", portanto, essa característica que é de todo o ordenamento, deveria ser a opção marcada.

Resposta: letra d.

DIREITO EMPRESARIAL

***TJMG – 2009** – Questão nº 71 Direito Empresarial/Hermenêutica no Direito Empresarial/Doutrina*

Com a vigência do Novo Código Civil, à luz do artigo 966, é correto afirmar que o Direito brasileiro concluiu a transição para a

a) "teoria da empresa", de matriz francesa.
b) "teoria da empresa", de matriz italiana.
c) "teoria dos atos de comércio", de matriz francesa.
d) "teoria dos atos de comércio", de matriz italiana.

Comentários

a) **INCORRETA.** A teoria de matriz francesa é dos atos de comércio. "O Código Comercial Francês de 1807, considerado pela doutrina como pai de todos os Códigos comerciais modernos (...), assim instaurando o período dito objetivo do direito comercial, pela aspiração de imprimir à nossa disciplina uma conotação não mais concentrada na figura do comerciante, mas dos ATOS DE COMÉRCIO" (GONÇALVES NETO, 2014, p. 51).

b) CORRETA. A teoria da empresa, considerada pelos doutrinadores como a terceira fase do direito comercial moderno, adotada no livro Direito de Empresa do Código Civil brasileiro (art. 966 CC, teve por inspiração o Código Civil Italiano de 1942. "... a comissão de professores que elaborou o Projeto de Código Civil se deixou dominar(...) e evitou definir empresa. Adotou o mesmo critério do Código Italiano, conceituando empresário." (REQUIÃO, 2014, p.84).

"O conceito de empresa, quanto ao perfil subjetivo, emerge da definição de empresário que o Código (Civil Italiano) oferece no art. 2082, isto é, quem exercita profissionalmente uma atividade econômica organizada com o fim de produção ou troca de bens ou de serviços". (REQUIÃO, 2014, p.81).

c) INCORRETA. Vide comentários alternativas a e b.
d) INCORRETA. Vide comentários alternativas a e b.

Resposta: letra b.

3. AS SOCIEDADES EMPRESÁRIAS

TJMG – 2007 – *Questão n° 60 Direito Empresarial/Nome empresarial/ Legislação/Doutrina*

Assinale a alternativa que NÃO represente um nome empresarial de sociedade empresária válido segundo a legislação vigente:

a) Souza & Filhos.

b) Mathias, Leal e Cia. Ltda.

c) Construtora Genevaldo Pereira S.A.

d) Paulo Rogério Guimarães – Microempresa.

Comentários

"O nome empresarial é o termo usado para identificar o empresário individual e a sociedade empresária no exercício de atividade empresarial" (VIDO, 2012, p. 56). Nos termos do art. 1.155 CC: "considera-se nome empresarial a firma ou a denominação adotada, de conformidade com este Capítulo, para o exercício de empresa". A questão pede que seja marcado um nome empresarial que não represente sociedade empresária.

a) Correta, pois esse nome empresarial representa uma sociedade empresária. A assertiva apresenta um nome empresarial da espécie "firma social, também chamada de razão social é o nome composto pelo nome de todos ou de alguns sócios" (VIDO, 2012, p. 59).

b) CORRETA. O nome empresarial contido na assertiva representa uma sociedade empresária. A assertiva apresenta um nome empresarial da espécie firma social, nesse caso, o nome será composto pelos "patronímicos dos sócios, podendo indicar o ramo de atividade e eventualmente o tipo societário" (VIDO, 2012, p. 59). Também fundamentam a presente questão o art. 1.158 CC: "pode a sociedade limitada adotar firma ou denominação, integradas pela palavra final "limitada" ou a sua abreviatura. § 1° A firma será composta com o nome de um ou mais sócios, desde que pessoas físicas, de modo indicativo da relação social".

c) CORRETA. Trata-se de um nome empresarial da espécie denominação. Nesse sentido, art. 1.160 CC: "A sociedade anônima opera sob denominação designativa do objeto social, integrada pelas expressões "sociedade anônima" ou "companhia", por extenso ou abreviadamente. Parágrafo único. Pode constar da denominação o nome do fundador, acionista, ou pessoa que haja concorrido para o bom êxito da formação da empresa".

d) INCORRETA. A assertiva traz uma firma individual que designa um empresário individual e não sociedade empresária. Art. 1.155, CC.

Resposta: letra d.

TJMG – 2009 – *Questão nº 69 Direito Empresarial/Nome Empresarial/ Legislação*

É CORRETA a afirmação de que o empresário opera sob a firma:

a) Constituída por seu nome, completo ou abreviado, aditando-lhe, se quiser, designação mais precisa da sua pessoa ou do gênero de atividade.

b) Constituída por seu nome completo, aditando-lhe, se quiser, designação mais precisa da sua pessoa ou do gênero de atividade.

c) Constituída por seu nome, aditando-lhe, se quiser, designação mais precisa da sua pessoa ou do gênero de atividade.

d) Do seu antecessor, seguida por seu nome, aditando-lhe, se quiser, designação mais precisa da sua pessoa ou do gênero de atividade.

Comentários

a) CORRETA. Trata-se do teor do art. 1.156 do CC: "o empresário opera sob firma constituída por seu nome, completo ou abreviado, aditando-lhe, se quiser, designação mais precisa da sua pessoa ou do gênero de atividade".

b) Incorreta, pois suprimiu da assertiva a possibilidade de uso do nome abreviado.

c) Incorreta, pois deixou de explicitar que o nome pode ser utilizado de forma completa ou abreviada.

d) Incorreta, pois é contrária ao teor do art. 1.156 CC. Não há que se falar em nome de antecessor.

Resposta: letra a.

TJMG – 2009 – *Questão nº 67 Direito Empresarial/Estabelecimento/Legislação/ Doutrina*

Considera-se estabelecimento empresarial:

a) Todo complexo de bens organizado, usado pelo empresário, ou sociedade empresária, para o exercício da sua atividade.

b) Todo complexo de bens organizado, para o exercício da empresa, por empresário, ou por sociedade empresária.

c) É o complexo de bens usado pelo empresário necessário à atividade empresarial.

d) Todos os bens empregados pelo empresário, ou sociedade empresária, no exercício da empresa.

Comentários

a) Incorreta, porque não observa a exata transcrição do art. 1.142 CC: "considera-se estabelecimento todo complexo de bens organizado, para exercício da empresa, por empresário, ou por sociedade empresária".

b) Correta, pois corresponde ao art. 1.142 CC.

c) Incorreta, pois esse conceito estaria incompleto à luz do art. 1.142 CC, já que não mencionou a sociedade empresária.

d) INCORRETA. O conceito de estabelecimento não está restrito aos bens empregados na atividade. Observe que o art. 1.142 CC utiliza o termo "todo complexo de bens organizado", isso significa, todos os bens materiais e imateriais, aos quais se soma "a organização desenvolvida pelo empresário ou sociedade empresária, que reúne, escolhe e altera este conjunto de bens, agregando a eles um valor adicional" (VIDO, 2012, p. 71).

Resposta: letra b.

4. PERSONALIZAÇÃO

5. CLASSIFICAÇÃO

6. DESCONSIDERAÇÃO DA PERSONALIDADE JURÍDICA

TJMG – 2014 – *Questão nº 73 Direito Empresarial/6. Desconsideração da Personalidade Jurídica/Legislação*

Analise as afirmativas seguintes.

I. Quando fundada no desvio de finalidade, a aplicação da teoria da desconsideração importa na anulação e supressão da personalidade jurídica do ente societário, permitindo que os credores invadam o patrimônio pessoal dos sócios que o compõem.

II. Pela via incidental, somente os efeitos patrimoniais, e não o estado de falido, podem ser estendidos aos sócios, administradores e terceiros que causaram prejuízo à massa falida.

III. Na sociedade em comum, de natureza não personificada, todos os sócios respondem solidária e ilimitadamente pelas obrigações sociais, excluído do benefício de ordem aquele que contratou pela sociedade.

IV. A sociedade anônima responde pelos atos ultra vires (praticados por seu administrador com extrapolação dos limites e poderes que lhe foram outorgados pelo correspondente estatuto) e sua ratificação pela assembleia-geral exime o administrador da responsabilidade pelos prejuízos deles decorrentes.

A partir da análise, conclui-se que estão INCORRETAS.

a) I e IV apenas.
b) II e III apenas.
c) I e III apenas.
d) II e IV apenas.

Comentários

I) Incorreta. A lei não fala em anulação da personalidade jurídica. Veja o teor do art. 50 do CC.

Art. 50. Em caso de abuso da personalidade jurídica, caracterizado pelo desvio de finalidade, ou pela confusão patrimonial, pode o juiz decidir, a requerimento da parte, ou do Ministério Público quando lhe couber intervir no processo, que os efeitos de certas e determinadas relações de

> obrigações sejam estendidos aos bens particulares dos administradores ou sócios da pessoa jurídica.
>
> II) Correta. A desconsideração da personalidade jurídica traz aos sócios apenas os efeitos patrimoniais.
>
> III) Correta. Art. 990. Todos os sócios respondem solidária e ilimitadamente pelas obrigações sociais, excluído do benefício de ordem, previsto no art. 1.024, aquele que contratou pela sociedade.
>
> IV) Incorreta.
>
> Art. 158. O administrador não é pessoalmente responsável pelas obrigações que contrair em nome da sociedade e em virtude de ato regular de gestão; responde, porém, civilmente, pelos prejuízos que causar, quando proceder:
>
> II – com violação da lei ou do estatuto.
>
> *Resposta: letra a.*

7. DO EMPRESÁRIO

TJMG – 2009 – *Questão nº 60 Direito Empresarial/7. Do Empresário/Legislação/Doutrina*

No direito brasileiro, considera-se empresário:

a) A pessoa física ou jurídica, privada, bem como os entes despersonalizados, que desenvolvem atividades organizadas de produção, circulação e construção de bens ou prestações de serviços, suscetíveis de falir e beneficiárias da recuperação judicial.

b) O profissional da empresa inscrito no Registro Público de Empresas Mercantis da respectiva sede, antes do início da sua atividade.

c) Quem exerce profissionalmente atividade econômica organizada para a produção ou circulação de bens ou de serviços.

d) Toda pessoa física ou jurídica titular de organização de natureza civil ou mercantil destinada à exploração de qualquer atividade com fins econômicos.

Comentários

a) **INCORRETA.** O empresário é aquele que desenvolve atividade empresária, nos termos do art. 966 CC. Para desenvolver tal atividade é necessário que ele tenha personalidade, seja pessoa física (empresário individual) ou pessoa jurídica (EIRELI ou demais sociedades – arts. 980-A, 982, 983). Assim, os entes despersonalizados não são considerados empresários.

b) INCORRETA. Apesar da obrigação estabelecida no art. 967 CC, o registro não é constitutivo, mas confere regularidade para a atividade empresarial. Nesse sentido, Enunciado 199 do CJF: "a inscrição do empresário ou sociedade empresária é requisito delineador de sua regularidade, e não da sua caracterização".

c) Correta, pois se coaduna com o art. 966 CC: "considera-se empresário quem exerce profissionalmente atividade econômica organizada para a produção ou a circulação de bens ou de serviços".

d) Incorreta, pois é contrária ao teor do art. 966 CC e parágrafo único. Não basta que seja qualquer atividade com fins econômicos.

Resposta: letra c.

TJMG – 2012 – *Questão n° 72 Direito Empresarial/7. Do Empresário/ Legislação/Doutrina*

No que diz respeito ao empresário individual, assinale a alternativa correta.

a) Não é pessoa jurídica e pode ingressar em juízo em nome próprio.

b) É pessoa jurídica e não pode ingressar em juízo em nome próprio.

c) Não é pessoa jurídica e pode ingressar em juízo em nome próprio, mas, para tanto, exige-se que tenha CPF (Cadastro de Pessoas Físicas) e não CNPJ (Cadastro Nacional de Pessoas Jurídicas).

d) É pessoa híbrida e, para que ingresse em juízo, é necessário que outorgue duas procurações, uma em nome da pessoa física e outra em nome da empresa.

Comentários

a) CORRETA. As pessoas jurídicas estão arroladas no art. 44 CC, dentre as quais não se encontra o empresário individual. Isso porque ele é pessoa física, conforme conclui-se da leitura do art. 968, I, CC.

Art. 968. A inscrição do empresário far-se-á mediante requerimento que contenha:

I – o seu nome, nacionalidade, domicílio, estado civil e, se casado, o regime de bens;

CPC/2015 – Art. 70. Toda pessoa que se encontre no exercício de seus direitos tem capacidade para estar em juízo.

b) INCORRETA. Conforme explicitado na justificativa anterior, o empresário individual é pessoa física.

c) INCORRETA. O empresário individual deve possuir CNPJ, o que não lhe confere personalidade jurídica, mas tem função tributária.

d) INCORRETA. O empresário individual, como já dito, é pessoa física. O fato de possuir CNPJ justifica-se para fins burocráticos, como o recolhimento de tributos.

Resposta: letra a.

8. DA SOCIEDADE EMPRESÁRIA

TJMG – 2007 – *Questão nº 59 Direito Empresarial/8. Da sociedade empresária/Patrimônio social/Sociedade Limitada/Sociedade Anônima/Legislação/ Doutrina*

Quanto às sociedades, assinale a alternativa CORRETA.

a) O patrimônio social não pode ser inferior ao capital social.

b) O patrimônio social líquido corresponde à totalidade de ativos da sociedade deduzido o capital social.

c) Na sociedade empresária limitada, o capital social pode ser integralizado com a prestação de serviços.

d) Nas sociedades anônimas, compete ao conselho de administração autorizar, se o estatuto não dispuser em contrário, a alienação de bens do ativo permanente.

Comentários

a) INCORRETA. O patrimônio social não se confunde com o capital social. O capital social constitui o montante pecuniário utilizado para organizar (constituir) a sociedade e consta, obrigatoriamente, no instrumento constitutivo (contrato social ou estatuto). Art. 997, caput, III, CC, c/c art. 1055, CC. O Patrimônio social é todo o conjunto valores que a sociedade possui, sendo os ativos (bens, ativos financeiros, etc.) e passivos (dívidas). Se a sociedade acumular lucros, o patrimônio social supera o capital social, todavia, se acumular prejuízos, o patrimônio será inferior ao capital social.

b) INCORRETA. O patrimônio social líquido corresponde à diferença entre os ativos (totalidade de bens) e os passivos (totalidade de dívidas e obrigações).

Acerca dessa distinção entre capital social e patrimônio social, ensina Fabio Ulhoa Coelho:

"O capital social representa, grosso modo, o montante de recursos que os sócios disponibilizam para a constituição da sociedade. De fato, para existir e dar início às suas atividades, a pessoa jurídica necessita de dinheiro ou bens, que são providenciados pelos que a constituem. Não se confunde o capital social com o patrimônio social. Este último é o conjunto de bens e direitos de titularidade da sociedade (ou seja, tudo que é de sua propriedade). Note-se que, no exato momento da sua constituição, a sociedade tem em seu patrimônio apenas os recursos inicialmente fornecidos pelos sócios, mas, se o negócio que ela explora revelar-se frutífero, ocorrerá a ampliação desses recursos iniciais; caso contrário, a sociedade acabará perdendo uma parte ou a totalidade de tais recursos, e seu patrimônio será menor que o capital social – podendo vir a ocorrer, inclusive, a falência". (ULHOA, 2012, p. 147-148).

c) INCORRETA. Art. 1055 § 2º CC. "É vedada a contribuição que consista em prestação de serviços".

d) CORRETA. Art. 142, caput, VIII da Lei n. 6.404/1976. "Compete ao conselho de administração: VIII – autorizar, se o estatuto não dispuser em contrário, a alienação de bens do ativo não circulante, a constituição de ônus reais e a prestação de garantias a obrigações de terceiros". Embora a assertiva fale em "ativo permanente", registra-se que esse termo corresponde à redação original do dispositivo legal, que foi alterado pela Lei n. 11.941/2009, que passou a utilizar o termo "ativo não circulante".

Resposta: letra d.

***TJMG – 2014** – Questão nº 76 Direito Empresarial/8. Da Sociedade Empresária/ Legislação*

Analise as afirmativas sobre os tipos de sociedades e o exercício da atividade empresarial, assinalando com V as verdadeiras e com F as falsas.

( ) Embora o exercício da medicina corresponda a uma profissão intelectual de natureza científica, uma clínica médica de cirurgia plástica se reveste de natureza empresarial, já que nela o exercício da atividade médica, de nítida finalidade econômica, constitui elemento da empresa.

( ) A sociedade simples pode constituir-se em conformidade com os tipos de sociedade limitada, em nome coletivo, em comandita simples e em cooperativa. Todavia, seu contrato social deve ser inscrito no Registro Civil das Pessoas Jurídicas do local de sua sede.

( ) A maioria dos sócios de uma limitada poderá excluir o sócio minoritário que esteja pondo em risco a continuidade da empresa, em virtude de atos de inegável gravidade, independentemente de previsão no contrato social, desde que uma assembleia seja convocada especialmente para este fim, com prévia e tempestiva ciência do acusado para nela comparecer e apresentar sua defesa.

( ) Durante a fase de organização da sociedade anônima, até que se concluam seus atos constitutivos e ocorra seu arquivamento na Junta Comercial, os fundadores atuam em nome pessoal, pois o negócio jurídico por eles firmado para constituir a sociedade não vincula a companhia em formação e nem os subscritores de seu capital.

Assinale a alternativa que apresenta a sequência CORRETA.

a) F V V V.
b) V F V V.
c) V F F V.
d) F V F V.

Comentários

(V) Verdadeira. Art. 966, parágrafo único, CC. Embora essa assertiva tenha sido considerada certa, é importante fazer uma diferenciação. O que vai caracterizar a atividade intelectual como elemento de empresa não é sua "nítida finalidade econômica" (porque as profissões intelectuais, em geral, têm fim econômico), mas sim o fato dela (a atividade intelectual) ser parte de uma atividade maior (a empresa), hipótese em que a profissão intelectual constitui elemento de empresa.

(F) Falsa. A sociedade simples não se registra como sociedade cooperativa. A sociedade cooperativa é simples por força de lei (art. 982, parágrafo único, CC).

DIREITO EMPRESARIAL

(F) Falsa. Art. 1.085 CC. Ressalvado o disposto no art. 1.030, quando a maioria dos sócios, representativa de mais da metade do capital social, entender que um ou mais sócios estão pondo em risco a continuidade da empresa, em virtude de atos de inegável gravidade, poderá excluí-los da sociedade, mediante alteração do contrato social, DESDE QUE PREVISTA NESTE A EXCLUSÃO POR JUSTA CAUSA.

Parágrafo único. A exclusão somente poderá ser determinada em reunião ou assembleia especialmente convocada para esse fim, ciente o acusado em tempo hábil para permitir seu comparecimento e o exercício do direito de defesa.

(V) Verdadeira. Art. 99. Os primeiros administradores são solidariamente responsáveis perante a companhia pelos prejuízos causados pela demora no cumprimento das formalidades complementares à sua constituição.

Parágrafo único. A companhia não responde pelos atos ou operações praticados pelos primeiros administradores antes de cumpridas as formalidades de constituição, mas a assembleia-geral poderá deliberar em contrário.

Resposta: letra c.

9. DA SOCIEDADE NÃO PERSONIFICADA

TJMG – 2008 – *Questão nº 61 Direito Empresarial/9. Da Sociedade Não Personificada/Sociedade em Comum/Legislação/Doutrina*

Quanto a uma sociedade em comum que explora o ramo da prestação de serviços mecânicos, assinale a alternativa INCORRETA.

a) A sua existência pode ser comprovada pela transcrição, no Cartório de Títulos e Documentos, de instrumento celebrado entre os sócios.

b) Está sujeita a falência.

c) Com exceção daquele que contratou pela sociedade, os demais sócios, apesar de responderem solidária e ilimitadamente pelas obrigações sociais, gozam de benefício de ordem.

d) É possível sua dissolução judicial, desde que o sócio requerente comprove a existência da sociedade ainda que por prova oral.

> **Comentários**
>
> a) CORRETA. "Art. 987. Os sócios, nas relações entre si ou com terceiros, somente por escrito podem provar a existência da sociedade, mas os terceiros podem prová-la de qualquer modo".
>
> b) CORRETA. "A sociedade comum, que é a sociedade que ainda não foi registrada na Junta Comercial, pode sofrer falência (art. 1º e 105, IV da Lei n. 11.101/2005), já que o registro da atividade não é requisito para se sujeitar aos efeitos da falência" (VIDO, 2012, p. 336).
>
> c) CORRETA. "Art. 990. Todos os sócios respondem solidária e ilimitadamente pelas obrigações sociais, excluído do benefício de ordem, previsto no art. 1.024, aquele que contratou pela sociedade".
>
> d) INCORRETA. Nos termos do art. 987 CC, os sócios, nas relações entre si ou com terceiros, somente podem provar a existência da sociedade por escrito.
>
> **Resposta: letra d.**

TJMG – 2008 – *Questão nº 62 Direito Empresarial/9. Da Sociedade Não Personificada/Sociedade em Conta de Participação/Legislação*

Quanto à sociedade em conta de participação, é INCORRETO afirmar que:

a) A falência do sócio ostensivo acarreta a dissolução da sociedade e a liquidação da respectiva conta, cujo saldo constituirá crédito quirografário.

b) Falindo o sócio participante, o contrato social fica sujeito às normas que regulam os efeitos da falência nos contratos bilaterais do falido.

c) Extingue-se pela dissolução, observando as disposições aplicáveis às sociedades simples no que se refere a sua liquidação.

d) A constituição da sociedade independe de qualquer formalidade e pode provar-se por todos os meios de direito.

> **Comentários**
>
> a) CORRETA. Art. 994, § 2º: "a falência do sócio ostensivo acarreta a dissolução da sociedade e a liquidação da respectiva conta, cujo saldo constituirá crédito quirografário".
>
> b) CORRETA. Art. 994, § 3º: "falindo o sócio participante, o contrato social fica sujeito às normas que regulam os efeitos da falência nos contratos bilaterais do falido".

DIREITO EMPRESARIAL

c) Incorreta, pois sua liquidação rege-se pelas normas relativas à prestação de contas. "Art. 996. Aplica-se à sociedade em conta de participação, subsidiariamente e no que com ela for compatível, o disposto para a sociedade simples, e a sua liquidação rege-se pelas normas relativas à prestação de contas, na forma da lei processual".

d) CORRETA. "Art. 980. A sentença que decretar ou homologar a separação judicial do empresário e o ato de reconciliação não podem ser opostos a terceiros, antes de arquivados e averbados no Registro Público de Empresas Mercantis".

Resposta: C

10. DA SOCIEDADE PERSONIFICADA

11. DA SOCIEDADE SIMPLES

***TJMG – 2008** – Questão nº 60 Direito Empresarial/11. Da Sociedade Simples/ Da Sociedade Cooperativa/Lei n. 5.764/1971/Legislação*

Quanto às sociedades cooperativas singulares, assinale a alternativa INCORRETA.

a) Cada sócio tem direito a um só voto nas deliberações, qualquer que seja o valor de sua participação.

b) São intransferíveis as quotas do capital a terceiros estranhos à sociedade, ainda que por herança.

c) É possível que uma cooperativa singular de crédito estabeleça, em seu estatuto, a livre admissão de associados.

d) É composta exclusivamente por pessoas físicas, não sendo permitida em qualquer hipótese a admissão de pessoas jurídicas.

Comentários

a) CORRETA. As características da sociedade cooperativa estão previstas no art. 1.094 CC, dentre elas, o inciso VI dispõe: "VI – direito de cada sócio a um só voto nas deliberações, tenha ou não capital a sociedade, e qualquer que seja o valor de sua participação".

b) CORRETA. A assertiva trata de mais uma característica da sociedade cooperativa, sendo que essa está prevista no inciso IV do art. 1.094 CC:

"intransferibilidade das quotas do capital a terceiros estranhos à sociedade, ainda que por herança".

c) CORRETA. A livre admissão de associados está prevista no art. 29 da Lei n. 5.764/1971, que institui o regime jurídico das sociedades cooperativas, *in verbis*: "Art. 29. O ingresso nas cooperativas é livre a todos que desejarem utilizar os serviços prestados pela sociedade, desde que adiram aos propósitos sociais e preencham as condições estabelecidas no estatuto, ressalvado o disposto no artigo 4º, item I, desta Lei".

d) INCORRETA. A Lei n. 5.764/1971 permite a admissão de pessoas jurídicas, excepcionalmente. "Art. 6º As sociedades cooperativas são consideradas: I – singulares, as constituídas pelo número mínimo de 20 (vinte) pessoas físicas, sendo **excepcionalmente permitida a admissão de pessoas jurídicas** que tenham por objeto as mesmas ou correlatas atividades econômicas das pessoas físicas ou, ainda, aquelas sem fins lucrativos".

Resposta: letra d.

12. DA SOCIEDADE EM NOME COLETIVO

13. DA SOCIEDADE EM COMANDITA SIMPLES

14. DA SOCIEDADE LIMITADA

***TJMG – 2009** – Questão nº 66 Direito Empresarial/14. Da Sociedade Limitada/ Legislação*

Caso autorize o contrato social de uma sociedade limitada a administração da sociedade por não sócios, é CORRETA a afirmação:

a) Os sócios respondem subsidiariamente pelas obrigações sociais.

b) Somente os sócios diretores respondem ilimitada e subsidiariamente pelas obrigações sociais, quando não se empregar a palavra limitada na firma ou denominação da sociedade.

c) Os administradores respondem ilimitada e solidariamente pelas obrigações sociais quando omitirem no uso da firma ou denominação a palavra limitada.

d) Todos os administradores respondem subsidiariamente pelas obrigações sociais, se agirem em desobediência à lei ou ao contrato.

DIREITO EMPRESARIAL

> **Comentários**
>
> a) INCORRETA. "Art. 1.052. Na sociedade limitada, a responsabilidade de cada sócio é restrita ao valor de suas quotas, mas todos respondem solidariamente pela integralização do capital social".
>
> b) INCORRETA. "Art. 1.058. § 3º A omissão da palavra "limitada" determina a responsabilidade solidária e ilimitada dos administradores que assim empregarem a firma ou a denominação da sociedade".
>
> c) Correta, nos termos do art. 1058 § 3º CC.
>
> d) INCORRETA. Art. 1.016 do CC: "os administradores respondem solidariamente perante a sociedade e os terceiros prejudicados, por culpa no desempenho de suas funções".
>
> **Resposta: C.**

TJMG – 2012 – *Questão nº 73 Direito Empresarial/14. Da Sociedade Limitada/Legislação*

Com relação à sociedade limitada, assinale a alternativa correta.

a) Na sociedade limitada, a responsabilidade de cada sócio é restrita ao valor de suas quotas e cada um responde individualmente pela integralização do capital social.

b) A sociedade limitada rege-se, nas omissões das disposições específicas do Código Civil, pelas normas da sociedade simples. Todavia, o contrato social poderá prever a regência supletiva da sociedade limitada pelas normas da sociedade em comandita simples.

c) Pode o contrato instituir conselho fiscal composto de três ou mais membros e respectivos suplentes, sócios ou não, residentes no País e eleitos pela assembleia anual. Nesse caso, haverá restrição a alguns dos poderes da assembleia dos sócios.

d) Na omissão do contrato, o sócio pode ceder sua quota, total ou parcialmente, a quem seja sócio, independentemente de audiência dos outros, ou a estranho, se não houver oposição de titulares de mais de um quarto do capital social.

> **Comentários**
>
> a) Incorreta, pois é contrária ao art. 1.052 CC.

Art. 1.052. Na sociedade limitada, a responsabilidade de cada sócio é restrita ao valor de suas quotas, MAS TODOS respondem solidariamente pela integralização do capital social.

b) Incorreta, pois é contrária ao art. 1.053 CC.

Art. 1.053. A sociedade limitada rege-se, nas omissões deste Capítulo, pelas normas da sociedade simples.

Parágrafo único. O contrato social poderá prever a regência supletiva da sociedade limitada pelas normas da sociedade anônima.

c) Incorreta, porque inobserva a regra do art. 1.066 CC.

Art. 1.066. SEM PREJUÍZO DOS PODERES da assembleia dos sócios, pode o contrato instituir conselho fiscal composto de três ou mais membros e respectivos suplentes, sócios ou não, residentes no País, eleitos na assembleia anual prevista no art. 1.078.

d) Correta, pois está em consonância com o art. 1.057 CC.

Art. 1.057. Na omissão do contrato, o sócio pode ceder sua quota, total ou parcialmente, a quem seja sócio, independentemente de audiência dos outros, ou a estranho, se não houver oposição de titulares de mais de um quarto do capital social.

Resposta: letra d.

***TJMG – 2014** – Questão nº 79 Direito Empresarial/14. Da Sociedade Limitada/ Legislação*

Com relação ao regime jurídico da sociedade limitada, assinale a alternativa INCORRETA.

a) Não estando as quotas totalmente integralizadas, a responsabilidade dos sócios em relação à sociedade é subsidiária, ou seja, em primeiro lugar são os bens da própria sociedade que devem suportar as obrigações por ela assumidas. No entanto, sendo estes insuficientes, os sócios serão solidariamente responsabilizados pela integralização do capital social.

b) Ao exercer o direito de recesso, fundado na modificação do contrato social, o sócio dissidente, cujas quotas serão liquidadas com base na situação patrimonial da sociedade, à data da resolução, fica eximido da responsabilidade pelas obrigações sociais anteriores.

DIREITO EMPRESARIAL

c) O contrato social da sociedade limitada constitui título executivo extrajudicial contra o sócio remisso para o pagamento do valor devido pela integralização de suas quotas.

d) A sociedade limitada não se dissolverá, pela falta de pluralidade de sócios, quando o sócio remanescente requerer, no Registro Público de Empresas Mercantis, a transformação do registro da sociedade para empresário individual ou para Empresa Individual de Responsabilidade Limitada – EIRELI.

Comentários

a) Correta, conforme os seguintes arts. do CC:

Art. 1.024. Os bens particulares dos sócios não podem ser executados por dívidas da sociedade, senão depois de executados os bens sociais.

Art. 1.052. Na sociedade limitada, a responsabilidade de cada sócio é restrita ao valor de suas quotas, mas todos respondem solidariamente pela integralização do capital social.

b) Incorreta, conforme o seguinte art. do CC:

Art. 1.032. A retirada, exclusão ou morte do sócio, não o exime, ou a seus herdeiros, da responsabilidade pelas obrigações sociais anteriores, até dois anos após averbada a resolução da sociedade; nem nos dois primeiros casos, pelas posteriores e em igual prazo, enquanto não se requerer a averbação.

c) CORRETA. O contrato social constitui título executivo contra sócio remisso para o pagamento do valor devido pela integralização de suas quotas, pois tem os requisitos presentes no art. 784, III, CPC.

d) CORRETA.

Art. 1.033. Dissolve-se a sociedade quando ocorrer:

IV – a falta de pluralidade de sócios, não reconstituída no prazo de cento e oitenta dias;

Parágrafo único. Não se aplica o disposto no inciso IV caso o sócio remanescente, inclusive na hipótese de concentração de todas as cotas da sociedade sob sua titularidade, requeira, no Registro Público de Empresas Mercantis, a transformação do registro da sociedade para empresário individual ou para empresa individual de responsabilidade limitada, observado, no que couber, o disposto nos arts. 1.113 a 1.115 deste Código.

Resposta: Letra B.

15. DA SOCIEDADE ANÔNIMA

TJMG – 2007 – *Questão nº 62 Direito Empresarial/15. Da Sociedade Anônima/ Legislação*

Quanto ao acordo de acionistas, assinale a alternativa CORRETA.

a) Os acordos de acionistas sobre a compra e venda de suas ações, preferência para adquiri-las, exercício do direito a voto, ou do poder de controle deverão ser observados pela companhia quando registrados no Cartório de Títulos e Documentos.

b) Permite que os acionistas exerçam o direito de voto em detrimento do interesse da companhia.

c) O presidente da assembleia ou do órgão colegiado de deliberação da companhia não computará o voto proferido com infração de acordo de acionistas devidamente arquivado na sede da companhia.

d) As obrigações ou ônus decorrentes de acordo de acionistas não serão, em qualquer hipótese, oponíveis a terceiros.

Comentários

a) **INCORRETA.** Deverão ser observados pela Companhia quando arquivados em sua sede, nos termos do art. 118 da Lei n. 6.404/76: "os acordos de acionistas, sobre a compra e venda de suas ações, preferência para adquiri-las, exercício do direito a voto, ou do poder de controle deverão ser observados pela companhia quando arquivados na sua sede".

b) INCORRETA. O acionista deverá exercer o direito de voto no interesse da Companhia, conforme art. 115 da Lei n. 6.404/76: "o acionista deve exercer o direito a voto no interesse da companhia; considerar-se-á abusivo o voto exercido com o fim de causar dano à companhia ou a outros acionistas, ou de obter, para si ou para outrem, vantagem a que não faz jus e de que resulte, ou possa resultar, prejuízo para a companhia ou para outros acionistas".

c) Correta nos termos do art. 118, § 8º, da Lei n. 6.404/76: "o presidente da assembleia ou do órgão colegiado de deliberação da companhia não computará o voto proferido com infração de acordo de acionistas devidamente arquivado".

d) Incorreta nos termos do art. 118, § 1º, da Lei n. 6.404/76: "as obrigações ou ônus decorrentes desses acordos somente serão oponíveis a terceiros, depois de averbados nos livros de registro e nos certificados das ações, se emitidos".

Resposta: letra c.

DIREITO EMPRESARIAL

TJMG – 2007 – *Questão nº 63 Direito Empresarial/15. Da Sociedade Anônima/Legislação*

Quanto à ação social de responsabilidade contra os administradores, está INCORRETO afirmar que:

a) qualquer acionista, independentemente da quantidade de ações que possua, poderá promover a ação, caso a assembleia geral delibere não promovê-la.

b) a deliberação sobre sua propositura poderá ser tomada em assembleia geral extraordinária.

c) ela não exclui a ação que couber ao acionista diretamente prejudicado por ato de administrador.

d) a deliberação sobre sua propositura poderá ser tomada em assembleia geral ordinária, ainda que não prevista na ordem do dia.

Comentários

a) **INCORRETA.** Caso a assembleia geral extraordinária delibere não promover a ação de responsabilidade civil contra o administrador, essa ação poderá ser proposta por acionistas que representem 5% (cinco por cento), pelo menos do capital social, conforme art. 159, § 4º da Lei n. 6.404/1976.

b) **CORRETA.** A deliberação sobre a propositura de ação de responsabilidade civil contra o administrador poderá ser tomada em assembleia geral extraordinária, desde que essa deliberação esteja prevista na ordem do dia, ou for consequência direta de assunto nela incluído, nos termos do que dispõe o art. 159, § 1º da Lei n. 6.404/1976.

c) **CORRETA.** A assertiva transcreve o teor do art. 159, § 7º da Lei n. 6.404/1976.

d) **CORRETA.** O art. 159, § 1º da Lei n. 6.404/1976 expressa que a deliberação pode ser tomada em assembleia geral ordinária, não havendo ressalvas. Todavia, há ressalvas para o caso de assembleia geral extraordinária, como explicitado na justificativa da alternativa B.

Resposta: letra a.

TJMG – 2012 – *Questão nº 74 Direito Empresarial/15. Da Sociedade Anônima/Legislação*

É correto afirmar que compete à assembleia geral da sociedade anônima

a) fiscalizar os atos dos administradores e verificar o cumprimento dos seus deveres legais e estatutários.

b) analisar, ao menos trimestralmente, o balancete e demais demonstrações financeiras elaboradas periodicamente pela companhia.

c) suspender o exercício dos direitos do acionista.

d) deliberar sobre o plano de recuperação judicial da companhia, em caso de grave crise financeira.

Comentários

a) **INCORRETA.** Referida competência é do Conselho Fiscal, nos termos do art. 163, I, da Lei n. 6.404/1976.

Art. 163. Compete ao conselho fiscal:

I – fiscalizar, por qualquer de seus membros, os atos dos administradores e verificar o cumprimento dos seus deveres legais e estatutários;

b) **INCORRETA.** Referida competência é do Conselho Fiscal, nos termos do art. 163, VI, da Lei n. 6.404/1976.

VI – analisar, ao menos trimestralmente, o balancete e demais demonstrações financeiras elaboradas periodicamente pela companhia;

c) Correta, nos termos do art. 122, V da Lei n. 6.404/1976.

Art. 122. Compete privativamente à assembleia geral:

V – suspender o exercício dos direitos do acionista (art. 120);

d) **INCORRETA.** A deliberação sobre o plano de recuperação judicial é atribuição da Assembleia Geral de Credores, na recuperação Judicial. (art. 35, I, a, Lei n. 11.101/2005). A Assembleia Geral de Acionistas tem competência para autorizar os administradores a entrarem com pedido de RJ ou falência (art. 122, IX da Lei n. 6.404/1976).

Resposta: letra c.

TJMG – 2014 – *Questão nº 74 Direito Empresarial/15. Da Sociedade Anônima/ Legislação*

Considerando o regime jurídico das sociedades anônimas, analise as seguintes afirmativas.

I. Os acordos de acionistas deverão ser observados pela companhia, quando arquivados na sua sede, e serão oponíveis a terceiros depois de averbado no livro de registro e nos certificados de ações, se emitidos, independentemente de seu arquivamento na Junta Comercial.

II. Os negociantes de ações não integralizadas ficarão solidariamente responsáveis com os adquirentes pelo pagamento das prestações que faltarem para integralizar as ações transferidas, cabendo à companhia a faculdade de exigir de qualquer deles o pagamento total.

III. As deliberações da assembleia geral, seja nas companhias abertas ou nas companhias fechadas, serão sempre tomadas pela maioria absoluta de votos e, no caso de empate, poderão ser dirimidas pela arbitragem, por nova assembleia a ser convocada ou pelo Poder Judiciário.

IV. O direito de preferência do acionista para a subscrição de novas ações é personalíssimo e indisponível, não podendo ser limitado ou excluído pelo estatuto ou pela assembleia-geral.

A partir da análise, conclui-se que estão CORRETAS.

a) III e IV apenas.
b) II e III apenas.
c) I e IV apenas.
d) I e II apenas.

Comentários

I. Correta. Lei n. 6.404/1976, art. 118. Os acordos de acionistas, sobre a compra e venda de suas ações, preferência para adquiri-las, exercício do direito a voto, ou do poder de controle deverão ser observados pela companhia quando arquivados na sua sede.

II. Correta.

Art. 107. Verificada a mora do acionista, a companhia pode, à sua escolha:

I – promover contra o acionista, e os que com ele forem solidariamente responsáveis (artigo 108), processo de execução para cobrar as importâncias devidas, servindo o boletim de subscrição e o aviso de chamada como título extrajudicial nos termos do Código de Processo Civil; ou (...)

Art. 108. Ainda quando negociadas as ações, os alienantes continuarão responsáveis, solidariamente com os adquirentes, pelo pagamento das prestações que faltarem para integralizar as ações transferidas.

III. Incorreta.

Art. 129. As deliberações da assembleia-geral, ressalvadas as exceções previstas em lei, serão tomadas por maioria absoluta de votos, não se computando os votos em branco.

§ 1º O estatuto da companhia fechada pode aumentar o quórum exigido para certas deliberações, desde que especifique as matérias.

§ 2º No caso de empate, se o estatuto não estabelecer procedimento de arbitragem e não contiver norma diversa, a assembleia será convocada, com intervalo mínimo de 2 (dois) meses, para votar a deliberação; se permanecer o empate e os acionistas não concordarem em cometer a decisão a um terceiro, caberá ao Poder Judiciário decidir, no interesse da companhia.

IV. Incorreta.

Art. 171. Na proporção do número de ações que possuírem, os acionistas terão preferência para a subscrição do aumento de capital.

§ 6º O acionista poderá ceder seu direito de preferência.

Resposta: letra D.

16. DOS CONTRATOS EMPRESARIAIS

TJMG – 2014 – *Questão nº 80 Direito Empresarial/16. Dos Contratos Empresariais/Legislação/Jurisprudência*

No que tange aos contratos garantidos por alienação fiduciária em garantia, assinale a alternativa CORRETA.

a) O devedor será constituído em mora quando notificado por intermédio do Cartório de Títulos e Documentos ou pelo protesto do título, a critério do credor.

b) No prazo de cinco dias após a execução da liminar de busca e apreensão, poderá o devedor fiduciante apresentar sua resposta, caso entenda ter havido pagamento a maior e desejar a restituição.

c) A alienação fiduciária de bem imóvel poderá ser contratada por pessoa física ou jurídica, não sendo privativa das instituições financeiras que operam no Sistema de Financiamento Imobiliário.

d) Por ser direta, a posse obtida pelo devedor fiduciante se revela legítima para conduzir à aquisição, por usucapião, do bem gravado com alienação fiduciária em garantia.

Comentários

a) INCORRETA. Nos termos do Decreto-Lei 911/69:

Art. 2º No caso de inadimplemento ou mora nas obrigações contratuais garantidas mediante alienação fiduciária, o proprietário fiduciário ou credor poderá vender a coisa a terceiros, independentemente de leilão, hasta pública, avaliação prévia ou qualquer outra medida judicial ou extrajudicial, salvo disposição expressa em contrário prevista no contrato, devendo aplicar o preço da venda no pagamento de seu crédito e das despesas decorrentes e entregar ao devedor o saldo apurado, se houver, com a devida prestação de contas.

§ 2º A MORA DECORRERÁ DO SIMPLES VENCIMENTO DO PRAZO para pagamento e poderá ser comprovada por carta registrada com aviso de recebimento, não se exigindo que a assinatura constante do referido aviso seja a do próprio destinatário.

b) INCORRETA. Nos termos do Decreto-Lei 911/69:

Art. 3º O proprietário fiduciário ou credor poderá, desde que comprovada a mora, na forma estabelecida pelo § 2º do art. 2º, ou o inadimplemento, requerer contra o devedor ou terceiro a busca e apreensão do bem alienado fiduciariamente, a qual será concedida liminarmente, podendo ser apreciada em plantão judiciário.

§ 3º O devedor fiduciante apresentará resposta no prazo de QUINZE dias da execução da liminar.

§ 4º A resposta poderá ser apresentada ainda que o devedor tenha se utilizado da faculdade do § 2º, caso entenda ter havido pagamento a maior e desejar restituição.

c) Correta, de acordo com os seguintes termos da Lei n. 9.514/1997, que dispõe sobre o Sistema de Financiamento Imobiliário, institui a alienação fiduciária de coisa imóvel e dá outras providências.

Art. 22. A alienação fiduciária regulada por esta Lei é o negócio jurídico pelo qual o devedor, ou fiduciante, com o escopo de garantia, contrata a transferência ao credor, ou fiduciário, da propriedade resolúvel de coisa imóvel.

§ 1º A alienação fiduciária poderá ser contratada por pessoa física ou jurídica, não sendo privativa das entidades que operam no SFI, podendo ter como objeto, além da propriedade plena:

d) INCORRETA.

"Então, o cerne da questão é saber se o automóvel que conta com gravame de alienação fiduciária em garantia e transferido a terceiro pode ser adquirido por usucapião. Para o Min. Relator, a transferência a terceiro de veículo gravado como propriedade fiduciária, à revelia do proprietário (credor), constitui ato de clandestinidade, incapaz de induzir posse (art. 1.208 do CC/2002), sendo, por isso mesmo, impossível a aquisição do bem por usucapião. De fato, em contratos com alienação fiduciária em garantia, sendo inerentes ao próprio contrato o desdobramento da posse e a possibilidade de busca e apreensão do bem, conclui-se que a transferência da posse direta a terceiros – porque modifica a essência do contrato, bem como a garantia do credor fiduciário – deve ser precedida de autorização. Diante disso, a Turma conheceu do recurso e lhe deu provimento para julgar improcedente o pedido deduzido na inicial. Precedente citado: REsp 844.098-MG, DJe 6/4/2009. REsp 881.270-RS, Rel. Min. Luis Felipe Salomão, julgado em 2/3/2010." Informativo 425 STJ.

DIREITO CIVIL. RECURSO ESPECIAL. AÇÃO DE USUCAPIÃO. IMÓVEL DA CAIXA ECONÔMICA FEDERAL VINCULADO AO SFH. IMPRESCRITIBILIDADE. PREENCHIMENTO DOS REQUISITOS LEGAIS.

(...) Cinge-se a controvérsia a decidir sobre a possibilidade de aquisição por usucapião de imóvel vinculado ao Sistema Financeiro de Habitação e de titularidade da Caixa Econômica Federal. (...) O imóvel da Caixa Econômica Federal vinculado ao Sistema Financeiro de Habitação, porque afetado à prestação de serviço público, deve ser tratado como bem público, sendo, pois, imprescritível. (STJ. 3ª Turma. REsp 1448026-PE, Rel. Min. Nancy Andrighi, julgado em 17/11/2016 – Info 594).

Resposta: letra c.

17. CONTRATOS BANCÁRIOS

TJMG – 2008 *– Questão nº 71 Direito Empresarial/17. Contratos Bancários/ Legislação/Jurisprudência*

As alternativas abaixo relacionadas aos contratos bancários estão corretas, exceto

a) O contrato de câmbio, desde que protestado por oficial competente para o protesto de títulos, constitui instrumento bastante para requerer a ação executiva.

b) A mora e o inadimplemento de obrigações contratuais garantidas por alienação fiduciária, ou a ocorrência legal ou convencional de algum dos casos de antecipação de vencimento da dívida, facultarão ao credor considerar, de pleno direito, vencidas todas as obrigações contratuais, independentemente de aviso ou notificação judicial ou extrajudicial.

c) O contrato de abertura de crédito em conta corrente, acompanhado do demonstrativo de débito, constitui documento hábil para o ajuizamento da ação monitória, segundo entendimento sumulado do Superior Tribunal de Justiça.

d) O avalista do título de crédito vinculado a contrato de mútuo não responde pelas obrigações pactuadas, ainda que no contrato figure como devedor solidário.

Comentários

a) CORRETA. Trata-se do teor do art. 75 da Lei n. 4.728/65.

Art. 75. O contrato de câmbio, desde que protestado por oficial competente para o protesto de títulos, constitui instrumento bastante para requerer a ação executiva.

b) Correta, nos termos do art. 2º, caput e § 3º do Decreto 911/1969.

Art. 2º No caso de inadimplemento ou mora nas obrigações contratuais garantidas mediante alienação fiduciária, o proprietário fiduciário ou credor poderá vender a coisa a terceiros, independentemente de leilão, hasta pública, avaliação prévia ou qualquer outra medida judicial ou extrajudicial, salvo disposição expressa em contrário prevista no contrato, devendo aplicar o preço da venda no pagamento de seu crédito e das despesas decorrentes e entregar ao devedor o saldo apurado, se houver, com a devida prestação de contas.

§ 3º A mora e o inadimplemento de obrigações contratuais garantidas por alienação fiduciária, ou a ocorrência legal ou convencional de algum dos casos de antecipação de vencimento da dívida facultarão ao credor considerar, de pleno direito, vencidas todas as obrigações contratuais, independentemente de aviso ou notificação judicial ou extrajudicial.

c) Correta, nos termos da Súmula STJ 247: O contrato de abertura de crédito em conta corrente, acompanhado do demonstrativo de débito, constitui documento hábil para o ajuizamento da ação monitória.

d) Incorreta, pois é contrária a Súmula STJ 26: o avalista do título de crédito vinculado a contrato de mútuo também responde pelas obrigações pactuadas, quando no contrato figurar como devedor solidário.

Resposta: letra d.

TJMG – 2009 – *Questão n° 62 Direito Empresarial/17. Contratos Bancários/ Jurisprudência*

Nas ações referentes a contratos bancários, é CORRETA a afirmação:

a) O Juiz pode e deve, por se tratar de matéria de ordem pública, apreciar, de ofício, toda a matéria referente à regularidade do contrato.

b) É vedado ao julgador conhecer, de ofício, da abusividade das cláusulas.

c) O Juiz só está autorizado a examinar, de ofício, questões relativas às condições da ação.

d) O Juiz deve aplicar, analogicamente, as disposições pertinentes às relações de consumo.

Comentários

Nos termos da Súmula STJ 381: "Nos contratos bancários, é vedado ao julgador conhecer, de ofício, da abusividade das cláusulas". Ainda segundo o STJ, no AgRg no REsp 782895, "embora incidente o Código de Defesa do Consumidor nos contratos bancários, não se admite a revisão, de ofício, das cláusulas contratuais consideradas abusivas", impossibilidade de o órgão julgador revisar as cláusulas contratuais consideradas abusivas, a despeito de irresignação da parte interessada, decorre da natureza patrimonial dos direitos envolvidos.

Nesse sentido, as demais alternativas, que de alguma forma dizem ser possível ao juiz conhecer de ofício cláusula abusiva em contrato bancário, estão erradas.

Resposta: letra b.

18. DEPÓSITO

19. MÚTUO

20. ARRENDAMENTO MERCANTIL

TJMG – 2012 – *Questão n° 76 Direito Empresarial/20. Arrendamento Mercantil/ Legislação/Jurisprudência*

Assinale a alternativa correta com relação ao contrato de arrendamento mercantil (leasing).

a) Deve o comprador suportar os prejuízos do furto do veículo, se não providenciou a contratação de seguro para garantir o bem arrendado.

b) No contrato de arrendamento mercantil (leasing), é dispensável a notificação prévia do arrendatário, para constituí-lo em mora, quando houver cláusula resolutiva expressa.

c) A cobrança antecipada do valor residual garantido (VRG) não descaracteriza o contrato de arrendamento mercantil, ressalvada a hipótese em que o arrendatário se compromete, por expresso, a pagar o seguro DPVAT quando obteve financiamento para aquisição de veículo.

d) Por força da Lei nº 8.880/94, não é permitida a utilização da variação da cotação de moeda estrangeira (como o dólar) a título de correção monetária de contrato.

Comentários

a) CORRETA. Nesse sentido é a jurisprudência mais recente do TJMG: EMENTA: APELAÇÃO CÍVEL – RESOLUÇÃO CONTRATUAL – ARRENDAMENTO MERCANTIL – FURTO DE VEÍCULO – AUSÊNCIA DE SEGURO A QUE O ARRENDATÁRIO SE OBRIGOU – CONTINUIDADE DA OBRIGAÇÃO DE ARCAR COM O PAGAMENTO DAS PARCELAS – ABUSIVIDADE NÃO CONSTATADA – LIBERAÇÃO IMPROCEDENTE. A ocorrência do furto do bem, objeto do contrato de arrendamento mercantil, que não possuía seguro por negligência do consumidor, não constitui fundamento bastante para liberar o arrendatário da dívida contratual, devendo continuar arcando com o pagamento das parcelas contratadas. Se o arrendador trouxer no contrato que é obrigação do arrendatário a contratação do seguro total, não o obrigando à contratação do seguro fornecido pelo próprio arrendador, não há que se falar em abusividade da cláusula, devendo ser o arrendatário responsabilizado. (TJMG. APELAÇÃO CÍVEL Nº 1.0188.13.007577-6/001. Data do julgamento: 10/10/2016).

b) Incorreta, pois é contrária à Súmula STJ 369: "no contrato de arrendamento mercantil (leasing), ainda que haja cláusula resolutiva expressa, é necessária a notificação prévia do arrendatário para constituí-lo em mora".

c) INCORRETA. A assertiva trata do teor da Súmula STJ 293: "A cobrança antecipada do valor residual garantido (VRG) não descaracteriza o contrato de arrendamento mercantil". Contudo, no entendimento sumulado não há a ressalva contida na assertiva, o que a torna errada.

d) INCORRETA. A lei prevê exceção. Lei n. 8.880/1994. Art. 6º É nula de pleno direito a contratação de reajuste vinculado à **variação cambial**, exceto quando expressamente autorizado por lei federal e nos contratos de arrendamento mercantil celebrados entre pessoas residentes e domiciliadas no País, com base em captação de recursos provenientes do exterior.

Resposta: letra a.

21. FACTORING

22. FRANQUIAS

23. CARTÃO DE CRÉDITO

24. CONTRATOS ELETRÔNICOS

25. LEGISLAÇÃO EXTRAVAGANTE

***TJMG – 2007** – Questão nº 64 Direito Empresarial/25. Legislação extravagante/Lei n. 8.245/1991/Legislação*

Quanto à locação não residencial, assinale a alternativa CORRETA.

a) Nas locações de imóveis destinados ao comércio, o empresário ou a sociedade empresária, na condição de locatária, tem direito a renovar o contrato escrito, cujo prazo tenha-se indeterminado, desde que tenha permanecido no local por 05 (cinco) anos ou mais.

b) As sociedades empresárias e as sociedades simples possuem o direito à renovação do contrato de locação, desde que presentes os pressupostos previstos na Lei do Inquilinato.

c) Para que se tenha o direito à renovação do contrato de locação, é essencial que o locatário esteja explorando seu comércio, no mesmo ramo, pelo prazo mínimo e ininterrupto de cinco anos.

d) Na ação renovatória o locatário não pode pleitear a alteração das condições da locação.

Comentários

a) INCORRETA. No art. 51 da Lei n. 8.245/1991 estão estabelecidos requisitos cumulativos que devem ser cumpridos para que se tenha direito à renovação do aluguel de imóvel destinado ao comércio. Dentre esses requisitos, o inciso I explicita que "o contrato a renovar tenha sido celebrado por escrito e com prazo DETERMINADO". Além desses, também são requisitos: prazo mínimo ou soma dos prazos ininterruptos seja de cinco anos e o locatário esteja explorando seu comércio, no mesmo ramo, pelo prazo ininterrupto de três.

b) CORRETA. O direito à renovação do contrato estende-se às sociedades simples (sociedades civis na vigência do Código Civil de 1916), nos termos do Art. 51, § 4º, Lei n. 8.245/91.

c) INCORRETA. O prazo é de no mínimo três anos, nos termos do art. 51, caput, III, Lei n. 8.245/91.

d) INCORRETA. O locatário deve indicar de forma clara e precisa, na petição inicial, as condições oferecidas para a renovação da locação, conforme art. 71, caput, IV, Lei n. 8.245/91. A lei não veda alteração das condições, apenas explicita a necessidade de que sejam informadas na petição as condições oferecidas para a renovação.

Resposta: letra b.

TJMG – 2008 – *Questão nº 64 Direito Empresarial/25. Legislação extravagante/Lei n. 9.279/1996/Legislação*

Sobre as marcas, é CORRETO afirmar que:

a) A marca de alto renome goza de proteção especial, independentemente de estar previamente depositada ou registrada no Brasil.

b) O contrato de licença para uso da marca produz efeitos em relação a terceiros se averbado no Cartório de Títulos e Documentos.

c) Pessoas jurídicas de direito público podem requerer o registro de marca.

d) O titular da marca poderá impedir que comerciantes ou distribuidores utilizem sinais distintivos que lhes são próprios, juntamente com a marca do produto, na sua promoção e comercialização.

Comentários

a) Incorreta, pois é contrária ao que expressa a Lei n. 9.279/96. É necessário que a marca de alto renome esteja registrada no Brasil para que esteja assegurada sua proteção. "Art. 125. À marca registrada no Brasil considerada de alto renome será assegurada proteção especial, em todos os ramos de atividade".

b) INCORRETA. O registro é no INPI e não no Cartório de Títulos e Documento. Veja o que diz a Lei n. 9.276/96. "Art. 140. O contrato de licença deverá ser averbado no INPI para que produza efeitos em relação a terceiros".

c) Correta, nos termos da Lei n. 9.279/96. "Art. 128. Podem requerer registro de marca as pessoas físicas ou jurídicas de direito público ou de direito privado".

d) INCORRETA. A assertiva relaciona-se com uma vedação contida na Lei n. 9.279/96, e não uma possibilidade. "Art. 132. O titular da marca não poderá:

I – impedir que comerciantes ou distribuidores utilizem sinais distintivos que lhes são próprios, juntamente com a marca do produto, na sua promoção e comercialização".

Resposta: letra c.

TJMG – 2008 – *Questão n° 66 Direito Empresarial/25. Legislação extravagante/Lei Complementar n. 123/Legislação*

Assinale a opção que representa o quórum necessário para a alteração do contrato social de uma sociedade limitada enquadrada como empresa de pequeno porte, sabendo-se que o contrato social respectivo é omisso:

a) 3/4 do capital social.
b) 2/3 do capital social.
c) maioria dos sócios presentes na reunião ou assembleia.
d) primeiro número inteiro superior à metade do capital social.

Comentários

A empresa de pequeno porte é regulada pela Lei Complementar n. 123/2006. As deliberações sociais das empresas de pequeno porte estão reguladas pelo art. 70: "as microempresas e as empresas de pequeno porte são desobrigadas da realização de reuniões e assembleias em qualquer das situações previstas na legislação civil, as quais serão substituídas por deliberação representativa do primeiro número inteiro superior à metade do capital social".

Resposta: letra d.

DIREITO EMPRESARIAL

26. O EMPRESÁRIO E A RELAÇÃO DE CONSUMO

27. TUTELA CONTRATUAL DOS CONSUMIDORES

TJMG – 2012 – *Questão nº 75 Direito Empresarial/27. Tutela Contratual dos Consumidores/Jurisprudência/Legislação*

Assinale a alternativa correta sobre o corolário da aplicação do Código de Defesa do Consumidor às instituições financeiras (conforme enunciado da Súmula nº 297 do Superior Tribunal de Justiça).

a) As instituições financeiras ficam submetidas às restrições sobre cobrança de juros acima dos limites da Lei de Usura e do Código Civil de 2002.

b) As instituições financeiras ficam impedidas de inscrever o nome de consumidores em cadastro de devedores inadimplentes.

c) As instituições financeiras devem se precaver contra as ações de estelionatários que possam causar prejuízos contra consumidores e terceiros.

d) As instituições financeiras ficam obrigadas a flexibilizar condições e dispensar garantias fidejussórias em contratos de mútuo, nos quais haja comprovada função social.

Comentários

a) **INCORRETA.** Nos termos da Súmula 596 STF, as disposições do Decreto 22.626/1933 (Lei de Usura) não se aplicam às taxas de juros e aos outros encargos cobrados nas operações realizadas por instituições públicas ou privadas, que integram o Sistema Financeiro Nacional.

b) INCORRETA. Nos termos da Súmula 297 STJ, o Código de Defesa do Consumidor é aplicável às instituições financeiras. E a inscrição de dados de consumidores em banco de dados e cadastro é uma possibilidade regulada pelo Código de Defesa do Consumidor, em seus art. 43 e seguintes. A Súmula 323 STJ trata do prazo máximo de se manter o nome do devedor nos serviços de proteção ao crédito, que é de até 5 anos. Ou seja, é indubitável a possibilidade de inscrição do nome do consumidor devedor nesses cadastros, e não há qualquer óbice de a instituição financeira realizar essa inclusão.

c) CORRETA. A necessidade de precaução decorre da responsabilidade objetiva das instituições financeiras, nos termos da Súmula STJ 479: "As instituições financeiras respondem objetivamente pelos danos gerados por fortuito interno relativo a fraudes e delitos praticados por terceiros no âmbito de operações bancárias".

d) INCORRETA. Não há previsão legal ou jurisprudencial nesse sentido.

Resposta: letra c.

28. A INTERVENÇÃO JUDICIAL

29. JURISPRUDÊNCIA DOS TRIBUNAIS SUPERIORES

TJMG – 2007 – *Questão nº 68 Direito Empresarial/29. Jurisprudência dos Tribunais Superiores/Jurisprudência*

São entendimentos sumulados pelo Superior Tribunal de Justiça, exceto

a) o contrato de abertura de crédito, ainda que acompanhado de extrato da conta corrente, não é título executivo.

b) a cobrança antecipada do valor residual garantido (VRG) não descaracteriza o contrato de arrendamento mercantil.

c) não é potestativa a cláusula contratual que prevê a comissão de permanência, calculada pela taxa média de mercado apurada pelo Banco Central do Brasil, limitada à taxa do contrato.

d) as empresas administradoras de cartão de crédito não são instituições financeiras e, por isso, os juros remuneratórios por elas cobrados sofrem as limitações da Lei de Usura.

Comentários

a) CORRETA. Súmula 233 STJ – O contrato de abertura de crédito, ainda que acompanhado de extrato da conta corrente, não é título executivo.

b) CORRETA. Súmula 293 STJ – A cobrança antecipada do valor residual garantido (VRG) não descaracteriza o contrato de arrendamento mercantil.

c) CORRETA. Súmula 294 STJ – Não é potestativa a cláusula contratual que prevê a comissão de permanência, calculada pela taxa média de mercado apurada pelo Banco Central do Brasil, limitada à taxa do contrato.

d) INCORRETA. Súmula 283 STJ – As empresas administradoras de cartão de crédito SÃO INSTITUIÇÕES FINANCEIRAS e, por isso, os juros remuneratórios por elas cobrados não sofrem as limitações da Lei de Usura.

Resposta: letra d.

DIREITO EMPRESARIAL

TJMG – 2014 – *Questão nº 72 Direito Empresarial/29. Jurisprudência dos Tribunais Superiores/Jurisprudência/Legislação*

Assinale a alternativa INCORRETA.

a) A pessoa natural que constituir Empresa Individual de Responsabilidade Limitada – EIRELI, titular exclusiva do capital integralizado não inferior a cem vezes o salário mínimo, somente poderá figurar em uma única empresa dessa modalidade.

b) Com o trespasse do estabelecimento empresarial, o adquirente continua solidariamente obrigado, pelo prazo de um ano, pelo pagamento dos créditos vencidos e vincendos, desde que regularmente contabilizados.

c) Por exercer profissionalmente atividade econômica organizada para a produção ou circulação de bens ou de serviços, o empresário ou a sociedade empresária não se enquadram como os destinatários finais dos bens e serviços por eles adquiridos. Logo, as disposições do Código de Defesa do Consumidor (Lei nº 8.078/90) somente lhes são aplicáveis na qualidade de consumidores por equiparação.

d) Nos contratos bancários, a cobrança da comissão de permanência, cujo valor não pode ultrapassar a soma dos encargos remuneratórios e moratórios neles previstos, exclui a exigibilidade dos juros remuneratórios, moratórios e da multa contratual.

Comentários

a) CORRETA. Trata-se da literalidade do art. 980-A e § 2º CC.

Art. 980-A. A empresa individual de responsabilidade limitada será constituída por uma única pessoa titular da totalidade do capital social, devidamente integralizado, que não será inferior a 100 (cem) vezes o maior salário-mínimo vigente no País.

§ 2º A pessoa natural que constituir empresa individual de responsabilidade limitada somente poderá figurar em uma única empresa dessa modalidade.

b) CORRETA. Embora a melhor interpretação do art. 1.146 CC conclua que quem continua solidariamente obrigado é o alienante e não o adquirente. É certo que o adquirente vai responder solidariamente com o alienante pelas dívidas contabilizadas, pelo período de 1 ano. Vejamos o teor do texto legal:

Art. 1.146. O ADQUIRENTE do estabelecimento responde pelo pagamento dos débitos anteriores à transferência, desde que regularmente

CONTABILIZADOS, continuando o devedor primitivo solidariamente obrigado pelo prazo de um ano, a partir, quanto aos créditos vencidos, da publicação, e, quanto aos outros, da data do vencimento.

Quando ocorre o trespasse, o adquirente responde pelas dívidas anteriores, desde que contabilizadas, ou seja, que estejam no contrato de trespasse. O alienante responde solidariamente pelas dívidas vencidas, contadas da publicação do trespasse, e pelas vincendas, da data do seu vencimento, pelo prazo de 1 ano.

c) INCORRETA.

"A jurisprudência do STJ se encontra consolidada no sentido de que a determinação da qualidade de consumidor deve, em regra, ser feita mediante aplicação da teoria finalista, que, numa exegese restritiva do art. 2º do CDC, **considera destinatário final tão somente o destinatário fático e econômico do bem ou serviço, seja ele pessoa física ou jurídica**. (...) A jurisprudência do STJ, tomando por base o conceito de consumidor por equiparação previsto no art. 29 do CDC, tem evoluído para uma aplicação temperada da teoria finalista frente às pessoas jurídicas, num processo que a doutrina vem denominando finalismo aprofundado, consistente em se admitir que, em determinadas hipóteses, **a pessoa jurídica adquirente de um produto ou serviço pode ser equiparada à condição de consumidora, por apresentar frente ao fornecedor alguma vulnerabilidade**, que constitui o princípio-motor da política nacional das relações de consumo, premissa expressamente fixada no art. 4º, I, do CDC, que legitima toda a proteção conferida ao consumidor". (STJ – REsp: 1195642 RJ 2010/0094391-6).

d) CORRETA. Súmula STJ 472: "a cobrança de comissão de permanência – cujo valor não pode ultrapassar a soma dos encargos remuneratórios e moratórios previstos no contrato – exclui a exigibilidade dos juros remuneratórios, moratórios e da multa contratual.

Resposta: letra c.

30. DA FALÊNCIA E DA RECUPERAÇÃO JUDICIAL. LEI 11.101/05

TJMG – 2007 – *Questão nº 61 Direito Empresarial/30. Da Falência e da Recuperação Judicial/Legislação*

NÃO se sujeita à falência:

a) uma pessoa natural, com registro na Junta Comercial, que exerça profissionalmente atividade econômica organizada para a produção ou a circulação de bens ou de serviços.

DIREITO EMPRESARIAL

b) uma sociedade de advogados com complexa estrutura organizacional e inúmeros advogados contratados.

c) uma sociedade empresária limitada que não recomponha a pluralidade de sócios no prazo de cento e oitenta dias.

d) uma sociedade anônima que tenha por objeto o exercício de atividade intelectual e de natureza científica.

Comentários

a) **INCORRETA.** O Empresário individual (art. 966, CC) sujeita-se à falência, nos termos do art. 1º da Lei n. 11.101/2005: "esta Lei disciplina a recuperação judicial, a recuperação extrajudicial e a falência do empresário e da sociedade empresária, doravante referidos simplesmente como devedor".

b) **CORRETA.** A sociedade de advogados, ainda que complexa e organizada não será empresária, art. 966, parágrafo único, CC c/c art. 16 Lei n. 8.906/1994 (Estatuto da Advocacia e a Ordem dos Advogados do Brasil), portanto não se sujeita à falência.

c) **INCORRETA.** Art. 1087, c/c, 1044, c/c 1033, caput, IV e parágrafo único, CC. Caso não recomponha a pluralidade de sócios, poderá o sócio remanescente transformar o registro da sociedade em EIRELI ou empresário individual, podendo sujeitar-se à falência.

d) **INCORRETA.** As S/A serão sempre empresárias, art. 982, parágrafo único, CC: "independentemente de seu objeto, considera-se empresária a sociedade por ações; e, simples, a cooperativa". Ademais, uma sociedade não exerce atividade intelectual, pois o intelecto é um atributo de pessoa física.

Resposta: letra b.

TJMG – 2007 – Questão nº 69 Direito Empresarial/30. Da Falência e da Recuperação Judicial/Administrador Judicial/Legislação

Quanto ao administrador judicial na falência, assinale a alternativa INCORRETA.

a) Pode ser uma pessoa jurídica especializada.

b) Pode ser um economista.

c) Tem capacidade postulatória em razão do exercício de suas funções.

d) Compete a ele dar extratos dos livros do devedor, que merecerão fé de ofício, a fim de servirem de fundamento nas habilitações e impugnações de créditos.

> **Comentários**
>
> a) Correta, pois encontra-se em consonância com o art. 21 da Lei n. 11.101/2005.
>
> Art. 21. O administrador judicial será profissional idôneo, preferencialmente advogado, economista, administrador de empresas ou contador, ou pessoa jurídica especializada.
>
> b) Correta, pois encontra-se em consonância com o art. 21 da Lei n. 11.101/2005.
>
> c) INCORRETA. Nos termos do art. 103 do CPC/2015 tem capacidade postulatória o advogado regularmente inscrito na Ordem dos Advogados do Brasil, sendo lícito à parte postular em causa própria quando tiver habilitação legal.
>
> d) CORRETA. "Art. 22. Ao administrador judicial compete, sob a fiscalização do juiz e do Comitê, além de outros deveres que esta Lei lhe impõe:
>
> I – na recuperação judicial e na falência:
>
> c) dar extratos dos livros do devedor, que merecerão fé de ofício, a fim de servirem de fundamento nas habilitações e impugnações de créditos".
>
> **Resposta: letra c.**

TJMG – 2007 – *Questão nº 70 Direito Empresarial/30. Da Falência e da Recuperação Judicial/Legislação*

Assinale a alternativa INCORRETA.

a) Os sócios da sociedade limitada declarada falida são considerados falidos.

b) Com a decretação de falência, não pode o sócio da sociedade falida exercer direito de retirada ou receber o valor de suas quotas ou ações.

c) Após a decretação da falência, não há qualquer modalidade de concessão de recuperação judicial em favor do falido, salvo se declaradas extintas, por sentença transitada em julgado, as responsabilidades decorrentes da falência.

DIREITO EMPRESARIAL

d) Na falência do devedor alienante, fica assegurado ao credor ou proprietário fiduciário o direito de pedir a restituição do bem alienado fiduciariamente.

Comentários

a) **INCORRETA.** Na sociedade limitada a responsabilidade dos sócios é restrita ao valor de suas quotas, nos termos do art. 1.052 CC.

b) **CORRETA.** Nos termos do art. 83, § 2º da Lei n. 11.101/2005, não são oponíveis à massa falida os valores decorrentes de direito de sócio ao recebimento de sua parcela do capital social na liquidação da sociedade.

c) **CORRETA.** Nesse sentido, é o texto legal da Lei n. 11.101/2005:

Art. 48. Poderá requerer recuperação judicial o devedor que, no momento do pedido, exerça regularmente suas atividades há mais de 2 (dois) anos e que atenda aos seguintes requisitos, cumulativamente:

I – não ser falido e, se o foi, estejam declaradas extintas, por sentença transitada em julgado, as responsabilidades daí decorrentes;

d) Correta, nos termos da Lei n. 11.101/2005:

Art. 85. O proprietário de bem arrecadado no processo de falência ou que se encontre em poder do devedor na data da decretação da falência poderá pedir sua restituição.

Parágrafo único. Também pode ser pedida a restituição de coisa vendida a crédito e entregue ao devedor nos 15 (quinze) dias anteriores ao requerimento de sua falência, se ainda não alienada.

Resposta: letra a.

TJMG – 2008 – *Questão nº 67 Direito Empresarial/30. Da Falência e da Recuperação Judicial/Legislação*

Quanto à recuperação judicial, é INCORRETO afirmar que:

a) A decisão que defere o processamento da recuperação judicial suspende o curso da prescrição, por prazo indeterminado, de todas as ações e execuções em face do empresário.

b) A decisão que defere o processamento da recuperação judicial suspende o curso da prescrição e de todas as ações e execuções movidas pelos credores particulares do sócio solidário à sociedade empresária.

c) Não se sujeitará aos efeitos da recuperação judicial a importância entregue ao devedor, em moeda corrente nacional, decorrente de adiantamento a contrato de câmbio para exportação, desde que o prazo total da operação, inclusive eventuais prorrogações, não exceda o previsto nas normas específicas da autoridade competente.

d) A cisão, a incorporação, a fusão, a transformação da sociedade e a constituição de subsidiária integral constituem meios de recuperação judicial.

Comentários

a) **INCORRETA.** O prazo da suspensão do curso da prescrição, na recuperação judicial, não é por prazo indeterminado, mas pelo prazo improrrogável de 180 dias, nos termos do art. 6º, § 4º, da Lei n. 11.101/2005.

Art. 6º A decretação da falência ou o deferimento do processamento da recuperação judicial suspende o curso da prescrição e de todas as ações e execuções em face do devedor, inclusive aquelas dos credores particulares do sócio solidário.

§ 4º Na recuperação judicial, a suspensão de que trata o caput deste artigo em hipótese nenhuma excederá o prazo improrrogável de 180 (cento e oitenta) dias contado do deferimento do processamento da recuperação, restabelecendo-se, após o decurso do prazo, o direito dos credores de iniciar ou continuar suas ações e execuções, independentemente de pronunciamento judicial.

b) CORRETA. Corresponde ao caput do art. 6º, transcrito na explicação da alternativa acima.

c) CORRETA. Nos termos dos art. 49, § 4º e 86, II, da Lei n. 11.101/2005.

"Art. 49. § 4º Não se sujeitará aos efeitos da recuperação judicial a importância a que se refere o inciso II do art. 86 desta Lei.

Art. 86. II – da importância entregue ao devedor, em moeda corrente nacional, decorrente de adiantamento a contrato de câmbio para exportação, na forma do art. 75, §§ 3º e 4º, da Lei n. 4.728, de 14 de julho de 1965, desde que o prazo total da operação, inclusive eventuais prorrogações, não exceda o previsto nas normas específicas da autoridade competente".

d) Correta, nos termos do art. 50, II, da Lei n. 11.101/2005.

"Art. 50. Constituem meios de recuperação judicial, observada a legislação pertinente a cada caso, dentre outros:

II – cisão, incorporação, fusão ou transformação de sociedade, constituição de subsidiária integral, ou cessão de cotas ou ações, respeitados os direitos dos sócios, nos termos da legislação vigente".

Resposta: letra a.

TJMG – 2008 – *Questão nº 70 Direito Empresarial/30. Da Falência e da Recuperação Judicial/Legislação*

Quanto à falência e à recuperação judicial, é INCORRETO afirmar que:

a) Na falência, os créditos retardatários perderão o direito a rateios eventualmente realizados e ficarão sujeitos ao pagamento de custas, não se computando os acessórios compreendidos entre o término do prazo e a data do pedido de habilitação.

b) Após a homologação do quadro-geral de credores, aqueles que não habilitaram seu crédito poderão, observado, no que couber, o procedimento ordinário previsto no Código de Processo Civil, requerer ao juízo da falência ou da recuperação judicial a retificação do quadro-geral para inclusão do respectivo crédito.

c) Na recuperação judicial, os titulares de créditos retardatários têm direito a voto nas deliberações da assembleia-geral de credores.

d) As habilitações de crédito retardatárias, se apresentadas antes da homologação do quadro-geral de credores, serão recebidas como impugnação.

Comentários

a) CORRETA. Trata-se da transcrição do art. 10, § 3º, da Lei n. 11.101/2005. "§ 3º Na falência, os créditos retardatários perderão o direito a rateios eventualmente realizados e ficarão sujeitos ao pagamento de custas, não se computando os acessórios compreendidos entre o término do prazo e a data do pedido de habilitação".

b) CORRETA. Trata-se da transcrição do art. 10, § 6º, da Lei n. 11.101/2005. " § 6º Após a homologação do quadro-geral de credores, aqueles que não habilitaram seu crédito poderão, observado, no que couber, o procedimento ordinário previsto no Código de Processo Civil, requerer ao juízo da falência ou da recuperação judicial a retificação do quadro-geral para inclusão do respectivo crédito".

c) INCORRETA. Nos termos do art. 10, § 1º da Lei n. 11.101/2005: "na recuperação judicial, os titulares de créditos retardatários, excetuados os titulares de créditos derivados da relação de trabalho, **NÃO** terão direito a voto nas deliberações da assembleia-geral de credores".

d) CORRETA. Trata-se da transcrição do art. 10, § 5º, da Lei n. 11.101/2005. "§ 5º As habilitações de crédito retardatárias, se apresentadas antes da homologação do quadro-geral de credores, serão recebidas como impugnação e processadas na forma dos arts. 13 a 15 desta Lei".

Resposta: letra c.

TJMG – 2009 – *Questão nº 63 Direito Empresarial/30. Da Falência e da Recuperação Judicial/Legislação*

No procedimento falencial, a restituição em dinheiro será precedida do pagamento:

a) dos créditos trabalhistas de natureza estritamente salarial vencidos nos 3 (três) meses anteriores à decretação da falência, até o limite de 5 (cinco) salários mínimos por trabalhador.

b) dos créditos com garantia real.

c) dos créditos trabalhistas vencidos nos 3 (três) meses anteriores à decretação da falência, até o limite de 10 (dez) salários mínimos.

d) dos créditos decorrentes de acidentes de trabalho relativos a serviços prestados após a decretação da falência.

Comentários

a) CORRETA. "Art. 151. Os créditos trabalhistas de natureza estritamente salarial vencidos nos 3 (três) meses anteriores à decretação da falência, até o limite de 5 (cinco) salários-mínimos por trabalhador, serão pagos tão logo haja disponibilidade em caixa". A lei fala que esses créditos trabalhistas serão pagos tão logo haja disponibilidade em caixa, ou seja, antes das restituições.

b) INCORRETA. Os créditos com garantia real serão pagos nos termos do art. 83, II, da Lei n. 11.101/2005, devendo ser observada a ordem de pagamento dos créditos concursais. O pagamento desses só ocorre após a restituição (arts. 85 e ss).

DIREITO EMPRESARIAL

c) INCORRETA. Veja o comentário da alternativa A. O erro dessa assertiva refere-se ao limite do crédito, que não é de 10 salários mínimos, e, sim, 5 salários mínimos.

d) INCORRETA. Esses créditos serão pagos antes dos créditos concursais, mas são pagos após a restituição.

"Art. 84. Serão considerados créditos extraconcursais e serão pagos com precedência sobre os mencionados no art. 83 desta Lei, na ordem a seguir, os relativos a:

I – remunerações devidas ao administrador judicial e seus auxiliares, e créditos derivados da legislação do trabalho ou decorrentes de acidentes de trabalho relativos a serviços prestados após a decretação da falência".

Resposta: letra a.

***TJMG – 2009** – Questão n° 64 Direito Empresarial/30. Da Falência e da Recuperação Judicial/Legislação*

Em se tratando de processo falencial, é CORRETA a afirmação:

a) Há relativização dos princípios cambiários somente no que se refere aos títulos emitidos pelo falido, nas habilitações de crédito, após o termo legal da quebra.

b) Não há relativização dos princípios cambiários.

c) Há relativização dos princípios cambiários somente no que se refere aos títulos emitidos pelo falido, nas habilitações de crédito, antes do termo legal da quebra.

d) Há relativização dos princípios cambiários, nas habilitações de crédito.

Comentários

a) INCORRETA. Há relativização dos princípios cambiários, como o princípio da abstração e autonomia, na recuperação judicial e não apenas "após o termo legal da quebra", segundo informa a assertiva, o que a torna errada. O art. 9°, II da Lei n. 11.101/2005, exige que o credor apresente ao administrador judicial, para fins de habilitação do seu crédito, o valor do crédito atualizado até a data do pedido de recuperação judicial, sua origem e classificação. Nesse caso, não basta que o credor apresente o título para ver reconhecido seu crédito, deve declinar sua origem. Assim, não é só na falência que há a relativização desses princípios, mas na recuperação judicial também.

b) INCORRETA. Há relativização dos princípios cambiários, como explicitado na justificativa da assertiva anterior.

c) INCORRETA. Conforme explicação da alternativa A, a relativização dos princípios não se restringe à falência (quebra).

d) CORRETA. Nas habilitações de crédito, há relativização dos princípios cambiários, conforme a justificativa da primeira assertiva dessa questão.

Resposta: letra d.

***TJMG – 2009** – Questão nº 70 Direito Empresarial/30. Da Falência e da Recuperação Judicial/Legislação*

Para a doutrina, na ação revocatória falencial, a pretensão imediata do autor está limitada:

a) À declaração de nulidade do ato fraudulento e à arrecadação dos respectivos bens pelo administrador da falência.

b) À anulação do ato fraudulento e à arrecadação dos respectivos bens pelo administrador da falência.

c) À declaração de ineficácia do ato fraudulento e à arrecadação dos respectivos bens pelo administrador da falência.

d) À indenização em razão do prejuízo causado pelo negócio fraudulento e à arrecadação dos respectivos bens pelo administrador da falência.

Comentários

a) **INCORRETA.** Na ação revocatória, nos termos da Lei n. 11.101/2005, não há declaração de nulidade do ato fraudulento, mas o reconhecimento da ineficácia desse ato, sendo determinado o retorno do bem à massa falida, nos termos dos arts. 135 e 136.

b) **INCORRETA.** Não se trata de anulabilidade do ato, mas, sua revogação.

c) **CORRETA.**

Art. 135. A sentença que julgar procedente a ação revocatória determinará o retorno dos bens à massa falida em espécie, com todos os acessórios, ou o valor de mercado, acrescidos das perdas e danos.

DIREITO EMPRESARIAL

> (...)
>
> Art. 136. Reconhecida a ineficácia ou julgada procedente a ação revocatória, as partes retornarão ao estado anterior, e o contratante de boa-fé terá direito à restituição dos bens ou valores entregues ao devedor.
>
> **d) INCORRETA.** O direito a indenização é garantido ao terceiro de boa-fé, nos termos do art. 136, § 2° da Lei n. 11.101/2005. "Art. 136. § 2° É garantido ao terceiro de boa-fé, a qualquer tempo, propor ação por perdas e danos contra o devedor ou seus garantes".
>
> **Resposta: letra c.**

TJMG – 2009 – *Questão n° 71 Direito Empresarial/30. Da Falência e da Recuperação Judicial/Legislação*

É CORRETA a afirmação sobre o crédito do comissário na falência ou insolvência do comitente:

a) Os créditos do comissário são quirografários.

b) O crédito do comissário, relativo a comissões e despesas feitas, goza da preferência a que é atribuída aos trabalhistas em razão da sua natureza alimentar.

c) O crédito referente às despesas feitas no cumprimento do contrato de comissão são considerados extraconcursais em razão da sua natureza alimentar.

d) O crédito do comissário, relativo a comissões e despesas feitas, goza de privilégio geral.

> **Comentários**
>
> **a) INCORRETA.** Nos termos do art. 707 CC o crédito do comissário goza de privilégio geral. "Art. 707. O crédito do comissário, relativo a comissões e despesas feitas, goza de privilégio geral, no caso de falência ou insolvência do comitente".
>
> **b) INCORRETA.** O crédito do comissário não goza da preferência a que é atribuída aos trabalhistas. O rol do art. 83, estabelece uma ordem, onde os créditos trabalhistas são os primeiros e os créditos com privilégio geral estão em quinto, na ordem.

Art. 83. A classificação dos créditos na falência obedece à seguinte ordem:

I – os créditos derivados da legislação do trabalho, limitados a 150 (cento e cinquenta) salários-mínimos por credor, e os decorrentes de acidentes de trabalho;

(...)

V – créditos com privilégio geral, a saber:

(...)

c) os assim definidos em outras leis civis e comerciais, salvo disposição contrária desta Lei;

c) INCORRETA. Como já explicado, o crédito decorrente de contrato de comissão goza de privilégio geral.

d) Correta, nos termos do art. 707 CC.

Resposta: letra d.

TJMG – 2012 – *Questão nº 79 Direito Empresarial/30. Da Falência e da Recuperação Judicial/Legislação*

Assinale a alternativa correta.

a) é competente a Justiça Federal para decretar falência ou deferir processamento da recuperação judicial de sociedade de economia mista cuja acionista majoritária seja a União.

b) é competente a Justiça Estadual para decretar falência ou deferir processamento da recuperação judicial de sociedade de economia mista cuja acionista majoritária seja a União.

c) é competente o juízo do foro eleito pela assembleia geral, ao aprovar o respectivo estatuto, para decretar falência ou deferir processamento da recuperação judicial de sociedade operadora de plano de assistência à saúde.

d) é competente o juízo do local da filial para decretar falência ou deferir processamento da recuperação judicial de empresa que tenha sede fora do Brasil.

Comentários

a) **INCORRETA.** Nos termos do art. 2º, I, da Lei n. 11.101/2005 esta lei não se aplica a empresa pública e sociedade de economia mista.

b) Incorreta, pela mesma razão apontada na justificativa da alternativa A.

DIREITO EMPRESARIAL

c) INCORRETA. Nos termos do art. 2°, II, da Lei n. 11.101/2005 esta lei não se aplica a sociedade operadora de plano de assistência à saúde.

d) Correta, nos termos do art. 3° da Lei n. 11.101/2005.

Art. 3° É competente para homologar o plano de recuperação extrajudicial, deferir a recuperação judicial ou decretar a falência o juízo do local do principal estabelecimento do devedor ou da filial de empresa que tenha sede fora do Brasil.

Resposta: letra d.

TJMG – 2012 – *Questão n° 80 Direito Empresarial/30. Da Falência e da Recuperação Judicial/Legislação*

É correto afirmar que pode requerer recuperação judicial o devedor que

a) não tenha, há menos de cinco anos, obtido concessão de recuperação judicial.

b) exerça regularmente suas atividades há mais de cinco anos.

c) não tenha, há menos de cinco anos, obtido parcelamento de débitos inscritos na dívida ativa da União, Estados ou Municípios.

d) não tenha, há menos de cinco anos, seu nome inscrito em cadastros de devedores inadimplentes.

Comentários

a) Correta, nos termos do art. 48, III, da Lei n. 11.101/2005.

"Art. 48. Poderá requerer recuperação judicial o devedor que, no momento do pedido, exerça regularmente suas atividades há mais de 2 (dois) anos e que atenda aos seguintes requisitos, cumulativamente:

III – não ter, há menos de 5 (cinco) anos, obtido concessão de recuperação judicial com base no plano especial de que trata a Seção V deste Capítulo".

b) Incorreta, pois de acordo com o art. 48, caput, da Lei n. 11.101/2005, o devedor deve exercer regularmente suas atividades há mais de 2 (dois) anos.

c) INCORRETA. A Lei n. 11.101/2005 não traz esse requisito.

d) INCORRETA. A Lei n. 11.101/2005 não traz esse requisito.

Resposta: letra a.

TJMG – 2014 – *Questão n° 76 Direito Empresarial/30. Da Falência e da Recuperação Judicial/Legislação/Jurisprudência*

Sobre o processo falimentar, analise as seguintes afirmativas.

I. O protesto por indicação de uma triplicata não se revela hábil para instruir o pedido falimentar, fundado na impontualidade do devedor, se não estiver acompanhado da prova efetiva de que o correspondente título de crédito restou indevidamente retido pelo sacado.

II. As cédulas de crédito bancário, por necessitarem do acompanhamento de uma planilha de cálculos para a apuração do valor devido, não constituem títulos de crédito líquidos, certos e exigíveis hábeis para ensejar o pedido de falência fundado na impontualidade da sociedade devedora.

III. Embora fundado em um título abstrato e autônomo, compete ao portador do crédito representado por um cheque, no momento de sua habilitação na falência, demonstrar, efetivamente, o integral cumprimento do negócio jurídico que deu causa à sua emissão.

IV. A ineficácia, em relação à massa falida, do pagamento de dívidas não vencidas, realizada pelo devedor dentro do termo legal da quebra, não poderá ser declarada de ofício pelo juiz, devendo ser pleiteada pelo administrador judicial mediante o ajuizamento da competente ação revocatória.

A partir da análise, conclui-se que estão CORRETAS.

a) II e IV apenas.
b) I e III apenas.
c) II e III apenas.
d) I e IV apenas.

Comentários

I. Correta. DIREITO FALIMENTAR. FALÊNCIA. REQUERIMENTO. DUPLICATAS. PROTESTO POR INDICAÇÃO. COMPROVANTE DE ENTREGA DAS MERCADORIAS. REVELIA. PRESUNÇÃO DE VERACIDADE. IMPONTUALIDADE. PROCEDÊNCIA. SENTENÇA REFORMADA. A lei permite a execução e, consequentemente, o pedido de falência (art. 1°, § 3°, do Decreto-Lei n° 7.661, de 21.6.1945), sem a apresentação da duplicata ou triplicata, desde que a petição inicial venha acompanhada de comprovante do protesto e de documento hábil a demonstrar a entrega da mercadoria (art. 15, § 2°, da Lei n° 5.474, de 18.7.1968). Precedentes do STJ. Recurso especial não conhecido. (REsp n. 119.263/SP, 4ª Turma, rel. Ministro Barros Monteiro, DJ 9.12.2002

p. 345). (TJMG. Apelação Cível 1.0079.02.004758-9/001. Des.(a) Alberto Vilas Boas. Data de Julgamento 28/09/2010).

II. Incorreta. A planilha de dados não é requisito para tornar o título documento hábil a instruir o pedido de falência, porque, como explicitado nos artigos abaixo, a cédula de crédito bancário é título executivo extrajudicial que representa dívida em dinheiro, certa, líquida e exigível.

Art. 28. A Cédula de Crédito Bancário é título executivo extrajudicial e representa dívida em dinheiro, CERTA, LÍQUIDA E EXIGÍVEL, seja pela soma nela indicada, seja pelo saldo devedor demonstrado em planilha de cálculo, ou nos extratos da conta corrente, elaborados conforme previsto no § 2°.

Art. 29. A Cédula de Crédito Bancário deve conter os seguintes requisitos essenciais: I – a denominação "Cédula de Crédito Bancário"; II – a promessa do emitente de pagar a dívida em dinheiro, CERTA, LÍQUIDA E EXIGÍVEL no seu vencimento ou, no caso de dívida oriunda de contrato de abertura de crédito bancário, a promessa do emitente de pagar a dívida em dinheiro, certa, líquida e exigível, correspondente ao crédito utilizado; III – a data e o lugar do pagamento da dívida e, no caso de pagamento parcelado, as datas e os valores de cada prestação, ou os critérios para essa determinação; IV – o nome da instituição credora, podendo conter cláusula à ordem; V – a data e o lugar de sua emissão; e VI – a assinatura do emitente e, se for o caso, do terceiro garantidor da obrigação, ou de seus respectivos mandatários.

III. Correta. Art. 9°, II, da Lei n. 11.101/2005. Art. 9° A habilitação de crédito realizada pelo credor nos termos do art. 7°, § 1°, desta Lei deverá conter: II – o valor do crédito, atualizado até a data da decretação da falência ou do pedido de recuperação judicial, sua ORIGEM E CLASSIFICAÇÃO.

IV. Incorreta. Art. 129. São ineficazes em relação à massa falida, tenha ou não o contratante conhecimento do estado de crise econômico-financeira do devedor, seja ou não intenção deste fraudar credores. Parágrafo único. A ineficácia PODERÁ ser declarada de ofício pelo juiz, alegada em defesa ou pleiteada mediante ação própria ou incidentalmente no curso do processo.

Resposta: letra b.

TJMG – 2014 – *Questão n° 78 Direito Empresarial/30. Da Falência e da Recuperação Judicial/Legislação/Jurisprudência/Doutrina*

Com relação ao processo de recuperação judicial, analise as seguintes afirmativas.

I. A aprovação do plano de recuperação judicial implica a novação dos créditos anteriores ao pedido, acarretando, inclusive, a exoneração dos devedores solidários. Esta novação, contudo, está sujeita a uma condição resolutiva.

II. O juiz poderá, superando o veto imposto por apenas uma classe de credores (cram down), conceder a recuperação judicial com base em plano não aprovado pela assembleia-geral de credores, independentemente de tratamento diferenciado entre os credores da classe que o houver rejeitado, desde que o plano tenha obtido o voto favorável de credores que representem mais da metade do valor de todos os créditos presentes à assembleia.

III. De acordo com a jurisprudência dominante, "o parcelamento do crédito tributário na recuperação judicial é um direito do contribuinte, e não uma faculdade da Fazenda Pública". Por isso, enquanto não for editada lei específica, não se faz necessária para a concessão da recuperação judicial do devedor, cujo plano tenha sido aprovado pela assembleia-geral dos credores, a juntada das certidões negativas de débitos tributários.

IV. O plano especial de recuperação judicial para microempresas e empresas de pequeno porte abrangerá, exclusivamente, os créditos trabalhistas e quirografários, os quais deverão ser pagos em até trinta e seis parcelas mensais, iguais e sucessivas, a contar do prazo máximo de cento e oitenta dias, contado da distribuição do pedido de recuperação judicial.

A partir da análise, conclui-se que estão INCORRETAS.

a) II e III apenas.
b) I e IV apenas.
c) I e III apenas.
d) II e IV apenas.

Comentários

I. Embora essa assertiva tenha sido considerada correta pelo gabarito definitivo, ela não se coaduna com o texto legal e jurisprudencial.

De fato, nos termos do art. 59 da Lei n. 11.101/2005 "o plano de recuperação judicial implica novação dos créditos anteriores ao pedido". Mas ao contrário que afirma a assertiva da questão não há que se falar em exoneração do devedor solidário, pois a parte final do art. 59 assevera "e obriga o devedor e todos os credores a ele sujeitos, SEM PREJUÍZO das garantias, observado o disposto no art. 1º do art. 50 desta Lei".

Súmula STJ 581: "a recuperação judicial do devedor principal não impede o prosseguimento das ações e execuções ajuizadas contra terceiros

DIREITO EMPRESARIAL

devedores solidários ou coobrigados em geral, por garantia cambial, real ou fidejussória".

II. Incorreta, conforme os seguintes arts. da Lei n. 11.101/2005:

Art. 58. § 2º A recuperação judicial somente poderá ser concedida com base no § 1º deste artigo SE O PLANO NÃO IMPLICAR TRATAMENTO DIFERENCIADO entre os credores da classe que o houver rejeitado.

O erro da assertiva consiste em afirmar que a recuperação ocorrerá independentemente de tratamento diferenciado.

III. Correta. Enunciado 55 do CJF: "o parcelamento do crédito tributário na recuperação judicial é um direito do contribuinte, e não uma faculdade da Fazenda Pública, e, enquanto não for editada lei específica, não é cabível a aplicação do disposto no art. 57 da Lei n. 11.101/2005 e no art.191-A do CTN".

IV. Incorreta, nos termos do art. 71 da Lei n. 11.101/2005.

Art. 71. O plano especial de recuperação judicial será apresentado no prazo previsto no art. 53 desta Lei e limitar-se á às seguintes condições:

I – abrangerá TODOS os créditos existentes na data do pedido, ainda que não vencidos, excetuados os decorrentes de repasse de recursos oficiais, os fiscais e os previstos nos §§ 3º e 4º do art. 49;

Resposta: Letra D, com ressalva da I.

31. TÍTULOS DE CRÉDITO. TEORIA GERAL

TJMG – 2007 – *Questão nº 65 Direito Empresarial/31. Títulos de crédito. Teoria Geral/Legislação*

Quanto ao protesto, assinale a alternativa INCORRETA.

a) Os cartórios fornecerão às entidades representativas da indústria e do comércio ou àquelas vinculadas à proteção do crédito, quando solicitada, certidão diária, em forma de relação, dos protestos tirados e dos cancelamentos efetuados, com a nota de se cuidar de informação reservada.

b) A Cédula de Crédito Bancário poderá ser protestada por indicação, desde que o credor apresente declaração de posse da sua única via negociável, inclusive no caso de protesto parcial.

c) O cancelamento do registro do protesto, se fundado em outro motivo que não no pagamento do título ou documento de dívida, será efetivado por determinação judicial.

d) O protesto será registrado dentro de três dias úteis contados da intimação do devedor do título ou documento de dívida.

> **Comentários**
>
> a) CORRETA. Trata-se da transcrição do art. 29 da Lei n. 9.492/97: "os cartórios fornecerão às entidades representativas da indústria e do comércio ou àquelas vinculadas à proteção do crédito, quando solicitada, certidão diária, em forma de relação, dos protestos tirados e dos cancelamentos efetuados, com a nota de se cuidar de informação reservada, da qual não se poderá dar publicidade pela imprensa, nem mesmo parcialmente".
>
> b) CORRETA. Trata-se da exata transcrição do art. 41 da Lei n. 10.931/2004: "a Cédula de Crédito Bancário poderá ser protestada por indicação, desde que o credor apresente declaração de posse da sua única via negociável, inclusive no caso de protesto parcial".
>
> c) CORRETA. Trata-se da transcrição do art. 26, § 3º da Lei n. 9.492/1997: "O cancelamento do registro do protesto, se fundado em outro motivo que não no pagamento do título ou documento de dívida, será efetivado por determinação judicial, pagos os emolumentos devidos ao Tabelião".
>
> d) Incorreta, pois é os três dias são contados da protocolização do título ou documento de dívida, nos termos do art. 12 da Lei n. 9.492/1997: "o protesto será registrado dentro de três dias úteis contados da protocolização do título ou documento de dívida".
>
> **Resposta: letra d.**

TJMG – 2008 – *Questão nº 59 Direito Empresarial/31. Títulos de crédito. Teoria Geral/Legislação/Doutrina*

As declarações abaixo, uma vez lançadas nos títulos de crédito, produzem efeitos, exceto

a) o saque de uma duplicata pelo falso mandatário do sacador.

b) o aval consistente na digital do analfabeto-avalista.

c) na letra de câmbio com pluralidade de tomadores, o endosso lançado por apenas um deles.

d) a emissão de um cheque por terceiro que não é o titular da conta corrente respectiva.

Comentários

a) CORRETA. Ainda que se trate de falso mandatário do sacador, uma vez lançada a assinatura no título, o saque produzirá seus efeitos. Isso decorre da teoria da aparência. "Segundo os defensores dessa teoria, o terceiro deve contar com a aparência criada pelas declarações cambiais existentes no título, principalmente quando não tiver tido conhecimento de divergências existentes. Trata-se do princípio da tutela da aparência jurídica em matéria de título de crédito, que procura dar tranquilidade maior aos que com tais papéis transacionam" (COSTA, 2008, p. 144).

Lei n. 5.474/1968. Art. 25. Aplicam-se à duplicata e à triplicata, no que couber, os dispositivos da legislação sobre emissão, circulação e pagamento das Letras de Câmbio.

Nesse sentido, destacam-se da LUG os arts. 7º e 8º:

Art. 7º – Se a letra contém assinaturas de pessoas incapazes de se obrigarem por letras, assinaturas falsas, assinaturas de pessoas fictícias, ou assinaturas que por qualquer outra razão não poderiam obrigar as pessoas que assinaram a letra, ou em nome das quais ela foi assinada, as obrigações dos outros signatários nem por isso deixam de ser validas.

Art. 8º – Todo aquele que apuser a sua assinatura numa letra, como representante duma pessoa, para representar a qual não tinha de fato poderes, fica obrigado em virtude da letra e, se a pagar, tem os mesmos direitos que o pretendido representante. A mesma regra se aplica ao representante que tenha excedido os seus poderes.

b) INCORRETA. No caso descrito nessa assertiva não haverá produção de efeitos, sendo, portanto, a alternativa correta. Nos termos do art. 31 da LUG o aval é escrito na própria letra ou numa folha anexa. Exprime-se pelas palavras "bom para aval" ou por qualquer fórmula equivalente; e assinado pelo dador do aval. Ou seja, a lei fala em assinatura, e nesse caso, a impressão digital não supre esse requisito. Nesse sentido afirma a doutrina:

Por isso, quem não sabe assinar, como o analfabeto, e quer se obrigar no título de crédito, deve constituir seu mandatário, outorgando-lhe poderes especiais. Certamente, por não saber assinar, a procuração a ser outorgada pelo analfabeto não poderá ser por instrumento particular. Deverá ser por instrumento público, lavrada em Cartório de Notas. Não vale a inserção no título de impressão digital, nem assinatura a rogo (assinatura a pedido), já que dessa forma ninguém se obriga em título de crédito, muito menos o analfabeto. Impressão digital não é e nunca foi assinatura. Ainda que possa identificar alguém, não pode valer como requisito cambial. (COSTA, 2008, p. 154).

c) CORRETA. Haverá produção de efeitos, pois, entre os tomadores há solidariedade, assim, caso apenas um deles endosse a letra, passará o crédito todo.

d) CORRETA. Haverá produção de efeitos, pois, nos termos do art. 9°, II da Lei n. 7.357/1985, o cheque pode ser emitido por conta de terceiro.

Resposta: letra b.

TJMG – 2008 – *Questão n° 68 Direito Empresarial/31. Títulos de crédito. Teoria Geral/Endosso/Legislação/Doutrina*

Quanto ao endosso caução, assinale a alternativa CORRETA.

a) Aplica-se aos cheques, conforme previsão legal.

b) Os coobrigados não podem invocar contra o portador as exceções fundadas sobre as relações pessoais deles com o endossante, a menos que o portador, ao receber a letra, tenha procedido conscientemente em detrimento do devedor.

c) É translativo.

d) O endosso que eventualmente o suceder será também caução.

Comentários

a) **INCORRETA.** O cheque é regulado pela Lei n. 7.357/1985, e nessa norma não há previsão de endosso-caução. Isso se deve ao fato de o cheque consubstanciar-se em ordem de pagamento à vista, insuscetível de ser dado em garantia.

b) CORRETA. Trata-se do teor do art. 918, § 2° do CC: "não pode o devedor opor ao endossatário de endosso-penhor as exceções que tinha contra o endossante, salvo se aquele tiver agido de má-fé".

c) INCORRETA. O endosso é translativo quando transfere o direito ao crédito contido do título a terceiro. Mas o endosso-caução não tem essa característica, pois o título é transferido apenas por garantia, não há a efetiva transferência de crédito.

d) INCORRETA. Nos termos do art. 918. § 1° O endossatário de endosso-penhor só pode endossar novamente o título na qualidade de procurador.

Ou seja, aquele que recebeu o título com endosso-caução, por não ter crédito, só pode designar alguém como mandatário para exercer seus direitos através da representação (endosso-mandato).

Resposta: letra b.

TJMG – 2009 – *Questão n° 65 Direito Empresarial/31. Títulos de crédito. Teoria Geral/Endosso/Legislação/Doutrina*

A respeito do endosso, é CORRETA a afirmação:

a) No endosso caução, o endossatário deverá propor a respectiva ação de cobrança em nome próprio contra o devedor do título.

b) O endosso-garantia confere ao endossatário propriedade do título, que, todavia, fica impedido de negociá-lo.

c) No endosso-garantia, há entre o endossatário e o devedor relação jurídica cambial.

d) Qualquer endosso, posterior ao endosso pignoratício, feito pelo possuidor do título, só vale como endosso a título de procuração.

Comentários

a) **INCORRETA.** "Pelo endosso-caução, também chamado endosso pignoratício ou endosso-garantia, o título é transferido ao endossatário apenas como garantia de alguma outra obrigação. O endossatário recebe, além da posse do título, todos os poderes para cobrança e recebimento do valor do título" (COSTA, 2008, p. 183). Ou seja, o endossatário não propõe a cobrança em nome próprio, mas em nome do endossante.

b) **INCORRETA.** "Ao endossatário do endosso-caução não se transmite a propriedade do título e nem os direitos dele emergentes, mas apenas a posse do título, para garantia do crédito do endossatário e para cobrança ou recebimento do valor" (COSTA, 2008, p. 184).

c) **INCORRETA.** "Não sendo o endossatário proprietário do título e nem titular do direito de crédito decorrente, nenhuma relação jurídica existe entre ele e o devedor do título" (COSTA, 2008, p. 184).

d) Correta, nos termos do art. 918. § 1° CC: "O endossatário de endosso-penhor só pode endossar novamente o título na qualidade de procurador".

Resposta: letra d.

TJMG – 2009 – *Questão n° 68 Direito Empresarial/31. Títulos de crédito. Teoria Geral/Legislação/Doutrina*

A assinatura de pessoa estranha à emissão do cheque, no anverso deste, é considerada:

a) Endosso, porquanto o aval é aposto no anverso do cheque.

b) Aval, ainda que não especificada a sua finalidade.

c) Assinatura ineficaz, uma vez que não indicada a sua finalidade, levando-se em conta a formalidade estrita que deve nortear a operação cambial.

d) Cessão de direito ao crédito representado pelo título, por ser figura estranha ao direito cambial.

Comentários

a) **INCORRETA.** "Endosso é a forma de transmissão dos títulos de crédito nominativos. O proprietário do título faz o endosso lançando sua assinatura no VERSO do documento" (VIDO, 2012, p. 267).

b) Correta, nos termos do art. 898, § 1º do CC: "para a validade do aval, dado no anverso do título, é suficiente a simples assinatura do avalista".

c) INCORRETA. Não será considerada assinatura ineficaz, mas aval. "O aval é constituído pela simples assinatura de terceiro na frente (anverso) do título de crédito. É importante ressaltar que se a assinatura na frente do título for do devedor principal, essa assinatura fez parte da emissão ou representa-o".

d) Incorreta, conforme já explicitado, trata-se de aval.

Resposta: letra b.

TJMG – 2012 – *Questão n° 77 Direito Empresarial/31. Títulos de crédito. Teoria Geral/Legislação/Jurisprudência/Doutrina*

É correto afirmar, à luz da jurisprudência dominante no Superior Tribunal de Justiça, que constitui título executivo extrajudicial

a) o contrato de abertura de crédito, desde que acompanhado de extrato da conta corrente.

b) nota promissória vinculada a contrato de abertura de crédito.

c) o contrato de cheque especial.

d) o instrumento de confissão de dívida, ainda que originário de contrato de abertura de crédito.

Comentários

a) Incorreta, pois é contrária ao entendimento da Súmula 233 do STJ: "o contrato de abertura de crédito, ainda que acompanhado de extrato da conta corrente, não é título executivo".

b) Incorreta, pois é contrária ao teor da Súmula 258 do STJ: "a nota promissória vinculada a contrato de abertura de crédito não goza de autonomia em razão da iliquidez do título que a originou".

c) INCORRETA. Não há uma súmula que trate especificamente do cheque especial, mas é simples compreender porque ele não constitui um título executivo judicial.

O cheque especial é um limite de crédito disponibilizado em conta corrente, que pode ser utilizado pelo correntista quando não houver saldo suficiente. Nessas circunstâncias não há entre as partes um título certo e líquido, pois quando o contrato foi estabelecido entre as partes havia apenas a possibilidade de utilizar um valor até determinado limite.

DIREITO PROCESSUAL CIVIL. FALTA DE LIQUIDEZ E CERTEZA DO CONTRATO DE ABERTURA DE CRÉDITO ROTATIVO.

O contrato de abertura de crédito rotativo, ainda que acompanhado dos extratos relativos à movimentação bancária do cliente, **não constitui título executivo. O contrato de abertura de crédito rotativo – utilizado, no mais das vezes, em sua modalidade cheque especial – não consubstancia, em si, uma obrigação assumida pelo consumidor.** Diferentemente disso, incorpora uma obrigação da instituição financeira de disponibilizar determinada quantia ao seu cliente, que **poderá, ou não, utilizar-se desse valor. Nessa situação, faltam liquidez e certeza àquele instrumento,** atributos que não podem ser alcançados mediante a complementação unilateral do credor, ou seja, com a apresentação dos extratos bancários. Com efeito, **não se admite conferir ao credor o poder de criar títulos executivos à revelia do devedor.** Ressalte-se que a hipótese em análise é distinta daquela referente ao contrato de abertura de crédito fixo, equivalente ao mútuo feneratício, no qual a quantia é creditada na conta do cliente, que, por sua vez, assume o dever de devolvê-la com os acréscimos pactuados, quando ocorrer a implementação do termo ajustado. Assim, no caso de contrato de abertura de crédito rotativo, diversamente do que ocorre quanto ao crédito fixo, aplica-se o entendimento consolidado na Súmula 233 do STJ, segundo a qual o "contrato de abertura de crédito, ainda que acompanhado de extrato da conta-corrente, não é título executivo". REsp 1.022.034-SP, Rel. Min. Luis Felipe Salomão, julgado em 12/3/2014.

d) CORRETA. Súmula 300 STF: "o instrumento de confissão de dívida, ainda que originário de contrato de abertura de crédito, constitui título executivo extrajudicial".

Resposta: letra d.

TJMG – 2012 – *Questão nº 78 Direito Empresarial/31. Títulos de crédito. Teoria Geral/Protesto/Legislação/Jurisprudência/Doutrina*

É correto afirmar que o cancelamento do protesto, após quitação do débito,

a) é ônus do credor.
b) é ônus do devedor.
c) é ônus do tabelião de protestos, que deverá proceder de ofício.
d) dependerá sempre de intervenção do Poder Judiciário, mediante alvará ou mandado, conforme seja jurisdição voluntária ou contenciosa.

Comentários

Segundo a Lei n. 9.492/1997, que regula os serviços concernentes ao protesto, em seu art. 26: "o cancelamento do registro do protesto será solicitado diretamente no Tabelionato de Protesto de Títulos, por qualquer interessado, mediante apresentação do documento protestado, cuja cópia ficará arquivada".

Embora o cancelamento possa ser feito por qualquer interessado, havia uma divergência sobre qual das partes deveria fazê-lo. Segundo Tomazette (2014b, p. 174), o TJRS entendeu que a iniciativa desse cancelamento deverá ser do próprio credor, nesse sentido, Apelação Cível n. 70023828502. Por outro lado, o STJ (REsp 959.114/MS), o TJMG (Apelação Cível n.1.0701.06.157290-8/001) e o TJRJ (Apelação Cível n.2008.0001.07271) entendem que a iniciativa compete ao devedor.

O STJ, no REsp 1339436/SP (Informativo 549), afirmou que "salvo inequívoca pactuação em sentido contrário, incumbe ao devedor, após a quitação da dívida, providenciar o cancelamento do protesto".

Resposta: letra b.

32. OS TÍTULOS DE CRÉDITO NO CÓDIGO CIVIL E LEGISLAÇÃO PERTINENTE

TJMG – 2007 – *Questão n° 66 Direito Empresarial/32. Os títulos de crédito no Código Civil e legislação pertinente/Duplicata/Legislação/Doutrina*

Quanto às duplicatas, assinale a alternativa CORRETA.

a) As modalidades de vencimento das duplicatas são as mesmas das letras de câmbio, tendo em vista que a Lei Uniforme de Genebra se aplica, de forma subsidiária, a elas.

b) O sacado que não tenha lançado seu aceite na duplicata, ainda assim poderá ser executado, bastando que o título esteja acompanhado do comprovante de entrega de mercadoria.

c) A duplicata que contenha a expressão "não à ordem" é válida, mas só circula com a forma e com os efeitos da cessão de crédito.

d) Uma duplicata simulada que circula por endosso translativo é válida, sem prejuízo da responsabilidade criminal do sacador.

Comentários

a) **INCORRETA.** "Ao contrário da letra de câmbio, que permite vários tipos de vencimento, como vencimento à vista, a certo termo de vista, a certo termo de data e em dia determinado, a duplicata só permite o vencimento à vista e o vencimento em data certa" (COSTA, 2008, p. 390). Essa previsão encontra-se no art. 2°, § 1°, III, da Lei n. 5.474/1968.

b) INCORRETA. O art. 15, II, da Lei n. 5.474/1968 estabelece requisitos cumulativos para que a duplicata não aceita seja cobrada. A assertiva trata apenas de um deles. Vejamos:

"Art. 15 – A cobrança judicial de duplicata ou triplicata será efetuada de conformidade com o processo aplicável aos títulos executivos extrajudiciais, de que cogita o Livro II do Código de Processo Civil, quando se tratar:

II – de duplicata ou triplicata não aceita, contanto que, cumulativamente:

a) haja sido protestada;

b) esteja acompanhada de documento hábil comprobatório da entrega e recebimento da mercadoria; e

c) o sacado não tenha, comprovadamente, recusado o aceite, no prazo, nas condições e pelos motivos previstos nos arts. 7° e 8° desta Lei".

c) INCORRETA. O § 1° do art. 2° da Lei n. 5.474/1968 estabelece os requisitos essenciais para a validade da duplicata. Dentre eles, consta no inciso VII – cláusula à ordem. "A cláusula à ordem implica em dizer que as duplicatas são títulos transferíveis, em qualquer situação, a terceiros por meio do endosso. (...) É bom saber que a Lei de Duplicatas não admite duplicata ao portador e nem cláusula não à ordem. Portanto, é título que pode sempre circular por endosso, ainda que dele não conste a cláusula à ordem".

d) CORRETA. O fundamento encontra-se na característica fundamental de um título de crédito, qual seja, sua autonomia. Em razão disso, o crédito representado na cártula é autônomo em relação ao negócio jurídico que lhe deu origem (art. 887 CC). Por mais que a duplicata seja um título causal, a partir do instante em que passa a circular (por meio do endosso), ela se abstrai em relação ao negócio original. Nesse sentido, preenchidos os requisitos, será válida, podendo o seu possuidor cobrá--la do endossatário e seus avalistas, sem prejuízo da responsabilidade criminal do sacador, nos termos do art. 172 do CP.

Resposta: letra d.

TJMG – 2007 – *Questão n° 67 Direito Empresarial/32. Os títulos de crédito no Código Civil e legislação pertinente/Protesto/Nota Promissória/Aval/Fiança/ Legislação/Doutrina/Jurisprudência*

Assinale a alternativa CORRETA.

a) Simples protesto cambiário não interrompe a prescrição.

b) Considera-se não escrita na nota promissória a cláusula proibitiva de endosso.

c) Com a vigência do Código Civil de 2002, passou a ser exigida a autorização do cônjuge para a validade da fiança e do aval.

d) Admite-se aval parcial na nota promissória.

Comentários

a) Incorreta, pois é contrária ao que expressa o art. 202, II do CC: "a interrupção da prescrição, que somente poderá ocorrer uma vez, dar-se-á: II – por protesto (...)".

b) INCORRETA. A cláusula "não à ordem" não é considerada como não escrita. Mas implica na circulação do título pela forma e com efeitos de uma cessão ordinária de créditos. Vejamos o que afirma a lei.

O art. 12 da LUG expressa que "o endosso deve ser puro e simples. Qualquer condição a que ele seja subordinado considera-se como não escrita. O endosso parcial é nulo."

Já o art. 11 da mesma lei afirma: "toda letra de câmbio, mesmo que não envolva expressamente a cláusula à ordem, é transmissível por via de endosso.

Quando o sacador tiver inserido na letra as palavras "não à ordem", ou uma expressão equivalente, a letra só é transmissível pela forma e com os efeitos de uma cessão ordinária de créditos".

c) INCORRETA. Não é necessária autorização do cônjuge para a validade do aval.

Enunciado 114, da I Jornada de Direito Civil – Art.1.647: o aval não pode ser anulado por falta de vênia conjugal, de modo que o inc. III do art. 1.647 apenas caracteriza a inoponibilidade do título ao cônjuge que não assentiu.

"A outorga uxória ou marital é compatível com o contrato de fiança, mas não com o aval que é uma declaração unilateral. O portador do título de crédito, em regra, não tem contato algum com o avalista e, menos ainda, com algum documento de identificação deste por meio do qual possa descobrir seu estado civil." (CAVALCANTE, 2017).

"O art. 1.647, III, do Código Civil de 2002 previu que uma pessoa casada somente pode prestar aval se houver autorização do seu cônjuge (exceção: se o regime de bens for da separação absoluta).

Essa norma exige uma interpretação razoável e restritiva, sob pena de descaracterizar o aval como instituto cambiário.

Diante disso, o STJ afirmou que esse art. 1.647, III, do CC somente é aplicado para os títulos de créditos inominados, considerando que eles são regidos pelo Código Civil.

Por outro lado, os títulos de créditos nominados (típicos), que são regidos por leis especiais, não precisam obedecer essa regra do art. 1.647, III, do CC.

Em suma, o aval dado aos títulos de créditos nominados (típicos) prescinde de outorga uxória ou marital.

Exemplos de títulos de créditos nominados: letra de câmbio, nota promissória, cheque, duplicata, cédulas e notas de crédito." (CAVALCANTE, 2017).

Ainda nesse sentido: súmula STJ 332; REsp 1526560-MG, Rel. Min. Paulo de Tarso Sanseverino, julgado em 16/3/2017 (Info 604); REsp 1633399-SP, Rel. Min. Luis Felipe Salomão, julgado em 10/11/2016.

d) Correta, nos termos do art. 30 da LUG: "o pagamento de uma letra pode ser no todo ou em parte garantido por aval. Esta garantia é dada por um terceiro ou mesmo por um signatário da letra".

Resposta: letra d.

TJMG – 2007 – *Questão nº 71 Direito Empresarial/32. Os títulos de crédito no Código Civil e legislação pertinente/Legislação/Doutrina*

Deve ser extinta, de ofício, pelo juiz a execução:

a) contra o endossante de uma nota promissória, movida sete meses após o protesto por falta de pagamento tirado tempestivamente.

b) contra o avalista de uma nota promissória, casado sob o regime da comunhão universal, que tenha avalizado o título sem a autorização de seu cônjuge.

c) contra o avalista de uma duplicata, sendo o avalizado absolutamente incapaz.

d) contra o sacado de uma letra de câmbio, protestada por falta de aceite.

Comentários

É importante lembrar que o enunciado da questão, que fala em extinção da execução de ofício pelo juiz, refere-se ao contexto do CPC/73. Nesse sentido, é importante ressaltar a regra da decisão não surpresa, contida no art. 10 do CPC/2015. Na análise dessa questão, vamos nos ater à análise os aspectos de direito material.

a) INCORRETA. As ações contra endossantes prescrevem em um ano a contada data do protesto, nos termos do art. 70, da LUG. Assim, não há que falar em prescrição, e, portanto, não há razão de extinção de ofício pelo juiz.

b) Incorreta, a ausência de outorga do cônjuge na formalização do aval não lhe retira a validade, não o torna nulo nem tampouco anulável.

DIREITO EMPRESARIAL

c) INCORRETA. A incapacidade do menor não atinge a obrigação do avalista. Art. 899, caput e § 2°, CC. O avalista é parte legítima na execução, nos termos do art. 15, § 1°, da Lei n. 5.474/1968.

d) CORRETA. O aceite é o ato praticado pelo sacado que se compromete a pagar a letra de câmbio no vencimento, assinando no anverso do título. "Na letra de câmbio, sem o aceite, o sacado não assume obrigação alguma no título, já que não o assinou" (COSTA, 2008, p.165). Assim, se o sacado não aceitou, não cabe ação de execução contra ele, sendo, portanto, parte ilegítima na execução.

O portador protesta a letra de cambio por falta de aceite para poder acionar o sacador, que é quem passou a letra.

Resposta: letra d.

TJMG – 2008 – *Questão n° 63 Direito Empresarial/32. Os títulos de crédito no Código Civil e legislação pertinente/Nota Promissória/Nome Empresarial/ Capital Social/Legislação*

Constitui ativo alienável de uma sociedade empresária:

a) uma nota promissória com cláusula não à ordem expressa, da qual seja a sociedade empresária beneficiária.

b) o nome empresarial.

c) o direito ao ponto empresarial, ainda que o contrato de locação esteja vencido, desde que o empresário esteja no imóvel há mais de cinco anos e há mais de três anos no mesmo ramo de atividade.

d) o capital social.

Comentários

a) CORRETA. Embora na nota promissória haja a cláusula não à ordem expressa, o que implica no fato de apenas a sociedade empresária poder sacá-la, é certo que ela compõe o patrimônio da empresa, razão pela qual faz parte de seu ativo alienável. Além disso, essa nota pode ser cedida por meio de cessão civil.

b) Incorreta, nos termos do art. 1.164 CC: "O nome empresarial não pode ser objeto de alienação".

c) INCORRETA. O ponto comercial relaciona-se diretamente com o imóvel, mas não se confunde com ele. Trata-se de um elemento incorpóreo do estabelecimento que pertence ao empresário. É importante destacar que a Lei n. 8.245/1991 prevê no art. 51, § 5°, prazo decadencial para a propositura da ação renovatória. Além disso, o art. 52 prevê hipóteses em que o locador não estará o obrigado a renovar o contrato.

d) INCORRETA. O capital social refere-se ao montante de recursos que os sócios disponibilizaram para constituir a sociedade, não é alienável. Não deve ser confundido com patrimônio social.

Resposta: letra a.

TJMG – 2008 – *Questão n° 65 Direito Empresarial/32. Os títulos de crédito no Código Civil e legislação pertinente/Cédula de Crédito/Lei n. 10.931/2004/ Legislação*

Quanto a Cédula de Crédito Bancário, é INCORRETO afirmar:

a) a Cédula de Crédito Bancário em favor de instituição domiciliada no exterior poderá ser emitida em moeda estrangeira.

b) a Cédula de Crédito Bancário será transferível mediante endosso em preto, ao qual se aplicarão, no que couberem, as normas do direito cambiário, caso em que o endossatário, mesmo não sendo instituição financeira ou entidade a ela equiparada, poderá exercer todos os direitos por ela conferidos, inclusive cobrar os juros e demais encargos na forma pactuada no título.

c) é necessário o protesto da Cédula de Crédito Bancário para garantir o direito de cobrança contra os endossantes e seus respectivos avalistas.

d) a Cédula de Crédito Bancário é emitida em tantas vias quantas forem as partes que nela intervierem, mas somente a via do credor será negociável.

Comentários

a) CORRETA. Trata-se do teor do art. 26, § 2° da Lei n. 10.931/2004.

Art. 26. § 2° A Cédula de Crédito Bancário em favor de instituição domiciliada no exterior poderá ser emitida em moeda estrangeira.

b) CORRETA. Trata-se do teor do art. 29, § 1° da Lei n. 10.931/2004.

Art. 29. § 1° A Cédula de Crédito Bancário será transferível mediante endosso em preto, ao qual se aplicarão, no que couberem, as normas do

DIREITO EMPRESARIAL

direito cambiário, caso em que o endossatário, mesmo não sendo instituição financeira ou entidade a ela equiparada, poderá exercer todos os direitos por ela conferidos, inclusive cobrar os juros e demais encargos na forma pactuada na Cédula.

c) Incorreta, pois é contrária ao teor do art. 44 da Lei n. 10.931/2004. Art. 44. Aplica-se às Cédulas de Crédito Bancário, no que não contrariar o disposto nesta Lei, a legislação cambial, dispensado o protesto para garantir o direito de cobrança contra endossantes, seus avalistas e terceiros garantidores.

d) CORRETA. Trata-se do teor do art. 29, §§ 2º e 3º da Lei n. 10.931/2004.

Art. 29. § 2º A Cédula de Crédito Bancário será emitida por escrito, em tantas vias quantas forem as partes que nela intervierem, assinadas pelo emitente e pelo terceiro garantidor, se houver, ou por seus respectivos mandatários, devendo cada parte receber uma via.

§ 3º Somente a via do credor será negociável, devendo constar nas demais vias a expressão "não negociável".

Resposta: letra c.

TJMG – 2008 – *Questão nº 69 Direito Empresarial/32. Os títulos de crédito no Código Civil e legislação pertinente/Duplicatas/Legislação/Jurisprudência/Doutrina*

Quanto às duplicatas, é CORRETO afirmar que:

a) Comprovada a prestação dos serviços, a duplicata não aceita, mas protestada, é título hábil para instruir pedido de falência.

b) A duplicata mercantil sem aceite e sem o comprovante de entrega da mercadoria, por si só, enseja ação monitória em desfavor do sacado.

c) O endosso datado realizado pelo sacador três dias após o vencimento da duplicata se afigurará como endosso póstumo.

d) Caso não corresponda a uma compra e venda mercantil efetiva, a duplicata será nula, ainda que tenha circulado por endosso.

Comentários

a) CORRETA. Trata-se do teor da Súmula 248 do STJ: "comprovada a prestação dos serviços, a duplicata não aceita, mas protestada, é título hábil para instruir pedido de falência".

b) INCORRETA. A assinatura da duplicata é obrigatória (art. 2°, § 1°, VIII). "A duplicata é título de aceite obrigatório, independentemente da vontade do comprador. Por isso, o credor deve remeter a duplicata para que o devedor a aceite (art. 6° da Lei 5.474/68). A falta de aceite do sacado na duplicata, sem justo motivo, e por ele inadimplida, pode ser protestada e deve ser acompanhada do comprovante de entrega das mercadorias ou da prestação de serviços para que possa ser executada" (VIDO, 2012, p. 294). Assim, é necessário o protesto por falta de aceite e o comprovante de entrega de mercadoria para ensejar a monitória.

c) INCORRETA. O endosso póstumo é todo aquele realizado após o vencimento do título, não há qualquer prazo, como na assertiva há menção ao prazo de 3 dias.

d) INCORRETA.

DUPLICATA – NEGÓCIO CAUSAL SUBJACENTE – ENDOSSO – RESSALVA DE DIREITO DA ENDOSSATÁRIA.

É nula a duplicata emitida sem negócio causal subjacente de aquisição de produtos ou serviços, ressalvando-se, no entanto, o direito de regresso da endossatária em desfavor da endossante. (TJMG. 200000040196410001. Julgamento: 11/12/2003.

Resposta: letra a.

TJMG – 2009 – *Questão n° 61 Direito Empresarial/32. Os títulos de crédito no Código Civil e legislação pertinente/Nota promissória/Jurisprudência*

Segundo a jurisprudência sumulada do Superior Tribunal de Justiça, é CORRETA a seguinte afirmação:

a) A nota promissória vinculada a contrato de abertura de crédito não perde as suas características de título representativo de dívida líquida e certa, apta a fundamentar uma ação de execução por título extrajudicial.

b) A nota promissória vinculada a contrato de abertura de crédito não goza de autonomia em razão da iliquidez do título que a originou.

c) O título vinculado a contrato bancário para a garantia do seu cumprimento não perde as características de título cambial.

d) Nenhuma das afirmações é correta.

DIREITO EMPRESARIAL

Comentários

a) **INCORRETA**. A nota promissória vinculada a contrato de abertura de crédito não goza de autonomia, não é título líquido e certo.

b) **CORRETA**. Nesse sentido, Súmula 258 STJ: "a nota promissória vinculada a contrato de abertura de crédito não goza de autonomia em razão da iliquidez do título que a originou".

c) **INCORRETA**. O título vinculado a contrato bancário não goza de autonomia.

d) **INCORRETA**. A assertiva contida na letra b está correta.

Resposta: letra b.

TJMG – 2014 – *Questão nº 71 Direito Empresarial/32. Os títulos de crédito no Código Civil e legislação pertinente/Nota promissória/Legislação/ Jurisprudência/Doutrina*

Com relação à nota promissória, analise as afirmativas, assinalando com V as verdadeiras e com F as falsas.

( ) O prazo para ajuizamento de ação monitória em face do emitente de nota promissória sem força executiva é quinquenal, a contar do dia seguinte ao vencimento do título.

( ) A ação cambial contra o endossador e o avalista da nota promissória prescreve em trinta e seis meses contados do dia em que ação pode ser proposta.

( ) O devedor somente poderá opor ao portador da nota promissória exceção fundada em direito pessoal, na nulidade de sua obrigação e na falta de requisito necessário ao exercício da ação cambial.

( ) Sendo a nota promissória rural, emitida por uma cooperativa em favor de seus cooperados, um título de crédito de natureza causal, a respectiva execução se encontra vinculada à eficácia do negócio jurídico subjacente.

Assinale a alternativa que apresenta sequência CORRETA.

a) F V V F.
b) V F V V.
c) V V F F.
d) F F F V.

Comentários

(V) A primeira assertiva está correta, pois corresponde ao teor da súmula 504 STJ: "O prazo para ajuizamento de ação monitória em face do emitente de nota promissória sem força executiva é quinquenal, a contar do dia seguinte ao vencimento do título".

(F) A segunda assertiva está incorreta, porque é contrária ao art. 70 do Decreto 57.663/1966. É importante lembrar que as notas promissórias são reguladas por duas normas: Decreto 57.663/66 – Lei Uniforme de Genebra (LUG), e Decreto 2.044/1908. No tocante ao prazo prescricional aplica-se o prazo da LUG. Interpretando referido art. 70, assevera Tomazette que os prazos de prescrição da ação cambial, no que diz respeito à nota de promissória são os seguintes: "três anos contados do vencimento, contra o devedor principal (aceitante e seus avalistas); um ano contado do protesto ou do vencimento se houver cláusula sem despesas, contra os devedores indiretos (sacador, endossantes e respectivos avalistas) " (TOMAZETTE, 2014b, p.184).

(V) A terceira assertiva está correta, conforme o Decreto 2.044/1908. Art. 51. Na ação cambial, somente é admissível defesa fundada no direito pessoal do réu contra o autor, em defeito de forma do título e na falta de requisito necessário ao exercício da ação. "Assim, são matérias alegáveis pelo executado nos embargos à execução de um título de crédito: (a) nulidade da execução, por não ser executivo o título; (b) excesso de execução ou cumulação indevida de execuções; (c) direito pessoa do executado em face do exequente; e (d) questões processuais" (TOMAZETTE, 2014b, p.188).

(V) A quarta assertiva está correta, pois está em consonância com este julgado do TJMG:

EMENTA: EMBARGOS À EXECUÇÃO – NOTA PROMISSÓRIA RURAL – TÍTULO CAUSAL – AUSÊNCIA DE COMPROVAÇÃO DE ENTREGA DAS MERCADORIAS – CARÊNCIA DA AÇÃO EXECUTIVA.

1. Sendo a nota promissória rural um título de crédito de natureza causal, conforme dispõe o artigo 43, do Decreto-Lei n° 167/67, a respectiva execução se encontra vinculada à eficácia do negócio jurídico subjacente. 2. Assim sendo, não comprovada a entrega das mercadorias a que se refere o título de crédito, o exequente se revela carecedor da ação executiva, em face da inadequação do procedimento por ele utilizado. (TJMG. Apelação Cível 1.0647.09.097855-0/002. Relator Des. Paulo Balbino. Data da publicação: 10/12/2014).

Resposta: letra b.

DIREITO EMPRESARIAL

TJMG – 2014 – *Questão n° 77 Direito Empresarial/32. Os títulos de crédito no Código Civil e legislação pertinente/Legislação/Jurisprudência*

Assinale a alternativa INCORRETA.

a) A faculdade que tem o arrendatário de adquirir ou não o bem arrendado ao final do arrendamento é da própria essência do contrato de leasing. Desta forma, caso ele não opte pela aquisição do bem deverá devolvê-lo, encerrando o contrato, sendo-lhe vedado prorrogar o arrendamento por outro período.

b) Conforme jurisprudência dominante, o crédito garantido por cessão fiduciária não se submete ao processo de recuperação judicial, uma vez que possui a mesma natureza da propriedade fiduciária, podendo o credor valer-se da chamada "trava bancária".

c) O prazo prescricional para o exercício da pretensão de dissolução parcial de sociedade limitada, quando não regida pelas normas da sociedade anônima, é o geral, ou seja, de dez anos, nos termos do artigo 205 do Código Civil.

d) O aval posterior ao vencimento do título produz os mesmos efeitos daquele anteriormente dado.

Comentários

a) INCORRETA. Pois caso não opte pela aquisição não se impõe ao arrendatário o dever de devolvê-lo. A lei n. 6.099/1974 fala que o arrendatário tem a opção de comprar ou renovar o contrato.

Art. 5° Os contratos de arrendamento mercantil conterão as seguintes disposições:

c) opção de compra ou renovação de contrato, como faculdade do arrendatário;

b) CORRETA.

AGRAVO REGIMENTAL. RECURSO ESPECIAL. DIREITO EMPRESARIAL. RECUPERAÇÃO JUDICIAL. CRÉDITO GARANTIDO POR CESSÃO FIDUCIÁRIA. NÃO SUBMISSÃO AO PROCESSO DE RECUPERAÇÃO JUDICIAL. PRECEDENTES. 1. Conforme a jurisprudência das Turmas que compõem a Segunda Seção desta Corte o crédito garantido por cessão fiduciária não se submete ao processo de recuperação judicial, uma vez que possui a mesma natureza de propriedade fiduciária, podendo o credor valer-se da chamada trava bancária. (...). (AgRg no REsp 1326851/MT, Rel. Ministro SIDNEI BENETI, TERCEIRA TURMA, DJe 3.12.2014).

c) CORRETA.

DIREITO PROCESSUAL CIVIL. RECURSO ESPECIAL. AÇÃO DE APURAÇÃO DE HAVERES. (...) PRESCRIÇÃO. PRAZO DECENAL. INOCORRÊNCIA. RITO PROCESSUAL. AUSÊNCIA DE REGRAMENTO ESPECIAL. PROCEDIMENTO ORDINÁRIO. (...)

2. Demanda em que se discute a existência de violação de julgamento extra petita decorrente da declaração de dissolução parcial de sociedade em ação de apuração de haveres, bem como prazo prescricional e o rito procedimental aplicáveis à ação. (...)

5. Aplica-se às ações de apuração de haveres o prazo prescricional decenal, por ausência de regra específica.

6. A apuração de haveres decorrente de dissolução parcial não é regulada especificamente por lei, porquanto a própria dissolução parcial representa criação doutrinária e jurisprudencial, aos poucos incorporada no direito posto.

7. Diante da inexistência de regras objetivas, aplica-se o procedimento ordinário à ação de apuração de haveres – ação de natureza eminentemente condenatória. (REsp 1.139.593).

d) Correta, trata-se da transcrição do art. 900 CC.

Resposta: letra a.

DIREITO TRIBUTÁRIO

Luciana Batista Santos

Visão geral sobre o Direito Tributário:

Foram comentadas as provas aplicadas pelo Tribunal de Justiça do Estado de Minas Gerais nos seguintes anos: 2007, 2008, 2009, 2012 e 2014.

Dentre os temas exigidos, destacam-se aqueles de maior incidência:

Limitações do poder de tributar.

Fontes do Direito Tributário.

Legislação tributária: conceito, vigência, aplicação, interpretação e integração.

Taxa.

Contribuição de melhoria e outras contribuições.

Solidariedade.

Crédito tributário: prescrição e decadência.

Tributos estaduais.

Tributos municipais.

Através de análise acurada das questões, no geral, verifica-se uma predominância da cobrança do texto legal. Com relação ao estudo da jurisprudência, destaca-se a memorização das Súmulas do STJ e do STJ, além da leitura dos informativos.

Bons estudos!

Luciana Batista Santos

TÓPICOS DO EDITAL	Legislação	Doutrina	Jurisprudência
1. O Estado e o poder de tributar.	1 – 2012	1 – 2012	
2. Direito tributário: conceito e princípios.			

TÓPICOS DO EDITAL	Legislação	Doutrina	Jurisprudência
3. O sistema Tributário Nacional. Princípios gerais.			
4. Limitações do poder de tributar.	1 – 2007 1 – 2008 3 – 2009 3 – 2012 1 – 2014	1 – 2012	1 – 2007 1 – 2009 1 – 2012
5. Repartições das receitas tributárias.			
6. Fontes do Direito Tributário.	1 – 2012 1 – 2014	1 – 2014	
7. Legislação tributária: conceito, vigência, aplicação, interpretação e integração.	1 – 2012 1 – 2014	1 – 2014	
8. Tributo: conceito e espécies.			
9. Código Tributário Nacional			
10. Imposto.			1 – 2009
11. Taxa.	1 – 2007 1 – 2008		1 – 2007
12. Contribuição de melhoria e outras contribuições.	1 – 2007 1 – 2008 1 – 2009		1 – 2009
13. Obrigação tributária: conceito.			
14. Obrigação tributária: espécies.	1 – 2012		
15. Fato gerador (hipótese de incidência).			
16. Sujeito ativo e passivo.			

TÓPICOS DO EDITAL	Legislação	Doutrina	Jurisprudência
17. Solidariedade.	1 – 2012 1 – 2014		
18. Capacidade tributária.			
19. Domicílio tributário.	1 – 2012		
20. Fato gerador da obrigação tributária. Elementos.			
21. Incidência, não incidência, imunidade e isenção.			
22. Responsabilidade tributária: normas gerais, espécies e hipóteses. Infrações administrativas tributárias.	1 – 2012		
23. Substituição tributária.			
24. Crédito tributário. Conceito.			
25. Crédito tributário. Natureza.			
26. Lançamento.			
27. Lançamento. Revisão			
28. Crédito tributário. Suspensão, extinção e exclusão.	1 – 2012		
29. Crédito tributário. Prescrição e decadência.	1 – 2012 1 – 2014		1 – 2012 1 – 2014
30. Repetição do indébito.			
31. Garantias e privilégios do crédito tributário.			
32. Administração tributária.			
33. Dívida ativa: conceito, inscrição.	1 – 2014		

TÓPICOS DO EDITAL	Legislação	Doutrina	Jurisprudência
34. Certidão de dívida ativa: natureza jurídica, presunção de certeza e liquidez.	1 – 2014		
35. Processo administrativo e judicial tributário.			
36. Execução fiscal.	1 – 2012		1 – 2012
37. Embargos à execução fiscal.			
38. Ação de consignação em pagamento.			
39. Ação declaratória.			
40. Ação anulatória.			
41. Ação de repetição de indébito.			
42. Ação cautelar.			
43. Mandado de segurança.			
44. Tutela antecipada contra a Fazenda Pública.			
45. Tributos estaduais.	2 – 2009 1 – 2012		1 – 2012
46. Tributos municipais.	1 – 2009 1 – 2012		1 – 2012

*Alguns itens não apresentam questões.

DIREITO TRIBUTÁRIO

1. O ESTADO E O PODER DE TRIBUTAR

TJMG – 2012 – *Questão 81 Direito Tributário/O Estado e o poder de tributar/ Limitações do poder de tributar/Legislação/Doutrina*

Com relação ao sistema tributário nacional, assinale a alternativa correta.

a) O sistema tributário nacional é integralmente regido por leis complementares, em resoluções do Senado Federal e, nos limites das respectivas competências, em leis federais e estaduais.

b) Diante da relação jurídica de natural inferioridade do contribuinte para com o Estado, o poder de tributar revela-se absoluto.

c) O poder de tributar é ato unilateral e vinculado, como decorrência constitucional da soberania estatal, e impõe ao destinatário do tributo que aceite a invasão em parcela de seu patrimônio.

d) As "limitações ao poder de tributar" são princípios constitucionalizados que restringem a atividade tributária estatal diante de direitos fundamentais, mas que não impedem que o Estado exija dos contribuintes, no exercício de atividade discricionária, uma parcela de seu patrimônio.

Comentários

a) Incorreta. CTN, art. 2º: O sistema tributário nacional é regido pelo disposto na Emenda Constitucional n. 18, de 1º de dezembro de 1965, em leis complementares, em resoluções do Senado Federal e, nos limites das respectivas competências, em leis federais, nas Constituições e em leis estaduais, e em leis municipais.

Ressalte-se que a referência à EC 18/65 deve ser interpretada atualmente como uma referência à CR/88.

b) Incorreta. O poder de tributar não é absoluto, pois a CR/88, além de partilhar entre as pessoas políticas a competência tributária, também condiciona o exercício desse poder à observância de limites visando a proteção de direitos fundamentais do contribuinte, tais como segurança jurídica, igualdade e propriedade. Assim, a CR/88, ao traçar as limitações ao exercício do poder de tributar, por meio de princípios e de imunidades, estabelece que a relação jurídico-tributária não é meramente uma relação de poder, pois, como toda relação jurídica, é balizada pelo direito.

c) Correta. A atividade do Estado de instituição e de cobrança dos tributos independe da vontade do sujeito passivo da relação jurídica tributária, pois decorre diretamente de imposição legal, conforme prevê o próprio conceito de tributo exposto no art. 3º do CTN: Tributo é toda prestação pecuniária compulsória, em moeda ou cujo valor nela se possa exprimir, que não constitua sanção de ato ilícito, instituída em lei e cobrada mediante atividade administrativa plenamente vinculada.

A CR/88, ao tratar do princípio da legalidade tributária, no art. 150, I, estabelece que: Sem prejuízo de outras garantias asseguradas ao contribuinte, é vedado à União, aos Estados, ao Distrito Federal e aos Municípios: I – exigir ou aumentar tributo sem lei que o estabeleça.

Nesse sentido, as lições de RICARDO ALEXANDRE (2017 p. 39) ao afirmar que a supremacia do interesse público sobre o interesse privado é facilmente vista pelo fato de a obrigação de pagar tributo decorrer diretamente da lei, sem manifestação de vontade autônoma do contribuinte.

d) Incorreta. A atividade tributária é exercida pelo Estado não de forma discricionária, mas sim vinculada à lei, conforme estabelece o princípio da legalidade, exposto acima. No mesmo sentido, o art. 142, par. único do CTN ao tratar do lançamento tributário: Compete privativamente à autoridade administrativa constituir o crédito tributário pelo lançamento, assim entendido o procedimento administrativo tendente a verificar a ocorrência do fato gerador da obrigação correspondente, determinar a matéria tributável, calcular o montante do tributo devido, identificar o sujeito passivo e, sendo caso, propor a aplicação da penalidade cabível. Parágrafo único. A atividade administrativa de lançamento é vinculada e obrigatória, sob pena de responsabilidade funcional.

Resposta: Letra C

2. DIREITO TRIBUTÁRIO: CONCEITO E PRINCÍPIOS

3. O SISTEMA TRIBUTÁRIO NACIONAL. PRINCÍPIOS GERAIS

4. LIMITAÇÕES DO PODER DE TRIBUTAR

TJMG – 2008 *– Questão 83 Direito Tributário/Limitações do poder de tributar/Legislação*

O legislador constituinte estabeleceu limitações ao poder de tributar dos entes políticos a fim de preservar os direitos dos contribuintes em face do Estado.

a) Em situações excepcionais e disciplinadas em lei, é possível exigir ou aumentar tributo sem lei que o estabeleça.

b) É lícito que a União estabeleça, por lei, isenções de tributos da competência dos Estados, do Distrito Federal e dos Municípios.

c) É vedado instituir tributos no mesmo exercício financeiro em que haja sido publicada a lei que os instituiu ou aumentou.

d) O tributo pode ser utilizado com efeito de confisco.

Comentários Questão anulada

TJMG – 2009 – *Questão 81 Direito Tributário/Limitações do poder de tributar/Imposto/Contribuição de melhoria e outras contribuições/Legislação/ Jurisprudência*

Nas proposições abaixo, marque "V" para as verdadeiras e "F" para as falsas, assinalando a alternativa CORRETA.

1. Às contribuições sociais mencionadas no art. 149 e seu § 1º da CF, se aplica o princípio da anterioridade especial ou nonagesimal.
2. Ao Imposto sobre Produtos Industrializados – IPI (art. 153, IV, da CF) não se aplica o princípio da anterioridade.
3. A imunidade tributária se aplica ao patrimônio, renda ou serviços das sociedades de economia mista.
4. A imunidade tributária não se aplica às entidades sindicais dos trabalhadores.

a) V, V, F, F.
b) F, V, F, V.
c) F, V, V, F.
d) F, F, V, V.

Comentários

(1): Correta. CR/88, art. 195, § 6º: A seguridade social será financiada por toda a sociedade, de forma direta e indireta, nos termos da lei, mediante recursos provenientes dos orçamentos da União, dos Estados, do Distrito Federal e dos Municípios, e das seguintes contribuições sociais: § 6º As contribuições sociais de que trata este artigo só poderão ser exigidas após decorridos noventa dias da data da publicação da lei que as houver instituído ou modificado, não se lhes aplicando o disposto no art. 150, III, "b".

Apesar de a alternativa ter utilizado o termo 'contribuições sociais' é importante destacar que dentre esse tipo de contribuição, prevista no art. 149, caput, da CR/88, apenas aquelas destinadas ao custeio da seguridade social devem observar somente o princípio da anterioridade especial ou nonagesimal, não se lhes aplicando o princípio da anterioridade (art. 150, III, 'b', da CR/88). As demais contribuições sociais destinadas ao custeio de outras áreas (exemplo: educação) devem observar o princípio da anterioridade e o princípio da anterioridade nonagesimal, como por exemplo, a contribuição social denominada "salário-educação", prevista no art. 212, § 5º da CR/88).

(2): Correta. O IPI (art. 153, IV, da CR/88) é exceção ao princípio da anterioridade, nos termos do art. 150, § 1º, primeira parte: § 1º A vedação do inciso III, b, não se aplica aos tributos previstos nos arts. 148, I, 153, I, II, IV e V; e 154, II; e a vedação do inciso III, c, não se aplica aos tributos previstos nos arts. 148, I, 153, I, II, III e V; e 154, II, nem à fixação da base de cálculo dos impostos previstos nos arts. 155, III, e 156, I.

Importante destacar, conforme exposto no dispositivo constitucional acima transcrito, que ao Imposto sobre Produtos Industrializados – IPI (art. 153, IV, da CF) somente não se aplica o princípio da anterioridade (art. 150, III, 'b', da CR/88), devendo ser observado o princípio da anterioridade nonagesimal (art. 150, III, 'c', da CR/88). Ou seja, a instituição e o aumento do IPI submetem-se à observância do prazo de noventa dias entre a publicação da lei e a incidência do tributo.

(3): Incorreta. A imunidade recíproca está prevista no art. 150, VI, 'a' da CR/88 e, em regra, não se aplica ao patrimônio, renda ou serviços das empresas públicas e das sociedades de economia mista, nos termos do § 3º: Sem prejuízo de outras garantias asseguradas ao contribuinte, é vedado à União, aos Estados, ao Distrito Federal e aos Municípios: VI – instituir impostos sobre: a) patrimônio, renda ou serviços, uns dos outros. § 3º As vedações do inciso VI, "a", e do parágrafo anterior não se aplicam ao patrimônio, à renda e aos serviços, relacionados com exploração de atividades econômicas regidas pelas normas aplicáveis a empreendimentos privados, ou em que haja contraprestação ou pagamento de preços ou tarifas pelo usuário, nem exonera o promitente comprador da obrigação de pagar imposto relativamente ao bem imóvel.

Nesse sentido, o art. 173, § 2º da CR/88 também dispõe: Ressalvados os casos previstos nesta Constituição, a exploração direta de atividade econômica pelo Estado só será permitida quando necessária aos imperativos da segurança nacional ou a relevante interesse coletivo, conforme definidos em lei. § 2º As empresas públicas e as sociedades de economia mista não poderão gozar de privilégios fiscais não extensivos às do setor privado.

DIREITO TRIBUTÁRIO

> Ressalte-se que o STF entendeu que a imunidade tributária recíproca é extensiva às empresas públicas e às sociedades de economia mista quando estiverem prestando serviços públicos de caráter obrigatório e exclusivo do Estado. O exemplo sempre citado é a ECT (Empresa Brasileira de Correios e Telégrafos) em relação à qual foi reconhecida a imunidade recíproca mesmo quando há o exercício simultâneo de atividades em regime de exclusividade e em concorrência com a iniciativa privada (RE 601392/PR, 28/02/2014).
>
> (4): Incorreta. CR/88, art. 150, VI, 'c': Sem prejuízo de outras garantias asseguradas ao contribuinte, é vedado à União, aos Estados, ao Distrito Federal e aos Municípios: VI – instituir impostos sobre: c) patrimônio, renda ou serviços dos partidos políticos, inclusive suas fundações, das entidades sindicais dos trabalhadores, das instituições de educação e de assistência social, sem fins lucrativos, atendidos os requisitos da lei;
>
> *Resposta: Letra A*

TJMG – 2012 – *Questão 82 Direito Tributário/Limitações do poder de tributar/Legislação*

Com relação aos princípios do Direito Tributário, assinale a alternativa que apresenta informação *incorreta*.

a) É vedado à União, aos Estados, ao Distrito Federal e aos Municípios utilizar tributo com efeito de confisco.

b) À União, aos Estados, ao Distrito Federal e aos Municípios é proibido, sem ressalvas, estabelecer limitações ao tráfego de pessoas ou bens, por meio de tributos interestaduais e intermunicipais.

c) O nosso sistema tributário constitucional veda à União, aos Estados, ao Distrito Federal e aos Municípios a instituição de impostos sobre templos de qualquer natureza.

d) O princípio da imunidade tributária recíproca é extensivo às autarquias e às fundações instituídas e mantidas pelo poder público, no que se refere ao patrimônio, à renda e aos serviços, vinculados a suas finalidades essenciais ou às delas decorrentes.

Comentários Questão anulada

TJMG – 2012 – *Questão 85 Direito Tributário/Limitações do poder de tributar/Crédito tributário. Prescrição e decadência/Execução fiscal/Tributos estaduais/ Tributos municipais/Legislação/Jurisprudência*

Analise as afirmativas a seguir.

I. Trata-se de uma imposição constitucional a não cumulatividade do ICMS.

II. À exceção do ICMS e impostos de importação e exportação, nenhum outro tributo poderá incidir sobre operações relativas à energia elétrica.

III. Cabe à legislação municipal estabelecer o sujeito passivo do IPTU.

IV. O simples pedido de parcelamento do débito fiscal importa em interrupção da prescrição.

V. A execução fiscal não se sujeita a concurso de credores ou habilitação.

VI. É prevista legalmente a possibilidade de reconhecimento de ofício de prescrição intercorrente na execução fiscal.

Estão corretas as afirmativas

a) I, II e VI, apenas.
b) II, III, IV e V, apenas.
c) I, III, IV, V e VI, apenas.
d) I, II, III, IV, V e VI.

Comentários

(I): Correta. A CR/88 prevê a não cumulatividade do ICMS, nos termos do art. 155, II, § 2º, I: Compete aos Estados e ao Distrito Federal instituir impostos sobre: II – operações relativas à circulação de mercadorias e sobre prestações de serviços de transporte interestadual e intermunicipal e de comunicação, ainda que as operações e as prestações se iniciem no exterior; § 2º O imposto previsto no inciso II atenderá ao seguinte: I – será não-cumulativo, compensando-se o que for devido em cada operação relativa à circulação de mercadorias ou prestação de serviços com o montante cobrado nas anteriores pelo mesmo ou outro Estado ou pelo Distrito Federal.

(II): Incorreta. A CR/88 prevê que, à exceção do ICMS e impostos de importação e exportação, nenhum outro imposto (espécie tributária) poderá incidir sobre operações relativas à energia elétrica, nos termos do art. 155, § 3º: § 3º À exceção dos impostos de que tratam o inciso II do caput deste artigo e o art. 153, I e II, nenhum outro imposto poderá incidir sobre

DIREITO TRIBUTÁRIO

operações relativas a energia elétrica, serviços de telecomunicações, derivados de petróleo, combustíveis e minerais do País.

Assim, a alternativa está incorreta ao se referir a tributo (gênero), enquanto a CR/88 veda a incidência apenas de impostos (espécie tributária), com as exceções descritas acima, sobre operações relativas à energia elétrica.

(III): Correta. Súmula 399 do STJ: Cabe à legislação municipal estabelecer o sujeito passivo do IPTU.

Importante ressaltar que em relação à definição do contribuinte, espécie de sujeito passivo da obrigação tributária principal (art. 121, par. único, I, do CTN), a CR/88 prevê que a matéria é reservada à lei complementar, nos termos do art. 146, III, 'a': Cabe à lei complementar: III – estabelecer normas gerais em matéria de legislação tributária, especialmente sobre: a) definição de tributos e de suas espécies, bem como, em relação aos impostos discriminados nesta Constituição, a dos respectivos fatos geradores, bases de cálculo e contribuintes.

Em relação ao IPTU, a matéria está disciplinada no art. 34 do CTN.

(IV): Correta. O CTN estabelece que o parcelamento do débito fiscal suspende a exigibilidade do crédito tributário, nos termos do art. 151, VI: Suspendem a exigibilidade do crédito tributário: VI – o parcelamento.

O pedido de parcelamento tem o condão de interromper o prazo prescricional uma vez que é ato inequívoco de reconhecimento do débito fiscal, de acordo com o CTN, art. 174, par. único: A ação para a cobrança do crédito tributário prescreve em cinco anos, contados da data da sua constituição definitiva. Parágrafo único. A prescrição se interrompe: IV – por qualquer ato inequívoco ainda que extrajudicial, que importe em reconhecimento do débito pelo devedor.

Nesse sentido, é o entendimento firmado no STJ (AgInt no AREsp 1059151/SP, 26/09/2017): "Quanto à interrupção da prescrição nos casos de pedido de parcelamento, entende o STJ pela possibilidade, por constituir reconhecimento inequívoco do débito, nos termos do art. 174, parágrafo único, IV, do Código Tributário Nacional, ainda que o parcelamento não tenha sido efetivado"

(V): Correta. Código Tributário Nacional, art. 187, *caput*: A cobrança judicial do crédito tributário não é sujeita a concurso de credores ou habilitação em falência, recuperação judicial, concordata, inventário ou arrolamento.

No mesmo sentido, a Lei 6.830/1980 (lei de execução fiscal), art. 29, *caput*: A cobrança judicial da Dívida Ativa da Fazenda Pública não é sujeita a concurso de credores ou habilitação em falência, concordata, liquidação, inventário ou arrolamento.

(VI): Correta. Lei 6.830/1980 (Lei de execução fiscal), art. 40: O Juiz suspenderá o curso da execução, enquanto não for localizado o devedor ou encontrados bens sobre os quais possa recair a penhora, e, nesses casos, não correrá o prazo de prescrição. § 1º – Suspenso o curso da execução, será aberta vista dos autos ao representante judicial da Fazenda Pública. § 2º – Decorrido o prazo máximo de 1 (um) ano, sem que seja localizado o devedor ou encontrados bens penhoráveis, o Juiz ordenará o arquivamento dos autos. § 3º – Encontrados que sejam, a qualquer tempo, o devedor ou os bens, serão desarquivados os autos para prosseguimento da execução. § 4º Se da decisão que ordenar o arquivamento tiver decorrido o prazo prescricional, o juiz, depois de ouvida a Fazenda Pública, poderá, de ofício, reconhecer a prescrição intercorrente e decretá-la de imediato. § 5º A manifestação prévia da Fazenda Pública prevista no § 4º deste artigo será dispensada no caso de cobranças judiciais cujo valor seja inferior ao mínimo fixado por ato do Ministro de Estado da Fazenda.

No mesmo sentido, Súmula 314 do STJ: Em execução fiscal, não localizados bens penhoráveis, suspende-se o processo por um ano, findo o qual se inicia o prazo da prescrição quinquenal intercorrente.

Resposta: Letra C

TJMG – 2014 – *Questão 82 Direito Tributário/Limitações do poder de tributar/Legislação*

Dentre os princípios que norteiam o direito tributário, podem ser citados o da anterioridade anual e o da anterioridade nonagesimal – Art. 150, III, alíneas "b" e "c", da Constituição Federal.

Sobre os princípios do direito tributário, assinale a alternativa CORRETA.

a) Desde que sancionada ou promulgada a lei no exercício financeiro anterior, pode o tributo por ela instituído ou majorado ser lançado e cobrado no exercício seguinte.

b) Desde que sancionada ou promulgada a lei com antecedência mínima de noventa (90) dias, pode o tributo instituído ou majorado ser lançado e cobrado no exercício financeiro seguinte.

c) Pode ser lançado e cobrado o tributo instituído ou majorado, se a sua instituição ou majoração ocorrer no exercício financeiro anterior, observada a antecedência mínima de noventa (90) dias para a entrada em vigor da lei que o instituiu ou majorou.

d) O tributo instituído ou aumentado por lei sancionada ou promulgada no exercício financeiro anterior pode ser lançado e cobrado independentemente da observância do prazo nonagesimal.

Comentários

Questão anulada

5. REPARTIÇÕES DAS RECEITAS TRIBUTÁRIAS

6. FONTES DO DIREITO TRIBUTÁRIO

TJMG – 2012 – *Questão 83 Direito Tributário/Fontes do Direito Tributário/ Legislação tributária: conceito, vigência, aplicação, interpretação e integração/ Obrigação tributária: espécies/Domicílio tributário/Crédito tributário. Suspensão, extinção e exclusão/Legislação*

Assinale a alternativa correta.

a) Não há possibilidade legal de escolha, pelo contribuinte ou responsável pelo tributo, de domicílio tributário.

b) Jamais poderão ser consideradas "fontes" do Direito Tributário os Decretos, Tratados e as Convenções Internacionais, em virtude do princípio da reserva legal.

c) A exclusão, a suspensão e a extinção de créditos tributários, bem como a dispensa ou exclusão de penalidades, podem ser estabelecidas por decreto específico à respectiva finalidade.

d) Para que se configure o fato gerador da obrigação acessória, é imprescindível previsão ou definição em lei.

Comentários

a) Incorreta. O Código Tributário Nacional prevê que é possível a escolha do domicílio tributário pelo contribuinte ou responsável, nos termos do art. 127, caput: Na falta de eleição, pelo contribuinte ou responsável, de domicílio tributário, na forma da legislação aplicável, considera-se como tal (...).

b) Incorreta. O Código Tributário Nacional prevê, no art. 96, que o termo legislação tributária compreende as leis, os tratados e as convenções internacionais, os decretos e as normas complementares que versem, no todo ou em parte, sobre tributos e relações jurídicas a eles pertinentes.

Por conseguinte, os atos normativos citados na alternativa são fontes do Direito Tributário.

c) Incorreta. O Código Tributário Nacional prevê que tais matérias somente podem estar disciplinadas em lei, nos termos do art. 97. Somente a lei pode estabelecer: V – a cominação de penalidades para as ações ou omissões contrárias a seus dispositivos, ou para outras infrações nela definidas; VI – as hipóteses de exclusão, suspensão e extinção de créditos tributários, ou de dispensa ou redução de penalidades.

d) Correta. O Código Tributário Nacional prevê, no art. 113, dois tipos de obrigação tributária: A obrigação tributária é principal ou acessória. § 1º A obrigação principal surge com a ocorrência do fato gerador, tem por objeto o pagamento de tributo ou penalidade pecuniária e extingue-se juntamente com o crédito dela decorrente; § 2º A obrigação acessória decorre da legislação tributária e tem por objeto as prestações, positivas ou negativas, nela previstas no interesse da arrecadação ou da fiscalização dos tributos.

Apesar de o gabarito apontar a alternativa D como correta, entendemos que o fato gerador da obrigação acessória não é matéria sob reserva de lei em sentido estrito. Isto porque o art. 113, § 2º, ao tratar da obrigação acessória, utiliza o termo legislação tributária que compreende outros atos normativos, como, por exemplo, o decreto, nos termos do art. 96 do Código Tributário Nacional, acima transcrito.

Resposta: Letra D

TJMG – 2014 – *Questão 81 Direito Tributário/Fontes do Direito Tributário/ Legislação tributária: conceito, vigência, aplicação, interpretação e integração/ Legislação/Doutrina*

Em relação ao conceito de fontes formais do direito tributário, assinale a alternativa CORRETA.

DIREITO TRIBUTÁRIO

a) Fontes formais do direito tributário são apenas as leis especificamente votadas e sancionadas ou promulgadas.

b) As fontes formais do direito tributário compreendem as leis, os tratados e as convenções internacionais, os decretos e as normas complementares que versem, no todo ou em parte, sobre tributos e relações jurídicas a eles pertinentes.

c) As fontes formais não contemplam os tratados e as convenções internacionais.

d) As fontes formais não contemplam os decretos legislativos e as resoluções.

Comentários

a) Incorreta. As fontes formais referem-se aos atos normativos em sentido amplo. Segundo o Código Tributário Nacional, art. 96: a expressão "legislação tributária" compreende as leis, os tratados e as convenções internacionais, os decretos e as normas complementares que versem, no todo ou em parte, sobre tributos e relações jurídicas a eles pertinentes. Por conseguinte, não são fontes formais do Direito Tributário apenas as leis, ou seja, os atos normativos previstos no art. 59 da CR/88.

b) Correta. Código Tributário Nacional, art. 96: a expressão "legislação tributária" compreende as leis, os tratados e as convenções internacionais, os decretos e as normas complementares que versem, no todo ou em parte, sobre tributos e relações jurídicas a eles pertinentes.

c) Incorreta. Código Tributário Nacional, art. 96: a expressão "legislação tributária" compreende as leis, os tratados e as convenções internacionais, os decretos e as normas complementares que versem, no todo ou em parte, sobre tributos e relações jurídicas a eles pertinentes. Desse modo, os tratados e as convenções internacionais são fontes formais do Direito Tributário.

d) Incorreta. Código Tributário Nacional, art. 96: a expressão "legislação tributária" compreende as leis, os tratados e as convenções internacionais, os decretos e as normas complementares que versem, no todo ou em parte, sobre tributos e relações jurídicas a eles pertinentes. Assim, os decretos legislativos e as resoluções são fontes formais do Direito Tributário, pois estão incluídos na expressão "lei" que se refere aos atos normativos previstos no art. 59 da CR/88. Podemos citar como exemplo de matéria reservada à resolução do Senado a definição das alíquotas aplicáveis às operações e prestações interestaduais no ICMS, nos termos do art. 155, II, § 2°, IV, da CR/88.

Resposta: Letra B

7. LEGISLAÇÃO TRIBUTÁRIA: CONCEITO, VIGÊNCIA, APLICAÇÃO, INTERPRETAÇÃO E INTEGRAÇÃO

8. TRIBUTO: CONCEITO E ESPÉCIES

9. CÓDIGO TRIBUTÁRIO NACIONAL

10. IMPOSTO

11. TAXA

TJMG – 2007 – *Questão 82 Direito Tributário/Limitações do poder de tributar/Taxa/Legislação/Jurisprudência*

A jurisprudência do Supremo Tribunal Federal consagrou, no domínio do sistema tributário nacional, a obrigatoriedade de o Poder Público respeitar, como princípio para a instituição de taxas:

a) progressividade.

b) imunidade recíproca.

c) seletividade.

d) isonomia.

Comentários

a) Incorreta. Não há previsão na CR/88 da obrigatoriedade de o Poder Público respeitar o princípio da progressividade na instituição de taxas. Esse princípio é previsto expressamente na Constituição Federal para os seguintes impostos: imposto sobre a propriedade predial e territorial urbana – IPTU (art. 156, § 1º, I e art. 182, § 4º, II da CR/88), imposto sobre a renda e proventos de qualquer natureza – IR (art. 153, § 2º, I, da CR/88) e imposto sobre a propriedade territorial rural – ITR (art. 153, § 4º, I, da CR/88).

Importante salientar que o STF entendeu ser constitucional a previsão, em lei estadual, de progressividade para o imposto sobre transmissão causa mortis e doação de quaisquer bens ou direitos – ITCD (STF, RE 562045, 06/02/2014). Já em relação ao imposto sobre transmissão "inter vivos", a qualquer título, por ato oneroso, de bens imóveis, por natureza ou acessão física, e de direitos reais sobre imóveis, exceto os de garantia, bem como cessão de direitos a sua aquisição – ITBI, o STF declarou ser inconstitucional a lei que estabelece alíquotas progressivas com base no valor venal do imóvel (Súmula 656).

DIREITO TRIBUTÁRIO

b) Incorreta. A imunidade recíproca refere-se aos impostos e não às taxas, nos termos do art. 150, VI, 'a' da CR/88: Art. 150. Sem prejuízo de outras garantias asseguradas ao contribuinte, é vedado à União, aos Estados, ao Distrito Federal e aos Municípios: VI – instituir impostos sobre: a) patrimônio, renda ou serviços, uns dos outros.

c) Incorreta. Não há previsão na CR/88 da obrigatoriedade de o Poder Público respeitar o princípio da seletividade na instituição de taxas. Esse princípio, que estabelece que o valor do tributo deve ser fixado de acordo com a essencialidade do produto/serviço, é previsto na Constituição Federal para os seguintes impostos: imposto sobre produtos industrializados – IPI (art. 153, § 3º, I, da CR/88) e imposto sobre operações relativas à circulação de mercadorias e sobre prestações de serviços de transporte interestadual e intermunicipal e de comunicação – ICMS (art. 155, § 2º, III, da CR/88).

d) Correta. A CR/88, no art. 150, II, consagra o princípio da igualdade ou da isonomia como princípio geral do Direito Tributário, aplicável a todas as espécies de tributos, nos seguintes termos: Art. 150. Sem prejuízo de outras garantias asseguradas ao contribuinte, é vedado à União, aos Estados, ao Distrito Federal e aos Municípios: II – instituir tratamento desigual entre contribuintes que se encontrem em situação equivalente, proibida qualquer distinção em razão de ocupação profissional ou função por eles exercida, independentemente da denominação jurídica dos rendimentos, títulos ou direitos. Nesse sentido, já decidiu o STF na ADI 3260/RN, 29/03/2007: 1. A lei complementar estadual que isenta os membros do Ministério Público do pagamento de custas judiciais, notariais, cartorárias e quaisquer taxas ou emolumentos fere o disposto no artigo 150, inciso II, da Constituição do Brasil. 2. O texto constitucional consagra o princípio da igualdade de tratamento aos contribuintes. Precedentes.

Resposta: Letra D

TJMG – 2008 – *Questão 82 Direito Tributário/Taxa/Contribuição de melhoria e outras contribuições/Legislação*

O texto constitucional estabelece as diretrizes relativas ao Sistema Tributário Nacional e discrimina as prerrogativas que são concedidas à União, aos Estados, ao Distrito Federal e aos Municípios.

a) As taxas podem ter a base de cálculo própria de impostos.

b) A instituição de contribuições sociais, de intervenção no domínio econômico e de interesse das categorias profissionais ou econômicas compete, nos termos da lei, à União, aos Estados-membros e ao Distrito Federal.

c) Os Municípios e o Distrito Federal podem instituir contribuição, na forma das respectivas leis, para o custeio do serviço de iluminação pública.

d) A instituição de contribuição de melhoria leva em consideração a utilização potencial de serviços públicos indivisíveis e colocados à disposição do contribuinte.

Comentários

a) Incorreta. CR/88, art. 145, § 2°: As taxas não poderão ter base de cálculo própria de impostos.

Importante relembrar que o STF tratou da matéria na Súmula Vinculante 29: É constitucional a adoção, no cálculo do valor de taxa, de um ou mais elementos da base de cálculo própria de determinado imposto, desde que não haja integral identidade entre uma base e outra.

b) Incorreta. A competência é da União nos termos do art. 149, caput, da CR/88: Compete exclusivamente à União instituir contribuições sociais, de intervenção no domínio econômico e de interesse das categorias profissionais ou econômicas, como instrumento de sua atuação nas respectivas áreas, observado o disposto nos arts. 146, III, e 150, I e III, e sem prejuízo do previsto no art. 195, § 6°, relativamente às contribuições a que alude o dispositivo. Destaca-se que, dentre as contribuições citadas na questão, a única que pode ser instituída pelos demais membros da federação (Estados, Distrito Federal e Municípios) é a contribuição social, cobrada de seus servidores, para o custeio, em benefício destes, do regime previdenciário de que trata o art. 40, cuja alíquota não será inferior à da contribuição dos servidores titulares de cargos efetivos da União. (art. 149, § 1°, da CR/88).

c) Correta. Conforme CR/88, art. 149-A: Os Municípios e o Distrito Federal poderão instituir contribuição, na forma das respectivas leis, para o custeio do serviço de iluminação pública, observado o disposto no art. 150, I e III. Importante ressaltar que a taxa destinada ao custeio do serviço de iluminação pública foi declarada inconstitucional pelo STF, conforme exposto na Súmula Vinculante 41: O serviço de iluminação pública não pode ser remunerado mediante taxa.

d) Incorreta. Nos termos do artigo 145 da CR/88: A União, os Estados, o Distrito Federal e os Municípios poderão instituir os seguintes tributos: III – contribuição de melhoria, decorrente de obras públicas. A situação

DIREITO TRIBUTÁRIO

descrita na questão poderia ser fato gerador da espécie tributária taxa desde que o serviço público fosse divisível, nos termos do art. 145, da CR/88: A União, os Estados, o Distrito Federal e os Municípios poderão instituir os seguintes tributos: II – taxas, em razão do exercício do poder de polícia ou pela utilização, efetiva ou potencial, de serviços públicos específicos e divisíveis, prestados ao contribuinte ou postos a sua disposição.

Resposta: Letra C

12. CONTRIBUIÇÃO DE MELHORIA E OUTRAS CONTRIBUIÇÕES

TJMG – 2007 – *Questão 83 Direito Tributário/Contribuição de melhoria e outras contribuições/Legislação*

As contribuições sociais e de intervenção no domínio econômico, cuja instituição é de competência da União:

a) incidirão sobre as receitas decorrentes de exportação.

b) poderão ter alíquota específica, tendo por base a unidade de medida adotada.

c) poderão ter alíquota *ad valorem*, tendo por base exclusivamente o faturamento.

d) incidirão uma única vez, nas hipóteses previstas em decreto do Presidente da República.

Comentários

a) Incorreta. CR/88, art. 149, § 2º: As contribuições sociais e de intervenção no domínio econômico de que trata o *caput* deste artigo: I – não incidirão sobre as receitas decorrentes de exportação.

b) Correta. CR/88, art. 149, § 2º: As contribuições sociais e de intervenção no domínio econômico de que trata o *caput* deste artigo: III – poderão ter alíquotas: b) específica, tendo por base a unidade de medida adotada.

Alíquota específica é aquela expressa em valores monetários incidente sobre a base de cálculo que é representada em unidade de medida, que pode ser em litro, metro, quilo, ou qualquer outra.

c) Incorreta. CR/88, art. 149, § 2º: As contribuições sociais e de intervenção no domínio econômico de que trata o *caput* deste artigo: III

– poderão ter alíquotas: a) *ad valorem*, tendo por base o faturamento, a receita bruta ou o valor da operação e, no caso de importação, o valor aduaneiro.

Alíquota *ad valorem* é aquela expressa em porcentagem incidente sobre a base de cálculo que representa o valor do produto/serviço.

d) Incorreta. CR/88, art. 149, § 4º: A lei definirá as hipóteses em que as contribuições incidirão uma única vez.

Resposta: Letra B

13. OBRIGAÇÃO TRIBUTÁRIA: CONCEITO
14. OBRIGAÇÃO TRIBUTÁRIA: ESPÉCIES
15. FATO GERADOR (HIPÓTESE DE INCIDÊNCIA)
16. SUJEITO ATIVO E PASSIVO
17. SOLIDARIEDADE

TJMG – 2012 *– Questão 84 Direito Tributário/Solidariedade/Responsabilidade tributária: normas gerais, espécies e hipóteses. Infrações administrativas tributárias/Legislação*

Assinale a alternativa que apresenta informação ***incorreta***.

a) São solidariamente responsáveis tributários as pessoas que tenham interesse comum na situação que constitua o fato gerador da obrigação tributária.

b) A isenção ou a remissão de crédito tributário, na hipótese de solidariedade, exonera, sem ressalvas, todos os obrigados.

c) A responsabilidade é solidária quando tanto o contribuinte quanto o responsável respondem sem o benefício de ordem.

d) A lei pode atribuir de modo expresso a responsabilidade tributária à terceira pessoa, quando esta estiver vinculada ao fato gerador da exação, excluindo a responsabilidade do contribuinte ou atribuindo-a a este em caráter supletivo do cumprimento total ou parcial da mesma obrigação.

Comentários

a) CORRETA. Código Tributário Nacional, art. 124, I: São solidariamente obrigadas: I – as pessoas que tenham interesse comum na situação que constitua o fato gerador da obrigação principal; II – as pessoas expressamente designadas por lei.

b) Incorreta. Código Tributário Nacional, art. 125, II: Salvo disposição de lei em contrário, são os seguintes os efeitos da solidariedade: I – o pagamento efetuado por um dos obrigados aproveita aos demais; II – a isenção ou remissão de crédito exonera todos os obrigados, salvo se outorgada pessoalmente a um deles, subsistindo, nesse caso, a solidariedade quanto aos demais pelo saldo; III – a interrupção da prescrição, em favor ou contra um dos obrigados, favorece ou prejudica aos demais.

c) Correta. Código Tributário Nacional, art. 124, parágrafo único: A solidariedade referida neste artigo não comporta benefício de ordem.

d) Correta. Código Tributário Nacional, art. 128. Sem prejuízo do disposto neste capítulo, a lei pode atribuir de modo expresso a responsabilidade pelo crédito tributário a terceira pessoa, vinculada ao fato gerador da respectiva obrigação, excluindo a responsabilidade do contribuinte ou atribuindo-a a este em caráter supletivo do cumprimento total ou parcial da referida obrigação.

Resposta: Letra B

TJMG – 2014 – *Questão 83 Direito Tributário/Solidariedade/Legislação*

No que concerne à responsabilidade tributária, sabe-se que são solidariamente obrigadas:

I – as pessoas que tenham interesse comum na situação que constitua o fato gerador da obrigação principal;

II – as pessoas expressamente designadas por lei.

Assinale a alternativa que RETRATA a veracidade do princípio da solidariedade.

a) O pagamento efetuado por um dos obrigados não aproveita aos demais.

b) A isenção ou a remissão de crédito exonera todos os obrigados, mesmo que outorgada pessoalmente a um deles.

c) A interrupção da prescrição em favor ou contra um dos obrigados, não favorece e nem prejudica aos demais.

d) A interrupção da prescrição em favor ou contra um dos obrigados, favorece ou prejudica os demais.

> **Comentários**
>
> a) Incorreta. Código Tributário Nacional, art. 125, I: Salvo disposição de lei em contrário, são os seguintes os efeitos da solidariedade: I – o pagamento efetuado por um dos obrigados aproveita aos demais.
>
> b) Incorreta. Código Tributário Nacional, art. 125, II: Salvo disposição de lei em contrário, são os seguintes os efeitos da solidariedade: II – a isenção ou remissão de crédito exonera todos os obrigados, salvo se outorgada pessoalmente a um deles, subsistindo, nesse caso, a solidariedade quanto aos demais pelo saldo.
>
> c) Incorreta. Código Tributário Nacional, art. 125, III: Salvo disposição de lei em contrário, são os seguintes os efeitos da solidariedade: III – a interrupção da prescrição, em favor ou contra um dos obrigados, favorece ou prejudica aos demais.
>
> d) Correta. Código Tributário Nacional, art. 125, III: Salvo disposição de lei em contrário, são os seguintes os efeitos da solidariedade: III – a interrupção da prescrição, em favor ou contra um dos obrigados, favorece ou prejudica aos demais.
>
> *Resposta: Letra D*

18. CAPACIDADE TRIBUTÁRIA

19. DOMICÍLIO TRIBUTÁRIO

20. FATO GERADOR DA OBRIGAÇÃO TRIBUTÁRIA. ELEMENTOS

21. INCIDÊNCIA, NÃO INCIDÊNCIA, IMUNIDADE E ISENÇÃO

22. RESPONSABILIDADE TRIBUTÁRIA: NORMAS GERAIS, ESPÉCIES E HIPÓTESES. INFRAÇÕES ADMINISTRATIVAS TRIBUTÁRIAS

23. SUBSTITUIÇÃO TRIBUTÁRIA

24. CRÉDITO TRIBUTÁRIO. CONCEITO

25. CRÉDITO TRIBUTÁRIO. NATUREZA

26. LANÇAMENTO

27. LANÇAMENTO. REVISÃO

28. CRÉDITO TRIBUTÁRIO. SUSPENSÃO, EXTINÇÃO E EXCLUSÃO
29. CRÉDITO TRIBUTÁRIO. PRESCRIÇÃO E DECADÊNCIA

TJMG – 2014 – *Questão 84 Direito Tributário/Crédito tributário. Prescrição e decadência/Legislação/Jurisprudência*

O Art. 174 do CTN estabelece que a ação para a cobrança do crédito tributário prescreve em cinco anos, contados da data da sua constituição definitiva. A expressão "constituição definitiva do crédito tributário" não é de fácil interpretação.

Assinale a alternativa que define CORRETAMENTE o significado de Constituição Definitiva do Crédito Tributário.

a) Por constituição definitiva, deve ser entendida a eficácia que torna indiscutível o crédito tributário, que não decorre do fato gerador ou da própria obrigação tributária, mas do momento em que não mais se admite qualquer discussão administrativa a seu respeito.

b) Por constituição definitiva, entende-se o crédito cujo "quantum" não comporta sequer impugnação judicial.

c) Por constituição definitiva, entende-se o crédito que, embora delimitado no seu "quantum", ainda é permitido ao sujeito passivo interpor recurso administrativo.

d) Por constituição definitiva, deve-se entender o momento em que o sujeito passivo toma conhecimento do lançamento pela notificação.

Comentários

a) CORRETA. O Código Tributário Nacional, em seu art. 142, estabelece que: Compete privativamente à autoridade administrativa constituir o crédito tributário pelo lançamento, assim entendido o procedimento administrativo tendente a verificar a ocorrência do fato gerador da obrigação correspondente, determinar a matéria tributável, calcular o montante do tributo devido, identificar o sujeito passivo e, sendo caso, propor a aplicação da penalidade cabível.

Caso a Fazenda Pública necessite efetuar o lançamento para formalizar o crédito tributário (exemplo: o sujeito passivo não efetua o pagamento e não faz qualquer declaração confessando o débito tributário), ela dispõe do prazo decadencial de 5 (cinco) anos, conforme artigos 150, § 4º e 173 do CTN.

Imperioso ressaltar que, se o sujeito passivo declarar o débito tributário não pago, tal situação é considerada como confissão, dispensando a Fazenda Pública da necessidade de efetuar o lançamento, nos termos da Súmula 436 do STJ: A entrega de declaração pelo contribuinte, reconhecendo o débito fiscal, constitui o crédito tributário, dispensada qualquer outra providência por parte do Fisco.

Porém, na hipótese de ser o sujeito passivo notificado do lançamento, o crédito está constituído e não corre mais o prazo decadencial contra a Fazenda Pública. Porém, essa constituição do crédito tributário ainda não é definitiva, pois é possível, conforme art. 145 do CTN, que: o lançamento regularmente notificado ao sujeito passivo seja alterado em virtude de: I – impugnação do sujeito passivo; II – recurso de ofício; III – iniciativa de ofício da autoridade administrativa, nos casos previstos no artigo 149. Ou seja, o sujeito passivo ou o próprio Fisco podem dar início à discussão administrativa em relação ao lançamento que constituiu o crédito tributário. Por conseguinte, somente após a conclusão do processo administrativo fiscal e não havendo pagamento do crédito tributário começa a fluir o prazo prescricional de 5 (cinco) anos para que a Fazenda Pública inscreva o crédito tributário como dívida ativa na repartição administrativa competente e proponha a ação de execução fiscal, regida pela Lei 6.830/1980. Nesse sentido, o CTN, art. 201: Constitui dívida ativa tributária a proveniente de crédito dessa natureza, regularmente inscrita na repartição administrativa competente, depois de esgotado o prazo fixado, para pagamento, pela lei ou por decisão final proferida em processo regular. Parágrafo único. A fluência de juros de mora não exclui, para os efeitos deste artigo, a liquidez do crédito.

b) Incorreta. Por constituição definitiva, entende-se o crédito cujo "*quantum*" não comporta impugnação administrativa, sendo ainda possível a discussão judicial.

c) Incorreta. Por constituição definitiva, entende-se o crédito tributário em relação ao qual não é mais permitido ao sujeito passivo interpor recurso administrativo.

d) Incorreta. Conforme o art. 145 do CTN acima citado, o lançamento regularmente notificado ao sujeito passivo pode ser alterado no âmbito administrativo.

Resposta: Letra A

30. REPETIÇÃO DO INDÉBITO
31. GARANTIAS E PRIVILÉGIOS DO CRÉDITO TRIBUTÁRIO
32. ADMINISTRAÇÃO TRIBUTÁRIA
33. DÍVIDA ATIVA: CONCEITO, INSCRIÇÃO

TJMG – 2014 – *Questão 85 Direito Tributário/Dívida ativa: conceito, inscrição/Certidão de dívida ativa: natureza jurídica, presunção de certeza e liquidez/Legislação*

A inscrição do crédito tributário decorre da sua constituição definitiva, tornando-o hábil à execução.

Assinale a alternativa que define CORRETAMENTE a Certidão da Dívida Ativa (CDA), como título executivo extrajudicial hábil a instruir o processo de execução.

a) A CDA, como título executivo, independe dos requisitos e conteúdo do termo de inscrição em dívida ativa relativa ao crédito tributário.

b) A CDA, como título hábil ao processo de execução, deve conter todos os elementos do termo de inscrição na dívida ativa, na forma estabelecida no Art. 202 do CTN e Art. 2º da Lei nº 6.830/80, o que lhe imprime os requisitos da liquidez, certeza e exigibilidade do crédito que representa.

c) A CDA é título executivo, mesmo que o crédito tributário não esteja inscrito na dívida ativa.

d) A CDA é título executivo, mesmo que o crédito que representa ainda não tenha sido definitivamente constituído.

Comentários

a) Incorreta. A CDA é título executivo extrajudicial, de acordo com o CPC, art. 784, IX: São títulos executivos extrajudiciais: IX – a certidão de dívida ativa da Fazenda Pública da União, dos Estados, do Distrito Federal e dos Municípios, correspondente aos créditos inscritos na forma da lei.

Na CDA deverão constar os requisitos e o conteúdo do termo de inscrição em dívida ativa relativa ao crédito tributário, nos termos do art. 202, par. único do CTN: O termo de inscrição da dívida ativa, autenticado pela autoridade competente, indicará obrigatoriamente: I – o nome do devedor e, sendo caso, o dos corresponsáveis, bem como, sempre que possível, o domicílio ou a residência de um e de outros; II – a quantia devida e a maneira de calcular os juros de mora acrescidos; III – a origem e natureza do crédito, mencionada especificamente a disposição da lei em que seja fundado; IV – a data em que foi inscrita; V – sendo caso, o número do processo administrativo de que se originar o crédito. Parágrafo único. A certidão conterá, além dos requisitos deste artigo, a indicação do livro e da folha da inscrição.

No mesmo sentido, o art. 2º da Lei nº 6.830/80 que, além de prever os requisitos do termo de inscrição de dívida ativa, ainda estabelece: § 6º – A Certidão de Dívida Ativa conterá os mesmos elementos do Termo de Inscrição e será autenticada pela autoridade competente.

Importante ainda salientar sobre o tema o art. 203 do CTN: A omissão de quaisquer dos requisitos previstos no artigo anterior, ou o erro a eles relativo, são causas de nulidade da inscrição e do processo de cobrança dela decorrente, mas a nulidade poderá ser sanada até a decisão de primeira instância, mediante substituição da certidão nula, devolvido ao sujeito passivo, acusado ou interessado o prazo para defesa, que somente poderá versar sobre a parte modificada.

b) Correta. Os elementos do termo de inscrição na dívida ativa devem estar contidos na certidão de dívida ativa, conforme estabelecido no art. 202 do CTN e no art. 2º da Lei nº 6.830/80, acima citados. Tal fato imprime à certidão de divida ativa os requisitos da liquidez, certeza e exigibilidade do crédito tributário nela representado, nos termos do art. 204 do CTN: A dívida regularmente inscrita goza da presunção de certeza e liquidez e tem o efeito de prova pré-constituída. Parágrafo único. A presunção a que se refere este artigo é relativa e pode ser ilidida por prova inequívoca, a cargo do sujeito passivo ou do terceiro a que aproveite. No mesmo sentido, o art. 3º da Lei nº 6.830/80.

c) Incorreta. CTN, art. 201: Constitui dívida ativa tributária a proveniente de crédito dessa natureza, regularmente inscrita na repartição administrativa competente, depois de esgotado o prazo fixado, para pagamento, pela lei ou por decisão final proferida em processo regular. Parágrafo único. A fluência de juros de mora não exclui, para os efeitos deste artigo, a liquidez do crédito.

d) Incorreta. Por constituição definitiva, entende-se o crédito tributário cujo lançamento não comporta impugnação administrativa, iniciando-se o prazo prescricional de 5 (cinco) anos, previsto no art. 174 do CTN, para que a Fazenda Pública inscreva o crédito tributário como dívida ativa na repartição administrativa competente e proponha a ação de execução fiscal, regida pela Lei 6.830/1980.

Resposta: Letra B

34. CERTIDÃO DE DÍVIDA ATIVA: NATUREZA JURÍDICA, PRESUNÇÃO DE CERTEZA E LIQUIDEZ

35. PROCESSO ADMINISTRATIVO E JUDICIAL TRIBUTÁRIO

36. EXECUÇÃO FISCAL

37. EMBARGOS À EXECUÇÃO FISCAL

38. AÇÃO DE CONSIGNAÇÃO EM PAGAMENTO

39. AÇÃO DECLARATÓRIA

40. AÇÃO ANULATÓRIA

41. AÇÃO DE REPETIÇÃO DE INDÉBITO

42. AÇÃO CAUTELAR

43. MANDADO DE SEGURANÇA

44. TUTELA ANTECIPADA CONTRA A FAZENDA PÚBLICA

45. TRIBUTOS ESTADUAIS

TJMG – 2009 – *Questão 84 Direito Tributário/Limitações do poder de tributar/Tributos estaduais/Legislação*

Quanto ao imposto sobre operações relativas à circulação de mercadorias – ICMS é CORRETO afirmar:

a) Tem seus contribuintes definidos por lei ordinária.

b) Poderá ser progressivo, em função das características das mercadorias e dos serviços.

c) Cabe à lei ordinária federal dispor sobre substituição tributária.

d) A isenção ou não-incidência não implicará crédito para compensação com o montante devido nas operações ou prestações seguintes.

Comentários

a) Incorreta. Matéria reservada à lei complementar, nos termos da CR/88, art. 155, II, § 2º, XII, 'a': Compete aos Estados e ao Distrito Federal instituir impostos sobre: II – operações relativas à circulação de mercadorias e sobre prestações de serviços de transporte interestadual e intermunicipal e de comunicação, ainda que as operações e as prestações se iniciem no exterior; § 2º O imposto previsto no inciso II atenderá ao seguinte: XII – cabe à lei complementar: a) definir seus contribuintes.

b) Incorreta. A CR/88, no art. art. 155, II, § 2º, III, prevê que o ICMS poderá ser seletivo, e não progressivo, em função das características das mercadorias e dos serviços: Compete aos Estados e ao Distrito Federal instituir impostos sobre: II – operações relativas à circulação de mercadorias e sobre prestações de serviços de transporte interestadual e intermunicipal e de comunicação, ainda que as operações e as prestações se iniciem no exterior; § 2º O imposto previsto no inciso II atenderá ao seguinte: III – poderá ser seletivo, em função da essencialidade das mercadorias e dos serviços.

c) Incorreta. Matéria reservada à lei complementar, nos termos da CR/88, art. 155, II, § 2º, XII, 'b': Compete aos Estados e ao Distrito Federal instituir impostos sobre: II – operações relativas à circulação de mercadorias e sobre prestações de serviços de transporte interestadual e intermunicipal e de comunicação, ainda que as operações e as prestações se iniciem no exterior; § 2º O imposto previsto no inciso II atenderá ao seguinte: XII – cabe à lei complementar: b) dispor sobre substituição tributária.

d) Correta. CR/88, art. 155, II, § 2º, II, 'a': Compete aos Estados e ao Distrito Federal instituir impostos sobre: II – operações relativas à circulação de mercadorias e sobre prestações de serviços de transporte interestadual e intermunicipal e de comunicação, ainda que as operações e as prestações se iniciem no exterior; § 2º O imposto previsto no inciso II atenderá ao seguinte: II – a isenção ou não-incidência, salvo determinação em contrário da legislação: a) não implicará crédito para compensação com o montante devido nas operações ou prestações seguintes.

Resposta: Letra D

***TJMG – 2009** – Questão 85 Direito Tributário/Limitações do poder de tributar/Tributos estaduais/Legislação*

Em relação ao imposto sobre operações relativas à circulação de mercadorias – ICMS, marque "V" para as verdadeiras e "F" para as falsas nas proposições abaixo, assinalando a alternativa CORRETA.

1. Incide sobre operações que destinem mercadorias para o exterior e sobre serviços prestados a destinatários no exterior.

DIREITO TRIBUTÁRIO

2. Não incide sobre operações que destinem a outros Estados petróleo, combustíveis dele derivados e energia elétrica.

3. Não incide sobre o valor total da operação, quando mercadorias forem fornecidas com serviços não compreendidos na competência tributária dos Municípios.

4. Incide sobre a entrada de bem ou mercadorias importados do exterior por pessoa física ou jurídica, ainda que não seja contribuinte habitual do imposto.

a) F, V, F, V.
b) V, F, F, V.
c) F, V, V, F.
d) F, F, V, V.

Comentários

(1): Incorreta. A CR/88 prevê imunidade do ICMS na situação descrita na alternativa, nos termos do art. 155, II, § 2°, X, 'a': Compete aos Estados e ao Distrito Federal instituir impostos sobre: II – operações relativas à circulação de mercadorias e sobre prestações de serviços de transporte interestadual e intermunicipal e de comunicação, ainda que as operações e as prestações se iniciem no exterior; § 2° O imposto previsto no inciso II atenderá ao seguinte: X – não incidirá: a) sobre operações que destinem mercadorias para o exterior, nem sobre serviços prestados a destinatários no exterior, assegurada a manutenção e o aproveitamento do montante do imposto cobrado nas operações e prestações anteriores.

(2): Correta. A CR/88 prevê imunidade do ICMS na situação descrita na alternativa, nos termos do art. 155, II, § 2°, X, 'b': Compete aos Estados e ao Distrito Federal instituir impostos sobre: II – operações relativas à circulação de mercadorias e sobre prestações de serviços de transporte interestadual e intermunicipal e de comunicação, ainda que as operações e as prestações se iniciem no exterior; § 2° O imposto previsto no inciso II atenderá ao seguinte: X – não incidirá: b) sobre operações que destinem a outros Estados petróleo, inclusive lubrificantes, combustíveis líquidos e gasosos dele derivados, e energia elétrica.

(3): Incorreta. A CR/88 prevê incidência do ICMS na situação descrita na alternativa, nos termos do art. 155, II, § 2°, IX, 'b': Compete aos Estados e ao Distrito Federal instituir impostos sobre: II – operações relativas à circulação de mercadorias e sobre prestações de serviços de transporte interestadual e intermunicipal e de comunicação, ainda que as operações e as prestações se iniciem no exterior; § 2° O imposto previsto no inciso II atenderá ao seguinte: IX – incidirá também: b) sobre o valor total da operação, quando mercadorias forem fornecidas com serviços não compreendidos na competência tributária dos Municípios.

(4): Correta. A CR/88 prevê incidência do ICMS na situação descrita na alternativa, nos termos do art. 155, II, § 2º, IX, 'a': Compete aos Estados e ao Distrito Federal instituir impostos sobre: II – operações relativas à circulação de mercadorias e sobre prestações de serviços de transporte interestadual e intermunicipal e de comunicação, ainda que as operações e as prestações se iniciem no exterior; § 2º O imposto previsto no inciso II atenderá ao seguinte: IX – incidirá também: a) sobre a entrada de bem ou mercadoria importados do exterior por pessoa física ou jurídica, ainda que não seja contribuinte habitual do imposto, qualquer que seja a sua finalidade, assim como sobre o serviço prestado no exterior, cabendo o imposto ao Estado onde estiver situado o domicílio ou o estabelecimento do destinatário da mercadoria, bem ou serviço.

Importante ressaltar que o STF trata da matéria na Súmula Vinculante 48, nos seguintes termos: Na entrada de mercadoria importada do exterior, é legítima a cobrança do ICMS por ocasião do desembaraço aduaneiro.

Resposta: Letra A

46. TRIBUTOS MUNICIPAIS

TJMG – 2009 – *Questão 82 Direito Tributário/Tributos municipais/Legislação*

Em relação ao imposto sobre a propriedade predial e territorial urbana – IPTU, marque a alternativa **CORRETA**.

a) Tem sua base de cálculo fixada por Lei Complementar.

b) Tem suas alíquotas máximas e mínimas fixadas por Lei Complementar.

c) Pode ser progressivo em razão do valor do imóvel.

d) Pode ser alvo de isenção definida em Lei Ordinária Estadual

Comentários Questão anulada

TJMG – 2009 – *Questão 83 Direito Tributário/Tributos municipais/Legislação*

Quanto ao imposto sobre serviços de qualquer natureza – ISS, marque a alternativa CORRETA.

a) Incide sobre prestação de fornecimento de energia elétrica.

DIREITO TRIBUTÁRIO

b) Incide sobre a prestação de serviços de informática e congêneres.
c) Incide sobre prestação de serviços de transporte intermunicipal.
d) Incide sobre serviços de comunicação.

Comentários

a) Incorreta. Sobre o fornecimento de energia elétrica incide o imposto sobre operações relativas à circulação de mercadorias e sobre prestações de serviços de transporte interestadual e intermunicipal e de comunicação – ICMS (art. 155, II, da CR/88), pertencente à competência dos Estados e do Distrito Federal. Isso porque o fornecimento de energia elétrica é considerado circulação de mercadoria.

b) Correta. CR/88, art. 156, III: Compete aos Municípios instituir impostos sobre: III – serviços de qualquer natureza, não compreendidos no art. 155, II, definidos em lei complementar. A LC 116/2003, ao listar os serviços que poderão sofrer a incidência do ISSQN, prevê no item 1: Serviços de informática e congêneres. Importante destacar que também o Distrito Federal tem competência para instituir o ISSQN, nos termos do art. 147, da CR/88: ao Distrito Federal cabem os impostos municipais.

c) Incorreta. Sobre a prestação de serviços de transporte intermunicipal incide o imposto sobre operações relativas à circulação de mercadorias e sobre prestações de serviços de transporte interestadual e intermunicipal e de comunicação – ICMS (art. 155, II, da CR/88), pertencente à competência dos Estados e do Distrito Federal.

d) Incorreta. Sobre os serviços de comunicação incide o imposto sobre operações relativas à circulação de mercadorias e sobre prestações de serviços de transporte interestadual e intermunicipal e de comunicação – ICMS (art. 155, II, da CR/88), pertencente à competência dos Estados e do Distrito Federal.

Resposta: Letra B

Doutrina citada: ALEXANDRE, Ricardo. Direito Tributário Esquematizado. 11 ed. Salvador, BA: Juspodivm, 2017.

DIREITO AMBIENTAL

Leandro Bessas

Visão geral sobre Direito Ambiental:

Foram comentadas as provas aplicadas pelo Tribunal de Justiça do Estado de Minas Gerais nos seguintes anos: 2008, 2009, 2012 e 2014.

Dentre os temas exigidos, destacam-se aqueles de maior incidência:

A Constituição da República e o Meio Ambiente

Tutela do Meio Ambiente e seus Agentes

Princípios Ambientais

Termo de Ajustamento de Conduta

Competências administrativa, legislativa e jurisdicional em matéria ambiental

Através de análise das questões cobradas nos últimos certames, verifica-se, de modo geral, uma predominância de perguntas relativas ao teor da legislação ambiental. Em alguns pontos do edital também foi exigido o conhecimento dos princípios de direito ambiental. Com relação ao estudo da jurisprudência, recomenda-se a leitura de informativos versando sobre o tema das responsabilidades administrativa, civil e penal ambiental..

Também é importante que o candidato esteja atento para a relevância dada pelos concursos atuais para questões que abarcam inovações, sejam legislativas, doutrinárias ou jurisprudenciais.

***

Boa sorte!

Leandro Bessas

TÓPICOS DO EDITAL	Legislação	Doutrina	Jurisprudência
1. A Constituição Federal e o meio ambiente. O art. 225: objetivo, alcance e reflexos. Ambiente ecologicamente equilibrado como direito fundamental. Natureza pública da proteção ambiental. Tratados internacionais sobre o tema ambiental.	2012		
2. Fontes do Direito Ambiental. Princípios do Direito Ambiental. Legislação. Interpretação.	2014 2012	2014	
3. O Direito Ambiental na visão dos tribunais.			2012
4. Competências administrativa, legislativa e jurisdicional em matéria ambiental.	2014		
5. Inquérito civil.			
6. Termo de ajustamento de conduta.			
7. Tutela do meio ambiente e seus agentes.	2012		
8. Ações judiciais.	2008		
9. Responsabilidades administrativa, civil e penal ambiental.	2012 2009 2009		
10. Responsabilidade penal da pessoa jurídica em matéria ambiental. do contrato. Das várias espécies de contrato.	2014		
11. O estudo do impacto ambiental e a administração pública.			
12. Licenciamento ambiental.			
13. Meio ambiente e o Estatuto da Cidade.	2014		

*Alguns itens não apresentam questões.

DIREITO AMBIENTAL

1. A CONSTITUIÇÃO FEDERAL E O MEIO AMBIENTE. O ART. 225: OBJETIVO, ALCANCE E REFLEXOS. AMBIENTE ECOLOGICAMENTE EQUILIBRADO COMO DIREITO FUNDAMENTAL. NATUREZA PÚBLICA DA PROTEÇÃO AMBIENTAL. TRATADOS INTERNACIONAIS SOBRE O TEMA AMBIENTAL

TJMG – 2012 – *Fundação Vunesp – Questão nº 90 – Direito Ambiental/A Constituição da República e o meio ambiente/Legislação*

Analise as afirmativas a seguir.

De acordo com a Constituição da República, é correto afirmar que o aquífero Guarani, cuja dimensão abrange oito Estados-membros da Federação, além de se estender ao território do Paraguai, Uruguai e Argentina, enquanto nos limites do território nacional, é bem da União

PORQUE

a Constituição brasileira classificou os cursos d'água sob o critério da extensão (aqueles que banham mais de um Estado-membro) e o critério da segurança nacional (aqueles que servem de limites com outros países, estendem-se a território estrangeiro, ou dele provêm, bem como os terrenos marginais e as praias fluviais).

Assinale a alternativa correta.

a) a primeira afirmativa é falsa e a segunda é verdadeira.
b) a segunda afirmativa é falsa e a primeira é verdadeira.
c) as duas afirmativas são verdadeiras e a segunda justifica a primeira.
d) as duas afirmativas são verdadeiras, mas a segunda não justifica a primeira.

Comentários

A primeira assertiva é falsa, pois, de acordo com o artigo 26, inciso I da Constituição da República, incluem-se entre os bens dos Estados as águas superficiais ou subterrâneas, fluentes, emergentes e em depósito, ressalvadas, neste caso, na forma da lei, as decorrentes de obras da União.

A segunda afirmativa é verdadeira, sendo que o artigo 20, inciso III da Constituição da República classifica como Bens da União os lagos, rios e quaisquer correntes de água em terrenos de seu domínio, ou que banhem mais de um Estado, sirvam de limites com outros países, ou se estendam

> a território estrangeiro ou dele provenham, bem como os terrenos marginais e as praias fluviais;
>
> *Resposta: Letra A*

2. FONTES DO DIREITO AMBIENTAL. PRINCÍPIOS DO DIREITO AMBIENTAL. LEGISLAÇÃO. INTERPRETAÇÃO

TJMG – 2014 – *Concurso Edital 03/2014 – Questão n° 87 – Direito Ambiental/ Princípios do Direito Ambiental/Doutrina*

Com relação aos princípios do direito ambiental, analise as afirmativas, assinalando com **V as verdadeiras** com **F as falsas**.

( ) O estudo prévio de impacto ambiental constitui exigência feita pelo poder público em cumprimento ao princípio da prevenção, de ordem constitucional.

( ) O princípio da reparação tem por fundamento a responsabilidade subjetiva do agente. Logo, se afastada a ilicitude administrativa de um ato lesivo ao meio ambiente, não haverá a correspondente responsabilidade civil pelos danos causados.

( ) Na aplicação do princípio do poluidor-pagador, a cobrança de um preço pelos danos causados ao meio ambiente só pode ser efetuada sobre fatos que tenham respaldo em lei, sob pena de se outorgar ao agente o direito de poluir.

( ) O princípio da função socioambiental da propriedade determina que o seu uso seja condicionado ao bem-estar social, sem, contudo, impor comportamentos positivos ao proprietário para o exercício de seu direito.

Assinale a alternativa que apresenta a sequência CORRETA.

a) F F V V.
b) V V F F.
c) F V F V.
d) V F V F.

> *Comentários*
>
> I – VERDADEIRA. O Princípio da Prevenção decorre da constatação de que as agressões ao meio ambiente são, em regra, de difícil ou impossível

reparação, tornando necessária a atuação preventiva para que se consiga evitar os danos ambientais.

II – FALSA. O Princípio da reparação integral tem o objetivo promover a recomposição do meio ambiente, na medida do possível, no estado em que se encontrava antes da ocorrência do dano. Para tanto, nos termos do artigo 14 da Lei 6.938/81, que dispõe sobre a Política Nacional do Meio Ambiente, um poluidor, por um mesmo ato de poluição, pode ser responsabilizado, de forma independente ou simultânea, nas esferas civil, penal e administrativa. Importante lembrar que, nos termos do artigo 3º da Lei 9.605/98, as pessoas jurídicas também poderão ser responsabilizadas administrativa, civil e penalmente.

III – VERDADEIRA. O princípio do poluidor-pagador, expressamente previsto no artigo 6º, inciso II, da Lei 12.305/10, que institui a Política Nacional de Resíduos Sólidos, é um princípio normativo de caráter econômico, porque imputa ao poluidor os custos decorrentes da atividade poluente. Sua incidência não autoriza a poluição ou permite a aquisição de um direito de poluir, porquanto a ocorrência de eventos danosos será tratada em sede da responsabilidade ambiental, seja ela administrativa, cível ou criminal.

IV – FALSA. Os artigos 5º, inciso XXIII; 170, III e VI; e 186, II, da Carta Magna, estabelecem que a propriedade deve atender sua função social, princípio da ordem econômica, para a qual é imprescindível a preservação do meio ambiente. A função socioambiental da propriedade compreende uma série de obrigações positivas e negativas que cerceiam o uso, gozo, disposição e fruição do domínio ou posse de um determinado espaço público ou privado, seja ele rural ou urbano.

Resposta: Letra D

TJMG – 2014 *– Concurso Edital 03/2014 – Questão nº 88 – Direito Ambiental/ Legislação Ambiental/Legislação*

Sobre a Área de Reserva Legal, assinale a alternativa **CORRETA**.

a) O registro da Reserva Legal no CAR (Cadastro Ambiental Rural) desobriga a averbação no Cartório de Registro de Imóveis.

b) A Reserva Legal também se aplica aos empreendimentos de abastecimento público de água e tratamento de esgoto, bem como às áreas adquiridas ou desapropriadas com o objetivo de implantação e ampliação de capacidade de rodovias e ferrovias.

c) As áreas de maior fragilidade ambiental não devem ser consideradas para a localização da área de Reserva Legal no imóvel rural.

d) A Reserva Legal não poderá ser instituída em regime de condomínio entre propriedades rurais.

> *Comentários*
>
> a) CORRETA. De acordo com artigo 18, § 4º, do Código Florestal, Lei 12.651/12, o registro da Reserva Legal no CAR desobriga a averbação no Cartório de Registro de Imóveis.
>
> b) INCORRETA. Segundo o artigo 12, § 6º, do Código Florestal, Lei 12.651/12, os empreendimentos de abastecimento público de água e tratamento de esgoto não estão sujeitos à constituição de Reserva Legal. O § 8º do aludido artigo também estabelece que não será exigido Reserva Legal relativa às áreas adquiridas ou desapropriadas com o objetivo de implantação e ampliação de capacidade de rodovias e ferrovias.
>
> c) INCORRETA. Conforme previsto no artigo 14, inciso V, do Código Florestal, Lei 12.651/12, a localização da área de Reserva Legal no imóvel rural deverá levar em consideração as áreas de maior fragilidade ambiental.
>
> d) INCORRETA. De acordo com artigo 16, do Código Florestal, Lei 12.651/12, poderá ser instituída Reserva Legal em regime de condomínio ou coletiva entre propriedades rurais, respeitado o percentual previsto no artigo 12 em relação a cada imóvel. No parcelamento de imóveis rurais, a área de Reserva Legal poderá ser agrupada em regime de condomínio entre os adquirentes.
>
> **Resposta: Letra A**

***TJMG – 2012** – Fundação Vunesp – Questão nº 86 – Direito Ambiental/ Princípios do Direito Ambiental/Doutrina*

Em se considerando que o princípio da precaução e o princípio da prevenção já se encontram instrumentalizados no artigo 225, caput, da Constituição da República, é correto afirmar que.

a) se adota o princípio da prevenção quando há dúvida científica sobre o potencial danoso de uma ação que interfira no ambiente.

b) se adota o princípio da precaução quando conhecidos os males que a ação causa ao ambiente.

c) o princípio da precaução pressupõe a inversão do ônus probatório.

d) o princípio da prevenção derroga o princípio da precaução se estiverem em rota de colisão quando da solução de um caso concreto.

Comentários

a) INCORRETA. O princípio da prevenção é adotado quando há certeza científica. Os riscos do dano ambiental são probabilísticos, sendo que o nexo de causalidade entre conduta e o dano é perceptível com segurança.

b) INCORRETA. O princípio da precaução é adotado quando há incerteza científica, mas existe um perigo potencial.

c) CORRETA. A inversão do ônus da prova é intrínseca ao princípio da precaução, pois diante da incerteza científica, cabe ao proponente da atividade potencialmente lesiva demonstrar que não ocorrerão danos irreversíveis ao meio ambiente. Nesse sentido: "PROCESSUAL CIVIL. AMBIENTAL. CUSTEIO DE PERÍCIA PARA AVALIAR SE HOUVE INVASÃO DE ÁREA DE PRESERVAÇÃO PERMANENTE. PRINCÍPIO DA PRECAUÇÃO. INVERSÃO DO ÔNUS DA PROVA. POSSIBILIDADE. (...) " (AgInt no AREsp 779250 (ACÓRDÃO) Ministro HERMAN BENJAMIN DJe 19/12/2016 Decisão: 06/12/2016)

d) INCORRETA. Não há que se falar em derrogação de princípios em caso de conflito, sendo que a questão deve ser resolvida sob os critérios da ponderação. No caso em apreço, tanto o princípio da prevenção quanto o da precaução levam a tomada de medida comum, que é a busca da preservação ao meio ambiente.

Resposta: Letra C

3. O DIREITO AMBIENTAL NA VISÃO DOS TRIBUNAIS

TJMG – 2012 – *Fundação Vunesp – Questão nº 89 – Direito Ambiental/ Legislação Ambiental/Legislação, doutrina e Jurisprudência*

Analise as afirmativas a seguir.

De acordo com o artigo 14, § 1º da Lei nº 6.938/81, o poluidor é obrigado a indenizar e reparar os danos causados ao meio ambiente e a terceiros, independentemente de culpa,

PORQUE,

segundo o entendimento doutrinário e jurisprudencial majoritário, os casos de danos ao ambiente atraem a aplicação da teoria do risco integral, que não admite excludentes de responsabilidade, nem mesmo o caso fortuito e a força maior.

Assinale a alternativa correta.

a) a primeira afirmativa é falsa e a segunda é verdadeira.
b) a segunda afirmativa é falsa e a primeira é verdadeira.
c) as duas afirmativas são verdadeiras e a segunda justifica a primeira.
d) as duas afirmativas são verdadeiras, mas a segunda não justifica a primeira.

Comentários

Segundo o artigo 14, § 1º da Lei nº 6.938/81, sem prejuízo das penalidades definidas pela legislação federal, estadual e municipal, o não cumprimento das medidas necessárias à preservação ou correção dos inconvenientes e danos causados pela degradação da qualidade ambiental sujeitará os transgressores à multa simples ou diária; à perda ou restrição de incentivos e benefícios fiscais concedidos pelo Poder Público; à perda ou suspensão de participação em linhas de financiamento em estabelecimentos oficiais de crédito; e à suspensão de sua atividade.

O § 1º do aludido artigo determina que, sem obstar a aplicação das penalidades mencionadas, é o poluidor obrigado, independentemente da existência de culpa, a indenizar ou reparar os danos causados ao meio ambiente e a terceiros, afetados por sua atividade.

A responsabilidade civil pela reparação do dano ambiental é informada pela Teoria do Risco Integral, conforme entendimento pacificado junto ao Superior Tribunal de Justiça. A teoria do risco integral funda-se em um regime jurídico diferenciado.

Nas palavras de Álvaro Luiz Valery Mirra, "nessa matéria, portanto, como se pode perceber, o sistema de responsabilidade civil por danos ambientais configura um "microssistema" ou um "subsistema" dentro do sistema geral da responsabilidade civil, com regras próprias e especiais sobre o assunto, que, no caso, não incluem qualquer norma mitigadora da reparação integral do dano".

A título de exemplo, o STJ, no REsp 598281, decidiu que "A Constituição e as demais normas ordinárias estabeleceram este tipo de responsabilidade que impõe, como consequência, o seguinte: existindo o dano, basta identificar o autor ou autores e o nexo causal, pois não existirão excludentes da responsabilidade. Inclusive, nem o caso fortuito e a força maior podem afastar o dever de reparar o meio ambiente. Por exemplo, se um raio atinge um tanque de óleo que explode e polui uma determinada área, este evento natural não exime o empreendedor do dever de reparar, posto que o fato primordial é que ele é detentor da atividade e responde pelo risco dos danos que ela pode causar." (REsp 598281, DJ. 01.06.2006)

Desse modo, é possível afirmar que as duas afirmativas são verdadeiras e a segunda justifica a primeira.

Resposta: Letra C

4. COMPETÊNCIAS ADMINISTRATIVA, LEGISLATIVA E JURISDICIONAL EM MATÉRIA AMBIENTAL

TJMG – 2014 – *Concurso Edital 03/2014 – Questão nº 90 – Direito Ambiental/ Competência legislativa/Legislação*

Analise as afirmativas seguintes.

I. Em virtude da competência concorrente para legislar sobre matéria relativa à proteção do meio ambiente, cabe à União tão somente o estabelecimento de normas gerais, sem prejuízo da competência suplementar dos Estados. Desta forma, a superveniência de lei federal sobre normas gerais suspende a eficácia de lei estadual, no que lhe for contrário.

II. No aspecto ambiental, a competência legislativa do Município se circunscreve apenas à promoção do patrimônio histórico-cultural local, observada a legislação e a ação fiscalizadora federal e estadual.

III. Além da ação civil pública, também a ação popular constitui instrumento de tutela do patrimônio ambiental. Todavia, a legitimidade ativa para a sua propositura é concedida apenas àquele que ostente a condição de cidadão, ou seja, a pessoa física no gozo de seus direitos políticos.

IV. É vedada a reabertura do inquérito civil ambiental arquivado com fundamento na celebração de compromisso de ajustamento de conduta definitivo, devidamente homologado, já que o órgão competente do Ministério Público passa a dispor de um título executivo contra o agente causador do dano.

A partir da análise, conclui-se que estão **INCORRETAS**.

a) I e IV apenas.

b) II e III apenas.
c) II e IV apenas.
d) I e III apenas.

> *Comentários*
>
> I) CORRETA. Conforme artigo 24, incisos VI, VII e VIII da Constituição da República de 1988, compete à União, aos Estados e ao Distrito Federal legislar concorrentemente sobre matéria relativa à proteção do meio ambiente. De acordo com o § 1º do mencionado artigo, no âmbito da legislação concorrente, a competência da União limitar-se-á a estabelecer normas gerais. Por sua vez, o § 2º preceitua que a competência da União para legislar sobre normas gerais não exclui a competência suplementar dos Estados e, nos termos do § 4º, a superveniência de lei federal sobre normas gerais suspende a eficácia da lei estadual, no que lhe for contrário.
>
> II) INCORRETA. Nos termos do artigo 30, incisos I e II, da Constituição da República de 1988, os municípios podem legislar sobre matéria ambiental de interesse local
>
> III) CORRETA. Segundo o artigo 5º, LXXIII da Constituição da República de 1988, qualquer cidadão é parte legítima para propor ação popular que vise a anular ato lesivo ao meio ambiente e ao patrimônio histórico e cultural, sendo certo que, segundo leciona a doutrina, cidadão é o indivíduo em gozo dos direitos civis e políticos, e a prova da cidadania será feita com a apresentação do título eleitoral ou outro documento que a comprove.
>
> IV) INCORRETA. O artigo 30 da Lei Orgânica Nacional do Ministério Público expressamente atribui ao Conselho Superior do Ministério Público a prerrogativa de rever o arquivamento do inquérito civil. A questão do arquivamento também está disciplinada nº 23/2007, do Conselho Nacional do Ministério Público. Em Minas Gerais, tanto a Lei Complementar n.º 34, em seu art. 70, quanto o art. 10, inciso IV, do Regimento Interno do Conselho Superior do Ministério Público de Minas Gerais, outorgam a este a função de rever o arquivamento.
>
> *Resposta: Letra C*

DIREITO AMBIENTAL

5. INQUÉRITO CIVIL

6. TERMO DE AJUSTAMENTO DE CONDUTA

7. TUTELA DO MEIO AMBIENTE E SEUS AGENTES

TJMG – 2012 – *Fundação Vunesp – Questão n° 88 – Direito Ambiental/Tutela do Meio Ambiente/Legislação*

Analise as afirmativas a seguir.

A manutenção da área destinada à reserva legal é obrigação *propter rem*

PORQUE

o adquirente possui legitimidade passiva ad causam em ação civil pública proposta em razão de dano ambiental, ainda que este não seja o autor do dano.

Assinale a alternativa correta.

a) a primeira afirmativa é falsa e a segunda é verdadeira.

b) a segunda afirmativa é falsa e a primeira é verdadeira.

c) as duas afirmativas são verdadeiras e a segunda justifica a primeira.

d) as duas afirmativas são verdadeiras, mas a segunda não justifica a primeira.

Comentários

A Reserva Legal é medida necessária à proteção do meio ambiente, e a sua manutenção constitui obrigação *"propter rem"*. As obrigações *"propter rem"* são decorrentes das relações existentes entre o devedor e a coisa, que acompanham as mutações subjetivas. Assim, a obrigação de possuir uma reserva legal na propriedade transfere-se do alienante ao adquirente, independentemente deste último ter responsabilidade acerca da degradação da referida reserva.

Por sua vez, o direito constitucional ao meio ambiente ecologicamente equilibrado possui natureza difusa, imprescritível, irrenunciável e inalienável. Assim, o adquirente possui legitimidade passiva ad causam em ação civil pública proposta em razão de dano ambiental, ainda que não seja o autor do dano.

Apesar de ambas as afirmativas estarem corretas, uma não guarda relação de justificativa com a outra.

Resposta: Letra D

8. AÇÕES JUDICIAIS

TJMG – 2008 – *Questão n° 96 – Direito Ambiental/Competência/Legislação*

O tráfico de animais silvestres é, hoje, o terceiro de maior relevância, após o de drogas e o de armas. A Polícia Militar de Minas Gerais (Polícia de Meio Ambiente) realizou recentemente a operação "Senhor dos Anéis", na qual apreendeu centenas de pássaros da fauna silvestre. Além do procedimento criminal adequado, o Ministério Público ajuizou ação civil pública requerendo, contra os infratores processados, a fixação de indenização.

A respeito desse tipo de indenização, marque a opção CORRETA.

a) é arbitrada pelo Poder Judiciário.

b) é fixada em Tabela do IBAMA.

c) é estipulada pelo próprio Ministério Público, segundo a sua planilha de cálculos.

d) é fixada, por delegação do Estado, pelo IEF (Instituto Estadual de Florestas).

Comentários

Os direitos da terceira geração ou direitos de fraternidade/solidariedade são considerados direitos coletivos por excelência. Segundo Paulo Bonavides são *"direitos que não se destinam especificamente à proteção dos interesses de um indivíduo, de um grupo ou de um determinado Estado. Têm por primeiro destinatário o gênero humano mesmo, em um momento expressivo de sua afirmação como valor supremo em termos de existencialidade concreta".* Dentre os direitos de terceira geração merece destaque o direito ao meio-ambiente ecologicamente equilibrado, seja em seu aspecto natural, cultural ou urbanístico.

Modernamente, admite-se a tese da reparabilidade do dano moral difuso, coletivo ou individual homogêneo, aceitando o conceito de um patrimônio moral transindividual, correspondente aos direitos fundamentais de terceira geração, próprios da sociedade contemporânea.

Destaque-se que o conceito de dano moral coletivo não deve restringir-se ao sofrimento ou à dor pessoal, e sim ser compreendido como toda modificação desvaliosa do espírito coletivo, ou seja, qualquer violação aos valores fundamentais compartilhados pela coletividade.

No caso em tela, a fixação de indenização a título de danos morais coletivos é atribuição do Poder Judiciário, no julgamento da Ação Civil Pública proposta pelo Ministério Público.

Resposta: Letra A

DIREITO AMBIENTAL

9. RESPONSABILIDADES ADMINISTRATIVA, CIVIL E PENAL AMBIENTAL

TJMG – 2012 – *Fundação Vunesp – Questão n° 87 – Direito Ambiental/ Responsabilidade Ambiental/Legislação e Doutrina*

Assinale a alternativa que apresenta informação incorreta.

a) Os antecedentes ambientais do infrator, o baixo grau de instrução ou de escolaridade do agente e a sua situação econômica constituem circunstâncias que atenuam a pena, segundo o artigo 14 da Lei de Crimes Ambientais.

b) É possível a responsabilização penal de pessoa jurídica em crimes ambientais desde que haja a imputação simultânea do ente moral e da pessoa física que atua em nome ou em seu benefício.

c) É da Justiça Federal a competência para processar e julgar ação penal contra acusado de pesca predatória em águas territoriais de Estados-membros da Federação.

d) Os ecossistemas considerados constitucionalmente patrimônio natural não atraem competência da Justiça Federal.

Comentários

a) **INCORRETA.** Segundo o artigo 14 da Lei 9.605/98, são circunstâncias que atenuam a pena: I – baixo grau de instrução ou escolaridade do agente; II – arrependimento do infrator, manifestado pela espontânea reparação do dano, ou limitação significativa da degradação ambiental causada; III – comunicação prévia pelo agente do perigo iminente de degradação ambiental; IV – colaboração com os agentes encarregados da vigilância e do controle ambiental. Assim, a situação econômica não é circunstância atenuante prevista na lei ambiental. É importante considerar que, nos termos artigo 6°, inciso III, da Lei 9.605/98, para imposição e gradação da penalidade de multa, a autoridade competente observará a situação econômica do infrator.

b) INCORRETA. A Primeira Turma do Supremo Tribunal Federal, no julgamento do RE 548.181/PR, de relatoria da Ministra Rosa Weber, decidiu que o art. 225, § 3°, da Constituição Federal não condiciona a responsabilização penal da pessoa jurídica por crimes ambientais à simultânea persecução penal da pessoa física em tese responsável no âmbito da empresa. Este também é o posicionamento adotado atualmente em sede do Superior Tribunal de Justiça, a exemplo do Agravo Regimental no Recurso em Mandado de Segurança n.º 48085, do Estado do Pará, de relatoria do Ministro Gurgel de Faria.

c) CORRETA. Compete à Justiça Federal processar os crimes ambientais perpetrados em detrimento de bens, serviços ou interesses da União, ou de suas autarquias ou empresas públicas. A assertiva denota a ocorrência de possível pesca predatória em águas territoriais de Estados-membros da Federação, situação indicativa da ocorrência de pesca em rio interestadual, bem pertencente à União nos termos do artigo 20, inciso III da Constituição da República.

d) CORRETA. Consoante orientação adotada no julgamento do Conflito de Competência nº 88.013/SC, de relatoria do Ministro Napoleão Nunes Maia Filho, de acordo com o Superior Tribunal de Justiça, a competência para julgamento de infração penal ambiental é, em regra, da Justiça Estadual, excepcionando-se quando evidenciada a lesão direta a bens, interesses ou serviços da União ou de suas entidades autárquicas.

Resposta: Questão Desatualizada. O gabarito oficial apontou a alternativa A como incorreta. Contudo, com a mudança de entendimento dos tribunais superiores, a alternativa B também é considerada incorreta.

TJMG – 2009 – *Questão nº 43 – Direito Ambiental/Responsabilidade Penal/Legislação*

Sobre os crimes contra o meio ambiente, marque a alternativa **CORRETA**.

a) Havendo a responsabilização penal pessoal do representante legal da pessoa jurídica é obrigatória também a responsabilização da pessoa jurídica.

b) A perícia produzida no inquérito civil poderá servir para o cálculo da fiança e da multa.

c) O art. 6º da Lei nº 9.605, de 1998 afasta a aplicação dos artigos 59 e 60 do Código Penal, quanto à aplicação e dosimetria da pena.

d) Limitação de fim de semana prevista no art. 48 do Código Penal é equivalente ao recolhimento domiciliar estabelecido no art. 13 da Lei nº 9.605, de 1998.

Comentários

a) **INCORRETA.** A Primeira Turma do Supremo Tribunal Federal, no julgamento do RE 548.181/PR, decidiu que o art. 225, § 3º, da Constituição

DIREITO AMBIENTAL

Federal não condiciona a responsabilização penal da pessoa jurídica por crimes ambientais à simultânea persecução penal da pessoa física em tese responsável no âmbito da empresa. Este também é o posicionamento adotado atualmente em sede do Superior Tribunal de Justiça. Portanto, não se adota mais a teoria da dupla imputação. Contudo, na época de realização do certame, quando a teoria era adotada, o erro se justificava porque nas ações penais relativas aos crimes ambientais, para a responsabilização da pessoa jurídica era necessário a responsabilização da pessoa física e não o contrário, ou seja, a pessoa física poderia ser responsabilizada de forma autônoma.

b) CORRETA: Nos termos do artigo 19 e seu parágrafo único, da Lei 9605/98, a perícia de constatação do dano ambiental, sempre que possível, fixará o montante do prejuízo causado para efeitos de prestação de fiança e cálculo de multa, sendo certo que a perícia produzida no inquérito civil ou no juízo cível poderá ser aproveitada no processo penal, instaurando-se o contraditório.

c) INCORRETA: O artigo 6º da Lei 9605/98 não afasta a aplicação dos artigos 59 e 60 do Código Penal. Ao contrário do que consta na alternativa, a norma ambiental deve ser aplicada em conjunto com o disposto no Código Penal.

d) INCORRETA: A limitação de final de semana, prevista no artigo 48 do Código Penal, consiste na obrigação de permanecer, aos sábados e domingos, por 5 (cinco) horas diárias, em casa de albergado ou outro estabelecimento adequado. Por sua vez, o recolhimento domiciliar, previsto no artigo 13 da Lei 9605/98, baseia-se na autodisciplina e senso de responsabilidade do condenado, que deverá, sem vigilância, trabalhar, frequentar curso ou exercer atividade autorizada, permanecendo recolhido nos dias e horários de folga em residência ou em qualquer local destinado a sua moradia habitual, conforme estabelecido na sentença condenatória.

Resposta: Letra B

TJMG – 2009 *– Questão nº 44 – Direito Ambiental/Responsabilidade Penal/ Legislação*

Sobre os crimes contra o meio ambiente, marque a alternativa **CORRETA**.

a) Ao conceituar pesca, para os fins legais, a Lei nº 9.605, de 1998, abrange peixes, crustáceos, moluscos e vegetais hidróbios.

b) Todas as contravenções penais contra a fauna previstas no Código Florestal estão implicitamente revogadas, pois, com o advento da Lei de Crimes Ambientais, aquelas condutas foram, de certa forma, contempladas como crimes.

c) Nos crimes ambientais, a aplicação de pena de multa decorrente de sentença transitada em julgado impede a cominação de multa por infração administrativa relativamente ao mesmo fato, em razão do princípio do *non bis in idem*.

d) Constitui circunstância agravante da pena pela prática de crime ambiental, tal como definido pela Lei nº 9.605, de 1998, a baixa instrução ou escolaridade do agente.

Comentários

a) CORRETA. Para os efeitos da Lei 9.605/98, considera-se pesca, nos termos do artigo 36, todo ato tendente a retirar, extrair, coletar, apanhar, apreender ou capturar espécimes dos grupos dos peixes, crustáceos, moluscos e vegetais hidróbios, suscetíveis ou não de aproveitamento econômico, ressalvadas as espécies ameaçadas de extinção, constantes nas listas oficiais da fauna e da flora.

b) INCORRETA: A Lei 9.605/98 não revogou as diversas contravenções penais ligadas ao meio ambiente. Por exemplo, o artigo 64 da Lei das Contravenções Penais, que prevê como contravenção "Tratar animal com crueldade ou submetê-lo a trabalho excessivo" coexiste com o artigo 32 da Lei 9.605/98, que tipifica "Praticar ato de abuso, maus-tratos, ferir ou mutilar animais silvestres, domésticos ou domesticados, nativos ou exóticos". Segundo a doutrina, o artigo 64 da LCP refere-se aos domésticos, como cachorro e gato, enquanto o artigo 32 da Lei 9.605/98 trata dos animais silvestres, ainda que domésticos ou domesticados, como papagaios.

c) INCORRETA: Em decorrência do Princípio da reparação integral, que tem o objetivo promover a recomposição do meio ambiente, na medida do possível, no estado em que se encontrava antes da ocorrência do dano e, nos termos do artigo 14 da Lei 6.938/81, que dispõe sobre a Política Nacional do Meio Ambiente, um poluidor, por um mesmo ato de poluição, pode ser responsabilizado, de forma independente ou simultânea, nas esferas civil, penal e administrativa. Importante lembrar que, nos termos do artigo 3º da Lei 9.605/98, as pessoas jurídicas também poderão ser responsabilizadas administrativa, civil e penalmente. Dessa forma, não há que falar-se em *bis in idem*.

d) INCORRETA: Ao contrário do que consta na assertiva, segundo o artigo 14, inciso I, da Lei 9.605/98, o baixo grau de instrução ou escolaridade do agente é circunstância que atenua a pena.

Resposta: Letra A

10. RESPONSABILIDADE PENAL DA PESSOA JURÍDICA EM MATÉRIA AMBIENTAL

TJMG – 2014 *– Concurso Edital 03/2014 – Questão nº 86 – Direito Ambiental/ Responsabilidade penal da pessoa jurídica em matéria ambiental/Legislação*

Com relação à responsabilidade penal das pessoas físicas e jurídicas em matéria ambiental, assinale a alternativa **INCORRETA**:

a) A pessoa jurídica, constituída ou utilizada, preponderantemente, com o fim de permitir, facilitar ou ocultar a prática de crime ao meio ambiente terá decretada a sua liquidação forçada e seu patrimônio será considerado instrumento do crime e, como tal, perdido em favor do Fundo Penitenciário Nacional.

b) Não constitui crime o abate de animal quando realizado para proteger lavouras, pomares e rebanhos de sua ação predatória ou destruidora.

c) Porquanto especial, à legislação penal ambiental (Lei n. 9.605/98) não se aplicam as disposições do Código Penal.

d) A responsabilidade penal dos dirigentes pelos crimes imputados à pessoa jurídica tem seus limites, pois deve haver, entre a ação ou omissão do dirigente e o fato danoso, um nexo de causalidade, sob pena de se atribuir responsabilidade penal objetiva às pessoas físicas.

Comentários

a) CORRETA. Conforme o artigo 24 da Lei 9.605/98 – A pessoa jurídica constituída ou utilizada, preponderantemente, com o fim de permitir, facilitar ou ocultar a prática de crime definido nesta Lei terá decretada sua liquidação forçada, seu patrimônio será considerado instrumento do crime e como tal perdido em favor do Fundo Penitenciário Nacional.

b) CORRETA. O artigo 37, inciso II, da Lei 9.605/98 dispõe que: Não é crime o abate de animal, quando realizado: II – para proteger lavouras, pomares e rebanhos da ação predatória ou destruidora de animais, desde que legal e expressamente autorizado pela autoridade competente;

c) INCORRETA. O artigo 79 da Lei 9.605/98 admite a aplicação subsidiária do Código Penal e do Código de Processo Penal.

d) CORRETA. Pela imperatividade do princípio da não culpabilidade em matéria criminal, que serve de obstáculo a presunções em desfavor do acusado, e também em razão da teoria do direito penal do fato, é vedada a responsabilidade penal objetiva das pessoas físicas, tornando essencial a existência de um nexo de causalidade entre a ação ou omissão do agente e o fato danoso.

Resposta: Letra C

11. O ESTUDO DO IMPACTO AMBIENTAL E A ADMINISTRAÇÃO PÚBLICA

12. LICENCIAMENTO AMBIENTAL

13. MEIO AMBIENTE E O ESTATUTO DA CIDADE

***TJMG – 2014** – Concurso Edital 03/2014 – Questão nº 89 – Direito Ambiental/ Meio Ambiente e Estatuto da Cidade/Legislação*

Com relação ao Estatuto da Cidade (Lei nº 10.257/2001), analise as afirmativas seguintes.

I. Ainda que adstrito ao princípio da legalidade, o IPTU (Imposto sobre a Propriedade Predial e Territorial Urbana) pode ser utilizado como instrumento de política urbanística, visando à promoção do adequado aproveitamento do imóvel urbano não edificado, subutilizado ou não utilizado.

II. O Prefeito incorre em improbidade administrativa quando deixar de promover, no prazo de cinco anos, o adequado aproveitamento do imóvel incorporado ao patrimônio público por meio da desapropriação fundada no descumprimento, pelo proprietário, da obrigação de parcelamento, edificação ou utilização do imóvel.

III. Mesmo quando originário de concessão onerosa, o direito de superfície não pode ser transferido a terceiros, nem mesmo aos herdeiros do superficiário, por ocasião de sua morte.

IV. Com o advento do Estatuto da Cidade, restou vedada a ampliação do perímetro urbano dos municípios, como salvaguarda do patrimônio ambiental.

A partir da análise, conclui-se que estão **CORRETAS**.

a) II e III apenas.

DIREITO AMBIENTAL

b) I e II apenas.
c) I e III apenas.
d) II e IV apenas.

Comentários

I) CORRETA. De acordo com artigo 4°, inciso V, alínea "a", do Estatuto da Cidade, Lei 10.257/01, o imposto sobre a propriedade predial e territorial urbana – IPTU será utilizado como instrumento da política urbana.

II) CORRETA. O Artigo 52, inciso II do Estatuto da Cidade, Lei 10.257/01, dispõe que, sem prejuízo da punição de outros agentes públicos envolvidos e da aplicação de outras sanções cabíveis, o Prefeito incorre em improbidade administrativa, nos termos da Lei 8.429/92, quando deixar de proceder, no prazo de cinco anos, o adequado aproveitamento do imóvel incorporado ao patrimônio público, conforme o disposto no § 4° do art. 8° do Estatuto da Cidade;

III) INCORRETA. Segundo o artigo 21, § 4°, do Estatuto da Cidade, Lei 10.257/01, o direito de superfície pode ser transferido a terceiros, obedecidos os termos do contrato respectivo. Por sua vez, o § 5° do mencionado artigo estabelece que por morte do superficiário, os seus direitos transmitem-se a seus herdeiros.

IV) INCORRETA. Os Municípios que pretendam ampliar o seu perímetro urbano após o advento do Estatuto da Cidade deverão elaborar projeto específico, observando os requisitos do artigo 42-B da Lei 10.257/01.

Resposta: Letra B

DIREITO ADMINISTRATIVO

Tiago de Carvalho Bini

Visão geral sobre Direito Administrativo:

Foram comentadas nesta obra as provas realizadas pelo Tribunal de Justiça de Minas Gerais aplicadas em 2007, 2008 e 2009, 2012 e 2014.

As provas de direito administrativo exigem do candidato vasto conhecimento teórico acerca dos principais tópicos da matéria. O domínio da legislação e do posicionamento dos tribunais superiores também é indispensável para a resolução das questões.

Dentre os temas exigidos, destacam-se aqueles de maior incidência:

ADMINISTRAÇÃO DIRETA E INDIRETA

PRERROGATIVAS E SUJEIÇÕES

CONTROLE DA ADMINISTRAÇÃO PÚBLICA

CONTRATAÇÃO DIRETA (LEI 8.666, DE 21.06.1993)

AGENTES PÚBLICOS: CLASSIFICAÇÃO E ESPÉCIES DE VÍNCULOS COM O ESTADO

BENS PÚBLICOS. DEFINIÇÃO E CLASSIFICAÇÃO

TÓPICOS DO EDITAL	Legislação	Doutrina	Jurisprudência
1. A Administração Pública.		2007 – 02	
2. Atos administrativos próprios e impróprios das funções legislativas, executivas e judiciárias.			
3. Organização da Administração Pública.	2007 – 02		

TÓPICOS DO EDITAL	Legislação	Doutrina	Jurisprudência
4. Estrutura administrativa do Estado.	2007 – 02 2008 – 01		
5. Administração direta e indireta.	2007 – 01 2008 – 01 2009 – 01	2007 – 01 2008 – 01 2009 – 01	
6. Regime jurídico da administração indireta.*			
7. Prerrogativas e sujeições.	2007 – 02 2008 – 02	2007 – 03 2008 – 02 2012 – 01	2007 – 01 2008 – 04 2012 – 02
8. Desconcentração e descentralização.	2012 – 01		2012 – 01
9. Pessoas de Direito Público e de Direito Privado.*			
10. Decreto-Lei n. 200, de 25.02.1967.*			
11. Consórcios públicos.*			
12. Parcerias público-privadas.*			
13. Atos administrativos.		2014 – 02	2014 – 01
14. Atividade administrativa.*			
15. Processo administrativo.*			
16. Convalidação, efeitos.	2009 – 01		
17. Extinção dos atos administrativos.*			
18. Discricionariedade e legalidade.*			
19. Classificação dos atos administrativos.	2007 – 01		
20. Espécies de atos administrativos.*			

DIREITO ADMINISTRATIVO

TÓPICOS DO EDITAL	Legislação	Doutrina	Jurisprudência
21. Validade, eficácia, aperfeiçoamento, efeitos e extinção dos atos administrativos.	2009 – 01	2014 – 01	
22. Prescrição administrativa.	2008 – 01	2008 – 01	2008 – 01
23. Atividade regulatória da Administração Pública.*			
24. Poder de polícia.		2014 – 01	2014 – 01
25. Competência regulatória.*			
26. Competência econômica, social setorial, técnica/especializada.*			
27. Agências reguladoras.*			
28. Controle da Administração Pública.	2007 – 02 2008 – 01 2009 – 01 2012 – 02	2007 – 02 2009 – 02 2012 – 02 2014 – 02	2009 – 02 2012 – 02 2014 – 01
29. Mandado de segurança coletivo.	2008 – 02	2014 – 01	2008 – 02
30. Ação civil pública e ação popular.		2014 – 01	
31. Reclamação ao Supremo Tribunal Federal.*			
32. Mandado de injunção.			
33. Ações coletivas.	2008 – 01	2008 – 02 2014 – 01	2008 – 01
34. Habeas Data.*			
35. Direito de petição.		2008 – 01	2008 – 01
36. Contratos administrativos.	2007 – 01		2009 – 01

TÓPICOS DO EDITAL	Legislação	Doutrina	Jurisprudência
37. Contratação direta (Lei 8.666, de 21.06.1993).	2007 – 01 2008 – 01 2009 – 01 2012 – 02	2008 – 01 2009 – 01 2012 – 02	2008 – 01 2012 – 01
38. Ordem de Serviços.*			
39. Organizações sociais da sociedade civil de interesse público.		2009 – 01	
40. Organizações não governamentais.*			
41. Agentes públicos: classificação e espécies de vínculos com o Estado.	2009 – 02 2012 – 01 2014 – 01	2007 – 01 2009 – 02 2012 – 01 2014 – 01	2009 – 01
42. Sistema de remuneração. Vencimentos e subsídios. Vedações. Fixação, alteração e limites.	2009 – 01	2009 – 01	
43. Regime constitucional do servidor público.	2008 – 01 2009 – 01	2009 – 01	2008 – 01 2009 – 01
44. Direito de greve.*			
45. Responsabilidade do servidor público (política, administrativa, civil e criminal).		2008 – 01 2009 – 01	2008 – 01 2009 – 01
46. Bens públicos. Definição e classificação.	2009 – 01 2012 – 01 2014 – 01	2009 – 01 2012 – 01 2014 – 01	2012 – 01
47. A Constituição da República e o regime do Código Civil de 2002.*			
48. Bens de domínio público e bens dominicais.*			

DIREITO ADMINISTRATIVO

TÓPICOS DO EDITAL	Legislação	Doutrina	Jurisprudência
49. A transferência de bens públicos: a alienação e o uso do bem público por particular.*			
50. Bens públicos em espécie.*			
51. Da Fazenda Pública. Conceito. Prerrogativas processuais.	2009 – 01		2009 – 01
52. Controle externo e orçamento.*			
53. Lei de Responsabilidade Fiscal.*			

*Alguns itens não apresentam questões.

1. A ADMINISTRAÇÃO PÚBLICA

TJMG – 2007 – *Questão n° 86 Direito Administrativo/A Administração Pública/ Doutrina*

No estudo do Direito Administrativo brasileiro, a doutrina é rica em apontar sua origem, objeto e conceito.

São FALSAS as seguintes assertivas, *exceto*

a) surgiu como ramo autônomo do Direito no Brasil com a Constituição de 1988 "Constituição cidadã" do Estado Democrático de Direito.

b) do direito norte-americano *common law* herdou o sistema da unidade de jurisdição.

c) e o ramo do Direito que se limita ao estudo da Ciência da Administração.

d) seu exato conceito se obtém segundo critério das relações jurídicas.

Comentários

a) **INCORRETA.** O Direito Administrativo não surgiu como ramo autônomo na Constituição de 1988. O direito administrativo, como ramo autônomo do direito, começou a se difundir no Brasil na época do Império, vez que ocorreu uma divisão de funções entre o Poder Legislativo, o Poder Judiciário, o Poder Executivo e o Poder Moderador, os dois últimos concentrados na figura do Imperador.

b) CORRETA. O sistema da unidade de jurisdição deriva do sistema inglês. Pois bem, isso é verdade, no entanto, vale conhecer o posicionamento de Maria Sílvia Zanella Di Pietro, (2016, p. 29): "No primeiro período da República, suprime-se o Poder Moderador e o Conselho de Estado. Isto ocorreu porque se abandou a influência francesa da dualidade de jurisdição e se acolheu o modelo anglo-americano da unidade de jurisdição".

c) INCORRETA. Com base no Prof. Alexandre Mazza, temos: Ciência da administração **não** é ramo jurídico, ele estuda uma técnica de gestão pública e se subordina às regras do Direito Administrativo. Já o Direito Administrativo é ramo jurídico, estuda princípios e normas de direito e fixa os limites para a gestão pública.

d) INCORRETA. Esse critério (das relações jurídicas) é insuficiente, pois define o direito administrativo como o conjunto de normas que regem as relações do Estado com os administrados. Temos de lembrar que há outros ramos do direito, a exemplo do direito penal, que regem relações jurídicas dos administrados com o Estado.

Resposta: Letra B

***TJMG – 2007** – Questão nº 92 Direito Administrativo/Organização da Administração Pública/Doutrina/*

São poderes relativos exclusivamente à Organização Administrativa, *exceto*

a) de contratar obra pública.

b) de editar atos normativos.

c) de delegar funções.

d) de disciplina.

Comentários

Para resolver essa questão é interessante entender os poderes da Administração Pública. Assim nos ensina Ricardo Alexandre e João de Deus (2017, p. 134) ensinam que: "Para que o Estado possa alcançar seus fins, o ordenamento jurídico confere aos agentes públicos algumas prerrogativas também denominadas poderes administrativos. Tais poderes são considerados instrumentais, uma vez que são concedidos com o único objetivo de possibilitar a consecução de interesses públicos, sendo atribuídos na exata medida reputada necessária para tanto.

Não devemos confundir os poderes administrativos com os Poderes do Estado. Esta última expressão serve para designar os órgãos estruturais do Estado (Poderes Legislativo, Executivo e Judiciário), na clássica divisão proposta por Montesquieu.

Outro aspecto a ser realçado é que, justamente por se caracterizar como instrumento vinculado à concretização do interesse público, que e indisponível, o exercício dos poderes administrativos não se constitui em mera faculdade para o agente público, devendo ser considerado verdadeiro poder-dever. Assim, sempre que a consecução de um fim público depender da utilização de uma prerrogativa legalmente atribuída a um agente público, este não deve deixar de fazê-lo, sob pena de responder por omissão. Sintetizando essa lição, a doutrina afirma que são características dos poderes administrativos a irrenunciabilidade e a obrigatoriedade de exercício pelos seus titulares."

Também é importante fixar alguns dos poderes administrativos: a) poder vinculado; b) poder discricionário; c) poder hierárquico; d) poder disciplinar; e) poder regulamentar; e f) poder de polícia. Essa classificação varia de acordo com o autor.

a) INCORRETA. Não espelha um Poder da Administração.

b) CORRETA. Segundo Ricardo Alexandre e João de Deus, (2017, p. 135): "O exercício do poder regulamentar encontra fundamento no art. 84, IV, da Constituição Federal, consistindo na competência atribuída aos Chefes de Poder Executivo para que editem normas gerais e abstratas destinadas a detalhar as leis, possibilitando a sua fiel execução (regulamentos)."

c) CORRETA. Conforme ensinamentos de Ricardo Alexandre e João de Deus, (2017, p. 133): O poder hierárquico é aquele conferido à autoridade administrativa para distribuir e escalonar funções de seus órgãos, estabelecendo uma relação de coordenação e subordinação entre os servidores sob sua chefia.

d) CORRETA. O Poder Disciplinar é um poder exclusivo da Organização Administrativa. Segundo Ricardo Alexandre e João de Deus, (2017, p. 134): O poder disciplinar autoriza à Administração Pública a apurar infrações e aplicar penalidades aos servidores públicos e às demais pessoas sujeitas à disciplina administrativa em razão de um vínculo específico. Dessa forma, somente está sujeito ao poder disciplinar aquele que possui algum vínculo específico com a Administração, seja de natureza funcional ou contratual.

Resposta: Letra A

2. ATOS ADMINISTRATIVOS PRÓPRIOS E IMPRÓPRIOS DAS FUNÇÕES LEGISLATIVAS, EXECUTIVAS E JUDICIÁRIAS

TJMG – 2014 – *Questão n° 92 Direito Administrativo/Atos administrativos próprios e impróprios das funções legislativas, executivas e judiciárias/Doutrina/*

Dentre os atos da administração pública, distinguem-se os que produzem efeitos jurídicos (atos administrativos próprios) e os que não produzem efeitos jurídicos (atos administrativos impróprios).

Assinale a alternativa que descreve CORRETAMENTE os atos administrativos impróprios.

a) Os atos preparatórios de um concurso público para ingresso nos quadros do funcionalismo público.

b) Os atos preparatórios ou acessórios do ato principal, integrantes de um ato complexo.

c) Os atos materiais de simples execução, como a reforma de um prédio, um trabalho de digitação, a limpeza das vias públicas; os despachos de encaminhamento de papéis e processos; os atos enunciativos ou de conhecimento que apenas atestam ou declaram um direito ou situação, como os atestados, certidões, declarações, informações; atos de opinião, como os pareceres e laudos.

d) Os atos indispensáveis ao procedimento da licitação para aquisição de bens e serviços.

> ### Comentários
>
> a) **INCORRETA.** Por serem relacionados à finalidade específica da atividade administrativa, os atos preparatórios de concurso público para ingresso nos quadros do funcionalismo público possuem efeito típico ou próprio.
>
> b) **INCORRETA.** Os atos acessórios, por fazerem parte da formação do ato complexo, são considerados atos típicos ou próprios.
>
> c) **CORRETA.** Alternativa baseada na escola da professora Maria Sílvia Zanella Di Pietro, que nos brinda com o seguinte (2016, p. 239/240): "Dentre os atos da Administração distinguem-se os que produzem e os que não produzem efeitos jurídicos. **Estes últimos não são atos administrativos propriamente ditos**, já que não se enquadram no conceito."
>
> E complementa: "Entre os atos jurídicos que **não produzem efeitos jurídicos**, podemos mencionar: 1 – os atos materiais, de simples execução, como a reforma de um prédio, um trabalho de datilografia, a limpeza das ruas etc.;

2 – os despachos de encaminhamento de papéis e processos; 3 – os atos enunciativos ou de conhecimento, que apenas atestam ou declaram a existência de um direito ou situação, como os atestados, certidões, declarações e informações; 4 – os atos de opinião, como os pareceres e laudos.

Em todas essas hipóteses, **não há produção de efeitos jurídicos** imediatos como decorrência dos atos. A sua ausência **não caracteriza nulidade**, a não ser que integrem um procedimento; não podem nem mesmo ser impugnados judicialmente.

Há, no entanto, determinados atos que são preparatórios ou acessórios do ato principal, mas que não podem ser excluídos da noção de ato administrativo, porque ou integram um procedimento, ou fazem parte de um ato complexo. Nesse caso, eles são condições de validade do ato principal; sem eles, este não produz efeitos jurídicos; além disso, podem ser impugnados separadamente. Cite-se o exemplo dos atos que compõem o procedimento da licitação ou de um concurso público de ingresso no funcionalismo."

d) INCORRETA. Por serem relacionados à finalidade específica da atividade administrativa, os atos indispensáveis ao procedimento da licitação para aquisição de bens e serviços possuem efeito típico ou próprio.

Resposta: Letra C

3. ORGANIZAÇÃO DA ADMINISTRAÇÃO PÚBLICA

TJMG – 2007 – *Questão nº 89 Direito Administrativo/Organização da Administração Pública/Legislação/*

A atividade do magistrado abrange a pratica dos seguintes atos, ***exceto***

a) implemento do Juizado de Conciliação.

b) correição anual nos cartórios dos serviços extrajudiciais, delegacias e presídios.

c) fiscalização do pagamento de impostos, taxas, custas e emolumentos nos processos em que funciona.

d) correição extraordinária dos serviços do foro judicial.

Comentários

a) **CORRETA**.** Essa competência pertence ao órgão competente do Tribunal de Justiça. Segundo art. 8.º, § 1º da Lei Complementar 59/2001 de Minas

Gerais, compete ao órgão competente do Tribunal de Justiça, mediante resolução, regulamentar o funcionamento das Centrais de Conciliação e autorizar a sua instalação. E na mesma lei temos: Art. 84-G Na comarca onde não existir ou onde não tiver sido instalada unidade jurisdicional de Juizado Especial, os feitos da competência dos Juizados Especiais tramitarão perante o Juiz de Direito com jurisdição comum e a respectiva secretaria, observado o procedimento especial estabelecido na legislação nacional pertinente.

Ainda, vale dizer que o Código de Processo Civil, em seu artigo 3.º § 3º, aduz: A conciliação, a mediação e outros métodos de solução consensual de conflitos deverão **ser estimulados por juízes**, advogados, defensores públicos e membros do Ministério Público, inclusive no curso do processo judicial.

E também: Art. 139. O juiz dirigirá o processo conforme as disposições deste Código, incumbindo-lhe: § 3º A conciliação, a mediação e outros métodos de solução consensual de conflitos deverão ser estimulados por juízes, advogados, defensores públicos e membros do Ministério Público, inclusive no curso do processo judicial.

Assim, reputamos que essa alternativa deve ser vista com cuidado. Primeiro porque o Juiz deve estimular a solução consensual de conflitos. Segundo porque essa terminologia, "Juizado de Conciliação", hoje já não é muito utilizada.

b) CORRETA. Conforme o art. 30 da Lei Complementar 59/2001 de Minas Gerais a correição será: II – ordinária, quando realizada por Juiz de Direito, no limite de sua competência. E Art. 31 – A correição consiste na fiscalização dos serviços do foro judicial, dos serviços notariais e de registro, dos serviços da Justiça de Paz, da polícia judiciária e dos presídios, para verificar-lhes a regularidade e para conhecer de reclamação ou denúncia apresentada. § 1º O procedimento da correição será estabelecido pela Corregedoria-Geral de Justiça e ocorrerá anualmente.

c) CORRETA. A Lei Complementar 59/2001 – Minas Gerais, em seu art. 55, inciso XXXV dispõe que: Compete ao Juiz de Direito fiscalizar o pagamento de impostos, taxas, custas e emolumentos, nos processos em que funcionar;

d) INCORRETA. A correição será extraordinária, quando realizada pelo Corregedor-Geral de Justiça, nos termos do art. 30, inciso I da LC 59/2001 de Minas Gerais.

Resposta: Letra D

DIREITO ADMINISTRATIVO

TJMG – 2007 *– Questão nº 92 Direito Administrativo/Organização da Administração Pública/Doutrina/*

São poderes relativos exclusivamente à Organização Administrativa, ***exceto***

a) de contratar obra pública.
b) de editar atos normativos.
c) de delegar funções.
d) de disciplina.

Comentários

Para resolver essa questão é interessante entender os poderes da Administração Pública. Assim nos ensina Ricardo Alexandre e João de Deus (2017, p. 134) ensinam que: "Para que o Estado possa alcançar seus fins, o ordenamento jurídico confere aos agentes públicos algumas prerrogativas também denominadas poderes administrativos. Tais poderes são considerados instrumentais, uma vez que são concedidos com o único objetivo de possibilitar a consecução de interesses públicos, sendo atribuídos na exata medida reputada necessária para tanto.

Não devemos confundir os poderes administrativos com os Poderes do Estado. Esta última expressão serve para designar os órgãos estruturais do Estado (Poderes Legislativo, Executivo e Judiciário), na clássica divisão proposta por Montesquieu.

Outro aspecto a ser realçado é que, justamente por se caracterizar como instrumento vinculado à concretização do interesse público, que e indisponível, o exercício dos poderes administrativos não se constitui em mera faculdade para o agente público, devendo ser considerado verdadeiro poder-dever. Assim, sempre que a consecução de um fim público depender da utilização de uma prerrogativa legalmente atribuída a um agente público, este não deve deixar de fazê-lo, sob pena de responder por omissão. Sintetizando essa lição, a doutrina afirma que são características dos poderes administrativos a irrenunciabilidade e a obrigatoriedade de exercício pelos seus titulares."

Também é importante fixar alguns dos poderes administrativos: a) poder vinculado; b) poder discricionário; c) poder hierárquico; d) poder disciplinar; e) poder regulamentar; e f) poder de polícia. Essa classificação varia de acordo com o autor.

a) INCORRETA. Não espelha um Poder da Administração.

b) CORRETA. Segundo Ricardo Alexandre e João de Deus, (2017, p. 135): "O exercício do poder regulamentar encontra fundamento no art. 84, IV, da Constituição Federal, consistindo na competência atribuída aos Chefes de Poder Executivo para que editem normas gerais e abstratas destinadas a detalhar as leis, possibilitando a sua fiel execução (regulamentos)."

c) CORRETA. Conforme ensinamentos de Ricardo Alexandre e João de Deus, (2017, p. 133): O poder hierárquico é aquele conferido à autoridade administrativa para distribuir e escalonar funções de seus órgãos, estabelecendo uma relação de coordenação e subordinação entre os servidores sob sua chefia.

d) CORRETA. O Poder Disciplinar é um poder exclusivo da Organização Administrativa. Segundo Ricardo Alexandre e João de Deus, (2017, p. 134): O poder disciplinar autoriza à Administração Pública a apurar infrações e aplicar penalidades aos servidores públicos e às demais pessoas sujeitas à disciplina administrativa em razão de um vínculo específico. Dessa forma, somente está sujeito ao poder disciplinar aquele que possui algum vínculo específico com a Administração, seja de natureza funcional ou contratual.

Resposta: Letra A

4. ESTRUTURA ADMINISTRATIVA DO ESTADO

TJMG – 2007 – *Questão nº 90 Direito Administrativo/Estrutura administrativa do Estado/Legislação/*

Compete privativamente ao Juiz de Direito, *exceto*

a) sortear Jurados organizados em lista revista anualmente.

b) nomear servidor auxiliar de confiança para a Direção do Foro.

c) resolver dúvida suscitada pelo Oficial do Registro de Imóveis.

d) decidir impugnação do Ministério Público em habilitação de casamento.

Comentários

a) CORRETA. Lei Complementar 59/2001 – Minas Gerais: Art. 55 – Compete ao Juiz de Direito: VI – proceder anualmente à organização e à efetiva revisão de lista de jurados; VII – convocar o júri e sortear os jurados para cada reunião;

E vale registrar o Art. 432 do Código de Processo Penal: Em seguida à organização da pauta, o juiz presidente determinará a intimação do Ministério Público, da Ordem dos Advogados do Brasil e da Defensoria Pública para acompanharem, em dia e hora designados, o sorteio dos jurados que atuarão na reunião periódica.

b) INCORRETA. Não está entre as atribuições do Art. 55 da LC 59/01 de Minas Gerais

c) CORRETA. Lei 6.015/1973 Art. 198 – Havendo exigência a ser satisfeita, o oficial indicá-la-á por escrito. Não se conformando o apresentante com a exigência do oficial, ou não a podendo satisfazer, será o título, a seu requerimento e com a declaração de dúvida, remetido ao juízo competente para dirimi-la, obedecendo-se ao seguinte: (...).

d) CORRETA. Lei Complementar 59/2001 – Minas Gerais: Art. 55 – Compete ao Juiz de Direito: XXVI – decidir sobre impugnação de documento ou exigência de outro, formuladas pelo representante do Ministério Público, em habilitação de casamento, quando com isso não concordarem os nubentes;

Vale saber o texto do Código Civil sobre o assunto: Art. 1.526. A habilitação será feita pessoalmente perante o oficial do Registro Civil, com a audiência do Ministério Público. Parágrafo único. Caso haja impugnação do oficial, do Ministério Público ou de terceiro, **a habilitação será submetida ao juiz.**

Resposta: Letra B

***

TJMG – 2007 – *Questão n° 91 Direito Administrativo/Organização da Administração Pública/Legislação/*

São condutas vedadas ao magistrado, exceto

a) exceder os prazos para despachar ou sentenciar.

b) residir fora da sede da Comarca de sua atuação.

c) manifestar opinião por qualquer meio de comunicação sobre processo pendente.

d) ser associado de cooperativa.

Comentários

a) CORRETA. LOMAN – Art. 35 – São deveres do magistrado: II – **não exceder** injustificadamente os prazos para sentenciar ou despachar;

b) CORRETA. Em regra, o magistrado deve residir na sede da Comarca. Contudo, a CR/88, em seu artigo 93, ressalva tal exigência mediante *autorização do tribunal*. No mesmo sentido, há permissão na LOMAN, art. 35, inciso V: São deveres do magistrado V – residir na sede da Comarca salvo *autorização do órgão disciplinar* a que estiver subordinado;

c) CORRETA. A LOMAN dispõe em seu art. 36 que: **É vedado** ao magistrado: III – manifestar, por qualquer meio de comunicação, opinião sobre processo pendente de julgamento, seu ou de outrem, ou juízo depreciativo sobre despachos, votos ou sentenças, de órgãos judiciais, **ressalvada a crítica** nos autos e em obras técnicas ou no exercício do magistério.

d) INCORRETA. Não há qualquer vedação neste sentido. O magistrado apenas não pode, a priori, ser diretor ou gerente da cooperativa, conforme art. 36, I, da LOMAN "*é vedado ao magistrado exercer o comércio ou participar de sociedade comercial, inclusive de economia mista, **exceto como acionista ou quotista***".

Resposta: Letra D (incorreta).

TJMG – 2008 – *Questão nº 94 Direito Administrativo/Estrutura administrativa do Estado/Legislação/*

Compete ao Diretor do Foro, *exceto*

a) dar posse exercício a servidor do foro;

b) indicar, após ouvir os demais juízes da Comarca, o nome do Comissário de Menores Coordenador para nomeação pelo Presidente do Tribunal;

c) promover a correição anual na Comarca;

d) instaurar sindicância contra servidor do foro judicial.

Comentários

a) CORRETA. Lei Complementar 59/2001 – Minas Gerais: Art. 65, compete ao Diretor do Foro: VII – dar exercício a servidor do foro judicial, a delegatário dos serviços notariais e de registro e dar posse e exercício ao Juiz de Paz; (Inciso com redação dada pelo art. 26 da Lei Complementar nº 135, de 27/6/2014.)

b) INCORRETA. Quem indica o Comissário de Menores é o **Juiz competente**. Lei Complementar 59/2001 – Minas Gerais: Art. 65, compete ao Diretor do Foro: IV- indicar ao Presidente do Tribunal de Justiça os nomes daqueles que podem ser nomeados para os cargos de provimento em comissão, **ressalvado o de Comissário de Menores Coordenador**, cuja indicação será feita pelo Juiz competente para as questões definidas na legislação sobre menores;

c) CORRETA. Lei Complementar 59/2001 – Minas Gerais: Art. 65, compete ao Diretor do Foro: XI – proceder à correição anual na comarca, nos termos do § 1º do art. 31 desta lei;

d) CORRETA. Lei Complementar 59/2001 – Minas Gerais: Art. 65, compete ao Diretor do Foro: XII – instaurar sindicância e processo disciplinar contra servidor do foro judicial ou titulares e prepostos não optantes dos serviços notariais e de registro;

Resposta: Letra B

5. ADMINISTRAÇÃO DIRETA E INDIRETA

TJMG – 2007 – *Questão nº 93 Direito Administrativo/Administração direta e indireta./Legislação/Doutrina/*

Em relação ao serviço público em geral, é ***INCORRETO*** afirmar que:

a) o privilégio da encampação do ato administrativo para a Administração justifica-se pela necessidade da continuidade do serviço público.

b) segundo o critério da igualdade dos usuários, a nenhum deles será negada a prestação de serviço público em razão da distinção de caráter pessoal.

c) serviço público social é aquele de necessidade pública, de iniciativa e implemento exclusivamente do Estado.

d) serviço público próprio e indireto está dentre aqueles de necessidade coletiva, assumido pelo Estado, mas executado por meios outros, como os de concessão e permissão.

Comentários

a) CORRETA. O interesse público prevalece no caso da encampação. Segundo Ricardo Alexandre e João de Deus, (2017, p. 345) "A encampação, também conhecida por resgate, consiste na extinção da concessão em face da retomada do serviço pelo poder concedente durante o prazo da concessão, por motivos de interesse público."

b) CORRETA. Lei 13.460/2017 – Art. 5° O usuário de serviço público tem direito à adequada prestação dos serviços, devendo os agentes públicos e prestadores de serviços públicos observar as seguintes diretrizes: V – igualdade no tratamento aos usuários, vedado qualquer tipo de discriminação;

c) INCORRETA. Conforme ensinamentos de Di Pietro, (2016, p. 148): "Serviço público social é o que atende a necessidades coletivas em que a atuação do Estado é essencial, **mas que convivem** com a iniciativa privada, tal como ocorre com os serviços de saúde, educação, previdência, cultura, meio ambiente; são tratados na Constituição no capítulo da ordem social e objetivam atender aos direitos sociais do homem, considerados direitos fundamentais pelo artigo 6° da Constituição."

d) CORRETA. Para Maria Sylvia Zanella Di Pietro (2010, p. 109-110), serviços públicos próprios são aqueles prestados diretamente pelo Estado, por meio de seus agentes, ou mesmo indiretamente, por meio de concessionários ou permissionários de serviço público.

Serviços públicos impróprios, por sua vez, não são, de fato, serviço público em sentido estrito. Ocorre que os serviços públicos impróprios são aqueles que, embora de interesse da coletividade, são prestados por particulares, sendo apenas autorizados, fiscalizados e regulamentados pelo Estado. Exemplo é o serviço de táxi.

Resposta: Letra C

TJMG – 2008 – *Questão n° 98 Direito Administrativo/Administração direta e indireta./Legislação/Doutrina/*

A autonomia gerencial, orçamentária e financeira dos órgãos e entidades da administração direta e indireta poderá ser ampliada mediante contrato, a ser firmado entre seus administradores e o Poder Público, que tenha por objeto a fixação de metas de desempenho para o órgão ou entidade, cabendo à lei dispor sobre:

I. o prazo de duração do contrato;

II. os controles e critérios de avaliação de desempenho, direitos, obrigações e responsabilidade dos dirigentes;

III. a remuneração do pessoal.

O texto acima (§ 8º do art. 37 da CF) descreve a hipótese da celebração de um contrato de:

a) gerência.
b) controle.
c) gestão.
d) autonomia.

Comentários

c) CORRETA. Os elementos previstos no § 8º do art. 37 da CF **descrevem o contrato de gestão.** Conforme ensinamentos de Ricardo Alexandre e João de Deus, (2017, pg. 75): "O contrato de gestão, também conhecido por acordo-programa, é uma espécie de ajuste feito entre, de um lado, a Administração Direta e, de outro, órgãos da própria Administração Direta ou entidades da Administração Indireta ou, ainda, entidades do chamado Terceiro Setor. O objetivo do contrato de gestão é o atingimento de determinadas metas de desempenho pelos órgãos ou entidades em troca de determinado benefício concedido pelo Poder Público.

Resposta: Letra C

TJMG – 2009 – *Questão nº 96 Direito Administrativo/Administração direta e indireta/(ANULADA)*

Não se cogita de responsabilidade objetiva do Estado quando há falha no serviço prestado porque a falha constitui excludente da responsabilidade do Estado.

Medite sobre as afirmativas acima e assinale a alternativa CORRETA.

a) As duas são falsas.
b) A primeira é falsa e a segunda é verdadeira.
c) A primeira é verdadeira e a segunda é falsa.
d) As duas são verdadeiras.

Comentários

A questão foi anulada.

6. REGIME JURÍDICO DA ADMINISTRAÇÃO INDIRETA

7. PRERROGATIVAS E SUJEIÇÕES

TJMG – 2007 – *Questão nº 87 Direito Administrativo/Prerrogativas e sujeições/Doutrina/*

Os atos da Administração Pública regem-se por princípios constitucionais que garantem sua validade.

São princípios que regem a Administração Pública, *exceto*

a) supremacia do interesse público.

b) impessoalidade.

c) motivação.

d) autonomia da vontade.

Comentários

São princípios **explícitos** na Constituição Federal no caput do art. 37, caput: a) Princípio da legalidade, b) Princípio da **impessoalidade**, c) Princípio da moralidade, d) Princípio da publicidade, e) Princípio da eficiência.

São princípios **implícitos**: a) **Supremacia do interesse público**, b) Presunção de legitimidade ou veracidade, c) Especialidade, d) Controle ou tutela, e) Autotutela, j) Hierarquia, g) Continuidade do serviço público, h) Moralidade administrativa, i) Razoabilidade e proporcionalidade, k) **Motivação**, l) Segurança jurídica, proteção e confiança e boa-fé, (rol que varia de autor para autor).

a) CORRETA. Trata-se de princípio implícito

b) CORRETA. Trata-se de princípio explícito

c) CORRETA. Trata-se de princípio explícito

d) INCORRETA. **Não** é princípio explícito ou implícito.

Resposta: D

TJMG – 2007 – *Questão nº 98 Direito Administrativo/Prerrogativas e sujeições/Legislação/Doutrina/*

Em relação aos atos de intervenção do Estado na propriedade privada, é INCORRETO afirmar:

a) a desapropriação em nenhuma hipótese pode se dar sem justa indenização.
b) o tombamento constitui, em regra, restrição apenas parcial do direito de propriedade.
c) a servidão administrativa extingue-se pela desafetação da coisa dominante.
d) a desapropriação tem como pressupostos a necessidade pública, a utilidade pública e o interesse social.

Comentários

a) INCORRETA. O ordenamento jurídico brasileiro admite a desapropriação confiscatória, conforme dispõe a Constituição Federal, art. 243: As propriedades rurais e urbanas de qualquer região do País onde forem localizadas culturas ilegais de plantas psicotrópicas ou a exploração de trabalho escravo na forma da lei serão expropriadas e destinadas à reforma agrária e a programas de habitação popular, sem qualquer indenização ao proprietário e sem prejuízo de outras sanções previstas em lei, observado, no que couber, o disposto no art. 5º.

b) CORRETA. O tombamento é modalidade parcial de restrição do direito de propriedade. Conforme ensinamentos José dos Santos Carvalho Filho, (2017, p. 447): "Assim, o proprietário não pode, em nome de interesses egoísticos, usar e fruir livremente seus bens se estes traduzem interesse público por atrelados a fatores de ordem histórica, artística, cultural, científica, turística e paisagística. São esses bens que, embora permanecendo na propriedade do particular, passam a ser protegidos pelo Poder Público, que, para esse fim, impõe algumas restrições quanto a seu uso pelo proprietário."

c) CORRETA. Na consagrada obra de Di Pietro (2016, p. 188): "...a servidão pode ser definida como um direito real de gozo sobre coisa alheia, instituído em benefício de entidade diversa da sacrificada; existe, do lado passivo, uma coisa servinte e, do lado ativo, uma coisa dominante (na servidão real) ou uma pessoa (na servidão pessoal); o conteúdo é uma utilidade prestada pela primeira à segunda."

Vale lembrar que quando o bem público deixa de ser utilizado na sua função pública ocorre a desafetação. Portanto, se existe a desafetação do bem dominante, há necessariamente a extinção superveniente da servidão.

d) CORRETA. A Constituição Federal determina em seu art. 5, inciso XXIV que: a lei estabelecerá o procedimento para desapropriação por necessidade ou utilidade pública, ou por interesse social, mediante justa e prévia indenização em dinheiro, ressalvados os casos previstos nesta Constituição;

Resposta: Letra A

TJMG – 2007 – *Questão nº 100 Direito Administrativo/Prerrogativas e sujeições/Legislação/Doutrina/Jurisprudência*

As pessoas jurídicas de direito público ou as de direito privado prestadoras de serviços públicos têm responsabilidade extracontratual de indenizar nas seguintes hipóteses fáticas, **exceto:**

a) a empresa de transporte público coletivo, por dano decorrente de acidente com passageiro que concorreu para o fato lesivo.

b) a empresa contratada para o serviço público de poda de árvores em via pública, por danos em veículo nela estacionado ocasionados pela queda de árvore verificada por forte vendaval, durante a poda.

c) o Município por danos decorrentes de inundação de estabelecimento, oriundo de serviço de saneamento executado por contratada, sem cláusula de delimitação da responsabilidade desta.

d) o Estado por danos decorrentes de homicídio de presidiário encarcerado, sem que o agente público tenha incorrido em culpa.

Comentários

Segundo Di Pietro, (2016, p. 790): "a responsabilidade extracontratual do Estado corresponde à obrigação de reparar danos causados a terceiros em decorrência de comportamentos comissivos ou *omissivos*, materiais ou jurídicos, lícitos ou ilícitos, imputáveis aos agentes públicos."

Do texto Constitucional retiramos: Art. 37, § 6º As pessoas jurídicas de direito público e as de direito privado prestadoras de serviços públicos responderão pelos danos que seus agentes, nessa qualidade, causarem a terceiros, assegurado o direito de regresso contra o responsável nos casos de dolo ou culpa.

No ensinamento de Di Pietro, (2016, p. 796): "No dispositivo constitucional estão compreendidas duas regras: a da responsabilidade objetiva do Estado e a da responsabilidade subjetiva do agente público."

Em poucas palavras Ricardo Alexandre e João de Deus definem, (2017, p. 361/362): "...para que haja responsabilidade civil objetiva do Estado é necessário que coexistam três elementos: conduta oficial (ação administrativa), dano (material, moral ou estético) e nexo causal (comprovação de que o dano foi causado pela conduta oficial). A teoria da responsabilidade objetiva do Estado adotada no ordenamento jurídico brasileiro, como regra, insere-se na modalidade do risco administrativo, ou seja, a responsabilidade é objetiva, mas o Estado pode deixar de responder ou ter a responsabilidade diminuída se estiverem presentes as excludentes ou atenuantes da responsabilidade: força maior, caso fortuito, culpa de terceiro ou culpa da vítima."

E vão além: "Não se deve pensar que a Administração Pública sempre responde objetivamente pelos danos causados pelos seus agentes. Embora haja controvérsias a respeito, entendemos que no caso de atos omissivos aplica-se a teoria da culpa administrativa (ou culpa anônima), em que o particular, para ser indenizado, tem que provar apenas o não funcionamento ou o funcionamento inadequado do serviço público.

Em síntese, a teoria da culpa administrativa exige a presença dos seguintes elementos para possibilitar a responsabilização do Estado: omissão de agente público, dano, nexo causal e a culpa do Estado (presumida pelo não funcionamento ou pelo funcionamento inadequado do serviço público).

Para exemplificar a responsabilidade subjetiva do Estado, na modalidade teoria da culpa administrativa, é possível imaginar a hipótese em que um assalto ocorre na frente de um posto policial e os policiais de plantão nada fazem para evitar a ação dos marginais. Nesse caso, é possível responsabilizar subjetivamente o Estado pela omissão no dever de prestar o serviço de segurança." (Ricardo Alexandre e João de Deus, 2017, p. 364).

Por fim, quanto as excludentes e atenuantes da responsabilidade estatal, nos ensinam: "Conforme visto anteriormente, existem algumas circunstâncias que excluem ou atenuam (diminuem) a responsabilidade civil do Estado. A única circunstância que atenua ou diminui a responsabilidade civil do Estado é a existência de culpa concorrente da vítima, ou seja, inexistência de culpa exclusiva do Estado. Assim, no caso da colisão entre veículo pertencente a ente público e a um particular, na qual tenha havido imprudência de ambos os motoristas, o Estado não responde pela integralidade do dano, devendo os prejuízos ser rateados na proporção da culpa de cada responsável.

Quanto às circunstâncias que excluem a responsabilidade estatal, a doutrina e a jurisprudência relacionam as seguintes: culpa ou dolo exclusivo da vítima ou de terceiro, caso fortuito e força maior. (Ricardo Alexandre e João de Deus, 2017, p. 366)."

a) Deve indenizar. Houve culpa concorrente e o Estado teria o dever de indenizar o particular. No entanto, o valor da indenização poderia, a depender do caso concreto, ser reduzido proporcionalmente.

b) Não deve indenizar*. O caso fortuito ou força maior é causa de exclusão da responsabilidade na teoria do risco administrativo. Podemos observar no seguinte excerto uma síntese da mencionada teoria: "A responsabilidade civil do Estado, responsabilidade objetiva, com base no risco administrativo, que admite pesquisa em torno da culpa do particular, para o fim de abrandar ou mesmo excluir a responsabilidade estatal, ocorre, em síntese, diante dos seguintes requisitos: a) do dano; b) da ação administrativa; c) e desde que haja nexo causal entre o dano e a ação administrativa. A consideração no sentido da licitude da ação administrativa é irrelevante, pois o que interessa é isto: sofrendo o particular um prejuízo, em razão da atuação estatal, regular ou irregular, no interesse da coletividade, é devida a indenização, que se assenta no princípio da igualdade dos ônus e encargos sociais (RE 113.587, Rel. Min. Carlos Velloso, j. 18.02.1992, DJ 03.03.1992)."

Todavia, pode não existir o dever de indenizar pela empresa contratada, no entanto, diversos julgados determinam pela responsabilidade do Município em caso de queda de árvore. Portanto, devemos tomar cuidado com essa questão e analisar se o Município estava omisso ou não com tal situação, bem como da circunstância do caso concreto.

Como exemplo podemos mencionar: "*Indenização – Responsabilidade civil do Município – Queda de árvore sobre veículo que trafega na via pública – Tratando-se de dano causado pela queda de árvore, não há indagar se ela estava, ou não, atacada de vício capaz de determinar a queda. Quem tem a obrigação de guarda em relação a uma árvore tem, 'ipso facto', a responsabilidade presumida dos danos por ela acarretados, e não se pode escusar senão provando que o fato se deu em consequência de força maior, caso fortuito ou causa estranha que lhe não pode ser imputada. A simples queda da árvore, desacompanhada de qualquer outra circunstância, não pode ser considerada consequência de caso fortuito ou de forma maior – Ação julgada procedente – Recurso improvido.*" (Ministro Ayres Britto, STF, 2011, RE 581751).

c) Deve indenizar. Vale dizer que ou a prestadora do serviço pode responder ou o Município a depender do caso concreto. Aliás, devemos observar que os contratos devem definir com clareza as obrigações e as responsabilidades de cada parte. Veja o texto do Art. 54 da lei 8.666/90: Os contratos administrativos de que trata esta Lei regulam-se pelas suas cláusulas e pelos preceitos de direito público, aplicando-se lhes, supletivamente, os princípios da teoria geral dos contratos e as disposições de direito privado. § 1° Os contratos devem estabelecer com clareza e precisão as condições para sua execução, expressas em cláusulas que definam os direitos, obrigações e responsabilidades das partes, em conformidade com os termos da licitação e da proposta a que se vinculam.

Sendo ausente a delimitação da responsabilidade da contratada, presume-se que sua responsabilidade é integral. Portanto, a priori, é dela, e não do município, a obrigação de indenizar por danos decorrentes de inundação de estabelecimento, oriundo de serviço de saneamento por ela executado. No entanto, o Município pode ser o responsável diretamente ou indiretamente a depender de mais elementos do caso concreto.

d) Em regra deve indenizar. Em caso de inobservância de seu dever específico de proteção previsto no art. 5°, inciso XLIX, da CF/88, o Estado é responsável pela morte do detento. STF. Plenário. RE 841526/RS, Rel. Min. Luiz Fux, julgado em 30/3/2016 (repercussão geral) (Info 819).

Em breve síntese o Prof. Márcio André Lopes Cavalcante destaca: "Vale ressaltar, no entanto, que a responsabilidade civil neste caso, apesar de ser objetiva, é regrada pela teoria do risco administrativo. Desse modo, o Estado poderá ser dispensado de indenizar se ficar demonstrado que ele não tinha a efetiva possibilidade de evitar a ocorrência do dano. Nas exatas palavras do Min. Luiz Fux: "(...) sendo inviável a atuação estatal para evitar a morte do preso, é imperioso reconhecer que se rompe o nexo de causalidade entre essa omissão e o dano. Entendimento em sentido contrário implicaria a adoção da teoria do risco integral, não acolhida pelo texto constitucional (...) ".

Em suma:

- Em regra: o Estado é objetivamente responsável pela morte de detento. Isso porque houve inobservância de seu dever específico de proteção previsto no art. 5°, inciso XLIX, da CF/88.

- Exceção: o Estado poderá ser dispensado de indenizar se ele conseguir provar que a morte do detento não podia ser evitada. Neste caso, rompe-se o nexo de causalidade entre o resultado morte e a omissão estatal." – fonte: http://www.dizerodireito.com.br/2016/04/responsabilidade-civil-do-estado-em.html

Resposta: Letra B

TJMG – 2008 – *Questão n° 87 Direito Administrativo/Mandado de segurança coletivo/Prerrogativas e sujeições/Jurisprudência*

Confira as seguintes afirmativas e, a seguir, assinale a alternativa CORRETA.

I. A impetração de mandado de segurança coletivo por entidade de classe em favor dos associados independe da autorização destes.

II. A entidade de classe tem legitimação para o mandado de segurança ainda quando a pretensão veiculada interesse apenas a uma parte da respectiva categoria.

III. É competente o município para fixar o horário de funcionamento de estabelecimento comercial.

IV. Segundo a jurisprudência dominante no STF é inconstitucional toda modalidade de provimento que propicie ao servidor investir-se, sem prévia aprovação em concurso público destinado ao seu provimento, em cargo que não integra a carreira na qual anteriormente investido.

V. É inconstitucional a vinculação do reajuste de vencimentos de servidores estaduais ou municipais a índices federais de correção monetária.

a) Apenas I e V estão corretas.
b) Apenas II e III estão corretas.
c) Somente a IV está correta.
d) Todas estão corretas.

> **Comentários**
>
> Para resolver a presente questão devemos analisar algumas Súmulas do Supremo Tribunal Federal.
>
> Afirmativa I: Correta. O mandado de segurança coletivo não depende de autorização dos associados, conforme espelha o teor da Súmula 629: A impetração de mandado de segurança coletivo por entidade de classe em favor dos associados independe da autorização destes e o art. 21 da Lei 12.016/09: O mandado de segurança coletivo pode ser impetrado por partido político com representação no Congresso Nacional, na defesa de seus interesses legítimos relativos a seus integrantes ou à finalidade partidária, ou por organização sindical, entidade de classe ou associação legalmente constituída e em funcionamento há, pelo menos, 1 (um) ano, em defesa de direitos líquidos e certos da totalidade, ou de parte, dos seus membros ou associados, na forma dos seus estatutos e desde que pertinentes às suas finalidades, *dispensada, para tanto, autorização especial.*

DIREITO ADMINISTRATIVO

Afirmativa II: Correta. Espelha o teor da Súmula 630 A entidade de classe tem legitimação para o mandado de segurança ainda quando a pretensão veiculada interesse apenas a uma parte da respectiva categoria. Em recente julgado, o STF: *"Mandado de Segurança Coletivo – Legitimação de Associação de Classe – Direito de parte dos associados. O fato de haver o envolvimento de direito apenas de certa parte do quadro social não afasta a legitimação da associação, no que definida pelo estatuto."* (MS 25561, Relator Ministro Marco Aurélio, Tribunal Pleno, julgamento em 15.10.2014, DJe de 21.11.2014)

Afirmativa III: Correta, nos termos da Súmula Vinculante 38 e da súmula 645 do STF: É competente o Município para fixar o horário de funcionamento de estabelecimento comercial.

Afirmativa IV: Espelha o teor da Súmula Vinculante 43: É inconstitucional toda modalidade de provimento que propicie ao servidor investir-se, sem prévia aprovação em concurso público destinado ao seu provimento, em cargo que não integra a carreira na qual anteriormente investido, que já era tratada na Súmula 685 do STF.

Afirmativa V: Espelha o teor da Súmula Vinculante 42: É inconstitucional a vinculação do reajuste de vencimentos de servidores estaduais ou municipais a índices federais de correção monetária. Bem como, espelha o teor da Súmula 681: É inconstitucional a vinculação do reajuste de vencimentos de servidores estaduais ou municipais a índices federais de correção monetária.

Resposta: Letra D – Todas estão corretas.

TJMG – 2008 – *Questão nº 89 Direito Administrativo/Prerrogativas e sujeições/Doutrina/Jurisprudência*

Quando se trata de desapropriação indireta, os juros compensatórios:

a) não são devidos.

b) devem ser fixados em 0,5% ao mês.

c) devem ser fixados em 12% ao ano.

d) não podem ser fixados no mesmo percentual da desapropriação direta.

Comentários

Os **Juros Compensatórios**: compensam a perda prematura da posse na imissão, e não da propriedade. Ou seja: em regra, só há juros compensatórios se houver a imissão prévia na posse.

Segundo os ensinamentos dos professores Ricardo Alexandre e João de Deus (2017, pg. 485): "A primeira questão a ser posta sobre juros compensatórios é quanto à taxa utilizada. A Súmula 618 do STF estabelecia que na desapropriação, direta ou indireta, a taxa de juros compensatórios seria de 12% ao ano. Ocorre que a MP 1.577/1997, de 11.06.1997, que depois sofreu diversas reedições, passou a estabelecer que a taxa praticada a título de juros compensatórios na desapropriação deveria ser de "até 6% ao ano". Apreciando a questão, o STF concedeu medida cautelar suspendendo, com efeitos *ex nunc* (a partir daquela data), a eficácia da expressão "até 6% ao ano", tendo em vista o entendimento de que uma medida provisória não poderia reduzir uma taxa de juros que o Tribunal considerava ter fundamento na previsão constitucional de justa indenização (ADIn 2.332/DF, Rel. Min. Moreira Alves, j. 05.09.2000, informativo 240 STF, set. 2001). O STJ, adotando o mesmo entendimento do STF, *pacificou a questão editando a Súmula 408*. Em suma, a indicação da taxa de juros compensatórios passou a comportar três hipóteses: a) antes da MP 1.577, de 11.06.1997: juros de 12% ao ano; b) após a MP 1.577, até 13.09.2001 (data da publicação da liminar concedida na ADIn 2.332/DF): juros de 6% ao ano; c) a partir da referida decisão (que, repita-se, teve efeitos *ex nunc*): juros de 12% ao ano".

c) CORRETA. Conforme súmula 618 do STF, na desapropriação, direta ou indireta, a taxa dos juros compensatórios é de 12% (doze por cento) ao ano.

Resposta: Letra C

TJMG – 2008 – *Questão nº 93 Direito Administrativo/Prerrogativas e sujeições/Legislação/Doutrina/Jurisprudência*

Os juros moratórios, no caso de procedência de ações que tenham como objeto um pedido de deferimento de vantagem financeira a servidor público:

a) devem ser fixados em 0,5% ao mês.

b) são de 1% ao mês.

c) equivalem à taxa Selic, como ocorre nos créditos tributários.

d) não podem exceder a 20% do crédito total que for apurado.

Comentários QUESTÃO DESATUALIZADA.

a) CORRETA. **Na ocasião do Concurso de 2008, o art. 1º-F da Lei 9.494/97, previa que** os juros de mora, nas condenações impostas à Fazenda Pública

DIREITO ADMINISTRATIVO

para pagamento de verbas remuneratórias devidas a servidores e empregados públicos, não poderiam ultrapassar o percentual de **seis por cento ao ano, equivalendo a 0,5% ao mês**. Contudo, atente-se à alteração sofrida em 2009, pois o referido artigo passou a ter a seguinte redação:

Art. 1º-F. Nas condenações impostas à Fazenda Pública, independentemente de sua natureza e para fins de atualização monetária, remuneração do capital e compensação da mora, haverá a incidência uma única vez, até o efetivo pagamento, dos **índices oficiais de remuneração básica e juros aplicados à caderneta de poupança**.

Duas teses foram formadas pelo STF sobre o tema (RE 870947):

A primeira tese aprovada, referente *aos juros moratórios* e sugerida pelo relator do recurso, ministro Luiz Fux, diz que "O artigo 1º-F da Lei 9.494/1997, com a redação dada pela Lei 11.960/2009, na parte em que disciplina *os juros moratórios* aplicáveis a condenações da Fazenda Pública, é *inconstitucional* ao incidir sobre débitos oriundos de relação jurídico-tributária, aos quais devem ser aplicados os mesmos juros de mora pelos quais a Fazenda Pública remunera seu crédito tributário, em respeito ao princípio constitucional da isonomia (CRFB, art. 5º, *caput*); quanto às condenações oriundas de *relação jurídica não-tributária, a fixação dos juros moratórios segundo o índice de remuneração da caderneta de poupança é constitucional*, permanecendo hígido, nesta extensão, o disposto no artigo 1º-F da Lei 9.494/1997 com a redação dada pela Lei 11.960/2009."

Já a segunda tese, referente à *atualização monetária*, tem a seguinte redação: "O artigo 1º-F da Lei 9.494/1997, com a redação dada pela Lei 11.960/2009, na parte em que disciplina a atualização monetária das condenações impostas à Fazenda Pública segundo a remuneração oficial da caderneta de poupança, revela-se *inconstitucional* ao impor *restrição desproporcional ao direito de propriedade* (CRFB, art. 5º, XXII), uma vez que não se qualifica como medida adequada a capturar a variação de preços da economia, sendo inidônea a promover os fins a que se destina." – Ver em: http://www.stf.jus.br/portal/cms/verNoticiaDetalhe.asp?idConteudo=356240

Resposta: Letra A, em 2008.

TJMG – 2008 – *Questão nº 99 Direito Administrativo/Prerrogativas e sujeições/Legislação/Jurisprudência*

Segundo a Lei n. 8.987, de 13 de fevereiro de 1995 (Estatuto da Concessão e Permissão de Serviços e Obras Públicas), o corte, pela concessionária, do fornecimento de energia elétrica para o usuário pessoa física, inadimplente:

a) pode ser realizado após aviso prévio, considerado o interesse da coletividade.
b) não pode ser realizado.
c) caracteriza descontinuidade do serviço.
d) só pode ser realizado em situações de emergência.

Comentários

a) CORRETA. O corte pela concessionária é possível conforme o disposto no Art. 6º. da Lei 8.987/95. § 3° – Não se caracteriza como descontinuidade do serviço a sua interrupção em situação de emergência ou após prévio aviso, quando: I – motivada por razões de ordem técnica ou de segurança das instalações; e, II – por inadimplemento do usuário, considerado o interesse da coletividade.

b) INCORRETA. Em alguns casos o corte é legítimo, conforme explicações da alternativa A.

c) INCORRETA. Em algumas situações o corte **não se caracteriza** como descontinuidade do serviço, nos termos do art. 6º. § 3º. da Lei 8.987/85.

d) INCORRETA. Em caso de inadimplemento do usuário, o corte também é permitido (Art. 6º. § 3º. da Lei 8.987/85).

Resposta: Letra A

TJMG – 2012 – *Questão nº 95 Direito Administrativo/Prerrogativas e sujeições/Jurisprudência*

Com relação às prerrogativas processuais da Fazenda Pública, assinale a alternativa que apresenta informação *incorreta*.

a) A Defensoria Pública pode ajuizar ação contra pessoa jurídica à qual se encontra vinculada; nesta hipótese, contudo, não fará jus aos honorários advocatícios de sucumbência.

b) É de 20 (vinte) anos o prazo prescricional da pretensão executiva atinente à tarifa por prestação de serviços de água e esgoto, cujo vencimento, na data da entrada em vigor do Código Civil de 2002, era superior a dez anos; do contrário, o prazo será de 10 (dez) anos.

c) Ao contrário do que ocorre entre particulares, o juiz pode, de ofício, determinar o reforço da penhora em execução movida pela Fazenda Pública.

d) Os procuradores da Fazenda Pública, de quaisquer dos entes da Federação, detêm a prerrogativa da intimação pessoal quando se tratar de execução fiscal.

> *Comentários*
>
> a) CORRETA. Conforme o enunciado da Súmula 421, STJ – Os honorários advocatícios **não são devidos** à Defensoria Pública quando ela atua contra a pessoa jurídica de direito público à qual pertença. (Destaque não original).
>
> b) CORRETA. Conforme: o julgado: "...é vintenário o prazo prescricional da pretensão executiva atinente à tarifa por prestação de serviços de água e esgoto, cujo vencimento, na data da entrada em vigor do Código Civil de 2002, era superior a dez anos. Ao revés, cuidar-se-á de prazo prescricional decenal." REsp nº 1117903/RS – Recurso julgado pelo Rito dos Recursos Repetitivos.
>
> c) INCORRETA. O Magistrado **não pode determinar de ofício**, consoante entendimento do STJ em diversos julgados: REPETITIVO. REFORÇO. PENHORA. Em julgamento de recurso especial submetido ao regime do art. 543-C do CPC c/c a Res. n. 8/2008-STJ, a Seção entendeu que o reforço da penhora **não pode** ser determinado de ofício pelo juízo, visto ser imprescindível o requerimento do interessado, nos termos dos arts. 15, II, da Lei n. 6.830/1980 (Lei de Execuções Fiscais) e 685 do CPC. Precedentes citados: REsp 958.383-PR, DJe 17/12/2008; REsp 413.274-SC, DJ 3/8/2006; REsp 394.523-SC, DJ 25/5/2006; REsp 475.693-RS, DJ 24/3/2003; REsp 396.292-SC, DJ 3/6/2002; REsp 53.652-SP, DJ 13/3/1995, e REsp 53.844-SP, DJ 12/12/1994. REsp 1.127.815-SP, Rel. Min. Luiz Fux, julgado em 24/11/2010.
>
> d) CORRETA. Conforme: Lei 6830/90, art. 25 – Na execução fiscal, qualquer intimação ao representante judicial da Fazenda Pública será feita pessoalmente.
>
> *Resposta: Letra C – é a incorreta.*

TJMG – 2012 – *Questão nº 99 Direito Administrativo/Prerrogativas e sujeições/Doutrina/Jurisprudência*

Analise as afirmativas a seguir.

Não podem os Estados e Municípios decretar a desapropriação de imóvel rural

PORQUE

é competência exclusiva da União a desapropriação que se destine à reforma agrária.

Assinale a alternativa correta.

a) A primeira afirmativa é falsa e a segunda é verdadeira.
b) A segunda afirmativa é falsa e a primeira é verdadeira.
c) As duas afirmativas são verdadeiras e a segunda justifica a primeira.
d) As duas afirmativas são verdadeiras, mas a segunda não justifica a primeira.

Comentários

Primeira frase: Os Estados e Municípios não podem realizar a desapropriação para fins de reforma agrária. Todavia **outras formas de desapropriação do imóvel rural são permitidas**, como por exemplo, a desapropriação ordinária ou comum.

Segunda frase: O texto Constitucional, dispõe que: Art. 184. Compete à União desapropriar por interesse social, para fins de reforma agrária, o imóvel rural que não esteja cumprindo sua função social, mediante prévia e justa indenização em títulos da dívida agrária, com cláusula de preservação do valor real, resgatáveis no prazo de até vinte anos, a partir do segundo ano de sua emissão, e cuja utilização será definida em lei.

Resposta: Letra A

8. DESCONCENTRAÇÃO E DESCENTRALIZAÇÃO

TJMG – 2012 – *Questão nº 93 Direito Administrativo/Desconcentração e descentralização/Legislação/Jurisprudência*

Com relação ao entendimento do Supremo Tribunal Federal acerca dos serviços postais, assinale a alternativa correta.

a) O serviço postal é serviço público exclusivo da União, prestado pela Empresa Brasileira de Correios e Telégrafos (ECT) em situação de privilégio.

b) Os veículos utilizados pela ECT para prestação dos serviços postais podem ser penhorados, desde que em decorrência de execução fiscal pelo não pagamento do IPVA.

DIREITO ADMINISTRATIVO

c) A ECT é empresa pública submetida ao regime privado, razão pela qual suas dívidas judiciais não se submetem ao regime de precatório.

d) O Estado de Minas Gerais pode cobrar o ICMS incidente sobre o serviço de transporte de encomendas realizado pela ECT, tendo em vista que a imunidade tributária do artigo 150, VI, 'a', CF, não se aplica às empresas privadas.

Comentários

a) CORRETA. Conforme: ADPF[4] n. 46 "7. Os regimes jurídicos sob os quais em regra são prestados os serviços públicos importam em que essa atividade seja **desenvolvida sob privilégio**, inclusive, em regra, **o da exclusividade**." –

b) INCORRETA. Conforme: ACO-765, INFORMATIVO N° 546 STF – "TÍTULO ECT: IPVA e Imunidade Tributária Na linha da orientação firmada no julgamento da ACO 959/RN (DJE de 16.5.2008), no sentido de que a norma do art. 150, VI, a, da CF alcança as empresas públicas prestadoras de serviço público, o Tribunal, por maioria, julgou procedente pedido formulado em ação cível originária proposta pela Empresa Brasileira de Correios e Telégrafos – ECT contra o Estado do Rio de Janeiro, **para afastar a cobrança do IPVA, bem como as sanções decorrentes da inadimplência do tributo**."

c) INCORRETA. Conforme: RE-589998, INFORMATIVO N° 576 – "Sustenta, ainda, **que o fato de a recorrente possuir privilégios conferidos à Fazenda Pública – impenhorabilidade dos seus bens, pagamento por precatório e algumas prerrogativas processuais –**, não tem o condão de dar aos empregados da **ECT** o benefício da despedida motivada e a estabilidade para garantir reintegração no emprego. RE 589998/PI, rel. Min. Ricardo Lewandowski, 24.2.2010. (RE-589998) "

d) INCORRETA. Conforme: INFORMATIVO 812 STF – "7. Recurso extraordinário do qual se conhece e ao qual se dá provimento, reconhecendo a imunidade da ECT relativamente ao ICMS que seria devido no transporte de encomendas." – 627.051/PE

Outro julgado importante: INFORMATIVO 443 – "3. Suspensão da exigibilidade da cobrança de ICMS sobre o serviço de transporte de encomendas realizado pela Empresa Brasileira de Correios e Telégrafos – ECT. 4. Este Tribunal possui firme entendimento no sentido de que a imunidade recíproca, prevista no art. 150, VI, 'a', da CF, estende-se à ECT" ACO-AgRg 765-1/RJ

---

4. http://www.stf.jus.br/portal/processo/verProcessoTexto.asp?id=2672796&tipoApp=RTF

> Os serviços prestados pela Empresa Brasileira de Correios e Telégrafos – ECT estão abrangidos pela imunidade recíproca (CF, art. 150, VI, a, e §§ 2º e 3º). – RE-601392
>
> **Resposta: Letra A**

9. PESSOAS DE DIREITO PÚBLICO E DE DIREITO PRIVADO
10. DECRETO-LEI N. 200, DE 25.02.1967
11. CONSÓRCIOS PÚBLICOS
12. PARCERIAS PÚBLICO-PRIVADAS
13. ATOS ADMINISTRATIVOS

***TJMG – 2014** – Questão nº 91 Direito Administrativo/Atos administrativos/ Doutrina/*

Assinale a alternativa que apresenta CORRETAMENTE o conceito de atos administrativos.

a) É a manifestação de vontade do Estado, por seus representantes, no exercício regular de suas funções, ou por qualquer pessoa que detenha fração de poder reconhecido pelo Estado, tendo como finalidade imediata, criar, reconhecer, modificar ou extinguir situações jurídicas subjetivas em matéria administrativa.

b) Ato administrativo é o que resulta da manifestação que o administrador público imprime na exteriorização da sua administração, com a expedição de regulamentos para o cumprimento da lei.

c) Ato administrativo é aquele praticado no exercício da função administrativa, seja ele editado pelos órgãos administrativos do poder executivo, seja do legislativo ou do judiciário.

d) Ato administrativo é manifestação exteriorizada do administrador público visando materializar a vontade estatal.

> **Comentários**
>
> a) CORRETA. Conforme leciona Cretella Junior, (1995, pg. 53), "ato administrativo é a manifestação da vontade do Estado, por seus representantes, no exercício regular de suas funções, ou por qualquer pessoa que

detenha, nas mãos, fração de poder reconhecido pelo Estado, que tem por finalidade imediata criar, reconhecer, modificar, resguardar ou extinguir situações jurídicas subjetivas, em matéria administrativa".

b) INCORRETA. O administrador dispõe de outros meios para exteriorizar a manifestação da administração. O regulamento para o cumprimento da lei é apenas uma das formas.

c) INCORRETA. O critério objetivo, funcional ou material **é insuficiente** para definir o ato administrativo. Vejamos: Di Pietro (2016, págs. 236 e 237): "Pelo critério objetivo, funcional ou material, ato administrativo é **somente** aquele praticado no exercício concreto da função administrativa, seja ele editado pelos órgãos administrativos ou pelos órgãos judiciais e legislativos.

Esse critério parte da divisão de funções do Estado: a legislativa, a judicial e a administrativa. Embora haja três Poderes, a distribuição das funções entre eles não é rígida; cada qual exerce predominantemente uma função que lhe e própria, mas, paralelamente, desempenha algumas atribuições dos outros Poderes. Assim, a função administrativa cabe, precipuamente, ao Poder Executivo, mas os outros Poderes, além de disporem de órgãos administrativos (integrando o conceito de Administração Pública), ainda exercem, eles próprios, função tipicamente administrativa. Juízes e parlamentares desempenham algumas atribuições tipicamente administrativas, que dizem respeito ao funcionamento interno de seus órgãos e servidores. No desempenho dessas funções, praticam atos administrativos.

Considerando, pois, as três funções do Estado, sabe-se que a administrativa caracteriza-se por prover de maneira imediata e concreta às exigências individuais ou coletivas para a satisfação dos interesses públicos preestabelecidos em lei. Costuma-se apontar três características essenciais da função administrativa: é parcial, concreta e subordinada. É parcial no sentido de que o órgão que a exerce e parte nas relações jurídicas que decide, distinguindo-se, sob esse aspecto, da função jurisdicional; e concreta, porque aplica a lei aos casos concretos, faltando-lhe a característica de generalidade e abstração própria da lei; e subordinada, porque está sujeita a controle jurisdicional.

Partindo-se dessa ideia de função administrativa para definir o ato administrativo, já se pode concluir que só integram essa categoria os atos que produzem efeitos concretos, o que exclui os atos normativos do Poder Executivo, em especial os regulamentos, pois estes, da mesma forma que a lei, produzem efeitos gerais e abstratos.

No entanto, não basta dizer que ato administrativo é o praticado no exercício da função administrativa, porque isto incluiria determinados atos da Administração sujeitos a regime jurídico diferente, tal como ocorre com os atos de direito privado.

Pode-se dizer que o critério objetivo é o que preferem os doutrinadores na atualidade; mas como ele é insuficiente, procuram acrescentar novos elementos ao conceito para permitir identificar, dentre os atos praticados no exercício da função administrativa, aqueles que podem ser considerados atos administrativos surgindo uma serie de concepções mistas, que combinam diferentes critérios".

Vale lembrar também que o Poder Judiciário e o Poder Legislativo, quando editam atos administrativos, os fazem utilizando-se de sua **função atípica**.

d) INCORRETA. O ato administrativo é um ato de vontade da própria administração pública ou de suas delegatárias, exteriorizada pelo administrador a fim de produzir efeitos jurídicos para o atendimento do interesse público. Não constitui vontade do administrador e sim da administração.

Resposta: Letra A

14. ATIVIDADE ADMINISTRATIVA

15. PROCESSO ADMINISTRATIVO

16. CONVALIDAÇÃO, EFEITOS

TJMG – 2009 – *Questão nº 99 Direito Administrativo/Convalidação, efeitos/ Doutrina/*

Os atos administrativos praticados por agentes incompetentes podem ser declarados nulos porque os atos administrativos praticados com vício de competência não admitem convalidação.

Reflita sobre as afirmativas acima e assinale a alternativa CORRETA.

a) A primeira é falsa e a segunda é verdadeira.

b) A primeira é verdadeira e a segunda é falsa.

c) As duas são falsas.

d) As duas são verdadeiras e a segunda justifica a primeira.

DIREITO ADMINISTRATIVO

> *Comentários*
>
> **Na primeira afirmativa devemos lembrar que** os atos administrativos praticados por agentes incompetentes podem ser declarados nulos, como no caso de ato administrativo praticado por aquele que viola a competência exclusiva.
>
> **Já na segunda afirmativa devemos observar que** o vício de competência em função da pessoa pode ser sanado (em grande parte dos casos). Conforme Ricardo Alexandre e João de Deus, (2017, pg. 240): "...podemos considerar que somente são considerados sanáveis os seguintes vícios: a) O vício de competência em função da pessoa, desde que não se trate de competência exclusiva, nem de ato praticado por usurpador de função."
>
> Logo, a primeira afirmativa é verdadeira e a segunda é falsa.
>
> ***Resposta: Letra B***

17. EXTINÇÃO DOS ATOS ADMINISTRATIVOS

18. DISCRICIONARIEDADE E LEGALIDADE

19. CLASSIFICAÇÃO DOS ATOS ADMINISTRATIVOS

TJMG – 2007 *– Questão nº 94 Direito Administrativo/Classificação dos atos administrativos/Doutrina/*

No que toca aos Atos Administrativos vinculados e discricionários, é **INCORRETO** afirmar que:

a) a remoção de servidor estável, para atender a necessidade do serviço público, guarda discricionariedade não infensa ao controle judicial de mérito.

b) o indeferimento do pedido de afastamento do servidor estável, por motivo de incapacidade para o exercício da função pública, é ato vinculado.

c) a demissão do servidor estável, por conveniência do serviço público, guarda discricionariedade não infensa ao controle judicial de mérito.

d) a concessão de quinquênio ao servidor público estável é ato vinculado.

> *Comentários*
>
> Na consagrada obra de Hely Lopes Meirelles, (2016, p. 192): "atos discricionários são os que a Administração pode praticar com escolha de seu conteúdo, de seu destinatário, de sua conveniência, de sua oportunidade e

do modo de sua realização". Podemos mencionar como exemplo: a remoção de ofício de servidor público, a critério da administração, para atender à conveniência do serviço; a autorização de uso de bem público; a nomeação para cargo de provimento em comissão; o ato de ratificação de dispensa de licitação; o ato que concede licença ao servidor público para tratar de interesses particulares";

a) CORRETA. Trata-se de controle de mérito a qual o judiciário, a priori, não pode/deve interferir. Nos ensinamentos de Hely Lopes, (2016, p. 799): "Controle de mérito – E todo aquele que visa à comprovação da eficiência, do resultado, da conveniência ou oportunidade do ato controlado. Daí por que esse controle compete normalmente à Administração, e, em casos excepcionais, expressos na Constituição, ao Legislativo (CF, art. 49, IX e X), **mas nunca ao Judiciário.** A eficiência e comprovada em face do desenvolvimento da atividade programada pela Administração e da produtividade de seus servidores (v. cap. II, item 3.2); o resultado é aferido diante do produto final do programa de trabalho, levando-se em conta o trinômio custo/tempo/benefício; a conveniência ou oportunidade e valorada internamente pela Administração – e unicamente por ela – para a prática, abstenção, modificação ou revogação do ato de sua competência. Vê-se, portanto, que a verificação da eficiência e do resultado e de caráter eminentemente técnico, vinculada a critérios científicos, ao passo que o juízo de conveniência ou oportunidade e fundamentalmente político-administrativo e discricionário, razão pela qual o controle daquelas condições (eficiência e resultado) pode ser exercido por órgão especializado até mesmo estranho à Administração o e o desta (conveniência ou oportunidade) e privativo das Chefias do Executivo e, nos casos constitucionais, por órgãos do Legislativo em funções político-administrativas"

b) CORRETA. A incapacidade é fato jurídico que, quando provado, **não abre** margem para discricionariedade administrativa. Em suma, ou o sujeito está incapaz ou não. Vale observar que temos o instituto de readequação nos quadros funcionais da Administração Pública. Vide, em especial, na Lei n. 8112/90 em seu Art. 24, o instituto da Readaptação.

c) INCORRETA. O ato de demissão é um ato punitivo, e como tal, é passível de controle pelo Poder Judiciário, em especial frente ao princípio da proporcionalidade e razoabilidade. Nas palavras de Helly Lopes, (2016, p. 550): "A *desinvestidura de cargo* pode ocorrer por *demissão, exoneração* ou *dispensa*. **Demissão é punição por falta grave.** *Exoneração* é desinvestidura:". E completa: Helly Lopes, (2016, p. 560): "*demissão*, entretanto, como pena administrativa que é, pode ser aplicada em qualquer fase, ao estável e ao instável, desde que o servidor cometa infração disciplinar ou crime funcional regularmente apurado em processo administrativo ou judicial. Não há demissão *ad nutum,* como não há exoneração *disciplinar."*

Já sobre o controle do ato de demissão, nos ensina Helly Lopes, (2016, p. 833): "O Poder Judiciário pode, se provocado, examinar os motivos e o conteúdo do ato de demissão, para julgar se ele é, ou não, legítimo frente à lei e aos princípios, em especial aos da proporcionalidade e razoabilidade. Em suma, o que se nega ao Judiciário é o poder de substituir ou modificar penalidade disciplinar a pretexto de fazer justiça, pois, ou a punição é legal, e deve ser confirmada, ou é ilegal, e há que ser anulada; inadmissível e a substituição da discricionariedade legítima do administrador por arbítrio ilegítimo do juiz."

d) CORRETA Com o preenchimento dos requisitos previstos na lei, deve ser concedido o quinquênio ao servidor estável.

Resposta: Letra C

TJMG – 2009 – *Questão nº 97 Direito Administrativo/Classificação dos atos administrativos/Doutrina/*

Não se confundem atributos e elementos do ato administrativo porque os elementos se relacionam com a formação do ato, enquanto os atributos são características que o apartam do ato jurídico de direito privado.

Reflita sobre as afirmativas acima e assinale a alternativa CORRETA.

a) A primeira é verdadeira e a segunda é falsa.

b) A primeira é falsa e a segunda é verdadeira.

c) As duas são verdadeiras e a segunda justifica a primeira.

d) As duas são verdadeiras, mas a segunda não justifica a primeira.

Comentários

Os **Elementos do ato administrativo** estão ligados à condição para a existência do ato jurídico. São elementos elencados por uma parte da doutrina: sujeito competente; forma; motivo; objeto; finalidade.

Já os **atributos** são características que o distinguem de outros ramos do direito. Nem sempre são essenciais.

São atributos do ato administrativo (não há unanimidade na doutrina): Presunção de legitimidade e Veracidade; Autoexecutoriedade; Imperatividade; Exigibilidade; Tipicidade.

Assim, conforme o exposto, os dois enunciados estão corretos e o segundo justifica o primeiro.

Resposta: Letra C

TJMG – 2014 – *Questão nº 93 Direito Administrativo/Classificação dos atos administrativos/Doutrina/*

Quanto à formação de vontade, os atos administrativos podem ser simples, complexos e compostos.

Assinale a alternativa que revela **CORRETAMENTE** o ato administrativo composto.

a) É o que resulta da manifestação de dois ou mais órgãos, sejam eles singulares ou colegiados, cuja vontade se funde para formar um ato único.

b) É o que resulta da manifestação de um órgão colegiado.

c) É o que resulta da manifestação de dois ou mais órgãos, em que a vontade de um é instrumental em relação ao outro que edita o ato principal.

d) É o que resulta de manifestação de vontades homogêneas, ainda que de entidades públicas distintas.

Comentários

Atos simples são os que decorrem da declaração de vontade de um único órgão, seja ele singular ou colegiado.

a) **INCORRETA.** A alternativa conceitua o ato complexo, onde há manifestação autônoma de órgãos diversos e "vontades" que se fundem. Pode-se definir **atos complexos como aqueles que** são elaborados a partir da manifestação de dois ou mais órgãos, sejam eles singulares ou colegiados, cuja **vontade se funde** para formar um ato único. As vontades são homogêneas; resultam de vários órgãos de uma mesma entidade ou de entidades públicas distintas, que se unem em uma só vontade para formar o ato; há identidade de conteúdo e de fins.

b) **INCORRETA.** O ato composto não exige a manifestação de órgão colegiado, mas sim da vontade de dois ou mais órgãos, sejam singulares ou colegiados, onde a **vontade de um é instrumental** em relação a de outro órgão. Podemos definir: **Ato composto** é o que resulta da manifestação de dois ou mais órgãos, em que a vontade de **um é instrumental** em relação a de outro, que edita o ato principal. Enquanto no ato complexo fundem-se vontades para praticar um ato só, no ato composto, praticam-se dois atos, um principal e outro acessório; este último pode ser pressuposto ou complementar daquele.

c) **CORRETA.** Conceitua perfeitamente o ato composto. – **Ato composto** é o que resulta da manifestação de dois ou mais órgãos, em que a vontade de **um é instrumental** em relação a de outro, que edita o ato principal. (Os órgãos concorrem para a formação de um único ato).

d) **INCORRETA.** É a definição do ato complexo.

Resposta: Letra C

20. ESPÉCIES DE ATOS ADMINISTRATIVOS

21. VALIDADE, EFICÁCIA, APERFEIÇOAMENTO, EFEITOS E EXTINÇÃO DOS ATOS ADMINISTRATIVOS

TJMG – 2009 *– Questão nº 100 Direito Administrativo/Validade, eficácia, aperfeiçoamento, efeitos e extinção dos atos administrativos./Doutrina*

Os atos administrativos gozam da presunção de legitimidade (*presunção juris et de jure*) e veracidade (presunção *juris tantum*) porque a legitimidade produz a inversão do ônus da prova, ao passo que a veracidade não produz este efeito.

A partir destas afirmativas, marque a alternativa CORRETA.

a) Ambas são falsas.

b) A segunda é verdadeira e a primeira é falsa.

c) A primeira é verdadeira e a segunda justifica a primeira.

d) A primeira é verdadeira, mas a segunda não justifica a primeira.

Sobre os delitos contra a vida, marque a alternativa CORRETA.

Comentários

a) **CORRETA** – Ambas afirmativas são falsas.

Primeira parte da questão: Os atos administrativos gozam realmente da presunção de legitimidade e de veracidade. Todavia, o erro está na modalidade de tal presunção, sendo relativa e não absoluta. Conforme os ensinamentos de Ricardo Alexandre e João de Deus, (2017, pg. 220): "As presunções de legitimidade (legalidade) e de veracidade são atributos presentes em todos os atos administrativos. Contudo, **ambas serão sempre relativas (juris tantum),** podendo ser afastadas em razão da apresentação de prova em sentido contrário. Desse modo, o administrado que se sentir prejudicado por algum ato que considerar ilegal ou fundado em inverdades pode submetê-lo a controle pela própria administração ou pelo Judiciário. Se o órgão provocado entender que a prática está em desconformidade com a lei ou é fundada em alegações falsas, proclamará a nulidade do ato, desfazendo, na medida do possível, os seus efeitos."

Segunda parte da questão: A presunção de veracidade inverte o ônus da prova. De acordo com Maria Sylvia Zanella di Pietro, **a presunção de veracidade inverte o ônus da prova e na presunção de legalidade não há fato para ser provado,** tendo em vista que a prova só possui o mister de demonstrar existência, conteúdo e extensão de fato jurídico lato senso e a presunção de legalidade é somente a adequação.

Segundo José dos Santos Carvalho Filho, (2017, pg. 102): "Efeito da presunção de legitimidade é a autoexecutoriedade, que, como veremos adiante, admite seja o ato imediatamente executado. Outro efeito é o da inversão do ônus da prova, cabendo a quem alegar não ser o ato legítimo a comprovação da ilegalidade. Enquanto isso não ocorrer, contudo, o ato vai produzindo normalmente os seus efeitos e sendo considerado válido, seja no revestimento formal, seja no seu próprio conteúdo."

Resposta: Letra A

TJMG – 2014 – *Questão nº 94 Direito Administrativo/Validade, eficácia, aperfeiçoamento, efeitos e extinção dos atos administrativos/Doutrina/*

A validade e eficácia do ato administrativo depende da forma como ele é praticado.

Assinale a alternativa que define **CORRETAMENTE** o ato administrativo válido e eficaz.

a) É válido e eficaz o ato administrativo que observe a forma escrita, embora sem qualquer motivação.

b) É válido e eficaz o ato administrativo, ainda que não tenha observado forma prescrita em lei, embora tenha atingido a sua finalidade.

c) É válido e eficaz o ato administrativo que se materializa na forma escrita de decreto, portaria ou resolução, independentemente da observância dos critérios legais.

d) É válido e eficaz o ato administrativo praticado com observância do sujeito, objeto, forma, motivação e finalidade, pois que, como espécie dos atos jurídicos em geral, demanda agente capaz, objeto lícito, forma prescrita em lei, motivação do seu conteúdo e finalidade.

> **Comentários**
>
> Com base na lição de Pontes de Miranda, o ato administrativo está sujeito, como todo ato jurídico, a três planos: 1) Existência; 2) Validade; 3) Eficácia. Vamos analisar cada um deles.
>
> **O Plano de existência ou da perfeição** consiste no cumprimento do ciclo de formação do ato. Alguns autores adotam como pressupostos o objeto e a referibilidade à função administrativa. Já como elementos de existência, consideram o conteúdo e a forma.
>
> **O Plano de validade** busca investigar a conformidade do ato administrativo com os requisitos fixados no ordenamento para sua correta produção. São requisitos, pela corrente majoritária: competência, forma, objetivo, motivo e finalidade (conforme art. 2°. da Lei da Ação Popular).
>
> **O Plano de eficácia** analisa a aptidão do ato para produzir efeitos jurídicos. Vale observar: a) existência de vício; b) condição resolutiva ou condição suspensiva; c) termo inicial ou final; d) se há algum efeito atípico ou típico.
>
> a) INCORRETA. A motivação é a exteriorização/indicação dos fundamentos de fato e de direito das decisões **e deve estar presente no ato administrativo** para grande parte da doutrina. Podemos ver em Di Pietro, (2016, p. 113): "O princípio da motivação exige que a Administração Pública indique os fundamentos de fato e de direito de suas decisões. Ele está consagrado pela doutrina e pela jurisprudência, não havendo mais espaço para as velhas doutrinas que discutiam se a sua obrigatoriedade alcançava só os atos vinculados ou só os atos discricionários, ou se estava presente em ambas as categorias. **A sua obrigatoriedade se justifica em qualquer tipo de ato**, porque se trata de formalidade necessária para permitir o controle de legalidade dos atos administrativos." Alguns autores entendem que alguns atos administrativos não precisam de motivação.
>
> b) INCORRETA. A forma prescrita em lei é elemento do ato administrativo e, inclusive, em alguns casos, não pode ser convalidado o ato que não a observa. Embora tenham atingido a sua finalidade, os atos que acarretam lesão ao interesse público ou prejuízo a terceiro não podem ser convalidados. (Lei 9784/99, art. 55. Em decisão na qual se evidencie não

acarretarem lesão ao interesse público nem prejuízo a terceiros, os atos que apresentarem defeitos sanáveis poderão ser convalidados pela própria Administração). Importante destacar que atos válidos são aqueles editados em conformidade com a ordem jurídica.

c) INCORRETA. Os ditames legais devem ser observados quando da materialização do ato (Princípio da legalidade).

d) CORRETA. A validade do ato administrativo é verificada quando há conformidade do ato com os requisitos fixados no ordenamento para a sua escorreita produção. São elementos do ato administrativo: competência (sujeito capaz), forma, objeto, motivo e finalidade. Na escola de Di Pietro, (2016, p. 245): "Portanto, pode-se dizer que os elementos do ato administrativo são o sujeito, o objeto, a forma, o motivo e a finalidade. A só indicação desses elementos já revela as peculiaridades com que o tema é tratado no direito administrativo, quando comparado com o direito privado; neste, consideram-se elementos do ato jurídico (ou negócio jurídico, na terminologia do novo Código Civil) apenas o sujeito, o objeto e a forma."

Resposta: Letra D

22. PRESCRIÇÃO ADMINISTRATIVA

TJMG – 2008 – *Questão nº 90 Direito Administrativo/Prescrição administrativa/Legislação/Doutrina/Jurisprudência*

Quando se está diante de relações jurídicas de trato sucessivo, as prestações devidas pela Fazenda Pública, omissa na apreciação do requerimento administrativo, prescrevem:

a) no quinquídio anterior ao da omissão.

b) no quinquênio anterior à mora.

c) no quinquídio anterior à citação.

d) no quinquênio anterior à propositura da ação.

Comentários

d) CORRETA, conforme Súmula 85 do STJ – Nas relações jurídicas de trato sucessivo em que a Fazenda Pública figure como devedora, quando não tiver sido negado o próprio direito reclamado, a prescrição atinge

> apenas as prestações vencidas **antes do quinquênio anterior à proposi-tura da ação**. (Súmula 85, CORTE ESPECIAL, julgado em 18/06/1993, DJ 02/07/1993). Destaca-se a decisão do STJ sobre prescrição contra a Fazenda Pública: (...) 4. A jurisprudência desta Corte firmou-se no sentido de que a prescrição contra a Fazenda Pública é quinquenal, mesmo em ações indenizatórias, uma vez que é regida pelo Decreto 20.910/32, norma especial que prevalece sobre lei geral. (...)
>
> 5. O STJ tem entendimento jurisprudencial no sentido de que o prazo prescricional da Fazenda Pública deve ser o mesmo prazo previsto no Decreto 20.910/32, em razão do princípio da isonomia. (...)
>
> (STJ. 2ª Turma. AgRg no AREsp 768.400/DF, Rel. Min. Humberto Martins, julgado em 03/11/2015)

Resposta: Letra D

23. ATIVIDADE REGULATÓRIA DA ADMINISTRAÇÃO PÚBLICA

24. PODER DE POLÍCIA

***TJMG – 2014** – Questão n° 95 Direito Administrativo/Poder de polícia/ Doutrina/Jurisprudência*

A expressão "Poder de Polícia da Administração Pública" comporta dois sentidos, um amplo, outro estrito. Em sentido amplo, poder de polícia significa toda e qualquer ação restritiva do Estado em relação aos direitos individuais.

Assinale a alternativa que define CORRETAMENTE o "Poder de Polícia da Administração Pública" em sentido estrito.

a) É o exercido, observado o bom-senso do administrador, independente de previsão legal, no interesse da coletividade.

b) É a prerrogativa de direito público que, calcada na lei, autoriza a administração pública a restringir o uso e o gozo da liberdade e da propriedade em favor do interesse da coletividade.

c) É aquele exercido, observadas as regras estabelecidas pelo administrador, restringindo direitos individuais no interesse coletivo.

d) É o exercido com o objetivo de preservar o interesse da coletividade, independentemente de qualquer norma de ordem constitucional ou infraconstitucional.

> **Comentários**
>
> Na concepção restritiva, o poder de polícia é uma prerrogativa reconhecida à administração pública para restringir e condicionar direitos com fundamento da lei e para atendimento do interesse público (em suma, na concepção restritiva o poder de polícia envolve atividades administrativas de fiscalização e da busca do bem da coletividade).
>
> Segundo Ricardo Alexandre e João de Deus, (2017, p. 139): Sentido estrito – nesse sentido a expressão poder de polícia corresponderia unicamente aos atos do Poder Executivo que impliquem limitação da propriedade e da liberdade individual em favor da coletividade, quer estes sejam intervenções gerais e abstratas (como os regulamentos), quer sejam concretas e específicas (como as licenças e autorizações).
>
> A alternativa correta é a letra B, pois o conceito de poder de polícia, **na concepção restritiva**, passa pela prerrogativa reconhecida à administração pública para restringir e condicionar direitos com fundamento na lei e para atendimento/busca do interesse público.
>
> As alternativas A, C e D estão incorretas porque as regras precisam estar calcadas no **princípio da legalidade**. Assim, o poder de polícia demanda um fundo legal para que o seu conceito restritivo seja observado.
>
> **Resposta: Letra B**

25. COMPETÊNCIA REGULATÓRIA

26. COMPETÊNCIA ECONÔMICA, SOCIAL SETORIAL, TÉCNICA/ESPECIALIZADA

27. AGÊNCIAS REGULADORAS

28. CONTROLE DA ADMINISTRAÇÃO PÚBLICA

***TJMG – 2007** – Questão nº 88 Direito Administrativo/Controle da Administração Pública/Legislação/Doutrina/*

Em razão das tendências atuais do Direito Administrativo brasileiro, muito se tem discutido quanto à influência do teor do Preâmbulo da Constituição no controle dos atos da Administração.

Considerando o teor do Preâmbulo da Constituição, é CORRETO afirmar:

a) o Preâmbulo da Constituição de 1988 influi no controle de legalidade do ato da Administração.

b) o controle dos Atos Administrativos pelo Poder Judiciário restou restringido em face do teor do Preâmbulo da Constituição de 1988.

c) o Ato Administrativo que ofenda o teor do Preâmbulo da Constituição de 1988, repleto de valores, não se sujeita a declaração judicial que o invalide.

d) o ato Administrativo somente se submete às normas positivas e princípios explícitos na Constituição.

Comentários

a) CORRETA Os controles dos atos da Administração alcançam o bloco de constitucionalidade. Assim, alcançando o próprio preâmbulo. Na lição de Ricardo Alexandre e João de Deus, (2017, p. 105): "A Lei 9.784/1999 (que regula o processo administrativo no âmbito da Administração Pública Federal), no art. 2°., parágrafo único, I, prevê que a atuação administrativa deverá se dar em conformidade com a lei e o Direito. O referido dispositivo legal contempla a noção de princípio da juridicidade, segundo o qual a conduta administrativa está subordinada não só a uma lei ordinária ou complementar, mas também deve respeitar o chamado "bloco de legalidade" (Constituição Federal, Constituições Estaduais, tratados e convenções, decretos legislativos, princípios gerais de direito, Preâmbulo da Constituição etc.). "

Portanto, o Bloco de legalidade a ser observado pela administração é amplo.

b) INCORRETA Inexiste tal restrição conforme informado na alternativa A.

c) INCORRETA O ato administrativo se subordina ao Bloco de Legalidade e, portanto, aos valores do Preâmbulo Constitucional.

d) INCORRETA Conforme exposto, o Bloco de Legalidade alcança o chamado "bloco de legalidade".

Resposta: Letra A

TJMG – 2007 – *Questão n° 99 Direito Administrativo/Controle da Administração Pública/Legislação/Doutrina/*

Constituem formas e meios de controle possíveis dos atos da Administração, **exceto:**

a) controle de fiscalização financeira e orçamentária pelo Legislativo, auxiliado pelo Tribunal de Contas.

b) controle de seus próprios atos, com finalidade de avaliar sua validade ou de avaliar a execução de suas metas e programas.

c) Controle pelo Poder Judiciário, na acabo civil pública ajuizada por qualquer cidadão.

d) Controle popular mediante denúncia por qualquer cidadão perante o Tribunal de Contas.

Comentários

a) CORRETA. Conforme o art. 71 da Constituição Federal: O controle externo, a cargo do Congresso Nacional, será exercido com o auxílio do Tribunal de Contas da União, ao qual compete.

b) CORRETA. Cabe ao Administrador o controle dos seus atos, nos termos da Súmula do 473 do STF: A administração pode anular seus próprios atos, quando eivados de vícios que os tornam ilegais, porque deles não se originam direitos; ou revogá-los, por motivo de conveniência ou oportunidade, respeitados os direitos adquiridos, e ressalvada, em todos os casos, a apreciação judicial.

c) INCORRETA. O cidadão não é parte legítima para ajuizar a ação civil pública. Os legitimados para a propositura da demanda são os presentes no Art. 5°. da Lei 7347/85: o Ministério Público, Defensoria Pública, a União, os Estados, o Distrito Federal e os Municípios, a autarquia, empresa pública, fundação ou sociedade de economia mista, a associação que, concomitantemente: a) esteja constituída há pelo menos 1 (um) ano nos termos da lei civil; b) inclua, entre suas finalidades institucionais, a proteção ao patrimônio público e social, ao meio ambiente, ao consumidor, à ordem econômica, à livre concorrência, aos direitos de grupos raciais, étnicos ou religiosos ou ao patrimônio artístico, estético, histórico, turístico e paisagístico.

d) CORRETA. Conforme o § 2° do artigo 74 da CF – Qualquer cidadão, partido político, associação ou sindicato é parte legítima para, na forma da lei, denunciar irregularidades ou ilegalidades perante o Tribunal de Contas da União.

Resposta: Letra C

TJMG – 2008 – *Questão n° 86 Direito Administrativo/Controle da Administração Pública/Legislação/*

Bola Sete Ltda. ajuizou ação popular contra o Município de Belo Horizonte para pleitear a anulação de ato lesivo ao patrimônio municipal consistente em deferir à empresa "Dona da Bola", mediante decreto, a exploração de todos os bares e restaurantes existentes nos parques municipais, sem, entretanto, promover a necessária licitação. O MM. Juiz indeferiu a inicial. Recorreu a autora, alegando: 1) que o ato administrativo é claramente ilegal e praticado com desvio de finalidade; 2) que o Município não observou a forma legal para a edição do decreto; e 3) que não lhe pode ser tolhido o direito de disputar, em licitação regular, a prestação dos referidos serviços.

Segundo os fatos acima relatados, assinale a alternativa que representa o resultado a que chegou o Tribunal:

a) confirmou a decisão de origem.
b) deu provimento à apelação.
c) deu provimento parcial.
d) conheceu do recurso como agravo de instrumento.

Comentários

a) CORRETA. Falta pressuposto processual para o desenvolvimento válido do processo e a petição inicial deve ser indeferida (Artigos 17 e 330, II do Código de Processo Civil de 2015).

Somente o cidadão é parte legítima para propor a ação popular conforme o art. 5°, LXXIII, da CF/88: LXXIII – **qualquer cidadão** é parte legítima para propor ação popular que vise a anular ato lesivo ao patrimônio público ou de entidade de que o Estado participe, à moralidade administrativa, ao meio ambiente e ao patrimônio histórico e cultural, ficando o autor, salvo comprovada má-fé, isento de custas judiciais e do ônus da sucumbência;).

E, no mesmo sentido, prescreve o Art. 1°. da Lei 4.717/65: **Qualquer cidadão** será parte legítima para pleitear a anulação ou a declaração de nulidade de atos lesivos ao patrimônio da União, do Distrito Federal, dos Estados, dos Municípios, de entidades autárquicas, de sociedades de economia mista (Constituição, art. 141, § 38), de sociedades mútuas de seguro nas quais a União represente os segurados ausentes, de empresas públicas, de serviços sociais autônomos, de instituições ou fundações para cuja criação ou custeio o tesouro público haja concorrido ou concorra com mais de cinquenta por cento do patrimônio ou da receita ânua, de empresas incorporadas ao patrimônio da União, do Distrito Federal, dos Estados e dos Municípios, e de quaisquer pessoas jurídicas ou entidades subvencionadas pelos cofres públicos.

Assim, o juiz, deve indeferir a inicial nos termos do Art. 330. A petição inicial será indeferida quando: II – a parte for manifestamente ilegítima; do Código de Processo Civil combinado com o Art. 17 da mesma lei: Para postular em juízo é necessário ter interesse e legitimidade

Pessoa jurídica não pode propor ação popular, no mesmo sentido: Súmula 365 do Supremo Tribunal Federal: Pessoa jurídica não tem legitimidade para propor ação popular.

Portanto, agiu corretamente o juiz que indeferiu a inicial e o Tribunal que manteve a decisão do Juízo *a quo*.

b) INCORRETA. A decisão do juiz de origem deve ser confirmada.

c) INCORRETA. A decisão do juiz de origem deve ser confirmada. Falta pressuposto processual para o desenvolvimento válido do processo.

d) INCORRETA. Quando do indeferimento da inicial cabe o recurso de apelação com direito ao retrato do magistrado. (Art. 331. Indeferida a petição inicial, o autor poderá apelar, facultado ao juiz, no prazo de 5 (cinco) dias, retratar-se. – Código de Processo Civil)

Resposta: Letra A

TJMG – 2009 – Questão n°92 Direito Administrativo/Controle da Administração Pública/Doutrina/Legislação/Jurisprudência

Antônio, Prefeito do Município "X", nomeou como Secretário de Saúde João, seu irmão e, por recomendação deste, nomeou seu primo, Tadeu, para exercer o cargo de Superintendente de Assistência Farmacêutica da Secretaria. Inconformado, o Ministério Público ajuizou ação judicial pretendendo liminarmente o afastamento dos ocupantes dos cargos em comissão. Em se considerando que ambos são cargos comissionados de recrutamento amplo, pergunta-se, segundo entendimento sumulado do STF, qual decisão caberá ao Juiz da causa?

a) Deferir a liminar para afastar somente Tadeu.

b) Indeferir integralmente a liminar.

c) Deferir a liminar para afastar somente João.

d) Deferir a liminar para afastar João e Tadeu.

Comentários

Temos que tomar cuidado com o alcance da Súmula Vinculante de n. 13.

1) Para o cargo de Secretário de Saúde não incide à vedação ao nepotismo por se tratar de cargo político. *(Conferir o "Vamos aprender mais um pouco")

Súmula Vinculante de n. 13 – A nomeação de cônjuge, companheiro ou parente em linha reta, colateral ou por afinidade, até o terceiro grau, inclusive, da autoridade nomeante ou de servidor da mesma pessoa jurídica investido em cargo de direção, chefia ou assessoramento, para o exercício de cargo em comissão ou de confiança ou, ainda, de função gratificada na administração pública direta e indireta em qualquer dos Poderes da União, dos Estados, do Distrito Federal e dos Municípios, compreendido o ajuste mediante designações recíprocas, viola a Constituição Federal.

"1. A jurisprudência do STF preconiza que, ressalvada situação de fraude à lei, **a nomeação de parentes para cargos públicos de natureza política não desrespeita o conteúdo normativo do enunciado da Súmula Vinculante 13.**" (RE 825682 AgR, Relator Ministro Teori Zavascki, Segunda Turma, julgamento em 10.2.2015, DJe de 2.3.2015)

Nomeação de irmão de governador de Estado. Cargo de secretário de Estado. Nepotismo. Súmula Vinculante 13. Inaplicabilidade ao caso. Cargo de natureza política. Agente político. (...) Impossibilidade de submissão do reclamante, secretário estadual de transporte, agente político, às hipóteses expressamente elencadas na Súmula Vinculante 13, por se tratar de cargo de natureza política. Existência de precedente do Plenário do Tribunal: RE 579.951/RN, rel. min. Ricardo Lewandowski, DJE de 12-9-2008. Ocorrência da fumaça do bom direito. [Rcl 6.650 MC-AgR, rel. min. Ellen Gracie, j. 16-10-2008, P, DJE de 21-11-2008.] = RE 825.682 AgR, rel. min. Teori Zavascki, j. 10-2-2015, 2ª T, DJE de 2-3-2015

2) Parente de quarto grau não é abarcado na vedação da súmula vinculante 13.

a) INCORRETA. Considerando que Tadeu é primo do prefeito, o grau de parentesco é de 4° grau e, portanto, não há óbice à nomeação, pois a súmula veda a nomeação de parentes até 3° grau, ressalvados os cargos de natureza política, cuja nomeação é admitida pela jurisprudência do STF.

b) CORRETA. Conforme o exposto na introdução da questão.

c) INCORRETA. João possui cargo político em primeiro escalão.

d) INCORRETA. Conforme A e C.

Vamos aprender mais um pouco? – Notícia – Segunda-feira, 15 de fevereiro de 2016:

> **Nomeação para cargo político não afasta aplicação da súmula sobre nepotismo**
>
> O ministro Luiz Fux, do Supremo Tribunal Federal (STF), determinou o prosseguimento de ação civil pública, por ato de improbidade administrativa, proposta pelo Ministério Público de São Paulo (MP-SP) contra o prefeito afastado da cidade de Campina do Monte Alegre (SP). Acusado da prática de nepotismo, Orlando Dozinete Aleixo nomeou o sobrinho para o cargo de secretário municipal de administração, planejamento e finanças, e o cunhado para o cargo de secretário municipal de segurança pública e trânsito.
>
> O ministro Fux lembrou que, nesses casos, a configuração ou não do nepotismo deve ser analisada caso a caso, a fim de verificar a eventual ocorrência de "nepotismo cruzado" ou outra modalidade de fraude à lei e descumprimento dos princípios administrativos. "Nessa seara, tem-se que a nomeação de agente para exercício de cargo na administração pública, em qualquer nível, fundada apenas e tão somente no grau de parentesco com a autoridade nomeante, sem levar em conta a capacidade técnica para o seu desempenho de forma eficiente, além de violar o interesse público, mostra-se contrária ao princípio republicano", asseverou.
>
> Citando precedentes como a RCL 17627 (de relatoria do ministro Luís Roberto Barroso), a RCL 11605 (do ministro Celso de Mello), **o ministro Fux enfatizou que**, quanto aos cargos políticos, deve-se analisar, ainda, se o agente nomeado possui a qualificação técnica necessária ao seu desempenho e se não há nada que desabone sua conduta. Acrescentou que a Proposta de Súmula Vinculante nº 56 do STF, a ser analisada pelo Plenário, tem a seguinte redação sugerida: "nenhuma autoridade pode nomear para cargo em comissão, designar para função de confiança, nem contratar cônjuge, companheiro ou parente seu, até terceiro grau, inclusive, nem servidores podem ser nomeados, designados ou contratados para cargos ou funções que guardem relação funcional de subordinação direta entre si, ou que sejam incompatíveis com a qualificação profissional do pretendente".
>
> *Resposta: Letra B*

TJMG – 2012 – Questão nº 96 Direito Administrativo/Controle da Administração Pública/Doutrina/Jurisprudência

Recentemente, o Supremo Tribunal Federal estabeleceu uma série de parâmetros para solução judicial dos casos concretos que envolvem o direito à saúde. Assinale a alternativa que apresenta corretamente um desses parâmetros.

a) O Poder Judiciário pode determinar o fornecimento de medicamento sem registro na ANVISA, desde que ordene o custeio pela União Federal, responsável pelo fornecimento de medicamentos estratégicos de alto custo.

b) A Constituição Federal consagra o direito público subjetivo a políticas públicas que promovam, protejam e recuperem o direito à saúde, de modo que os pacientes têm o direito a todo e qualquer medicamento ou procedimento.

c) A descentralização dos serviços da saúde no âmbito do SUS, com competências específicas para cada ente da Federação, afasta a possibilidade de responsabilidade solidária entre eles nas demandas judiciais com pedido de fornecimento de medicamentos.

d) Os Protocolos Clínicos e Diretrizes Terapêuticas do SUS podem ser questionados judicialmente, mas compete à parte autora comprovar a ineficácia ou impropriedade da política de saúde existente.

Comentários

Questão de grande complexidade. De forma excepcional, ao final, divulgamos uma matéria do sítio do Supremo Tribunal Federal sobre o tema.

a) INCORRETA. Em regra, é preciso o registro na ANVISA do medicamento. "(...) Não raro, busca-se no Poder Judiciário a condenação do Estado ao fornecimento de prestação de saúde não registrada na Agência Nacional de Vigilância Sanitária (ANVISA). Como ficou claro nos depoimentos prestados na Audiência Pública, é vedado à Administração Pública fornecer fármaco que não possua registro na ANVISA. A Lei Federal nº 6.360/76, ao dispor sobre a vigilância sanitária a que ficam sujeitos os Medicamentos, as drogas, os insumos farmacêuticos e correlatos, determina em seu artigo 12 que "nenhum dos produtos de que trata esta Lei, inclusive os importados, poderá ser industrializado, exposto à venda ou entregue ao consumo antes de registrado no Ministério da Saúde". O artigo 16 da referida Lei estabelece os requisitos para a obtenção do registro, entre eles, que o produto seja reconhecido como seguro e eficaz para o uso a que se propõe. O Art. 18 ainda determina que, em se tratando de medicamento de procedência estrangeira, deverá ser comprovada a existência de registro válido no país de origem. **O registro de medicamento, como lembrado pelo Procurador-Geral da República, é uma garantia à saúde pública.** E, como ressaltou o Diretor-Presidente da ANVISA, a agência, por força da lei de sua criação, também realiza a regulação econômica dos fármacos. Após verificar a eficácia, segurança e qualidade do produto e conceder o registro, a ANVISA passa a analisar a fixação do preço definido, levando em consideração o benefício clínico e o custo do tratamento. Havendo produto assemelhado, se o novo medicamento não trouxer benefício adicional, não poderá custar mais caro do que o medicamento já existente com a mesma indicação. **Por tudo isso, o registro na ANVISA mostra-se como condição necessária para atestar a segurança e o benefício do produto, sendo a primeira condição para que o Sistema Único de Saúde possa considerar sua incorporação.** (...) – (STA n. 175 – Voto, Min. Gilmar Mendes) "

E vale conferir: É inconstitucional a Lei nº 13.269/2016, que autorizou o uso da fosfoetanolamina sintética ("pílula do câncer) por pacientes diagnosticados com neoplasia maligna, mesmo sem que existam estudos conclusivos sobre os efeitos colaterais em seres humanos e mesmo sem que haja registro sanitário da substância perante a ANVISA. STF. Plenário. ADI 5501 MC/DF, Rel. Min. Marco Aurélio, julgado em 19/5/2016 (Info 826).

b) INCORRETA – Na STA (Suspensão de Tutela) de n. 175 o STF fixou alguns parâmetros para o acesso à saúde no qual restringiu o acesso a todo e qualquer medicamento ou procedimento não regulamentado.

c) INCORRETA – Conforme voto: "...Após refletir sobre as informações colhidas na Audiência Pública – Saúde e sobre a jurisprudência recente deste Tribunal, é possível afirmar que, em matéria de saúde pública, a responsabilidade dos entes da Federação deve ser efetivamente solidária. (STA n. 175 – Voto, Min. Gilmar Mendes) "

d) CORRETA – Conforme excerto do voto: (...) Quanto aos novos tratamentos (ainda não incorporados pelo SUS), é preciso que se tenha cuidado redobrado na apreciação da matéria. Como frisado pelos especialistas ouvidos na Audiência Pública, o conhecimento médico não é estanque, sua evolução é muito rápida e dificilmente suscetível de acompanhamento pela burocracia administrativa. Se, por um lado, a elaboração dos Protocolos Clínicos e das Diretrizes Terapêuticas privilegia a melhor distribuição de recursos públicos e a segurança dos pacientes, por outro a aprovação de novas indicações terapêuticas pode ser muito lenta e, assim, acabar por excluir o acesso de pacientes do SUS a tratamento há muito prestado pela iniciativa privada. Parece certo que a inexistência de Protocolo Clínico no SUS não pode significar violação ao princípio da integralidade do sistema, nem justificar a diferença entre as opções acessíveis aos usuários da rede pública e as disponíveis aos usuários da rede privada. Nesses casos, a omissão administrativa no tratamento de determinada patologia poderá ser objeto de impugnação judicial, tanto por ações individuais como coletivas. No entanto, **é imprescindível que haja instrução processual, com ampla produção de provas, o que** poderá configurar-se um obstáculo à concessão de medida cautelar." (STA 175-AgR, voto do Rel. Min. Presidente Gilmar Mendes, julgamento em 17-3-2010, Plenário, DJE de 30-4-2010.)

Vale acompanhar o debate atual sobre o tema medicamentos de alto custo5 (Ainda não julgado):

Pedido de vista adia julgamento sobre acesso a medicamentos de alto custo por via judicial

O ministro Teori Zavascki, do Supremo Tribunal Federal (STF), suspendeu o julgamento conjunto dos Recursos Extraordinários (REs) 566471 e 657718, retomado pelo Plenário do Tribunal nesta quarta-feira (28). Os recursos, que tiveram repercussão geral reconhecida, tratam do fornecimento de remédios de alto custo não disponíveis na lista do Sistema Único de Saúde (SUS) e de medicamentos não registrados na Agência Nacional de Vigilância Sanitária (Anvisa).

O relator, ministro Marco Aurélio, foi o único a votar na sessão do dia 15 de setembro, quando o julgamento da matéria teve início. Na ocasião, o ministro se manifestou no sentido de negar provimento aos dois recursos, por entender que nos casos de remédios de alto custo não disponíveis no sistema, o Estado pode ser obrigado a fornecê-los, desde que comprovadas a imprescindibilidade do medicamento e a incapacidade financeira do paciente e sua família para aquisição, e que o Estado não pode ser obrigado a fornecer fármacos não registrados na agência reguladora. Em seguida, a análise dos recursos foi suspensa por um pedido de vista do ministro Luís Roberto Barroso.

Na sessão de hoje, o ministro Marco Aurélio manteve o voto, mas o aditou, reformulando a tese inicialmente proposta, apresentando novo texto para análise pelo Plenário: "O reconhecimento do direito individual ao fornecimento, pelo Estado, de medicamento de alto custo, não incluído em Política Nacional de Medicamentos ou em Programa de Medicamentos de Dispensação em Caráter Excepcional, constante de rol dos aprovados, depende da demonstração da imprescindibilidade – adequação e necessidade –, da impossibilidade de substituição do fármaco e da incapacidade financeira do enfermo e da falta de espontaneidade dos membros da família solidária em custeá-lo, respeitadas as disposições sobre alimentos dos artigos 1.694 a 1.710 do Código Civil, e assegurado o direito de regresso".

Voto-vista

---

5. http://www.stf.jus.br/portal/cms/verNoticiaDetalhe.asp?idConteudo=326275

O ministro Luís Roberto Barroso apresentou o voto-vista na tarde de hoje. Segundo ele, a questão central de seu voto está relacionada à judicialização da matéria e avaliou ser necessário desjudicializar o debate sobre saúde no Brasil. Para o ministro, "o Poder Judiciário não é a instância adequada para a definição de políticas públicas de saúde", avaliou, ao entender que a justiça só deve interferir em situações extremas.

De acordo com ele, já existe um modelo instituído sobre o tema, que consiste na relação nacional de medicamentos, bem como no órgão técnico – Comissão Nacional de Incorporação de Tecnologias do SUS [Conitec], criada pela Lei 12.401/2011 – cujo papel é estudar quais medicamentos potencialmente podem entrar na lista e, por critérios técnicos de custo-benefício, incorporá-los ao sistema. Segundo o ministro, a Conitec é um órgão plural composto por 13 membros, incluindo representantes da Anvisa e do Conselho Nacional de Saúde.

Para Barroso, no caso de demanda judicial por medicamento incorporado pelo SUS não há dúvida quanto à obrigação de o Estado fornecê-lo ao requerente. "Em tais circunstâncias, a atuação do Judiciário volta-se apenas a efetivar as políticas públicas já formuladas no âmbito do SUS", disse o ministro, ao ressaltar que, nessa hipótese, deve-se exigir apenas a necessidade do remédio e a prévia tentativa da sua obtenção na via administrativa.

Quanto à hipótese de demanda judicial por medicamento não incorporado pelo SUS, inclusive aqueles que forem de alto custo, o ministro entende que o Estado não pode ser obrigado a fornecê-lo, como regra geral. "Não há sistema de saúde que possa resistir a um modelo em que todos os remédios, independentemente de seu custo e impacto financeiro, devam ser oferecidos pelo Estado a todas as pessoas", avaliou.

Assim, o ministro Luís Roberto Barroso propôs cinco requisitos cumulativos, que devem ser observados pelo Poder Judiciário para o deferimento de determinada prestação de saúde: "incapacidade financeira de arcar com o custo correspondente; demonstração de que a não incorporação do medicamento não resultou de decisão expressa dos órgãos competentes; inexistência de substituto terapêutico incorporado pelo SUS; comprovação de eficácia do medicamento pleiteado à luz da medicina baseada em evidências; propositura da demanda necessária em face da União, já que a responsabilidade pela decisão final sobre a incorporação ou não de medicamentos é exclusiva desse ente federativo".

Ele também destacou a necessidade de realização de diálogo entre o Poder Judiciário e entes ou pessoas com expertise técnica na área de saúde, como as câmaras e núcleos de apoio técnico, profissionais do SUS e Conitec. Tal diálogo, conforme o ministro, deverá ser exigido em um primeiro momento para verificar a presença dos requisitos de dispensação do medicamento. Em um segundo momento, no caso de deferimento judicial do fármaco, para determinar que os órgãos competentes – Conitec e o Ministério da Saúde – avaliem a possibilidade de sua incorporação no âmbito do SUS mediante manifestação fundamentada.

Dessa forma, o ministro Luís Roberto Barroso desproveu o RE 566471 – sobre fornecimento de remédios de alto custo não disponíveis na lista do Sistema Único de Saúde (SUS) – e formulou a seguinte tese de repercussão geral: "O Estado não pode ser obrigado por decisão judicial a fornecer medicamento não incorporado pelo SUS, independentemente de custo, salvo hipóteses excepcionais, em que preenchidos cinco requisitos".

Já em relação ao RE 657718 – fornecimento de medicamentos não registrados na Agência Nacional de Vigilância Sanitária (Anvisa) –, o ministro proveu parcialmente o recurso a fim de determinar o fornecimento do medicamento solicitado, tendo em vista que, no curso da ação, o remédio foi registrado perante a Anvisa e incorporado pelo SUS para dispensação gratuita. Em seu voto, o ministro considerou que, como regra geral, o Estado não pode ser obrigado a fornecer medicamentos não registrados na Anvisa por decisão judicial. "O registro na Anvisa constitui proteção à saúde pública, atestando a eficácia, segurança e qualidade dos fármacos comercializados no país, além de garantir o devido controle de preços", destacou.

Ele propôs a seguinte tese de repercussão geral: "O Estado não pode ser obrigado a fornecer medicamentos experimentais, sem eficácia e segurança comprovadas, em nenhuma hipótese. Já em relação a medicamentos não registrados na Anvisa, mas com comprovação de eficácia e segurança, o Estado somente pode ser obrigado a fornecê-los na hipótese de irrazoável mora da agência em apreciar o pedido de registro (prazo superior a 365 dias), quando preenchidos três requisitos: 1) a existência de pedido de registro do medicamento no Brasil; 2) a existência de registro do medicamento em renomadas agências de regulação no exterior; e 3) a inexistência de substituto terapêutico com registro no Brasil. As ações que demandem fornecimento de medicamentos sem registro na Anvisa deverão necessariamente ser propostas em face da União".

Em seguida, votou o ministro Edson Fachin pelo provimento parcial do RE 566471. Ele considerou que há direito subjetivo às políticas públicas de assistência à saúde, configurando-se violação a direito individual líquido e certo a sua omissão ou falha na prestação, quando injustificada a demora em sua implementação. De acordo com ele, "as tutelas de implementação (condenatórias) de dispensa de medicamento ou tratamento ainda não incorporado à rede pública devem ser – preferencialmente – pleiteadas em ações coletivas ou coletivizáveis, de forma a se conferir máxima eficácia ao comando de universalidade que rege o direito à saúde".

Portanto, o ministro Edson Fachin entende que a prestação individual deve ser excepcional, além de ressaltar que para tal implementação deve existir ampla produção de provas, na qual se demonstre que a opção diversa – disponibilizada pela rede pública – decorre de comprovada ineficácia ou impropriedade da política de saúde existente para determinado caso "e que, de outro lado, haja medicamento ou tratamento eficaz e seguro, com base nos critérios da medicina baseada em evidências".

Assim, o ministro propôs cinco parâmetros para que seja solicitado ao Poder Judiciário o fornecimento e custeio de medicamentos ou tratamentos de saúde. São eles: 1) necessária a demonstração de prévio requerimento administrativo junto à rede pública; 2) preferencial prescrição por médico ligado à rede pública; 3) preferencial designação do medicamento pela Denominação Comum Brasileira (DCB) e, em não havendo a DCB, a DCI (Denominação Comum Internacional); 4) justificativa da inadequação ou da inexistência de medicamento/tratamento dispensado na rede pública; 5) e, em caso de negativa de dispensa na rede pública, é necessária a realização de laudo médico indicando a necessidade do tratamento, seus efeitos, estudos da medicina baseada em evidências e vantagens para o paciente, além de comparar com eventuais fármacos fornecidos pelo SUS.

Quanto ao RE 657718 [medicamentos sem registro na Anvisa], o ministro Edson Fachin votou pelo total provimento do recurso para determinar, no caso concreto, o fornecimento imediato do medicamento solicitado, tendo em vista que durante o trâmite do processo tal remédio foi registrado e incluído no âmbito da política de assistência à saúde. Segundo ele, ao normatizar as regras de segurança, qualidade e eficácia, a Anvisa garante a participação de empresas e consumidores no mercado de medicamentos em condições mais equilibradas.

Em caso de controle da decisão regulatória, o ministro avaliou que o Poder Judiciário deve assumir uma "postura mais deferente" às escolhas técnicas ou democráticas, tomadas pelos órgãos competentes, "sem, contudo, deixar que a administração e as entidades regulatórias abstenham-se de prestar contas de sua atuação". "Em termos práticos, isso impõe ao Estado o dever de dar transparência às decisões tomadas pelas agências reguladoras e a transparência deve atingir a todos os que forem afetados pela decisão", completou.

DIREITO ADMINISTRATIVO

De modo geral, o ministro considerou que para que a garantia do direito à saúde seja materializada pelo Poder Judiciário devem ser observadas, de modo não cumulativo, algumas premissas: 1) controle de legalidade (não deve haver erro manifesto na aplicação da lei, nem pode existir abuso de poder); 2) controle da motivação (aferir se as razões do ato regulatório foram claramente indicadas, estão corretas e conduzem à conclusão a que chegou a administração pública); 3) controle da instrução probatória da política pública regulatória (exigir que a produção de provas, no âmbito regulatório, seja exaustiva, a ponto de enfrentar uma situação complexa); e 4) controle da resposta em tempo razoável (que impõe à agência o dever de decidir sobre a demanda regulatória que lhe é apresentada, no prazo mais expedito possível).

O ministro propôs a seguinte tese: "No âmbito da política de assistência à saúde, é possível ao Estado prever, como regra geral, a vedação da dispensação, do pagamento, do ressarcimento ou do reembolso de medicamento e produto, nacional ou importado, sem registro na Agência Nacional de Vigilância Sanitária – Anvisa".

Nos dois recursos, em obediência ao princípio da segurança jurídica, ele sugeriu a preservação dos efeitos das decisões judiciais – sobre a presente questão constitucional submetida à repercussão geral – as quais tenham sido esgotadas nas instâncias ordinárias, inclusive as que se encontram sobrestadas até a data deste julgamento.

Resposta: Letra D

***TJMG – 2012** – Questão nº 97 Direito Administrativo/Controle da Administração Pública/Legislação/*

A Câmara Municipal de Espírito Santo do Pontal, Minas Gerais, após instaurar e processar o prefeito local por quebra de decoro, deliberou, em votação secreta, por cinco votos a quatro, que a acusação era procedente e o afastou do cargo. Inconformado, o prefeito impetrou mandado de segurança, com pedido de liminar, perante o juízo da comarca, para que fosse imediatamente reconduzido ao cargo, ao fundamento de que não pode ser cassado porque a votação, além de secreta, não perfizera os dois terços exigidos pela lei. Em se admitindo que o concursando é o juiz local, assinale a alternativa que apresenta a decisão correta.

a) Deferir a liminar.
b) Indeferir a liminar.

c) Diferir a liminar.
d) Declinar da competência ou extinguir a ação.

> **Comentários**
>
> O Foro competente para o presente caso é o Tribunal de Justiça de Minas Gerais. Conforme Art. 106 da Constituição do Estado de Minas Gerais vaticina: Art. 106 – Compete ao Tribunal de Justiça, além das atribuições previstas nesta Constituição: I – processar e julgar originariamente, ressalvada a competência das justiças especializadas: c) o mandado de segurança contra ato do Governador do Estado, da Mesa e da Presidência da Assembleia Legislativa, do próprio Tribunal ou de seus órgãos diretivos e colegiados, de Juiz de Direito, nas causas de sua competência recursal, de Secretário de Estado, do Presidente do Tribunal de Contas, do Procurador-Geral de Justiça, do Advogado-Geral do Estado e contra ato da Presidência de Câmara Municipal ou de suas comissões, quando se tratar de processo de **perda de mandato de Prefeito**;
>
> *Resposta: Letra D*

TJMG – 2012 – Questão nº 100 Direito Administrativo/Controle da Administração Pública/Legislação/Doutrina/

Analise as afirmativas a seguir.

O Poder Judiciário pode exercer o controle dos atos administrativos, quer no que tange à conformidade dos elementos vinculados com a lei (controle de legalidade stricto sensu) quer no que toca à compatibilidade dos elementos discricionários com os princípios constitucionalmente expressos (controle da legalidade lato sensu), decretando sua nulidade, se necessário)

PORQUE

são elementos do ato administrativo o sujeito, a forma, o objeto, o motivo e a finalidade.

Assinale a alternativa correta.

a) A primeira afirmativa é falsa e a segunda é verdadeira.
b) A segunda afirmativa é falsa e a primeira é verdadeira.
c) As duas afirmativas são verdadeiras e a segunda justifica a primeira.
d) As duas afirmativas são verdadeiras, mas a segunda não justifica a primeira.

DIREITO ADMINISTRATIVO

> **Comentários**
>
> Primeira frase: Correta. Conforme o julgado: "...O controle jurisdicional dos atos administrativos abrange o exame da conformidade dos elementos vinculados dos atos administrativos com a lei (controle de legalidade stricto sensu) e da compatibilidade dos elementos discricionários com os princípios constitucionalmente expressos (controle da legalidade lato sensu), ressalvado o exame do mérito da atividade administrativa, que envolve a análise de oportunidade e conveniência do ato." REsp 1103633/MG
>
> Segunda Frase: Correta. São elementos do ato administrativo – 4717/1965 – Competência, objeto, motivo, finalidade, forma. Na doutrina de Rafael Oliveira, (2017, pg. 413): "O ato administrativo deve ser editado por agente público competente. O sujeito é elemento de todo e qualquer ato jurídico. No caso dos atos administrativos, o sujeito é o agente público que a legislação define como competente para o exercício de determinada função administrativa."
>
> Importante destacar os ensinamentos de Oliveira (2017, p. 251): "Alguns autores mencionam a 'competência' como elemento do ato administrativo. No entanto, preferimos o termo 'sujeito' ou 'agente' como elemento de existência do ato administrativo, uma vez que a competência é requisito de validade do ato. O ato praticado por sujeito incompetente existe, mas não é válido."
>
> Ambas são verdadeiras. Só que não possuem relação de justificação.
>
> **Resposta: Letra D**

***TJMG – 2014** – Questão n° 96 Direito Administrativo/Controle da Administração Pública/Doutrina/Jurisprudência*

O controle administrativo da administração pública tem dois pilares de sustentação.

Partindo-se dessa premissa, assinale a alternativa que define CORRETAMENTE o controle administrativo.

a) O controle é exercido mediante a observância do princípio da legalidade, que consiste no fato de que a função administrativa há de ser desenvolvida somente na conformidade com a lei, independentemente do estabelecimento das diretrizes traçadas pelo administrador.

b) O controle é exercido pelo administrador, com observância das diretrizes, metas, prioridades e planejamento por ele estabelecidos, independentemente do que a lei fixar.

c) O controle é exercido independente do que a lei ou as diretrizes, metas, prioridades e planejamento fixarem.

d) O controle é exercido com a observância dos pilares do princípio da legalidade e das políticas administrativas fixadas pelas diretrizes, metas, prioridades e planejamento, a fim de que a atividade administrativa possa desenvolver-se na forma mais eficiente e rápida possível.

Comentários

a) INCORRETA. As diretrizes traçadas pelo administrador ao lado do princípio da legalidade, também fazem parte do controle administrativo.
b) INCORRETA. O princípio da legalidade deve ser observado.
c) INCORRETA. O controle é baseado nos pilares da legalidade e das políticas públicas.
d) CORRETA. Como sabemos, os dois pilares de sustentação do controle administrativo são os **princípios da legalidade e das políticas públicas**. Segundo Jose dos Santos Carvalho Filho, (2017, p. 527): "O primeiro deles é o princípio da legalidade, reconhecidamente o mais importante em termos de função administrativa. Partindo-se da premissa de que esta função se desenvolve de forma subjacente à lei e que os agentes não têm aquela vontade livre que caracteriza os particulares em geral, perceber que tudo quanto se processe no âmbito da Administração Pública há de estar adstrito ao que a lei determina.

E complementa: O outro princípio de relevo é o das políticas administrativas, ou seja, o poder que tem a Administração de estabelecer suas diretrizes, suas metas, suas prioridades e seu planejamento para que a atividade administrativa seja desempenhada da forma mais eficiente e rápida possível. Neste ponto, não se pode perder de vista que o único alvo da atividade administrativa tem que ser o interesse público, e, sendo assim, é este mesmo interesse que estará a exigir o controle da Administração, não somente em sede de legalidade, mas também no que diz respeito aos objetivos a serem alcançados através da função de gerir os negócios da coletividade."

Resposta: Letra D

***TJMG – 2014** – Questão n° 97 Direito Administrativo/Controle da Administração Pública/Doutrina/*

O direito brasileiro adota o sistema da unidade de jurisdição.

Assinale a alternativa que apresenta a definição **CORRETA** da competência do judiciário brasileiro, quando provocado, no exame do controle dos atos da administração pública.

DIREITO ADMINISTRATIVO

a) Em razão do princípio constitucional que orienta que "a lei não excluirá da apreciação do Poder Judiciário lesão ou ameaça a direito" (Art. 5º, XXXV da CF/88), poderá o juiz examinar, além do aspecto legal do ato, também o mérito administrativo, sem que isso importe em ofensa à independência dos poderes.

b) No exercício do controle jurisdicional do ato administrativo, o juiz deve analisar os critérios de conveniência e oportunidade na sua realização.

c) No controle jurisdicional do ato administrativo, deve o juiz, além de examinar a motivação e a finalidade, decidir sobre o mérito administrativo.

d) O controle judicial dos atos da administração pública é exclusivamente o da legalidade, não podendo o juiz, em qualquer hipótese, adentrar o mérito administrativo, apreciando a conveniência e oportunidade do ato.

Comentários

(A, B, C) INCORRETAS. O Poder Judiciário não deve adentrar no mérito administrativo.

d) CORRETA. O Poder Judiciário **não pode substituir o Administrador Público. Em suma, só se faz o controle de juridicidade (legalidade) dos atos da administração pública, anulando-o se houver afronta a lei ou princípio.**

Segundo José dos Santos Carvalho Filho, (2017, p. 112): "O Judiciário, entretanto, não pode imiscuir-se nessa apreciação, sendo-lhe vedado exercer controle judicial sobre o mérito administrativo. Como bem aponta SEABRA FAGUNDES, com apoio em RANELLETTI, se pudesse o juiz fazê-lo, "faria obra de administrador, violando, dessarte, o princípio de separação e independência dos poderes". E está de todo acertado esse fundamento: se ao juiz cabe a função jurisdicional, na qual afere aspectos de legalidade, não se lhe pode permitir que proceda a um tipo de avaliação, peculiar à função administrativa e que, na verdade, decorre da própria lei. No mesmo sentido, várias decisões de Tribunais já foram proferidas."

E complementa, parágrafos depois:

O Supremo Tribunal Federal corrobora essa posição e, em hipótese na qual se discutia expulsão de estrangeiro, disse a Corte que se trata de ato discricionário de defesa do Estado, sendo de competência do Presidente da República, "a quem incumbe julgar a conveniência ou oportunidade da decretação da medida", e que "ao Judiciário compete tão somente a apreciação formal e a constatação da existência ou não de vícios de nulidade do ato expulsório, não o mérito da decisão presidencial".

Resposta: Letra D

29. MANDADO DE SEGURANÇA COLETIVO

TJMG – 2008 – *Questão nº 87 Direito Administrativo/Mandado de segurança coletivo/Prerrogativas e sujeições/Jurisprudência*

Confira as seguintes afirmativas e, a seguir, assinale a alternativa CORRETA.

I. A impetração de mandado de segurança coletivo por entidade de classe em favor dos associados independe da autorização destes.

II. A entidade de classe tem legitimação para o mandado de segurança ainda quando a pretensão veiculada interesse apenas a uma parte da respectiva categoria.

III. É competente o município para fixar o horário de funcionamento de estabelecimento comercial.

IV. Segundo a jurisprudência dominante no STF é inconstitucional toda modalidade de provimento que propicie ao servidor investir-se, sem prévia aprovação em concurso público destinado ao seu provimento, em cargo que não integra a carreira na qual anteriormente investido.

V. É inconstitucional a vinculação do reajuste de vencimentos de servidores estaduais ou municipais a índices federais de correção monetária.

a) Apenas I e V estão corretas.
b) Apenas II e III estão corretas.
c) Somente a IV está correta.
d) Todas estão corretas.

Comentários

Para resolver a presente questão devemos analisar algumas Súmulas do Supremo Tribunal Federal.

Afirmativa I: Correta. O mandado de segurança coletivo não depende de autorização dos associados, conforme espelha o teor da Súmula 629: A impetração de mandado de segurança coletivo por entidade de classe em favor dos associados independe da autorização destes e o art. 21 da Lei 12.016/09: O mandado de segurança coletivo pode ser impetrado por partido político com representação no Congresso Nacional, na defesa de seus interesses legítimos relativos a seus integrantes ou à finalidade partidária, ou por organização sindical, entidade de classe ou associação legalmente constituída e em funcionamento há, pelo menos, 1 (um) ano, em defesa de direitos líquidos e certos da totalidade, ou de parte, dos seus membros ou associados, na forma dos seus estatutos e desde que pertinentes às suas finalidades, *dispensada, para tanto, autorização especial.*

Afirmativa II: Correta. Espelha o teor da Súmula 630 A entidade de classe tem legitimação para o mandado de segurança ainda quando a pretensão veiculada interesse apenas a uma parte da respectiva categoria. Em recente julgado, o STF: *"Mandado de Segurança Coletivo – Legitimação de Associação de Classe – Direito de parte dos associados. O fato de haver o envolvimento de direito apenas de certa parte do quadro social não afasta a legitimação da associação, no que definida pelo estatuto."* (MS 25561, Relator Ministro Marco Aurélio, Tribunal Pleno, julgamento em 15.10.2014, DJe de 21.11.2014)

Afirmativa III: Correta, nos termos da Súmula Vinculante 38 e da súmula 645 do STF: É competente o Município para fixar o horário de funcionamento de estabelecimento comercial.

Afirmativa IV: Espelha o teor da Súmula Vinculante 43: É inconstitucional toda modalidade de provimento que propicie ao servidor investir-se, sem prévia aprovação em concurso público destinado ao seu provimento, em cargo que não integra a carreira na qual anteriormente investido, que já era tratada na Súmula 685 do STF.

Afirmativa V: Espelha o teor da Súmula Vinculante 42: É inconstitucional a vinculação do reajuste de vencimentos de servidores estaduais ou municipais a índices federais de correção monetária. Bem como, espelha o teor da Súmula 681: É inconstitucional a vinculação do reajuste de vencimentos de servidores estaduais ou municipais a índices federais de correção monetária.

Resposta: Letra D – Todas estão corretas.

TJMG – 2014 – *Questão nº 98 Direito Administrativo/Mandado de segurança coletivo/Ação civil pública e ação popular/Mandado de injunção/Ações coletivas/Habeas Data/Direito de petição/Doutrina/*

O controle judicial da administração pública é exercido por meios específicos e outros inespecíficos.

Assinale a alternativa que **RELATA COM FIDELIDADE**, os meios específicos de controle.

a) São meios específicos de controle da administração pública, o Mandado de Segurança, a Ação Popular, o Habeas Corpus, o Habeas Data, o Mandado de Injunção e a Ação Civil Pública.

b) O controle, além dos meios indicados na alternativa anterior, pode ainda ser exercido com o manejo da Ação Monitória.

c) O controle específico só pode ser exercido por meio do manejo das ações ordinárias cíveis, ações penais, interditos possessórios, a nunciação de obra nova e a consignação em pagamento, dentre outros.

d) É meio específico de controle da administração pública, o uso das ações cíveis em geral, utilizadas na defesa dos direitos que regem a atividade privada.

Comentários

Segundo ensinamentos de José dos Santos Carvalho Filho, (2017, p. 573), são meios específicos e meios inespecíficos do controle judicial:

"**Meios específicos** de controle judicial são aquelas ações que **exigem a presença** no processo das pessoas administrativas ou de seus agentes. Tais meios se caracterizam pelo fato de que foram instituídos visando exatamente à tutela de direitos individuais ou coletivos contra atos de autoridade, comissivos ou omissivos.

São meios específicos: o mandado de segurança, a ação popular, o habeas corpus, o habeas data e o mandado de injunção. Além desses cinco meios, temos a ação civil pública, que, apesar de nem sempre exigir a presença do Estado ou de alguma de suas autoridades, não deixa de ser uma forma específica de controle judicial da Administração.

Meios inespecíficos de controle judicial da Administração são os representados por aquelas ações judiciais de que todas as pessoas se podem socorrer, ou, em outras palavras, por aquelas ações que não exijam necessariamente a presença do Estado em qualquer dos polos da relação processual.

São exemplos de meios inespecíficos as ações ordinárias, a ação penal, os interditos possessórios, a nunciação de obra nova, a consignação em pagamento. Em todos esses casos, poderá dar-se o controle judicial sobre atos da Administração."

a) CORRETA. Das medidas mencionadas, todas **exigem a presença** no processo das pessoas administrativas ou de seus agentes e são meios específicos de controle judicial.

b) INCORRETA. A Ação Monitória não é meio para o controle da administração pública;

DIREITO ADMINISTRATIVO

c) INCORRETA. Tais ações **não** são meios de controle específicos da administração pública;

d) INCORRETA. As ações cíveis em geral não são meios de controle específico da administração pública.

Resposta: Letra A

TJMG – 2008 – *Questão nº 92 Direito Administrativo/Mandado de segurança coletivo/Legislação/Jurisprudência*

Analise as afirmativas abaixo acerca de Mandado de Segurança e, a seguir, marque a alternativa CORRETA.

1) não há condenação em honorários;

2) não são admissíveis embargos infringentes;

3) não pode ser impetrado contra ato judicial do qual caiba recurso com efeito suspensivo;

4) admite-se a interposição de agravo de instrumento contra as decisões interlocutórias;

5) não se admite o litisconsórcio unitário.

a) 1, 3, 4
b) 1, 3, 5
c) 1, 2, 4
d) 2, 3, 5

Comentários

Afirmativa 1: Correta

STF, Súmula 512: "Não cabe condenação em honorários de advogado na ação de mandado de segurança."

STJ, Súmula 105: " Na ação de mandado de segurança não se admite condenação em honorários advocatícios."

Afirmativa 2: Correta – Destaca-se que, *o CPC/15 não trouxe previsão dos embargos infringentes.*

STF, Súmula 294: "São inadmissíveis embargos infringentes contra decisão do Supremo Tribunal Federal em mandado de segurança."

STJ, Súmula 169: " São inadmissíveis embargos infringentes no processo de mandado de segurança."

Lei 12.019/09, art. 25: Não cabem, no processo de mandado de segurança, a interposição de embargos infringentes e a condenação ao pagamento dos honorários advocatícios, sem prejuízo da aplicação de sanções no caso de litigância de má-fé. "

Afirmativa 3: Incorreto

Cabe mandado de segurança contra ato judicial do qual não caiba recurso com efeito suspensivo, conforme interpretação a contrário sensu da **Lei 12.016/09** e da **Súmula 267 do STF**:

Art. 5º Não se concederá mandado de segurança quando se tratar:

I – de ato do qual caiba recurso administrativo com efeito suspensivo, independentemente de caução;

II – de decisão judicial da qual caiba recurso com efeito suspensivo;

III – de decisão judicial transitada em julgado.

Súmula 267 do STF: "Não cabe mandado de segurança contra ato judicial passível de recurso ou correição."

Afirmativa 4: CORRETA. Art. 7º, § 1º da Lei 12.016/09 – § 1° Da decisão do juiz de primeiro grau que conceder ou denegar a liminar caberá agravo de instrumento, observado o disposto na Lei n. 5.869, de 11 de janeiro de 1973 – Código de Processo Civil.

Alternativa 5: Súmula 145 do extinto TFR: "Extingue-se o processo de mandado de segurança, se o autor não promover, no prazo assinado, a citação do litisconsorte necessário."

Resposta: Letra C – Corretas 1, 2 e 4.

30. AÇÃO CIVIL PÚBLICA E AÇÃO POPULAR

TJMG – 2008 *– Questão nº 96 Direito Administrativo/Ação civil pública e ação popular/Legislação/Doutrina/*

O tráfico de animais silvestres é, hoje, o terceiro de maior relevância, após o de drogas e o de armas. A Polícia Militar de Minas Gerais (Polícia de Meio Ambiente) realizou recentemente a operação "Senhor dos Anéis", na qual apreendeu centenas de pássaros da fauna silvestre. Além do procedimento criminal adequado, o Ministério Público ajuizou ação civil pública requerendo, contra os infratores processados, a fixação de indenização.

A respeito desse tipo de indenização, marque a opção CORRETA.

a) é arbitrada pelo Poder Judiciário.
b) é fixada em Tabela do IBAMA.
c) é estipulada pelo próprio Ministério Público, segundo a sua planilha de cálculos.
d) é fixada, por delegação do Estado, pelo IEF (Instituto Estadual de Florestas).

Comentários

a) CORRETA. Com base no princípio da inafastabilidade do poder judiciário, cabe a ele julgar e arbitrar os valores a serem indenizados em Ação Civil Pública.

b) INCORRETA. A indenização será arbitrada em curso de Ação Civil Pública, que é julgada pelo Poder Judiciário.

c) INCORRETA. O Ministério Público poderá fazer requerimentos na Ação Civil Pública e apresentar os cálculos. No entanto, cabe ao Poder Judiciário arbitrar o seu quantum;

d) INCORRETA. Inexiste tal possibilidade. Cabe ao Poder Judiciário julgar e arbitrar os valores a serem indenizados em Ação Civil Pública.

Resposta: Letra A

TJMG – 2014 – *Questão nº 98 Direito Administrativo/Mandado de segurança coletivo/Ação civil pública e ação popular/Mandado de injunção/Ações coletivas./Habeas Data./Direito de petição/Doutrina/*

O controle judicial da administração pública é exercido por meios específicos e outros inespecíficos.

Assinale a alternativa que **RELATA COM FIDELIDADE**, os meios específicos de controle.

a) São meios específicos de controle da administração pública, o Mandado de Segurança, a Ação Popular, o Habeas Corpus, o Habeas Data, o Mandado de Injunção e a Ação Civil Pública.

b) O controle, além dos meios indicados na alternativa anterior, pode ainda ser exercido com o manejo da Ação Monitória.

c) O controle específico só pode ser exercido por meio do manejo das ações ordinárias cíveis, ações penais, interditos possessórios, a nunciação de obra nova e a consignação em pagamento, dentre outros.

d) É meio específico de controle da administração pública, o uso das ações cíveis em geral, utilizadas na defesa dos direitos que regem a atividade privada.

Comentários

Segundo ensinamentos de José dos Santos Carvalho Filho, (2017, p. 573), são meios específicos e meios inespecíficos do controle judicial, conforme obra do sempre genial:

"**Meios específicos** de controle judicial são aquelas ações que **exigem a presença** no processo das pessoas administrativas ou de seus agentes. Tais meios se caracterizam pelo fato de que foram instituídos visando exatamente à tutela de direitos individuais ou coletivos contra atos de autoridade, comissivos ou omissivos.

São meios específicos: o mandado de segurança, a ação popular, o habeas corpus, o habeas data e o mandado de injunção. Além desses cinco meios, temos a ação civil pública, que, apesar de nem sempre exigir a presença do Estado ou de alguma de suas autoridades, não deixa de ser uma forma específica de controle judicial da Administração.

Meios inespecíficos de controle judicial da Administração são os representados por aquelas ações judiciais de que todas as pessoas se podem socorrer, ou, em outras palavras, por aquelas ações que não exijam necessariamente a presença do Estado em qualquer dos polos da relação processual.

São exemplos de meios inespecíficos as ações ordinárias, a ação penal, os interditos possessórios, a nunciação de obra nova, a consignação em pagamento. Em todos esses casos, poderá dar-se o controle judicial sobre atos da Administração."

a) CORRETA. Das medidas mencionadas, todas **exigem a presença** no processo das pessoas administrativas ou de seus agentes e são meios específicos de controle judicial.

b) INCORRETA. A Ação Monitória não é meio para o controle da administração pública;

c) INCORRETA. Tais ações **não** são meios de controle específicos da administração pública;

d) INCORRETA. As ações cíveis em geral não são meios de controle específico da administração pública.

Resposta: Letra A

31. RECLAMAÇÃO AO SUPREMO TRIBUNAL FEDERAL
32. MANDADO DE INJUNÇÃO

TJMG – 2014 – *Questão nº 98 Direito Administrativo/Mandado de segurança coletivo/Ação civil pública e ação popular/Mandado de injunção/Ações coletivas./Habeas Data./Direito de petição/Doutrina/*

O controle judicial da administração pública é exercido por meios específicos e outros inespecíficos.

Assinale a alternativa que **RELATA COM FIDELIDADE**, os meios específicos de controle.

a) São meios específicos de controle da administração pública, o Mandado de Segurança, a Ação Popular, o Habeas Corpus, o Habeas Data, o Mandado de Injunção e a Ação Civil Pública.

b) O controle, além dos meios indicados na alternativa anterior, pode ainda ser exercido com o manejo da Ação Monitória.

c) O controle específico só pode ser exercido por meio do manejo das ações ordinárias cíveis, ações penais, interditos possessórios, a nunciação de obra nova e a consignação em pagamento, dentre outros.

d) É meio específico de controle da administração pública, o uso das ações cíveis em geral, utilizadas na defesa dos direitos que regem a atividade privada.

Comentários

Segundo ensinamentos de José dos Santos Carvalho Filho, (2017, p. 573), são meios específicos e meios inespecíficos do controle judicial: **"Meios específicos** de controle judicial são aquelas ações que **exigem a presença** no processo das pessoas administrativas ou de seus agentes. Tais meios se caracterizam pelo fato de que foram instituídos visando exatamente à tutela de direitos individuais ou coletivos contra atos de autoridade, comissivos ou omissivos.

São meios específicos: o mandado de segurança, a ação popular, o habeas corpus, o habeas data e o mandado de injunção. Além desses cinco meios, temos a ação civil pública, que, apesar de nem sempre exigir a presença do Estado ou de alguma de suas autoridades, não deixa de ser uma forma específica de controle judicial da Administração.

Meios inespecíficos de controle judicial da Administração são os representados por aquelas ações judiciais de que todas as pessoas se podem socorrer, ou, em outras palavras, por aquelas ações que não exijam necessariamente a presença do Estado em qualquer dos polos da relação processual.

São exemplos de meios inespecíficos as ações ordinárias, a ação penal, os interditos possessórios, a nunciação de obra nova, a consignação em pagamento. Em todos esses casos, poderá dar-se o controle judicial sobre atos da Administração."

a) CORRETA. Das medidas mencionadas, todas **exigem a presença** no processo das pessoas administrativas ou de seus agentes e são meios específicos de controle judicial.

b) INCORRETA. A Ação Monitória não é meio para o controle da administração pública;

c) INCORRETA. Tais ações **não** são meios de controle específicos da administração pública;

d) INCORRETA. As ações cíveis em geral não são meios de controle específico da administração pública.

Resposta: Letra A

33. AÇÕES COLETIVAS

TJMG – 2008 – *Questão n° 91 Direito Administrativo/Direito de petição/Ações coletivas/Doutrina/Jurisprudência*

Marque a opção CORRETA.

a) Segundo orientação já pacificada no TJMG o mandado de segurança não pode ser utilizado como meio para a obtenção de remédios pelo SUS.

b) Precedentes majoritários do TJMG afirmam a existência de solidariedade entre a União, Estado e Município para o fornecimento de remédios pelo SUS.

c) A solidariedade para o fornecimento de medicamentos existe apenas entre Estado e Município.

d)   O Judiciário, além dos remédios existentes na Farmácia Popular, só pode autorizar o fornecimento de remédios não constantes dos protocolos.

Comentários

a) INCORRETA. O Mandado de Segurança é largamente utilizado neste tipo de demanda. Sobre o tema: Cuida-se de saber se pessoa portadora de doença crônica tem direito líquido e certo a obter do Estado, gratuitamente, medicamentos de alto custo, quando não atende requisitos previstos no Protocolo Clínico e Diretrizes Terapêuticas do Ministério da Saúde (RMS 24.197-PR, Rel. Min. Luiz Fux, julgado em 4/5/2010).

b) CORRETA. O Supremo Tribunal Federal reafirmou jurisprudência sobre **a responsabilidade solidária** dos entes federados no dever de prestar assistência à saúde. A decisão foi tomada na análise do Recurso Extraordinário (RE) 855178, de relatoria do ministro Luiz Fux, que teve repercussão geral reconhecida, por meio do Plenário Virtual: Direito à saúde. Tratamento médico. Responsabilidade solidária dos entes federados. Repercussão geral reconhecida. Reafirmação de jurisprudência. O tratamento médico adequado aos necessitados se insere no rol dos deveres do Estado, **porquanto responsabilidade solidária dos entes federados**. O polo passivo pode ser composto por qualquer um deles, isoladamente, ou conjuntamente. [RE 855.178 RG, rel. min. Luiz Fux, j. 5-3-2015, P, DJE de 16-3-2015, Tema 793.]

c) INCORRETA. Vide alternativa B

d) INCORRETA. O acesso ao judiciário é amplo. O Poder judiciário pode autorizar, em regra, o fornecimento de remédios com base em protocolos do SUS ou aprovados pela Anvisa. Existe repercussão geral reconhecida (566.471 e 657.718). O tema é polêmico e conflituoso. Vale conhecer os processos em curso e a Suspensão de Tutela Antecipada (STA) de n. 175.

Neste sentido: Direito à saúde. Portador de doença grave. Determinação para que o Estado forneça fraldas descartáveis. Possibilidade. Caracterização da necessidade. (...) O Poder Judiciário, em situações excepcionais, pode determinar que a administração pública adote medidas concretas, assecuratórias de direitos constitucionalmente reconhecidos como essenciais, como é o caso da saúde. A Corte de origem consignou ser necessária a aquisição das fraldas descartáveis, em razão da condição de saúde do agravado e da impossibilidade de seu representante legal de fazê-lo às suas expensas. [RE 668.722 AgR, rel. min. Dias Toffoli, j. 27-8-2014, 1ª T, DJE de 25-10-2014.] Vide RE 271.286 AgR, rel. min. Celso de Mello, j. 12-9-2000, 2ª T, DJ de 24-11-2000

Resposta: Letra B

34. HABEAS DATA

35. DIREITO DE PETIÇÃO

TJMG – 2008 – *Questão nº 91 Direito Administrativo/Direito de petição/Ações coletivas/Doutrina/Jurisprudência*

Marque a opção CORRETA.

a) Segundo orientação já pacificada no TJMG o mandado de segurança não pode ser utilizado como meio para a obtenção de remédios pelo SUS.

b) Precedentes majoritários do TJMG afirmam a existência de solidariedade entre a União, Estado e Município para o fornecimento de remédios pelo SUS.

c) A solidariedade para o fornecimento de medicamentos existe apenas entre Estado e Município.

d) O Judiciário, além dos remédios existentes na Farmácia Popular, só pode autorizar o fornecimento de remédios não constantes dos protocolos.

Comentários

a) INCORRETA. O Mandado de Segurança é largamente utilizado neste tipo de demanda. Sobre o tema: Cuida-se de saber se pessoa portadora de doença crônica tem direito líquido e certo a obter do Estado, gratuitamente, medicamentos de alto custo, quando não atende requisitos previstos no Protocolo Clínico e Diretrizes Terapêuticas do Ministério da Saúde (RMS 24.197-PR, Rel. Min. Luiz Fux, julgado em 4/5/2010).

b) CORRETA. O Supremo Tribunal Federal reafirmou jurisprudência sobre **a responsabilidade solidária** dos entes federados no dever de prestar assistência à saúde. A decisão foi tomada na análise do Recurso Extraordinário (RE) 855178, de relatoria do ministro Luiz Fux, que teve repercussão geral reconhecida, por meio do Plenário Virtual: Direito à saúde. Tratamento médico. Responsabilidade solidária dos entes federados. Repercussão geral reconhecida. Reafirmação de jurisprudência. O tratamento médico adequado aos necessitados se insere no rol dos deveres do Estado, **porquanto responsabilidade solidária dos entes federados**. O polo passivo pode ser composto por qualquer um deles, isoladamente ou conjuntamente. [RE 855.178 RG, rel. min. Luiz Fux, j. 5-3-2015, P, DJE de 16-3-2015, Tema 793.]

c) INCORRETA. Vide alternativa B

d) INCORRETA. O acesso ao judiciário é amplo. O Poder judiciário pode autorizar, em regra, o fornecimento de remédios com base em protocolos do SUS ou aprovados pela Anvisa. Existe repercussão geral reconhecida (566.471 e 657.718). O tema é polêmico e conflituoso. Vale conhecer os processos em curso e a Suspensão de Tutela Antecipada (STA) de n. 175.

Neste sentido: Direito à saúde. Portador de doença grave. Determinação para que o Estado forneça fraldas descartáveis. Possibilidade. Caracterização da necessidade. (...) O Poder Judiciário, em situações excepcionais, pode determinar que a administração pública adote medidas concretas, assecuratórias de direitos constitucionalmente reconhecidos como essenciais, como é o caso da saúde. A Corte de origem consignou ser necessária a aquisição das fraldas descartáveis, em razão da condição de saúde do agravado e da impossibilidade de seu representante legal de fazê-lo às suas expensas. [RE 668.722 AgR, rel. min. Dias Toffoli, j. 27-8-2014, 1ª T, DJE de 25-10-2014.] Vide RE 271.286 AgR, rel. min. Celso de Mello, j. 12-9-2000, 2ª T, DJ de 24-11-2000

Resposta: Letra B

36. CONTRATOS ADMINISTRATIVOS

TJMG – 2007 – *Questão nº 97 Direito Administrativo/Contratos administrativos/Legislação/*

São cláusulas necessárias de todo contrato administrativo, **exceto**

a) a que menciona a legislação aplicável à sua execução.

b) a que estabelece vinculação ao respectivo edital de licitação.

c) a que regula as hipóteses de rescisão.

d) a que especifica as garantias de sua plena execução.

Comentários

a) CORRETA. Lei 8.666/90, art. 55, XII, são cláusulas necessárias em todo contrato as que estabeleçam a legislação aplicável à execução do contrato e especialmente aos casos omissos;

b) CORRETA. Lei 8.666/90, art. 55, XI – São cláusulas necessárias em todo contrato as que estabeleçam a vinculação ao edital de licitação ou ao termo que a dispensou ou a inexigiu, ao convite e à proposta do licitante vencedor;

c) CORRETA. Lei 8.666/90, art. 55, – VIII, São cláusulas necessárias em todo contrato as que estabeleçam os casos de rescisão;

d) INCORRETA. Nos contratos administrativos as garantias somente são cláusulas necessárias, quando exigidas, conforme artigo 55, VI da Lei 8.666/90, art. 55, VI.

Resposta: Letra D

TJMG – 2009 – *Questão nº 90 Direito Administrativo/Contratação direta (Lei 8.666, de 21.06.1993)/Doutrina/Legislação*

Tendo em vista a Lei de Licitações, é **CORRETO** afirmar:

a) Sempre que o valor estimado para uma licitação ou para um conjunto de licitações simultâneas ou sucessivas for superior a 100 (cem) vezes o limite previsto na Lei n. 8.666, de 1993, para a realização de concorrência (R$ 1.500.000,00), é obrigatória a realização de audiência pública.

b) Os serviços técnicos enumerados no art. 13 da Lei n. 8.666, de 1993, são exemplificativos e não taxativos.

c) A Lei n. 8.666, de 1993, permite a participação de empresa em consórcio nas licitações, podendo, inclusive, a empresa consorciada participar, no mesmo certame, isoladamente.

d) Serviços de publicidade e divulgação somente poderão ser contratados diretamente se os profissionais se enquadrarem na definição legal de notória especialização.

Comentários

a) CORRETA. Segundo os Professores ERICK ALVES e HERBERT ALMEIDA, pg. 61, 2017, nos ensina: "A Audiência Pública antes da publicação do edital **é obrigatória** nas chamadas licitações de "imenso vulto", que são aquelas com valores estimados superiores a R$ 150 milhões. **Imenso vulto** = 100 x R$ 1,5 milhão = Cento e cinquenta milhões (cf. Art. 39 da lei 8.666/93) " e completam: Não confundir com as licitações de "grande vulto" que, segundo o art. 6°, V da Lei 8.666/93, são aquelas com valores estimados superiores a 25 x R$ 1,5 milhão, ou seja, superiores a R$ 37,5 milhões (ver art. 6°, inciso V."

DIREITO ADMINISTRATIVO

Vale conhecer o texto legal: Art. 39, Lei 8.666/93: Sempre que o valor estimado para uma licitação ou para um conjunto de licitações simultâneas ou sucessivas for superior a 100 (cem) vezes o limite previsto no art. 23, inciso I, alínea "c" desta Lei, o processo licitatório será iniciado, obrigatoriamente, com uma audiência pública concedida pela autoridade responsável com antecedência mínima de 15 (quinze) dias úteis da data prevista para a publicação do edital, e divulgada, com a antecedência mínima de 10 (dez) dias úteis de sua realização, pelos mesmos meios previstos para a publicidade da licitação, à qual terão acesso e direito a todas as informações pertinentes e a se manifestar todos os interessados. Parágrafo único. Para os fins deste artigo, consideram-se licitações simultâneas aquelas com objetos similares e com realização prevista para intervalos não superiores a trinta dias e licitações sucessivas aquelas em que, também com objetos similares, o edital subsequente tenha uma data anterior a cento e vinte dias após o término do contrato resultante da licitação antecedente. (Redação dada pela Lei nº 8.883, de 1994)

b) INCORRETA. A doutrina majoritária considera que o rol do art. 13 da lei 8.666/93 é exaustiva ou taxativa. (Lei 8.666/93 – Apostila Atualizada e Esquematizada (obra citada), Prof. ERICK ALVES e HERBERT ALMEIDA).

c) INCORRETA. Segundo o texto legal do Art. 33 da Lei 8.666/93, quando permitida na licitação a participação de empresas em consórcio, observar-se-ão as seguintes normas: IV – impedimento de participação de empresa consorciada, na mesma licitação, através de mais de um consórcio ou isoladamente;

d) INCORRETA. Para os serviços de publicidade e divulgação deve ser, obrigatoriamente, observada a realização do procedimento licitatório, conforme disposto no art. 2º da lei 8.666/93: As obras, serviços, inclusive de publicidade, compras, alienações, concessões, permissões e locações da Administração Pública, quando contratadas com terceiros, serão necessariamente precedidas de licitação, ressalvadas as hipóteses previstas nesta Lei. Para tais serviços, a lei veda expressamente a inexigibilidade de licitação, nos termos do artigo 25, II: É inexigível a licitação quando houver inviabilidade de competição, em especial: II – para a contratação de serviços técnicos enumerados no art. 13 desta Lei, de natureza singular, com profissionais ou empresas de notória especialização, **vedada a inexigibilidade para serviços de publicidade e divulgação;**

Resposta: Letra A

TJMG – 2009 – *Questão n° 91 Direito Administrativo/Contratos administrativos/Jurisprudência*

Segundo a jurisprudência do STJ, são requisitos para aplicação da teoria da encampação no mandado de segurança, *exceto*:

a) manifestação a respeito do mérito nas informações prestadas.

b) ausência de modificação de competência estabelecida na Constituição Federal.

c) o ato impugnado no mandado de segurança ter sido expedido por servidor público ocupante de cargo efetivo.

d) existência de vínculo hierárquico entre a autoridade que prestou as informações e a que ordenou a prática do ato impugnado.

Comentários

A, B, D) CORRETAS, conforme a jurisprudência:

A aplicação da teoria da encampação, que mitiga a indicação errônea da autoridade coatora em mandado de segurança, tem lugar quando presentes os seguintes requisitos: a) **há vínculo hierárquico** entre a autoridade impetrada que prestou as informações e aquela que determinou a prática do ato. Ex: Governador e Secretário Estadual; b) **a autoridade impetrada, em suas informações, manifestou-se sobre o mérito do mandado de segurança**; e c) **se o MS for julgado não haverá modificação na competência constitucionalmente estabelecida.** Ex: o MS foi impetrado contra o Governador, mas o ato era do Secretário de Estado. Pela Constituição Estadual, o TJ é competente para julgar tanto MS tanto no caso de Governador como no de Secretário. STJ. 1ª Turma. AgInt no RMS 42.563/MG, Rel. Min. Regina Helena Costa, julgado em 23/05/2017.

c) INCORRETA. Inexiste tal requisito.

Resposta: Letra C

37. CONTRATAÇÃO DIRETA (LEI 8.666, DE 21.06.1993)

TJMG – 2007 – *Questão n° 96 Direito Administrativo/Contratação direta (Lei 8.666, de 21.06.1993) /Legislação/*

NÃO constitui modalidade de licitação:

a) concurso.

b) proposta.
c) convite.
d) leilão.

> **Comentários**
>
> Segundo o art. 22 da lei 8666/90: São modalidades de licitação: I – concorrência; II – tomada de preços; III – convite; IV – concurso; V – leilão.
>
> **Resposta: Letra B**

TJMG – 2008 – *Questão nº 97 Direito Administrativo/Contratação direta (Lei 8.666, de 21.06.1993) /Legislação/Doutrina/Jurisprudência*

Dentre as modalidades de diferenciação em favor das microempresas (ME) ou das empresas de pequeno porte (EPP), a lei estabeleceu que, participando elas de qualquer licitação pública:

a) o empate ficto só existe em favor de Cooperativas.
b) a fase de habilitação jurídica da empresa só será exigida na assinatura do contrato.
c) ocorre o empate entre os participantes quando as propostas respectivas sejam rigorosamente iguais.
d) existe, em seu favor, o empate ficto.

> **Comentários**
>
> a) INCORRETA. Em obediência ao artigo art. 179 da CR/88, que reconhece a necessidade de tratamento jurídico diferenciado às Microempresas e Empresas de Pequeno Porte, a Lei Complementar 123/06 prevê na seara da licitação, o empate ficto. Conforme o Art. 44 da Lei Complementar 123/2006: § 1º **Entende-se por empate** aquelas situações em que as propostas apresentadas pelas microempresas e empresas de pequeno porte sejam iguais ou até 10% (dez por cento) superiores à proposta mais bem classificada. § 2º Na modalidade de pregão, o intervalo percentual estabelecido no § 1º deste artigo será de até 5% (cinco por cento) superior ao melhor preço.
>
> Assim, no caso da questão, o empate ficto é um benefício/faculdade que as MEs e EPPs possuem num certame licitatório de apresentar uma

nova proposta, após o encerramento da disputa, caso a proposta destas estejam nos limites definidos no art. 44.

b) INCORRETA. A regularidade fiscal e trabalhista (Conforme Lei Complementar n. 155 de 2016), é que será exigida para efeito de assinatura do contrato.

Art. 42. Nas licitações públicas, a comprovação de regularidade fiscal e trabalhista das microempresas e das empresas de pequeno porte somente será exigida para efeito de assinatura do contrato. (Redação dada pela Lei Complementar nº 155, de 2016).

c) INCORRETA. Art. 44, § 1° e § 2°. da Lei Complementar de n. 123/2006.

d) CORRETA. Existe o Empate ficto em favor das microempresas (ME) ou das empresas de pequeno porte (EPP), conforme o Art. 44 § 1°. e § 2°. da Lei Complementar 123/2006. Vide explicações à alternativa A.

Resposta: Letra D

TJMG – 2012 – *Questão nº 91 Direito Administrativo/Contratação direta (Lei 8.666/93) /Legislação/Doutrina/*

1. Com relação ao Sistema de Registro de Preços, assinale a alternativa correta. *(ADAPTADA)*

a) É uma modalidade de licitação que a Administração pode adotar para compras rotineiras de bens padronizados.

b) Admite-se o chamado "efeito carona", segundo o qual a Ata de Registro de Preços, durante sua vigência, pode ser utilizada por qualquer órgão ou entidade da Administração que não tenha participado do certame licitatório. (Era a alternativa correta pelo art. 8° do antigo decreto)

c) Os preços registrados serão sempre selecionados por meio da modalidade concorrência, não se admitindo a modalidade pregão nessa hipótese.

d) A existência de preços registrados obriga a Administração a contratar, sob pena de o beneficiário do preço fazer *jus* à indenização.

Comentários

Questão desatualizada. Todavia, como o assunto é de suma importância, preferimos responder.

DIREITO ADMINISTRATIVO

Entende-se por Registro de Preços, o conjunto de procedimentos para registro formal de preços relativos à prestação de serviços e aquisição de bens, para contratações futuras (art. 2º. I do Decreto 7892/2014);

O festejado Professor Rafael Oliveira, (2017, pg. 522), afirma: "O Sistema de Registro de Preços (SRP) pode ser definido como procedimento administrativo por meio do qual a Administração Pública seleciona as propostas mais vantajosas, mediante concorrência ou pregão, que ficarão registradas perante a autoridade estatal para futuras e eventuais contratações"

Já para José dos Santos Carvalho Filho, (2017, pg. 151): Outra diretriz e o registro de preços (art. 15, II, Estatuto), necessário para a obtenção de certa uniformidade e regularidade na aquisição dos bens. Por tal motivo, urge que haja atualização periódica no sistema de registro, bem como ampla pesquisa de mercado (art. 15, § 1º, Estatuto). Segundo tal método, o vencedor da licitação (concorrência) firma ata de registro de preços, pela qual se compromete a fornecer, em determinado prazo, não superior a um ano, o objeto licitado conforme as necessidades da Administração. Esta não assume obrigação imediata para com o fornecedor; se ela o desejar, convoca o fornecedor para aquisição paulatina, celebrando tantos contratos quantos sejam necessários para atender a suas necessidades. Tal método, entre outras vantagens, dispensa a previsão exata do que vai ser consumido e facilita o controle de estoque e o de qualidade dos produtos. Qualquer dos entes federativos pode adotar o sistema, cabendo-lhes, todavia, estabelecer sua própria regulamentação, embora não necessariamente por decreto, como consta equivocadamente do art. 15, § 3º, do Estatuto."

Está previsto no art. 15, II, da lei 8.666/90 e regulamentado pelo Decreto de n. 7892/2014

a) INCORRETA. O Sistema de Registro de Preços (SRP) não é uma modalidade de licitação, e sim um procedimento ou método.

b) CORRETA*. Na ocasião do concurso de 2012, o tema era regulado pelo decreto 3.931/2001: Art. 8º A Ata de Registro de Preços, durante sua vigência, poderá ser utilizada por qualquer órgão ou entidade da Administração que não tenha participado do certame licitatório, mediante prévia consulta ao órgão gerenciador, desde que devidamente comprovada a vantagem. Atualmente, o Decreto 7892/2014 dispõe que a utilização da ata de registro de preços, durante a sua vigência, depende de anuência do órgão gerenciador, nos termos do art. 22: Art. 22. Desde que devidamente justificada a vantagem, a ata de registro de preços, durante sua vigência, poderá ser utilizada por qualquer órgão ou entidade da administração pública federal que não tenha participado do certame licitatório, **mediante anuência do órgão gerenciador**.

PREPARANDO PARA CONCURSOS - JUIZ ESTADUAL - TJ-MG

c) INCORRETA. Conforme o Decreto 7.892/2014 – Art. 7°: A licitação para registro de preços será realizada na modalidade de **concorrência**, do tipo menor preço, nos termos da Lei n° 8.666, de 1993, ou na modalidade de **pregão,** nos termos da Lei n° 10.520, de 2002, e será precedida de ampla pesquisa de mercado.

d) INCORRETA. A existência de preços registrados **não obriga** a Administração a firmar contratações que deles poderão advir. Aos beneficiários do registro assegura-se tão somente a preferência em igualdade de condições (art. 15, § 4°, da Lei 8.666/93). Com o advento do Decreto 7892/2014, o tema passou a ser regulado da seguinte maneira: art. 16: A existência de preços registrados **não** obriga a administração a contratar, facultando-se a realização de licitação específica para a aquisição pretendida, assegurada preferência ao fornecedor registrado em igualdade de condições.

Resposta: Letra B (*Gabarito desatualizado)

TJMG – 2012 – *Questão n° 94 Direito Administrativo/Contratação direta (Lei 8.666, de 21.06.1993) /Legislação/Doutrina/Jurisprudência*

Assinale a alternativa que apresenta informação *incorreta*.

a) É possível a contratação de escritório de advocacia por dispensa de licitação.

b) Os delegatários dos serviços notariais e de registro submetem-se à aposentadoria compulsória.

c) É garantido o contraditório e a ampla defesa nos processos perante o Tribunal de Contas quando da decisão puder resultar anulação ou revogação de ato administrativo que beneficie o interessado, excetuada a apreciação da legalidade do ato e concessão inicial de aposentadoria, reforma e pensão.

d) A falta de defesa técnica por advogado no processo administrativo disciplinar não ofende as garantias constitucionais.

Comentários

a) *CORRETA* Tema polêmico submetido à Repercussão Geral (ADC 45 e vale conferir também o Recurso Extraordinário de n. 656.558). **Todavia,** seria o caso de inexigibilidade de licitação e não de dispensa como menciona o enunciado.

Vale lembrar que o examinador possui dois fundamentos para "salvar" essa alternativa. 1) o termo utilizado na questão já foi também utilizado no REsp 1192332 que autorizou tal contratação; 2) o examinador utilizou do termo dispensa de forma genérica.

Da Lei 8.666/93 temos: Art. 25. É inexigível a licitação quando houver inviabilidade de competição, em especial: II – para a contratação de serviços técnicos enumerados no art. 13 desta Lei, de natureza singular, com profissionais ou empresas de notória especialização, vedada a inexigibilidade para serviços de publicidade e divulgação; e,

Art. 13. Para os fins desta Lei, consideram-se serviços técnicos profissionais especializados os trabalhos relativos a: V – patrocínio ou defesa de causas judiciais ou administrativas;

Também é Súmula do Conselho Pleno da OAB: "ADVOGADO. CONTRATAÇÃO. ADMINISTRAÇÃO PÚBLICA. INEXIGIBILIDADE DE LICITAÇÃO. Atendidos os requisitos do inciso II do art. 25 da Lei n. 8.666/93, e inexigível procedimento licitatório para contratação de serviços advocatícios pela Administração Pública, dada a singularidade da atividade, a notória especialização e a inviabilização objetiva de competição, sendo inaplicável à espécie o disposto no art. 89 (in totum) do referido diploma legal." (Súmula n. 4 – COP).

b) *INCORRETA Os delegatários não se submetem, em regra, à aposentadoria compulsória. Lei 8935/1994 – Regulamenta o art. 236 da Constituição Federal, dispondo sobre serviços notariais e de registro. (Lei dos cartórios)

Art. 39. Extinguir-se-á a delegação a notário ou a oficial de registro por: I – morte; II – aposentadoria facultativa; III – invalidez; IV – renúncia; V – perda, nos termos do art. 35. VI – Descumprimento, comprovado, da gratuidade estabelecida na Lei n. 9.534, de 10 de dezembro de 1997. (Inciso incluído pela Lei nº 9.812, de 10.8.1999) § 1º Dar-se-á aposentadoria facultativa ou por invalidez nos termos da legislação previdenciária federal.

Vale lembrar da exceção: "Aplica-se a aposentadoria compulsória aos notários e registradores que completaram 70 anos antes de promulgada a EC 20/98" (Informativo 716, STF)."

c) CORRETA Tema de Súmula Vinculante de n. 3: Nos processos perante o Tribunal de Contas da União asseguram-se o contraditório e a ampla defesa quando da decisão puder resultar anulação ou revogação de ato administrativo que beneficie o interessado, excetuada a apreciação da legalidade do ato de concessão inicial de aposentadoria, reforma e pensão.

d) CORRETA Tema tratado pela Súmula Vinculante de n. 5: A falta de defesa técnica por advogado no processo administrativo disciplinar não ofende a Constituição.

Resposta: Letra B – Em regra os notários não se submetem à aposentadoria compulsória.

38. ORDEM DE SERVIÇOS

39. ORGANIZAÇÕES SOCIAIS DA SOCIEDADE CIVIL DE INTERESSE PÚBLICO

TJMG – 2009 – *Questão n° 98 Direito Administrativo/Organizações sociais da sociedade civil de interesse público/Doutrina/*

As organizações sociais, assim qualificadas determinadas pessoas jurídicas de direito privado, sem fins lucrativos, compõem o aparato do Estado, podendo tanto integrar a administração direta quanto a indireta porque foram criadas no direito para auxiliar a atuação do setor público, viabilizando o fomento e a execução de atividades relativas às áreas especificadas pelo legislador.

Reflita sobre as afirmativas acima e assinale a alternativa CORRETA.

a) A primeira é verdadeira e a segunda justifica a primeira.

b) A segunda é falsa e a primeira é verdadeira.

c) A primeira é falsa e a segunda é verdadeira.

d) A primeira é verdadeira, mas a segunda não justifica a primeira.

Comentários

As Organizações Sociais são pessoas jurídicas de direito privado que **não integram a administração direta do Estado (primeira afirmativa errada).** Conforme ensina Ricardo Alexandre e João de Deus, (2017, pg. 77): "As organizações sociais, também conhecidas pela sigla OS, não constituem uma nova categoria de pessoas jurídicas. Trata-se apenas de uma qualificação (um título jurídico) outorgada pelo poder público às **pessoas jurídicas de direito privado, sem fins lucrativos,** que atendam os requisitos previstos na lei. Em razão da obtenção desse título de organização social, essas

> pessoas jurídicas se credenciam a firmar um contrato de gestão com o poder público e, a partir daí, em regime de parceria, passarem a prestar serviços sociais não exclusivos do Estado, nas áreas de ensino, pesquisa científica, desenvolvimento tecnológico, proteção e preservação do meio ambiente, cultura e saúde."
>
> O art. 1°. da Lei 9.637/98 dispõe que: O Poder Executivo poderá qualificar como organizações sociais pessoas jurídicas de direito privado, sem fins lucrativos, cujas atividades sejam dirigidas ao ensino, à pesquisa científica, ao desenvolvimento tecnológico, à proteção e preservação do meio ambiente, à cultura e à saúde, atendidos aos requisitos previstos nesta Lei.
>
> *Resposta: Letra C*

40. ORGANIZAÇÕES NÃO GOVERNAMENTAIS

41. AGENTES PÚBLICOS: CLASSIFICAÇÃO E ESPÉCIES DE VÍNCULOS COM O ESTADO

TJMG – 2007 – *Questão n° 95 Direito Administrativo/Agentes públicos: classificação e espécies de vínculos com o Estado./Doutrina*

NÃO se enquadra no conceito de agente público:

a) a sociedade empresária privada em colaboração com o poder público.
b) o militar.
c) o jurado.
d) o servidor público.

Comentários

Agente público é **toda e qualquer pessoa física** que **exerce função pública**, **não** importando o **vínculo**, ou se vai haver **remuneração ou não**, ou se há **vínculo formal ou não, nem o tempo**.

Logo, não pode uma sociedade empresária se enquadrar no conceito de agente público.

Resposta: Letra A

TJMG – 2009 – *Questão nº 86 Direito Administrativo/Agentes públicos: classificação e espécies de vínculos com o Estado/Legislação/Doutrina/Jurisprudência*

À luz das disposições constitucionais sobre servidores públicos, e CORRETO afirmar:

a) A primeira investidura em cargo ou emprego público depende de aprovação prévia em concurso público de provas ou de provas e títulos, de acordo com a natureza e a complexidade do cargo ou emprego, na forma prevista em lei.

b) Segundo o entendimento atual do STF, o direito de greve dos servidores públicos é norma de eficácia plena, independendo, portanto, de lei infraconstitucional regulamentadora.

c) As funções de confiança, destinadas às atribuições de direção, chefia e assessoramento, são exercidas exclusivamente por titulares de cargo efetivo.

d) A jurisprudência atual do STJ é sumulada no sentido de que a aprovação de candidato em concurso público gera direito subjetivo à nomeação, e não somente expectativa de direito.

Comentários

a) **INCORRETA.** Existem cargos que não precedem da aprovação prévia em concurso público. Como por exemplo, os cargos em comissão e os temporários, conforme preceitua o Art. 37, II da Constituição Federal: a investidura em cargo ou emprego público depende de aprovação prévia em concurso público de provas ou de provas e títulos, de acordo com a natureza e a complexidade do cargo ou emprego, na forma prevista em lei, **ressalvadas as nomeações para cargo em comissão** declarado em lei de livre nomeação e exoneração;

b) **INCORRETA.** Direito de greve de servidor público é norma de eficácia limitada; já o direito de greve do empregado público (CLT) é de eficácia contida, no entendimento de alguns doutrinadores. Segundo Ricardo Alexandre e João de Deus, (2017, pg. 168): "O direito de greve dos servidores públicos civis estatutários, conforme previsto na Constituição Federal, se afigura como norma de eficácia limitada, ou seja, depende da edição de lei regulamentadora para que possa ser exercitado. Essa lei, no entanto, até hoje não foi editada". [...] Já em relação ao direito de greve dos trabalhadores da iniciativa privada previsto no art. 9º. da Constituição Federal a situação é outra, pois se trata de norma constitucional de eficácia contida, que foi disciplinada pela Lei 7.783/1989."

c) **CORRETA.** Nos termos do art. 37 CF/88 – V – as funções de confiança, exercidas exclusivamente por servidores ocupantes de cargo efetivo, e os cargos em comissão, a serem preenchidos por servidores de carreira nos casos, condições e percentuais mínimos previstos em lei, destinam-se apenas às atribuições de direção, chefia e assessoramento;

d) INCORRETA. A jurisprudência atual confere ao candidato o direito subjetivo à nomeação, **desde que o candidato esteja dentro do número de vagas**. No entanto, a matéria ainda não é sumulada.

O Prof. Márcio Cavalcante[6] ensina sobre o teor da Súmula 15-STF: Dentro do prazo de validade do concurso, o candidato aprovado tem o direito à nomeação, quando o cargo for preenchido **sem observância da classificação**. Ressalte-se que, atualmente, o candidato aprovado dentro do número de vagas possui direito subjetivo de ser nomeado e empossado dentro do período de validade do certame. Na época em que essa súmula foi editada (1963), havia mera expectativa de direito.

E, como o assunto é de grande interesse do futuro magistrado, destaca-se o ensinamento primoroso do Prof. José dos Santos Carvalho Filho, (2017, pg. 419): "**Se o edital do concurso previu determinado número de vagas, a Administração fica vinculada a seu provimento, em virtude da presumida necessidade para o desempenho das respectivas funções**. Assim, deve assegurar-se a todos os aprovados dentro do referido número de vagas direito subjetivo à nomeação. Sendo assim, a falta de nomeação é que deve constituir exceção, cabendo ao órgão público comprovar, de forma fundamentada, a sua omissão. Somente com tal orientação poderá impedir-se o arbítrio da Administração, ao mesmo tempo em que com ela poderá respeitar-se, com impessoalidade, a ordem classificatória advinda do concurso público, obstando-se a que os aprovados fiquem à mercê dos caprichos e humores dos dirigentes administrativos.

O STF endossou esse entendimento, o que é digno de aplausos. Segundo a Corte, o direito subjetivo à nomeação dentro do número de vagas previstas no edital integra o princípio da segurança jurídica, não mais se admitindo injustificada omissão por parte da Administração. E mais: não pode a Administração atribuir vagas a novos concursados, em detrimento de aprovados em certame anterior. A recusa em nomear candidatos aprovados só se caracteriza como lícita – aduziu a Corte – em virtude de situação excepcional, passível de expressa fundamentação do órgão administrativo. Deste modo, caso o candidato tenha sido aprovado fora do número de vagas, não terá, em princípio, direito à nomeação. Entretanto, se houve desistência de candidato aprovado dentro do número de vagas, aquele

---

6. CAVALCANTE, Márcio André Lopes. Súmula 15-STF. Buscador Dizer o Direito, Manaus.

aprovado fora destas passa a adquirir o direito à nomeação, obedecida, naturalmente, a ordem de classificação.

Em outra vertente, já se decidiu que o candidato aprovado dentro do número de vagas não tem direito à nomeação quando o edital dispuser que essas serão efetuadas na medida das disponibilidades orçamentárias. Surgindo vagas novas no prazo de validade do concurso, o aprovado fora das vagas oferecidas não tem direito à nomeação no caso de não haver disponibilidade orçamentária. Contrariamente, terá o direito desde que o edital ofereça, além das vagas iniciais, outras que surgirem durante o prazo de validade do concurso. E, se o edital não menciona o número de vagas, pelo menos o candidato classificado em primeiro lugar tem direito à nomeação; os candidatos subsequentes também podem pleitear o direito, comprovando a existência de outros cargos vagos. Tais decisões, como se observa, modificam o tradicional e anacrônico pensamento de discricionariedade administrativa para tal fim – situação que rendeu ensejo a numerosos abusos.

Após muita polêmica sobre o assunto, o STF decidiu que o direito subjetivo do candidato aprovado em concurso público deve ser assegurado: a) quando a aprovação ocorrer dentro do número de vagas previsto no edital; b) quando houver preterição na nomeação em virtude da inobservância da ordem de classificação; c) quando surgirem novas vagas, ou for aberto novo concurso durante a validade do anterior, e suceder a preterição arbitrária e imotivada de candidatos pela Administração. Assim, o só fato da criação de novas vagas não garante a nomeação, e isso porque poderão acontecer fatos administrativos que desaconselhem a nomeação de modo responsável."

Resposta: Letra C

TJMG – 2009 – *Questão nº 88 Direito Administrativo/Agentes públicos: classificação e espécies de vínculos com o Estado/Legislação/Doutrina*

Analise as alternativas abaixo e assinale aquela que está em consonância com as normas alusivas ao direito administrativo, positivadas no texto constitucional:

a) A vitaliciedade impede a extinção do cargo.

b) A vedação constitucional de acumulação de cargos no serviço público incide mesmo quando um dos cargos não for remunerado.

c) A exoneração possui caráter punitivo e pode ser efetivada de ofício.

DIREITO ADMINISTRATIVO

d) A vedação de acumulação se estende a empregos e funções em autarquias, fundações, empresas públicas, sociedades de economia mista, suas subsidiárias e sociedades controladas, direta ou indiretamente, pelo poder público.

Comentários

a) **INCORRETA.** A SÚMULA 11 do STF, dispõe que: A vitaliciedade **não impede** a extinção do cargo, ficando o funcionário em disponibilidade, garantidos todos os vencimentos. (Destaque não original). Destaca-se que, os cargos vitalícios oferecem a maior garantia de permanência e segurança a seus ocupantes. Somente por meio de processo judicial, em regra, podem os titulares perder seus cargos. Magistrados, Promotores e membros dos Tribunais de Contas possuem vitaliciedade quando completam alguns requisitos estabelecidos na própria Constituição Federal.

b) INCORRETA. A vedação de acumulação de cargos apenas incide quando os cargos forem remunerados, conforme o texto do Art. 37, XVI – é vedada a acumulação remunerada de cargos públicos, exceto, quando houver compatibilidade de horários, observado em qualquer caso o disposto no inciso XI (que trata do teto da remuneração e do subsídio).

c) INCORRETA. Demissão e exoneração não são sinônimos. Enquanto a demissão se constitui como uma punição decorrente do cometimento de ilícitos administrativos, a exoneração se caracteriza como um simples desligamento de vínculos entre Administração e servidor. A exoneração é procedimento que ocorre a pedido do servidor público ou de ofício, sem aplicação de sanção por penalidade.

Vale conferir: artigo 34 da Lei 8.112/90:

Art. 34. A exoneração de cargo efetivo dar-se-á a pedido do servidor, ou de ofício.

Parágrafo único. A exoneração de ofício dar-se-á:

I – quando não satisfeitas as condições do estágio probatório;

II – quando, tendo tomado posse, o servidor não entrar em exercício no prazo estabelecido.

E o art. 127 da mesma lei, Art. 127. São penalidades disciplinares: III – demissão;

d) CORRETA. Conforme o art. 37, XVII – a proibição de acumular estende-se a empregos e funções e abrange autarquias, fundações, empresas

> públicas, sociedades de economia mista, suas subsidiárias, e sociedades controladas, direta ou indiretamente, pelo poder público.
>
> *Resposta: Letra D*

TJMG – 2014 – *Questão nº 99 Direito Administrativo/Agentes públicos: classificação e espécies de vínculos com o Estado/Legislação/Doutrina/*

Os agentes públicos exercem uma função pública como preposto do Estado.

Sobre o conceito de agente público, assinale a alternativa CORRETA.

a) Agentes públicos são aqueles que, em decorrência de um vínculo funcional, exercem o poder do Estado.

b) Agentes públicos são aqueles que, por meio de um mandato eletivo, representam o Estado no exercício da administração pública.

c) Agentes públicos são todos os que, ainda que transitoriamente, com ou sem remuneração, por eleição, nomeação, designação, contratação ou qualquer forma de investidura ou vínculo, exercem mandato, cargo, emprego ou função nas entidades de direito público.

d) Agentes públicos são aqueles que, em decorrência de ingresso no serviço público por meio de concurso, detêm função pública que os legitimam na representação do Estado para a prática dos atos da administração.

Comentários

Com base nas lições de Rafael Oliveira: Agente Público é toda e qualquer pessoa física que exerce função pública, não importando o vínculo (se formal ou não), se vai haver remuneração ou não, nem o tempo (se há relação precária ou duradora).

a) INCORRETA. O vínculo funcional não é necessário para caracterizar o agente público;

b) INCORRETA. Os detentores de mandato eletivo são agentes políticos (espécie de agente público).

c) CORRETA. Conforme o art. 2º da Lei 8429/92: Reputa-se agente público, para os efeitos desta lei, todo aquele que exerce, ainda que transitoriamente ou sem remuneração, por eleição, nomeação, designação, contratação ou qualquer outra forma de investidura ou vínculo, mandato, cargo, emprego ou função nas entidades mencionadas no artigo anterior. (Lei 8429/92 – Improbidade Administrativa)

d) INCORRETA. O conceito **não abrange** somente os que ingressam por meio de concurso público.

Resposta: Alternativa C

42. SISTEMA DE REMUNERAÇÃO. VENCIMENTOS E SUBSÍDIOS. VEDAÇÕES. FIXAÇÃO, ALTERAÇÃO E LIMITES

TJMG – 2009 *– Questão nº 87 Direito Administrativo/Sistema de remuneração. Vencimentos e subsídios. Vedações. Fixação, alteração e limites/Legislação/Doutrina*

Em se considerando o sistema remuneratório dos servidores públicos, é **CORRETO** afirmar:

a) A fixação de vencimentos dos servidores públicos pode ser objeto de convenção coletiva.

b) Segundo a Constituição Federal de 1988, os Procuradores Municipais devem ser remunerados obrigatoriamente por meio de subsídios.

c) Vencimento é a retribuição pecuniária pelo exercício do cargo, incluídas as vantagens pecuniárias.

d) O teto remuneratório aplica-se às empresas públicas e às sociedades de economia mista, e suas subsidiárias, que receberem recursos da União, Estados, Distrito Federal e Municípios, para pagamento de despesas de pessoal ou custeio em geral.

Comentários

a) **INCORRETA.** Os vencimentos devem ser fixados por lei, conforme determina o art. 37, da CR/88: X – a remuneração dos servidores públicos e o subsídio de que trata o § 4º do art. 39 somente poderão ser fixados ou alterados por lei específica, observada a iniciativa privativa em cada caso, assegurada revisão geral anual, sempre na mesma data e sem distinção de índices; e artigo 40 da Lei 8.112/90: Vencimento é a retribuição pecuniária pelo exercício de cargo público, com valor fixado em lei.

b) **INCORRETA.** Subsídio é o sistema em que o agente é remunerado por meio de parcela única, vedado o acréscimo de qualquer vantagem pecuniária. Art. 39, § . 4 da CF. Não existe tal obrigatoriedade no texto

Constitucional. Por meio de lei, pode-se atribuir ao Procurador Municipal a aplicação do sistema do subsídio, conforme Art. 39, § . 8º da CF.

Vale lembrar alguns parágrafos do Art. 39 da Constituição Federal:

§ 4º O membro de Poder, o detentor de mandato eletivo, os Ministros de Estado e os Secretários Estaduais e Municipais serão remunerados exclusivamente por subsídio fixado em parcela única, vedado o acréscimo de qualquer gratificação, adicional, abono, prêmio, verba de representação ou outra espécie remuneratória, obedecido, em qualquer caso, o disposto no art. 37, X e XI.

§ 5º Lei da União, dos Estados, do Distrito Federal e dos Municípios poderá estabelecer a relação entre a maior e a menor remuneração dos servidores públicos, obedecido, em qualquer caso, o disposto no art. 37, XI.

§ 6º Os Poderes Executivo, Legislativo e Judiciário publicarão anualmente os valores do subsídio e da remuneração dos cargos e empregos público.

§ 7º Lei da União, dos Estados, do Distrito Federal e dos Municípios disciplinará a aplicação de recursos orçamentários provenientes da economia com despesas correntes em cada órgão, autarquia e fundação, para aplicação no desenvolvimento de programas de qualidade e produtividade, treinamento e desenvolvimento, modernização, reaparelhamento e racionalização do serviço público, inclusive sob a forma de adicional ou prêmio de produtividade.

§ 8º A remuneração dos servidores públicos organizados em carreira poderá ser fixada nos termos do § 4º.

c) INCORRETA. Vencimento é a retribuição pecuniária que o servidor público recebe pelo exercício de seu cargo. Lei 8.112, Art. 41 – Remuneração é o vencimento do cargo efetivo, acrescido das vantagens pecuniárias permanentes estabelecidas em lei.

d) CORRETA. Para a aplicação do teto remuneratório Constitucional, pouco importa se a empresa estatal é prestadora de serviço público ou exploradora de atividade. O que se deve verificar é se ela recebe **repasse de recursos públicos** para **pagamento de pessoal** ou para **custeio em geral**.

Constituição Federal, Art. 37, § 9º – O disposto no inciso XI aplica-se às empresas públicas e às sociedades de economia mista, e suas subsidiárias, que receberem recursos da União, dos Estados, do Distrito Federal ou dos Municípios para pagamento de despesas de pessoal ou de custeio em geral. (Incluído pela Emenda Constitucional nº 19, de 1998)

Resposta: Letra D

DIREITO ADMINISTRATIVO

TJMG – 2012 – *Questão nº 92 Direito Administrativo/Agentes públicos: classificação e espécies de vínculos com o Estado/Legislação/Doutrina/*

Analise as afirmações a seguir.

I. Maria, servidora estável, reingressou no serviço público após ter sido colocada em disponibilidade em decorrência da extinção do cargo que ocupava.

II. João, servidor aposentado por invalidez, retornou à ativa após ser constatada pela perícia medica a insubsistência dos motivos que levaram à sua aposentadoria.

III. Manuel, policial militar, retornou à corporação após a Administração ter constatado a ilegalidade do ato que o demitiu.

IV. Alice, reprovada no estágio probatório do cargo para o qual foi nomeada, voltou a ocupar cargo que antes titularizava.

Os nomes dessas hipóteses de provimento derivado apresentadas são, correta e respectivamente,

a) (I) transposição; (II) readmissão; (III) reintegração; (IV) recondução.
b) (I) reversão; (II) aproveitamento; (III) recondução; (IV) reintegração.
c) (I) aproveitamento; (II) reversão; (III) reintegração; (IV) recondução.
d) (I) readmissão; (II) reversão; (III) reintegração; (IV) aproveitamento.

Comentários

Vamos analisar as preposições:

I) APROVEITAMENTO: em linhas gerais é o retorno ao serviço do servidor público estável que estava em disponibilidade

Lei 8.112/90, Art. 30) O retorno à atividade de servidor em disponibilidade far-se-á mediante aproveitamento obrigatório em cargo de atribuições e vencimentos compatíveis com o anteriormente ocupado.

II) REVERSÃO: Retorno do aposentado à atividade

Lei 8.112/90, Art. 25) Reversão é o retorno à atividade de servidor aposentado por invalidez ou no interesse da administração desde que: tenha solicitado a reversão; a aposentadoria tenha sido voluntária; estável quando na atividade; a aposentadoria tenha ocorrido nos 5 anos anteriores à solicitação; haja cargo vago.

III) REINTEGRAÇÃO = desfazimento (administrativo ou judicial) de decisão que demitiu o servidor público estável.

> Lei 8.112/90, Art. 28 Reintegração é a reinvestidura do servidor estável no cargo anteriormente ocupado, ou no cargo resultante de sua transformação, quando invalidada a sua demissão por decisão administrativa ou judicial, com ressarcimento de todas as vantagens.
>
> IV) RECONDUÇÃO = retorno do servidor estável ao cargo anterior em razão de **(1)** reintegração do ocupante original do cargo ou **(2)** inabilitação em estágio probatório.
>
> Lei 8.112/90, Art. 29 Recondução é o retorno do servidor estável ao cargo anteriormente ocupado e decorrerá de inabilitação em estágio probatório relativo a outro cargo e de reintegração do anterior ocupante.
>
> Uma dica (que pode não funcionar sempre): Eu aproveito o disponível; Reintegro o demitido; Readapto o incapacitado; Reverto o aposentado; Reconduzo o inabilitado e o ocupante do cargo do reintegrado!!!
>
> *Resposta: Letra C*

43. REGIME CONSTITUCIONAL DO SERVIDOR PÚBLICO

TJMG – 2008 – *Questão n° 88 Direito Administrativo/Regime constitucional do servidor público/Legislação/Jurisprudência*

O limite de idade para inscrição em concurso público só se legitima em face do art. 7°, XXX, da Constituição Federal, quando possa ser justificado pela natureza das atribuições do cargo a ser preenchido.

Essa afirmativa permite concluir que:

a) a instituição do limite de idade é ato que constitui discriminação vedada.

b) o limite de idade só pode ser estabelecido em determinadas circunstâncias fáticas.

c) as atribuições do cargo são aferíveis ad libitum.

d) a afirmativa contida no enunciado não está correta.

> *Comentários*
>
> a) INCORRETA. O limite de idade pode existir quando possa ser justificado pela natureza das atribuições, conforme – Súmula 683 do STF.
>
> b) CORRETA. Nos termos da SÚMULA 683 do STF – O limite de idade para a inscrição em concurso público só se legitima em face do art. 7°, XXX,

da Constituição, quando possa ser justificado pela natureza das atribuições do cargo a ser preenchido.

Recentemente, o STF enfrentou o tema no informativo 791: *O limite de idade, quando regularmente fixado em lei e no edital de determinado concurso púbico, há de ser comprovado no momento da inscrição no certame.* STF 1ª. Turma ARE 840592/CE, Min. Roberto Barroso, julgado em 23/06/2015.

c) INCORRETA. As atribuições do cargo estão previstas em lei ou na estrutura organizacional dos servidores públicos, conforme – Art. 3º. e Art. 5 § 1º. Todos da lei 8.112/1990. Importante destacar que *ad libitum* significa "à vontade", "a bel-prazer"

d) INCORRETA. Conforme súmula 683 do STF.

Resposta: Letra B

TJMG – 2009 – *Questão nº 89 Direito Administrativo/Regime constitucional do servidor público/Doutrina/Legislação/Jurisprudência*

E possível afirmar que o regime jurídico dos servidores públicos **não** admite:

a) efetividade com estabilidade.

b) efetividade sem estabilidade.

c) estabilidade sem efetividade.

d) as três hipóteses são admitidas.

Comentários

Para não confundir o candidato, vamos analisar quais hipóteses admitem e se há alguma que não admite o regime jurídico dos servidores na presente questão:

a) ADMITE. O servidor pode ser efetivo e estável.

A efetividade é a situação jurídica daquele que ocupa cargo de provimento efetivo.

A estabilidade é a garantia constitucional de permanência no serviço público outorgada ao servidor que, nomeado por concurso público para cargo de provimento efetivo, tenha transposto o período de estágio probatório e aprovado numa avaliação especial de desempenho (CF, art. 41 e seu § 4º). João de Deus e Ricardo Alexandre (2017, pg. 170).

b) ADMITE. A efetividade e a estabilidade são institutos jurídicos distintos, sendo que a natureza de um não pode ser confundida com a de outro.

Enquanto que a efetividade representa o modo de preenchimento do cargo que contempla esta natureza por pressupor a permanência e continuidade do servidor no exercício das suas atribuições, a estabilidade é a garantia de o servidor efetivo permanecer no serviço público após três anos de efetivo exercício em cargo de provimento efetivo, nos termos do art. 41 da Constituição Federal, só podendo ser dele afastado se configurada uma das hipóteses prevista no art. 41, § 1º.

c) ADMITE. É possível a estabilidade sem efetividade. Art. 19 do ADCT: Os servidores públicos civis da União, dos Estados, do Distrito Federal e dos Municípios, da administração direta, autárquica e das fundações públicas, em exercício na data da promulgação da Constituição, há pelo menos cinco anos continuados, e que não tenham sido admitidos na forma regulada no art. 37, da Constituição, são considerados estáveis no serviço público. Também é válido conhecer da jurisprudência abaixo.

"Não há que confundir efetividade com estabilidade. Aquela é atributo do cargo, designando o funcionário desde o instante da nomeação; a estabilidade é aderência, é integração no serviço público, depois de preenchidas determinadas condições fixadas em lei, e adquirida pelo decurso de tempo. (...) A vigente Constituição estipulou duas modalidades de estabilidade no serviço público: a primeira, prevista no art. 41 (...). A nomeação em caráter efetivo constitui-se em condição primordial para a aquisição da estabilidade, que é conferida ao funcionário público investido em cargo, para o qual foi nomeado em virtude de concurso público. A segunda, prevista no art. 19 do ADCT, é um favor constitucional conferido àquele servidor admitido sem concurso público há pelo menos cinco anos da promulgação da Constituição. Preenchidas as condições insertas no preceito transitório, o servidor é estável, mas não é efetivo, e possui somente o direito de permanência no serviço público no cargo em que fora admitido, todavia sem incorporação na carreira, não tendo direito a progressão funcional nela, ou a desfrutar de benefícios que sejam privativos de seus integrantes." (RE 167.635, Rel. Min. Maurício Corrêa, julgamento em 17-9-1996, Segunda Turma, DJ de 7-2-1997.)

Resposta: Letra D – Todas são admitidas.

44. DIREITO DE GREVE

45. RESPONSABILIDADE DO SERVIDOR PÚBLICO (POLÍTICA, ADMINISTRATIVA, CIVIL E CRIMINAL)

TJMG – 2008 – *Questão n° 100 Direito Administrativo/Responsabilidade do servidor público (política, administrativa, civil e criminal)/Doutrina/Jurisprudência*

Um prefeito que respondia a processo por improbidade administrativa contratou serviços advocatícios em sua defesa, utilizando-se de verbas municipais.

Segundo precedentes do STJ, marque a opção CORRETA.

a) A responsabilidade pelo ressarcimento deve ser alternativa, entre o advogado e o agente público.

b) O erário não pode custear a defesa de interesses pessoais de membros da administração e demais agentes políticos.

c) O Município pode custear as despesas, pois se trata da defesa de mandato eletivo do Chefe do Executivo.

d) Apenas o advogado tem a obrigação de ressarcir.

Comentários

Devemos analisar se a contratação se deu em função de ato praticado como Prefeito Municipal. Na hipótese de existir vinculação entre o ato praticado e a atividade, pode não existir improbidade administrativa. Já se tal contratação se der para fins particulares, haverá improbidade. Sobre o tema:

ADMINISTRATIVO. AGRAVO REGIMENTAL. AÇÃO CIVIL PÚBLICA. CONTRATAÇÃO DE ADVOGADO PRIVADO PARA IMPETRAÇÃO DE MANDADOS DE SEGURANÇA EM FAVOR DE AGENTE PÚBLICO. PAGAMENTO COM VERBAS DA MUNICIPALIDADE. ALEGADO INTERESSE PÚBLICO NAS CONTROVÉRSIAS. AUSÊNCIA DE PRÉVIA LICITAÇÃO. IMPROBIDADE CONFIGURADA. 1. Encontra-se sedimentada a orientação jurisprudencial deste Tribunal Superior no sentido de que "quando se tratar da defesa de um ato pessoal do agente político, voltado contra o órgão público, não se pode admitir que, por conta do órgão público, corram as despesas com a contratação de advogado" (AgRg no REsp 681.571/GO, Rel. Min. Eliana Calmon, Segunda Turma, DJU 29.6.2006).

O tema contratação de advogados particulares pelos entes públicos é bastante polêmico. Com o objetivo de atualizar o candidato, destaca-se o Recurso Extraordinário 656558, com Repercussão Geral reconhecida e que até o momento não possui decisão definitiva. Sugere-se o acompanhamento da decisão do referido recurso, pois, certamente, será objeto de inúmeros certames.

Destaca-se que, para fim de fixação de tese de repercussão geral, foi proposto o seguinte texto: a) É constitucional a regra inserta no inciso II do artigo 25 da Lei 8.666/93, que estabelece ser inexigível a licitação para a contratação dos serviços técnicos enumerados no artigo 13 dessa lei, desde que i) preenchidos os requisitos nela estabelecidos, ii) não haja norma impeditiva à contratação nesses termos e iii) eles tenham natureza singular e sejam prestados por profissionais ou empresas de notória especialização, inclusive no que tange à execução de serviços de consultoria, patrocínio ou defesa de causas judiciais ou administrativas. b) Para a configuração da improbidade administrativa, prevista no artigo 37, parágrafo 4°, da Constituição Federal, faz-se necessária a presença de dolo ou culpa, caracterizados por ação ou omissão do agente, razão pela qual, não havendo prova do elemento subjetivo, não se configura o ato de improbidade administrativa, em qualquer uma das modalidades previstas na Lei 8.429/1992 – Lei de Improbidade Administrativa. Assim, o ministro votou pelo provimento do RE 656558 para reformar acórdão do STJ e restabelecer a decisão que julgou improcedente a ação. Já no caso do RE 610523, seu voto foi pelo desprovimento, mantendo o acórdão do TJ paulista. – http://www.stf.jus.br/portal/cms/verNoticiaDetalhe.asp?idConteudo=346806

a) INCORRETA. Existindo responsabilidade pelo ressarcimento, esta deve ser solidária e integral;

b) CORRETA. Não cabe ao Ente Federado arcar com defesas **de interesse pessoal** do titular do cargo;

c) INCORRETA. Conforme já mencionado, deve-se observar o interesse defendido em juízo. Tratando-se de contratação para fins particulares, haverá improbidade, conforme jurisprudência do STJ

d) INCORRETA. Vide alternativa A.

Resposta: Letra B

TJMG – 2009 – *Questão n° 95 Direito Administrativo/Responsabilidade do servidor público (política, administrativa, civil e criminal)/Doutrina/Jurisprudência*

Segundo a mais recente jurisprudência do STJ, a configuração do ato de improbidade administrativa exige a presença do elemento subjetivo (dolo ou culpa) porque não é de se admitir a responsabilidade objetiva na conduta do agente público à luz do ordenamento jurídico brasileiro.

Reflita sobre as afirmativas acima e assinale a alternativa CORRETA.

a) As duas são verdadeiras, mas a segunda não justifica a primeira.
b) As duas são verdadeiras e a segunda justifica a primeira.
c) A primeira é verdadeira e a segunda é falsa.
d) A primeira é falsa e a segunda é verdadeira.

Comentários

O enunciado elaborado pela banca em 2009 buscava a alternativa correta pela jurisprudência mais atualizada à época. Vamos responder de acordo com **entendimento jurisprudencial dominante no presente momento**.

Jurisprudência em Tese STJ – 38 Edição: É inadmissível a responsabilidade objetiva na aplicação da Lei 8.429/1992, exigindo-se a presença de dolo nos casos dos artigos 9º e 11 (que coíbem o enriquecimento ilícito e o atentado aos princípios administrativos, respectivamente) e ao menos de culpa nos termos do artigo 10, que censura os atos de improbidade por dano ao Erário.

Vale também conhecer: DIREITO CONSTITUCIONAL E ADMINISTRATIVO. NÃO CONFIGURAÇÃO DE ATO DE IMPROBIDADE ADMINISTRATIVA.

Não configura improbidade administrativa a contratação, por agente político, de parentes e afins para cargos em comissão ocorrida em data anterior à lei ou ao ato administrativo do respectivo ente federado que a proibisse e à vigência da Súmula Vinculante 13 do STF. A distinção entre conduta ilegal e conduta ímproba imputada a agente público ou privado é muito antiga. A ilegalidade e a improbidade não são situações ou conceitos intercambiáveis, cada uma delas tendo a sua peculiar conformação estrita: **a improbidade é uma ilegalidade qualificada pelo intuito malsão do agente, atuando com desonestidade, malícia, dolo ou culpa grave.** A confusão conceitual que se estabeleceu entre a ilegalidade e a improbidade deve provir do caput do art. 11 da Lei 8.429/1992, porquanto ali está apontada como ímproba qualquer conduta que ofenda os princípios da Administração Pública, entre os quais se inscreve o da legalidade (art. 37 da CF). Mas nem toda ilegalidade é ímproba. Para a configuração de improbidade administrativa, deve resultar da conduta enriquecimento ilícito próprio ou alheio (art. 9º da Lei 8.429/1992), prejuízo ao Erário (art. 10 da Lei 8.429/1992) ou infringência aos princípios nucleares da Administração Pública (arts. 37 da CF e 11 da Lei 8.429/1992). A conduta do agente, nos casos dos arts. 9º e 11 da Lei 8.429/1992, há de ser sempre dolosa, por mais complexa que seja a demonstração desse elemento subjetivo. Nas hipóteses do art. 10 da Lei 8.429/1992, cogita-se que possa ser culposa. Em nenhuma das hipóteses legais, contudo, se diz que possa a conduta do agente ser considerada apenas do ponto de vista objetivo, gerando a responsabilidade objetiva. Quando não se faz distinção conceitual entre ilegalidade e improbidade, ocorre a aproximação da responsabilidade objetiva por infrações. Assim, ainda que demonstrada grave culpa, se não evidenciado o dolo específico de lesar os cofres públicos ou de obter vantagem indevida, bens tutelados pela Lei 8.429/1992, não se configura improbidade administrativa. REsp 1.193.248-MG, Rel. Min. Napoleão Nunes Maia Filho, julgado em 24/4/2014.

Resposta: O Gabarito apontou como correta a letra B.

46. BENS PÚBLICOS. DEFINIÇÃO E CLASSIFICAÇÃO

TJMG – 2009 – *Questão n° 93 Direito Administrativo/Bens públicos. Definição e classificação/Legislação/Doutrina*

Sobre as terras devolutas é correto dizer, exceto:

a) Em geral, pertencem aos Estados, ressalvadas aquelas pertencentes à União Federal.

b) As indispensáveis à defesa das fronteiras pertencem à União Federal.

c) São bens públicos dominicais.

d) As indispensáveis à preservação ambiental pertencem aos Municípios.

Comentários

a) CORRETA. Constituição Federal – Art. 26. Incluem-se entre os bens dos Estados: IV – as terras devolutas não compreendidas entre as da União.

b) CORRETA. Constituição Federal – Art. 20. São bens da União: II – as terras devolutas indispensáveis à defesa das fronteiras, das fortificações e construções militares, das vias federais de comunicação e à preservação ambiental, definidas em lei;

c) CORRETA. Segundo José dos Santos Carvalho Filho, as terras devolutas são bens dominicais, pois não tem qualquer destinação pública. Portanto, são terras disponíveis.

d) INCORRETA. Não há terras devolutas que pertencem aos Municípios. Ou são da União ou dos Estados.

Resposta: Letra D

TJMG – 2012 – *Questão n° 98 Direito Administrativo/Bens públicos. Definição e classificação/Legislação/Doutrina/Jurisprudência*

1. Analise as afirmativas a seguir.

Os bens de uso comum do povo, desde que suscetíveis de valoração patrimonial e desafetados, podem ser alienados

PORQUE

tanto uma rua quanto uma praça, uma praia ou as margens de um rio navegável são suscetíveis de valoração patrimonial e de desafetação.

Assinale a alternativa correta.

a) A primeira afirmativa é falsa e a segunda é verdadeira.

b) A segunda afirmativa é falsa e a primeira é verdadeira.

c) As duas afirmativas são verdadeiras e a segunda justifica a primeira.

d) As duas afirmativas são verdadeiras, mas a segunda não justifica a primeira.

Comentários

Primeira Frase: Correta. Bem público de uso comum é aquele que **possui uma afetação pública,** esse é o bem afetado ao uso genérico da população. O bem de uso comum se encontra afetado ao interesse público, a uma destinação pública, por que ele é destinado ao uso comum da população, ao uso coletivo das pessoas. Qualquer pessoa, em princípio, pode usar um bem de uso comum.

Prof. Di Pietro (2016, pg. 830): Com relação aos bens de uso comum e de uso especial, nenhuma lei estabeleça a possibilidade de alienação; por estarem afetados a fins públicos, estão fora de comércio jurídico de direito privado, não podendo ser objeto de relações regidas pelo Direito Civil, como compra e venda, doação, permuta, hipoteca, locação comodato. Para serem alienados pelos métodos de direito privado, têm de ser previamente desafetados, ou seja, passar para a categoria de bens dominicais, pela perda de sua destinação pública. Vale dizer que a inalienabilidade não é absoluta.

No caso em que os bens públicos venham a ser desafetados, isto é, venham a perder sua finalidade pública específica, converter-se-ão em bens dominicais e, como tais, poderão ser avaliados e alienados.

Segunda Frase: Incorreta. Uma praça pode desaparecer e dar lugar a uma rua por exemplo. **Já as margens dos rios navegáveis não podem!**

Súmula 479: "**As margens dos rios** navegáveis são de domínio público, insuscetíveis de expropriação e, por isso mesmo, excluídas de indenização."

Ementa: Processual Civil e Administrativo – Ação de desfazimento de obstrução de passagem à área de uso comum do povo – Agravo de Instrumento contra a decisão que indeferiu a antecipação de tutela – Ofensa ao artigo 10 da Lei Nº. 7.661/88 – Presença do "*fumus boni iuris*" e "*periculum in mora*" – Recurso provido. [...] 6. Sendo a praia objeto do patrimônio público, somente poderia ser apropriada por particulares em caso de "desafetação", o que só seria viável através de emenda à Constituição Federal, justo porque vige entre nós o dogma da inalienabilidade característica dos bens de domínio público, dentre eles as praias, dunas e restingas que lhes são próximas. [...] (Tribunal Regional Federal da Terceira Região – Primeira Turma/AI 470.482/Relator: Desembargador Federal Johonsom Di Salvo/ Julgado em 11.09.2012)

Portanto, a primeira alternativa correta e a segunda incorreta.

Resposta: Letra B

TJMG – 2014 *– Questão nº 100 Direito Administrativo/Bens públicos. Definição e classificação/Legislação/Doutrina/*

Na classificação dos bens públicos, distinguem-se os bens de uso comum do povo e os bens dominicais.

Assinale a alternativa que destaca a **DIFERENÇA** entre os bens de uso comum do povo e os bens dominicais.

a) O que diferencia os bens de uso comum do povo dos bens dominicais é o fato de que, embora ambos integrarem o patrimônio do Estado, os dominicais são aqueles de destinação específica.

b) A diferença está no fato de que os bens de uso comum se destinam à utilização da coletividade e da própria administração pública, enquanto que os dominicais são bens sem qualquer destinação específica, não integrando a classe dos primeiros, nem à dos bens de uso especial.

c) A diferença pode ser identificada no fato de os bens dominicais servirem para a instalação das repartições essenciais à atividade estatal, enquanto que os de uso comum não se prestam a tal finalidade.

d) A diferença pode ser identificada no fato de os bens de uso comum do povo não poderem ser utilizados pelo poder público.

Comentários

a) INCORRETA. Os bens dominicais são desafetados, pois **não são utilizados** de forma específica. Com base nas lições de Rafael Oliveira temos que o bem público dominical é o bem desafetado, que só é considerado bem público por que integra o patrimônio do estado, mas não é utilizado para a promoção de direitos fundamentais, não é utilizado para a satisfação de interesse público. É, por exemplo, aquele terreno cheio de mato. É o bem que não tem, em princípio, nenhuma serventia, mas que integra o patrimônio estatal.

b) CORRETA. Os bens dominicais são bens que não são utilizados para satisfação do interesse público. Eles possuem classificação própria conforme o Art. 99, inciso III, do Código Civil. (Art. 99. São bens públicos: I – os de uso comum do povo, tais como rios, mares, estradas, ruas e praças; II – os de uso especial, tais como edifícios ou terrenos destinados a serviço ou estabelecimento da administração federal, estadual, territorial ou municipal, inclusive os de suas autarquias; III – **os dominicais**, que constituem o patrimônio das pessoas jurídicas de direito público, como objeto de direito pessoal, ou real, de cada uma dessas entidades. Parágrafo único. Não dispondo a lei em contrário, consideram-se dominicais os bens pertencentes às pessoas jurídicas de direito público a que se tenha dado estrutura de direito privado

c) INCORRETA. Os bens que servem para a instalação das repartições essenciais à atividade estatal são os bens de uso especial, conforme Art. 99 do Código Civil. São bens públicos; II – os de uso especial, tais como edifícios ou terrenos destinados a serviço ou estabelecimento da administração federal, estadual, territorial ou municipal, inclusive os de suas autarquias.

d) INCORRETA. Os bens de uso comum do povo são utilizados pela coletividade e também pelo Poder Público. Já os bens dominicais não são utilizados enquanto enquadrados como tais. Com base nas lições de Rafael Oliveira, 2017, o bem público de uso comum possui uma

> afetação pública. Esse é o bem afetado ao uso genérico da população. O bem de uso comum se encontra afetado ao interesse público, a uma destinação pública, porque ele é destinado ao uso comum da população, ao uso coletivo das pessoas. Qualquer pessoa, em princípio, pode usar um bem de uso comum. Exemplos clássicos são os mares, as montanhas, as ruas, etc. então, o bem de uso comum, em princípio, pode ser usado por qualquer pessoa. Mas o próprio Código Civil, no art. 103, prevê a possibilidade de remuneração pelo uso de bem público de uso comum ou estabelecimento de algumas condições para a sua utilização.
>
> *Resposta: Letra B*

47. A CONSTITUIÇÃO DA REPÚBLICA E O REGIME DO CÓDIGO CIVIL DE 2002

48. BENS DE DOMÍNIO PÚBLICO E BENS DOMINICAIS

49. A TRANSFERÊNCIA DE BENS PÚBLICOS: A ALIENAÇÃO E O USO DO BEM PÚBLICO POR PARTICULAR

50. BENS PÚBLICOS EM ESPÉCIE

51. DA FAZENDA PÚBLICA. CONCEITO. PRERROGATIVAS PROCESSUAIS

TJMG – 2009 *– Questão nº 94 Direito Administrativo/Da Fazenda Pública. Conceito. Prerrogativas processuais/Legislação/Jurisprudência*

Constitui entendimento sumulado dos Tribunais Superiores, ***exceto***:

a) É cabível execução por título extrajudicial contra a Fazenda Pública.

b) No tribunal de contas estadual, composto por sete conselheiros, quatro devem ser escolhidos pela assembleia legislativa e três pelo chefe do poder executivo estadual, sendo que, destes, uma escolha é discricionária e as outras duas são vinculadas.

c) Os créditos de natureza alimentícia não dispensam a expedição de precatório, apenas são isentos da observância da ordem cronológica dos precatórios decorrentes de condenações de outra natureza.

d) E inconstitucional a imissão provisória independentemente de citação do réu em ação de desapropriação.

DIREITO ADMINISTRATIVO

> ### Comentários
>
> a) CORRETA. STJ, Súmula 279: É cabível execução por título extrajudicial contra a Fazenda Pública.
>
> b) CORRETA. STF, SÚMULA 653: No Tribunal de Contas estadual, composto por sete conselheiros, quatro devem ser escolhidos pela Assembleia Legislativa e três pelo Chefe do Poder Executivo estadual, cabendo a este indicar um dentre auditores e outro dentre membros do Ministério Público, e um terceiro a sua livre escolha.
>
> c) CORRETA. STF, SÚMULA 655: A exceção prevista no art. 100, caput, da Constituição, em favor dos créditos de natureza alimentícia, não dispensa a expedição de precatório, limitando-se a isentá-los da observância da ordem cronológica dos precatórios decorrentes de condenações de outra natureza.
>
> d) INCORRETA. STF, SÚMULA 652: Não contraria a Constituição o art. 15, § 1º, do Dl. 3.365/41 (Lei da Desapropriação por utilidade pública).
>
> Decreto Lei n.º 3.365/41: Art. 15 – Se o expropriante alegar urgência e depositar quantia arbitrada de conformidade com o art. 685 do Código de Processo Civil, o juiz mandará imiti-lo provisoriamente na posse dos bens. § 1º – A imissão provisória poderá ser feita, **independentemente da citação do réu**, mediante o depósito: a) do preço oferecido, se este for superior a vinte vezes o valor locativo, caso o imóvel esteja sujeito ao imposto predial; b) da quantia correspondente a vinte vezes o valor locativo, estando o imóvel sujeito ao imposto predial e sendo menor o preço oferecido; c) do valor cadastral do imóvel, para fins de lançamento do imposto territorial, urbano ou rural, caso o referido valor tenha sido atualizado no ano fiscal imediatamente anterior; d) não tendo havido a atualização a que se refere o inciso "c", o juiz fixará, independentemente de avaliação, a importância do depósito, tendo em vista a época em que houver sido fixado originariamente o valor cadastral e a valorização ou desvalorização posterior do imóvel.
>
> *Resposta: Letra D*

52. CONTROLE EXTERNO E ORÇAMENTO

53. LEI DE RESPONSABILIDADE FISCAL

REFERÊNCIAS

ALEXANDRE, Ricardo e DEUS, João de, Direito Administrativo, 3. ed. São Paulo, Forense, 2017.

ALEXANDRINO, Marcelo. PAULO, Vicente. Direito administrativo descomplicado. 23. ed. Rio de Janeiro: Forense; São Paulo: Método, 2015.

ALVES, Erick e ALMEIDA, Herbert. Lei 8.666/93 – Apostila Atualizada e Esquematizada.

AMADO, Frederico. Direito Ambiental Coleção Sinopses para Concursos. 5. ed. Salvador: Juspodivm, 2017.

AMADO, Frederico. Direito Ambiental Esquematizado. 6. ed. São Paulo: Método, 2015.

ASSIS NETO, Sebastião de, JESUS, Marcelo de, MELO, Maria Izabel de. Manual de direito civil. 5. ed. Salvador: Ed. Juspodivm, 2016.

BITENCOURT, Cezar Roberto. Tratado de Direito Penal parte geral. 17. ed. São Paulo: Saraiva, 2012.

Brasileiro, Renato, Manual de processo Penal: volume único. 4. ed. Salvador: Ed. Juspodivm, 2016.

CARVALHO FILHO, José dos Santos. Curso de Direito Administrativo. 31. ed. São Paulo: Atlas, 2017;

CAVALCANTE, Márcio André Lopes. Não é necessária prévia autorização do cônjuge para que a pessoa preste aval em títulos de créditos típicos. Site Dizer o Direito, Manaus. Acesso em: 25/11/2017

COELHO, Fábio Ulhoa. Curso de Direito Comercial. Vol. 1: direito de empresa. 16.ed. São Paulo: Saraiva, 2012.

CORREIA, Martina. Direito Penal em Tabelas: Parte Geral/Martina Correia – 1. ed. rev. Salvador: Juspodivm. 2017.

COSTA, Wille Duarte. Títulos de Crédito. 4. ed. 6. Tiragem – 2014. Belo Horizonte: Del Rey, 2008.

CRETELLA JÚNIOR, J. Dos Atos Administrativos Especiais. 2. ed. Rio de Janeiro: Forense, 1995;

DI PIETRO, Maria Sílvia Zanella. Direito Administrativo, 29. ed. Rio de Janeiro: Forense, 2016;

DIAS, Maria Berenice. Manual de Direito das Sucessões. 7. ed. São Paulo: Revista dos Tribunais, 2010.

DIDIER JUNIOR, F. Curso de direito processual civil: volume 1: introdução ao direito processual civil, parte geral e processo de conhecimento. Salvador, BA: Juspodivm, 2017.

DIDIER JUNIOR, F. Curso de direito processual civil: volume 5: execução. Salvador, BA: Juspodivm, 2017.

DIDIER JUNIOR, Fredie; CUNHA, Leonardo José Carneiro da. Curso de direito processual civil: volume 3: meios de impugnação às decisões judiciais e processo nos tribunais. 13. ed., reescrita de acordo com o novo CPC. Salvador: Juspodivm, 2016.

DINIZ, Maria Helena. Código Civil Anotado. 17. ed. São Paulo: Saraiva, 2014.

FARIAS, Cristiano Chaves de; FIGUEIREDO, Luciano; EHRHARDT JÚNIOR, Marcos; INÁCIO, Wagner. Código Civil para Concursos. Doutrina, Jurisprudência e Questões de Concursos. 4. ed. Salvador: Ed. Juspodivm, 2016.

FARIAS, Cristiano Chaves de; ROSENVALD, Nelson. Direito Civil. Teoria Geral. 8. ed. Rio de Janeiro: Lumen Juris, 2010.

FARIAS, Cristiano Chaves de; ROSENVALD, Nelson. Direitos das Obrigações. 4. ed. Rio de Janeiro: Lumen Juris, 2010.

FARIAS, Cristiano Chaves de; ROSENVALD, Nelson. Direitos Reais. 6. ed. Rio de Janeiro: Lumen Juris, 2010.

FARIAS, Cristiano Chaves de; ROSENVALD, Nelson. Curso de Direito Civil – Famílias. 9. ed. Juspodivm, 2017.

GAGLIANO, Pablo Stolze; PAMPLONA FILHO, Rodolfo. Novo Curso de Direito Civil. Contratos em espécie. Vol. IV Tomo 2. 4. ed. São Paulo: Saraiva, 2011

GAGLIANO, Pablo Stolze; PAMPLONA FILHO, Rodolfo. Novo Curso de Direito Civil. Obrigações. Vol. II. 12. ed. São Paulo: Saraiva, 2011

GAGLIANO, Pablo Stolze; PAMPLONA FILHO, Rodolfo. Novo Curso de Direito Civil. Parte Geral. Vol. I. 13. ed. São Paulo: Saraiva, 2011.

GOMES, José Jairo – Direito Eleitoral. 13. ed. São Paulo: Atlas, 2017.

REFERÊNCIAS

GONÇALVES NETO, Alfredo de Assis. Direito de Empresa. Comentários aos artigos 966 a 1.195 do Código Civil. 4. ed. São Paulo: Revista dos Tribunais, 2014.

GONÇALVES, Victor Eduardo Rios, BALTAZAR JUNIOR, José Paulo. Legislação Penal Especial Esquematizado. 3. ed. São Paulo: Saraiva, 2017.

GRECO, Rogério. Código Penal: comentado. 11. ed. Niterói, RJ: Impetus, 2017.

GRECO, Rogério. Curso de Direito Penal parte geral. 19. ed. Niterói, RJ: Impetus, 2017.

HABIB, Gabriel. Leis Penais Especiais. 8. ed. Salvador: Juspodivm. 2016.

HABIB, Gabriel. Leis Penais Especiais. Tomo I. 7. ed. Salvador: Ed. Juspodivm, 2015.

HABIB, Gabriel. Leis Penais Especiais. Tomo III. 1. ed. Salvador: Ed. Juspodivm, 2015.

LENZA, Pedro. Direito Constitucional Esquematizado. 19. ed. São Paulo: Saraiva, 2015.

LIMA, Renato Brasileiro de. Legislação Criminal Especial Comentada. Vol. Único. 4. ed. Salvador: Ed. Juspodivm, 2016.

MASSON, Cleber. Direito Penal Esquematizado: Parte Geral – vol. 1. 10. ed. Rio de Janeiro: Forense; São Paulo: Método, 2016

MASSON, Cleber. Direito Penal Esquematizado: Parte Especial. 7. ed. Vol. 2. Rio de Janeiro: Forense; vol. 1. São Paulo: Método, 2015.

MASSON, Cleber. Direito Penal Esquematizado: Parte Geral. 11. ed. Vol. 1. Rio de Janeiro: Forense; vol. 1. São Paulo: Método, 2017.

MASSON, Cleber. Código Penal Comentado. 4. ed. Rio de Janeiro: Forense; p. 512, São Paulo: Método, 2016

MASSON, Cleber. Código Penal Comentado. 4. ed. – Rio de Janeiro: Forense; São Paulo: Método, 2016.

MASSON, Cleber. Direito penal esquematizado: Parte Geral – vol. 1. 11 ed. Rio de Janeiro: Forense; São Paulo: Método, 2017

MAZZA, Alexandre. Manual de Direito Administrativo, 6. ed. São Paulo, Saraiva, 2016.

MIRRA, Álvaro Luiz Valery, Ação Civil Pública e a Reparação do Dano ao Meio Ambiente, São Paulo: Editora Juarez de Oliveira, 2004.

NOVELINO, Marcelo. Curso de Direito Constitucional. 10. ed. Salvador: Juspodivm. 2015.

NUCCI, Guilherme de Souza. Código penal comentado. 10. ed. São Paulo: Revista dos Tribunais, 2010.

NUCCI, Guilherme de Souza. Código Penal Comentado. 17. ed. Rio de Janeiro: Forense, 2017.

OLIVEIRA, Rafael Carvalho Rezende. Curso de Direito Administrativo, 5. ed. São Paulo: Forense, 2017;

PINTO, Cristiano Vieira Sobral. Direito Civil Sistematizado. 5. ed. Rio de Janeiro: Forense; São Paulo: Método, 2014.

QUEIROZ, Laryssa Saraiva. O princípio favor rei no ordenamento jurídico brasileiro. Revista Jurídica Esmp-sp, São Paulo, v. 5, p. 99-116, 2014. Disponível na internet. Acesso em: 03/12/2017

REQUIÃO, Rubens. Curso de Direito Comercial. 1. vol. 32. ed. São Paulo: Saraiva, 2014.

SABBAG, Eduardo. Manual de direito tributário. 5. ed. atual. São Paulo: Saraiva, 2014.

SALIM, Alexandre; Marcelo André de Azevedo. Direito Penal: Parte Geral. Coleção Sinopses para concursos. 7. ed. Vol. 1. Salvador: Juspodivm. 2017.

SALIM, Alexandre; Marcelo André de Azevedo. Direito Penal: Parte Especial. Coleção Sinopses para concursos. 6. ed. Vol.2. Salvador: Juspodivm. 2017.

SALIM, Alexandre; Marcelo André de Azevedo. Direito Penal: Parte Especial. Coleção Sinopses para concursos. 6. ed. Vol.3. Salvador: Juspodivm. 2017.

SANCHES, Rogério. Manual de Direito Penal: Parte Especial – vol. Único. 9. ed. Salvador: Ed. Juspodivm, 2017.

SANCHES, Rogério. Manual de Direito Penal: Parte Geral – vol. 13. ed. Vol. 1. Salvador: Juspodivm. 2015.

SANCHES, Rogério. Manual de Direito Penal: Parte Geral – vol. 1. 4. ed. Vol. 1. Salvador: Juspodivm. 2016.

SANCHES, Rogério. Manual de Direito Penal: Parte Geral – vol. único. 4. ed. Vol. 1. Salvador: Ed. Juspodivm, 2016.

SANTOS, Juarez Cirino dos. Direito Penal Parte Geral. 6ª. ed. Curitiba: ICPC, 2014.

SARLET, Ingo Wolfgang; MARINONI, Luiz Guilherme; MITIDIERO, Daniel. Curso de Direito Constitucional. 6. ed. rev. atual. São Paulo: Saraiva, 2017.

SUPREMO TRIBUNAL FEDERAL. BRASIL. [RE 637.485, rel. min. Gilmar Mendes, j. 1º-8-2012, P, DJE de 21-5-2013, tema 564.]. disponível na internet.

REFERÊNCIAS

TARTUCE. Flávio. Manual de direito civil: volume único. 6. ed. Rio de Janeiro: Forense; São Paulo: Método, 2016.

TOMAZETTE, Marlon. Curso de Direito Empresarial – Teoria Geral e Direito Societário. Volume 1. 6. Ed. São Paulo: Atlas, 2014a.

TOMAZETTE, Marlon. Curso de Direito Empresarial – Títulos de Crédito. Volume 2. 5. Ed. São Paulo: Atlas, 2014b.

VIDO, Elisabete. Manual de Direito Empresarial. Bahia: Juspodivm, 2012.

EDITORA
jusPODIVM

www.editorajuspodivm.com.br